BOMBAIM:
CIDADE MÁXIMA

SUKETU MEHTA

Bombaim: cidade máxima

Tradução
Berilo Vargas

1ª reimpressão

Copyright © 2004 by Suketu Mehta
Todos os direitos reservados ao proprietário

Grafia atualizada segundo o Acordo Ortográfico da Língua Portuguesa de 1990, que entrou em vigor no Brasil em 2009.

Título original
Maximum city — Bombay lost and found

Capa
Retina_78

Foto de capa
Bombaim, Índia, 2009 © Alex Masi/ Corbis (DC)/ LatinStock

Preparação
Cacilda Guerra

Revisão
Marise Leal
Ana Maria Barbosa

Dados Internacionais de Catalogação na Publicação (CIP)
(Câmara Brasileira do Livro, SP, Brasil)

Mehta, Suketu
   Bombaim : cidade máxima / Suketu Mehta ; tradução Berilo Vargas. — São Paulo : Companhia das Letras, 2011.

   Título original: Maximum city — Bombay lost and found.
   ISBN 978-85-359-1862-5

   1. Bombaim (Índia) – Condições sociais 2. Bombaim (Índia) – Descrição e viagens I. Título.

11-03938   CDD-954.792

Índice para catálogo sistemático:
1. Bombaim : Índia : Descrição e viagens   954.792

[2011]
Todos os direitos desta edição reservados à
EDITORA SCHWARCZ LTDA.
Rua Bandeira Paulista, 702, cj. 32
04532-002 — São Paulo — SP
Telefone: (11) 3707-3500
Fax: (11) 3707-3501
www.companhiadasletras.com.br
www.blogdacompanhia.com.br

Para meus avós:
Shantilal Ratanlal Mehta e Sulochanaben Shantilal Mehta
Jayantilal Manilal Parikh e Kantaben Jayantilal Parikh

Quanto a Kabir, cheguei a ele por intermédio dos cantores nirgunas de Malwa, que ouvi quando jazia doente em Dewas. Fiquei sabendo sobre a capacidade deles de criar o vácuo, tão crucial para um bhajan nirguna. Usam as notas de uma maneira distintamente eremítica, para que sejam atiradas contra nós sem que nos ofendam. Eles cantam em isolamento. Ao cantar Kabir minha intenção é criar esse isolamento, essa solidão essencial e, ao mesmo tempo, um persistente senso de comunidade. Kabir o diz lindamente: Estou multiplamente sozinho. A total identificação entre o interior e o exterior é o aspecto mais provocante de Kabir.

Kumar Gandharva

Somos individualmente múltiplos.
Kabir Mohanty

Sumário

PARTE I — PODER
  1. Geografia pessoal 13
  2. Powertoni 51
  3. Mumbai 129
  4. Logo atrás da Scotland Yard 148
  5. Trabalhadores de colarinho preto 206

PARTE II — PRAZER
  6. A cidade dos comedores de *vadapav* 277
  7. Uma cidade no cio 289
  8. Destilarias do prazer 374

PARTE III — PASSAGENS
  9. Minas da memória 465
  10. *Sone ki Chidiya* 483
  11. Adeus, mundo 533
  12. Um eu na multidão 572

Epílogo 579
Agradecimentos 583

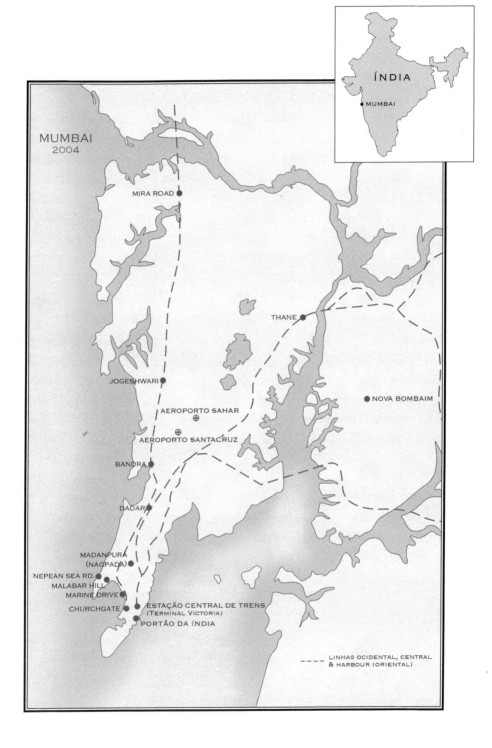

PARTE I

PODER

1. Geografia pessoal

Não vai demorar muito para que haja mais gente vivendo na cidade de Bombaim do que na Austrália continental. URBS PRIMA IN INDIS, diz a placa na Porta da Índia. É também a *Urbs Prima in Mundis*, pelo menos num setor, a primeira prova da vitalidade de um centro urbano: o número de pessoas que nele vivem. Com 14 milhões de habitantes, Bombaim é a maior cidade no planeta de uma raça de moradores urbanos. Bombaim é o futuro da civilização urbana do planeta. E que Deus tenha piedade de nós.

Saí de Bombaim em 1977 e voltei 21 anos depois, quando ela havia crescido e se tornado Mumbai. Vinte e um anos: tempo suficiente para um ser humano nascer, instruir-se, ter direito a beber, casar-se, dirigir, votar, ir para a guerra e matar um homem. Durante todo esse tempo, não perdi o sotaque. Falo como um menino de Bombaim; é assim que sou identificado em Kanpur e Kansas. "De onde você é?" À procura de uma resposta — em Paris, em Londres, em Manhattan —, sempre respondo "Bombaim". Em algum lugar, sepultada sob os destroços de sua situação atual — de catástrofe urbana —, está a cidade que manda em meu coração, uma bela cidade à beira-mar, uma ilha de esperança num país antigo, muito antigo. Voltei em busca dessa cidade trazendo comigo uma pergunta bem simples: é possível voltar para casa? Ao longo dessa procura, descobri as cidades que existem dentro de mim.

* * *

Sou menino de cidade. Nasci numa cidade *in extremis*, Calcutá. Depois me mudei para Bombaim, onde vivi nove anos. Depois para Nova York, oito anos em Jackson Heights. Um ano, intermitente, em Paris. Cinco anos no East Village, em Nova York. Ao longo do tempo, mais um ano, ou quase, em Londres. As únicas exceções foram três anos em Iowa City, que não é de modo algum uma cidade, e mais dois em New Brunswick, Nova Jersey, comunidades universitárias que me prepararam para a volta à minha cidade. Meus dois filhos nasceram numa grande cidade, Nova York. Vivo na cidade por opção, e tenho certeza de que morrerei numa cidade. Não sei o que fazer no campo, apesar de gostar muito do campo nos fins de semana.

Venho de uma família de comerciantes andarilhos. Meu avô paterno se mudou do Gujarat para Calcutá nos dias de inocência do século, para juntar-se ao irmão no negócio de joias. Quando o irmão de meu avô se arriscou pela primeira vez em território internacional, indo para o Japão, nos anos 1930, teve de voltar e se curvar, pedindo desculpas, perante os mais velhos da casta, de turbante na mão. Mas seus sobrinhos — meu pai e meu tio — prosseguiram, indo primeiro para Bombaim e depois, através das negras águas, para Antuérpia e Nova York, a fim de acrescentar algo ao que tinham recebido. Meu avô materno se mudou do Gujarat para o Quênia quando jovem, e agora vive em Londres. Minha mãe nasceu em Nairóbi, fez faculdade em Bombaim e mora em Nova York. Em minha família, escolher um país para morar nunca foi questão de intensas deliberações. Vamos para onde os negócios nos levam.

Certa vez, com meu avô paterno, voltei à casa de nossos antepassados em Maudha, que tinha sido uma aldeia do Gujarat e agora é uma cidade. Sentado no pátio da velha casa de madeira maciça, meu avô nos apresentou aos novos donos, uma família de *sarafs*, agiotas do Gujarat que consideravam Maudha uma cidade grande.

"E este é meu genro, que mora na Nigéria."

"Nigéria", disse o *saraf*, inclinando a cabeça.

"E este é meu neto, de Nova York."

"Nova York", repetiu o *saraf*, ainda inclinando a cabeça.

"E esta é a mulher de meu neto, de Londres."

"Londres."

"Agora os dois vivem em Paris."

"Paris", recitou o *saraf*, como era de esperar. Se àquela altura meu avô dissesse que vivia na Lua, o *saraf*, sem piscar, repetiria, inclinando a cabeça: "Lua". Nossa debandada era tão extrema que beirava o ridículo. Mas ali estávamos, visitando a casa onde meu avô fora criado, ainda juntos, como uma família. A família era o elástico que nos mantinha unidos, por mais longe que fôssemos.

Foi a *muqabla*, a concorrência comercial, que obrigou meu pai a deixar Calcutá. Era o jeito de comprar e vender joias no negócio de meu avô. Um grupo de vendedores se reunia com um agente no escritório do comprador numa hora marcada. As negociações começavam. O preço não era dito em voz alta, mas indicado pelo número de dedos levantados debaixo de uma ponta solta do *dhoti* [pano usado pelos homens, amarrado na cintura] do vendedor, que o comprador logo entendia. Parte da *muqabla* era composta de ofensas ao comprador. "Está maluco? Acha que vou vender por esse preço?" Demonstrando profunda frustração, o vendedor saía correndo do escritório, aos berros. Mas tomava sempre a precaução de esquecer o guarda-chuva. Dez minutos depois, voltava para pegá-lo. Nesse momento, o comprador talvez já tivesse reconsiderado sua proposta, e era possível chegar a um acordo. O agente dizia: "Vamos apertar as mãos!", e todos sorriam. Foi por causa dessa pequena encenação teatral que meu pai decidiu abandonar o negócio de joias em Calcutá. Não aguentava os berros e insultos; era um homem educado.

O irmão de meu pai fora para Bombaim em 1966, contra a vontade de meu avô, que não via motivo para a mudança. Mas meu tio era jovem, e o crepúsculo de Calcutá tinha começado. Em Bombaim, entrou no negócio de diamantes. Três anos mais tarde, meus pais passaram por Bombaim, depois que minha irmã nasceu em Ahmadabad. Meu tio, recém-casado, sugeriu ao irmão: "Por que não fica?". E ficamos, quatro adultos e duas crianças, uma delas recém-nascida, num apartamento de um quarto, com hóspedes entrando e saindo o tempo todo. Vivíamos como uma "família conjugada", dividindo o apartamento e as despesas, e o espaço expandiu-se para nos abrigar. Como é possível caberem milhões de pessoas numa ilha? Do mesmo jeito que cabíamos naquele apartamento de Teen Batti.

Meu pai e meu tio encontraram seu nicho no negócio de diamantes. Mudamo-nos para um apartamento de dois quartos em cima de um palácio à beira-mar, Dariya Mahal, pertencente ao *maharao* de Kutch. Uma família de industriais de Marwar comprou o palácio e seu terreno; cortou as árvores, livrou-se das antiguidades do palácio e abriu uma escola para crianças. Em volta, construiu um conjunto de três prédios: Dariya Mahal 1 e 2, edifícios de vinte andares que lembravam livros de contabilidade abertos, e Dariya Mahal 3, onde fui criado, prédio de doze andares, achatado, impassível, uma espécie de filho adotivo.

Meu tio e meu pai faziam viagens de negócios regulares a Antuérpia e aos Estados Unidos. Quando meu pai me perguntou o que podia trazer dos Estados Unidos para mim, eu lhe pedi uma camiseta *scratch and sniff* [que exala um aroma quando é esfregada], sobre a qual eu tinha lido qualquer coisa numa revista americana. Ele voltou trazendo um saco gigante de marshmallows. Comi o que pude daquela coisa branca e macia como algodão, tentando decifrar sua textura, antes que minha tia se apropriasse dela. Segundo meu tio, depois de uma daquelas viagens meu pai teve uma revelação enquanto se barbeava, como costuma ocorrer quando nos vemos no espelho sem de fato olhar. E resolveu se mudar para os Estados Unidos. Não pela liberdade ou pelo estilo de vida, mas para ganhar dinheiro.

A vida de cada um é dominada por um acontecimento central, que influencia e distorce tudo que vem depois e, retrospectivamente, tudo que veio antes. Para mim, esse acontecimento crucial foi a mudança para os Estados Unidos aos catorze anos. É uma idade difícil para mudar de país. Ainda não acabamos de crescer no lugar onde estávamos, e nunca nos sentimos completamente à vontade no lugar para onde fomos. Eu não tinha a menor ideia do que era o país Estados Unidos; nunca estivera lá. Eu não pertencia à geração mais nova de meus primos, como Sameer, que aos dezesseis anos desceu no aeroporto JFK recém-saído do avião que o levara de Bombaim usando um boné de beisebol dos Mets e já tendo quase desenvolvido o sotaque americano. Em 24 horas, viajei da infância para a idade adulta, da inocência para a experiência, da predestinação para o caos. Tudo que aconteceu desde então, cada ato diminuto e grandioso — meu jeito de usar um garfo, de fazer amor, a escolha de uma profissão e de uma mulher —, foi influenciado por esse acontecimento central, esse fulcro no tempo.

* * *

Havia uma pilha de *Seleções do Reader's Digest* no quarto dos fundos da casa de meu avô em Calcutá, que era escura, quente e parecida com um útero. Lá, durante os verões, li aventuras da vida real, histórias de espiões dos vis e covardes comunistas, e piadas que toda a família podia ouvir sobre travessuras de crianças e militares. Foi minha introdução aos Estados Unidos. Imagine-se minha surpresa ao chegar. Para minha sorte, embora eu não tenha me dado conta na época, de todas as cidades para onde podíamos ter nos mudado, meu pai escolheu Nova York. "Parece Bombaim." É assim que se explica Nova York às pessoas na Índia.

No meu primeiro ano de Estados Unidos, comprei pelo correio tesouros antes inacessíveis, os artigos anunciados nas capas internas dos gibis. Encomendei, para meus amigos em Bombaim, o *joy buzzer*, o fantasma flutuante, o aerobarco e óculos de proteção para raio X. Uma caixa marrom chegou. Examinei-a um instante antes de abrir: ali estava o que me havia sido negado durante todos aqueles anos. Então o lixo se espalhou pelo chão. O fantasma flutuante era um forro de lixeira de plástico branco com uma vara enfiada no alto; pendurava-se e balançava-se aquilo para assustar as pessoas. Os óculos de proteção para raio X eram de plástico, como os óculos distribuídos nos cinemas para ver filmes em 3-D, com um esqueleto grosseiramente desenhado em cada lente. O aerobarco era uma espécie de ventilador vermelho, preso a um motor; quando ligado, realmente ficava suspenso sobre uma superfície plana. O *joy buzzer* era um aparelhinho para ser usado na palma da mão, como um anel; dava-se corda e, ao apertar a mão da vítima, comprimia-se uma peça e o aparelho vibrava intensamente. Olhei para a bagunça no chão. Eu já tinha sido enganado em Bombaim; conhecia muito bem a sensação. Apesar disso, mandei o pacote para os amigos em Bombaim, com uma carta sugerindo possíveis usos para as brincadeiras; o fantasma, por exemplo, poderia ser pendurado nas sacadas dos andares mais baixos para, quem sabe, assustar criancinhas no escuro.

Eu sabia que meus presentes seriam bem recebidos. Independentemente da qualidade, eram "importados" e, portanto, deveriam ser valorizados. Em nossa casa em Bombaim havia um mostruário na sala de estar. Ali ficavam expostos objetos importados da Europa e dos Estados Unidos, espólios das viagens que meu tio fazia a negócios: carros de caixa de fósforo, miniaturas de garrafas de bebida, um cilindro de longos palitos de fósforos trazido de Londres no formato de um guarda da rainha com chapéu preto felpudo, uma miniatura da torre Eiffel. Havia também brinquedos para as crianças — um foguete *Apolo 11* a bateria, um carro de polícia com luz giratória azul, uma boneca que bebia e molhava a fralda —, que quase nunca eram tirados do lugar para nós. Os meninos do prédio se reuniam em volta do mostruário e ficavam olhando os brinquedos — nos quais não podíamos tocar para não quebrar.

Nos Estados Unidos, também tínhamos um mostruário em casa. Nele guardávamos os suvenires da Índia: um par de bonecas de vovô, Dada vestindo um *dhoti*, Dadi num sári de algodão; uma estátua de mármore de Ganesha; uma máscara de madeira do deus-macaco Hanuman; uma pequena maquete do Taj Mahal iluminada por dentro; uma dançarina de *bharatanatyam*, a dança clássica indiana, cuja cabeça se movia de um lado para outro; e um relógio de bronze no formato do mapa oficial da Índia, com toda a Caxemira recuperada dos paquistaneses e dos chineses. Quando o novo bebê nasceu, não teve permissão para abrir o mostruário e brincar com aqueles objetos. Eram peças frágeis demais; ele poderia se machucar. Passava o tempo esparramado contra a porta de vidro do mostruário, olhando aquela herança como vespa na janela.

Quando me mudei para Nova York, senti falta de Bombaim como de um órgão do corpo. Achava que, ao sair de lá, tinha escapado da pior escola do mundo. Engano meu. A escola católica para meninos que frequentei no Queens era pior. Ficava num enclave de operários brancos, sitiado por imigrantes de países mais escuros. Fui um dos primeiros membros de uma minoria a se matricular, um representante de tudo aquilo que eles não queriam. Logo que cheguei, um menino sardento de cabelos ruivos encaracolados veio até a mesa onde eu almoçava e anunciou: "Lincoln nunca deveria ter libertado os escravos". Os professores me chamavam de pagão. Na foto anual da minha classe apareço olhando para a câmera, com a legenda: É TÃO FORTE QUE NÃO POSSO DEIXAR DE USAR NEM UM DIA. A frase referia-se ao slogan de um anúncio de desodorante. Era como a escola me via: um pagão fedorento, que exalava os cheiros asquerosos da minha cozinha nativa. No dia da formatura, saí pelo portão encimado por arame farpado, encostei os lábios na calçada e beijei o chão em agradecimento.

Em Jackson Heights, reaproximamo-nos de Bombaim, meu melhor amigo, Ashish, e eu. Ashish também se mudara de Bombaim para o Queens, aos quinze anos. As tardes mais felizes dessa época foram aquelas em que íamos ver filmes em língua híndi no Eagle Theater. Com a mudança de uma letra, ele tinha sido o Earle Theater, uma casa de pornografia. A mesma tela que se enchera de pênis monstruosos pululando dentro de vaginas mutantes agora mostrava histórias mitológicas do deus Krishna, de pele azul, em filmes em que não aparecia um seio, nem mesmo um beijo. Talvez o local estivesse passando por um processo de purificação. Mas, ainda assim, antes de sentar eu examinava a cadeira com o maior cuidado.

Nos filmes eu às vezes vislumbrava meu prédio, Dariya Mahal. Conversávamos, Ashish e eu, usando o híndi de Bombaim quando queríamos falar de outras pessoas no metrô ou xingar nossos professores na frente deles. Tornou-se a língua da sabotagem. Era uma boa língua para contar piadas; era uma língua de meninos. Bebíamos e praguejávamos em híndi. Andávamos pelas ruas de Jackson Heights, Ashish, seu vizinho Mitthu e eu, cantando canções de filmes híndis dos anos 1970, a época em que tínhamos sido levados para longe; viajar de volta na música, a empresa aérea mais barata de todas. Nas noites de primavera, a brisa amena trazia notícias de casa, do passado, que em gujarati é conhecido como *bhoot-kal* — o tempo fantasma. Numa dessas noites, um carro da polícia parou perto de nós. Os policiais saltaram. "Que estão fazendo?" "Nada." Três rapazes do Gujarat cantando de maneira suspeita na rua. "Sabem que podem ser presos por vadiagem?" Era um crime que dava cadeia: vadiagem no tempo fantasma. Seguimos em frente, esperamos o carro da polícia desaparecer e voltamos a cantar, amaciando a dura paisagem de Jackson Heights, tornando-a familiar, transformando-a em Jaikisan Heights.

Aquele foi meu verdadeiro período de exílio, quando forças superiores me impediam de voltar. Era diferente de nostalgia, que é um simples desejo de escapar da linearidade do tempo. Fiz, na capa do meu caderno escolar, um calendário que começava no início da primavera. Meu pai tinha dito, ou pelo menos era o que eu achava, que me mandaria para Bombaim no verão do meu penúltimo ano do curso secundário. Cada dia eu riscava o dia anterior e contava os que faltavam, como um condenado na prisão. O fim da tarde me deixava feliz, porque era um dia a menos nos Estados Unidos e um dia a mais rumo à minha libertação. Até que, na semana anterior às férias de verão, meu pai me disse que não poderia me mandar para a Índia. Mandaria no ano seguinte, depois que eu me formasse. Fiquei arrasado.

Eu existia em Nova York, mas vivia na Índia, viajando em pequenos trens de lembranças. Os campos ao anoitecer. Pássaros passando de volta para o ninho, o carro parando à beira da estrada e a gente saindo. Observando outra vez pequenas coisas: a complexidade da gameleira retorcida à margem da estrada, as formigas caminhando em volta. Urinamos no mato erguendo a cabeça para olhar em volta. É quente, perto e úmido: estamos novamente protegidos. Não há ninguém à vista, nos campos ou perto da cabana que se avista na distância. O jantar nos aguarda na cidade, na casa da tia, mas queremos ficar ali, parados, atravessar o campo sozinhos, ir à cabana do camponês, pedir água, ver se é possível passar uns dias nessa aldeia. Duas moscas surgiram e zumbem ao redor da nossa cabeça; tentamos urinar e afugentá-las ao mesmo tempo, estragando os sapatos. "*Bhenchod*", dizemos.

Eu sentia falta de poder dizer "*bhenchod*" para alguém que compreendesse. Não significa "fodedor da irmã". Seria literal demais, rude demais. É mais uma pontuação da fala, uma ênfase, tão inócua quanto "merda" ou "porra". Os diferentes países da Índia podem ser identificados pela maneira como cada um pronuncia essa palavra — do "*bhaanchod*", em punjabi, até o magro "*pinchud*", em bambaiyya, ao "*bhenchow*", em gujarati, ao elaborado "*bhen-ka-lowda*", em bhopali. Os pársis usam-na o tempo todo, avós, crianças de cinco anos, despreocupadamente, e sem outra intenção discernível que não seja ganhar tempo: "Aqui, *bhenchod*, me dê um copo de água", "Ah, *bhenchod*, fui ao *bhenchod* do banco outro dia". Quando menino, eu tentava, conscientemente, ficar o dia inteiro sem praguejar no meu aniversário. Jurávamos com os meninos jainistas: não vamos usar a palavra que começa com B nem a que começa com M.

Em meu primeiro inverno em Nova York, usando uma jaqueta de espuma que meus pais compraram em Bombaim, e que, na realidade, dispersava o calor do meu corpo pela atmosfera em vez de preservá-lo, e sugava o vento gelado em minha caminhada de quase dois quilômetros para a escola e o soprava em meu corpo, descobri que podia produzir mais calor gritando essa palavra. Caminhando contra o vento e a neve, de cabeça baixa, eu berrava "*Bhenchod! Bheyyyyyn-chod!*". A caminhada para a escola passava por sossegadas ruas residenciais no Queens, e os bons senhores irlandeses, italianos e poloneses que estavam em casa durante o dia devem ter ouvido essa palavra nos dias muito frios, gritada por um menininho moreno inadequadamente vestido para aquele clima.

Quando eu tinha dezessete anos e finalmente voltei para Bombaim de visita, três anos depois de ter partido, a cidade e os amigos tinham crescido de modo estranho. Fumavam cigarros, por exemplo, e eu, não. Bebiam muito, e eu, não. Nitin me mostrou um truque com a garrafa, rapidamente esvaziada, de Chivas Regal que eu levara: esfregou o fundo com as mãos até o vidro esquentar e então jogou dentro dela um fósforo aceso. Uma agradável chama azul crescia por um instante. Ele sabia o que fazer com a garrafa cheia, e sabia o que fazer com a garrafa vazia.

Meus amigos tinham trocado as pedras à beira-mar em frente do nosso prédio, que uma favela tomara por completo, pelas atrações de uma loja de videogame. No palácio do conjunto, que se tornara uma escola para meninas, havia brotado um andar extra. Fiquei ressentido. Precisávamos que os quartos da nossa infância permanecessem intocados, o mesmo quadro na parede, a cama no mesmo canto, a luz do sol entrando no mesmo ângulo, à mesma hora do dia. Senti que esse quarto fora alugado para um pensionista, e que eu nunca mais poderia voltar a ocupá-lo. Eu não era mais um habitante de Bombaim; a partir de então, minha experiência da cidade seria como NRI, *non resident Indian*, indiano não residente. Mas, mesmo quando ali vivi, havia mundos inteiros dentro da cidade que eram tão estranhos para mim como os campos de gelo do Ártico ou os desertos da Arábia.

Minha família tentou me atrair para o negócio de diamantes. Eu acordava e ia com meu tio para seu escritório. Não foi um aprendizado bem-sucedido. Logo me cansei do "sortimento", o arranjo de pedras faiscantes em diferentes lotes, de acordo com suas imperfeições. Eu cometia erros. "Seu pateta", dizia o sócio de meu tio, em 1980, "parece o presidente Carter." Não entrei no negócio, mas continuei indo e vindo, passando na Índia períodos cada vez mais longos, de até seis meses. Não se podia dizer que fossem viagens; era mais um trabalho de migrante. Eu recebia minhas encomendas do Ocidente — começara a escrever sobre a Índia — e me desincumbia delas no Oriente. Voltava a cada quatro anos, depois a cada dois, depois todos os anos. Ultimamente, tenho ido e voltado duas vezes por ano, para escrever sobre o país. "Olha o Suketu", disse um amigo, mostrando-me, encorajadoramente, a outro amigo, que voltara dos Estados Unidos e estava com saudades. "Ele agora é quase um viajante diário."

Voltei a Bombaim também para me casar. Conhecera minha mulher, que nasceu em Madras e foi criada em Londres, num avião da Air India, a metáfora perfeita para um encontro de exilados: nem aqui nem lá, mais felizes em trânsito. Eu ia para Bombaim e Sunita, para Madras. Conversamos sobre o exílio — e eu soube imediatamente.

Minha mãe estudara no Sophia College nos anos 1950, vindo da distante Nairóbi. Meu pai tomava o trem em Calcutá e três dias depois a apanhava em seu albergue, em Marine Drive, e os dois iam a pé até Nariman Point. Depois voltavam andando até Chowpatty, o jovem pretendente e sua noiva adolescente, para comer *chana bhaturas* — grão-de-bico e grandes *puris*, bolos fritos de trigo — no Cream Centre, ou ir ao Café Naaz tomar milkshake. Às vezes iam à galeria de arte Jehangir. Trinta anos depois, sem intenção consciente, vi-me percorrendo a cartografia do namoro de meu pai em companhia de outra moça indiana de fora. Caminhamos ao longo da baía; tiramos fotos na galeria de arte. Bombaim é onde minha família encontrou o amor. É onde meu tio, recém-chegado de Calcutá, viu minha tia num parque de diversões. Voltamos de lugares distantes — Nairóbi, Calcutá, Nova York — para procurar o amor.

No dia seguinte ao meu primeiro encontro com Sunita, um primo estava de partida para Kanpur e fui levá-lo ao Terminal Victoria. Quando o Expresso Gorakhpur entrou na estação, uma horda de trabalhadores migrantes que voltava para suas aldeias investiu contra ele. Os policiais usaram sarrafos de bambu para contê-los. Houve um imenso clamor, e fiquei de lado, observando, em desespero. Pensei na moça que eu acabara de conhecer, em sua beleza, em sua inglesice. Ela foi a maneira que encontrei de me distinguir daquele rebanho, de impedir que fosse aniquilado pela multidão. Naquele momento percebi que estava apaixonado. Estar com ela, com uma mulher fina como ela, faria de mim um indivíduo.

No dia seguinte, apaixonado, levei-a para a praia de Juhu. O mar molhava seus pés e tornava-a lânguida, vulnerável. Pus o braço em volta dela, e sua cabeça repousou em meu ombro. No terceiro encontro, no Sangam Bar, de frente para o mar da Arábia — onde, como descobri depois, meu pai cortejara minha mãe, e para onde meu tio levara minha tia —, depois de sete garrafas de London Pilsner, pedi Sunita em casamento. Ela riu.

No playground em Nova York, meu primeiro filho, Gautama, sempre hesitava; olhava para as outras crianças de longe. Eu o via sorrir para os outros, balançando para a frente e para trás. Mesmo quando respondiam ao seu sorriso, aproximavam-se e tentavam incluí-lo no grupo, ele corria, mantendo distância. Numa idade muito tenra, tenra demais, ele já sabia que era diferente.

Levei Gautama para seu primeiro dia na pré-escola, na 14th Street. Todos os meninos de dois anos falavam inglês, menos meu filho. Nós o criamos falando gujarati em casa. Os professores fizeram as crianças participar de um exercício, pedindo que levantassem as mãos; elas cantaram. Meu filho não entendia nada. Sentei-me com ele, sentindo-me angustiado. Os meninos de nosso prédio diziam: "Não sabe falar". Ele olhava para os outros, cheio de esperança, mas não o chamavam para brincar. Quando se sentava no jardim, comendo seu *khichri* — que os britânicos transformaram em *kedgeree* — em sua pequena tigela, a menina que morava do outro lado do saguão torcia o rosto. "Eeecaa." Foi isso que o colonialismo, cinquenta anos depois do fim do Império, fez com meu filho: tornou nossa língua horrenda, nossa comida incomível.

Então nasceu Akash, nosso segundo filho. Cada vez mais, pensávamos: é preciso levar nossos filhos de volta para casa. Nossos filhos precisam passar pela experiência de viver num país onde todo mundo é como eles. Onde possamos ir a um restaurante numa pequena cidade do interior sem que as cabeças se voltem imediatamente para nos olhar. Na Índia eles podem crescer confiantes, com um senso de eu único, que será bem recebido no eu maior. O lar não é uma entidade que possa ser consumida. Não se retorna às origens comendo certos alimentos, vendo e revendo filmes sobre elas na televisão. Uma hora é preciso viver lá novamente. O sonho de voltar precisa ser trazido à luz do dia, cedo ou tarde. Mas para onde voltar — Bombaim, Madras, a terra de Sunita, ou algum lugar barato e adorável no Himalaia? Em 1996, estive dois meses em Bombaim para escrever um artigo sobre os tumultos envolvendo hindus e muçulmanos. Desde que eu havia partido, esse foi o período mais longo que passei na cidade, que me pareceu hospitaleira. Sunita poderia voltar a estudar para obter seu mestrado. Há muitas Bombains; escrevendo um livro, eu esperava encontrar a minha.

Pouco antes de deixar Nova York, fui até uma revistaria onde sempre passeava à tarde. Eu nunca falara com o caixa. Peguei uma revista, levei-a ao balcão e descobri que tinha esquecido a carteira. Deixei-a de lado e disse ao caixa que voltaria logo. "Pague depois", disse ele, fazendo sinal para que eu passasse. "Sei quem você é."

Saí da loja eufórico. Naqueles cinco anos eu tinha transformado o East Village em minha casa. Casa é onde temos crédito na loja da esquina. Nova York, na gestão do prefeito Giuliani, passara por um renascimento. Deixamos uma cidade segura, onde se podia sair de um clube às quatro da manhã e ainda encontrar gente na rua, casais, namorados. Uma cidade que trabalhava, na qual o lixo era recolhido, a neve tirada em poucas horas, o trânsito era previsível, e os trens do metrô, frequentes e com ar-condicionado. Havia grupos em toda esquina.

Mas sempre que me sentia à vontade num lugar, nós nos mudávamos. Sempre que conhecíamos algumas pessoas, precisávamos ir para outro lugar, encontrar pessoas que não conhecíamos. Agora estávamos indo para a Índia, não como turistas, nem para visitar parentes. Além de meu tio em Bombaim e minhas tias em Ahmadabad e Kanpur, eu praticamente não tinha mais nenhum parente na Índia. Todos tinham se mudado — para os Estados Unidos, para a Inglaterra. A Índia para mim era o Novo Mundo. E Bombaim, a primeira terra avistada.

Ao voltar de um passeio à ilha de Elefanta, e ver o velho Taj Hotel estilo bolo de noiva, a imitação de arranha-céu de sua nova ala e o Portão da Índia na frente deles, sinto a levíssima lembrança do coração acelerado que os viajantes europeus que chegavam à Índia devem ter sentido, durante todos aqueles longos séculos. Depois de uma longa viagem, depois de contornar o cabo da Boa Esperança, depois de muitos perigos, tempestades e doenças, além deste maciço portão fica toda a Índia. Aqui há tigres, homens sábios e fome. Uma parada breve, uma pausa rápida para tomar um banho e dormir uma noite de sono em terra firme, antes que o trem saia de manhã cedo para a Índia real, a Índia das aldeias. Ninguém, naquela época, voltava a Bombaim para sempre; era só uma estação no meio do caminho entre o paraíso e o inferno. Chegava-se a Bombaim para passar por Bombaim.

Ela foi chamada de Heptanésia — a cidade das sete ilhas — por Ptolomeu no ano 150. Os portugueses a chamavam de Bom Bahia, Buon Bahia ou Bombaim — a "boa baía". Em 1538 chamavam-na também de Boa-Vida, a ilha da boa vida, devido aos belos bosques, aos jogos, à abundância de alimento. Outra história do nome refere-se ao sultão Kutb-ud-din, Mubarak Shah i, que governou as ilhas no século xiv, demoliu templos e se tornou um demônio: Mumba Rakshasa. Outros nomes indianos dessas ilhas eram Manbai, Mambai, Mambe, Mumbadevi, Bambai e agora Mumbai. É uma cidade de múltiplos pseudônimos, como os gângsteres e as prostitutas. Ondas de governantes foram donos desse grupo de ilhas: os pescadores hindus, os reis muçulmanos, os portugueses, os britânicos, os comerciantes pársis e gujaratis, os sheths (a que depois se juntaram os sindis, os marwaris e os punjabis), e, agora, finalmente, os nativos de novo, os maharashtrianos.

Quem olha Bombaim do alto e contempla sua localização — afaste o polegar do indicador num ângulo de trinta graus e verá a forma de Bombaim — reconhece que é uma bela cidade: o mar por todos os lados, as palmeiras no litoral, a luz que desce do céu e o mar devolve. Tem um porto, várias baías, riachos, rios, colinas. Do ar, percebem-se suas possibilidades. Vista do chão é diferente. Meu filho pequeno percebe isso. "Olhe", diz Gautama apontando com o dedo, enquanto dirigimos pela via expressa de Bandra Reclamation. "De um lado, aldeias, do outro, prédios." Ele identificou as favelas pelo que elas são: aldeias na cidade. O choque visual de Bombaim é o choque da justaposição. E ele é logo seguido por violentos choques para os outros quatro sentidos: o barulho contínuo do tráfego entrando pelas janelas abertas num país quente; o cheiro de peixe bombil secando em varais a céu aberto; o toque úmido inescapável de muitos corpos morenos na rua; o calor abrasador do picante molho de alho no sanduíche de *vadapav*, na primeira manhã de exaustão depois da mudança de fuso horário.

Desde a fundação da cidade houve uma cultura de Bombaim, única na Índia. Bombaim é transação — *dhandha*. Foi fundada como cidade comercial, erguida na entrada do resto do mundo, e todos eram bem-vindos, desde que quisessem negociar. Gerald Aungier, governador da Companhia das Índias Orientais de 1672 a 1675, deu-lhe liberdade de religião e de movimento, num claro repúdio à política feudal e religiosa dos portugueses. Depois disso, Bombaim floresceu como porto livre em todos os sentidos da palavra. Quando a Guerra Civil americana interrompeu o fornecimento de algodão para a Inglaterra, Bombaim aproveitou a brecha e ganhou em cinco anos, de 1861 a 1865, 81 milhões de libras esterlinas a mais do que ganhava normalmente com algodão. Após a abertura do canal de Suez, em 1869, que reduziu pela metade o tempo da viagem para o Império, Bombaim tornou-se de fato o portão da Índia, suplantando Calcutá como a cidade mais rica do Império Indiano. E todos vieram, de todas as partes da Índia e do mundo: portugueses, mughalis, gujaratis, pársis, maratas, sindis, punjabis, biharis... americanos.

No mapa da região metropolitana de Mumbai, publicado pela Agência de Desenvolvimento Regional, a terra fora dos limites aparece como Costa Ocidental da Índia. Provavelmente, trata-se de imprecisão do cartógrafo, mas a distinção é significativa e válida. Só no fim do século xix Bombaim começou a pensar em si mesma como cidade indiana. E ainda hoje há gente que preferiria que Bombaim fosse cidade-Estado, como Cingapura. Oh, dá para imaginar se fôssemos como Cingapura, dizem. Livres da obrigação de carregar o fardo desse enfadonho país, como o jovem casal cuja tia acamada, que sustentavam e tratavam há longos e dolorosos anos, acabou de morrer. É sempre traumático estabelecer a ligação entre uma cidade e o interior. Com os tumultos de 1992-93 envolvendo hindus e muçulmanos e explosões de bombas em Bombaim, e a demolição por via aérea do World Trade Center em Nova York em 2001, certa noção de geografia alterou-se junto com o perfil do horizonte: a ideia de que a cidade insular pode viver separada da massa continental imediatamente a leste — Índia, no caso de Bombaim; o resto do mundo, no caso de Nova York. Tudo isso, achávamos, aconteceu lá, com outras pessoas.

O Portão da Índia, um arco de basalto amarelo com quatro torres, foi construído em Bombaim em 1927, para comemorar a chegada, dezesseis anos antes, do rei da Grã-Bretanha, George v; em vez disso, assinalou sua saída permanente. Em 1947, debaixo daquele mesmo arco, os britânicos deixaram seu império, os últimos soldados de suas tropas marchando melancolicamente para tomar seus últimos navios. Bombaim, para minha família também, era a cidade-limiar; foi onde fizemos uma parada de dez anos em nossa viagem de

Calcutá para os Estados Unidos. Sentamo-nos e descansamos algum tempo debaixo do arco, até nosso navio chegar. Cidades são portões: para o dinheiro, para o emprego, para os sonhos e demônios. Um migrante do estado do Bihar um dia chega à América; mas primeiro precisa passar um tempo no campo de treinamento de recrutas do Ocidente: Bombaim, estação de aclimação.

A população da Grande Bombaim, atualmente 19 milhões de habitantes, é maior do que a de 173 países do mundo. Se fosse um país em 2004, estaria em 54º lugar. As cidades deveriam ser examinadas como se fossem países. Cada cidade tem sua cultura, como os países têm uma cultura nacional. Há algo de peculiarmente bombainense nos bombainenses, como ocorre com nova-delhienses, nova-iorquinos, parisienses — o jeito de andar das mulheres, o que os jovens gostam de fazer à noite, como definem a diversão e o horror. O crescimento da megacidade é um fenômeno asiático: a Ásia tem onze das quinze maiores do mundo. Por que os asiáticos vivem nas cidades? Talvez porque gostemos mais de gente.

A Índia não é um país superpovoado. Sua densidade demográfica é mais baixa do que a de muitos outros países que não são vistos como superpovoados. Em 1999, a Bélgica tinha uma densidade demográfica de cinquenta habitantes por quilômetro quadrado; a Holanda, 57; a Índia, menos de 46. As cidades da Índia é que são superpovoadas. Cingapura tem uma densidade de 978 habitantes por quilômetro quadrado; Berlim, a cidade europeia mais abarrotada, tem 436 habitantes por quilômetro quadrado. A cidade insular de Bombaim tinha uma densidade de 6776 habitantes por quilômetro quadrado em 1990. Partes do centro de Bombaim têm uma densidade demográfica de 386 100 pessoas por quilômetro quadrado. É a maior concentração de indivíduos em qualquer ponto do planeta. Eles não vivem espalhados uniformemente pela ilha. Dois terços dos moradores da cidade concentram-se em apenas 5% da área total, enquanto o terço mais rico, ou mais protegido pelos aluguéis, monopoliza 95%.

Cinquenta anos atrás, quem quisesse saber onde as coisas aconteciam na Índia tinha de ir às aldeias. Elas contribuíam com 71% do produto interno líquido em 1950. Hoje, é preciso ir às cidades, responsáveis por 60% do produto interno líquido. Bombaim paga 38% dos impostos do país. O que a torna superpovoada é o empobrecimento da zona rural, de modo que um jovem com a cabeça cheia de sonhos toma o primeiro trem para lá e vai viver na calçada.

Se os problemas das aldeias fossem resolvidos, os problemas da cidade seriam resolvidos, como feliz efeito colateral.

"Bombaim é um pássaro de ouro." Um homem que vive numa favela, sem água, sem privada, me explicava por que viera, por que as pessoas continuam a vir para cá. No Bayview Bar, do Oberoi Hotel, pode-se pedir uma garrafa de Dom Pérignon pelo equivalente a uma vez e meia o salário médio anual, isso numa cidade onde 40% das casas não dispõem de água potável. Outro homem diz o mesmo de outra forma: "Ninguém morre de fome em Mumbai". Estava sendo muito literal. Pessoas ainda morrem de fome em outras partes da Índia. Em Bombaim, há centenas de clínicas de emagrecimento. De acordo com um nutricionista que dirige uma delas, as modelos mais famosas estão à beira da anorexia. É assim que os bombainenses sabem que vivem separados do resto da Índia. "Em qualquer classe social em Bombaim", explica o nutricionista, "há mais gente querendo perder do que ganhar peso."

Bombaim é a maior, mais gorda, mais rica cidade da Índia. Talvez tenha sido Bombaim que Krishna descreveu no 10º Canto do Bhagavad Gita, quando o deus se manifesta em sua plenitude:

Eu sou a morte que tudo destrói
E a origem dos seres que ainda vão nascer...
Eu sou a aposta dos vigaristas;
O esplendor dos esplêndidos.

É a cidade elevada ao máximo, a cidade máxima.

O PAÍS DO NÃO

"Você me consegue uma ligação de gás?"
"Não."
"Você me consegue um telefone?"
"Não."
"Dá para conseguir uma escola para os meus filhos?"
"Acho que não é possível."
"Minhas encomendas chegaram dos Estados Unidos?"

"Não sei."
"Pode verificar?"
"Não."
"Você pode fazer uma reserva no trem?"
"Não."

A Índia é o País do Não. Esse "não" é um teste. É preciso ser aprovado nele. É a Grande Muralha da Índia; impede a invasão de estrangeiros. Persegui-lo com energia e derrotá-lo é um desafio. Na tradição *guru-shishya*, o noviço é repelido repetidamente na primeira vez em que procura o guru. Depois o guru deixa de dizer não, mas também não diz sim; tolera a presença do aluno. Quando começa a aceitá-lo, passa-lhe uma série de tarefas manuais, com o objetivo de afugentá-lo. O discípulo precisa enfrentar todos esses estágios de rejeição e maus-tratos, se quiser ser considerado digno do conhecimento sublime. A Índia não é país para turistas. Só se revelará àqueles que permanecem a despeito de tudo. O "não" talvez nunca se torne "sim". Mas deixa-se de perguntar.

"Será que você me aluga um apartamento por um preço que eu possa pagar?"

"Não."

Quando volto de Nova York, sou um indigente em Bombaim. O preço de um bom apartamento na parte do sul da cidade, onde fui criado, é de 3 mil dólares por mês, mais 200 mil dólares de depósito, a serem devolvidos em rupias e sem juros. Isso porque os preços dos imóveis caíram 40%. Ouvi um corretor discutir ao telefone com outro corretor que representava um apartamento que eu ia ver. "Mas ele é *americano*, tem passaporte americano e visto americano; tudo como manda o figurino. A mulher tem visto britânico... O quê? Sim, originariamente, é indiano." Depois, ele se vira e me diz, em tom de desculpa: "É só para estrangeiros". Como me explicou outro corretor: "Indianos não alugam para indianos. Seria diferente se você tivesse a pele cem por cento branca". Pelo menos isso é sinal de que meu passaporte não muda coisa alguma. Pertenço à grande horda morena de ladrões, por mais longe que eu vá. Em Varanasi, não me deixaram entrar em albergues de mochileiros com o mesmo argumento: sou indiano, posso estuprar as mulheres brancas.

A Terra é redonda e a gente viaja nela, mas no fim acaba voltando ao mesmo ponto no círculo. "Procure em toda parte, mas garanto que você vai morar em Dariya Mahal", previu meu tio. Não era o apartamento que eu desejava, depois da precipitação inicial. Da segunda vez que o vi, não gostei. Mas sinto que jamais conseguirei morar em qualquer outro lugar de Bombaim. O universo é teleológico. Fui criado no terceiro prédio ao redor do palácio. Meu avô morou no primeiro. Agora voltei para morar no segundo, completando a trilogia. O tempo fantasma e o presente não têm limites. Foi aqui que apanhei do valentão, foi aqui que vi meu amor de verdade no Holi, o festival das cores, foi aqui que os homens fizeram a pirâmide para chegar ao pote de ouro, era aqui que o misterioso trailer chamado Nefertiti sempre estacionava. Acho que qualquer dia desses me encontrarei comigo mesmo, o estranho dentro de mim, chegando ou saindo. O corpo, seguramente sepultado no túmulo, se erguerá e, encolhendo-se, galopando, me alcançará por trás.

O empregado do escritório de meu tio, nosso vizinho de infância em Dariya Mahal 3, me diz que Dariya Mahal 2 é "cosmopolita". É assim que os corretores de Nepean Sea Road descrevem um prédio não dominado por gujaratis. Para um gujarati, isso não é recomendação. "Cosmopolita" significa o mundo inteiro, exceto os gujaratis e os marwaris. Inclui sindis, punjabis, bengalis, católicos e Deus sabe quem mais. Não vegetarianos. Divorciados. Quando garoto, sempre fui fascinado pelas famílias "cosmopolitas". Achava as meninas cosmopolitas as mais lindas, fora do meu alcance. Os gujaratis entre os quais fui criado correspondiam ao estereótipo de Nehru de povo "de feições miúdas, mercantil". A paz de uma família gujarati repousa na ausência de tensão sexual interna; é um oásis isolado da luxúria do mundo. É a mais vegetariana e a menos marcial das comunidades indianas. E serena. "Como vai?", pergunta um gujarati para outro gujarati. "De bom humor", é a resposta padrão, seja atravessando um terremoto ou uma falência.

Tivemos uma reunião com o dono do apartamento, um gujarati vendedor de diamantes, para negociar o contrato. O senhorio é um jainista de Palanpur e estritamente vegetariano. Pergunta a meu tio se nós também somos. "Ah, a mulher dele é brâmane! Ainda mais do que nós!", responde meu tio. E é nesse ponto que conseguimos nosso desconto vegetariano: 20% do preço pedido. Mas nas palavras de meu tio fica evidente o sutil desdém com que os vaixás — a casta dos comerciantes — veem os brâmanes. Os brâmanes são os *pantujis*, os professores, gente direita. Não são bons em negócios. Ansiosos para chegar em casa nos funerais para comer. Qualquer que tenha sido o motivo que levou meus antepassados a mudar de casta séculos atrás — de brâmane nagar para vaixá —, o resultado foi bom para nós. A mudança de casta é um mecanismo de sobrevivência evolucionária. Brâmane em tempos de temor a Deus; vaixá em tempos de endeusamento do dinheiro. E estamos numa cidade naturalmente capitalista — uma vaixá-*nagra* —, uma cidade que compreende os humores e movimentos do dinheiro.

Meu pai tem uma regra para escolher o apartamento onde vai morar: é preciso que se possa trocar de roupa sem ter de fechar as cortinas. Essa regra simples, se observada, garante duas coisas: privacidade e entrada suficiente de ar e luz. Esqueci essa máxima quando fiz o depósito pelo apartamento no segundo andar em Dariya Mahal. Ele é circundado por grandes edifícios. As pessoas que caminham lá embaixo ou ficam nas sacadas nos prédios em volta podem espiar todos os cantos do meu apartamento, observando-nos enquanto cozinhamos, comemos, trabalhamos, dormimos. Há vinte andares no edifício e dez apartamentos em cada um. Cada apartamento tem em média seis moradores e três empregados; a distribuição de pessoal de apoio ocasional (vigias, operários, faxineiros) é de um por apartamento. Isso dá um total de 2 mil pessoas no edifício. Mais 2 mil vivem no prédio vizinho, e 2 mil no que fica logo atrás. A escola no meio tem 2 mil pessoas, entre alunos, professores e funcionários. São 8 mil seres humanos vivendo em poucos milhares de metros quadrados. É a população de uma cidade pequena.

O apartamento para onde nos mudamos foi projetado por um sádico, um brincalhão ou um idiota. A janela da cozinha só ventila — ou melhor, esquenta — a geladeira, pois não há como instalar cortinas e o sol bate direto ali. Quando ligo o ventilador num canto escuro da cozinha, a chama do gás se apaga, pois o lugar do fogão fica bem debaixo do ventilador. A única maneira de ventilar a sala de estar é abrindo a janela do gabinete, para que a brisa do mar entre. Mas com ela vem uma duna de poeira densa, escura e granulosa, junto com uma quantidade espetacular de imundície. (Uma vez achamos na cama um cone de plástico de sorvete, ainda com uma camada de xarope e creme.) Também recebemos sacos de leite de polietileno usados, uma tampa de panela manchada de bétele e até uma fralda suja de cocô. O ar lá fora é uma chuva de pequenas sacolas de plástico, que substituíram as pipas de quando eu era menino. Às cinco da tarde a sala de estar está escura, pois nosso andar é muito baixo. Precisamos deixar o ar-condicionado ligado e as luzes acesas o tempo todo, e nossa conta de luz atinge valores monstruosos, o preço que precisamos pagar para manter o meio ambiente lá fora.

    O apartamento é mobiliado no estilo luxuoso dos vendedores de diamantes. Vendedores de diamantes têm uma visão especial da boa vida. Não chega a ser vulgar, porque esses vendedores de diamantes são, na maioria, jainistas: discretos, equilibrados, vegetarianos, abstêmios e monógamos em sua vida pessoal. Numa festa, no caso dos que vão a festas, são vistos segurando copos de coca-cola, de camisa branca e calça escura. Não têm amantes, ficam casados a vida inteira com a mesma mulher e são bons para os filhos. Mas uma certa extravagância se manifesta na mobília e na decoração que escolhem. Assim, a decoração do nosso apartamento salta diante dos olhos como uma intempérie. Um enorme abajur de porcelana domina a sala de estar, com três ninfas gregas seminuas saltitando, cada uma segurando com a mão em concha o seio da ninfa mais próxima, as cabeças enfeitadas por uma chuva de folhas de cristal iluminadas. A mesa de jantar de vidro, com ornamentos de ouro legítimo entremeados, é flanqueada por dois lustres, um deles uma gigantesca pera amarela e o outro um gigantesco morango cor-de-rosa, que, quando se vira um interruptor, se enche de vida frutuosa. Um candelabro com folhas cor-de-rosa agiganta-se sobre nossas cabeças quando nos sentamos em sofás forrados de tecido vermelho vivo, com tranças douradas pendentes, que meus filhos costumam puxar. O quarto principal continua nessa veia arbórea, com um par de galhos dourados no teto, cujas folhas gigantescas cobrem lâmpadas de cem watts; trepadeiras sobem pelas portas do guarda-roupa, pintadas num vivaz tom de verde. Ao abrir uma porta do guarda-roupa, nossa visão é inundada por uma cascata pintada do lado de dentro. No gigantesco espelho, um sol de olho aberto estende suas gavinhas pelo vidro. O espelho do outro quarto explode numa galáxia de estrelas azuis; vitrais com ondas azuis, vermelhas e verdes cobrem as pequenas janelas. A mobília faz um barulho assustador, dia e noite.

    Aos poucos, a casa se ajeita. Os proprietários não levaram todos os seus objetos. Os closets do apartamento produzem muitos deuses, jainistas e hindus. Nós os guardamos nas gavetas. E colocamos os nossos numa prateleira do estúdio. Tiramos, apesar dos protestos do senhorio, o candelabro cor-de-rosa e o abajur grego. Ele fica magoado quando lhe contamos sobre o abajur. "Quando você tirou o candelabro, eu não disse nada, mas quando removeu a estátua, não gostei." Apresso-me a assegurar-lhe que não estou pondo seu gosto em dúvida, mas protegendo a obra-prima das más intenções de meus filhos pequenos.

Todos os dias o apartamento é varrido e esfregado. Descobrimos o sistema de castas dos empregados: a empregada que mora em casa não limpa o chão; isso é tarefa da "empregada livre". Nenhuma das duas limpa os banheiros, domínio exclusivo de um bhangi, membro de casta mais baixa que não faz outra coisa. O motorista não lava o carro; isso é monopólio do vigia do prédio. O apartamento fervilha de empregados. Acordamos às seis da manhã, quando a mulher do lixo vem fazer a coleta do lixo da véspera. Depois disso, a campainha toca continuamente, o dia inteiro: o leiteiro, o entregador de jornal, o amolador de facas, o catador de papel e comprador de garrafas vazias, o massagista, o homem da TV a cabo. Todos os serviços do mundo trazidos à minha porta, cedo demais.

A montanha se move, um milímetro de cada vez. Tomadas de três pinos são colocadas. Televisão a cabo e linhas telefônicas ao estilo americano são instaladas. Logo teremos cortinas e poderemos andar nus pela casa, teste definitivo de que um lugar é mesmo nossa casa. Abrimos conta num vendedor de coco; ele nos trará água de coco fresca todas as manhãs. Os elementos de uma vida luxuosa estão sendo montados. De manhã, tomaremos água de coco; de tarde, vinho. Na primeira noite em que pus a cozinha para funcionar, preparei um jantar italiano: farfalle com cogumelos e tomate seco e uma salada de pimenta, cebolinha, tomate e pepino, acompanhados de vinho branco dos Sahyadris, um chardonnay aceitável. O que dá caráter à comida é o azeite siciliano que comprei numa loja de massas na East 10th Street, o maior objeto na bagagem que eu trouxe de volta para casa.

Durante um mês depois da chegada de minha família, andei à procura de encanadores, eletricistas e carpinteiros, como Werther à procura de Lotte. O eletricista que faz serviços no prédio é um sujeito calmo, que vem no fim da tarde, conversa comigo sobre a fiação do apartamento, que conhece bem de múltiplas visitas anteriores, e emenda as coisas para que funcionem apenas durante algum tempo, garantindo, com isso, muitas visitas futuras. A única linha telefônica que permite fazer ligações internacionais para de funcionar. Uma semana antes, foi a outra linha. Muitas pessoas de boa situação financeira têm duas linhas, porque uma está sempre pifando. Depois é preciso chamar o departamento telefônico, e subornar os operários, para consertar a linha. É do interesse deles ter um sistema telefônico de má qualidade.

Já meu encanador eu gostaria de poder assassinar. É um camarada lerdo, maldoso, com dentes irregulares manchados de bétele. Ele joga os moradores uns contra os outros, dizendo às pessoas, em cima e embaixo de mim, que eu deveria pagar para consertar os numerosos vazamentos dos meus banheiros, e depois me dizendo que eu deveria convencê-*los* a pagar. O aquecedor de água, os interruptores de luz, as torneiras, as descargas e os ralos não funcionam direito. Grandes gotas de água marrom começam a pingar do teto. O presidente da sociedade construtora me explica: todos os canos do prédio estão ferrados. Os canos de esgoto que deveriam ficar do lado de fora foram embutidos. Os moradores fazem suas próprias modificações e não permitem que o encanador do prédio entre nos apartamentos para consertar vazamentos. Os canos não seguem uma linha reta; sempre que alguém faz uma reforma, que é um processo contínuo, contrata um encanador para tirar os canos, se estiverem atrapalhando. Isso impede o fluxo natural do esgoto e da água limpa, misturando-as. Se alguém seguisse o caminho da água do esgoto do vigésimo para o primeiro andar, veria que ela faz tantos zigue-zagues quanto uma estrada de montanha. A cada curva do encanamento, acumula-se um bolo de sujeira, que bloqueia a passagem. A prefeitura não aplica nenhuma das leis sobre alterações não autorizadas. A água de esgoto está sempre ameaçando subir para meu banheiro, como em outros apartamentos. As artérias do prédio estão entupidas, esclerosadas. Sua pele está se soltando. É um prédio doente. Enquanto isso, pago aluguel todos os meses ao meu senhorio pelo privilégio de consertar seu apartamento.

Também tivemos de reaprender a enfrentar filas. Em Bombaim, as pessoas vivem esperando na fila: para votar, para conseguir um apartamento, para arranjar um emprego, para sair do país; para fazer reservas no trem, dar um telefonema, ir ao banheiro. E quando chega nossa vez, alguém nos torna cientes de que estamos atrapalhando todas as centenas, os milhares, os milhões de pessoas atrás de nós. Depressa, depressa, resolva logo seu assunto. Quem é o próximo da fila nunca fica atrás do primeiro da fila; fica sempre ao lado dele, como se estivesse com ele, para que possa ocupar o lugar dando apenas um passo de lado.

Tudo isso toma a maior parte do tempo que passamos acordados. É uma cidade hostil aos forasteiros, ou aos que voltam cheios de nostalgia. Podemos abrir caminho com a força de nossos dólares, mas, mesmo quando a cidade cede, fica ressentida conosco, que a obrigamos a ceder. A cidade geme sob a pressão de 380 mil pessoas por quilômetro quadrado. Ela não me quer mais do que quer o migrante pobre do Bihar, mas não pode chutar nenhum dos dois para fora. Por isso, torna a vida desconfortável para nós com sua guerra de guerrilha, com constantes disparos de franco-atirador, criando pequenas crises todos os dias. Toda essa irritação resulta numa raiva assassina na cabeça, especialmente quando se vem de um país onde as coisas funcionam melhor, onde as instituições são mais receptivas.

Muito antes da virada do milênio, indianos como o falecido primeiro-ministro Rajiv Gandhi falavam em levar o país para o século xxi, como se o século xx pudesse ser pulado antes de concluído. A Índia quer a modernidade; quer computadores, tecnologia da informação, redes neurais, vídeo sob demanda. Mas não há garantia de fornecimento constante de eletricidade na maior parte do país. Nesta, como em todas as outras áreas, o país está convencido de que pode pular a etapa básica recorrendo ao salto com vara: desenvolver computadores e institutos de administração de nível internacional sem proporcionar alfabetização; oferecer cirurgia cardíaca avançada e instrumentos para diagnóstico por imagem enquanto as doenças infantis mais facilmente evitáveis se espalham sem controle; vender máquinas de lavar que dependem de um fornecimento de água inexistente, em lojas que passam a maior parte do dia no escuro por falta de luz; apoiar uma dúzia de empresas privadas e públicas que oferecem serviços de telefonia celular enquanto a rede básica de telefone do país está numa situação terrível; dirigir um grande número de carros que vão de zero a noventa quilômetros por hora em dez segundos, sem vias onde os carros possam fazer isso sem matar tudo dentro e fora, homens e animais.

É uma visão otimista do progresso tecnológico: se visarmos a Lua, de algum modo passaremos por cima, automaticamente, das inconvenientes fases intermediárias. A Índia tem o terceiro maior pool de mão de obra técnica do mundo, mas um terço de sua população de 1 bilhão de pessoas não sabe ler nem escrever. Um cientista indiano pode projetar um supercomputador, que não vai funcionar porque o técnico subordinado não conseguirá fazer sua manutenção adequadamente. O país produz alguns dos melhores cérebros do mundo na área de tecnologia, mas não ensina meu encanador a consertar, para valer, um vazamento de banheiro. Ainda tem um sistema educacional orientado pelos brâmanes; aqueles cujo ofício requer o uso das mãos devem aprender por conta própria. Educação tem a ver com ler e escrever, com abstrações, com pensamentos mais elevados.

Como resultado disso, no País do Não nada é consertado da primeira vez. Não se chama um consertador, mantém-se com ele uma relação. Não se pode chamar sua atenção de modo muito agressivo para o fato de que ele é incompetente ou vigarista, porque precisamos dele para consertar o que ele quebrou em sua primeira visita. Os indianos são artesãos de gênio, mas a produção em massa, com sua padronização, não é para nós. Todas as coisas modernas falham regularmente em Bombaim: canos, telefones, o movimento de imensos blocos de tráfego. Bombaim não é a arcaica ideia indiana de cidade. É a imitação de uma cidade ocidental, talvez Chicago dos anos 1920. E, como todas as imitações do Ocidente aqui — as canções pop em híndi, os utensílios, os sotaques que as pessoas adquirem, as festas que os ricos oferecem —, essa imitação também não é nada.

A grande luta seguinte no País do Não é conseguir uma ligação de gás. O governo tem o monopólio do fornecimento de gás de cozinha, distribuído em pesados cilindros vermelhos. Quando vou ao escritório da área de Malabar Hill e peço um cilindro, o funcionário diz: "Não há cota". Os planos quinquenais do país não têm fornecido gás de cozinha suficiente para todos.

"Quando haverá cotas?"

"Talvez em agosto."

Estamos em maio. Até lá, comeremos sanduíche.

Muitos me aconselham a tentar o mercado negro. Dirijo com minha tia para tentar sequestrar o homem que entrega o gás; nós o vemos passar de bicicleta pela Harkness Road. Minha tia salta e pergunta quanto ele quer para me arranjar um cilindro. Ele explica que o cilindro não é problema, difícil é conseguir um conector; promete falar conosco quando conseguir um conector no mercado negro.

Minha amiga Manjeet sugere que eu leve sua mãe a outro escritório de gás. Ela conhece os caminhos de Bombaim. Entramos, e digo ao funcionário:

"Preciso de um cilindro de gás, por favor". Explico o problema que tive com o outro escritório, a falta de cota.

"Você conhece algum membro da Câmara Alta do Parlamento, o Rajya Sabha?", pergunta o funcionário.

"Não. Deveria conhecer?"

"Se conhecesse, seria fácil. Todos os membros do Rajya Sabha têm uma cota de cilindros de gás que podem ceder a quem quiserem."

Nesse momento, a mãe de Manjeet intervém. "Dois filhos pequenos! Ele não tem gás nem para ferver o leite. Estão chorando por leite. O que acha que ele deve fazer sem gás para ferver o leite dos dois filhos pequenos?"

Na manhã seguinte, temos um cilindro de gás na cozinha. A mãe de minha amiga sabia o que fazer para comover a burocracia. Não se preocupou com regras oficiais, procedimentos e formulários. Fez um apelo ao coração dos funcionários do escritório; eles também têm filhos. Então eles deram a informação de que havia uma brecha: se eu encomendasse um tanque de gás comercial, maior e mais caro do que o doméstico, seria imediatamente atendido. Ninguém me dissera isso. Mas, uma vez estabelecida a ligação emocional, o resto foi fácil. Quando os funcionários da companhia de gás resolveram fazer de conta que minha família era uma empresa, começaram a entregar os cilindros a cada dois meses, com grande eficiência, estimulados pela cena dos meus dois filhos pequenos chorando por leite.

Mas o cilindro de gás, que deveria durar três meses, acaba em três semanas. Em algum ponto da cadeia de fornecimento a maior parte dele foi sugada e vendida no mercado negro. Para nós, isso significa que ele se esgota na manhã do dia em que temos convidados para jantar. A única maneira de garantir o fornecimento contínuo de gás de cozinha é ter dois cilindros. Todo mundo tem seu negócio fraudulento e recebe dois cilindros em seu nome; transferem um para um endereço anterior ou subornam um funcionário para conseguir o segundo; somos todos cúmplices. Um homem que ganhou dinheiro de modo desonesto é mais respeitado do que um que ganhou dinheiro trabalhando, porque a ética de Bombaim é a da ascensão rápida e a fraude é um atalho. Uma fraude demonstra bom senso comercial e agilidade mental. Qualquer um é capaz de trabalhar duro e ganhar dinheiro. O que há de admirável nisso? Mas uma fraude bem executada, isso, sim, é uma beleza.

DUAS MOEDAS

Discutimos se é conveniente comprar um carro. As ruas fervilham de carros, todo tipo de carro, não apenas o duopólio Fiat-Ambassador que reinava na cidade quando saí. Porém todos esses carros novos têm apenas as mesmas ruas velhas para usar. São mais velozes do que nunca, mas o tráfego nunca foi tão lento. Quando você entra no seu novo Suzuki, Honda ou BMW, com o motor a injeção ansioso para partir, a melhor coisa a fazer é domá-lo, pois a velocidade média numa viagem de carro em Bombaim não passa dos 20 km/h por hora. Em Marine Drive, por exemplo, a única via onde se pode acelerar um carro, a velocidade média caiu de sóbrios 55 km/h em 1962 para 40 km/h em 1979, e para rastejantes 25 km/h em 1990. À noite, Marine Drive fica entupida de jovens a caminho de Nariman Point, o som de música pop saindo dos rádios em volume máximo pelas janelas abertas — e disputando corrida uns com os outros a 40, até mesmo 50 km/h.

Uma feliz consequência disso é que o número de acidentes de trânsito na cidade diminuiu, de um total de 25 477 com 365 mortes em 1991 para 25 214 acidentes com apenas 319 mortes em 1994. Isso confirma algo que constatei, pessoalmente, em Bombaim: quando eles dirigem como loucos, quase ninguém parece ficar ferido. Não andam numa velocidade suficiente para causar danos graves e conseguem frear num instante.

As cidades modernas não fizeram as pazes com o automóvel. As cidades são como são por causa dos carros; as pessoas que os dirigem podem viver cada vez mais longe do centro. Uma grande cidade cresce por causa dos seus automóveis; Bombaim está morrendo vítima deles. Para cada apartamento nestes três prédios há dois carros. O resultado é que os empregados dos prédios passam o tempo todo tirando e botando carros de estacionamentos. E não ajuda o fato de garagens terem sido convertidas em armazéns, consultórios médicos e lojas de fotocópias. Nenhuma preparação foi feita para a construção de uma área comercial quando Malabar Hill explodiu. Os caminhos desapareceram, e crianças pequenas que andavam pelas ruas cuidavam da própria vida. O território de minha meninice sempre foi uma batalha entre meninos e automóveis. Brincávamos no meio e em volta dos carros. Mas os carros têm a mesma vantagem dos insetos sobre a inteligência humana: a fecundidade. O automóvel venceu. Agora nenhuma criança brinca no estacionamento. Elas ficam em casa, vendo televisão.

Logo depois que nos mudamos, minha amiga Manjeet vem nos visitar. Ela precisa estacionar, mas descubro que outro carro ocupa a vaga designada para meu apartamento. Desço e encontro Manjeet, pálida, sentada no carro, circundada por um círculo ameaçador de guardas e empregados. Reclamo com o vigia e ele aponta para um homem no saguão: um homem muito bêbado, de seus quarenta e poucos anos, baixo mas com um grande bigode, que quer saber quem eu sou. Exijo que ele se identifique. "Sou do comitê de estacionamento do prédio!", diz ele aos berros, inclinando-se sobre mim.

Enquanto isso, o círculo de arruaceiros joga tampas de garrafa e pequenas pedras no carro de minha convidada. Finalmente consigo arrancar deles o nome do dono do carro e vou ao seu apartamento, no primeiro andar. Ele está descansando, de *dhoti*, e parece supor que tem o direito de estacionar na minha vaga, que há muito tempo não é usada. "Seu apartamento ficou fechado um ano, um ano e meio." Faço-o descer comigo para tirar o carro; estou furioso, e digo-lhe que vou chamar a polícia para levar o bêbado. "Não faça isso", diz o homem, fitando-me. Ele para, ainda me olhando sem sorrir. "Você não sabe do que ele é capaz."

Meu vizinho tira seu carro e volto a tomar posse do meu espaço. O bêbado caminha vagarosamente e para ao lado do carro de Manjeet. Está acompanhado de um jovem, que lhe pergunta o que houve. Saio do carro e levo minha amiga para meu apartamento. Logo depois, o jovem aparece. "O pneu do carro de sua convidada foi esvaziado. Mas não desça agora, ele ainda está lá. Agora vou levá-lo para casa, e depois eu vou com você até a bomba de gasolina para encher o pneu."

"Vou descer e acabar com a vida dele."

"Não faça isso. Você tem família, e precisa viver aqui."

O bêbado, conta-me o rapaz, é médico. Mora no oitavo andar e é conhecido como um sujeito malvado. "Por que você se mudou para cá?", ele pergunta. "Todo mundo está se mudando daqui." Mesmo se levarmos em conta que estamos em Bombaim, o prédio é extraordinariamente mal administrado. Passo boa parte da noite acordado. Algo foi trazido para minha casa: a violência em Bombaim pode atacar muito perto de nós, a qualquer momento. E esta disputa, como sempre, é sobre espaço — no caso, espaço para um carro —, a usurpação ilegal de espaço e a defesa dessa usurpação com o poder dos músculos. "Há quanto tempo você mora aqui?", o médico tinha me perguntado, aos berros, muitas vezes. O sujeito do primeiro andar, já acostumado a deixar o carro lá, fez a mesma pergunta. Esta é uma comunidade de insiders, uma panelinha que vive no prédio há muito tempo; eles perguntam ao recém-chegado que direito ele tem de exigir seus privilégios legais. E são donos dos guardas que deveriam fazer esses privilégios valerem para mim.

As guerras do século XXI serão travadas em torno de vagas para estacionar.

Nossos dias em Bombaim são tomados pela luta contra as doenças que atacam nossos filhos, nascidos no exterior. Gautama está há duas semanas com disenteria amebiana; ele se alivia pelo assoalho, e quando tira a camiseta dá pena olhar: todas as costelas aparecem. A comida e a água em Bombaim, a cidade mais moderna da Índia, estão contaminadas de fezes. A disenteria amebiana é transmitida pelas fezes. Alimentamos nosso filho com fezes. Podem ter vindo na manga que lhe demos; podiam estar na piscina onde o levamos para nadar. Podem ter vindo pelas torneiras de casa, pois a tubulação de esgoto em Bombaim, instalada na época dos ingleses, vaza para a tubulação de água, que corre paralela. Não há como se defender. Tudo é reciclado neste país imundo, que envenena suas crianças, alimentando-as com uma dieta de suas próprias fezes.

Em Bombaim, há sempre "algo acontecendo". Em outros países, há um reino dos doentes e um reino dos saudáveis. Aqui, os dois são uma coisa só. Aqui, é como se disputássemos um contínuo torneio de doenças em nossa família. Sunita e eu contraímos algo que o médico chama de "faringite granular". Se não quisermos padecer desta moléstia, basta parar de respirar em Bombaim. Ela é causada pela poluição, que temos de sobra. Mesmo quando não estou caminhando pelas ruas, andando de trem ou conversando com alguém, absorvo a cidade pelos poros e aspiro-a pela garganta, que fica coberta de grânulos. Espirramos e respiramos pelo nariz congestionado por toda a cidade. Todas as manhãs, quando o pó é varrido, um bolo de bom tamanho se acumula na vassoura: sujeira, fibras, penas. Meus filhos brincam na sujeira, respiram um ar com níveis de chumbo dez vezes acima do máximo permitido, o que atrofia seu desenvolvimento mental.

Esforço-me para explicar às visitas que nem sempre foi assim. Bombaim era uma bela cidade, uma cidade respirável. Durante uma greve de taxistas, a poluição do ar fica reduzida a um quarto do nível habitual. São dias maravilhosos de janeiro, quando todo mundo sai para respirar abundantemente. Há muito tempo que a cidade não cheirava tão bem no inverno. Respirar seu ar agora equivale a fumar dois maços e meio de cigarros por dia. O sol se punha no mar; agora se põe na névoa pesada. A cidade se divide nas partes com ar-condicionado e sem ar-condicionado: com AC, sem AC. Meu nariz não consegue lidar com a diferença radical entre os mundos de Bombaim. Espirro o tempo todo. Meu nariz não para de escorrer. Aconselham-me a comprar um carro com ar-condicionado. Não temos escolha senão viver como ricos, se quisermos viver.

Bombaim é mais dispendiosa para nós no começo da nossa estada do que depois. Para os recém-chegados, é uma cidade sem opções — de moradia, de educação. Tudo foi devorado pelos que já estavam aqui. Vir para cá é vir para o fundo. Não há lugar no topo. Todo lugar decente tem o direito de cobrar do recém-chegado um imposto, que vai dos novos moradores para os antigos e pacientes. As cidades têm segredos: onde comprar um balde de gelo, uma cadeira de escritório, um sári. Recém-chegados pagam mais caro, porque não conhecem esses lugares. Brigamos para conseguir descontos que não têm valor algum para nós: dez rupias são apenas quarenta cents. Se perdermos quarenta cents em Nova York, jamais perceberemos; aqui é uma questão de princípio. Isso porque, quando somos roubados em dez rupias, os outros tiram suas conclusões: não somos daqui, não somos indianos, por isso merecemos ser roubados, pagar mais do que eles. Portanto, levantamos a voz e exigimos que nos cobrem o preço correto, o que está no taxímetro, pois não agir assim equivale a aceitar a condição de estrangeiros. Somos indianos e vamos pagar preços indianos!

O roubo é outra forma de imposto que se cobra aos recém-chegados. Há ladrões até mesmo na porta da casa de Deus. Dentro do templo Siddhivinayak, hordas de fiéis rezam devotamente para que um parente doente melhore, para salvar o negócio que ameaça falir, para passar numa prova. Numa dessas visitas, descubro que meus sapatos foram roubados. Esse Deus não protege sequer meus sapatos; dentro, as pessoas rezavam para que realizasse milagres. Ando pela rua imunda só de meias.

Uma placa que vejo na traseira de um caminhão diz tudo:

Sau me ek sau ek beimaan.
Phir bhi mera Bharat mahaan.
[101 em cem são desonestos.
Ainda assim minha Índia é a maior.]

Em toda parte, pessoas nos pedem dinheiro. Nosso motorista pede dinheiro. Nossa empregada pede dinheiro. Amigos em fase difícil pedem dinheiro. Estranhos tocam a campainha e pedem dinheiro. Em Bombaim, somos um sistema de baixa pressão cercado por áreas de altíssima pressão; de todas as partes, eles desabam sobre nós.

Maldita cidade. O mar deveria se precipitar sobre estas ilhas numa grande onda e inundar tudo, cobrir tudo de água. Ela deveria ser bombeada do ar. Todas as manhãs, sinto raiva. É a única maneira de conseguir alguma coisa; as pessoas aqui reagem à cólera, têm medo. Na falta de dinheiro ou de relações, a raiva funciona. Começo a compreender o uso da raiva como teatro — com taxistas, porteiros, encanadores, burocratas. Até meu aparelho de CD na Índia reage à raiva, à violência física; quando um suave aperto no botão de play é insuficiente para acordá-lo de sua letargia, uma forte pancada do lado o estimula a produzir som.

Toda nostalgia que eu pudesse sentir em relação à minha infância foi apagada. Tendo a oportunidade de viver outra vez no território de minha meninice, acabo detestando-o. Por que me meti nisso? Vivia confortavelmente, era feliz e elogiado em Nova York; tinha dois lugares, um para morar, outro para trabalhar. Abandonei tudo em troca desta missão insensata, à procura de silhuetas na névoa do tempo fantasma. Não vejo a hora de voltar para o lugar de onde uma vez desejei fugir: Nova York. Sinto falta do frio e de gente branca. Vejo imagens de nevascas na TV e me lembro do calor que faz dentro de casa quando está frio lá fora, e a gente abre um pouquinho a janela e o ar exterior penetra como uma lâmina sólida. De como ele entra pelas narinas e a gente respira fundo. De como saímos de casa numa noite ruim e o frio limpa nossa cabeça, e tudo melhora.

Certa vez meu pai, em Nova York, ficou exasperado com minha implacável insistência em ser mandado de volta para terminar o secundário em Bombaim e gritou: "Quando você está lá, quer vir para cá. Agora que está aqui, quer voltar". Foi quando percebi que tinha uma nova nacionalidade: cidadão do país da saudade.

Pouco depois de nos mudarmos para Bombaim em 1998, o país explode cinco bombas nucleares, uma delas de hidrogênio, e há uma grande sensação de "mostramos ao mundo, *bhenchod*!". Enquanto isso, todos os indicadores econômicos do país desabam. As más notícias sobre dinheiro atingem duramente Bombaim. A população foi levada a acreditar que a cada ano terá um pouco mais do que no ano anterior, e comprará um pouco mais: uma torradeira elétrica para começar, um televisor em cores ano que vem, uma geladeira no ano seguinte, uma máquina de lavar, um candelabro de cristal importado para a sala de visitas, e por fim um pequeno carro. Isto é, geralmente, o topo da pirâmide, a não ser que se tenha a sorte grande de poder comprar um apartamento. A pirâmide parou de crescer. Quem já tem seu carro e seu apartamento fica ansioso pensando nos filhos. Do topo, só há um lugar para ir, e é um salto: para fora do país, Estados Unidos, Austrália, Dubai. Para ir do Maruti para a Mercedes, do blue jeans para o terno Armani, é preciso mudar para o exterior.

Depois dos testes nucleares, os aventureiros das finanças internacionais começam a deixar Bombaim, não coletivamente, mas em pequenos grupos de dois ou três. Por enquanto, a Índia não é um centro de obtenção de lucros. Uma cidade como Bombaim, como Nova York, criação recente no planeta e que não tem uma população local significativa, está cheia de gente inquieta. Os que vieram para cá não se sentiam à vontade em outros lugares. E, diferentemente de outras que talvez se sentissem igualmente pouco à vontade lá de onde vieram, essas pessoas se levantaram e foram embora. E, como descobri, quando se muda uma vez é difícil parar. Assim, um bombainense talvez sonhe com o Ocidente não só pelas riquezas que existem lá, mas também pela excitação de se mudar novamente para outro lugar.

A cada verão, levas de indianos que vivem fora voltam. Também mandam pequenas fotos: do filho diante da nova tv de 52 polegadas; da filha sentada no capô da nova minivan; da mulher numa cozinha ampla, uma das mãos no micro-ondas; toda a família rindo unida na pequena piscina do quintal, o "bangalô" aparecendo ao fundo. Essas fotos plantam pequenas bombas-relógio na mente dos irmãos que ficaram. Eles seguram as fotos e dão uma olhada em seu apartamento de dois quartos em Mahim, e de repente o novo sofá e o estéreo Akai tipo 2 em 1 em que acabam de investir com tanto orgulho parecem baratos e vagabundos. Antes eles se tranquilizavam dizendo: pelo menos meus filhos estão sendo criados com valores indianos. Mas quando as crianças no exílio voltam, percebe-se que não há uma diferença tão grande entre os meninos de Bombaim e os primos de fora; ambos usam as mesmas camisas de futebol e falam a mesma gíria peculiar dos canais de vídeos de música da TV, um americano internacionalizado. Os meninos dos países frios costumam ter interesse em ir a um templo; voltaram à Índia entupidos de fatos sobre o hinduísmo que aprenderam nas boas escolas onde estudam. Os meninos locais querem levá-los para visitar todas as casas noturnas. Quando resolvemos pôr Gautama numa escola de língua gujarati, nossa decisão é recebida com perplexidade, às vezes com raiva. "Como pode fazer isso com seu filho?", diz a senhora no saguão. "Vai estragar a vida dele." Mas, depois de uma breve reflexão, ela prossegue: "Tudo bem, qualquer hora dessas vocês vão embora mesmo. Se fossem viver aqui permanentemente, você o colocaria na Cathedral".

Uma nova rede de estranhos que acabamos de conhecer se forma para nos ajudar a encontrar uma escola para Gautama. Todo mundo conhece um professor, ou um diretor, ou um dono de uma das poucas escolas que têm jardim de infância, e cheios de disposição lhes telefonam em nosso nome, ou mesmo vão até eles pessoalmente para adular e convencer. Descrevem-nos como pessoas ingênuas do exterior, estrangeiros sem traquejo nessa questão de conseguir escola. O fato de querermos um lugar só por dois anos conta a nosso favor; significa que, quando Gautama sair, outra vaga será aberta, a ser cedida a outra pessoa em troca de um favor ou doação. Cada lugar vago significa dinheiro e poder. Só existem sete escolas no sul de Bombaim consideradas boas para se matricular um filho.

Uma delas é a Bombay International School, em cujo prédio vivem oito famílias. São inquilinos antigos, protegidos pela Lei do Inquilinato. A porta ao lado da biblioteca é do apartamento de alguém. A escola precisa desesperadamente de espaço para salas de aula, mas não consegue obrigar os moradores a sair. Herdou os inquilinos dez anos atrás, ao comprar o prédio. Não há terrenos para construir escolas; nenhuma escola nova apareceu em minha área desde que eu era pequeno. Mas a população de crianças explodiu. Não há lugar para esses novos aprendizes. Têm de ser matriculados ao nascer. "É difícil conseguir uma vaga para uma criança numa escola em Bombaim?", pergunto ao diretor.

"É como escalar o Everest."

Quero que meu filho frequente uma escola onde se fale gujarati, e a única escola boa de Bombaim que preenche este requisito é a New Era, fundada por gandhistas. Um curador nos manda uma carta, e depois de uma rodada de súplicas e argumentações tudo se resolve. Ao ir buscá-lo ao fim do primeiro dia, meu coração se enche de felicidade; não reconheço meu filho. Não consigo identificá-lo no meio da multidão de meninos morenos de uniforme branco. Pela primeira vez na vida, ele é exatamente igual aos outros.

Mas não muito tempo depois me dou conta de que há outra maneira de meu filho não ser como os outros. Na volta para casa, no ônibus escolar da New Era, a pequena Komal me diz, em gujarati, que sua avó vem lhes fazer uma visita. Ela tem tatuagens de adesivo e pede que eu as aplique nas costas de sua mão. Saem tesouros de sua mochila: uma batata com palitos de fósforo espetados, como um porco-espinho; rascunhos de desenhos para colorir; uma folha de papel cortada em tirinhas presas na margem para fazer dobraduras e criar coisas interessantes. Ela me pede que conte à mãe de Gautama onde comprar sapatos. Meu filho tenta falar com ela, com outros dentro do ônibus, mas ninguém entende seu inglês. "Você não sabe falar gujarati?", pergunto.

"Falo só um pouquinho de gujarati", ele me explica, de maneira sensata. "Papai, por favor me ponha numa escola onde se fala inglês."

"Você fez seu pai sofrer", diz meu tio a Gautama, mais tarde.

Meu filho volta da Head Start, sua nova escola, onde se fala inglês; pela primeira vez neste país ele consegue contar como foi seu dia, com detalhes. Pintou um pedaço de papel usando uma pimenta-da-guiné como pincel; depois desenhou uma casa e um sol; depois brincou com quebra-cabeças; e comeu um "*idli* quadrado", que depois lhe explicam tratar-se de um *dhokla*, um lanche gujarati. Ouço, contente. Ele nunca tinha falado sobre o que fez na escola gujarati porque nunca tinha entendido.

Na primeira noite, uma mulher vem falar com Sunita. Haverá uma festa de aniversário de um dos alunos da escola no sábado; será que ela pode ir com Gautama? No segundo dia, Sunita conhece outra mãe — a família acabou de voltar de Lagos — e faz planos para ir nadar no clube Breach Candy, que antigamente era só para brancos e agora está aberto para qualquer um que tenha passaporte estrangeiro. Esse mundo nos aceita de imediato. A mãe de Komal jamais cumpriu a promessa de nos encontrar, nenhuma das mães da New Era nos incluiu, ou a nosso filho, em suas festas de aniversário, nem mandou seus filhos brincarem com o nosso. Éramos estrangeiros demais, "cosmopolitas" demais. Você pertence ao clube que o aceita, e este é nosso clube: pessoas ricas, pessoas que falam inglês, pessoas que voltaram do exterior. A Head Start está repleta de filhos e filhas de industriais, de famílias reais. Meu filho não vai ter a instrução que tive; vai ter, pelo menos na Índia, uma educação de elite. Se ficarmos aqui, mais tarde ele irá para as escolas "conventos", a Cathedral ou a Scottish, e será admitido no grupo de meninos que olhavam para mim com desdém quando eu era garoto. É tão difícil descer a escada das castas quanto subir.

Na Head Start, mães de vontade férrea planejam meticulosamente as festas de aniversário dos filhos. Meu filho vai a uma delas, num grande apartamento em Cuffe Parade. As lembrancinhas da festa são importadas de Dubai. Há um recreador profissional, com um cão treinado para jogar basquete. Gautama volta para casa com três conjuntos de lápis e canetas para colorir importados — "canetas de feltro", como chamávamos esses itens que desejávamos. Talvez houvesse umas cem crianças na festa; os donos da casa não gastaram menos de 100 mil rupias — cerca de 4 mil dólares. Mas é um bom investimento neste mundo, em Bombay High. É um jeito de treinar os filhos para uma vida de festas. A pergunta que nunca sai da cabeça das pessoas que pertencem a esse charmoso meio social em Bombaim, por mais velhas que sejam, é esta: Quem vai me convidar para sua festa? Quem virá à minha?

Há algo de peculiarmente frenético sobre realizar festas num país pobre. Toda noite há uma festa, e os convites se superam em inventividade: um vem numa luva de lã, outro num pequeno copo de vidro, um terceiro numa caixa com macarrão, cogumelos secos e ervas italianas. São festas de aniversário de adultos, e as pessoas convidadas ou não convidadas são as mesmas que foram convidadas ou não foram convidadas na escola. Há muitas jovens bonitas de saia curta. Desta vez vejo algo novo na Índia: solteiros de seus trinta anos, ou mesmo quarenta, que não se casam por opção. Um desses libertinos usa a velha frase para explicar por que não quer se casar: "Se a gente consegue leite todos os dias, para que comprar a vaca?". A vaca é uma moça de seus trinta anos, a um, dois ou três anos do vencimento de seu prazo de validade. Bem-sucedida na carreira por ser solteira, desesperadamente sozinha também por causa disso, ela é presa fácil para os casados, as lésbicas e os gordos — qualquer um que a segure nos braços durante a noite interminável. Mas nada dessa vulnerabilidade transparece na sua personalidade pública. O mundo jamais saberá. As mulheres casadas a invejam.

Bombaim é construída em alicerces de inveja: os casados invejam os solteiros, os solteiros têm vontade de casar, a classe média inveja os verdadeiramente ricos, os ricos invejam quem não tem problema com o imposto de renda. Os outdoors a fomentam. ORGULHO DO DONO, INVEJA DO VIZINHO, diz o slogan de um conhecido anúncio de televisão, mostrando um demônio verde com chifres, as garras ao redor de um aparelho de TV. A página 3 do *Bombay Times*, as últimas páginas do *Indian Express*, as colunas da edição dominical do *Mid-Day* e as seções que cobrem a cidade nas revistas semanais de informação são páginas de inveja, todas projetadas para levar o leitor a se sentir mais pobre, mais feio, menor e, acima de tudo, socialmente proscrito. Assim, a dona de casa em Dadar ergue os olhos da página 3 e olha o marido sentado em seu *lungi* [faixa de algodão enrolada na cintura], passando óleo no cabelo, e quer saber por que ele não é convidado para essas festas, não conhece nenhum daqueles nomes. Assim a metrópole cria o que o pessoal de propaganda chama de consumidores "aspiracionais".

Há uma verdade simples sobre as pessoas da sociedade: elas odeiam viver aqui, mas não conseguiriam sobreviver em nenhum outro lugar da Índia. "Talvez em Bangalore", dizem, cheias de esperança, mas poucas se mudam para lá. Quando o fazem, é para Nova York ou Londres. Melhor ainda, trazem Nova York e Londres para elas, em restaurantes como o Indigo, cujo sucesso se deve ao deslocamento. Você entra, deixando para trás a esquálida rua de Bombaim, e está no Soho. Não se poupam esforços para torná-lo estrangeiro, no pessoal que serve, na comida, na decoração. O Primeiro Mundo vive bem no meio do Terceiro. Conheço pessoas em Bombay High que sabem me dizer onde encontrar os melhores chocolates em Paris, mas não fazem ideia de onde encontrar uma boa *bhelpuri* — equivalente, na cidade, a uma fatia de pizza de Nova York — em Bombaim. Tem-se a impressão de que para ir do sul de Bombaim para o resto da cidade — a área demarcada pelo viaduto de Mahim, da zona dos táxis à zona dos riquixás motorizados — é preciso ter um visto. Mas essas pessoas não são menos parte da cidade só porque deliberadamente excluem de sua vida a maior parte dela. Bombaim sempre foi uma cidade de exilados internos: socialites parisienses em Colaba, banqueiros de Londres em Cuffe Parade. Se eles algum dia se mudassem mesmo para a cidade com que sonham, ficariam boiando, sem direção, sem valor. Outros mundos podem ser reproduzidos bem aqui, em miniatura.

Certa tarde, antes de Sunita e os meninos virem para Bombaim, caminho pela rua que leva à livraria Strand quando vejo uma pequena família: a mãe toda descabelada, com um bebê no colo, talvez de um ano de idade, que dorme em seu ombro, e segurando a mão de outro menino, de quatro ou cinco anos, que esfrega os olhos com o punho da mão livre. Ele anda do jeito que andam as crianças quando estão andando há muito tempo, jogando as pernas para os lados, a cabeça oscilando em círculos, para combater a monotonia, o cansaço. Todos estão descalços. A mãe diz algo gentil ao menino mais velho, ainda agarrado à sua mão. Passo por eles, mas decido parar. Fico olhando. Eles vão até uma banca na calçada e, como eu esperava, a mãe estende a mão. O dono da banca os ignora. Automaticamente, abro a carteira. Procuro uma nota de dez, depois tiro uma de cinquenta e ando, depressa, até eles, a cabeça fervendo, enfio a nota na mão dela — "Sim, pegue isto" — e continuo andando, muito rápido, sem olhar para trás, entro na livraria com ar-condicionado, vou para um canto e fecho os olhos.

A identificação com minha família é tão forte — uma mãe com dois meninos — que começo a construir um futuro e um passado para eles. Provavelmente iam andar o dia inteiro, daquele jeito, descalços, sob o sol quente. Os meninos veriam a mãe estender a mão para pedir centenas de vezes por dia. Cem pessoas seriam vistas por aqueles olhos claros, jovens, enquanto esses estranhos amaldiçoariam sua mãe, enxotando-a ou jogando-lhe uns trocados. E ela os carregaria no colo quando eles se cansassem. Às vezes, ela talvez os pusesse no chão sujo, eles comeriam um pouco de arroz, ou dormiriam ali mesmo, de cansaço.

Passei o dia com vergonha de gastar dinheiro. Tudo que gastei nele se tornou múltiplo daquela nota de cinquenta rupias. Vinte minutos depois de dar a cédula à mãe, gastei seis vezes mais com livros. A pizza que pedi naquela noite custou duas notas daquelas. O aluguel que pago por mês pelo apartamento é 2 mil vezes aqueles cinquenta. E assim por diante. O que aqueles cinquenta que lhes dei mudaram? Para mim, não eram nada; dinheiro trocado, menos do que um bilhete do metrô de Nova York. Eu ainda não aprendera a levar a sério o dinheiro vivamente colorido. Mas provavelmente corresponderia ao que a mãe ganhava num dia (não consigo pensar nela como "a mendiga"). Talvez ela pegue os meninos e, com essa fortuna súbita, lhes compre um brinquedo na galeria debaixo dos arcos do Forte. Talvez compre o remédio que antes não podia para curar a tosse do menino mais novo. Talvez dê o dinheiro para seu homem, que comprará mais seis garrafas de bebida. E isto é o que há de obsceno aqui: nossas vidas têm dois sistemas monetários inteiramente separados.

Ainda sou novo no país. Ele não me afetou até agora, e me sinto exausto. Telefono para Sunita em Londres e pergunto-lhe se nossos dois filhos estão bem. Sinto uma intensa vontade de abraçá-los apertado. Ainda reajo à cidade como um forasteiro. Lembro-me do que uma amiga francesa me contou sobre sua mãe, assistente social em Paris. A primeira vez que a mãe veio à Índia, saiu do aeroporto com suas malas e foi cercada por uma horda de meninos de rua, bebês carregados por crianças pouco mais velhas. Impressionada pela pobreza das crianças, por sua beleza, ela abriu suas duas malas na calçada e começou a distribuir presentes. Em poucos minutos, as malas estavam limpas. Livre do fardo, ela se levantou e saiu andando para dentro da Índia.

Na noite anterior eu tinha chegado em casa vindo do Library Bar, de uma pequena festa de bilionários, pessoas mais ricas do que as mais ricas que conheci em Nova York. Durante o dia, eu tinha andado pelas favelas dos biharis em Madanpura, cenas de fantástica pobreza. Quando acordo agora neste apartamento com vista para o mar, as crianças de Madanpura há muito tempo já se levantaram em seus barracos. Talvez estejam trabalhando em obras, levando na cabeça cestos de tijolos que pesam mais da metade do que elas. Talvez estejam correndo, para pegar o chá, lavando vasilhas, atendendo aos desejos dos homens. Isso, também, é um tipo de infância.

Lentamente, um sistema se desenvolve no apartamento de Dariya Mahal: uma empregada, um motorista e uma faxineira são encontrados e testados; os banheiros estão em condições de uso; a comunicação com o mundo exterior — jornais, e-mail, telefones — é estabelecida. Começamos a conhecer os padrões de luz e ar, sabemos a que horas fechar as cortinas, quando deixar as janelas abertas, e em que sequência. Ainda não temos muitos amigos, mas começamos a contar com uma ou duas pessoas que veremos pelo menos a cada duas semanas. Os gujaratis que nos cercam fazem tentativas de me estender a mão, mas não sabem como fazê-lo, uma vez que abandonei o negócio da família e me casei com uma mulher de Madras.

Amigos indianos, como Ashish, ligam dos Estados Unidos. "Podemos voltar também? Temos pensado nisso, mas que tipo de emprego minha mulher conseguiria?" Para qual Índia você quer voltar? Nós, que saímos no começo da adolescência, logo que a voz mudou, e antes de termos ideia de como fazer amor, ou ganhar dinheiro, continuamos voltando à nossa meninice. Então, depois de suficientes viagens, suficientemente duradouras, voltamos à Índia das visitas anteriores. Tenho outro propósito durante esta estada: atualizar minha Índia. Para que meu trabalho não seja apenas uma evocação interminável da meninice, da perda, de uma Índia lembrada, quero lidar com a Índia de hoje.

Mas o terreno está coberto de minas da memória. Piso num determinado pedaço de cimento, num determinado caminho, e olho em volta para ver uma árvore brotar como eu a vi há um quarto de século. Uma explosão da memória, uma ponte instantânea entre aquele preciso momento e este. Enquanto ando pela cidade agora, piso em pequenas bolsas com tesouros de memória, que arrebentam e exalam seus perfumes.

Assim ando pelas ruas com meu laptop numa mochila verde, tomando riquixás, táxis e trens sempre que possível, buscando todas as coisas que me deixam curioso como uma criança. Enquanto as pessoas falam comigo, meus dedos dançam com miss Qwerty. Mas preciso pagar. Minha moeda são histórias. Histórias contadas por histórias reveladas — assim como as ouvi. Histórias de outros mundos, levadas sobre as águas por caravanas e navios, para serem trocadas pela colheita de histórias deste ano. A história de um assassino de aluguel para um diretor de cinema em troca da história do diretor de cinema para o assassino de aluguel. O mundo do cinema e o submundo, a polícia e a imprensa, os *swamis* e as operárias do sexo, todos vivem de histórias; aqui em Bombaim, eu também vivo. E a cidade que perdi volta a existir por intermédio da narrativa de sua história.

2. Powertoni

"Que aspecto tem um homem quando está pegando fogo?", perguntei a Sunil.

Era dezembro de 1996, e eu estava no apartamento de um alto edifício em Andheri com um grupo de homens do partido nacionalista hindu Shiv Sena. Eles me contavam dos tumultos de 1992-93, que se seguiram à destruição da mesquita Babri, em Ayodhya.

Os outros dois homens do Shiv Sena que estavam com Sunil olharam um para o outro. Ou não confiavam em mim ou não tinham se embriagado o suficiente com meu conhaque. "Eu não estava lá. O Sena não teve nada a ver com a confusão", disse um deles.

Sunil não ficou satisfeito. Tirou os óculos e disse: "Vou lhe contar uma coisa. Eu estava lá. Um homem que pega fogo se levanta, cai, corre para salvar a vida, cai, se levanta, corre".

Virou-se para mim.

"*Você* não aguentaria ver. É um horror. Escorre óleo do corpo, os olhos ficam enormes, enormes, o branco aparece, branco, branco, você o toca no braço assim" — ele deu um tapa no braço —, "o branco aparece. Aparece especialmente no nariz" — ele esfregou o nariz com dois dedos, como se quisesse tirar a pele —, "o óleo escorre, a água escorre, branco, branco em toda parte."

"Não eram dias para refletir", continuou. "Nós cinco queimamos um muçulmano. Às quatro da manhã, depois de ouvirmos sobre o Radhabai Chawl, uma multidão se formou, gente como eu nunca tinha visto. Senhoras, senhores. Pegaram qualquer arma que conseguiram. Então marchamos para o lado muçulmano. Encontramos um *pav wallah* na rua, de bicicleta. Eu o conhecia; ele costumava me vender pão todos os dias." Sunil levantou um pedaço de pão do *pav bhaji* que estava comendo. "Toquei fogo nele. Jogamos gasolina e tocamos fogo. Tudo que me veio à cabeça foi: é muçulmano. Ele tremia. Ele gritava: 'Eu tenho filhos, tenho filhos!'. 'Quando vocês, muçulmanos, matavam o pessoal do Radhabai Chawl, vocês pensaram nos seus filhos?', disse eu. Naquele dia nós mostramos a eles o que é o *darma* hindu."

OS TUMULTOS DE 1992-93

Ayodhya fica a centenas de quilômetros para o norte. Mas o entulho da mesquita, derrubada em dezembro de 1992 por uma multidão hindu que acreditava que ela tinha sido construída pelo imperador mogol Babar no lugar onde nasceu o deus Rama, rapidamente forneceu material para os alicerces dos muros que se ergueram entre hindus e muçulmanos em Bombaim. A metrópole dividida entrou em guerra consigo mesma; uma série de tumultos deixou pelo menos 1400 mortos. Quatro anos depois, voltei para escrever um artigo sobre o assunto. Eu planejava fazer uma visita a um escritório da prefeitura em companhia de um grupo de mulheres das favelas. Quando sugeri a sexta-feira seguinte, 6 de dezembro, houve um momento de silêncio. As mulheres riram sem jeito e viraram o rosto. Finalmente, uma delas disse: "Ninguém sai de casa nessa data".

Os tumultos foram uma tragédia em três atos. Primeiro, houve um motim espontâneo entre a polícia, majoritariamente hindu, e muçulmanos. Seguiu-se, em janeiro de 1993, uma segunda onda de desordens mais sérias — instigadas pelo líder do Shiv Sena, Balasaheb Thackeray —, na qual muçulmanos foram sistematicamente identificados e massacrados, suas casas e lojas queimadas e saqueadas. A terceira etapa foi a vingança dos muçulmanos: na sexta-feira, 12 de março, quando todos os bons muçulmanos recitavam o namaz, sua prece, dez potentes bombas plantadas pelo submundo dos muçulmanos explodiram em muitas partes da cidade. Uma explodiu na Bolsa de Valores, outra no prédio da Air India. Havia bombas em carros e motonetas. Ao todo, 317 pessoas morreram, muitas delas muçulmanas.

Eu queria falar com os desordeiros, com os seguidores de Bal Thackeray. Foi ele quem formou, em 1966, um partido político nativista, chamado Shiv Sena — Exército de Shivaji —, em homenagem ao rei guerreiro maharashtriano que organizou com a ralé um bando de guerrilheiros, transformando-o numa força de combate que humilhou o imperador mogol Aurangzeb e, com o tempo, dominou a maior parte da Índia central. Eu queria descobrir como esses tumultos são planejados e executados.

Um dia eu estava no escritório de Ashish, meu velho amigo do Queens, conversando com ele sobre isso. "Posso arranjar para você um encontro com o pessoal do Shiv Sena que participou dos tumultos." Viramo-nos. Um homem magro, de óculos, de seus vinte anos, sorria para nós, com seus dentes irregulares aparecendo em duas fileiras amontoadas. Seu nome era Girish Thakkar, e ele trabalhava no escritório de Ashish como programador. "Venha a Jogeshwari." A maior parte de Jogeshwari, a área hindu e especialmente a muçulmana, é favela. Em 8 de janeiro de 1993, uma família hindu de laminadores dormia num quarto no Radhabai Chawl, no meio do setor muçulmano da favela. Alguém trancou a porta por fora; alguém jogou uma bomba pela janela. Os seis da família morreram gritando, batendo na porta para sair. Um deles era uma adolescente deficiente física. As chamas se espalharam da casa para pôr fogo em toda a cidade de Bombaim.

Fui com Girish a Jogeshwari certa noite e me sentei no quarto com sua família na favela, para conversar sobre os tumultos. Foi onde conheci Sunil; ele era vizinho deles e estava sentado calmamente numa cadeira. Sunil era o vice-líder da *shakha*, ou ala, Jogeshwari do Shiv Sena. Era o favorito para a posição de *pramukh*, ou chefe, de toda a *shakha* se o atual *pramukh* fosse vitorioso nas eleições legislativas. Tinha perto de trinta anos, era baixo, troncudo, de bigode, com certo estilo para se vestir e se comportar.

Saímos a pé da favela e passamos pela rua onde havia um grande terreno de um circo, que Sunil tinha licença para explorar como estacionamento. O vice do Shiv Sena convidou-me para ir urinar com ele. Acompanhei-o até um lugar nos fundos, onde ambos abrimos a braguilha. Eu estava apreensivo. Lembrei-me do que ele tinha dito na casa de Girish: "Qualquer um que venha, o padeiro, o leiteiro, a gente checa o corpo. Se houver uma diferença entre nossos corpos, a gente mata ele". Aquela pequena aba de pele que falta aos muçulmanos poderia lhes custar a vida. Eu estava pronto para explicar por que eu também não tinha essa aba: uma infecção, quando eu tinha cinco anos, na verdade uma operação, meus pais ficaram muito sentidos. Mas eu já me penitenciei; salvei meu filho da faca no dia em que ele nasceu. Posso recitar a *shloka* sagrada para você.

Devo ter passado no teste, porque ele me apresentou à família. Quando voltamos, os alto-falantes tocavam a música de um filme, "Nem templo nem mesquita...". Seus pais lá estavam, com a filha de dois anos de Sunil. Ele a fez mostrar suas habilidades, como é de praxe entre pais e adestradores de circo: "Faça o *namaste*", e ela juntou as mãos diante do rosto, fazendo a saudação. "Aperte a mão", e ela me apertou a mão. Um dos rapazes do Sena a levou para lhe comprar um balão.

Mais tarde, Sunil e os outros dois rapazes do Sena foram beber comigo no apartamento de Ashish, em Andheri. Eles olharam em volta com ar de aprovação. Estávamos no sexto andar, numa colina, e o tráfego palpitava na movimentada rodovia lá embaixo. Sunil olhava pela janela. "É um bom lugar para atirar nas pessoas", comentou, e fez o movimento ratatatá do disparo de uma submetralhadora. Eu não tinha pensado no apartamento para isso. Mas ainda não estava habituado, quando conhecia um lugar, a avaliar imediatamente o valor estratégico de sua localização, suas entradas e saídas.

O que passava pela cabeça de Sunil era o pensamento de que a menina deficiente tinha sido estuprada, várias vezes, a céu aberto. Não há provas disso; o relatório da polícia não faz menção alguma a respeito. Entre dezesseis e vinte mulheres hindus tinham sido estupradas só em Jogeshwari, disse Sunil. Isso também não tem fundamento, de acordo com os relatos da imprensa e da polícia. Mas não importa. Era uma imagem poderosa, uma imagem catalisadora: uma moça hindu no chão com uma fila de maliciosos muçulmanos aguardando a vez de desfrutá-la, enquanto os pais juntam seus gritos aos dela e seus corpos pegam fogo. Muitas guerras começam com um estupro, real ou imaginário. São sempre os homens perturbados pelo estupro que vão à guerra.

Sunil não usou o termo "tumulto". Usou a palavra inglesa para "guerra". No J. J. Hospital ele viu cenas típicas da guerra. Corpos por toda parte, de homens e mulheres, identificados apenas por etiquetas com números. No Cooper

Hospital, para onde desordeiros e vítimas hindus e muçulmanos eram levados e com frequência deixados uns perto dos outros na mesma enfermaria, houve brigas. Homens feridos arrancavam bolsas de soro do braço para jogá-las nos inimigos.

Um dos homens que estavam conosco trabalhava para a prefeitura. "Essas pessoas não são muçulmanas, na verdade são todas hindus!", disse ele. "Todos são convertidos." Depois disse que deveriam ir embora para o Paquistão, todos eles. As queixas mais comuns foram mencionadas: eles sempre aplaudiam o Paquistão nas partidas de críquete entre Índia e Paquistão; as leis pessoais muçulmanas permitiam casar com quatro mulheres, por isso eles produziam de dez a doze filhos, quando os hindus tinham só dois ou três. Em Bombaim, o número de pessoas é importante; a sensação de ser sufocado pelo Outro numa cidade já superpovoada é muito forte. "Em poucos anos eles serão mais numerosos do que nós", previu, sinistramente, o funcionário municipal. Os muçulmanos participam de atividades do submundo, prosseguiu, e matam sem remorso, enquanto um hindu hesita antes de cometer um assassinato e se pergunta por que está fazendo isso.

Enquanto tirava a vida de muçulmanos, Sunil também achou tempo para salvar uma vida muçulmana. Ele tinha uma amiga, uma muçulmana, a quem escoltara em segurança para o bairro dela. Ali estava ele, cercado por um bando de homens muçulmanos. Preparou-se para morrer. A avó da moça apareceu, falou com a gangue e, escondendo Sunil em sua burca, tirou-o do bairro. Há uma gameleira sagrada no Radhabai Chawl, disse Sunil; metade das folhas é preta e a outra metade, verde. Ele sabia disso porque levou sua filha lá quando ela estava doente. A menina chorava o tempo todo, e os médicos não tinham ajudado. Então alguém lhe disse que os muçulmanos podiam tirar o mau-olhado. Ele a levou à área do Radhabai Chawl, e o homem santo muçulmano deu três voltas com uma garrafa de água ao redor do seu rosto. Sunil viu o nível da água na garrafa diminuir a cada volta. Logo ela melhorou. "Ele não pediu dinheiro", contou Sunil sobre o exorcista. "Mesmo que a gente vá ao seu *dargah*" — santuário — "eles não pedem dinheiro. São desprendidos a esse ponto."

Sunil não viu nenhuma ironia no fato de que, quando sua filha adoeceu, ele esteve na mesma comunidade muçulmana que massacrou e queimou durante os tumultos. Ele também dirige o serviço de TV a cabo das áreas de Jogeshwari e adjacências. Tem clientes muçulmanos e costuma comer na casa deles, "para manter relações". Os tumultos tampouco o impediram de fazer negócios com muçulmanos. Ele saía de manhã rumo a Mohammed Ali Road, no centro da cidade, para comprar galinhas de muçulmanos, trazia-as para Jogeshwari ao meio-dia e as vendia a hindus. À tarde, matava mais muçulmanos. Os vendedores de galinhas não queriam nem saber se ele era hindu. Bombainenses entendem que os negócios estão acima de tudo. São individualmente múltiplos.

Sunil me perguntou quais eram minhas metas, não apenas em Bombaim, mas no mundo. Respondi que desejava que meu filho crescesse num mundo melhor. Ele concordou com a cabeça. Disse que queria o mesmo para a filha. "Mas quais são suas metas? O que você deseja fazer na vida?" Minhas respostas não lhe satisfizeram. O que ele queria era algo além da felicidade de sua família. Queria que a *nação* fosse grande. Lamentou que nem mesmo o Shiv Sena fosse imune à corrupção. "Em Bombaim, o dinheiro é Deus", disse em inglês. Para ele, a mais alta virtude era ser *niswarthi*, generoso. Gostava de pensar que era *niswarthi*, que daria a vida por uma causa maior do que ele. Era essa causa que ele queria extrair de mim.

Eu estava fazendo um passeio pelos campos de batalha com um grupo de homens do Shiv Sena e Raghav, um taxista baixo, troncudo, que usava jeans com a etiqueta SALVADOR. Não era oficialmente membro do Sena, mas o *shakha pramukh* o convocava sempre que era preciso fazer um trabalho para o partido.

Raghav e dois outros rapazes me conduziram por passagens entre favelas, tão estreitas que duas pessoas andando lado a lado não conseguiriam passar. De início, foram muito cautelosos. Mas, depois que passamos por uma mesquita, Raghav deu risada. "Foi aqui que cagamos na *masjid*." Um dos homens lançou-lhe um olhar de advertência. O mistério foi explicado depois por Sunil. "Meus rapazes invadiram a *masjid*", contou, gabando-se. Para eles, foi um dos pontos altos da guerra; o incidente foi lembrado com satisfação. Sunil me disse que um deles pegou um cilindro de gás de cozinha, abriu a válvula, acendeu um fósforo e atirou-o rolando para dentro da mesquita. Depois disso o bombardeador alistou-se na polícia, na qual ainda está empregado.

Estávamos discutindo tudo isso não em algum quarto dos fundos, aos sussurros, mas no meio da rua, de manhã, com centenas de pessoas passando por nós. Raghav foi completamente aberto, não se jactou nem minimizou o significado do que tinha feito, apenas contou o que acontecera. Os homens do Sena, os *sainiks*, estavam à vontade; aquele era seu território, a parte hindu de Jogeshwari. Eles apontaram para o único estabelecimento de muçulmanos que restou: uma loja de tecidos antes chamada Ghafoor's. Durante os tumultos, alguns dos rapazes quiseram matar o dono, mas outros, que tinham crescido junto com ele, o protegeram, e ele escapou apenas com o estoque queimado. Agora a loja reabriu, com o nome de Colchões Maharashtra. Raghav apontou para a loja ao lado. "Saqueei a loja de baterias."

Raghav me levou para um grande campo aberto ao lado dos galpões do trem, cenário fantasmagórico com um grande depósito de lixo de um lado, onde grupos cavavam o chão com picareta, um bando de jovens jogava críquete e dejetos escorriam sob nossos pés, trilhos e vagões em barracos a meia distância e uma série de torres de concreto ao fundo. Uma semana antes, eu estivera no outro lado desse terreno. Um muçulmano tinha apontado para o lugar onde eu agora estava, dizendo: "Foi dali que os hindus vieram".

Foi onde Raghav e os rapazes pegaram dois muçulmanos. Eles tinham se extraviado. "Nós os queimamos. Derramamos parafina neles e tocamos fogo", disse Raghav.

"Eles gritaram?", perguntei.

"Não, porque batemos muito neles antes de queimá-los. Os corpos ficaram lá, estirados na vala, apodrecendo, por dez dias. Devorados pelos corvos. Devorados pelos cães. A polícia não levou os corpos, porque a polícia de Jogeshwari disse que estavam na jurisdição da polícia de Goregaon, e a polícia de Goregaon disse que estavam na jurisdição da polícia ferroviária."

Raghav me contou ainda sobre um velho muçulmano que estava jogando água quente nos rapazes do Sena. Eles arrebentaram a porta, arrastaram-no para fora, pegaram um lençol do vizinho, enrolaram nele e tocaram fogo. "Foi como um filme: silencioso, vazio, alguém queimando em algum lugar, e nós escondidos, e o Exército. Às vezes, eu não conseguia dormir, pensando que, assim como eu tinha queimado alguém, alguém poderia me queimar."

Perguntei a Raghav, enquanto contemplávamos a vasta terra desolada, se os muçulmanos queimados suplicaram pela vida. "Sim, eles diziam: 'Tenham misericórdia'. Mas estávamos cheios de ódio; pensávamos no Radhabai Chawl. E, mesmo que alguém dissesse 'Soltem', dez outros diriam 'Não, matem'. Por isso, tivemos de matá-los."

"E se ele fosse inocente?"

Raghav olhou para mim. "Seu maior crime era ser muçulmano."

Todas as grandes cidades são esquizofrênicas, disse Victor Hugo. Bombaim sofre de transtorno de personalidade múltipla. Durante os tumultos, as impressoras trabalharam até depois do expediente. Imprimiram cartões de visita, dois conjuntos para cada pessoa, um com um nome muçulmano e um com um nome hindu. Quando você saía da cidade, se fosse parado, sua vida dependia da resposta que desse, se era Ram ou Rahim. A esquizofrenia se tornou tática de sobrevivência.

As pessoas diziam umas às outras: os muçulmanos, furiosos com a destruição da mesquita Babri, estão estocando armas; haverá um banho de sangue. A notícia era transmitida pelos *pan wallahs* [vendedores ambulantes de bétele], nos trens urbanos, na pausa para o chá no escritório. À noite, uma pequena caravana de carros ia até a praia do parque Shivaji, estacionava de frente para o mar da Arábia, deixava os faróis acesos e ficava de vigília a noite toda. Montavam guarda contra a armada iraniana, que se imaginava estar perto da costa de Bombaim, os porões entupidos de bombas e armas de todos os tipos, e mísseis para a guerra santa iminente.

Depois dos tumultos, 240 organizações não governamentais se juntaram para pôr a cidade novamente em ordem. Correntes humanas de cidadãos foram formadas, estendendo-se por toda a cidade, para demonstrar união. Grupos chamados Comitês Mohalla Ekta se formaram a fim de reunir hindus, muçulmanos e a polícia para identificar brigas de rua antes que elas evoluíssem para tumultos; o pai de Girish tornou-se membro do Comitê Ekta de Jogeshwari. Nunca mais houve um tumulto de grandes proporções. Mas as linhas divisórias tinham sido estabelecidas. Todo um segmento da população fora levado a se sentir estrangeiro na cidade onde nasceu e foi criado.

"Voltem para o Paquistão", dizia o Shiv Sena aos muçulmanos. Jalat Khan, que vive nas favelas muçulmanas de Mahim, estava num dilema. A mãe fizera o caminho inverso, do Paquistão para Bombaim, quando tinha doze anos. Eu ouvira as notícias de Karachi?, perguntou-me ele. "Aqui é melhor." Jalat Khan quis que eu conhecesse sua mãe. Fui ao quarto dos fundos. Havia um ser humano deitado num catre. Era uma senhora muito idosa, coberta até o pescoço com grossos lençóis. Tinha mãos deformadas; estava paralítica da cintura para baixo, mas nem sempre fora assim. Durante 86 dos seus noventa anos, Roshan Jan vivera em paz. Lembrava-se dos ingleses com afeição. Bombaim era um bom lugar naquele tempo, disse ela, naquela maneira peculiar às pessoas muito velhas de recordar o passado como sempre e cada vez melhor do que o presente. Podia-se caminhar pela rua com as mãos cheias de ouro. O arroz, naquele tempo, tinha um cheiro tão bom; o trigo era puro.

Durante 86 anos, Roshan Jan pôde andar por seu bairro. Dava grandes festas, matava duas cabras, preparava arroz *basmati* e alimentava todo mundo que aparecesse, os hindus também. Depois que Gandhi foi assassinado, em 1948, os muçulmanos ficaram apavorados, porque as pessoas acharam, de início, que um muçulmano o matara. Mas nada aconteceu. Não houve tumultos.

Certa noite de janeiro de 1993, um grupo de homens hindus derrubou a porta da casa de Roshan Jan. Um deles pegou a senhora de 86 anos e a jogou no chão de cimento, rompendo sua medula espinhal. Agora ali estava ela, deitada, contando-me que outros hindus, que segundo ela haviam estado nos tumultos, tinham vindo vê-la e pedir sua bênção, e ela os abençoara. Mas ela preferiria que a tivessem matado. Teria sido melhor.

Quando os muçulmanos explodiram as bombas retaliatórias, as janelas da escola do filho de Jalat Khan se estilhaçaram, e Jalat correu para tirá-lo de lá. Mas isso não conteve a onda de orgulho que sentiu. "Eles costumavam nos xingar, rasgar as burcas de nossas mulheres nos trens. Se as explosões de bomba não tivessem ocorrido, nenhum de nós teria sobrevivido. Depois das bombas, eles ficaram um pouco *dhilla*" — um pouco assustados.

Durriya Padiwala, muçulmana que é diretora executiva de uma empresa de tapeçaria, estava em casa quando os tumultos começaram. Ela foi informada sobre o avanço dos distúrbios em Tardeo, em Byculla, em Mohammed Ali Road. "Dava para saber exatamente quando chegariam ao nosso bairro." No meio da confusão, um vizinho maharashtriano do andar térreo deu abrigo à família Padiwala, que depois se mudou para um prédio do outro lado da rua, em cuja entrada estava uma *shakha* do Shiv Sena. "Imaginamos que não atacariam o prédio deles mesmos." O prédio ao lado do dela abrigava uma loja de papel usado; forneceu precioso combustível para a bomba que caiu lá. No dia seguinte, Durriya, olhando da sacada, viu um homem retirar um pedaço da parede da loja de papel. Um braço humano caiu.

"Os tumultos afetaram muita gente bem pensante, instruída. Pessoas muito instruídas, muito letradas, se tornaram muito antimuçulmanas." Durriya — que não usa burca, ou mesmo um *salwaar kameez* [tradicional túnica longa e calça], não tem o cabelo tingido de hena e não parece particularmente muçulmana — ouvia as pessoas comentarem "nos lugares mais estranhos. Podia ser o saguão de um cinco estrelas: 'Oh, eles merecem, eles pediram isso'". Ela ouvia sem contestar. "Eu estava muito assustada." O negócio de Durriya foi vítima de discriminação, por ser uma empresa muçulmana. Os pagamentos se atrasavam; exigiam-se dela depósitos maiores do que dos fornecedores hindus.

Três meses depois dos tumultos, Durriya estava trabalhando em seu escritório quando saiu para buscar alguns papéis e houve uma potente explosão; o teto desabou na sala de onde ela acabara de sair. Uma das bombas explodira em seu prédio. O irmão trabalhava no prédio da Bolsa de Valores; quando outra bomba explodiu no subsolo, a vidraça da galeria de observação se rompeu e caiu sobre ele, ferindo-o. Ela não ficou inteiramente desgostosa.

"Não há justificativa para as explosões", ressaltou Durriya. "Olho por olho é uma coisa terrível." Ao mesmo tempo, quando os muçulmanos de seu escritório viajavam de trem, percebiam que os hindus agora olhavam para eles com medo. Podiam erguer a cabeça. "Recuperaram o autorrespeito." Era a velha história: o poderoso desejo das minorias do mundo inteiro de ser os opressores e não os oprimidos. Quase todos os muçulmanos com quem conversei em Bombaim concordavam que os tumultos tinham destruído sua autoestima; foram obrigados a ficar de lado, impotentes, enquanto viam os filhos ser assassinados, seus objetos pessoais queimados diante deles. Quando as bombas explodiram, matando e mutilando indiscriminadamente, os hindus perceberam que os muçulmanos não eram impotentes. Nos trens, terreno onde se testa a dignidade, eles podiam novamente erguer a cabeça.

Os tumultos tiveram um efeito que seus planejadores não poderiam ter previsto: tornaram-se um celeiro de recrutas para o submundo muçulmano.

Conheci um deles, Blackeye, que se tornou assassino de aluguel da gangue de Dawood Ibrahim. Em 1992, Blackeye, com quinze anos, vivia com a família num grande conjunto habitacional chamado Pratiksha Nagar. Numa sexta-feira, alguns maharashtrianos — seus vizinhos, seus amigos — percorreram o conjunto assinalando as casas muçulmanas. Descobriram que havia cerca de 5 mil muçulmanos na colônia. No dia seguinte, sábado, realizaram um *maha-aarti*, um imenso *puja*,* e as ruas se encheram do som triunfante de sinos e trompas. No domingo de manhã, Blackeye estava vendo desenhos animados na televisão quando alguém bateu à porta. "Somos do governo", disse uma voz. "Abra a porta. Precisamos ver seu cartão de racionamento." O pai de Blackeye imediatamente travou a porta com uma barra de ferro. Os homens puseram-se a esmurrar a porta, com força, até quebrá-la, e invadiram a casa. Pegaram a barra de ferro e atacaram o pai, diante da família. "Vi o rapaz que batia em meu pai. Era meu amigo. Costumava vir à nossa casa para comer no Eid. Jogava críquete comigo." Blackeye enlaçou as mãos e suplicou que parasse: "Você vinha à nossa casa!". O amigo olhou para ele e ordenou-lhe que saísse, porque era muito pequeno. Blackeye correu para a casa do tio aos gritos, pedindo que viesse socorrê-los. O tio se recusou, com medo de ser morto pela multidão.

Enquanto isso, a mãe e as irmãs se trancaram no quarto, com garrafas de Tik-20, um inseticida, nas mãos; se os homens do Sena invadissem, elas engoliriam o veneno antes de serem defloradas. Os homens do Sena não tocaram nelas, mas quebraram tudo na casa após baterem no pai. Depois disso, a família abandonou o apartamento e ficou num campo de trânsito durante três dias. Os restaurantes próximos não lhes deram nem água para beber, e eles comeram tomates estragados. Mas o pior ainda estava por vir. "Depois dos tumultos tivemos de pedir esmola", diz Blackeye, os olhos vermelhos mesmo agora, passados tantos anos. "Tivemos de pedir esmola — por biscoitos, por roupas das agências de socorro." Ele cresceu, abandonou a escola, entrou para a gangue muçulmana e começou a matar pessoas, entre elas o músico magnata Gulshan Kumar, hindu devoto. "Depois dos tumultos a maioria dos meninos de Pratiksha Nagar ingressou na gangue Dawood. Para mim, esse também foi o principal motivo."

---

* Ritual religioso hindu, realizado nas mais diversas ocasiões para abençoar ou celebrar deuses, pessoas e mesmo coisas e lugares. (N. E.)

A polícia de Bombaim acha que os muçulmanos são criminosos, mais ou menos como a polícia americana vê os afro-americanos. A manchete de um jornal de dezembro de 1996 dizia: VERDADE DOLOROSA: MUÇULMANOS TÊM MAIOR PROBABILIDADE DE SE TORNAR CRIMINOSOS DO QUE OS HINDUS. O artigo afirmava que os muçulmanos, que abrangem menos de um quinto da população da cidade, eram responsáveis por um terço dos crimes, com base numa pesquisa de várias delegacias de polícia. Os casos registrados contra hindus envolviam acidentes, fraude e roubo, enquanto os registrados contra muçulmanos eram mais violentos. Um inspetor da delegacia de Cuffe Parade declarou: "Os muçulmanos são presos por crimes como extorsão, estupro, assassinato, guerra de gangues e roubo de carros organizado. Os hindus são presos principalmente por pequenos golpes, assédio sexual em lugares públicos, fraude, furto e assalto".

"A polícia colaborou bastante conosco durante os tumultos", contou-me Sunil. "Deshmukh, o policial de Jogeshwari que estava no comando, dizia, orgulhoso: 'Balasaheb me chamou'."

Entre 10 e 18 de janeiro de 1993, o ativista Teesta Setalvad gravou conversas no rádio da polícia quando batalhões na rua coordenavam as atividades em contato com a sala de controle. Eis um exemplo do que se passava nas ondas de rádio:

DONGRI 1 PARA CONTROLE: Dois caminhões militares chegaram com leite e outras rações. São comandados pelo major Syed Rehmatullah. [...] Juntou-se uma multidão. [...] Favor mandar mais homens.
CONTROLE: Por que, merda, vocês estão distribuindo leite para esses *landyas* [paus circuncidados, ou seja, muçulmanos]? Querem foder a mãe deles? Lá vivem *bhenchod mias* [outro termo para muçulmanos].

Pouco depois, no mesmo dia:

DONGRI 1: As pessoas que se reuniram para pegar leite e rações já se dispersaram.
CONTROLE: Para quem o leite foi distribuído? Madharchod, escute, não distribua leite para *landyas*. Entendeu?
DONGRI 1: Esses dois caminhões... são caminhões militares, e o nome do major é Syed Rehmatullah.

CONTROLE: Detenha esse veículo. Reviste os *landyas*. Foda a mãe deles, foda o imã Shahi.

De outro lugar:

V. P. ROAD 1 PARA CONTROLE: Uma multidão se reuniu diante da garagem Maharashtra, Ghasgalli, Lamington Road, com a intenção de tocar fogo nela. Mande homens. CONTROLE: Deve ser uma garagem de *landya*. Deixem incendiar. Merda, se pertence a um maharashtriano, não queime nada que pertença a um maharashtriano. Mas pode queimar tudo que pertença a um *mia bhenchod*.

Asad bin Saif, ativista de uma ONG que luta contra o ódio nas favelas, levou-me ao Radhabai Chawl, o cortiço onde a família hindu foi queimada. Como tudo nesta cidade esquizofrênica, ele tem dois nomes: uma placa identifica-o como GANDHI CHAWL. Um grupo de mulheres, Rahe-haq, tinha arranjado um encontro para mim; seu escritório ficava no mesmo prédio onde ocorreu a atrocidade.

Antes de as mulheres chegarem, eu estava sentado no quarto onde a família inteira foi queimada viva, ouvindo um velho muçulmano me dizer: "Senhor, por favor, faça alguma coisa para tirar o ódio do coração das pessoas, para que o Ganges e o Jamuna possam correr juntos. O senhor é moço. Faça alguma coisa. Um veneno entrou". O quarto foi transformado em biblioteca e centro comunitário pela Yuva, uma ONG, e esse homem, vizinho da família morta, era o bibliotecário. A coleção da biblioteca consistia num velho baú cheio de livros com títulos que explicavam por que ela contava com apenas três membros: *Construir projetos de desenvolvimento em parceria com comunidades e ONGs: Uma agenda de ação para estrategistas políticos*. Ele nasceu em Bombaim — "Minha *matrhubhumi*", disse, usando a palavra hindu para pátria. Então, começou a cantar, com voz trêmula: "*Sara jahan se accha, Hindustan hamara*". Comovi-me inesperadamente; senti os olhos se encherem de água. O homem não era cínico. Não tinha senso de ironia. Era um muçulmano que trabalhava numa biblioteca num gueto muçulmano que não tinha livros em urdu. E cantava um canto de glória ao Hindustão.

Em 17 de janeiro de 1993, L. K. Advani, presidente do Partido Bharatiya Janata (BJP) — parceiro de coalizão do Sena e instigador da demolição da mesquita Babri —, foi ao Gandhi Chawl para ressaltar essa atrocidade contra os hindus. Arifa Khan foi ver o famoso político. Ele tinha descido do carro e dava uma olhada na favela. Arifa Khan de repente sentiu-se compelida a falar. Gritou: "Por que veio aqui agora?". Então essa pequena e bonita muçulmana das favelas de Bombaim disse ao homem que queria ser primeiro-ministro: "Se o senhor não tivesse feito seu *kar seva*, seu *rath yatra,* isso não teria acontecido". Advani não achou resposta para o comentário de Arifa, que se referia ao fato de ele ter atiçado a fúria da massa hindu mediante a realização de procissões numa carruagem nas semanas que precederam a demolição. Ele voltou para o carro, e sua comitiva, seus comandos e seus carros deixaram Jogeshwari entregue à própria sorte.

Arifa Khan, com mais cerca de vinte mulheres muçulmanas, estava sentada agora na sala, que também funcionava como creche. Havia também um casal hindu. Então dois meninos muçulmanos, durões, de *lungi*, chegaram sem ser convidados. Asad me apresentou, e as mulheres começaram a me falar dos problemas: seus homens baleados e esfaqueados, pela polícia ou pelos hindus. O *azaan* — chamado para a oração — soou numa mesquita próxima; as mulheres cobriram a cabeça. Hindus e muçulmanos agora vivem separados na favela, porque assim o querem. Magoava as mulheres a quem eu me dirigia o fato de que, durante o toque de recolher, os hindus não tivessem permissão para comprar alimento em suas áreas.

Elas já tinham pensado em ir para o Paquistão?, perguntou Asad.

"Esta é nossa *watan*" — pátria. "Seja lá o que for, é nossa Índia." Uma das mulheres reclamou o direito de viver aqui graças ao fato de votar. "Se não lhes dermos cadeiras, será que vão conseguir cadeiras?"

Bombaim tem uma vez e meia a proporção de moradores muçulmanos que tem o país em geral; os muçulmanos compreendem mais de 17% da população da cidade. Na Índia inteira, eles são 120 milhões, 12% da população. Com isso, o país abriga a segunda maior população muçulmana do mundo. Meio século depois da Partição, ainda há mais muçulmanos na Índia do que no Paquistão. Ao decidir ficar, eles demonstraram seu descontentamento com a Partição. Mas a maioria dos hindus da cidade não acreditava que os muçulmanos fossem nacionalistas. Acreditava, como disse Thackeray no jornal de seu partido logo depois da derrubada da mesquita Babri, que "o Paquistão não precisa atravessar a fronteira para atacar a Índia. Duzentos e cinquenta milhões de muçulmanos leais ao Paquistão produziriam um levante armado na Índia. [Eles são uma das] sete bombas atômicas do Paquistão". Além disso, "um muçulmano, seja qual for o país a que pertença, é antes de tudo muçulmano. A nação tem para ele importância secundária".

Os muçulmanos de Bombaim são o grupo mais diversificado de seguidores de Maomé no país. Não existe apenas a divisão entre xiitas e sunitas; há dawoodi bohras, ismaelitas, deobandis, barelvis, memons, moplahs, ahmaddiyas, e assim por diante. Os partidos de ideologia hindutva espalham o terror à horda muçulmana, como se fosse algo monolítico. A verdade é que muitos grupos, como os deobandis e os barelvis, ou os tradicionais e os reformistas bohras, em geral se odeiam uns aos outros mais violentamente do que odeiam os hindus. Mas os tumultos os uniram também. Os dawoodi bohras de Malabar Hill descobriram o que tinham em comum com os biharis sunitas nas favelas de Madanpura: uma disputa muito pública de sua condição de cidadãos da Índia. Descobriram que seu maior crime é ser muçulmanos.

Um dos meninos revoltados disse que seu irmão morreu nos tumultos e ninguém foi preso. Mas, quando a família hindu morreu, onze muçulmanos foram presos e condenados a prisão perpétua. Um empresário do Sena, segundo ouviram, carregou o cadáver da menina inválida por toda a Bombaim para instigar os hindus. "Uma mulher morreu no Radhavai Chawl", disse o menino revoltado. "Cinquenta dos nossos morreram, e nada aconteceu. A lei é deles; podem fazer o que quiserem. Se existe justiça, tem de ser dos dois lados, ou então nos mandem ir à luta! Sabemos lutar." Aos poucos, os meninos tomaram conta da reunião; as mulheres pararam de falar. O casal hindu se levantou e saiu. Depois de algum tempo, os meninos fizeram o mesmo, não sem antes me advertir: "Escreva tudo direito". Um deles riu, um riso sem humor. "Se não escrever nada, tudo bem também."

Depois que os meninos saíram, a atmosfera rapidamente se desanuviou. As mulheres pediram desculpas por eles. "São revoltados", disse uma delas. "É por isso que eu não queria trazê-los para cá."

Outra mulher me disse quanto aquele tempo passado comigo estava lhe custando. "Estou sentada aqui, mas meu coração está em casa. Será que vou conseguir água? Será que vou esperar duas horas?" Para conseguir água na favela, as mulheres precisam entrar na fila e pegar senhas. Cada pessoa, em grupos de trinta, recebe dois baldes para as necessidades domésticas. A religião determina quantas vezes você toma banho, onde você evacua. "Nas áreas hindus, cada viela tem uma torneira; aqui é uma para cada oito vielas. Lá, há vasos sanitários em toda parte. Na nossa área os vasos estão entupidos há um ano."

A maior parte da favela é depósito de lixo. O esgoto a céu aberto corre entre as casas, e as crianças brincam e de vez em quando caem nele. É cheio de uma lama iridescente. Quando os garis vêm limpá-lo, eles a retiram com conchas e deixam montes dela na frente das latrinas. Não consegui usar os sanitários públicos. Tentei, uma vez. Havia duas fileiras de vasos. Cada uma tinha massas de fezes, que transbordavam dos vasos e se espalhavam em grande quantidade por todo o cubículo. Por algumas horas aquela imagem e aquele fedor me seguiram: quando comia, quando bebia. Não é apenas o desconforto estético; o tifo corre solto pela favela e se propaga pelo contato oral-fecal. Poças de água estagnada, que estão por toda parte, são criadouros para o mosquito que transmite malária. Muitas crianças também têm icterícia. Carcaças de animais espalham-se nos balcões dos açougueiros, salpicadas de moscas, como um tempero vivo. Toda a favela é impregnada de um cheiro que deixo de sentir depois de um tempo.

Elas se queixam de que nem a representante local da prefeitura, uma muçulmana, nem seu deputado estadual, um homem do Shiv Sena, lhes dão ouvidos. Por isso, Arifa Khan, com mais oito mulheres, criou um grupo nas favelas de Jogeshawari. O Rahe-haq — o Caminho Direito — é uma organização de cerca de quinze mulheres, a maioria muçulmanas. Elas começaram com nove membros em 1988, em resposta ao problema dos sanitários. Há 2 milhões de pessoas sem acesso a latrinas em Bombaim. Elas podem ser vistas todas as manhãs ao longo dos trilhos do trem, carregando com dificuldade uma vasilha de água, procurando um lugar vazio para se agachar. É uma coisa terrível, degradante para uma mulher ser obrigada todas as manhãs a procurar um pouco de privacidade para ir ao banheiro, ou para se limpar quando menstruada. Nenhuma cidade rica como esta deveria fazer as mulheres sofrerem desse jeito. As mulheres da favela têm mais sorte. Têm sanitários construídos pela prefeitura, mas estão entupidos, e a prefeitura não está tomando as providências necessárias para desentupi-los. A cada eleição, líderes aparecem na favela e prometem fazer alguma coisa a respeito dos sanitários. O grupo de mulheres se reuniu e foi ao escritório da prefeitura. "Fizemos *bhagdaud*", explicam as mulheres. Esse termo, conhecido de qualquer pessoa que lide com a burocracia indiana, significa ir de uma repartição para outra com sua petição até conseguir o que quer. As mulheres fizeram *bhagdaud*, e finalmente alguns sanitários foram limpos.

Estimuladas pelo êxito de sua luta pelos sanitários, as mulheres foram atrás da água. A água chega por algumas horas, e há uma longa fila de mulheres com baldes na torneira da prefeitura. Naquela época, as tubulações de água municipais foram cortadas. Isso foi feito a pedido dos encanadores. Eles ganhariam dinheiro se a prefeitura cortasse as tubulações e subornaram funcionários. Os encanadores cobravam 16 mil rupias por um cano de água de meia polegada; quatro domicílios poderiam se juntar e pagar 4 mil rupias cada um para comprar essa tubulação. Emaranhados de canos serpeiam pelas vielas da favela. As mulheres do Rahe-haq fizeram um *pani morcha*, uma marcha de protesto pela água, até o escritório da prefeitura. Esta foi obrigada a aumentar o fornecimento.

O povo da favela começou a procurar o comitê, como as mulheres chamam, para outros problemas relacionados aos tumultos. Uma viúva que enlouquecera ao ver o corpo do marido pendurado numa árvore estava com dificuldade para receber o dinheiro da indenização que o governo pagava às vítimas dos tumultos; o comitê intercedeu. O objetivo do seu trabalho se ampliou. Passou a ser procurado por mulheres que tinham se divorciado; pela lei muçulmana, um marido pode se separar da esposa dizendo simplesmente "Eu me divorcio de você" três vezes. O comitê conseguiu um advogado para dar a elas assistência jurídica. Um grupo de cinco mulheres foi criado para aconselhar casais que por alguma razão estavam se separando. "Ouvimos os dois lados; falamos com pessoas ortodoxas usando argumentos religiosos, depois voltamos a juntar os casais. Se os homens forem criminosos, nós recorremos à justiça." As mulheres passaram a ajudar a resolver problemas com cartões de racionamento, e nas últimas eleições municipais apoiaram uma mulher da favela sob a bandeira política do Janata Dal.

Perguntei a elas se os maridos apoiavam o comitê. Houve uma tempestade de risos. "Temos de escutar os xingamentos deles." A seção local do partido da Liga Muçulmana começou a espalhar boatos sobre elas: não eram recatadas, lidavam com homens o dia todo no trabalho. Acusaram-nas de serem anti-islâmicas e, finalmente, destruíram seu escritório.

As mulheres abriram uma creche, que elas mesmas administravam, até que os meninos que havia pouco estavam sentados na sala a tomaram, armados de facas. Queriam a sala para fumar *charas* — haxixe artesanal — e *ganja*; depois dos tumultos, os cabeça quente ficaram mais ousados na comunidade. Agora as mulheres tinham de se contentar com essa sala bem menor, essa casa sepulcral de 1993, como sua creche. Dentro em pouco iriam novamente à prefeitura para insistir no pedido de uma sala maior, com fechadura. Se alguma esperança existe para Bombaim, está nesse grupo de mulheres da favela, todas analfabetas, e outras iguais a elas. Questões de infraestrutura não são problemas abstratos para elas. Muito mais do que os homens, as mulheres lidam com essas questões diretamente. Se quiser ter certeza de que o dinheiro que você manda para algum lugar pobre será gasto corretamente, é só entregá-lo às mulheres que lá vivem.

Perguntei a uma das mulheres de Jogeshwari se preferiria viver num apartamento decente ou na favela, com o esgoto a céu aberto e a falta de encanamento dentro de casa. Sim, planeja-se construir um prédio nas proximidades para reassentar os moradores da favela. Mas os moradores jamais se mudariam. "É solitário demais. Uma pessoa pode morrer atrás da porta fechada de um apartamento sem que ninguém saiba. Aqui", comentou ela, satisfeita, "tem muita gente."

Que seja sempre tão humilde... Costumamos pensar na favela como uma excrescência, uma comunidade de gente que vive numa miséria perpétua. Esquecemo-nos de que nos lugares inóspitos as pessoas criaram uma comunidade, e que se apegaram à sua geografia espacial, às redes sociais que construíram, à aldeia que recriaram no meio da cidade, como um parisiense com seu *quartier*, ou eu com Nepean Sea Road. "Gosto daqui", disse Arifa Khan, falando de sua casa e de seu *basti*, seu bairro. "Isto é meu. Conheço as pessoas e gosto das comodidades." Qualquer plano de desenvolvimento urbano deve levar em conta o curioso desejo dos moradores de favela de viverem juntos. Maior horror do que o esgoto a céu aberto e do que os sanitários imundos, para o povo de Jogeshwari, é uma sala vazia na cidade grande.

O Shiv Sena é composto, majoritariamente, de hindus maharashtrianos, que se chamam a si mesmos de "filhos da terra". Os maharashtrianos são pessoas que nasceram aqui e não foram consumidas pela aspiração do imigrante; uma raça de empregados de escritório. Suas ambições são modestas, práticas: uma jornada de trabalho não muito longa; um bom *tiffin* de almoço, enviado de casa ao meio-dia; uma ou duas idas ao cinema por semana; e, para os filhos, um seguro emprego público e um bom casamento. Não sentem nenhuma vontade de ter roupas de marca. Não querem comer a cara comida estrangeira do Taj.

Eu não conheci muitos maharashtrianos na infância. Havia o mundo em que eu vivia em Nepean Sea Road, e havia outro mundo cujos moradores vinham lavar nossas roupas, ler nossos medidores de luz, dirigir nossos carros, habitar nossos pesadelos. Morávamos em Bombaim e nunca tivemos muito a ver com Mumbai. Para nós, os maharashtrianos eram nossos empregados, a mulher da banana lá embaixo, os livros didáticos que nos obrigavam a ler na escola. Tínhamos uma palavra para eles: *ghatis* — literalmente, pessoas dos *ghats*, dos morros. Era também a palavra que usávamos, genericamente, para "empregado". Eu estava no quarto ano quando o marata se tornou obrigatório. Como resmungamos! Era a língua dos empregados, dizíamos. Contávamos entre nós uma história sobre sua gênese. Todos os povos da Índia tinham sua língua, exceto os maharashtrianos. Eles foram a Shiva e pediram uma língua. O deus olhou ao redor, viu algumas pedras, jogou-as numa panela de latão e mexeu. "Aqui está a língua de vocês", disse. O que sabíamos da língua que contém a poesia de Namdev, Tukaram, Dilip Chitre, Nandeo Dhasal?

Mas havia, o tempo todo, a classe baixa maharashtriana, emergindo, construindo-se a si mesma. E agora ela adquirira poder político, força e uma confiança desesperada. Avançava, chegando cada vez mais perto do mundo em que fui criado, o mundo dos ricos e dos que tinham nome. Muita gente de Nepean Sea Road estava horrorizada, não tanto porque a gentalha expulsava os muçulmanos dos prédios altos, mas porque tinha tido a audácia de vir para Nepean Sea Road. A arrogância dos *ghatis* que queriam ver a lista de moradores dos prédios! A outra Bombaim agora se esgueira por nossas ruas, vive entre nós, não aceita que sejamos rudes com ela, vez por outra nos dá uma surra. Os tumultos de 1992 e 1993 foram marcos na vida psíquica da cidade, porque seus diferentes mundos se juntaram com uma explosão. O monstro saiu das favelas.

* * *

    Meu avô em Calcutá e meu tio em Bombaim deram abrigo a muçulmanos em casa em períodos de tumulto e salvaram-lhes a vida. Durante os tumultos, meu tio também preparou comida num templo jainista e, correndo grande risco, foi a áreas muçulmanas para distribuí-la às pessoas presas pelo toque de recolher — 5 mil pacotes de arroz, pão e batatas todos os dias.
    Os tumultos ensinaram aos muçulmanos uma lição, dizia meu tio. "Mesmo pessoas instruídas como eu acham que, com essa gente tão selvagem, nós precisamos do Shiv Sena para combatê-la. O pessoal do Shiv Sena também é fanático, mas precisamos de fanáticos para lutar contra fanáticos."
    Ouvi outra versão da mesma teoria — que os belicosos maharashtrianos protegeram as frágeis comunidades comerciais — de um dos amigos de Sunil, o funcionário municipal. "Se o pessoal do Shiv Sena não estivesse aqui, todos os gujaratis e marwaris no comércio dos brancos teriam sido surrados ou mortos pelos muçulmanos. Eles não são bons de briga", disse ele, com uma ponta de desprezo. "Vivem atrás de dinheiro."
    Meu tio olhou pela janela para o céu que escurecia. Tinha um bom amigo muçulmano em Calcutá, disse-me, um amigo que havia estudado na escola com ele no décimo ano; na época deviam ter cerca de quinze anos. Ele foi com esse amigo ao cinema, e antes de o filme começar havia um cinejornal. Numa cena, apareciam muitos muçulmanos curvados numa prece, fazendo seu namaz. Sem pensar, meu tio disse em voz alta na sala escura, talvez para o amigo, talvez para si mesmo: "Uma bomba daria um jeito neles".
    Então meu tio se deu conta do que acabara de dizer e lembrou que o amigo sentado ao lado dele também era muçulmano. Mas o outro nada disse, fingindo que não tinha escutado. "Mas sei que escutou", disse meu tio, a dor evidente no rosto, em seu apartamento em Bombaim trinta anos depois. "Fiquei com tanta vergonha. Tenho sentido essa vergonha a vida inteira. Depois fiquei pensando: como é que tenho esse ódio dentro de mim? E percebi que ele me fora ensinado desde a infância. Talvez por causa da Partição, talvez por causa dos seus hábitos alimentares — os muçulmanos matam animais —, nossos pais nos ensinaram a não confiar neles. Até meu filho. Eu digo a ele: 'Depois que se casar não vai continuar tão amigo do seu melhor amigo muçulmano'. O que ocorreu durante a Partição apagou os ensinamentos de Gandhiji. Dada-

ji — meu avô — e Bapuji — seu irmão — eram firmes partidários do gandhismo, desde que o assunto não fosse os muçulmanos. Jamais pude trazer um amigo muçulmano a minha casa, nem podia ir à casa deles."

No dia seguinte, meu tio estava no quarto com o pequeno santuário, fazendo seu *puja* matinal, quando me sentei com meu laptop. "Não escreva o que lhe contei", pediu ele, enquanto eu escrevia o que ele me contara.

Perguntei-lhe por quê.

"Nunca contei a ninguém".

Com o ato de contar, meu tio estava começando a compreender, por conta própria, as origens do ódio.

Na Bombaim em que fui criado, ser muçulmano, hindu ou católico era apenas uma excentricidade pessoal, como um jeito de pentear o cabelo. Havia um menino em minha classe que, agora me dou conta pensando em seu nome, Arif, devia ser muçulmano. Lembro-me de que ele era especialista em versos de pé-quebrado e nos ensinou uma versão obscena da canção patriótica "Venham, meninos, deixem-me ensinar-lhes a história do Hindustão", na qual as proezas nacionalistas dos líderes do país eram substituídas por travessuras sexuais dos astros de cinema de Bombaim. Ele não fazia isso por ser muçulmano, portanto impatriótico. Fazia isso por ser um menino de doze anos.

Agora, isso era importante, porque era importante para Bal Thackeray.

A *shakha* do Shiv Sena em Jogeshwari era um grande saguão cheio de fotos de Bal Thackeray e sua falecida mulher, um busto de Shivaji e fotos de uma competição de halterofilismo. Todas as noites, Bhikhu Kamath, o *shakha pramukh*, sentava-se a uma mesa e ouvia uma fila de suplicantes, presidindo uma espécie de *durbar*, tribunal mogol. Havia um deficiente físico que queria trabalhar como datilógrafo. Outro homem queria levar eletricidade para sua favela. Maridos e mulheres que viviam brigando vinham pedir que ele interferisse. Uma ambulância ficava estacionada lá fora, parte de uma rede de centenas de ambulâncias do Sena prontas para transportar gente das favelas para os hospitais a qualquer hora do dia, por uma taxa simbólica.

Numa cidade onde os serviços municipais estão em crise, ir ao Sena é uma garantia de acesso a tais serviços. As *shakhas* do Sena atuam também como governo paralelo, como as máquinas partidárias das cidades americanas que ajudavam os imigrantes a conseguir emprego e a consertar a iluminação pública. Mas o Sena gosta de pensar que é não tanto um partido político como uma organização de serviço social. Funciona como guarda-chuva para muitas organizações: um sindicato com mais de 800 mil membros, um movimento estudantil, uma ala feminina, uma rede de empregos, um lar para velhos, um banco-cooperativa, um jornal.

Kamath era um tipo diplomático, que me mostrou hospitaleiramente seu território. Tinha a reputação de ser honesto. "Há muito pouca gente como Bhikhu no Sena", disse Sunil. "Ele ainda tem em casa uma televisão preto e branco." Mas, dependendo da situação, transformava-se num valentão de rua. E, por meio de suas relações no governo estadual, oferecia cobertura política a Sunil. "Os ministros são nossos. A polícia está em nossas mãos. Se alguma coisa acontece comigo, o ministro liga", gabou-se Sunil. Ele fez um gesto com a cabeça. "Temos powertoni."

Repetiu a palavra algumas vezes. Sunil contratara um rapaz muçulmano na localidade muçulmana para seu negócio de TV a cabo. "Ele tem doze irmãos e seis irmãs. Dou dinheiro para ele e bebida para o irmão. Ele é capaz até de surrar o irmão para mim. Eu o contrato para o powertoni." O homem santo que exorcizou sua filha também tinha powertoni. Então percebi que palavra era essa: uma contração de *power of attorney* [procuração], a impressionante capacidade de agir em nome de alguém, ou de fazer alguém executar nossas ordens assinando documentos, soltando criminosos, curando doenças, matando pessoas. Powertoni: um poder que não nasce em nós; um poder que nos é conferido para agir em nome de alguém. É a única espécie de poder que o político tem: o poder de procurador, que lhe é concedido pelo eleitor. A democracia diz respeito ao exercício, legítimo ou nem tanto, desse powertoni. E o homem com mais powertoni em Mumbai é o líder do Shiv Sena, Bal Keshav Thackeray.

Seu monstruoso ego foi alimentado desde a infância. O pai de Thackeray se considerava um reformador social e anglicizou o sobrenome em homenagem a William Makepeace Thackeray, o autor vitoriano de *A feira das vaidades*. A mãe de Thackeray tinha tido cinco filhas e nenhum filho. Ela rezava ardentemente à divindade familiar por um filho e foi abençoada com Bal. Ele foi considerado, portanto, um *navasputra*, uma dádiva de Deus. Thackeray, agora septuagenário, é um cruzamento de Pat Buchanan com Saddam Hussein. Tem o senso de ofensa de um cartunista. Adora enganar jornalistas estrangeiros com sua confessa admiração por Adolf Hitler. Numa entrevista à revista *Time*, no auge dos tumultos, quando perguntado se os muçulmanos indianos estavam começando a se sentir como os judeus na Alemanha nazista, sua resposta foi: "Eles se comportaram como os judeus na Alemanha nazista? Nesse caso, nada há de errado em serem tratados como os judeus na Alemanha nazista". Uma mulher das favelas de Jogeshwari comentou: "Thackeray é mais muçulmano do que eu". Ele é obcecado pelos muçulmanos. "Ele nos observa, nosso jeito de comer, de rezar. Se a palavra 'muçulmano' não aparece na manchete, seu jornal não vende um exemplar." O órgão do partido é o jornal *Saamna* (Confronto), que, nas edições em marata e híndi, espalha o veneno de Thackeray por todo o Maharashtra.

Thackeray, como qualquer outra pessoa do submundo, tem muitos nomes: o Saheb, o Supremo, o Controle Remoto e, principalmente, o Tigre — por causa do símbolo do Shiv Sena. Os jornais estão cheios de fotos em que ele aparece ao lado de fotos de tigres. Outdoors públicos em toda a cidade exibem seu rosto ao lado de um tigre de verdade. Ele fez questão de estar presente na inauguração de um parque para safáris de tigres. É uma figura mítica que ele mesmo construiu: toma cerveja morna, fuma cachimbo, mantém uma relação inusitadamente íntima com a nora.

Sunil e os rapazes do Sena descreveram o Saheb para mim. Era impossível falar diretamente com ele, disseram; mesmo um homem eloquente e destemido como seu *shakha pramukh* ficava calado na presença dele e era repreendido pelo Saheb: "Levante! Qual é o problema? Você é mudo?". Era impossível olhá-lo nos olhos. De outro lado: "Ele gosta que a gente seja franco com ele. Deve-se ter a audácia de fazer perguntas diretas. Ele não gosta de homem que diz 'eu... eu...'".

O colega de Sunil falou com grande orgulho da época do ano, no aniversário do Saheb, em que eles vão ao seu bangalô e veem uma longa fila das pessoas mais ricas e eminentes da cidade aguardando a vez de lhe prestar uma homenagem. "Vemos todo esse pessoal graúdo — ministros, empresários — curvar-se e tocar seus pés. Todos das ricas famílias Tata e Birla tocam seus pés e falam com ele."

"Michael Jackson só se encontra com presidentes. Ele veio falar com o Saheb", acrescentou o amigo. O presidente da gigantesca empresa americana

Enron procurou Thackeray para resolver um acordo de fornecimento de energia. Quando Sanjay Dutt, filho do honrado membro do Parlamento Sunil Dutt, que renunciou enojado com os tumultos, saiu da cadeia, sua primeira parada, antes mesmo de ir para casa, foi para ver o Saheb e tocar-lhe os pés. Sempre que um dos deuses do mundo empresarial, ou alguém da comunidade cinematográfica, ou um político de Delhi se ajoelhava diante dele, seus rapazes sentiam uma onda de orgulho, e a imagem que têm do Saheb como homem poderoso, homem de powertoni, era reforçada.

Ensinaram-me o que eu deveria dizer se me encontrasse com o Saheb. "Diga-lhe: 'Hoje mesmo, em Jogeshwari, estamos prontos para morrer pelo senhor'. Pergunte-lhe: 'Essas pessoas que lutaram pelo senhor nos tumultos, pelo hindutva, o que seu Shiv Sena pode fazer por elas? Aquelas que arriscaram a vida ao receber uma ordem sua? O que os velhos pais dos irmãos Pednekar, que não têm outros filhos, podem fazer?'"

Senti-me como um mensageiro levando recados entre o amante e a amada: "Diga-lhe que estou pronto a morrer por ela". Mas havia uma insinuação de reprovação nessas perguntas, como se eles achassem que o Saheb esquecera aquelas pessoas que tinham morrido por seu amor. Como se o sacrifício sangrento que seus camaradas fizeram não tivesse sido notado.

Em março de 1995, o Shiv Sena, partido majoritário na coligação com o BJP, assumiu o poder no estado de Maharashtra (o governo da cidade já lhe pertencia havia uma década). O governo deu uma olhada nos formidáveis problemas urbanos que afligiam a cidade, a corrupção que infestava todos os níveis da burocracia e do governo, o terrível estado das relações entre hindus e muçulmanos, e tomou uma medida decisiva. Mudou o nome da capital para Mumbai.

Uma vez no poder, o Sena decidiu perseguir os artistas, especialmente os artistas muçulmanos. Começou atacando M. F. Husain, o mais conhecido pintor da Índia, por ter pintado um retrato nu da deusa Saraswati, vinte anos antes. Enquanto o governo acionava os tribunais, o *Saamna*, porta-voz do Shiv Sena, mobilizava a opinião pública. O jornal declarou que, ao pintar uma deusa hindu nua, Husain tinha "demonstrado seu inato fanatismo muçulmano". E fez uma sugestão: "Se tivesse coragem, teria pintado o profeta Maomé copulando com um porco". O editor do *Saamna*, Sanjay Nirupam, membro do Parlamento, também foi intransigente: "Hindus, não esqueçam o crime de Husain! Ele não pode ser perdoado de forma alguma. Quando voltar a Mumbai, deve ser levado para Hutatma Chowk e açoitado publicamente até que ele próprio se torne um objeto de arte moderna. Os dedos que pintaram nossa mãe nua terão de ser cortados". O mais notável nas noções de castigo do editor é que elas parecem tiradas diretamente da charia — a lei islâmica.

Os conceitos do Shiva Sena sobre o que é culturalmente aceitável na Índia revelam uma nítida tendência ao kitsch: Michael Jackson, por exemplo. Em novembro de 1996, Thackeray anunciou que a primeira apresentação do pop star no país seria feita com sua bênção. Isso pode ter tido, ou não, algo a ver com o fato de que o cantor prometera doar a renda de seu concerto — que chegaria a mais de 1 milhão de dólares — a um projeto de emprego para os jovens dirigido pelo Shiv Sena. A ideia do concerto ofendeu muita gente na cidade, incluindo o próprio irmão de Thackeray, que viu qualquer coisa de estranho nos valores que o cantor representava. "Quem é Michael Jackson e que ligação ele tem com a cultura hindu, da qual o Shiv Sena e seu chefe Thackeray falam com tanto orgulho?"

O Supremo do Shiv Sena respondeu: "Jackson é um grande artista, e devemos aceitá-lo como artista. Seus movimentos são tremendos. Não há muita gente no mundo capaz desses movimentos. Acabaria quebrando os ossos". Então, o Saheb foi direto ao assunto. "E o que é cultura? Ele representa certos valores nos Estados Unidos que a Índia não deveria ter escrúpulos em aceitar. Gostaríamos de aceitar essa parte dos Estados Unidos que Jackson representa." O pop star agradeceu o elogio de Thackeray passando pela casa do líder quando ia do aeroporto para o hotel, e urinando no seu banheiro. Thackeray mostrou orgulhosamente aos fotógrafos o vaso santificado.

Os outros valores de que Thackeray gosta são os das dinastias industriais do país. Ele adora grandes empresas, e as grandes empresas o adoram. O Sena adquiriu experiência lutando contra os comunistas nos *chawls*, os cortiços, e nas fábricas. Os sindicatos controlados pelo partido são muito mais confiáveis do que os controlados pela esquerda. O dinheiro do partido vem não dos cidadãos comuns, mas dos maiores comerciantes da cidade: um vendedor de carros, o dono de uma empresa aérea, um vendedor de diamantes. A oposição não é feita pela elite, mas pela zona rural, pelos muitos maharashtrianos de classe média e por escritores maratas. No que diz respeito aos tribunais, Thackeray não teme seu poder. Em junho de 1993, o Saheb declarou: "Mijo nas sentenças dos tribunais. Os juízes são, na maioria, ratos infestados de praga. É preciso que haja uma ação direta contra eles".

O juiz Srikrishna estava mal. Sentou-se em seu gabinete, no conjunto neogótico dos tribunais, massageou um lado do corpo e piscou. Seu médico lhe dissera para não se envolver demais com o trabalho. Havia quase quatro anos, ele vinha aparando sozinho as causas e as responsabilidades dos tumultos, logo após os quais o governo lhe dera essa pesada atribuição. "Depois de ouvir essas pobres viúvas e os órfãos... e depois a polícia dizer que essas pessoas perderam o controle espontaneamente, e que não houve planejamento, não houve coordenação? É difícil de engolir. Afinal de contas, também sou um ser humano sensível, não apenas um juiz." Mas ele não tinha os poderes de juiz, uma vez que, nessa questão, tratava-se apenas de uma comissão de inquérito encarregada de apresentar um relatório com recomendações, e não um tribunal. Se estivesse atuando como juiz, disse, teria acusado a polícia de desacato ao tribunal, por mentir descaradamente diante dele.

Perguntei-lhe quando provavelmente terminaria o trabalho. Ele olhou para o calendário na parede. "No máximo seis meses. Estou cansado disso." O governo do Shiv Sena suspendeu seu trabalho em janeiro de 1996. Depois de um clamor nacional, restaurou o inquérito, mas atrapalhou o trabalho de Srikrishna ampliando o campo de atuação para incluir as explosões a bomba. Ele não tinha autoridade para convocar testemunhas das explosões, pois a parte criminal da investigação estava sendo conduzida por um tribunal especial antiterror. O juiz, sensatamente, era de opinião que deveria haver duas comissões de inquérito separadas, uma para os tumultos e outra para as explosões. Todo o sistema de comissões de inquérito era defeituoso, disse ele. A investigação da Comissão Jainista sobre as causas do assassinato de Rajiv Gandhi em 1991, por exemplo, só começou a convocar testemunhas em 1995.

Perguntei ao juiz Srikrishna se algo de bom resultaria dos seus esforços. Ele pensou um instante e disse: "Pelo menos é um ato de catarse".

A Índia não precisa olhar para fora à procura de modelos de tolerância. Bombaim tem centenas de comunidades étnicas diferentes, que na maioria antipatizam umas com as outras. Tinham se tolerado durante séculos, até agora. Cada comunidade conhece muito bem os códigos das demais. Meu avô não gostava dos muçulmanos em geral, mas conhecia seus hábitos, usava *sherwanis* bem talhados e me contava histórias exemplares sobre os mogóis. Quando, ainda pequeno, lhe perguntei por que os muçulmanos comiam carne, ele explicou: "É o darma deles". Os jainistas mais estritos eram os ministros dos *nawabs* muçulmanos em Palanpur. Eles administravam os negócios do soberano, mas não comiam em sua casa. Talvez essa capacidade de viver junto seja possível justamente por causa dos limites cuidadosamente demarcados, dessas noções de poluição ritual. Não há possibilidade de uma perigosa miscigenação.

Todas as pessoas que estavam na reunião no Radhabai Chawl me disseram que esse tipo de tumulto comunitário era desconhecido nas aldeias da Índia. Nas aldeias, as pessoas eram seguras em relação à sua fé; não precisavam se convencer da própria devoção massacrando infiéis. Como me explicara um dos exaltados jovens no Radhabai Chawl: "Na aldeia, se existem duas famílias muçulmanas e existe um *patel*" — chefe da aldeia —, "o *patel* cuidará dos muçulmanos. Na cidade, os políticos e a polícia perturbam os muçulmanos". Nas aldeias, disseram, vive-se muito perto dos vizinhos, e todo mundo sabe dos negócios de todo mundo e conhece as famílias e suas predileções. Há pouca mobilidade; vive-se junto a vida inteira e ninguém pode se dar ao luxo de alimentar rixas sangrentas com os vizinhos.

Cerca de 5% dos muçulmanos de Bombaim votaram no Sena em Maharashtra, nas eleições de 1995, argumentado, como me disse um muçulmano: "Quando se dá ao ladrão as chaves do tesouro, ele jamais rouba". Poucas questões afetam tanto os eleitores urbanos quanto o crime. Na cidade anônima, na proximidade dos contatos da favela, o interesse prioritário é a lei e a ordem, a estabilidade. Mais do que água, mais do que habitação, mais do que emprego, os bombainenses querem segurança pessoal. Era do interesse do Sena impedir tumultos e, segundo Asghar Ali Engineer, diretor de um instituto que estuda conflitos comunitários, desde que o governo Sena-BJP assumiu, a incidência de tumultos comunitários caiu drasticamente. Não que os muçulmanos se sentissem seguros no governo Sena; como disse Jalat Khan: "Eles botaram o dedo em nosso rabo". A violência foi empurrada para baixo da superfície, tão deliberadamente controlada quanto foi deliberadamente organizada durante os tumultos. Periodicamente, o Sena mostra do que é capaz quando lhe desagradam — surrando um editor de jornal aqui, matando um inquilino recalcitrante ali. Mas não mandou jovens como Sunil e Raghav saírem por aí destruindo comunidades inteiras. Não precisava disso enquanto tivesse as chaves do tesouro do estado. A cidade estava calma; mas era uma calma à espera da tempestade.

ELEIÇÕES DE 1998

É a maior transmissão de poder da história mundial: a verdadeira devolução do poder para a verdadeira maioria de 1 bilhão de pessoas. Uma imensa transmissão tinha ocorrido quando os britânicos saíram da Índia e do Paquistão, mas uma mudança ainda maior estava por vir. Em cinquenta anos, a Índia independente tinha feito o que 5 mil anos de história não puderam fazer: deu à maioria uma voz na administração do país. Os dalits (também conhecidos como intocáveis), as "castas e tribos programadas" (as especificamente relacionadas na Constituição como tendo sido historicamente discriminadas) e as "outras classes atrasadas" (não relacionadas na tabela, mas consideradas merecedoras de ação afirmativa) formam, como bloco, a maioria numérica do país. Durante milhares de anos as classes superiores — hindus, muçulmanos, cristãos — os mantiveram fora do poder. Mas no fim do século xx chegou a sua hora. Pela primeira vez na história as classes inferiores participaram do processo político e puderam se manifestar sobre quem deveria governá-las. Em 1997, um intocável, K. R. Narayanan, tornou-se presidente. Ministros brâmanes se amontoaram para tocar seus pés e lhe pedir a bênção. Foi apresentado ao Parlamento um projeto de lei cuja aprovação era inevitável, cedo ou tarde: um terço das cadeiras do mais alto corpo legislativo do país seria reservado para mulheres, experiência sem precedentes em parte alguma do mundo.

No verão de 2000, as manchetes do país diziam CINQUENTA MILHÕES EM RISCO DE PASSAR FOME. As chuvas não vieram, mas não houve carestia; a máquina do governo se mexeu e mandou trens carregados de ajuda, atravessando todo o país, para pessoas que não podiam cultivar seu próprio alimento. Ainda nos anos 1960, as manchetes teriam dito: MILHARES MORREM DE FOME. Há poucas mortes provocadas pela fome no país agora. Sempre que alguém morre, e que se suspeita que a causa tenha sido a fome, os jornais dão ao assunto o maior destaque e o governo estadual é forçado a responder a perguntas difíceis na Assembleia; a oposição aproveita para explorar essas questões. A erradicação da fome não é a menor das conquistas do país. Essa opinião surpreende as elites de Bombaim, que são quase uniformemente pessimistas sobre o futuro da cidade.

Os novos líderes são extravagantemente corruptos, em contraste com os antigos líderes educados em Oxford, que, pelos ditames do *noblesse oblige* e por sua riqueza feudal, se mantinham afastados do assalto em larga escala ao dinheiro público. E isso não se refere só à política. Por meio de reservas e cotas, os "atrasados" estão recebendo sua fatia de outras instituições governamentais, como o Serviço Administrativo da Índia. O escritor U. R. Ananthamurthy me contou sobre um funcionário dalit do SAI que lhe explicou por que não tinha outra escolha, senão ser corrupto. Foi o primeiro na história de sua comunidade, disse ele, a matricular-se e ir para Delhi, famoso centro de poder. Sempre que volta à sua aldeia, espera-se que leve os bens e os espólios do cargo, não apenas para sua família, mas para toda a pobre comunidade. "Sou um torrão de açúcar", disse ele, "num formigueiro."

A eleição geral de fevereiro de 1998, quando volto a Bombaim para morar, é uma eleição fantasma. O Comitê Eleitoral impôs restrições aos gastos, e mal dá para notar que há uma eleição, a não ser quando se liga a TV — pelo menos em Malabar Hill. O único cartaz que vi em meu bairro mostra uma figura gandhiana, de bigode e gorro, o candidato do Partido de Pijama, declarando: "Tudo que quero é aprovar moções". É patrocinado pela MTV e pela Levi's, as únicas empresas que têm dinheiro para fazer piada com as eleições.

É uma disputa entre Sonia Gandhi, a viúva italiana de Rajiv Gandhi, e o bravo integrante do BJP Atal Bihari Vajpayee. A parcela mais instruída e politicamente ativa da classe média urbana não gosta de Sonia. São patriotas e se sentem insultados pela sugestão de que precisamos importar nossos primeiros-ministros, como se fossem rádios 2 em 1 ou jeans de marca. Não consideram Sonia indiana; ela tem pouco apoio em Malabar Hill e Jor Bagh. É aceita na Índia rural. Quando sobe no palanque e começa seus discursos dizendo "Meu marido tornou minha vida completa", as pessoas veem diante delas não uma imigrante indiana, mas o mítico paradigma da mulher fiel, Sati Savitri. Não veem a viúva italiana de um piloto de avião meio caxemiriano, meio pársi, falando mal o híndi. Quando uma mulher entra na casa da família do marido, ela perde suas origens. Qualquer pessoa, de qualquer parte do mundo, pode vir para a Índia e encontrar sua casa. Mesmo os que estiveram ausentes durante vinte anos.

Quando chego ao escritório do comerciante de diamantes, Jayawantiben Mehta já está sentada à mesa de fórmica. É uma dona de casa de meia-idade e membro do Parlamento pelo BJP representando o distrito do sul de Mumbai; seu adversário é Murli Deora, do Partido do Congresso, que ocupou a cadeira por doze anos antes de ser derrotado por Jayawantiben em 1996. Há um leilão para financiamento de campanha no escritório, uma tremenda discussão sobre a contribuição que os comerciantes devem dar à sua campanha. Os comerciantes que a cercam gritam números para ela e ela grita números de volta. "Vocês deram três lakhs e três quartos. Falta um e três quartos", diz ela. "Não, não. Prometemos apenas três." "Não, nada menos do que cinco!" (Um lakh corresponde a 100 mil rupias, ou 4 mil dólares.) O homem em cujo escritório estamos é o diretor da associação de comerciantes de diamantes; ele, o pai e a mulher são ativistas do hindutva. Mas são instruídos demais para se candidatar ao cargo. O BJP ofereceu à mulher dele uma chapa para concorrer nas eleições legislativas. Ela recusou: "É um negócio sujo". O diretor tira uma sacola de plástico branca, de mercearia, de debaixo da mesa e joga-a em cima, na frente de Jayawantiben, que não a toca nem olha para ver o que há lá dentro. "Peça a alguém que a leve para o carro."

Jayawantiben oferece-lhes um recibo. As negociações prosseguem, sobre que porcentagem deve ser dada em cheque e que porcentagem em espécie. Chega o chá, e enquanto bebemos ela me convida para acompanhá-la durante a campanha. Quando ela sai, fico sentado diante da sacola de plástico branca de mercearia, que ainda não foi levada para o carro. Dou uma rápida espiada. Dentro, há centenas de milhares de rupias, em pacotes enrolados com jornal. Na sacola, há a inscrição:

DOCES & NAMKEENS HALDIRAM'S
PREFERÊNCIA DE MILHÕES

Aceito o convite de Jayawantiben e me misturo ao seu entourage um dia de manhã. Não preciso ir longe; ela está fazendo campanha logo atrás de Dariya Mahal, nas aldeias ocultas de Malabar Hill. Ando com a candidata sobre as pedras perto do mar, onde se localiza uma grande favela. Jayawantiben é recebida com indiferença quase sempre. Um homem ri. "Não há sequer água. Eles aparecem a cada cinco anos." Mas numa casa um grupo de mulheres vem à varanda admirar a candidata. Elas trazem um prato com um coco, uma lâmpada e uma vareta de incenso, fazem um pequeno *puja* diante de seu rosto e se curvam para lhe tocar os pés. Ela as abençoa. A linguagem dos slogans que seus seguidores gritam muda, de marata para híndi e para inglês, dependendo da população da favela.

Os moradores da favela parecem muito confiantes ao cercar seu membro do Parlamento. Perto dos Jardins Suspensos, uma senhora gujarati sai de seu barraco e mostra um cano. "O reservatório é ali" — o reservatório de Malabar Hill, que fornece água para toda a região sul de Bombaim — "e não tenho água. Deixei meu emprego de 22 anos porque não temos água. O trabalho começa às sete e meia da manhã em Andheri, e tenho de sair à seis." Ela precisa estar em casa para encher os baldes quando o caminhão-tanque chega. Jayawantiben promete fazer o possível. Então a mulher diz: "E você vai conseguir a matrícula de minha filha?".

"Vá ao meu escritório, e veremos. Uma escola convento, uma escola do governo, uma escola particular?"

"Walshingham. Você vai conseguir a matrícula de minha filha em Walshingham? Me diga." Trata-se de uma das mais exclusivas escolas de elite para meninas em Bombaim, onde minha irmã estudou. É uma exigência bastante insolente a da mulher.

"Por ser uma escola particular, não recebe verba do governo, mas verei o que posso fazer. É só o que posso prometer. Eu poderia mentir e dizer que garanto a matrícula de sua filha, mas não posso fazer isso. Vá ao meu escritório e vamos tentar."

Há outras aldeias ao redor do reservatório. Uma delas é tão bonita que faz um dos trabalhadores da campanha dizer a outro: "Quer conseguir um lugar aqui?". Sob os altos fícus, com sacolas de plástico azuis e rosas espalhadas pelo chão, fica a comunidade, construída de paredes de tijolo e telhas onduladas. Galos e galinhas correm pela grama. Ao longe, vê-se o mar azul. Vasilhas de aço brilham dentro das casas; bicicletas de dez marchas novas estão estacionadas na frente. Os moradores são bem-vestidos. As crianças parecem saudáveis e não há esgoto a céu aberto. Mas há também uma ratazana morta de bom tamanho deitada de lado na viela; passamos por cima dela. Essas favelas apareceram depois que saí do país. Agora me cercam de todos os lados, em todos os cantos e fendas, e vieram para ficar; têm eletricidade e água. Durante o dia, Jayawantiben percorre as catorze favelas em volta de Malabar Hills, conhece gente, ouve suas queixas. Mas nem uma vez sequer entra nos elegantes edifícios que cercam as favelas.

"Por quê?", pergunto a um trabalhador da campanha.

"Os ricos não saem de seus edifícios para votar", responde ele. O comparecimento às urnas dos moradores legais do distrito na rica seção eleitoral de Malabar Hill é de 12%; o dos invasores nas favelas, para quem a questão de quem assume o poder significa a diferença entre viver entre quatro paredes ou na rua, é de 88%. À noite, vou a Bandra me encontrar com um amigo jornalista. Ele produz um registro eleitoral de 1995, quando trabalhava na apuração de votos. Há pequenas marcas vermelhas ao lado de cerca de metade dos nomes, agrupados pelos prédios a que pertencem, indicando que votaram. Ele me mostra as listas de "bons" prédios, os ricos; há apenas algumas marcas aqui e ali: 20%, 25%. Então, ao lado de "Navjivan Chawl", uma favela ou grupo de conjuntos habitacionais, há um denso conjunto de marcas; cada nome desse grupo foi assinalado. Esta é a maior diferença entre as duas maiores democracias do mundo: na Índia, os pobres votam.

Um homem que matou não se torna inteiramente definido pelo assassinato. Depois de matar um ser humano, grande parte dele, talvez a maior, é um assassino, e isso o distingue da maioria do resto da humanidade que não é; mas ele não é só isso. Também pode ser pai, amigo, patriota, amante. Quando tentamos compreender um assassino, tomamos erroneamente a parte pelo todo; lidamos apenas com o assassino e ficamos inevitavelmente confusos sobre como ele se tornou assassino, alguém tão radicalmente diferente de você e de mim. Quero conhecer os outros "eus" que compõem Sunil, o assassino, e ver o que foi feito dele depois dos tumultos. Por isso, no dia da eleição de 1998 resolvo voltar mais uma vez a Jogeshwari. Telefono para Girish, que, magro e amigável como sempre, me espera em Churchgate e me leva para seu subúrbio.

No *chowk* — cruzamento — de Jogeshwari, encontro-me com Sunil e os rapazes que vieram para beber comigo. Ele está de camisa branca, calça preta e óculos escuros, as chaves de sua nova motocicleta penduradas numa corrente. Aos trinta anos, tem um filho, além da filha. Sunil se mostra amistoso como sempre e imediatamente me apresenta aos outros. "Ele veio escrever sobre a guerra", diz. Sou recebido com cálidos sorrisos por pessoas que me reconhecem da vez anterior. Bhikhu Kamath, o *shakha pramukh*, salta de um riquixá e me aperta as mãos.

Sunil convida-me para ir com ele pedir votos para Ram Naik, o candidato do BJP e do Sena para o Parlamento. "Você vai escutar algumas palavras desagradáveis". Sunil ri. "Caçar votos é assim." A área de votação é demarcada por faixas brancas na rua, duzentos metros em cada direção, marcando os limites dentro dos quais não é permitido entrar de carro nem pedir voto. Todos querem me levar para ver a votação; a área está repleta de homens que querem me ajudar. Ando de um lado para outro, diante da escola onde fica o posto de votação. Finalmente, vou até lá com Dharmendra, irmão de Girish, paro na entrada e o observo, não sem uma dose de melancolia. Seu número e seu nome são verificados numa lista, um funcionário rasga a cédula usando uma régua de aço e passa tinta em seu dedo. Ele pega o selo e vai para trás de uma cabine de papelão que lhe chega à altura do peito, marca o voto com o selo, dobra a cédula e a deposita na urna. A cidade está cheia de gente para quem a coisa não é tão simples, gente que chega para votar e, ao procurar o nome e o endereço, vê que já existe uma marca vermelha na lista; alguém já votou em seu nome. Alguém lhe roubou o direito de fazer a única escolha significativa à disposição das pessoas numa democracia. A essa altura, não faz diferença provar que você é você. Você chegou tarde.

Os trabalhadores da campanha nas cabines na frente do posto de votação, que verificam os números de identificação das pessoas e lhes dão as notas de registro, são pagos pelos partidos políticos: cinquenta rupias se pertencem ao Sena-BJP e cem rupias se pertencem ao Congresso, além de *puris*, hortaliças e *sheera*, um tipo de doce. Nesse momento eu compreendo que a coalizão Sena-BJP vai ganhar; paga-se mais pelo apoio de um perdedor. Falo com Bhatia, que trabalha para o Congresso. Seu comprometimento não é muito forte, apesar de ele ser ativista do Partido do Congresso desde menino. Ele me dá um novo motivo para as pessoas votarem em seu partido, que está no poder.

"O Congresso já se alimentou. Está de barriga cheia. O Sena não se alimentou. Todo mundo é ladrão, mas o Congresso não vai comer mais."

Quero saber mais da vida de Sunil, por isso os levo, ele e Girish, para almoçar num restaurante fino em Lokhandwala. É à luz de velas — "para economizar eletricidade", opina Girish. Girish quer fazer crer que não está impressionado e insulta os garçons sempre que tem uma oportunidade.

"A comida está demorando demais."

"Girish agora é um homem importante", digo.

"Ele tem o poder de *athanni*", concorda Sunil.

Girish formou-se em economia no Ismail Yusuf College, em 1991. O mundo não ficou impressionado. "Percebi, lá, que deveria ter escolhido uma faculdade melhor." Depois teve aulas particulares de computação e tornou-se subcorretor no boom do mercado de ações do começo dos anos 1990. Todo mundo ganhou dinheiro. Girish chafurdou no luxo; tinha condição de tomar suco de frutas todos os dias. "Mesmo que gostássemos de suco de banana, escolhíamos os mais caros." Depois dos atentados a bomba de 1993, o boom acabou. Desde então, Girish trabalhou para uma série de empresas de software, passando de um emprego para outro e cuidando de seus negócios.

"Dinheiro é bom", diz Sunil. Ele já esteve em lugares mais chiques do que esse. Certa vez foi comer no Taj Hotel. Até hoje tem a conta guardada. Custou 2400 rupias; ele mostra a conta ao pessoal que duvida dele, em Jogeshwari. As pessoas que conheço em Bombaim que andam atrás de posição e dinheiro geralmente usam esse hotel, essa cidadela do Império, como marca ou medida de seu progresso na escala social bombainense. O Taj é resultado de uma esnobada; surgiu porque um homem foi rejeitado num hotel de luxo. Quando, no século XIX, o eminente industrial pársi Jamshetji Tata foi impedido de entrar no Watson's Hotel por ser indiano, ele jurou se vingar e construiu o imponente Taj em 1903, que ofuscou o Watson's em todos os departamentos. É menos um hotel do que campo de testes para o ego. É no seu saguão e nos banheiros adjacentes que testamos nossa autoestima; teoricamente, qualquer um pode entrar e sair e sentar-se no luxuoso saguão, nos sofás enfeitados, no meio de bilionários árabes e damas da sociedade, ou aliviar-se nos banheiros cintilantes. Mas é preciso ter aquela confiança íntima a ser projetada sobre os numerosos porteiros e empregados de banheiro; em primeiro lugar, temos de nos convencer de que pertencemos a esse lugar, a fim de convencer os outros. É então que percebemos que o mais severo porteiro está dentro de nós.

Sunil foi criado nas favelas, bem longe do Taj. Quando tinha oito anos, no segundo ano escolar, seus pais caíram gravemente doentes. O pai trabalhava no turno da noite da fábrica Premier Automobiles e não ganhava bem. Contraiu uma úlcera, depois apendicite, e a mãe teve, na mesma época, o que Sunil chama de "uma bola no estômago". Durante três anos, entraram e saíram do hospital; o pai foi declarado "no último estágio". Em casa, havia apenas Sunil e a irmã, pouco mais velha do que ele; ninguém ganhava dinheiro e os parentes não ajudavam muito; se os pais morressem, o tio era candidato a receber três lakhs. A comida no Cooper Hospital era muito ruim, e a maioria dos pacientes comia o que os parentes levavam. Sunil saía correndo da escola quando as aulas terminavam, ao meio-dia e meia, tomava o ônibus 253 e ia para casa. Lá, a irmã o esperava com o *tiffin*; ela ia para a escola às sete da manhã, depois voltava para casa e preparava o almoço. Sunil corria para o hospital levando a comida, pois tinha de chegar antes das duas horas, quando terminava o horário de visitas. Era comum não conseguir chegar a tempo, e o porteiro lhe dizia que só poderia entrar depois das quatro, quando recomeçava o horário de visitas. Ele pedia e suplicava, dizendo que os pais estavam à sua espera no segundo andar, bem em cima deles, famintos. O guarda era inflexível; Sunil era apenas um menino pequeno, sem dinheiro. E o menino ficava sentado duas horas na porta, com a comida esfriando rapidamente, enquanto via entrar uma procissão de pessoas que subornavam o guarda com algumas rupias. "Eu não tinha dez ou vinte rupias, e ficava sentado pensando: se não posso fazer isto, levar o *tiffin* do meu pai, é porque não posso viver. Para viver, é preciso viver de modo apropriado. Então percebi que um homem precisa ganhar dinheiro de qualquer maneira em Bombaim — no submundo, em qualquer coisa — e que vale até matar."

Setenta e cinco por cento dos habitantes do país têm menos de 25 anos. Sunil é um representante desse grupo — uma geração que espera algo melhor do que o que coube a seus pais. Se não conseguem, ficam revoltados. E nenhuma família, nenhum país, é capaz de aguentar a raiva de seus jovens.

É um inferno exato e preciso a vida de um rapaz desempregado na Índia. Durante dezoito anos, você foi criado como filho; recebeu o melhor que sua família podia dar. Em casa, você comia primeiro, depois o pai, depois a mãe, depois a irmã. Se houvesse pouco dinheiro, o pai se contentava com metade dos cigarros, a mãe não comprava um novo sári, a irmã ficava em casa, mas você era mandado para a escola. Então, quando faz dezoito anos, você tem atrás de si as expectativas da família que o venera. Você não ousa dar meia-volta. Sabe o que se espera de você; foi testemunha de todas as pequenas humilhações que sofreram para levá-lo a esse lugar. Você precisa satisfazer às expectativas. Sua irmã vai se casar, a mãe está doente e o pai se aposenta ano que vem. Você decide; carrega o pesado fardo da infância por ter impensadamente ficado com a melhor parte de tudo. Portanto, quando sai com seu certificado de matrícula ou seu diploma de bacharel e descobre que não há emprego — as grandes empresas pararam de contratar, ou estão indo embora para outra cidade, e as pequenas empresas só contratam parentes de quem já trabalha lá, e sua família é de Raigad ou do Bihar e não tem influência alguma aqui —, você vai acabar procurando outras formas de ganhar dinheiro. Vai buscar outras formas de garantir à família que o investimento deles não foi em vão. Você é capaz de apanhar, é capaz de enfrentar a rejeição, mas não consegue olhar sua família nos olhos se não cumprir as obrigações filiais. Saia de manhã e volte à noite, ou saia à noite e volte de manhã, se preciso for, mas tome conta da família. Você deve isso a eles; é seu darma.

Na adolescência, Sunil começou a seguir a gangue Maya Dolas, dando recados, indo buscar bebidas geladas e comida, observando e aprendendo como é que os homens ganham dinheiro em Bombaim. Prestou os exames para o décimo ano e foi reprovado. Tentou novamente e passou. Quando chegou a época dos exames para o 12º ano, Sunil estava mais safo. Estudar, tentar e tentar novamente até conseguir era coisa de trouxa. Ele contratou alguém para fazer os exames em seu lugar, com um bilhete forjado. Conseguiu 67%, Excelente. Terminados os estudos, Sunil ingressou no Shiv Sena. Quando precisou de transfusões, os rapazes do Sena lhe deram sangue. Esse ato o comoveu profundamente — eles são, literalmente, seus irmãos de sangue.

Atualmente, sua posição mudou; ele já não é *tapori*, um pequeno criminoso de rua. Seu negócio de TV a cabo está se ampliando, e ele abriu também uma pequena fábrica de canetas, uma operação de comércio de mangas e, com a compra de uma van, um negócio no ramo do turismo. A polícia usa os bons ofícios de Sunil para acabar com pequenas disputas; quando um grupo de rapazes resolveu quebrar um riquixá, Sunil lhes ofereceu entradas grátis para o circo e eles se comportaram. Sunil tem um maço de cartões de visita no bolso da frente; entre eles se destaca um cartão emitido pelo governo de Maharashtra que lhe confere o título de Funcionário Executivo Especial. "Com este cartão, posso fazer qualquer coisa em Bombaim. Tenho o poder de um juiz", diz Sunil com orgulho, muito embora não passe de um notário turbinado. Quando um partido político chega ao poder, uma das maneiras de premiar seus quadros é emitir esses cartões, transformando centenas de pessoas em Magistrados Executivos Especiais e Funcionários Executivos Especiais. Geralmente isso se torna fonte de constrangimento, porque grande parte dos premiados com essa homenagem tem extensas fichas policiais. Em termos legais, isso praticamente não confere poder algum a Sunil. Mas o cartão lhe dá status, legitimidade; quando ele o exibe, ocorre a pouca gente perguntar o que aquilo significa, pois traz o selo do governo de Maharashtra.

O tratamento que ele recebe nos hospitais também mudou. O pai precisou ser operado novamente; seu testículo esquerdo foi tirado. Sunil pôde pagar 15 mil rupias pelo procedimento, no Hinduja Hospital, um dos melhores da cidade, com instalações cinco estrelas. E não o fizeram esperar na porta. "Agora posso entrar em qualquer hospital — Hinduja, qualquer um. Posso falar com Balasaheb Thackeray, ele liga para o hospital e eles têm medo dele."

Sunil fica muito satisfeito quando a filha liga para ele no seu celular, menos por causa do som da voz da menina do que pela oportunidade que isso lhe dá de exibir seu caro aparelho. Ele me passa o telefone, para que eu possa falar com Guddi. Ela está numa escola inglesa, a St. Xavier's. Sua admissão foi arranjada pelo ministro que o tirou da cadeia durante os tumultos. Em troca, Sunil arranja rapazes para o ministro "quando é preciso queimar um trem ou quebrar um carro".

Mas Sunil ainda está tentando compreender como funciona a St. Xavier's. Uma vez, no Dia dos Pais, Sunil foi com Guddi à escola de elite. Havia uma banca com livros do Japão; a filha pôs um em sua mochila. O professor disse algo em inglês que Sunil não entendeu e lhe pediu que assinasse um papel. O professor sorria, dando tapinhas na cabeça de Guddi e dizendo: "Bons pais". "Também me senti bem", lembra-se Sunil, e por isso assinou. Foi para casa com a filha agarrada ao livro. No dia seguinte, um entregador bateu à sua porta e depositou uma enciclopédia no meio do seu barraco. Sunil descobriu que tinha acabado de comprá-la por 4500 rupias.

Sunil conheceu a mulher quando jogava *kabaddi* no time da escola. Eles já se conheciam havia quase uma década quando ele decidiu se casar com ela. Ela pertence à sua casta, apesar de vir de uma família mais pobre, por isso os pais dele se opuseram. "Minha mulher não tem uma aparência muito boa", diz ele. Mas recentemente ela concorreu, como candidata independente, à câmara municipal e faltaram apenas oitenta votos para que fosse eleita. O BJP e o Sena fizeram um acordo e lançaram um candidato contra ela. Perguntei a Sunil se ele foi pressionado, como homem do Sena, a retirar a candidatura da mulher. "É a democracia em casa. A decisão é de minha mulher. Que posso fazer?" Na próxima eleição, o Sena terá de lhe dar uma chapa para concorrer, ou pagar um bom dinheiro para que ela desista. Esta eleição foi apenas "aprendizado". Mesmo agora, se há uma disputa entre as mulheres da área, elas procuram a mulher de Sunil. Com 23 anos, ela era a mais jovem candidata na eleição, e haverá outra eleição em três anos. Sunil lhe disse, em seu inglês: "Tente quantas vezes quiser, mas não chore".

Sunil tem conhecimento de primeira mão das virtudes da participação política. Ele foi fazer compras com a mulher dois dias atrás, para o aniversário do filho, e os dois estavam com suas sacolas de compras no ponto de riquixá quando viram uma senhora grávida discutir com o condutor do riquixá. Este se recusava a levá-la a uma área insegura de Jogeshwari, perto do Radhabai Chawl. A mulher de Sunil chamou um policial e mostrou que havia uma mulher grávida tentando tomar um riquixá. O policial a ignorou. Quando a esposa voltou, Sunil lhe disse que fosse novamente até o policial e lhe dissesse: "Candidatei-me nas eleições e tive 870 votos, e posso fechar esse ponto de riquixá". Com isso, a senhora grávida sentou-se no riquixá e o policial apresentou-se ao seu superior. "Fiz minha mulher perceber o poder que ela tem", diz Sunil.

Ao levar-me a um riquixá, ele aponta para um lote onde um circo será armado, e com o qual, por ter a concessão de estacionamento, ganhará um dinheiro extra. Ele ganha 50 mil rupias por mês com a TV a cabo e mais 25 mil com as outras atividades, legais e ilegais.

"Setenta e cinco mil", calculo. "É mais do que o que alguns executivos ganham."

"É por isso que gosto tanto de mim", responde ele.

* * *

Sunil vai herdar Bombaim, vejo isso agora. As consequências de ele ter queimado vivo o vendedor de pão: quando o Sena assumiu o poder dois anos depois, ele foi nomeado Funcionário Executivo Especial; tornou-se, oficialmente, uma pessoa sobre a qual repousa a confiança pública. Tem energia; chega ao trabalho às dez da manhã, percorre Bombaim, de Jogeshwari a Dahisar, e além de Goa e Raigad, e chega a sua casa tarde da noite para ficar com a filha. Não tem medo de sujar as mãos na política; na realidade, ele participa com vontade e incita a mulher a se candidatar nas eleições. É idealista com relação ao país e extremamente pragmático com relação às oportunidades de enriquecimento pessoal que a política oferece. Sunil, na realidade, pode ser visto como modelo de êxito capitalista.

Os novos herdeiros do país — e da cidade — são muito diferentes dos que assumiram o controle quando os britânicos saíram, e que estudaram em Cambridge e Inner Temple e voltaram. São pouco instruídos, inescrupulosos, sem urbanidade — com frequência grossos e brutamontes insignificantes —, mas, acima de tudo, representativos. O fato de um assassino como Sunil ser bem-sucedido em Bombaim pelo seu envolvimento na política local é ao mesmo tempo um triunfo e um fracasso da democracia. Nem todos os políticos são comprometidos como ele, mas os que não são precisam recorrer a pessoas como Sunil para se eleger. A maioria dos políticos de Bombaim precisa mobilizar enormes somas de dinheiro para gastos de campanha. Os salários que recebem, o dinheiro que seus partidos oficialmente sancionam para fundos de campanha são insignificantes, o que os obriga a procurar em outra parte.

Esta mudança acontece à minha volta. A Bombaim em que fui criado padece de profunda tristeza: a tristeza da posse perdida, a transferência das chaves da cidade. Sua vida política já não é controlada pelos pársis, pelos gujaratis, pelos punjabis, pelos marwaris. Essa mudança foi assinalada pela candidatura de Naval Tata em 1971. O poderoso industrial disputou como candidato independente da seção eleitoral do sul de Mumbai, a mais rica e menor do país, e ainda assim perdeu. Na Índia, diferentemente dos Estados Unidos, a riqueza fabulosa não compra eleição. A bem dizer, a única maneira de as classes superiores participarem da política é por meio de nomeação para a Câmara Alta do Parlamento.

Entre os antigos donos, há um sentimento de que os bárbaros tiveram permissão para entrar pelos portões da cidade e estão dormindo no caminho diante dos seus palácios. Há ressentimento pelo fato de que Bombaim é obrigada a lidar com o lixo do país. O único consolo é que a densa multidão é também a fonte que fornece ao sul de Bombaim domésticas, motoristas, mensageiros. Isto é um dos atrativos da vida aqui: pode-se encontrar uma doméstica e pagar-lhe um salário mensal menor do que o preço do café da manhã no Taj Hotel. A política, também, tornou-se mais uma dessas tarefas subalternas atribuídas a empregados e subordinados, algo que se abandona logo que se consegue os recursos financeiros para fazê-lo, como limpar banheiro, fazer a contabilidade, atender ao telefone ou ficar na fila numa repartição do governo. "Mande o seu empregado" é uma frase que ouço com frequência quando preciso de assistência técnica para meu celular ou tirar dinheiro no banco. "Não tenho empregado", respondo. "Eu mesmo faço as coisas." Ninguém compreende. Nos negócios, na política, no governo, quem tem condições nunca vai pessoalmente. Manda o empregado.

Mas também é verdade que esses ricos criam riqueza, criam as condições que permitirão à mãe que anda nas ruas encontrar uma casa para os filhos. É preciso tolerar suas coberturas, seu conhaque, para que o pobre possa ter um quarto simples e limpo, o arroz e o *dal*. Na era pós-marxista, já não se pode acreditar que a redistribuição resolva as coisas, que tornar os ricos mais pobres tornará os pobres mais ricos. É a morte não só de ideologias como de ideias. Nada no debate nacional tem qualquer convicção forte. À direita, uma vaga crença nos investimentos estrangeiros; à esquerda, um vago e mal enunciado temor deles. A esquerda age como se pedisse desculpas por ser esquerda. Quem pode defender os hábitos de trabalho dos funcionários dos bancos nacionalizados? Depois de cinquenta anos de experiências socialistas, quem pode afirmar, a sério, que o planejamento central é a resposta para a pobreza? Um slogan notável pela ausência na campanha eleitoral deste ano tem sido "Garibi Hatao", acabar com a pobreza. É como se houvesse um reconhecimento tácito, em todos os lados, de que a pobreza é insuperável, por isso vamos seguir em frente e enfrentar qualquer outra coisa, a corrupção, as multinacionais, ou decidir se devemos ter um templo ou uma mesquita em Ayodhya.

As cidades da Índia passam por uma transição semelhante à transformação que sofreram as cidades americanas no século passado, quando a máquina política do Partido Democrata dominou, dando empregos e poder políticos aos novos imigrantes, enquanto partia algumas cabeças no caminho. No fim, como nas cidades americanas, haverá movimentos de reforma, candidatos de reforma, para limpar a sujeira. Em Bombaim, isso ainda não aconteceu. "Os resíduos do fundo se tornaram a escumalha do topo", me diz Gerson da Cunha, ativista dos direitos civis e figura de proa da velha guarda. Quando as pessoas no sul de Bombaim lamentam a perda da cidade "graciosa", o que lamentam de fato é a perda da própria importância nos negócios da cidade. A cidade nunca foi graciosa para aqueles que tinham de viver na sombra de suas mansões; era ativamente perniciosa. Os novos donos vão precisar de algumas gerações para aprender a administrar sua casa e mantê-la limpa e segura. Mas como podemos censurá-los se nós, que fomos os donos durante tanto tempo e apesar disso fizemos um serviço malfeito, a entregamos em condições tão terríveis?

Pedi a Sunil que me levasse à sua favela. Ele e dois amigos seus do Sena montaram três cômodos em propriedade da ferrovia. Passamos por uma viela escura como breu até chegarmos a uma área com barracos recém-demolidos montados no meio de casas de concreto para empregados ferroviários de nível inferior. Logo depois há um terreno maior, destinado ao lixo das ferrovias. Posso ver as luzes de um trem suburbano passando do outro lado. Andamos em tábuas sobre o esgoto a céu aberto e paramos à beira do depósito de lixo; está encharcado da chuva, e meus pés, metidos em sandálias, encontram-se cobertos de lama e sabe-se lá o que mais. "Ali", Sunil aponta, "aqueles três cômodos com lâmpadas a óleo." É propriedade dele. "Tomamos o terreno."

Atualmente está ocupado por trabalhadores a quem Sunil deu os barracos, de graça, para que a posse do terreno possa ser estabelecida. Foram demolidos duas vezes pela ferrovia. E reconstruídos. Ficam junto à parede de uma fábrica. Duas varas de bambu apoiam lâminas de papelão, e há muitos pedaços de encerado preto sobre toda a estrutura. Custo do material, que Sunil conseguiu em Goregaon: 1500 rupias. Tempo gasto na reconstrução dos barracos demolidos: uma ou duas horas. "Com três chutes a coisa desaba", diz Sunil. Se demolirem pela terceira vez, ele está determinado a reconstruí-los de novo, e aí usará uma estrutura de tijolos.

Acima há um fio estendido entre prédios, sobre postes. "Todo esse cabeamento é meu", diz. Ele me leva ao outro lado do lote. Um muro demarca o lugar de uma construção para abrigar funcionários da ferrovia. Estamos numa nova rua que levará ao conjunto habitacional dos funcionários. É por isso que ele talvez tire a sorte grande, diz. Se há uma rua, haverá lojas, e lojas podem ser demolidas vezes sem conta e reconstruídas. Já existe uma torneira no fundo da fábrica. Eletricidade é mais difícil, porque, se os operários de Sunil fizerem uma ligação elétrica aqui, seus vizinhos legais, os trabalhadores da ferrovia, serão acusados de roubar e haverá tensão. Por isso os barracos são iluminados com lanternas. O direito que têm os favelados de viver aqui é garantido por Sunil e seus amigos. "Somos os *bhais*" — os chefões — "da área. Ninguém mexerá com eles." Eles não pagam nada de aluguel e, quando Sunil decidir construir uma estrutura permanente, receberão 5 mil rupias para ir embora. Voltamos através da escuridão fúnebre. Vultos passam por nós na penumbra. Se alguém do Sena for eleito para o conselho legislativo, diz Sunil, ele poderá converter o barraco numa casa de tijolos e não será incomodado. E a favela ilegal se tornará permanente e legal. Mas, mesmo que o terreno tenha de ser vendido agora, ele deve obter um lucro de dez a doze lakhs.

A última demolição ocorreu depois da eleição geral de 1998. A polícia ferroviária, sob a jurisdição do parlamentar local do BJP, demoliu nove diferentes acampamentos de barracos montados por Sunil em terreno da ferrovia, além de cerca de outros cinquenta. Sunil foi à casa do parlamentar e pediu à filha dele que dissesse ao pai para parar de demolir os barracos. "Você não sabe o que vou fazer", disse a ela.

"O que você pode fazer?", perguntou a filha, fazendo-o esperar na antessala.

Será que ela sabia o que poderia acontecer se, na eleição seguinte, a votação numa zona eleitoral fosse suspensa por três ou quatro horas? A zona eleitoral de Jogeshwari sob domínio de Sunil votara, em grande número, na aliança Sena-BJP. Ele dispunha de um grupo de rapazes, explicou à filha do parlamentar, que ia provocar tumulto e parar a votação por quatro horas. Seus rapazes passariam alguns meses na cadeia, mas será que ela sabia quantos votos o pai perderia enquanto essa zona eleitoral permanecesse fechada?

"Houve um silêncio", recorda Sunil. "Ela disse: 'Entre aqui'. Eu disse: 'De agora em diante, a decisão de demolir ou não é de vocês'." Ele confia no resultado. "Não vão mais demolir."

Tive de visitar G. R. Khairnar, conhecido como o Homem da Demolição, para entender direito o potencial de Sunil como senhor da favela. "Demoli 285 mil estruturas em meus vinte anos de carreira", diz Khairnar, vice-comissário municipal que conquistou a ira do Sena e de todos os demais partidos políticos. Ele me fala do processo de demolição. Há 23 seções administrativas municipais. Cada seção tem sua equipe especial para detectar construções ilegais, que "são montadas com a conivência de funcionários municipais ou da polícia". Espera-se que a equipe faça uma notificação legal com prazo de sete dias para ver a documentação provando a legalidade da estrutura. Se o alvará não é apresentado, deve-se fazer a demolição. Mas "a equipe vive com muito medo". E há a questão do dinheiro; "se a notificação é emitida, todo o arquivo será vendido por um ou dois lakhs para os interessados". Um funcionário pode ganhar mais dinheiro com o suborno relativo a um único prédio do que ganhará em toda a sua carreira na prefeitura.

Khairnar não demole prédios parcialmente ocupados. Ele se dá conta das consequências do seu trabalho quando faz ronda pela cidade com a turma da demolição. Muitas pessoas que vivem nos acampamentos de barracos são bem pobres e nada têm a perder numa luta contra os demolidores. Elas jogam pedras; às vezes queimam os próprios barracos. Antes de demolir, ele ordena que sejam retirados todos os utensílios de cozinha. Descreve seu trabalho como se fosse um filme: "Na cena a mulher está usando um meio-sári muito sujo. Não tem nem água para beber. Como vai lavar a roupa? As crianças não têm roupa. Entro num barraco e vejo que praticamente não existem utensílios de espécie alguma. A prefeitura chega como um bando de demônios e destrói seus barracos".

Certa vez ele estava demolindo um barraco na grande favela Dharavi. A mulher cuja casa ele ia destruir ficou na frente de Khairnar, pegou a filha pequena pelas pernas, girou-a no ar e estava prestes a jogá-la no chão. "Conseguimos segurá-la a tempo."

Mesmo quando derrubado, um grupo de barracos é rapidamente reconstruído no mesmo lugar, com material de qualidade inferior. "Colônias de invasores na realidade não podem ser destruídas. Sempre reaparecem." Certa ocasião ele decidiu limpar um trecho de caminho em Mahim onde haviam construído uma favela. Horas depois de derrubar os barracos e ir embora, eles eram reconstruídos. "Nós os tirávamos duas, três vezes por dia. Eles reapareciam. As pessoas corriam para trás dos trilhos da ferrovia e voltavam quando saíamos." Cada barraco derrubado por Khairnar custava cerca de mil rupias à municipalidade. Havia 1800 barracos naquela área. Os números eram sempre contra o Homem da Demolição, nunca a favor.

Khairnar é funcionário de distrito desde 1976. Em 1985, quando o Sena controlava a prefeitura, o Saheb o convocou a ir a Matoshree, sua mansão. O filho adotivo do ministro-chefe tinha montado um hotel ilegal, que Khairnar ia demolir. Segundo Khairnar, Thakeray lhe pediu que desistisse. Khairnar foi em frente, cumprindo seu dever. Onze dias depois, quando estacionava o carro no prédio de seu escritório, dois tiros foram disparados, atingindo um passante, e um terceiro atravessou a perna de Khairnar.

Ele voltou ao trabalho e enfrentou o próprio chefão de Bombaim, Dawood Ibrahim, que tinha um prédio ilegal, Mehejebin, no nome da mulher. No dia anterior à demolição, a polícia percorreu o prédio com cães para verificar se havia explosivos. No dia seguinte, Khairnar entrou com um exército de quatrocentos policiais, incluindo paramilitares da Força de Segurança da Fronteira, e destruiu o prédio com uma bola de aço de três toneladas. A partir de 1992, ele demoliu mais 29 prédios pertencentes a Dawood. Seus funcionários, ameaçados pelo chefão, suplicaram-lhe que desistisse, e o empreiteiro que fornecia o equipamento de demolição rompeu o contrato.

Khairnar tornou-se herói na imprensa. Mas o comissário municipal disse que estava sendo muito pressionado por pessoas acima dele para conter o Homem da Demolição. Quando o comissário tentou detê-lo nomeando um comitê de alto nível para supervisionar as demolições, de modo que ele não tivesse mais o controle da situação, Khairnar decidiu denunciar os políticos. Começou fazendo discursos inflamados e afirmações cabeludas em reuniões públicas convocadas pelas pessoas importantes da cidade, que viam nele um salvador no combate aos políticos corruptos. O comissário municipal pediu que Khairnar desistisse de fazer denúncias e finalmente, em 1994, o suspendeu por insubordinação. Durante alguns anos, Khairnar sentou-se em seu bangalô oficial, sob o busto de Vivekananda, sem trabalho algum para fazer e com tempo suficiente para conversar. Criou uma organização para recuperar prostitutas; invadia bordéis e "resgatava" meninas menores de idade. Em 2000, foi reconduzido ao serviço e retomou vigorosamente as demolições e as primeiras páginas dos jornais, mais uma vez herói da classe média, daqueles que já tinham casa.

* * *

Passaram-se cinco anos desde os tumultos, e toda a cidade se prepara para a autópsia: a divulgação do Relatório Srikrishna. "Espadas estão sendo afiadas", diz um jovem no distrito muçulmano de Madanpura, na noite anterior à publicação. Forças paramilitares estão de prontidão. O governo Sena não pode mais adiar; o juiz Srikrishna convidou grupos ativistas a processá-lo, tornando-o parte da petição que exige a divulgação do seu relatório.

Quando o relatório sai, revela-se muito mais do que o simples ato de catarse que o juiz esperava. O Relatório Srikrishna deixa Bombaim orgulhosa. É um estudo minucioso dos tumultos e responsabiliza quem deve ser responsabilizado: Thackeray e a polícia da cidade.

> O *pramukh* do Shiv Sena Bal Thackeray, como um general veterano, mandou seus leais *sainiks* do Shiv Sena a retaliar com ataques organizados contra muçulmanos [...]. Os ataques a muçulmanos pelos *sainiks* do Shiv Sena foram realizados com precisão militar, com listas de estabelecimentos e listas de eleitores na mão.

O governo Sena oficialmente rejeita o relatório, acusando o juiz de preconceito contra os hindus. Mas esse juiz muito culto é especialista em sânscrito; ninguém se deixa enganar. O juiz Srikrishna é um hindu devoto, muito mais do que Bal Thackeray.

Em seu relatório, o juiz Srikrishna identifica pelo nome 31 policiais que cometeram atrocidades — mataram pessoas ou ativamente orientaram as multidões desordeiras do Sena. Mas, no fim das contas, nada que o bom juiz escreveu jamais custará a qualquer pessoa um minuto sequer atrás das grades. Nos termos da lei sob a qual a comissão foi formada, nenhum dos testemunhos dados perante a comissão pode ser usado para processar quem quer que seja. Com isso, depois de quinhentos depoimentos e quase 10 mil páginas de testemunhos registrados, se algum dos policiais ou líderes políticos ou valentões de rua que participaram dos tumultos tiver de ser processado, o trabalho que teve a Comissão Srikrishna precisará ser feito de novo, perante um tribunal. As mesmas testemunhas devem depor de novo, representadas por advogados que vão preparar declarações em seu benefício; e depois ir à delegacia, ao tribunal, ao tribunal superior, à Suprema Corte. Para processar um policial é preciso primeiro conseguir permissão do governo, porque se trata de servidor público; é preciso convencer o magistrado de que o que ele fez não estava dentro da linha de cumprimento do dever. Tudo que se pode fazer com o relatório é mostrar as conclusões do juiz Srikrishna ao magistrado. Para muitas das vítimas mais pobres, já basta que o juiz as tenha ouvido, reconhecido que algo errado foi feito contra elas. É essa a baixíssima expectativa que têm do sistema judiciário.

Em resposta ao Relatório Srikrishna, *The Times of India* publica um editorial intitulado "Toque de cura", que conclama à cura, mas não à justiça. Um repórter do *Times* me diz que foram dadas instruções a todos os repórteres do jornal para que pisassem no freio ao elaborar reportagens sobre o relatório; todos os artigos sobre o assunto — até perfis do juiz — precisaram ser autorizados pelo editor. O argumento da administração foi que publicar qualquer coisa que apoiasse exageradamente o relatório poderia induzir a tumultos por parte dos muçulmanos. Na época, o jornal tinha apenas um repórter muçulmano em sua equipe de Bombaim.

Poucas semanas depois da divulgação do Relatório Srikrishna, volto a Jogeshwari na noite de Ganapati Visarjan, quando ídolos de Ganesha são mergulhados na água em toda a cidade. Há uma multidão no *chowk*; dois caminhões com plataformas avançam lentamente para o cruzamento. Uma procissão é encabeçada por Amol, um homem de longos cabelos e tamanho impressionante que conheci quando investigava os tumultos. Ele tem fama de ser violento e incontrolável. Só sua vizinha Raju, irmã de Girish, consegue acalmá-lo quando está furioso; ele a considera sua irmã. Sunil, parceiro de Amol em atividades legais e ilegais, me conta que Amol é intratável quando bêbado. "Ele cometeu três assassinatos." Sunil toca o nariz com o dedo indicador, para indicar que eram muçulmanos. "Havia um homem numa motoneta. Ele jogou gasolina nele e o queimou vivo." Mas esse mesmo hindu viaja regularmente durante dois dias para ir a Ajmer Sharif, no Rajastão, rezar no túmulo de um santo muçulmano; deixou a barba crescer por oito meses e parou de fumar e de beber, em obediência a um voto que fez no santuário. Num dia auspicioso, ele irá a Ajmer, cortará a barba e a oferecerá ao santo sufi.

A procissão de Amol tem homens vestidos de Shivaji, o rei guerreiro maharashtriano, Sai Baba de Shirdi e Lokmanya Tilak* em pé no alto do caminhão. Em volta deles no caminhão apinhado há cerca de cinquenta outros rapazes e homens; três usam na cabeça gorros e bandanas com as cores da bandeira britânica, como os primeiros vídeos das Spice Girls. Os caminhões arrastam-se rumo à mesquita na principal rua que leva à estação. "Levaremos uma hora para chegar à *masjid*, e para passar na frente dela levaremos três horas. Uns vinte metros depois da *masjid* quase todo mundo irá para casa", conta Amol.

Ao aproximarmo-nos da mesquita, a procissão diminui o passo e quase para. Os tocadores de tambor estão agitados e toda a multidão dança entusiasticamente. Contribui para isso o fato de que muitos dos rapazes trazem no bolso garrafas de bebida. Apesar do pequeno contingente de mulheres na retaguarda (uma jovem agita uma grande bandeira cor de açafrão, a bandeira do Sena), todos os homens dançam com homens. Um rapaz enfia as pernas nas pernas de outro; enquanto dançam, um se inclina para trás e o outro se inclina sobre ele, remexendo-se, arqueando-se. Um menino põe a mão no rosto; depois, também começa a se requebrar automaticamente, ao som dos tambores. Nuvens de pó gulal vermelho são atiradas sobre os dançarinos. Então, começam as explosões. Bombas atômicas. Teares. Todos os artefatos pirotécnicos que a multidão tem explodem diante da mesquita, e o ar se enche do cheiro de explosivos, do fedor do esgoto a céu aberto e, acima de tudo, de suor humano. É por um ato de Deus que os fogos de artifício não queimam as pessoas, lançados, como são, no meio de uma densa multidão. Amol sobe no caminhão, agarra o microfone e berra slogans em louvor de reis hindus e do país hindu:

"*Chattrapati Shivaji Maharaj ki jai!*"

A multidão responde com vigor.

"*Bharat Mata ki jai!*"

Bandeiras cor de açafrão se agitam em amplos arcos na ponta de altos mastros.

"*Jai Bhavani! Jai Shivaji!*" Este é o slogan do Sena.

---

* Sai Baba de Shirdi (1838-1918): iogue e místico indiano considerado santo por seus devotos hindus e muçulmanos; Lokmanya Keshav Bal Gangadhar Tilak (1856-1920): professor indiano e primeiro líder popular do movimento pela independência da Índia. (N. E.)

Amol desce do caminhão, mas os slogans ainda ecoam. Os outros dois ícones — Sai Baba e Tilak — são esquecidos diante da mesquita. Apenas Shivaji, o guerreiro, é invocado. Alguns muçulmanos assistem calados, atrás das filas de policiais ao longo da rua. O barulho é infernal. Enquanto os tambores soam, os fogos de artifício explodem, as bandeiras se agitam, os alto-falantes berram, percebo de que se trata: é uma marcha da vitória.

Ganesha é um rei improvável para esse tipo de provocação. Nas lendas hindus, ele é um comilão em busca de prazer, não um deus colérico empenhado em matar. Mas na plataforma de Jogeshwari ele está sentado num trono; no lugar do camundongo, sua mascote de praxe, quatro ferozes leões de gesso ladeiam o trono. Na traseira do caminhão, são distribuídos *prasad* — pedaços de coco — e pequenas sacolas de plástico de *sheera*. No fim do quarteirão, como previu Amol, a multidão se dispersa e os caminhões seguem velozes para o mar, a fim de imergir seus ídolos. A exibição diante da mesquita foi o ponto alto, o objetivo, da procissão de Ganapati: para mostrar aos muçulmanos que o Sena venceu. É nisso que a maioria dos tumultos do país tem origem, nessas agressivas comemorações públicas de um deus tribal, exclusivo, esfregado no rosto daqueles que seguem seus rivais.

As notas amplificadas do namaz começam a sair da mesquita. A cobertura da polícia de segurança foi excelente. Dhawle, o inspetor mais graduado e encarregado do posto policial de Jogeshwari, está sentado numa cadeira, na frente do posto, desfrutando a fresca do entardecer. Os policiais nos conduziram diante da mesquita em tempo recorde. Uma horda de homens à paisana empurrava-nos para a frente, mandando o caminhão avançar. Policiais de uniforme reuniam-se dos dois lados da rua e não permitiam que ninguém se aproximasse demais dos edifícios. No esgoto a céu aberto, havia voluntários muçulmanos, uma defesa humana para impedir que um folião descuidado caísse neles no escuro.

Nem sempre foi assim. Antes dos tumultos de 1993, Arfin Banu, membro do Comitê Mohalla Ekta, lembra-se de que a procissão parava de fazer barulho e de soltar fogos no quarteirão da mesquita e passava rápida e silenciosamente, em deferência aos sentimentos muçulmanos. Essa exibição barulhenta começara depois dos tumultos; em certos anos, tornara-se terrível. Os muçulmanos jogavam pedras na procissão, e a possibilidade de um novo tumulto estava sempre presente. A proteção da polícia foi muito maior nos anos anteriores, assim como a multidão. Amol subia no caminhão e estimulava a multidão com slogans; este ano a polícia exigiu que ele descesse do caminhão antes de passar pela mesquita, e ele obedeceu. Portanto, por mais provocadora que tenha sido a procissão desta noite — a invocação de guerreiros hindus, a explosão de fogos de artifício, a dança profana —, ela foi, na Bombaim de hoje, a materialização da melhor hipótese. Ninguém gritou insultos contra os muçulmanos, nenhum porco foi atirado contra a mesquita, e quatro muçulmanos apareceram para dançar com Amol e seus amigos, os hindus que cinco anos atrás massacraram suas famílias.

O motorista de táxi que me leva para casa tem um pequeno sacrário do Sai Baba de Shirdi dentro de um arco iluminado, ao lado de um versículo do Corão escrito em árabe. "Que é isto?", pergunto, apontando com o dedo, ao sair do táxi.

"Isto?", pergunta ele, tocando o arco. Ele acha que quero saber das luzes coloridas.

"Isso." Aponto para o texto em árabe.

"Isto é muçulmano."

"E vocês também têm Sai Baba?"

"Temos." Ele se volta para mim. Sorri. Estou alegre. Ainda há esperança.

Vou visitar Amol no cômodo de sua família na favela. Ele sai do banho, enrolado apenas na toalha, peitos largos, braços musculosos. Trabalha numa grande fábrica de laticínios na estrada. Sua cunhada me traz uma xícara de leite quente adoçado. É leite de búfala rico e grosso, e tenho dificuldade para engolir. Há um grande ponto negro no leite e um torrão solidificado dentro da xícara. Mas é uma questão de hospitalidade, e eu bebo. Amol me pergunta se eu gostaria de ficar para jantar. Recuso. A cunhada ri e diz a ele, em marata: "Ele viu o barraco e ficou assustado".

É um cômodo ainda mais minúsculo do que o de seu vizinho Girish, mas com todos os eletrodomésticos indispensáveis: geladeira, TV, telefone. Uma escada leva para outro cômodo em cima. Uma adorável sobrinha de Amol, de sete meses de idade, arrasta-se pelo chão, pega uma garrafa de uísque cheia de água, não consegue segurá-la e começa a chorar. Logo vem alguém e a apanha. Não existe isolamento. Amol consegue dormir com choro de bebê e barulho de televisão. Esses dias ele tem vagueado pelas ruas à noite e dormido de dia; conseguiu que um amigo faça suas tarefas na fábrica de laticínios e lhe dá seu salário. Isso deixa a noite livre para as brigas.

Amol, como Sunil, adora brigas; eles são incapazes de imaginar um mundo sem brigas. Devem a elas suas posições, o respeito de que desfrutam e seu meio de vida. As alianças precisam mudar constantemente para que as brigas continuem, e com isso a definição de amigo, inimigo e ser humano é relativa. Eles estão sempre correndo na disputa por um lugar na escada das alianças: quem está em que grupo, quem concorre às eleições legislativas, quem recebe que parcela do constante fluxo de pagamentos — aos sindicatos, à polícia, ao governo, aos seus inimigos — em troca de não buscar vingança.

O termo para "conflito" em Bombaim é *lafda* (que também significa "caso" ou "envolvimento romântico"). As pessoas correm para qualquer lugar onde haja um *lafda*: haverá um grande grupo de homens, olhando com atenção, sem piscar, tão perto quanto possível, para não perder um segundo. "Em Bombaim, deve haver de dez a quinze *lafdas* por dia", calcula Amol. Os soldados de infantaria do *lafda* são os *taporis*, os criminosos de rua. Os *bhais* — chefões — e os *netas* — políticos — precisam de um constante fundo comum de *taporis* para manter suas posições. Amol é, no fundo do coração, um *tapori*: apaixonado demais para ser um atirador, pouco diplomático demais para ser um *neta*, burro demais para ser um *bhai*. Ele se embriaga e briga de mãos vazias, ou com armas fáceis de conseguir: jarras de vidro de uma loja de beira de estrada, espadas, pedaços de trilho de ferrovia. Tem seguidores leais entre os *taporis*, mas nunca alcançará as alturas que Sunil alcançou. Sunil jamais será ferido num *lafda*. Amol vai na frente, mas atrás é onde as coisas acontecem; atrás, pessoas mais espertas planejam o próximo passo. Quando chegou a hora de escolher um líder de divisão do partido, o *shakha pramukh*, Bhikhu Kamath propôs o nome de Sunil. Furioso, Amol concorreu como candidato independente nas eleições legislativas. Sunil embebedou os trabalhadores da campanha de Amol, e Amol perdeu para a aliança BJP-Sena.

Sunil, me diz Amol durante um jantar num restaurante da vizinhança, tem a mente de um político. "Ainda hoje ele é membro da Assembleia Legislativa." Não são palavras de elogio de Amol, que é, essencialmente, soldado de infantaria, apesar de ser ele um brâmane, enquanto Sunil é um marata. Mas na Bombaim de hoje são os maratas que mandam, não os primeiros-ministros brâmanes de antigamente. Sunil geralmente decide como o butim de suas aventuras é dividido e estabelece uma proporção que lhe é vantajosa. Amol sabe que Sunil o engana. A certa altura, a rivalidade deles se resolverá em sangue. Mas, apesar disso, Amol se sente obrigado a surrar qualquer um que insulte Sunil. "Acho que Sunil é superior a mim. Ele é o grande homem do meu grupo."

Amol perdeu a fé no Saheb. "Eu respeitava Balasaheb mais do que Deus. Agora ele está sentado em Matoshree com uma moça de um lado e uma bebida do outro, enquanto nós apanhamos na cadeia. Vou tirar o retrato de Balasheb da minha parede e colocar o meu. O que o Congresso não comeu em quarenta anos, o Sena comeu em três." Ele percebeu que as grandes empresas estão indo embora de Bombaim; viu os empregos diminuírem em sua área. Homens como Amol nem pensam em se mudar para Malabar Hill. O tamanho dos seus sonhos é mais limitado. Amol demarcou o pequeno espaço vazio na frente de sua casa; ele gostaria de ampliá-la nessa direção, construir uma sacada. O prazer vem da cerveja bebida no bar. Não são especialmente devotos, apesar de estarem sempre prontos para observar os rituais. A maioria é leal ao conceito da nação indiana, mas não ingressaria no Exército.

Amol é cortês. Está comendo com garfo e colher. De cabeça baixa, diz: "Vêm aí dias muito perigosos".

"Por quê?"

"As pessoas não têm emprego. Os rapazes não têm emprego, nada para fazer o dia inteiro. E tudo é caro. Se um jovem quiser ir a um bar de mulheres e tomar dois drinques, não terá dinheiro para dar à família em casa. Pode-se acostumar rapazes a irem aos bares de mulheres, a esse estilo de vida, e depois eles farão qualquer coisa por dinheiro."

"Qual será o efeito de tudo isso?", pergunto.

"Assassinatos vão custar duzentas rupias."

"Como é que um homem pode matar?", pergunto a Amol. "Como é que ele convence a si mesmo?"

"Você é escritor. Depois de tomar alguma coisa, você diz a você mesmo: agora preciso escrever uma história. Se você é um dançarino, depois de beber você tem vontade de dançar. Se é assassino, depois de beber você pensa: agora preciso matar alguém." Amol flexiona os braços. É o que você faz; é sua natureza.

* * *

A fim de não perder seus rapazes para as gangues do submundo, Bal Thackeray precisa constantemente canalizar a violenta energia deles. Precisa inventar novos inimigos. Os alvos mais fáceis são personalidades do mundo artístico, que a ralé do Sena não compreende bem. Em 1998, o Sena invadiu o palco durante um concerto de Ghulam Ali, cantor paquistanês do gazel. "Também sabemos cantar", proclamaram. E fizeram seus rapazes recitar "Jai Maharashtra". O decreto do Saheb é anunciado: nenhum artista paquistanês pode se apresentar em sua cidade, nenhum desportista paquistanês pode jogar. A classe alta de Mumbai aceita a suspensão do concerto sem um pio. O comissário de polícia diz aos jornais que nenhum crime foi cometido, uma vez que os organizadores não registraram queixa. Afinal, esta é a cidade onde assassinos andam soltos pelas ruas e sentam-se nas mais altas câmaras legislativas. Eles têm powertoni.

O Saheb também se opõe vigorosamente a um filme de arte feito por um cineasta canadense-indiano, *Fire*, que narra um caso de amor entre duas cunhadas em Nova Delhi. "Terá o lesbianismo se espalhado como epidemia a ponto de ser apresentado como sugestão para que esposas infelizes não dependam de seus maridos?", pergunta ele. A sociedade indiana não pode tolerar a "suposta cultura progressista do Ocidente, na qual as pessoas se casam de manhã e se divorciam de noite". Consequentemente, seus paus-mandados destroem cinemas que exibem o filme, e ele é tirado de circulação em todo o país. Há os editoriais de sempre contra Thackeray — nos jornais em inglês. Sunil, Amol e os rapazes do Sena não leem os jornais em inglês.

Mas em janeiro de 1999 o Sena comete um grande erro: ataca Sachin Tendulkar, o maior ídolo do críquete indiano. Uma multidão de *sainiks* invade os escritórios do Conselho de Controle de Críquete da Índia, furiosa com o convite do conselho para que o time de críquete paquistanês faça uma viagem pelo país. Eles destroem o escritório, incluindo a Copa do Mundo trazida para a Índia em 1983. Thendulkar fica sob proteção policial, e os líderes do partido rapidamente se distanciam do incidente. A essa altura, a multidão foi tomada por um frenesi; o tigre que Thackeray cavalga escapa de seu controle. Essa última invasão nada tem a ver com determinado líder ou com ideologia; é sobre poder e sobre instigar a imaginação das hordas de Thackeray. Os vândalos são jovens que, depois de trabalhar doze horas por dia como contínuos em algum escritório onde foram humilhados e até estapeados uma ou duas vezes por homens mais ricos e menos maharastrianos do que eles, pegam o trem para casa. Dentro do trem, eles se encharcam de tanto transpirar; o ar é fétido de suor e peidos. Quando chegam em casa na favela, as mães, os pais, as avós lhes perguntam quanto trouxeram. Esse tipo de homem vive com uma consciência perene de sua própria impotência, exceto quando faz parte de uma multidão, parte de um contingente de setenta patriotas que lutam em defesa da honra nacional, entrando, sem ser perturbados, em cinemas, apartamentos de luxo e nos escritórios dos cartolas do críquete, destruindo troféus, surrando pessoas importantes que dirigem automóveis caros. Todos os insultos, todas as repreensões, todos os desapontamentos da vida numa megalópole decadente se manifestam numa catártica expressão de raiva. É aceitável estar furioso no meio da multidão; a multidão alimenta sua raiva, digere-a, alimenta sua cólera como sua cólera a alimenta. De repente você se sente poderoso. Você é capaz de enfrentar qualquer um. Não é mais a cidade deles, é a sua cidade.

Você é dono desta cidade pelo direito que a raiva lhe concede.

Vou ao apartamento de um amigo num arranha-céu em Lokhandwala, do qual ele me deu a chave, com Sunil e Girish. Ainda chove em novembro, e há uma espetacular demonstração de raios no céu de Bombaim. Tomamos uísque na sacada. Sunil tira a camisa e senta-se numa poltrona de camiseta. Não para de consultar o relógio novo, não tanto para ver as horas, mas para admirar o relógio. Percebo, e não é a primeira vez, seu senso de bem-estar sempre que o levo a um apartamento em andar alto. A maioria das pessoas do seu *chawl* nunca passa do segundo andar.

"Há muita luta pela frente em Bombaim", diz Sunil. Depois de dez anos, ele planeja trocar Bombaim por Raigad, em benefício dos filhos. Ouviu falar que crianças foram sequestradas para lhes tirarem o fígado. Um barômetro da boa sorte da cidade é o teor alcoólico da bebida que ela absorve. "Os preços estão muito altos, por isso o sujeito precisa lutar muito, e por causa dessa tensão bebe muito. Os rapazes do mercado de ações bebem caixas de seis." Uma caixa de seis é apenas um corte acima da cachaça do campo. A garrafa custa cinco rupias.

Começou a chover forte, uma chuva fora de época. "Por causa dos nossos pecados", raciocina Sunil. "Nem Deus aceita Bombaim. Deus fez o mundo, mas não aceita Bombaim." E Sunil certamente conhece o pecado. Às quartas, às sextas e aos domingos, Sunil transmitirá um filme pornográfico em seu canal de TV a cabo. Os pedidos de pornografia geralmente vêm das assinantes. Quando ele vai ao I. C. College, as mulheres lhe dizem: "Sunilbhai, você não está tomando conta de nós". Trata-se de um código. No começo da noite em que ele resolve "tomar conta" de suas assinantes, um pequeno símbolo — uma estrela, por exemplo — aparece no canto da tela, ou uma mensagem desliza embaixo informando a hora — "o canal da BBC está mudado" — e os iniciados entendem que um filme pornográfico estará sendo exibido em determinado canal, em determinada hora. Esse filme é transmitido nas noites em que as pessoas bebem em Bombaim: não na terça-feira, que é a noite do culto de Ganapati; não às quintas-feiras, pois esses dias são para Sai Baba; geralmente não aos sábados, porque muita gente observa o dia de Hanuman; e não às segundas-feiras, "quando as pessoas não bebem tanto, porque passaram o fim de semana embriagadas". As noites de quarta, sexta e domingo são noites de bebidas, noites de filmes pornográficos na Bombaim de Sunil. Aproveitam-se melhor essas depois daquelas.

Sunil faz muitas conquistas entre as donas de casa no trajeto da sua TV a cabo. "Quem tem permissão para entrar na casa? O leiteiro traz o leite e vai embora; o homem da lavanderia pega a roupa e vai embora. Mas eu posso entrar na casa, mesmo no quarto, e fico e conserto coisas." Ele fodeu treze mulheres em seu trajeto, "as que me agradaram eu escolhi". Entre essas, ele tem suas preferências. "Preciso ter as mulheres gujaratis. Seus homens só fazem sexo uma vez por semana."

"Estou jogando o jogo com cinco mulheres no meu bairro", vangloria-se Sunil. Sexo e morte são coisas muito próximas em Bombaim. "Jogar o jogo" significa tanto matar alguém como comer uma mulher. "Quantas vezes um homem casado faz sexo com a mulher? Duas, três vezes por semana? As mulheres querem sexo. As mulheres precisam de sexo." Ele nunca toma a iniciativa; nunca bota as mãos em lugar nenhum. "Não quero estragar meu negócio. As mulheres me ligam, dizendo que o cabo está com problemas. Elas me tocam, sentam-se ao meu lado, mas deixo passar uns dias." Ele não faz distinção de idade; já fodeu uma dona de casa de 53 anos. Um dia, diz Sunil, ele nos levará à aldeia dos aghoris, nos arredores de Bombaim. Os aghoris têm uma técnica especial, extremamente atlética, de foder: o homem faz a mulher se agarrar numa árvore, levanta a perna dela e a coloca no ombro. "Não consigo fazer essa proeza, mas fodi uma moça aghori. *Waheguru!*"

Sunil e Girish falam com admiração, e muitas risadas, das façanhas de um jovem de sua favela chamado Santosh. "Um verdadeiro *madharchod*. Um homem muito mau." Santosh dizia considerar a mulher do vizinho Raj sua irmã; ela amarra um *rakhi*, um fio sagrado, no pulso dele todo ano. Ele tinha total permissão para entrar na casa de Raj e fodia a filha deles — "sua sobrinha", observa Sunil. Mas um dia descobriu que um médico da rua estava fodendo a mãe. E passou a exigir seus direitos sexuais também com relação à mãe, caso contrário espalharia a notícia do relacionamento dela com o médico. Em consequência disso, Santosh começa o dia dando uma passadinha na casa de Raj, às onze da manhã, para trepar com a mulher que ele chama de irmã. Depois vai com sua própria mãe ao templo, e os dois rezam por uma hora. Ele volta do templo, vai à academia de ginástica, fica de papo com os rapazes, depois volta para a casa de Raj e espera que a filha dele volte da escola, às cinco e meia da tarde. Quando ela fecha a janela para trocar de roupa, ele dá uma rapidinha e sai às cinco e quarenta e cinco.

E há a bhaiyyani, ou norte-indiana, da casa ao lado, que Santosh começou a comer dois dias depois que ela menstruou pela primeira vez, e que ele fode rotineiramente há cinco anos, com a ameaça: "Se você não der para mim, eu mato você". Ele entra pela janela quando o pai bêbado da garota está fora, ou desmaia, e a possui à força. O sexo na favela nada tem de suave; é furtivo e selvagem. Certa vez, um grupo de rapazes espiava um casal que dormia perto da porta do quarto deles; o homem estava com a mão repousada num dos seios da mulher. Santosh enfiou a mão pelo buraco da caixa de correio e pôs-se a apertar o outro seio; a mulher continuou dormindo, achando que era o marido que estava lhe apertando os dois seios. Quando sentiu a pressão extra num deles, ela se levantou e gritou, mas ficou com medo de contar ao marido o que tinha acontecido. As mulheres aguentam muita coisa caladas na favela, porque, como observa Sunil, "como é que ela vai contar para todo mundo o que fizeram com ela?". Eles perseguem as mulheres mais vulneráveis: as muito jovens, as filhas ou mulheres de bêbados, ou mulheres que não são muito boas da cabeça. Quando seus homens descobrem o que fizeram com elas, costumam ficar quietos. Quem vai querer que o mundo saiba? Como fica a masculinidade dos homens que se mostram incapazes de proteger suas mulheres?

Pergunto-lhes se Santosh é bonito, para ser capaz, assim, de foder tantas mulheres. Não, respondem, ele anda mancando, foi reprovado para o sétimo ano e trabalha como vigia, mas é bom de lábia. Sua técnica consiste em ir à casa da mulher todos os dias e ficar sentado horas conversando: fala com o marido, fala com a mulher, fala com a filha, insinua-se na casa para conseguir o que quer. "Quando eu o vejo todo à vontade na minha casa, fico preocupado", admite Sunil.

No fim, tudo dará certo para Sunil e seu partido. "O futuro do Sena é bom. Isto é Bombaim", diz Sunil. Então ele se lembra de alguma coisa e corrige-se. "Isto é Mumbai." De repente, fogos de artifício de algum casamento disparam numa explosão de cores no céu lá fora, seguida de longas bifurcações de raios. A cidade se revela novamente, de súbito, a Sunil: de um ponto muito alto, talvez pela primeira vez na vida, ele olha para a confusão encharcada e brilhante lá embaixo. Engolindo as palavras de bêbado, ele comenta: "Isto aqui é um mundo sem igual".

Fica cada vez mais difícil para mim trabalhar em casa, com duas crianças pequenas muito ativas, por isso meu tio me ajuda a procurar um apartamento mobiliado em Bandra, que eu possa usar como escritório. Quando me mudo, noto na parede um retrato conhecido de Tilak, o grande combatente da liberdade. Parece um carvão, mas há qualquer coisa de esquisito. Aproximo-me.

"Foi tecido com cabelo humano", diz, com orgulho, a médica dona do apartamento. "Ele era antepassado de meu falecido marido. Pode deixar o retrato aqui."

Recuso a oferta, agradecido.

O apartamento fica no centro comercial de Bandra: a Elco Arcade, na Hill Road. O cenário lá embaixo é um caos de glutoneria; dizem que a melhor comida de rua dos subúrbios ocidentais é vendida aqui. Mulheres compram na galeria do térreo e saem de suas cansativas batalhas por pechinchas para se animar com um *pani-puri* e um *kulfi folooda*, comidas típicas. Nas noites de quinta-feira, o templo Sai, lá embaixo, explode numa canção ruidosa e desafinada, pois há *pav bhaji* — pão e vegetais fritos — para o *prasad* depois. As barracas de comida lá fora são demolidas pelas autoridades pouco antes das eleições; depois, elas reaparecem em filas maciças, mais densas do que nunca. Mas, quando viro a chave da porta e entro, vejo-me num mundo de serenidade: dois quartos e cozinha, e uma sacada com uma velha árvore copada bem perto.

Sunil e Amol vêm beber comigo uma noite em meu escritório na Elco Arcade. Amol está abstêmio, quer dizer, não vai beber uísque. Ofereço-lhe uma taça de vinho, que não é considerado álcool. Ele beberica com delicadeza o vinho, segurando a taça elegantemente entre os dedos. É uma cena incompatível, o grandalhão barbudo bebendo vinho como se estivesse num vernissage ou num chá de senhoras.

Eles examinam o escritório com ar de aprovação. Amol tem um apartamento em Nalasopara. Sunil tem um apartamento em Dahisar. Nenhum dos dois pensa em tirar a família da favela para morar no apartamento. Pergunto por quê.

"Você pode me dar uma casa em qualquer lugar — Nepean Sea Road, Bandra —, mas jamais vou sair de Jogeshwari", diz Amol.

"Nossa mente é como criança", explica Sunil. "Nossa mente não aceita viver em nenhum outro lugar, assim como seus filhos não aceitariam viver na favela. Meus filhos podem bater à porta da casa do vizinho à uma da manhã e pedir algo para comer. Se não gostam do arroz da mamãe, podem ir comer o dos vizinhos; uma criança vir à sua casa comer é como se Deus viesse comer. Elas podem comer em qualquer lugar no *chawl*. Mas se seus filhos fossem bater à porta do apartamento vizinho à uma da manhã, você lhes daria dois tapas. 'Isso não é legal!', você diria. Você não quer que o vizinho ache que você não tem condição de comprar comida para seus filhos."

"Nos *chawls* temos todas as comodidades", acrescenta Amol. "Todas as comodidades" é uma expressão usada em anúncios imobiliários para descrever coisas como encanamento interno, elevador, cozinha moderna. Mas outra definição se aplica a comodidades, tal como a palavra é concebida na favela. "Quando você volta para casa, pode ficar na rua com os rapazes para conversar. No *chawl*, se dissermos aos nossos vizinhos que precisamos ir ao hospital, eles virão imediatamente."

Pergunto por que há mais união, mas solidariedade, no *chawl*.

Banheiros coletivos, explica Sunil. "Quando você vai ao banheiro, vê a cara de todo mundo. Diz 'Oi, há dias que não vejo você'. E há a água. As mulheres enchem baldes de água juntas na torneira e conversam: 'Meu avô está doente', 'Tenho um filho na aldeia; é um bêbado.'" Num bloco de apartamentos, por outro lado, os banheiros são separados. "Num apartamento, a conversa é sobre o ar-condicionado do vizinho; ele acabou de instalar um novo aparelho no quarto. Ou instalou mármore. No *chawl*, na torneira da água, a conversa é sobre a sogra que está furiosa com a nora por cozinhar comida para seis pessoas quando na casa só existem cinco pessoas. Num apartamento", conclui Sunil, "a conversa é de alto nível."

Por que não vendem suas casas e vão viver, com maior conforto, na aldeia? Sunil explica: "Na aldeia, as portas se fecham às nove".

"Às oito", diz Amol. "Sete."

Pouco depois, Amol volta do banheiro. "Não há água para jogar no vaso?", pergunta.

Olho para ele, perplexo. "É só usar a descarga." Mas Sunil entende. Levanta-se e vai com ele, mostra-lhe o que é a descarga. Ensina-lhe; puxa a alavanca e a água jorra da caixa para o vaso. Não precisa ser jogada com balde.

Sunil, à vontade no seu negócio e na sua posição social em Bombaim, agora quer estabilidade. É contra novos tumultos. "O homem público comum só quer comer e ir dormir quando o dia termina. Se participa de tumulto, é para ganhar dinheiro." Durante o conflito de Kargil, o governo indiano tirou a TV Paquistão das redes de TV a cabo do país. Apesar de todo o patriotismo, Sunil foi contra essa decisão. Por que impedi-lo de transmitir a TV Paquistão, pergunta, se os clientes a aceitam? "Uma coisa pela qual as pessoas pagam, você precisa dar a elas." Mais uma vez seus instintos comerciais vencem sua antipatia pelos muçulmanos, suas convicções políticas. A cor do dinheiro de alguém se torna mais importante do que as da bandeira religiosa que ele carrega numa procissão. Bombaim o seduz para afastá-lo do ódio, por meio da atração ainda mais poderosa da ganância.

Mas Amol está mais perto do chão em Bombaim. "Tumultos podem acontecer a qualquer momento", diz ele. "Poderiam acontecer esta noite."

A bebida provocou uma fome imensa. Saímos do escritório e tomamos um riquixá até um restaurante. Amol levanta os olhos do seu frango na manteiga e de repente me pergunta: "Você tem água 24 horas?". Ainda deve estar pensando na minha descarga.

Faço que sim com a cabeça. Ele não consegue imaginar. Deve existir um tanque no alto do prédio, especula Sunil.

Logo ele me pergunta de novo: "Você vai dormir sozinho à noite?".

De início, acho que ele quer saber, com muito tato, se alguma mulher vai chegar depois que eles saírem. Mas quando digo, enfaticamente, que vou dormir sozinho, ele declara: "Nunca dormi sozinho na vida. Preciso de outras pessoas no quarto". O grande *tapori* não consegue entender como é que consigo dormir sozinho, sem minha mãe, sem minha mulher, sem bebês no quarto. Ele seria incapaz; o senhor do *lafda* tem medo do escuro.

Há outra eleição geral no ano seguinte, 1999, e Jogeshwari se agita novamente no dia da eleição. Está chuviscando, mas há multidões em todos os cantos, e cabos eleitorais nas cabines do partido preparam pequenas cédulas de votação para as pessoas. Bhikhu pede a Sunil e Amol que façam um esforço para caçar votos, e vamos às vielas dos bairros pobres. Sunil conhece todos os moradores pelo nome. Ele e Amol cumprimentam os gujaratis em gujarati — "Kem cho!" —, os bhaiyyas em híndi, e seu próprio povo em marata. As pessoas são instigadas a votar em determinado partido político não pelo nome, mas pelo símbolo — "Vote no arco" —, uma necessidade num país onde um terço da população não sabe ler. Há um estranho silêncio em todos os quartos da favela, e percebo que é porque nenhum aparelho de televisão está ligado, exceto um ou dois que exibem Doordarshan, o canal do governo. Sunil desligou sua rede de TV a cabo no dia da eleição. "Sunil, ponha a TV a cabo no ar de novo!", suplica um velho. "Depois que o senhor votar", responde Sunil.

Quando voltamos ao *chawl*, um importante cabo eleitoral do Sena conversa com Amol sobre a próxima investida para obter votos, à tarde, depois do almoço. Nessa altura, o supervisor de apuração de votos do Sena dentro da cabine terá uma lista com os nomes de quem votou e quem deixou de votar. "Quatro ou cinco caras não é suficiente, precisamos de uma multidão", diz Amol ao funcionário do Sena, usando a palavra inglesa *mob*. "Espere um pouco, eu trago minha multidão", diz o outro, para tranquilizá-lo. A multidão voltará a cada casa que aparece na lista como tendo um ou mais moradores que não votaram e exigirá que o façam. "É para criar uma atmosfera", explica Amol.

Entre os candidatos de quem Sunil é amigo está Mama, candidato do Partido do Congresso de uma zona eleitoral vizinha, que trabalha com TV a cabo e é um dos principais gângsteres da organização criminosa de Chotta Rajan. Mama tem trinta anos e nasceu em Bombaim. O pai veio do norte, onde predomina o sistema de castas, há sessenta anos. É de uma casta inferior, mas Bombaim libertou sua família. "Na aldeia, todas as castas mais baixas costumavam venerar as castas superiores, servi-las. Aqui, elas mandam." Elas avançaram na cidade por intermédio da política.

Mama mostra a seus seguidores as vantagens de apoiá-lo. "Dê cinco lakhs", diz ele para um possível doador da construção civil. "E eu lhe devolverei seus cinco lakhs num prazo de cinco dias depois que me eleger. Vou aprovar um prédio de vasos sanitários." O contrato para construí-lo será do doador. Sunil diz, rindo, que a principal promessa de campanha de Mama a seus eleitores é: "Se me elegerem, ficarão livres de *goondas*", ou seja, de gângsteres. Como chefe de organização criminosa, ele oferece um esquema de extorsão em troca de proteção a todos os eleitores. É a mesma tática de sobrevivência que levou 5% dos muçulmanos da cidade a votar em seu inimigo mortal, o Sena, na eleição de 1995.

Enquanto isso, de Malabar Hill, um amigo que trabalha na indústria da moda liga para meu celular para me fazer uma pergunta. Ele resolveu votar pela primeira vez na vida hoje. "Estou no seu antigo bairro", diz. Está ingressando na Walshingham House School, onde fica o posto de votação. "Há duas caixas na minha frente. Uma diz Lok Sabha, outra diz Vidhan Sabha. Qual delas é do centro e qual é do estado?", pergunta ele, referindo-se às eleições nacionais e locais.

Ninguém em Jogeshwari faria essa pergunta. Pergunto a Mama a quem é que ele acha que Bombaim pertence: aos ricos de Malabar Hill ou às castas atrasadas que estão emergindo.

Ele ri. "Bombaim é a cidade dos comedores de *vadapav*; ou não é de ninguém."

O país passou por três eleições gerais em três anos. É uma reafirmação torturante e contínua de lealdade ao processo democrático; repetidamente, o país precisa provar a si mesmo que é uma democracia. A paciência do povo me espanta. Ano após ano, sem que lhe seja oferecida uma real possibilidade de escolha, o país marcha obedientemente para as urnas. Em 1991, 57% do eleitorado votou. Em 1996, 58%; e, em 1998, 62% dos 600 milhões de eleitores da Índia exerceram o direito do voto. Não há nenhum bom motivo para realizar a eleição de 1999, uma vez que, depois de enormes despesas e meses de campanha no calor, o governo em Delhi continua a ser mais ou menos o que era antes da eleição. Dessa vez as pessoas esperavam que houvesse um boicote geral; apesar de o comparecimento ter diminuído ligeiramente, as pessoas ainda enfrentam longas filas no calor diante dos postos de votação. É talvez uma versão nacional do darma. Ninguém se pergunta por que está votando; todos sabem que é uma obrigação fazê-lo.

Em Maharashtra, a aliança Sena-BJP, que está no poder no estado desde 1995, perde a eleição estadual em 1999. Tinham prometido construir 4 milhões de casas para a gente das favelas e acabaram construindo menos de 4 mil.

O SAHEB

"Quando é que você vai ter um encontro com Bal Thackeray?", as pessoas querem saber.

"A caminho do aeroporto", respondo. Não quero ficar em Bombaim se alguma coisa que eu disser numa entrevista irritar o Saheb. Portanto, só um mês antes de me mudar de volta para Nova York, depois de arrumar as malas e comprar a passagem aérea, é que finalmente me encontro com Thackeray. O editor de um jornal marata, que o conhece bem, leva-me para encontrar o Supremo numa noite de junho de 2000.

Há uma massa de seguranças na frente do bangalô. O Saheb é protegido por um pequeno exército particular: um total de 179 policiais, que inclui um batalhão de 154 guardas, dezenove subinspetores, três inspetores e três comissários. O governo do Estado, sob o Sena ou o Congresso, lhe dá veículos da polícia e um automóvel à prova de bala para viajar; sua mansão em Bandra é guarnecida e protegida o dia inteiro à custa do Estado. O Tigre só urra na segurança oferecida por seus guardas.

O bangalô é um dos muitos de um projeto governamental para artistas — Kalanagar — no fim de uma sossegada alameda de Bandra. É pintado de branco e construído no estilo lustroso padrão de Bombaim, calculado para dar uma impressão de opulência maior do que o espaço físico que ele ocupa. Os

Thackeray vêm de uma família de classe média baixa; não têm a menor ideia de como gastar o dinheiro que ganharam. Compram carros grandes, como Pajeros, impróprios para as vias de Bombaim. Segundo me diz o editor, pilhas de rupias abarrotam a mansão.

Inspecionam-me com um detector de metais, minha mala é examinada e nos conduzem a um saguão cheio de enormes retratos de Shivaji. Há muitas cadeiras voltadas para a porta. Todo mundo que se senta nas cadeiras fica olhando para a porta, desejando que ela abra. Mal nos sentamos, a porta se abre só para nós, e somos levados para uma pequena sala de recepção, na frente dos outros. A sala está repleta de grandes retratos da falecida mulher de Thackeray. A morte da mulher o deixou perdido. Então, sua nora se aproximou dele; recentemente, pediram a ela que deixasse o bangalô, por insistência de Uddhav, um dos filhos de Thackeray. Há também duas placas, uma branca, pequena, sobre a mesa de centro — GOSTO DE PESSOAS QUE FAZEM AS COISAS! —, e uma maior, com letras douradas e vermelhas — NÃO SE ADMITE "NÃO".

Minutos depois que entramos na sala, chega o Saheb. "*Jai* Maharashtra", diz ele, e o editor responde com a mesma saudação. Então aperto a mão do maior responsável pela destruição da cidade onde fui criado.

Ele senta-se numa poltrona com uma mesinha lateral, onde há uma estátua de um guerreiro massai com lança e escudo.

Começo a falar. "Estou escrevendo um livro sobre Bombaim."

"Mumbai", corrige ele.

"Mumbai", concordo.

Ele fala comigo num inglês incorreto. É um homem magro e ossudo, de estatura média, com bastos cabelos de um negro suspeito, e usa óculos quadrados enormes. Traja *kurta* e *lungi* de seda creme, com sandálias combinando. De vez em quando enfia a mão debaixo da *kurta* e produz um barulho de algo que se rasga: está afrouxando os fechos de velcro da cinta que usa por causa de um problema nas costas. Por volta de 1990, Thackeray passou por um novo despertar de religiosidade. Desfez-se das roupas ocidentais e começou a usar *kurta* e *lungi*, em geral cor de açafrão. Também começou a usar *rudraksha malas*, longos colares de contas, no pescoço.

O ar-condicionado é mantido em temperatura moderada, para seu conforto, e o suor se acumula no canal entre meu lábio e meu nariz. O chá, como em outros escritórios do Sena, é forte; pode incitar a insurreição. Thackeray toma uma beberagem leitosa num copo. Acende o charuto, segurando-o com uma piteira. Observo que são Cohiba. Ele pergunta se alguém fuma nos Estados Unidos. Digo-lhe que os charutos cubanos não podem ser comercializados por causa do embargo.

Como?, pergunta ele. Tento explicar o embargo. Ele digere a informação. Está confuso. "Se uma menina americana se casar com um rapaz cubano, o que fazem? Estão vivendo lá há muitos anos, e daí? Pedem a eles que se separem?"

As pessoas podem entrar, mas não os produtos, explico.

"Essa é boa", comenta ele. "Boa ideia." Temo ter dado início a alguma coisa.

O Saheb me conta uma historinha sobre sua infância. O pai era professor, "era reformista social, escritor, era tudo". A mãe queria que Bal fosse funcionário do governo, naquela época uma profissão de prestígio, mas o pai disse: "Meu filho jamais será um empregado de escritório. Quero que seja artista". E a palavra do pai era lei em sua casa: "Quando o pai dava uma ordem, molhávamos a calça". Ele comprou para o filho um *bulbul-tara*, instrumento musical de cordas tocado com as duas mãos. Bal se revelou inepto para a música. "Tentei, tentei. Às vezes esta mão funcionava e a outra parava de funcionar; se a outra funcionasse, esta aqui totalmente..." O pai ficava furioso e apertava com força a mão do filho nas cordas, até que a mão sangrou. "Chorei, e meu pai disse: 'Saia daqui! Este *sala* não vai aprender nunca.'"

Por volta dessa época, começou a Segunda Guerra Mundial. Bal examinava as charges políticas de Banbury na primeira página de *The Times of India*, e o pai ficava olhando. Mandava o filho fazer desenhos todos os dias e dava uma olhada à noite. Enquanto isso, Bal começou a perceber as lutas políticas maiores da cidade, cujo controle era disputado pelos gujaratis e pelos maharashtrianos. Os maharashtrianos queriam ter um estado próprio, com a capital em Bombaim. Bal escutava enquanto pai organizava reuniões do movimento Samyukta Maharashtra em sua casa em Dadar, e começou sua carreira como chargista do *Free Press Journal*. Em 1960, lançou seu próprio semanário de charges, que se tornou um fórum dos Filhos da Terra, termo que designava o movimento maharashtriano. (Na realidade, o solo em Bombaim, a maior parte entre as sete ilhas originais, foi ligado por aterros pelos britânicos.)

Na batalha pelo controle de Bombaim, os maharashtrianos venceram os gujaratis; em 1960, eles conseguiram seu estado e a cidade. Mas, ainda assim, os leitores de Bal reclamavam, escrevendo-lhe cartas. "Temos Maharashtra, temos Mumbai, mas onde estão nossos empregos?" Um deles lhe deu uma lista telefônica para que ele próprio desse uma olhada. "E, para minha surpresa, Deus meu, ela estava cheia de executivos do sul da Índia, e via-se que havia mais páginas para Patels. E muitos Shahs." E foi assim que ele deu início ao seu movimento: como organização empregadora. Foi uma guerra pelo direito de ser datilógrafo. Finalmente conseguiram que até 80% dos empregos fossem reservados para maharashtrianos, mas eram sempre os 80% piores: de estenógrafos e escriturários. "Isso não era justo. A menos que assumíssemos o poder, não funcionaria", diz ele. E assim, em 1966, Thackeray relutantemente formou um partido político, tapando o nariz. Todos os partidos políticos são responsáveis pela bagunça em que a cidade se transformou, diz Thackeray, "incluindo meu partido Shiv Sena também". Isso se deve à lamentável necessidade de obter votos, que lhe causa repugnância. "Só por causa dos votos você vai acabar com o país e com a cidade? É isso?"

Mesmo depois que o Sena entrou na política, não se desviou do objetivo de conseguir cotas para os maharashtrianos. Em 1998, o governo de Maharashtra rejeitou uma filial da Wharton School que queria se estabelecer em Nova Bombaim, porque a escola se recusou a reservar 10% das vagas para alunos maharashtrianos. Bangalore e Hyderabad imediatamente aproveitaram a oportunidade, fazendo ofertas que não incluíam essas imposições, e Bombaim ficou sem a escola, que poderia ter sido o elemento de coesão para o renascimento de Nova Bombaim.

O editor me dissera que tinha ficado assustado ao descobrir, num encontro com Thackeray, que o Saheb desconhecia fatos elementares da geografia do estado de Maharashtra. O Sena é essencialmente um partido de Bombaim, onde os maharashtrianos estão desaparecendo rápido. A própria Bombaim já não pode se considerar uma cidade maharashtriana. A população marata da cidade era de 51% na época do movimento Samyukta Maharashtra. Os empregados de fábrica eram majoritariamente maharashtrianos; com o declínio das fábricas, eles foram obrigados a deixar Bombaim em busca de emprego. Os maharashtrianos agora constituem apenas 42% dos moradores; 19% são gujaratis e o restante é formado por muçulmanos, norte-indianos, sindis, sul--indianos, cristãos, sikhs, pársis e assim por diante. Em julho de 2000, todos os membros do Parlamento que o Sena nomeara para o Rajya Sabha, a Câmara Alta, eram não maharashtrianos: gujaratis, bengalis, pársis, norte-indianos.

O Sena está tentando ampliar sua base para incluir hindus em geral, pois sabe que não poderá se manter no poder só na base do voto maharashtriano.

Pergunto-lhe se Mumbai ainda é uma cidade maharashtriana. Ele responde imediata e agressivamente. "Uma coisa. Que ninguém ouse separar Mumbai de Maharashtra. Ainda temos espírito de luta. Enquanto o Shiv Sena estiver garantido, ninguém jamais o fará." É óbvio que toquei um ponto nevrálgico. Sua luta é acima de tudo uma questão de lugar: quem tem o direito de viver em Bombaim? O Shiv Sena é basicamente um partido de exclusão. Desde o início ele quer dizer: este grupo ou aquele grupo não são daqui. Primeiro foram os gujaratis, depois os sul-indianos, depois os comunistas, depois os dalits, e agora os muçulmanos. Bombaim, como qualquer outra cidade indiana, está repleta de gente em busca de respostas à pergunta "Quem eu sou?", acreditando que essa resposta, quando a encontrar, lhe permitirá também responder à outra pergunta: "Quem não é eu?". Pessoas como Thackeray fazem a pergunta de trás para a frente. Se responderem à pergunta "Quem não é eu?", elas encontrarão, por eliminação, a resposta para "Quem eu sou?".

O editor sai, e fico sozinho com o Saheb. Por que as pessoas continuam vindo para Bombaim?, pergunto.

"Aqui o crime tem um bom espaço. Pode-se ganhar dinheiro sem fazer nada. Pode ser bater carteira. Bom espaço nas ferrovias." A extorsão também é uma indústria em ascensão em Bombaim. "Telefone para alguém. 'Quero tanto e estou chegando, meu homem estará aí'." E, por puro medo, ele pagará. Há uma nova resposta à pergunta sobre o que atrai imigrantes para Bombaim: o crime é bom negócio aqui. Há um pouco de verdade nisso. A proporção de policiais para criminosos, diz ele, é muito baixa. "Esta ameaça está aumentando, esses moradores de acampamentos são uma ameaça. Pode-se brincar de gato e rato com a polícia. Depois que você faz alguma coisa, mesmo assassinato, mesmo assassinato, você mata e sai andando, simplesmente andando. E vai para o *zopadpatti*." Como o fizeram seus homens, Sunil e os outros, durante os tumultos: mataram e saíram andando para os *zopadpatti* — as favelas.

Ele me diz o que poderá salvar Bombaim. "A migração precisa ser controlada. Os muçulmanos de Bangladesh precisam ser expulsos, não só de Mumbai, mas do país, de volta para Bangladesh. Descobrir quem são os cafajestes, as pessoas que causam danos, do ponto de vista do ISI" — o serviço secreto paquistanês —, "enforcá-los. Não mandar de volta. Enforcar. Esta é minha política sem rodeios." Ele fala com admiração das estritas medidas dos americanos quando alguém pede visto, e compara-as com a facilidade de obter uma "autorização de emigrante" para entrar na Índia. Thackeray diz que precisa haver um sistema de concessão de vistos para entrar em Bombaim. Muitas pessoas que vivem em Malabar Hill, que não o apoiariam noutros casos, apoiariam neste.

Ele odeia o termo "Índia", que atribui a "Pandit Jawaharlal Nehru, ele e o amor pelos muçulmanos depois da Partição. Eles a chamavam de Índia, por isso somos indianos. Odeio isso." Hindustão, insiste ele, é o nome original e apropriado do país. "Começa com o rio Sindhu. Sind. Sind e Sindhu Sind." Sind, uma província do Paquistão.

Diz ele que um artigo da Constituição define todos nós como hindustânis. "Dezenove, a. O mais engraçado é que eles só tiram vantagem da primeira alínea; e que dizer das outras alíneas, b, c, d, e, f, g, h? Novamente está declarado com grande clareza que muito embora as pessoas migrem de um estado para outro, elas devem observar uma coisa: que não perturbem a paz dos habitantes locais. Por que não pegar isso também? Por que me mostram apenas as primeiras linhas e as outras não?"

Talvez seja porque não existe essa frase na Constituição. Na realidade, ele deve estar se referindo ao artigo 19, alíneas d e e, que dão ao todos os indianos o direito de ir e vir livremente e de morar em qualquer parte do território da Índia; o 19, alínea a, assegura aos cidadãos a liberdade de expressão, com a qual Thackeray talvez esteja menos familiarizado. Ele inventou uma Constituição própria. Qual dos seus rapazes se dará ao trabalho de procurar um documento escrito para checar a veracidade de um pronunciamento tão confiante? É a Constituição mais longa do mundo, e provavelmente a menos lida. As pessoas fazem dela o que bem entendem.

Os forasteiros desistiriam de superlotar Mumbai se seus estados de origem cuidassem deles, diz Thackeray. "O que faz o ministro-chefe deles, com uma luz vermelha no carro, um grande bangalô e tudo por conta? Ele deveria tomar providências para atendê-los." De novo, a bagunça de Mumbai é culpa dos políticos. "Cidade cosmopolita não é só Mumbai, mas toda cidade. Bangalore é cosmopolita, Calcutá é cosmopolita. Tem suas próprias limitações por causa das comodidades. As chuvas, não sabemos o que vai acontecer. As chuvas vêm e vão. É algo como uma canção de fadas, sabe, dessas que as crianças cantam, 'Chuva, chuva, vá embora, volte outra hora', e tudo acontece assim."

Começo a suspeitar que ele não está completamente presente.

Pergunto como explica seu carisma.

"Se você tem uma flor na mão e ela tem uma fragrância típica, como dizer onde está a fragrância, de onde vem ela? Uma fragrância não pode ser vista; o carisma não pode ser explicado. Não sei se o tenho ou não tenho. Seja quem for, se alguém tem esse carisma. Não sei se é carisma ou Karishma. Se é Karishma vai para Kapoor..." Ele se refere à sexy atriz Karishma Kapoor e ri de seu pequeno trocadilho. "Portanto, carisma é melhor."

Pergunto se acha que vai ser lembrado, qual será seu lugar na história.

Ele diz que não se importa se não for lembrado. "Brinco com meus netos, isso é tudo." Não escreverá a autobiografia; não disputará nenhuma eleição. "É minha decisão." Não entrar diretamente na política é essencial para criar sua imagem entre os rapazes do Sena. O Tigre está acima da política, mas controla os políticos à vontade; vangloriou-se publicamente de comandar seus ministros-chefes por controle remoto. "Odeio política. Não sou político, sou chargista político."

Ele recorda sua vida de cartunista e a Mumbai de outrora. "Quando eu estava no *Free Press Journal*... a população estava lá, é claro. Mas havia algum glamour. Mas devagar, devagar, devagar, quando mais e mais gente começou a chegar, ficou muito difícil. Lembro que durante esse tempo — mais ou menos em 1942, 1944 — o pessoal da prefeitura vinha quando nos queixávamos de que havia ratazanas, enormes ratazanas. Eles vinham com essas mangueiras e havia hidrantes nas ruas. Eles encaixavam essas mangueiras nos hidrantes e enfiavam a enorme mangueira num buraco, num buraco de rato, e os outros ficavam olhando com enormes cacetes nas mãos — *lakdi* —, e naturalmente a água vai de acordo com suas coisas, você sabe, os buracos dentro, no centro de suas coisas. Então eles saem de algum outro buraco. Quando a água vem deste lado, eles procuram abrigo do outro lado. No momento em que apareciam, eles batiam. Pelo menos de seis a dez, doze ratos eram mortos. Agora a falta de água é tanta que não se pode mais fazer isso. Mas, na realidade, no meu quintal, quando eu estava em Dada, a conexão era feita com o hidrante, hidrante, de hidrante, imediatamente uma força terrível com o impulso. Foi mais ou menos em 1944, 1945, 1946. Mas agora não se veem hidrantes, porque estão sendo usados impropriamente. O pessoal dos acampamentos. Eles deixam aberto e, se não botam de volta, a água continuará a sair, na realidade, com um grande fluxo."

Estou despreparado para esse *aperçu*. "Existe um problema sério de ratos?"

"Sempre vai haver ratos lá", responde o Saheb, agora olhando as coisas de um ponto de vista mais caridoso. "Se não é a BMC, os ratos limpam um pedaço do lixo. Sim. Há lá algumas coisas comestíveis." Ele para, depois de fazer o seu solilóquio, e deixa por minha conta entendê-lo como eu quiser.

Anuncia-se um visitante, o produtor de cinema Vijay Anand. Ele sussurra confidencialmente: "O filho dele está atrás das grades". Na realidade, são os sobrinhos de Anand. "Quando este homem vem, se torna meu sectário." O Saheb ri.

Os sobrinhos foram acusados de matar a amante de longa data do pai. Mas, quando Anand entra, não fala de imediato a respeito dos filhos. Ele começa por um problema de outro tipo. Anand é dono de um cinema. Seu assistente foi gravar uma música usando o equipamento de som do estúdio de outro produtor, Vinayak Raut, e o equipamento quebrou. Raut sequestrou o assistente, está com ele desde a tarde do dia anterior, e agora mandou uma carta exigindo 35 mil rupias como compensação pelo prejuízo. Anand mostra a carta ao Saheb. Raut informou ainda a Anand que já trabalhou no serviço de segurança do Saheb, que já coletou *vasuli* para o Saheb, e agora está recolhendo o mesmo dinheiro extorquido para o sobrinho valentão do Saheb, Raj Thackeray.

O Saheb pega o telefone. Ele se lembra de cada detalhe da enrolada história de Anand e relata-a a seu ajudante. "Quero ver esse Raut amanhã ao meio-dia. Vou nomeá-lo chefe de extorsão." Eis o líder todo-poderoso, corrigindo erros com uma ordem e um dito espirituoso. O problema será resolvido. Ele ajeitará as coisas.

Thackeray tem especial orgulho do fato de que astros, diretores, produtores de cinema, "todos vêm aqui. São todos meus bons amigos. Eles me admiram. Têm respeito por mim. Também os ajudo. Resolvo seus problemas. Isto é verdade". O editor me contara que Thackeray não dá a menor importância a políticos de Delhi; se Vajpayee viesse vê-lo, ele não se sentiria oprimido. Mas se Amitabh Bachchan viesse vê-lo, ele se apressaria e ficaria muito orgulhoso.* É um senso de prioridade típico de Bombaim: primeiro a diversão, depois a po-

---

* Atal Bihari Vajpayee: primeiro-ministro indiano em 1996 e entre 1998-2004, e um dos fundadores do Partido Bharatiya Janata; Amitabh Bachchan: famoso ator e produtor de cinema indiano. (N. E.)

lítica. Quando o astro do cinema Sanjay Dutt ficou preso dezoito meses por se envolver nas explosões de bombas, só o Saheb teve poder para tirá-lo da prisão sob fiança. Thackeray me conta que seu grande rival Sunil Dutt veio à sua casa na colônia pársi quando o filho foi preso. "Ele chorava, fez um *aarti* em volta de minha mulher." Oito ou nove produtores ficaram sentados na sala de espera, aguardando audiência, enquanto Dutt dava voltas em torno da mulher de Thackeray segurando uma lâmpada. Todos os seus projetos com Sanjay corriam risco, e eles iam perder milhões. O governo de Thackeray o tirou da cadeia sob fiança.

Pergunto-lhe se acha que Sanjay é culpado.

"Acharam uma mola de um AK-420 desmantelado, e com isso vão abrir um caso contra ele?" Ele acha que Sharad Pawar, ministro-chefe na época, enquadrou Sanjay porque concorria com seu pai pela presidência do Congresso. Mas se o tribunal o considerar culpado, "enforque-o". É uma frase que o Saheb usa com frequência, uma solução universal tanto para os muçulmanos bengaleses como para Sanjay Dutt. Esse líder não perde tempo com teorias ou processos; defende a ação direta imediata: enforcá-los. Um líder que um jovem com pouca educação e muita revolta é capaz de compreender, é capaz de cultuar.

O mais forte apoio que Thackeray recebe em sua carreira é de jovens de dezesseis a trinta anos. "Sangue novo, homens moços, jovens sem trabalho são como pólvora seca. Explodem a qualquer momento." Quando entram na casa dos trinta, começam a ficar respeitáveis ou perdem o gosto da briga. Curiosamente, para um homem cujo apoio vem supostamente dos jovens, ele prossegue: "Essa geração. Não tem cultura ou *sanskar*". *Sanskar* não tem equivalente em outra língua. A palavra mais próxima é "valores". O Saheb é muito preciso com relação a seus gostos culturais; filmes híndis e Michael Jackson, tudo bem, mas a comemoração do Dia de São Valentim na cidade o deixa colérico. "Dia de São Valentim. Vou proibir isto ano que vem. Veja. Eles não ousam. Vou rasgar seus cartões. O que é São Valentim? Ridículo! Esses meninos de faculdade que vivem com dinheiro trocado dado pelos pais. Não sei se é dinheiro preto ou branco. Aproveitar a vida com moças e as meninas também são assim. Isso que vocês chamam de geração coca-cola, geração pepsi. Sim." Faz um gesto de desgosto apontando para a perna: "E de jeans".

Como esperado, em 14 de fevereiro do ano seguinte, como prometeu, o Saheb proíbe a comemoração do Dia de São Valentim. Convocados, seus *sainiks* saqueiam lojas que vendem cartões alusivos à data e depredam restaurantes que anunciam jantares para o Dia de São Valentim. Jornais na Turquia, na África do Sul e na Austrália dão destaque a seus fulminantes ataques.

Mas ele amadureceu e abrandou; é um fascista cansado e envelhecido. Agora, depois de fazer uma horrenda declaração, há uma risada suave, que tira do pronunciamento sua ameaça. Às vezes, falando de brincadeira sobre o pessoal do cinema, fumando seu charuto, ele parece quase um tio. É difícil não relacionar o homem sentado diante de mim com a fúria homicida que ele desencadeou em pessoas como Sunil poucos anos atrás. Mas ele tem 73 anos. "Posso comandar o governo por controle remoto", diz ele, "mas não na minha idade."

Seu fogo reaparece quando ele volta a seus alvos favoritos. "Os muçulmanos bengaleses, eles vieram aqui. Não sei quem é padrinho deles, mãe deles, no Hindustão." Ele me fala de um recente ataque a bomba em Delhi, no qual quinze ou vinte pessoas foram feridas e a polícia prendeu um muçulmano como responsável. Quando a notícia da prisão se espalhou pelo bairro muçulmano, foi feita uma convocação pelo alto-falante para atacar, e uma multidão de 1500 muçulmanos, segundo Thackeray, invadiu o posto policial e libertou o terrorista. "Devemos tolerar essa bobagem?", troveja o Saheb. "Quem são vocês? Que direitos têm? Voltem para Bangladesh. Isto é muito triste e ruim."

Isso aconteceria em Mumbai?

"Assim eles são controlados, no que diz respeito ao Shiv Sena", diz ele com orgulho. Nenhum tumulto comunal ocorreu desde que o Sena chegou ao poder, observa.

"Como o senhor explica que os tumultos em Bombaim tenham acontecido em 1992 e 93?"

"Mesquita Babri", responde ele. "Nenhum muçulmano sabe onde fica Lucknow, onde fica a mesquita Babri". Nem, é evidente, Thackeray; a mesquita Babri fica em Ayodhya, a centenas de quilômetros de Lucknow. A mesquita não funciona mais, diz ele; mas há um templo dedicado ao deus Rama debaixo dela, onde se fazem orações hindus. Então, a mesquita foi demolida, e os muçulmanos de Mumbai saíram às ruas. "Para preservar sua reputação secular, sua reputação suja, vocês dizem que eles não eram muçulmanos locais, que eram muçulmanos de fora, que vieram dos estados do Bihar e Uttar Pradesh, mas por que tiveram a audácia de vir para cá? E quanto a inspirar, instigar os moradores locais? Houve retaliação do Shiv Sena. Se meus rapazes não tivessem saído para as ruas, tenho certeza de que os hindus teriam sido massacrados."

Eles deram o troco, diz ele, com "todos os recursos que tinham na época. A pedra — pode ser com pedras ou com bastões de lâmpadas fluorescentes ou barras de ferro. Eles tinham alguma munição, as pistolas. Mas mesmo então... eles teriam massacrado os hindus. Pergunte a qualquer comunidade, gujaratis, esses, esses, esses, eles dizem sim, porque de Balasaheb nossa vida foi salva". Como, de fato, meu tio tinha dito.

"E então eles elegeram o senhor?"

"Não. Quando você está salvo, você está salvo. Então que vá para o diabo. Não fazemos acordos, não esperamos que eles o façam. É nossa obrigação salvar a vida de todo mundo então." O Sena faria o trabalho desagradável que meus gujaratis são covardes demais para fazer; eles travariam a batalha de Panipat contra os afegãos novamente. Depois de tomar Bombaim de nós durante o movimento de Samyukta Maharashtra — quando eles andavam pelas ruas à procura de gujaratis para surrar, aos gritos de "*Kem chhe? Saru chhe! Danda leke maru chhe!*" —, agora eles nos protegeriam, generosamente, das hordas muçulmanas.

Ele adverte os muçulmanos. "Não nos façam suspeitar. Sejam livres e francos. Vocês não podem dizer toda vez que 'o islã corre perigo'. Por que haveríamos de nos preocupar com o islã, se nosso país não é um país islâmico?" Ele será contra os muçulmanos se "seu corpo estiver aqui mas seu coração estiver no Paquistão; eu serei o primeiro a mandá-los embora". Sua posição na Índia é questionável. "O que é essa comunidade muçulmana? Depois da Partição, eles deveriam ter voltado!"

"O senhor acha que vai haver outro tumulto em Bombaim? Existe uma pressão social em efervescência?", pergunto.

"Não sou astrólogo, nem quiromante, nem adivinho, mas uma coisa eu lhe digo — minha profecia, ou intuição, se quiser chamar assim. Se o governo de Vajpayee cair, será o caos e marcharemos rumo à guerra civil. Uma guerra civil, preste atenção." Ele fala calmamente, sem levantar a voz, sem fazer ameaça; apenas me diz o que vai acontecer, seguro de seu conhecimento. "E então você vai se lembrar do que preguei, do que eu disse. Bato na madeira, pois não quero que isso aconteça, mas vai acontecer. Os muçulmanos vão aparecer. E não é só em Mumbai. No país todo. Será uma guerra civil no próprio país."

Que faria o Sena numa guerra civil?

"Seja como for, lutaremos. Seja como for, lutaremos. Vamos ter de lutar. A retaliação é um direito nosso, de nascença. A retaliação é um direito de nascença."

Recordo-lhe o que ele me disse: desta vez os muçulmanos estão armados.

"Vamos ver, vamos ver. Na hora a gente vê. Na hora a gente vê."

O editor marata me conta que estava num grupo de jornalistas que conversavam com o Saheb quando o líder declarou que era capaz de prever o futuro. Tinha "alucinações", lembra-se ele de ter ouvido o Saheb dizer. "De sangue derramado. Sangue nos olhos", e o editor põe a palma da mão nos olhos, enxugando um mar de sangue.

Thackeray nunca leu um livro na vida, diz o editor. De fato, não há um só livro na parte que vejo do bangalô de Thackeray. Seus pontos de referência são filmes e cartuns. Ele tem problemas com escritores — com Pu La Deshpande, que compara, fazendo um trocadilho, a uma ponte derrubada; com a Conferência de Literatos Maratas de Toda a Índia, quando retira seu patético subsídio e chama-os, zombeteiramente, de "touros à venda" —, mas gosta do pessoal de cinema, seu meio natural, que também gosta dele. Ele se sente à vontade com imagens e ação, porém não com ideias. Sua conversa é repleta de referências a filmes em híndi e versos de canções de ninar. Suas respostas, às vezes, parecem não ter relação alguma com minhas perguntas; são menos respostas a elas do que pensamentos extraviados, nascidos nas profundezas do seu cérebro e com carta branca para virem à tona naquele momento.

O que o editor comentou, e agora me chama a atenção, é a incompatibilidade de escala: este homem de mente estreita controlando esta cidade enorme. "Ele não tem o que George Bush chama de 'a coisa da visão'", segundo o editor. As soluções do Saheb para os imensos problemas da cidade são pontuais e insignificantes. Deveria haver água nos hidrantes para que os ratos fossem varridos pela descarga. O Dia de São Valentim deve ser proibido para que nossos jovens se mantenham puros. Não há explicação geral para o que aflige a cidade, além da queixa contra o excesso de migração e de muçulmanos. Não há compreensão do processo histórico, dos vastos e delicados dentes e engrenagens que movimentam o maciço motor econômico da cidade. Para ele, tudo o que importa é que seu pessoal não está enriquecendo; sua solução é exigir, sob ameaça de violência das multidões, que uma porcentagem dos empregos existentes seja separada para os seus.

Sua abordagem é *ad hoc*, uma resposta imediata e vigorosa ao presente. Até o conceito de hindutva, que evolui para uma completa teoria racial, foi tomado de empréstimo dos nacionalistas hindus da organização de voluntários hindus Rashtriya Swayamsevak Sangh (RSS) e do BJP. Não há conexão alguma entre dois ou três acontecimentos, teoria alguma, grande ou pequena, que ele possa usar para explicar a relação entre eles.

Em 1984, Thackeray convidou um veterano líder comunista, S. A. Dange, para falar numa reunião do Sena. Apesar de Dange ser inimigo mortal do Sena, havia respeito recíproco entre os homens, porque ambos se viam como defensores dos direitos trabalhistas e tinham participado do movimento Samiyukta Maharashtra. Dange levantou-se e disse o que achava do partido: "O Shiv Sena não tem uma teoria, e uma organização não consegue sobreviver sem teoria".

No dia seguinte, Thackeray respondeu. "Ele apenas fez uma demonstração de arrogância, sugerindo que o Shiv Sena não tinha teoria e dizendo que uma organização era incapaz de sobreviver sem teoria. Pois como foi que nossa organização sobreviveu os últimos dezoito anos?" Depois acrescentou, a lâmina da faca mergulhando no golpe final, mortalmente, porque era tão verdadeiro no que se referia aos velhos comunistas: "E como foi que, apesar da teoria, sua organização acabou?".

O Sena sobreviveu, floresceu, justamente por falta de teoria. Ele se adaptou às mudanças de teoria; agora era vagamente capitalista, mas a certa altura, no começo dos anos 1980, Thackeray se entusiasmara pelo "socialismo prático". O Sena sempre pegou carona na teoria predominante da época: anticomunista, fascista, socialista, anti-imigração, e, agora, anti-islâmico, pró-hinduísta. A organização não precisava de teoria. Só se interessava pela práxis. Thackeray gosta de gente que age.

Eu também senti essa necessidade de ação. À noite, depois de um dia de trabalho árduo na cidade turbulenta, cheio de raiva e frustração devido às delongas da burocracia, aos impasses políticos, eu me acalmava antes de dormir concedendo-me poderes ditatoriais: abolir a Lei do Inquilinato, proibir o trânsito de carros no centro da cidade, preencher os cargos de juiz da Suprema Corte e eliminar acúmulo de trabalho de um só golpe. Estou transferindo o governo na cidade para Nova Bombaim, o governo do estado para Pune. Estou destruindo as fábricas e construindo parques e escolas, mas, acima de tudo, habitações, milhares e milhares de prédios de seis andares, cada seis com espaço comum para as crianças brincarem. Uma ampla Levittown com pequenas variações de padrão, baratas e rápidas. Todos aqueles que já estão aqui serão abrigados. O resto não pode vir agora; estou abrindo espaço. Não precisarei da consultoria de nenhuma Assembleia Legislativa para realizar meus planos de grande alcance; não será necessário alcançar um consenso, porque já sei. Chega de conversa; agora vou agir. Isso me ajuda a pegar no sono.

O novo governo do Partido do Congresso que assumiu o poder em Maharashtra em 2000 o faz, em grande parte, graças à promessa de pôr em prática o relatório da Comissão Srikrishna. Mentiu ao povo. "Mais de quatro anos depois de publicado o relatório da comissão em 1998, nenhuma medida significativa foi tomada pelo governo de Maharashtra para pôr em prática suas recomendações", informou a Anistia Internacional.

A comissão tinha citado 31 policiais responsáveis pela morte de inocentes, por corporativismo, por negligência ou por terem tomado parte, eles próprios, nos tumultos. Dezessete foram formalmente acusados em 2001, mas até 2003 nenhum dos policiais tinha sido levado a julgamento. A verdade é que dez foram promovidos. A maioria dos desordeiros foi acusada, nos termos da Lei de Prevenção de Atividades Terroristas e Perturbadoras da Ordem, que sempre é mencionada na imprensa precedida pelo adjetivo "draconiana". Um total de 2267 casos foi levado ao conhecimento das autoridades; 60% foram encerrados pela polícia por falta de provas, na categoria "verdadeiro, mas não detectado"; 894 casos foram registrados. Em março de 1998, 853 ainda não tinham sido resolvidos, 42 foram a julgamento, trinta resultaram em absolvição, três foram rejeitados e oito resultaram em condenação — num universo de 1400 assassinatos. Os organizadores dos ataques a bomba foram presos ou fugiram para o exterior, porque os melhores detetives da cidade foram convocados para trabalhar no caso; os organizadores dos tumultos, que mataram muito mais gente, ingressaram no governo de Maharashtra ou no Parlamento. "Dez anos de impunidade para os responsáveis pelos tumultos de Mumbai é um recado profundamente perturbador para o país e destrói a confiança pública na justiça", concluiu a Anistia.

O governo do Sena livrara-se de treze dos catorze casos pendentes contra o papel exercido por Bal Thackeray nos tumultos de 1992. O novo governo do Congresso reativou os casos restantes, que o responsabilizam por incitar as paixões comunais durante os tumultos por meio de seus editoriais para o *Saamna*. Foi o menor dos seus pecados e teria feito os defensores dos direitos civis correrem para defendê-lo num país como os Estados Unidos. Thackeray nunca foi preso. O novo vice-ministro-chefe, Chaggan Bhujbal, que tinha desertado do Sena para o Congresso, sonhava em prender seu antigo mentor, ainda que fosse por uma hora. Diz ele que vai pôr em prática pelo menos uma recomendação do Relatório Srikrishna e prender o Saheb.

"Isso nunca aconteceu e não é possível que venha a acontecer... Se eu for parar atrás das grades, eles [os que me prenderem] não poderão andar livremente de um lado para outro", esbraveja o chefe do Sena, falando no comício anual do festival Dussehra no parque Shivaji. Se for preso, declara Thackeray no *Saamna*, "não só Maharashtra [mas] a própria Índia poderá pegar fogo. Isto é uma convocação para tumultos religiosos e todos devem estar preparados para enfrentar as consequências". Sanjay Nirupam, um parlamentar do Shiv Sena, vê uma boa oportunidade na eventual prisão do seu líder. "Depois dos tumultos de 1993, ganhamos trinta das 34 cadeiras na eleição", comenta ele comigo. "Se isto é uma democracia, o povo falou. Outro tumulto seria politicamente vantajoso para nós."

Os líderes do Sena mergulharam na clandestinidade já prevendo a prisão. Sunil recebeu suas ordens num esconderijo. Ele me liga de vez em quando. Nenhum dos rapazes de Jogeshwari dorme em casa atualmente; estão sempre de mudança, constantemente alerta. São altamente móveis, em células de quinze a vinte pessoas, em pequenos carros e motos. Têm ordem para atacar propriedades do Estado e do governo central: ônibus, trens, escritórios. A coisa pode acabar numa questão religiosa, e se isso acontecer, Sunil acha que os hindus se unirão. "Quando se trata de religião, a pessoa esquece que é gujarati ou bhaiyya [norte-indiana, ou bhaiyyani]. Todo mundo é hindu, contra os muçulmanos. E dessa vez nós vamos expulsá-los de Bombaim." Em toda a cidade, o Sena se prepara para a próxima guerra.

Um sábado à noite, recebo uma ligação de Sunil; ele está fechando a cidade com seus rapazes. Na reunião de todas as noites da *shakha*, a informação é de que o Saheb será preso bem cedo no dia seguinte. Ao fundo, ouço o rosnar colérico das tropas do Tigre. Sinto novo vigor em Sunil. É como antigamente.

No dia seguinte, Sunil me chama várias vezes no celular para me manter a par de suas atividades, enquanto para os trens. Os rapazes de Sunil são enviados para Goregaon; a *shakha* de Goregaon manda *sainiks* para Jogeshwari. Dessa forma, eles não são reconhecidos pelos policiais da sua localidade, que se revezam nos papéis de amigos e carcereiros. A certa altura, uma força de duzentos policiais fica vigiando enquanto os rapazes de Sunil fazem valer a greve. A polícia faz gestos ineficazes, como anotar nomes e ameaçar prender. O grupo de Sunil obriga um ônibus a parar e o motorista manda os passageiros saírem. Em seguida, o grupo destrói o ônibus. Vão a lojas com grandes vidraças e mostram ao dono o estrago que podem fazer se ele mantiver a loja aberta e uma pedra for atirada através do precioso vidro. Ele abaixa as portas de metal e fecha a loja. De setecentos a oitocentos *sainiks* se espalham por Jogeshwari, parando os trens e obrigando táxis e riquixás a saírem das ruas. Marcham até a garagem de ônibus; o gerente se oferece para tirar os ônibus da rua, para que não sejam destruídos. A cidade é, para todos os efeitos, fechada.

O que ocorre, afinal, não é guerra civil, mas farsa. O Saheb declara que se apresentará, voluntariamente, perante o tribunal. Ele o faz — escoltado por um exército de quinhentos policiais, que mantém a fachada de prisão para o vice-ministro-chefe Bhujbal — e o magistrado rejeita o caso, dizendo que deveria ter sido julgado no prazo de três anos, a partir da data do crime. Thackeray entra e sai do tribunal em menos de 45 minutos. Bombaim volta a respirar.

Mas a visão em Cuffe Parade é diferente. A nova miss Universo volta, triunfalmente, ao país. A essa altura, "tudo que Bombaim quer saber", declara a colunista social Shobha De, "é quem vai comparecer à recepção de Lara Datta".

O impulso para o genocídio nasce do desejo de limpeza, de uma homogeneidade limpa, porque todo mundo sabe muito bem que o caos e a desordem vêm da mistura confusa, da heterogeneidade. Iqbal e Jinnah* se separaram da

---

* Sir Mohammad Iqbal (1877-1938): poeta, filósofo e político indiano, partidário da criação de um estado para os muçulmanos na Índia; Muhammad Ali Jinnah (1876-1948): político indiano, fundador e primeiro governador-geral do Paquistão. (N. E.)

Índia porque queriam criar uma nação pura, a Terra dos Puros. O etos — essa palavra tão maltratada — da Índia é contra essa homogeneidade. Mas uma pessoa justa pode olhar à sua volta em Bombaim e ver que a cidade está, de fato, superlotada. Alguém precisa sair. Mas quem? Ora, começa-se pelos mais pobres. Ou pelos últimos a chegar. Ou pelos mais distantes de nós, seja como for que nos definamos. Os imigrantes esperam, afinal, alcançar uma posição na qual tenham o direito de rejeitar novos imigrantes, de dizer à próxima pessoa que saltar do trem que ela precisa voltar, que ela não pode ficar. É quando temos certeza de que somos, de fato, nativos.

Os tumultos de 1992-93 foram um duplo desastre para Bombaim: deixaram a cidade muito pior para quem já vivia nela, e não a tornaram menos atraente para a nova gente do norte do país que também quer vir. As próximas perturbações da ordem civil não serão diferentes. A cidade ficará pior, mas não perderá gente por ser pior. Nem mesmo diminuirá o ritmo em que acumula novas camadas de gente.

No novo século, o Sena enfrenta problemas. Seus partidários não são capazes de responder com vigor quando o submundo muçulmano resolve pegar seus *pramukhs*. Alguns são mortos, alguns ameaçados. Em Jogeshwari, Bhikhu Kamath recebe uma carta, em "linguagem muçulmana", como descreve Sunil, dizendo-lhe que ele será o próximo, porque matou muçulmanos nos tumultos. Chotta Shakeel, o comandante das gangues muçulmanas, faz o que o governo não fez. Ele se vinga dos tumultos. E está caçando as pessoas certas, também: as pessoas culpadas, como o ex-prefeito Milind Vaidya, citado no Relatório Srikrishna. Shakeel está consultando o relatório; ele é o executivo do judiciário Sirkrishna.

Os líderes do Sena fazem a pior coisa que se pode fazer, quando se quer merecer o respeito dos *taporis*: pedem proteção policial. Os *shakha pramukhs* e seus vices cercam-se de guarda-costas. O Tigre berra alto quando sua segurança é reduzida de 179 guarda-costas para 149; depois do assassinato dos *pramukhs*, ela se levanta de novo. O Tigre perde os dentes. Tem problemas de coração, e há uma briga iminente pela sucessão entre seu filho e seu sobrinho. O poder deixou os líderes antigos gordos, ricos e moles. Não podem fazer nada que seja muito afrontoso, porque seu pessoal ocupa cargos no gabinete ministerial em Delhi. O BJP tem atuado como influência moderadora no exército de rua. Sob a liderança do filho de Thackeray, Uddhav, o Sena corre o risco de se tornar apenas mais um partido regional, um partido de políticos. As coisas esquentam dentro do Sena; o Tigre acusa seus homens de terem se transformado numa "organização de pensionistas".

É preciso que haja uma nova válvula de escape para a cólera dos jovens e dos pobres. As gangues a fornecerão, se o Sena não o fizer. O Sena precisa se manter em dia com a fermentação dessa raiva; ele é incapaz de controlá-la, de atiçá-la, de absorvê-la. A leva de jovens nos anos 1980 e começo dos anos 1990 que travou combates de rua pelo Sena, como Sunil, foi recompensada, e os combatentes de então se transformaram em comerciantes burgueses bem-sucedidos e Funcionários Executivos Especiais; eles se pavoneiam, pondo os filhos para estudar em escolas inglesas. Os meninos que vieram depois deles estão encontrando mais dificuldade para sobreviver. Se o Sena não explorar sua cólera, outra força qualquer o fará; e dessa vez pode não ser um partido político. Pode não ser uma religião, ou nem mesmo uma gangue. Pode ser simplesmente uma explosão de cólera urbana informe e solta, nascida em jovens sem ideologia, sem fé. Jovens em trânsito dentro de sua própria cidade, dentro de suas individualmente múltiplas personalidades.

3. Mumbai

A história de cada cidade é marcada por um evento catalítico, assim como cada vida é marcada por um acontecimento central, em torno do qual ela se organiza. Para Nova York, agora são os ataques de 11 de setembro de 2001 ao World Trade Center. Para a Bombaim da minha época, foram os tumultos e explosões de 1993. Bombaim foi poupada dos horrores da Partição em 1947. O único fato relacionado a guerra de que me lembro ocorreu durante a guerra de 1971 por Bangladesh: um avião civil passou sobre a cidade por engano, certa noite, as sirenes antiaéreas dispararam, os projéteis traçantes começaram a fluir de Raj Bhavan, a residência do governador nas proximidades, e meu pai nos enfiou debaixo dos colchões. Na escola aprendíamos a nos esconder sob as carteiras, para o caso de uma bomba cair sobre nós.

Mas houve um trauma anterior na vida psíquica da cidade, que marcou o antes e o depois para os mais antigos: a explosão no *Fort Stikine*, em 14 de abril de 1944.

O *Fort Stikine* era um navio que supostamente transportava fardos de algodão e, como os mais de cem barcos que, já naquela época, ficavam esperando no porto um espaço para atracar, estava ancorado longe da costa. A intensa pressão provocada pelos fardos de algodão, juntamente com as temperaturas de um dia muito quente, fizeram o algodão pegar fogo. Isso, por si, não seria muito grave, pelo menos para quem não estivesse no navio. Mas o *Fort Strikine* tinha uma carga secreta. Transportava explosivos — era época de guerra —, além de uma carga secreta de ouro e prata, no valor de 2 milhões de libras esterlinas, trazida de Londres para estabilizar a desvalorizada rupia indiana. Então o corpo de bombeiros fez o pior que poderia fazer: rebocou o navio em chamas para o porto, em vez de arrombar-lhe o casco para que afundasse na baía. Às 3h45, houve uma terrível explosão, produziu-se um manto de fumaça, e as janelas das casas na área do Forte estremeceram. Vinte minutos depois, houve outra explosão, e as vidraças quebraram. A munição pegara fogo, e o navio explodiu perto do estaleiro, naquele momento repleto de estivadores e bombeiros. Duzentas e noventa e oito pessoas tiveram morte instantânea.

Então, começou a chover...

O céu de Bombaim encheu-se de ouro e prata, tijolos, vigas de aço e membros e torsos humanos, voando pelo ar até lugares distantes, como Crawford Market. Um joalheiro estava sentado no seu escritório no Jhaveri Bazaar quando uma barra de ouro esmagou o teto e caiu na sua frente. Uma viga de aço voou pelos ares e atravessou o teto do Terminal Victoria, a principal estação de trem. Uma placa de ferro caiu sobre um cavalo, decapitando-o. Membros e pedaços de corpos extraviados espalharam-se pelas docas. Até então Bombaim nunca vira a guerra de perto. Era como se a cidade tivesse sido bombardeada.

O desastre do *Fort Strikine* ainda está presente entre nós. Barras de ouro do navio foram encontradas nos anos 1970, durante as operações de dragagem das docas. Mas havia uma montanha de detritos da explosão, e as autoridades municipais britânicas preferiram fabricar terra com ela. Aterraram Back Bay, antiga área de manguezais, que agora se chama Nariman Point, e o resultado foi o mais mal planejado distrito comercial da Índia moderna, o principal vilão por trás das condições atuais de Bombaim.

À entrada do Cama Chamber, edifício número 23, está pendurada esta placa:

ATENÇÃO
Este prédio é inseguro e pode cair. Quem entra nesta propriedade o faz por sua própria conta e risco. O proprietário não se responsabilizará por danos à vida e à propriedade.
Proprietários

Seguindo-se pelos estreitos degraus de madeira, veem-se as placas dos escritórios do inseguro edifício. São firmas de advocacia, escritórios de contabilidade, bancos de investimento. As instalações são lustrosas, modernas, com ar-condicionado e computadores piscando. Só a área pública do edifício está decrépita. No primeiro andar, há buracos onde deveria haver janelas, e o mesmo aviso foi colocado pelos donos. Por força de lei, eles não estão ganhando praticamente nada com o aluguel do terreno. Por isso não consertam nem reformam coisa alguma; tudo que podem fazer é colocar esses avisos, na esperança de afugentar os clientes das empresas lá de dentro.

Quando a Segunda Guerra Mundial terminou, outra catástrofe atingiu Bombaim na forma da Lei de Controle das Tarifas de Pensões e Hotéis de Bombaim, de 1947 — conhecida popularmente como Lei do Inquilinato. Bombaim ainda se recupera dessa bomba legislativa. Adotada em 1948, a lei congelou os aluguéis em todos os prédios alugados na época, nos níveis de 1940. No caso dos outros prédios, os tribunais tinham poderes para estabelecer um "aluguel padrão", que, uma vez determinado, jamais poderia ser aumentado. A lei também dispôs sobre a transferência do direito de alugar a propriedade a preços fixos para os herdeiros legais do inquilino. Desde que pagasse os aluguéis, o inquilino não poderia ser despejado; não precisava nem renovar o contrato. Isso, originariamente, foi uma medida de emergência em tempos de guerra, com prazo de validade de cinco anos, para proteger os inquilinos da inflação e da especulação que se seguiram à Segunda Guerra Mundial. Bombaim estava repleta de soldados no começo da guerra. Alojamentos custavam caríssimos; Bombaim estava muito alvoroçada. E os recém-chegados eram ricos; os donos de imóveis na cidade não ignoravam esse fato. Por isso, aumentaram os preços dos aluguéis aos mais altos níveis de tolerância do mercado. Os forasteiros indianos que chegaram viram-se excluídos. Havia o risco de que aqueles que visitavam brevemente a cidade durante a guerra desalojassem os moradores antigos: isso explica a Lei do Inquilinato.

Mas a lei, uma vez em vigor, mostrou-se politicamente impossível de rechaçar, pois sempre haverá mais inquilinos do que proprietários. Existem 2,5 milhões de inquilinos em Bombaim, o mais poderoso lobby político da cidade. Todos os partidos políticos se uniram em apoio dos inquilinos durante a guerra; a Lei do Inquilinato foi prorrogada mais de vinte vezes. Os inquilinos propuseram uma solução aos proprietários: vender as propriedades, em massa, para os inquilinos que nelas moram, por cem vezes o valor fixo do aluguel de cada propriedade. Isso poria fim à disputa sobre os aluguéis de uma vez por todas, porque os inquilinos se tornariam proprietários. Significaria também que as propriedades localizadas nas áreas mais luxuosas seriam cedidas por um valor insuficiente para comprar um cômodo de favela no mercado aberto. Os proprietários não podem fazer nada além de se negar a fazer reformas. Portanto, não há possibilidade de o estoque de habitações da ilha melhorar ou ampliar-se num futuro próximo, e mais pedaços da ilha desabam a cada ano. Há 20 mil edifícios oficialmente classificados como dilapidados e que precisam ser reformados pelas agências públicas; menos de mil por ano são recuperados.

Os níveis relativos de renda de proprietários e inquilinos não fazem a menor diferença, no que diz respeito à lei. As cláusulas da Lei do Inquilinato também se aplicam a prédios comerciais, beneficiando empresas multinacionais e grandes empresas estatais, que pagam uma ninharia por seus escritórios. Algumas das pessoas mais ricas da cidade vivem em bangalôs pagando aluguel fixo em Mallabar Hill, herdados dos avós e bisavós. A Lei do Inquilinato está estrangulando Bombaim. Ela atinge os recém-chegados, os jovens e os pobres, e explica por que amantes não podem encontrar um lugar para ficar a sós em Bombaim. Os que vêm de fora não conseguem encontrar um quarto para alugar, porque a classe média e os ricos já controlam os melhores imóveis. É a versão mais radical de um Imposto do Recém-Chegado. Mas não afasta os recém-chegados; apenas os condena a viver miseravelmente.

Nos anos 1930, Bombaim vivia cheia de placas com os dizeres ALUGA-SE APARTAMENTO. Muito pouca gente comprava apartamentos; não havia hipotecas. Comprar apartamento com hipoteca ainda é relativamente raro em Bombaim. A maioria das pessoas compra à vista, com uma porcentagem fixa "preto e branco": o valor sobre o qual impostos serão pagos é dado na forma de um cheque; a outra cor é paga com sacolas de compra cheias de dinheiro em espécie. Quando a Lei do Inquilinato entrou em vigor, o sistema de *"pugree"*, ou dinheiro por baixo do pano, começou. Um inquilino recebe propina do proprietário para sair do apartamento de aluguel controlado; na realidade, ele paga ao inquilino um valor considerável para ter de volta sua propriedade. A prática, que já foi crime, é tão generalizada que em 1999 o Estado foi obrigado a legalizá-la. As batalhas judiciais em torno da Lei do Inquilinato adquirem proporções de guerra. Enquanto o Estado pensava, ultimamente, em revisar a lei, o chefe da Associação de Proprietários de Imóveis teve de permanecer em casa durante um mês, com proteção armada. Nunca haverá solução para a bagunça do inquilinato, porque todos os ativistas profissionais perderiam o emprego, como me disse um deles.

Ou se acredita nos direitos da propriedade privada, ou não se acredita; ou o cidadão nunca poderá ter direito permanente a um pedaço de terra, ou poderá, e se pode é preciso que conte com a proteção de todo o peso da lei. O dono de um apartamento deve ter o direito de reavê-lo quando o contrato de aluguel termina. Se um pedaço de terra foi separado para que nele se construísse um parque público, a municipalidade deveria ter o direito de demolir qualquer estrutura que invadisse o parque. Mas em 1979 o governo da Índia aboliu o direito de propriedade como "direito fundamental" da Constituição, juntamente com o direito de ser indenizado quando o Estado expropria um imóvel. Na Índia, a moldura das leis existentes — a Lei do Inquilinato; a Lei da Terra Urbana, que em essência transfere a propriedade de grandes pedaços de terra em Bombaim para o Estado — cria uma situação de dúvida contínua na cabeça do proprietário: será que esta terra, de fato, me pertence? É esta pergunta que deixa sem teto 60% das pessoas. Construtores estão longe de erguer a quantidade de habitações necessárias, porque a qualquer momento podem ser informados de que sua terra não lhes pertence.

A região da Grande Bombaim tem um déficit anual de 45 mil moradias. A quantidade de construções novas a cada ano não chega sequer à metade do número necessário. Portanto, essas 45 mil famílias aumentam, todo ano, as fileiras dos moradores de favela. Nas palavras dos planejadores, suas necessidades habitacionais "são satisfeitas no mercado informal". Essa população de favelados dobra a cada década. Há também 400 mil imóveis *vazios* na cidade, vazios porque os donos têm medo de perdê-los para inquilinos, se os alugarem. Admitindo que cada apartamento pode abrigar uma família de cinco pessoas, em média, são 2 milhões de pessoas — um quarto dos desabrigados — que poderiam imediatamente encontrar onde morar, se as leis fossem corrigidas.

Mas a ansiedade dos inquilinos também é compreensível. O maior medo dos moradores de Bombaim é acabar na calçada. Em Nova York, trabalhei como voluntário numa organização para ajudar pessoas que não tinham onde morar, e em três anos aprendi a conhecê-las. Ser sem-teto é uma condição; o fato material de não ter uma casa invade a consciência até se transformar na definição total da pessoa. Antes de ser um escriturário desempregado, ou o filho do seu pai, ou o marido da sua mulher, ou um bombainense, ou um ser humano, você é um sem-teto. Não há muita diferença, na realidade, entre viver num barraco improvisado feito com papelão ou na calçada sobre a qual ele se debruça. Na verdade, o ar é melhor num espaço aberto, apesar de, durante as chuvas, a ilusão de uma barreira entre você e a água ser uma grande fonte de consolação. Quando éramos meninos muito novos, costumávamos fazer esses pequenos barracos no terreno de construção atrás do prédio em que eu morava, na Ridge Road; levantávamos três paredes e um teto com qualquer sobra de material: papelão, farrapos, tijolos. Então, nos amontoávamos lá dentro, seis ou sete garotinhos, enquanto os meninos maiores zombavam de nós. "Este aqui é Suketu, arquiteto. E aquele ali é Dilip, engenheiro." O mundo tinha um sabor diferente, era mais seguro, dentro do pequeno barraco. Na escola também demarcávamos território nos bancos para três que ocupávamos. Mesmo quando crianças em Bombaim, estávamos sempre tentando obter espaço. O importante era não ser empurrado para fora do espaço que a gente possuía naquele momento. Mas, quando você saía, qualquer um podia entrar.

A Lei do Inquilinato conduz à peculiar construção de "lares", típica de Bombaim. Todo 1º de abril, um desfile de táxis e *tempos* [riquixás motorizados grandes] leva os moradores do sanatório pársi F. D. Petit, em Kemps Corner, para o sanatório Bhabha, em Bandra. Quatro meses depois, todos se mudam para o sanatório Jehangir Bagh, em Juhu. Daí a quatro meses, todos voltam para Kemps Corner. As migrações de massa de e para o mesmo lugar, com frequência para o mesmo quarto, acontece porque o pársi Panchayat, dono dos sanatórios, sabe que os inquilinos que têm permissão para ficar se tornam proprietários de fato. Por isso os sanatórios mantêm os inquilinos constantemente em movimento, ao mesmo tempo que lhes dão abrigo. Algumas famílias fazem esse giro de carrossel há mais de meio século. Toda vez que se mudam, os residentes precisam fazer uma nova solicitação, apresentando atestado de saúde, para provar que precisam das saudáveis dependências de um sanatório. Têm permissão para levar suas malas e alguma mobília — mas não uma geladeira. Instalar uma geladeira é reivindicar a casa, por isso os moradores são obrigados a sobreviver à base do leite em pó.

Outra consequência cancerosa da Lei do Inquilinato de Bombaim é o "hóspede pagante". Na minha busca por um escritório, mandam-me para os "quartos de HPS", que são quartos no apartamento de outra pessoa. A cidade tem uma tribo inteira de "hóspedes pagantes", geralmente jovens profissionais de outras cidades, que sofrem as humilhações diárias impostas pelos senhorios — a que horas você pode entrar e quem pode trazer consigo, qual é a quantidade de gelo a que você tem direito na geladeira, qual é o volume máximo da música que você pode ouvir. Há três deuses pessoais que todo hindu deve reverenciar: mãe, pai e hóspede. Não existe uma categoria para "hóspede pagante".

A Lei do Inquilinato foi uma expropriação institucionalizada da propriedade privada. As democracias têm um ponto fraco: se há dinheiro suficiente, ou um número suficiente de pessoas por trás de uma lei ruim, ela permanece. Isso permite a continuação por tempo indeterminado das práticas mais absurdas e irracionais. Nos Estados Unidos, posso entrar num show de armas e comprar um revólver por menos do que gastaria com um jantar para duas pessoas, mesmo que eu seja insano ou criminoso condenado. Em Bombaim, posso entrar num apartamento que aluguei por um ano e lá permanecer pelo resto da vida, deixá-lo para meus filhos depois de mim e desafiar os esforços do proprietário legal para tirar meu rabo da propriedade dele. Nos dois casos, a lei está do meu lado.

A cidade está cheia de gente reivindicando o que não lhe pertence. Inquilinos reivindicam a propriedade do imóvel que ocuparam. Operários de fábricas exigem que elas permaneçam funcionando, com prejuízo, para lhes garantir emprego. Moradores das favelas exigem ligações de água e eletricidade para construções ilegais em terreno público. Funcionários do governo reclamam o direito de trabalhar mais do que precisam, à custa do contribuinte. Passageiros exigem mais subsídios para as tarifas dos trens, que já são as mais baixas do mundo. Frequentadores de cinema exigem que o governo congele os preços dos ingressos. O governo indiano há muito acredita na irrealidade da oferta e da procura; o que se paga por um produto, por alimento ou serviço não tem relação alguma com seus custos para o produtor.

Numa visita às cavernas da ilha de Elefanta, acabo saindo num pátio ao lado da caverna principal. Dali, posso contemplar dois conjuntos de pilares: à direita, os pilares encomendados pelos reis Rashtrakuta no século VIII; diante de mim, os novos pilares construídos pela Archaeological Survey of India

(ASI). Numa vista panorâmica pode-se ver todo o declínio da cultura no país. Os pilares originais, construídos mil anos atrás, são delicadamente sulcados e proporcionais, curvando-se suavemente para fora, como a barriga de um bebê. Os pilares da ASI são impassíveis blocos de pedra, cada um incompatível, na forma, na cor e no tamanho, com todos os demais; num relance pode-se ver que são inseguros. Não têm enfeites, o que talvez seja bom, porque sabe Deus que monstruosidades seus escultores teriam esculpido nos pilares, se lhes dessem permissão. O que fomos capazes de fazer tão primorosamente neste país milhares de anos atrás não podemos sequer tentar hoje em dia. Fizemos a melhor arte do mundo antigo. Destruídos pelas invasões e pelo colonialismo, e por uma desconfortável acomodação à modernidade, não conseguimos construir cinco pilares de proporções iguais.

Construímos o Templo do Sol em Konarak, Hampi, o Taj Mahal. E o que aconteceu? A qualidade da arquitetura em Bombaim demonstra a involução da espécie: o que se constrói hoje é pior do que o que se construía cinquenta anos atrás, que por sua vez é pior do que o que se construía um século antes. Os edifícios públicos da Bombaim britânica, na terceira década da era vitoriana, foram inspirados na arquitetura das igrejas góticas. "Nada tem a ver com a propagação do cristianismo", disse-me um historiador. "É uma amostra do que para eles era de bom design e de bom gosto." As arcadas com colunas dos majestosos prédios vitorianos da área do Forte estão cheias do tráfego de um bazar oriental ilegal, inamovível e necessário. O terminal ferroviário e os prédios da universidade e do tribunal da área do Forte são adoráveis ou são loucuras góticas, dependendo do gosto de cada um, mas quando se olha para eles sente-se alguma coisa. Não há prédio moderno em Bombaim que nos faça sentir alguma coisa.

Esta, portanto, é a geografia da minha meninice: arranha-céus de estilo Bauhaus abastardado, esmagando e ensombrecendo os bangalôs de telhado vermelho dos ricos de antigamente. Na frente do prédio de meu tio há um monstruoso arranha-céu, cujo esqueleto foi terminado há uma década e que está vazio. Há vários prédios desses pela cidade. Os apartamentos foram comprados por preços altíssimos; estão vazios porque ultrapassaram os limites de altura estabelecidos pelo município. Os construtores tinham consciência de estar violando os limites, mas os construíram assim mesmo, imaginando que a prioridade era criar uma realidade concreta para depois cuidar das questões periféricas — alvarás municipais, documentação legal, propinas. Mas a prefeitura pôs o pé em cima e demoliu alguns prédios, ou impediu que a construção continuasse. O destino dos edifícios sobreviventes foi parar nos tribunais, onde eles se preparam para uma longa estada.

As edificações mais antigas do país ainda existem. As paredes dos edifícios públicos de Mohenjo-Daro têm 5 mil anos e continuam de pé. Não se pode dizer o mesmo de prédios construídos nos anos 1970. O dia inteiro, em volta do meu apartamento, há construção: grupos de homens e mulheres com martelos e picaretas, tirando lascas de velhos bangalôs e edifícios, aqui e ali, não tanto destruindo, mas roendo, como um exército de camundongos, depois levantando horríveis estruturas, muito menos duráveis do que o que estava ali antes. Não há uma associação profissional que licencie engenheiros civis na Índia; eles são mal treinados. A areia usada no concreto vem de riachos nos arredores de Bombaim, que contém sal, lama e merda, de modo que os prédios novos parecem castigados pelas intempéries, roídos por traças. Muitos dos prédios mais novos têm um lado inteiro coberto de tecido marrom, as janelas tapadas por um ano e andaimes armados, enquanto operários injetam granito na teia de aranha das rachaduras das paredes, escorando-os. Quando os moradores finalmente podem abrir as janelas de um lado, a obra começa do outro lado. Isso pode durar anos.

Rahul Mehrotra, cujos projetos arquitetônicos — particularmente a combinação de materiais de baixa e alta tecnologia em suas edificações — são elogiados pela crítica, trabalha há dez anos em Bombaim. Mais de metade da sua obra, a parte não paga, é feita num instituto de planejamento na cidade. Ele diz a quem quiser ouvir — governo, jornalistas, rotarianos — sobre o que precisa ser feito em Bombaim. "Se a gente repete uma coisa muito tempo, ela pode acabar se tornando verdade." Ele conversa comigo em seu novo escritório em Tardeo, mobiliado no estilo inarredavelmente modernista que é sua marca registrada. Fotos de seus filhos rompem o rigor. "Temos um problema especial, como planejadores em Bombaim", diz Rahul. "Se tornarmos a cidade legal, com boas estradas, bons trens, boas acomodações — se fizermos da cidade um lugar melhor para viver —, ela atrairá mais gente de fora." Entendo; ele quer dizer que a cidade está mais uma vez em péssima situação, por causa do excesso de gente. É como construir estradas. Quanto mais estradas se constroem, maior a quantidade de carros novos que correrão para usá-las, e logo elas estarão congestionadas outra vez. "Na Índia o planejamento precisa levar em conta o país inteiro, o resto das cidades." A não ser que a entrada em Bombaim seja restringida — o plano do Shiv Sena —, torná-la uma cidade melhor para se viver é como enxugar gelo. A multidão de bhaiyyas no Expresso Gorakhpur continuará a inchar, e mais ainda se eles acharem que podem saltar do trem e ser abrigados pelo governo. O destino de Bombaim está sólida e inextricavelmente ligado ao destino da Índia, por mais que a cidade goste de imaginar que não é assim.

Rahul localiza a deterioração de Bombaim no começo dos anos 1960. Em 1964, uma comissão chefiada pelo arquiteto Charles Correa — sogro de Rahul — apresentou o plano de Nova Bombaim, uma "cidade-ímã" para Bombaim, uma válvula de escape. Ela seria construída diretamente do outro lado da baía, pouco a leste da cidade insular. Seria uma cidade planejada; o governo seria dono de toda a terra existente, e ela teria espaço ilimitado para se expandir, porque toda a Índia seria seu quintal.

Mas no fim dos anos 1960 o governo do estado recuou do compromisso de transferir seus escritórios de Nariman Point Reclamation, no extremo meridional da ilha, para Nova Bombaim. As empresas privadas logo fizeram o mesmo. "Elas não deixaram Nariman Point. Foi um tapa na cara de Nova Bombaim. A arrogância do dinheiro e a ligação entre políticos e construtores chegaram a um ponto em que os interesses da cidade não eram mais prioritários." Rahul identifica os cinco construtores que, junto com o governo de V. P. Naik, arruinaram Bombaim: os Maker, os Raheja, os Dalamal, os Mittal e os Tulsiani. Seus nomes estão imortalizados nos complexos de escritórios que ergueram em Nariman Point, que, no plano de desenvolvimento original, estava destinado a prédios educacionais e residenciais de uso misto.

Se os construtores não tivessem rompido o compromisso com o plano de desenvolvimento, todos os escritórios que construíram em Nariman Point teriam ido para Nova Bombaim, e aquele impulso e aquela energia teriam dado vida à nova cidade. O eixo do trânsito de passageiros diários de Bombaim teria sido reorientado para melhor. Bombaim cresceu ao longo de um eixo norte-sul; as pessoas vivem no norte e viajam, em trens desumanamente apinhados, para o sul. O futuro da cidade depende de o eixo ser reorientado no sentido leste-oeste. A Bombaim metropolitana é a maior área urbana da Índia: 32% vivem na cidade insular; 42% nos subúrbios setentrionais e 18% em Nova Bombaim. Mas 72% dos empregos estão na cidade insular, para onde se dirige uma porcentagem maior do que devia do tráfego diário de passageiros.

A razão de os construtores terem preferido Nariman Point a Nova Bombaim foi simples: "Quanto mais se intensifica a oferta e a procura, mais os preços sobem. Os cinco sujeitos devem ter se reunido, tomando chá, e resolveram, entre eles, investir num plano menor". Agora Nova Bombaim é essa criação melancólica, uma cidade-dormitório.

Rahul abre um mapa de Bombaim e mostra outra solução. Ele acabou de preparar um novo plano para desenvolver a orla da ilha, imensos lotes que agora pertencem à Administração Portuária de Bombaim. Essa mirada para o leste o põe em conflito direto com a visão dominante em Bombaim, que se volta para o oeste, "onde o pôr do sol é bonito e há mais brisa", explica Rahul. Com a abertura da orla oriental, "pode-se visualmente ligar a cidade a Nova Bombaim; de Ballard Estate pode-se ver Nova Bombaim". Mas a Administração Portuária de Bombaim resiste com firmeza. "Começam a se comportar como construtores."

Há terra, milhares de quilômetros de terra, a leste. Mas o leste não é bom para Bombaim. A cidade está decidida a tomar posse do oeste, até a Arábia. Em Bombaim, crescemos olhando para o oeste, porque só na direção do mar os olhos podem correr livremente. Se alguém vai a um terraço, ou à varanda de um apartamento em Bombaim, e tem uma vista de 360 graus, seus olhos automaticamente se voltarão para o oeste, a direção do possível.

Meu monitor de ciências no nono ano certa vez olhou pela janela de Dariya Mahal e me disse: "Todos esses prédios na nossa frente" — Dariya Mahal 1 e 2 — "vão cair no mar". Fiquei assustado; meu avô e a menina por quem eu estava apaixonado viviam naqueles prédios. Mas não ficariam em pé muito tempo, previu meu monitor, porque eram construídos em terra recuperada do mar: "recuperada", como se tivéssemos direito a essa reivindicação.

Outrora Bombaim era composta de sete ilhas montanhosas, que foram niveladas, e cujo solo foi jogado no mar, para fazer uma única e grande ilha; à medida que perdia em altura, a cidade ganhava em área plana. A história da construção de Bombaim consiste numa luta contra o mar, uma criança em pé à beira do oceano jogando pedras dentro da água — como eu fazia nas pedras atrás de Dariya Mahal, enchendo as poças: um impulso atávico de construir terra, de conquistar água.

O arquiteto Hafeez Contractor, que faz prédios de apartamento em forma de conchas, de cogumelos e, num caso, de falo, tem acesso às autoridades municipais e agora quer "recuperar" mais terra do mar ocidental; mais 196 hectares. Mas o mar desafia continuamente a validade dessa reivindicação. A água se vinga em nossos prédios; corrói seu exterior, encharca a batata frita e os *pappadams*, penetra nossas paredes e vaza em nossos tetos. Toda monção é um ataque a Bombaim. A chuva furiosa é um árbitro severo e implacável dos nossos princípios básicos de engenharia. O que a municipalidade não consegue fazer a chuva faz: demole estruturas frágeis. Ao mar e à chuva juntam-se os esgotos, os detritos humanos, à nossa volta. Em redor de onde eu durmo, em meus quartos, há sempre água descobrindo um jeito de penetrar minha concha, invadir meu espaço enxuto através de dezenas de infiltrações, gota a gota. Há água em toda parte, exceto nas minhas torneiras.

Quando eu tinha catorze anos, vivi um milagre. Abri uma torneira e jorrou água limpa. Foi na cozinha do apartamento tipo estúdio de meu pai, em Jackson Heights. Aquilo nunca tinha acontecido comigo. Em Bombaim, a torneira, quando funcionava, era sempre a primeira etapa de um processo. A água jorrava em estado bruto; era preciso fazer coisas com ela. Primeiro, era passada pelo filtro de um tecido fino, para remover a sujeira visível e mais pesada. Depois era filtrada novamente numa grande vasilha branca com filtros de vela. Em seguida, devia ser fervida, sobretudo na época das chuvas. Finalmente era colocada em garrafas de uísque vazias, e resfriada na geladeira ou, na casa de meus avós, nos grandes potes de barro que a esfriavam e lhe davam um sabor deliciosamente adocicado. Passava-se muito tempo, pelo menos 24 horas, do momento em que a água saía da torneira ao momento em que ela podia entrar na minha boca. Fui criado bebendo água velha.

Bombaim depende do interior para obter seus recursos mais básicos. É a única cidade da Índia em que a água tem de ser trazida de lagos que ficam a até cem quilômetros de distância. A razão disso foi a grande peste de 1896. Até meados do século xix, a cidade dependia de água de cisternas e de tanques. Depois da peste, a cidade fechou as cisternas e os tanques. A prefeitura agora trata e fornece cerca de 3 bilhões de litros por dia. Isto equivale a apenas 70% da demanda de água. A demanda não atendida está, na maior parte, nas favelas. Elas necessitam roubar a água de que precisam, de tubulações que passam por seu terreno a caminho dos consumidores que a municipalidade considera legítimos usuários da água. Até um terço da água da prefeitura é roubado pelos pobres. Há periódicos tumultos em torno da água, mesmo em áreas de classe média, como Bhayander. Os moradores desse subúrbio, como donas de casa e contadores, recentemente saíram às ruas e queimaram trens, porque não havia água em suas torneiras. A polícia usou gás lacrimogêneo contra eles.

A profissão de arquiteto, diz Rahul, não conseguiu despertar o entusiasmo dos cidadãos comuns pelo planejamento urbano, mostrar-lhes como todas essas questões estão interligadas. Rahul rejeita como "mau começo" a única escola de arquitetura de Bombaim, J. J., e não há curso de planejamento urbano em parte alguma. Os jovens não aparecem para trabalhar com ele em seu instituto. Assim, pergunta ele, como salvar a cidade?

Sua resposta é surpreendentemente simples: abrindo mais espaço. Há duas maneiras de uma cidade superlotada se sustentar: fabricar terra ou pensar em novas formas de usar a terra existente. Nova Bombaim é um exemplo da primeira abordagem, na qual a terra arável é melhorada com suprimento adequado de água, esgotos e serviços de transporte para criar novas extensões da cidade. A segunda abordagem, que, segundo Rahul dá a entender, não foi suficientemente investigada, consiste em pegar a terra existente já tratada, como as áreas de cotonifício de Parel ou as áreas ao redor das docas, e convertê-las para novos usos, mais adequados às necessidades de hoje. Trata-se de imensos blocos de terra industriais, e Rahul compensaria as deficiências na estrutura da cidade construindo escolas, hospitais, auditórios, parques. Outro grande bloco de terra urbana já tratada pertence às ferrovias: as vastas fatias que ladeiam os trilhos. A terra das ferrovias é convertida para uso público de qualquer maneira, quando as favelas — os barracos de Sunil na ferrovia, por exemplo — avançam sobre ela.

A noção do que é luxo e do que é necessidade básica foi completamente alterada em Bombaim. Toda favela que vejo em Jogeshwari tem televisão; antenas estendem galhos prateados acima dos barracos. Muitos na favela de classe média têm moto, até carro. As pessoas comem relativamente bem em Bombaim, mesmo os favelados. Luxo mesmo é ter água corrente, banheiros limpos e transporte e moradia adequados para seres humanos. Não importa quanto dinheiro você tem. Se vive nos subúrbios, ou você xinga dentro do seu carro, dirigindo duas horas por dia rumo ao centro, ou xinga asfixiado nos compartimentos do trem, ainda que seja no de primeira classe. O maior luxo de todos é a solidão. Uma cidade tão densamente apinhada não permite privacidade. Aqueles que não dispõem de um espaço próprio não têm onde ficar sozinhos, não têm um lugar para defecar, escrever poesia, fazer amor. Uma boa cidade precisa ter tudo isso; precisa ter parques, ou praias, onde os jovens possam se beijar sem ser esmagados pela multidão.

A abordagem tentada agora pelos planejadores do governo é a da "cidade polinuclear", que estenderá seus distritos comerciais além do sul de Bombaim, para lugares como o complexo Bandra-Kurla, Andheri, Oshiwara. Mas a maior possibilidade de abrir espaço em Bombaim está nas áreas de cotonifícios, dos quais poucos ainda funcionam. Essas áreas estão pontilhadas de edifícios finos, vivamente coloridos, muito altos e pós-modernos, fora de contexto e pouco à vontade entre os *chawls* de dois e três andares, com bananeiras na frente, ruas estreitas e vastas extensões de ondulantes telhados de fábrica. A maioria deles é de apartamentos residenciais de luxo. Onde milhões trabalhavam, agora vivem milhares. Subindo num deles para olhar um apartamento, percebi a mesma imaginação medíocre em funcionamento: os quartos exíguos e as janelas exageradamente amplas, completamente inadequadas para um país onde o sol é o grande inimigo durante a maior parte do dia.

Os operários querem que os cotonifícios sejam reabertos, modernizados; para eles a época de Bombaim como centro industrial não acabou. O governo preparou um plano para três cotonifícios: transformar um terço em moradias para pessoas de baixa renda e para operários desempregados dos cotonifícios; permitir que os proprietários vendam um terço do espaço residencial ou comercial, com parte dos lucros a ser usada para a modernização dos cotonifícios; e transferir um terço à prefeitura para uso público. Ainda existem 40 mil operários na folha de pagamento dos cotonifícios. Os proprietários estão tentando esperar pacientemente que os operários morram ou se aposentem. A terra foi dada aos proprietários pelo governo, dizem os operários, para que empregos fossem criados, portanto não são eles que decidem se desfazer dela. Os operários dos cotonifícios que aceitaram voluntariamente se aposentar receberam um ou dois lakhs, gastaram rápido todo o dinheiro e acabaram como condutores de riquixá, ou bêbados, quando não foram parar no submundo do crime. É, junto com a Lei do Inquilinato, a questão política mais ingente de Bombaim, e a mais triste: como fazer alguma justiça com aqueles que construíram a cidade, quando a cidade não sabe mais o que fazer com eles?

Então, há uma série de medidas menores que Rahul acha possíveis: "o nível do micro". Empresas privadas poderiam ser convencidas a investir no embelezamento da cidade onde ganham dinheiro. A prefeitura e os cidadãos poderiam se comunicar melhor por meio de instrumentos como a Carta do Cidadão, que diz, especificamente, o que as pessoas têm o direito de esperar de seu governo local. O que Rahul quer, acima de tudo, é um plano "holístico". Os planos atuais estão longe de ser holísticos. Viadutos, por exemplo: o Sena construiu 55, para resolver os problemas de tráfego da cidade. Um viaduto é apenas uma ponte veicular sobre um sinal de trânsito, mas parece muito mais do que isso: "viaduto!". É discutível se essas pontes de fato melhoram o tráfego. A maioria delas fica nos subúrbios; o centro da cidade não tem vias novas. Tanto quanto posso ver, os viadutos servem apenas para nos levar mais depressa para os engarrafamentos.

A cidade é incapaz de se governar. Ela não consegue mudar com a rapidez necessária. Foi construída com tecido; o tempo passou e ela precisa ser reconstruída com algo diferente: informação. Os moradores mais antigos têm dificuldade para aceitar a ideia de uma cidade inteira, 5 milhões de empregos, construída sobre algo tão abstrato como a informação: nem mesmo pedaços de papel que se pode pegar, mas apenas flashes evanescentes de luz numa tela. Os representantes dos operários dos cotonifícios, prisioneiros do século xix, encabeçaram manifestações contra a nova economia. A cidade poderia sobreviver e se desenvolver se seus administradores fossem capazes de convencer os moradores a largar coisas que se pode pegar — tecidos, couro, carros — e passassem para coisas que só podem ser seguradas na mente — sonhos, as pirâmides de propriedades em empreendimentos invisíveis de outras partes do mundo. A cidade precisa mudar. Não pode mais fabricar coisas com as mãos. Agora precisa vender capacidade intelectual: ideias, dados, sonhos. E para conseguir isso sua estrutura física precisa mudar. Os lugares onde as pessoas trabalham devem se transformar em escritórios, deixar de ser fábricas.

Quando Rahul voltou, recentemente, a Cambridge, Massachusetts, onde tinha frequentado Harvard, descobriu que nada mudara durante seus dez anos de ausência. Quando voltou para Bombaim, quatro semanas depois, foi incapaz de reconhecer a calçada de sua casa; eles tinham cavado e feito obras nela. A paisagem física da cidade está em perpétuo movimento.

Rahul está tentando manter alguma continuidade. Participa de diversas iniciativas para a preservação de distritos históricos e sua revitalização. "Estamos perguntando: quais são as locomotivas contemporâneas capazes de revitalizar cada área? Um distrito artístico em volta de Kala Ghoda. Um distrito bancário em torno do Forte; um distrito turístico em torno do Taj Hotel." Portanto, ele é parcialmente responsável por uma das mais belas noites que passei em Bombaim, um concerto de coral hindustâni no templo-tanque do século XII em Banganga, restaurado pelo instituto de Rahul, com financiamento de um banco internacional. Mas mal saí do concerto senti o fedor vindo das favelas perto de Banganga. Tinha sido a beleza de um homem rico; dois bancos internacionais subsidiaram o embelezamento de Banganga e aquele concerto. Foi bonito porque os pobres e seus filhos não puderam entrar. Eu vira isso em Paris, o que também foi bonito porque os pobres foram mantidos fora da cidade, afastados para os subúrbios. Então houve Nova York, que, quando lá cheguei em 1977, era como qualquer cidade americana, um orfanato, quase um asilo de pobres. Bombaim é as duas coisas, as partes bonitas e as partes feias, travando um combate mortal, quarteirão a quarteirão, em busca da vitória final.

Todas as manhãs, pela janela de meu estúdio, vejo homens se aliviarem nas pedras à beira-mar. Duas vezes por dia, quando a maré sobe, um fedor terrível vem dessas pedras e inunda apartamentos de meio milhão de dólares a leste. Prahlad Kakkar, autor de filmes publicitários, fez um filme chamado *Bumbay*, um filme sobre pessoas que cagam na metrópole. Usou câmeras ocultas para filmar pessoas cagando, em banheiros de toda a cidade insular. Mas isto é apenas uma parte da história, disse-me ele. "Metade da população não tem vaso para cagar, por isso caga fora. São 5 milhões de pessoas. Se cada uma cagar meio quilo, são 2,5 milhões de quilos de merda todo santo dia. A história real é a que o filme não mostra. Não há imagens de mulheres cagando. Elas precisam cagar entre as duas e as cinco da manhã, a única hora em que dispõem de privacidade." Kakkar descobriu essa janela para espiar os movimentos intestinais dos bombainenses com seu motorista, que cagava toda vez, e em qualquer lugar, que Kakkar saía para algum compromisso. Quando Kakkar voltava, ele invariavelmente tinha de esperar fora do carro pelo motorista, que voltava correndo pedindo desculpas: "*Saab*, precisei cagar". O motorista, Rasool Mian, sabia onde ir, não importava onde estivesse na cidade; ele tinha sondado todos os bons lugares, um escoteiro fazendo o reconhecimento para o aparelho digestivo.

O Banco Mundial recentemente mandou um grupo de especialistas para resolver a crise sanitária de Bombaim. Os beneficiários dos projetos do banco são chamados agora não de pobres, mas de "clientes". Nesse caso, entretanto, os clientes não eram seres humanos, mas o Estado — o governo de Maharashtra. A solução do banco foi propor a construção de 100 mil sanitários públicos. Era uma ideia absurda. Conheço as latrinas públicas das favelas. Nenhuma funciona. As pessoas defecam em volta dos vasos, porque as cisternas estão entupidas há meses, ou anos. Construir 100 mil sanitários públicos é multiplicar o problema cem vezes. Os indianos não têm o mesmo senso de civilidade que têm, por exemplo, os escandinavos. O limite do espaço que você mantém limpo é o limite do espaço que você chama de seu. Os apartamentos do meu prédio são imaculadamente limpos do lado de dentro; são varridos e esfregados todos os dias, ou duas vezes por dia. Os espaços públicos — corredores, escadas, saguão, o terreno dos edifícios — são manchados de cuspe de bétele; o chão é coberto de lixo úmido solidificado, sacolas plásticas e sujeira de origem humana e animal. É a mesma coisa em toda a cidade de Bombaim, tanto nas áreas ricas como nas áreas pobres.

Essa ausência de senso de civilidade é algo para o que todo mundo, dos britânicos aos nacionalistas hindus da RSS, chamou a atenção, o defeito nacional do caráter indiano. Ela é notada em Panchratna, a cidadela do comércio de diamantes. Os escritórios lá dentro são presunçosos; os espaços públicos são sarjetas. Os donos dos escritórios do primeiro ao sexto andares pararam de pagar a conta de ar condicionado central, que chega a cinquenta lakhs. Com isso, o prédio corta o ar condicionado. Os escritórios com janelas instalam nelas aparelhos de ar condicionado, e estão bem. Mas os escritórios sem janelas têm de instalar aparelhos tipo *split*; o ar que entra vem de fora do prédio, porém os dutos de exaustores jogam o ar no corredor. As pessoas que passam pelos corredores e esperam os elevadores ficam expostas a poderosos jatos de ar quente usado nos espaços sem arejamento. Metade do peso do nosso corpo pode se esvair em suor enquanto esperamos os elevadores. E há perigo de incêndio: todos os dutos quentes passam por entre os fios de eletricidade dentro dos tetos. Meu tio, que tem um escritório em Panchratna, teve de ameaçar entrar com uma ação pública para conseguir que retirassem os dutos. A maioria dos prédios de Bombaim tem grande dificuldade para conseguir dinheiro para reforma, porque é um esforço conjunto e os benefícios são partilhados — e diluídos — por muitos.

O governo não pode tornar melhor a cidade física, mas pode chamá-la por um nome diferente. A cidade está tomada por um frenesi de mudança de nomes. A cada mês, a prefeitura recebe mais de cinquenta propostas para mudar nomes de rua. Entre abril de 1996 e agosto de 1997, a administração municipal aprovou 123 propostas. Os comitês de ruas da prefeitura gastam 90% do tempo trocando nomes, recebendo dinheiro de moradores locais influentes para dar a uma rua ou um *chowk* o nome de um parente. É uma forma perversa de honrar os ancestrais, recorrendo ao suborno. O número de ruas que podem ter o nome mudado numa cidade é limitado. Mas há sempre uma multidão de pais, líderes e patronos que querem ter o nome ligado a ruas. A cidade está ficando sem ruas para trocar de nome. Os políticos já perceberam que duas ruas sempre se cruzam em algum lugar. Um cruzamento — um *chowk* — auspicioso para templos e restaurantes iranianos pode ter seu próprio nome também. Como poderia a cidade comemorar o fato de que Shankar-Jaikishen, o duo de compositores, costumava tomar café todas as manhãs no restaurante Gaylord? Será que o cruzamento mais próximo do Gaylord deveria receber o nome deles? Não, ele já homenageia a "rainha filósofa" indiana, daí seu nome, Ahilyabai Holkar Chowk. Portanto, um cruzamento a dois outros de distância dali recebe o nome de Shankar-Jaikishen Chowk.

Como resultado disso, torna-se impossível consultar os mapas oficiais e as placas de rua à procura de endereços. Em outra manifestação de esquizofrenia, desenvolvem-se, nos mapas de ruas, na memória das pessoas e nos cartões-postais, uma cidade oficial e uma cidade não oficial. Os nomes da cidade real são, como os Vedas sagrados, transmitidos pela tradição oral. Muitos bairros de Bombaim recebem nomes das árvores e dos bosques que ali floresceram. O bosque de *kambal* deu seu nome a Cumballa Hill; um bosque de acácias — *babul* —, a Babulnath; uma plantação de *bhendi*, ou magnólias, ao Bhendi Bazaar; um tamarindo, a Tamarind Lane. Palmeiras *tad* debaixo das árvores de *kambala* deram nome a Tardeo; árvores *vad*, a Worli. Um vale de tamarindos (*chinch*) tornou-se Chinchpokli. As árvores já não existem, mas seus nomes continuam, agradavelmente evocativos, até que se perceba o que perdemos.

Um nome tem tal natureza que, se crescemos com ele, a ele nos apegamos, seja qual for sua origem. Fui criado em Nepean Sea Road, atualmente Lady Laxmibai Jagmohandas Marg. Não tenho ideia de quem foi sir Ernest Nepean, assim como não sei quem foi Lady Laxmibai Jagmohandas, mas me apeguei ao nome original, e não entendo a razão da mudança. O nome adquirira uma ressonância, com o passar do tempo, distinto de sua origem; como rue Pascal, ou West 4th Street, ou Maiden Lane para alguém que cresceu nessas cidades. Acostumei-me ao som do nome. Está incorporado no meu endereço, na minha vida sonhada. Posso voltar a Nepean Sea Road; se um funcionário da prefeitura decidido a se vingar da história troca-o por Lady Laxmibai Jagmohandas Marg, está prestando um desserviço à minha memória.

A mudança de nome está em voga em toda a Índia: Madras chama-se Chennai; Calcutá, essa cidade construída pelos britânicos, mudou de nome para Kolkata. Um parlamentar do BJP exigiu que o nome da Índia seja trocado para Bharat. É um processo não apenas de descolonização, mas também de desislamização. A ideia é voltar não apenas para um passado, mas para um passado idealizado, em todo caso um passado hindu. Mas para que se troque um nome, de uma pessoa, de uma rua ou de uma cidade, é melhor que haja uma boa razão. E não havia boa razão alguma para trocar o nome de Bombaim. É bobagem dizer que Mumbai era o nome original — Bombaim foi formada pelos portugueses e pelos britânicos a partir de um conjunto de ilhas maláricas, e os direitos de batismo deveriam ser deles. Os gujaratis e maharashtrianos sempre a chamaram de Mumbai, quando falavam gujarati ou marata, e *Bombay*, quando falavam inglês. Não havia necessidade de escolher. Em 1995, o Sena nos obrigou a escolher Mumbai, em todas as nossas línguas. Foi assim que os ghatis se vingaram de nós. Trocaram o nome de tudo, homenageando seus políticos, e finalmente trocaram o nome da cidade. Se não têm condições de viver em nossas ruas, pelo menos conseguiram ocupar as placas.

4. Logo atrás da Scotland Yard

O policial Ajay Lal tem um sonho. Sonha com o último gesto que fará como policial. Não se trata de prender o chefão Dawood Ibrahim, ou receber uma medalha, ou estimular suas tropas com um discurso inspirado. É um sonho de micção. "Eu vou ao quartel-general da polícia, fico na frente dele e insulto todos os meus superiores corruptos, revelo tudo que sei. Depois, mijo na direção deles, dou meia-volta e abandono a corporação."

Seria um final sensacional para sua carreira, um final catártico, um final de arrasar: o célebre detetive, antes de abandonar a polícia, vai até o quartel-general numa bela manhã. Abre a braguilha e sacode o pênis para o prédio. Na outra mão, segura um megafone. Leva o megafone aos lábios. "Vá se foder, Mhatre. Um crore de Shakeel. Vá se foder, Shaikh. Trinta lakhs de Abu Salem. Vá se foder, Gonsalves. Dez lakhs e um apartamento de Rajan. Vá se foder, Chaturvedi. Três putas de Dawood. Vão se foder, vão se foder, vão se foder, senhores." Dito isso, mija; bebeu café a manhã inteira e agora o verte numa gigantesca torrente, bem no meio da praça, bem no meio do agora grande círculo de subordinados, passantes, jornalistas e fotógrafos que cobrem a polícia, e fecha a braguilha quando seus agitados superiores saem correndo do prédio, palita os dentes, dá-lhes as costas e caminha em direção ao pôr do sol.

AJAY LAL: AS EXPLOSÕES DE BOMBA E AS GUERRAS DE GANGUES

Conheci Ajay, que ficou famoso por ter rapidamente resolvido o caso dos ataques a bomba de 1993, quando foi com a mulher, Ritu, à casa de meu amigo Vidhu Vinod Chopra, para jantar, certa noite. Vinod, diretor de cinema, convidara-o porque queria que seu bom amigo Ajay lesse o roteiro de *Missão Kashmir* e lhe desse sua opinião de especialista sobre a cena em que um inspetor de polícia interroga um militante. Ajay Lal tem a aparência de um lutador de boxe inteligente. Usa cabelo curto, que o deixa mais parecido com um soldado do Exército do que com um policial. Tem um furinho no queixo e é um grande atleta da corporação. Diferentemente de outros policiais que conheci, Ajay é sofisticado, fala bem, veste-se bem. Poderia ser um executivo ou, com sua extrema beleza, um astro de cinema. Smita Thackeray, nora e companheira de Bal Thackeray, tinha chamado Ajay à sua casa.

"Todas as mulheres gostam de Ajay", diz a mulher dele, suspirando.

Sentado à vontade na sala de estar de Vinod, Ajay nos instrui sobre os métodos de interrogatório da polícia. Em primeiro lugar, diz ele, isso não ocorre sempre no posto policial. Quando investigava as explosões de 1993, o interrogatório foi realizado no complexo da força especial de reserva. Às vezes, na falta de um local seguro, ele teve de fazer o interrogatório num carro em movimento, com os vidros escurecidos, berrando as perguntas do banco da frente enquanto seus homens estapeavam o suspeito no banco traseiro.

Se Ajay tem tempo, o suspeito fica sem dormir uma semana inteira. Geralmente, nenhum dos grupos se dá a esse luxo. Por isso, outro método consiste em pegar duas pontas de um fio de telefone e aplicá-lo nos braços ou nos genitais; um dínamo portátil é ligado e gera-se uma poderosa corrente elétrica. Às vezes ele leva o suspeito a um riacho e amarra-lhe uma pesada pedra nas pernas. Um dos homens vem por trás, põe os braços debaixo dos braços do suspeito e o leva para dentro da água, onde o peso da pedra puxa-o para baixo. Só o policial o mantém na superfície; o policial é seu salvador, sua última esperança. O suspeito é mergulhado algumas vezes; arfando, gritando, sai da água e conta a Ajay o que ele quer saber.

"O medo da morte é o mais eficaz. Durante os ataques a bomba, peguei alguns suspeitos, levei-os para o Borivali National Park e disparei algumas balas perto de seus ouvidos." Mas com muitos suspeitos a violência comum não funciona. Era preciso adotar métodos especiais. "Aqueles que não têm medo de morrer também não têm medo da dor física. Nesses casos, a gente ameaça suas famílias. Digo-lhes que vou plantar provas para prender a mãe ou o irmão. Geralmente funciona."

Quando os rapazes de Ajay prendem alguém, dizem-lhe: "*Saab*, gostaríamos de meter um pouco de medo nele". Enquanto levam o preso para o imponente escritório de Ajay, dizem-lhe: "O *saab* vai acabar com você; não está mais em nossas mãos. Você é homem morto". Será melhor, sugerem eles ao suspeito, que eles intercedam a seu favor, façam um bom relatório para o *saab*, para que ele se livre dos piores tormentos que o aguardam na longa noite. Em suma, resume Ajay, "uma técnica muito antiga: a abordagem dura e suave ao mesmo tempo".

Um último método: dar ao suspeito um quilo de *jalebis*. E não lhe dar água para beber. Parece uma forma inusitadamente sedutora de tortura, digo-lhe.

"Você já comeu doce e ficou sem beber água? Se comer um quilo de doce vai precisar de água." Um homem faz qualquer coisa em troca de água depois de comer tanto doce.

Poucas semanas depois, Ajay Lal tira da gaveta em seu escritório um grande livro-razão de capa de couro. Ali estão suas anotações sobre a investigação dos ataques a bomba, feitas diariamente durante anos. É também a história do começo da guerra de gangues.

O crime organizado na cidade de Bombaim é controlado por dois exilados — indianos não residentes. Um está em Karachi e outro na Malásia — ou em Bangcoc, ou em Luxemburgo, dependendo da noite de que estivermos falando. A guerra de gangues é o rescaldo dos ataques a bomba de 1993, durante os quais uma série de bombas colocadas pela organização criminosa muçulmana chefiada por Dawood Ibrahim — a "D-Company" — matou 317 pessoas na cidade, como vingança dos pogroms antimuçulmanos dos meses anteriores. Depois das explosões, o principal lugar-tenente de Dawood, o hindu Chotta Rajan, rompeu com ele e formou sua própria gangue, a Nana Company, assim chamada porque Rajan é *nana*, irmão mais velho, de sua tropa. Ele jurou eliminar todos os envolvidos nos ataques a bomba. Os dois chefões — *bhais*, em Bombaim — controlam suas organizações de fora do país e vivem em guerra desde então.

150

Em Bombaim, uma guerra de gangues — "*gengwar*", como se pronuncia na cidade, com a inflexão bambaiyya — não significa apenas uma luta entre duas gangues. A expressão é sinônimo do submundo em sua totalidade, em sua complexidade. As pessoas se identificam por meio dela — "Somos o pessoal da guerra de gangues" —, em contraste com pequenos criminosos, ladrões, estupradores, batedores de carteira. É um permanente jeito de ser. Submundo também é um termo amplo e tem uma aura mística, um poder. Mas é uma palavra errada para descrever o crime organizado em Bombaim, pois implica algo escondido, algo que está embaixo. Em Bombaim, o submundo é um sobremundo; está, de alguma forma, suspenso sobre este mundo e pode descer e atacar a qualquer momento. Os pistoleiros se referem aos centros operacionais das gangues — Karachi, Dubai, Malásia — como *upar*, "acima", e a Bombaim como *neeche*, "abaixo". Não pode haver nada por baixo de "abaixo".

Dawood Ibrahim Kaskar nasceu em Ratnagiri, na costa Konkan, em 1955, um dos dez filhos de um policial da Divisão de Crime, Ibrahim Kaskar, conhecido por sua brutalidade. Certa vez um grupo de rapazes roubou um banco, mas cometeu o erro de ir ao túmulo de um santo muçulmano e enfeitá-lo com cédulas de cem rupias, e dar dinheiro aos faquires. A polícia descobriu que quatro rapazes tinham jogado dinheiro no túmulo e os prendeu. O comissário ordenou que o dinheiro fosse recuperado a qualquer custo, e dois rapazes morreram espancados pela equipe de Kaskar.

Dawood começou como arruaceiro em Nagpada, no centro de Bombaim. Naquela época a cidade era dominada por Haji Mastan, contrabandista de ouro que começou a carreira quando alguém lhe deu um saco de moedas de ouro para guardar. Ele ajudava os pobres e meteu-se na política e no serviço social. Mastan foi substituído pela gangue Pathan, imigrantes do Afeganistão chefiados por Karim Lala. A firme ascensão de Dawood como contrabandista o fez entrar em conflito com dois chefes da Pathan, Amirzada e Alamzeb Pathan. Um dos irmãos de Dawood, Sabir, foi morto pelos irmãos Pathan em 1981. Dawood jurou vingança e mandou matar Amirzada no tribunal quando este estava sendo levado para o banco das testemunhas. Em 1984, caçado pela polícia, ele se mudou para Dubai, onde tinha poderosos contatos no negócio de contrabando de ouro. Aproveitou-se do fato de que o ouro, cujo suprimento era controlado pelo governo indiano, era mais caro do que no Oriente Médio. No auge do negócio, em 1991, cerca de duzentas toneladas de ouro eram contrabandeadas para o país a cada ano. Mas, em 1992, a importação de ouro foi liberada e os preços caíram substancialmente. Dawood voltou-se para a extorsão, para os imóveis e para o financiamento de filmes.

Em 1989, juntou-se a ele em Dubai seu principal lugar-tenente em Bombaim, Chotta Shakeel, de 31 anos — também de Nagpada —, que pagara fiança, mas não aparecera no tribunal. O lugar de Shakeel como chefe da gangue em Bombaim foi tomado por um pequeno negociante do mercado negro de ingressos de cinema, Rajendra Sadashiv Nilkhalje. Nascido em 1960, era conhecido como Chotta Rajan — Pequeno Rajan —, para distingui-lo de seu mentor, Bada [grande] Rajan. (Chotta Rajan tem esse nome também porque é, digamos, baixo.) Chotta Rajan deixou sua marca primeiro por vingar-se do assassinato do seu mentor. Ele deu uma pistola fabricada no campo para um menino que servia chá e ordenou-lhe que fosse a uma partida de críquete onde estava o assassino de Bada Rajan. O menino matou o pistoleiro diante de centenas de espectadores e depois correu seis quilômetros para se esconder. Chotta Rajan ganhou o respeito de Dawood depois disso, arranjando o assassinato de vários membros importantes da gangue Pathan.

Dubai satisfez Dawood; ele recriou Bombaim oferecendo festas extravagantes, mandando buscar de avião os maiores nomes do cinema e do críquete, e adotou a jovem atriz de cinema Mandakini como sua amante. Seu império no país de onde se exilara cresceu, e teria sido uma vida confortável. Então vieram os tumultos. Então vieram os ataques a bomba.

Ajay era um jovem e brilhante policial que tinha sido criado em Bandra, diferentemente de muitos outros policiais do Serviço de Polícia Indiano da cidade. Na época ele era subcomissário de polícia para o tráfego, baseado em Mahim. Sua função era aliviar os congestionamentos das vias de Bombaim, talvez um trabalho ainda mais difícil do que combater a guerra de gangues. Na tarde de 12 de março de 1993, uma bomba explodiu na frente da sede do Sena em Dadar, nas instalações de um posto de gasolina, e os principais políticos do partido correram para o lugar. Estavam nervosíssimos, e pediram a Ajay que verificasse o local para ver se havia mais bombas lá dentro. Ajay entrou com uma vara e inspecionou os cantos. Não havia nada. Dentro de quinze ou vinte minutos, entretanto, a próxima bomba explodiu no vizinho cinema Plaza, dentro de um carro estacionado. Ajay deu-se conta do que acontecia e foi o primeiro policial a avisar a sala de controle; ele pediu que bloqueassem todos os aeroportos e estações ferroviárias. "É uma sequência. O objetivo é provocar tumultos raciais."

Um total de dez potentes bombas RDX explodiu em toda a cidade; mais três, no movimentado centro da cidade, abortaram. Os alvos eram os edifícios mais destacados de Bombaim: o prédio da Air India, a Bolsa de Valores, o Centaur Hotel, a sede do Shiv Sena. Num dia, 257 pessoas morreram e 713 foram feridas. No aeroporto internacional, granadas de mão foram jogadas da estrada de acesso em direção aos aviões estacionados, mas não atingiram o alvo. Mais tarde naquela noite, o comissário de polícia A. S. Samra visitou os lugares. Tudo isso aconteceu em 12 de março. Dois dias depois, Ajay recebeu uma mensagem pelo rádio da polícia dizendo que uma motoneta fora abandonada na estação ferroviária de Dadar. Ele foi para lá, com especialistas em bombas, que desativaram a bomba colocada na motoneta.

O comissário mandou Ajay se encarregar da investigação. Durante dois dias, a polícia não fez nenhum progresso na tentativa de descobrir os responsáveis. Na noite de 14 de março, Ajay chamou os vinte melhores detetives que conhecia na cidade. Eles se reuniram numa sala de comando às onze e meia da noite, e o processo de juntar e cruzar informações começou; cinco horas depois, na manhã de 15 de março, Ajay prendeu o primeiro suspeito.

Uma van Maruti fora abandonada perto do escritório da Siemens em Worli; Alay lembra a placa, MFC1972, seis anos depois. Detonadores foram encontrados no veículo, mas os policiais que encontraram o carro não lhe deram muita atenção, achando que tinha sido abandonado por causa de um posto de fiscalização policial ali perto. Ajay decidiu que o carro deveria ser investigado minuciosamente, e pediu para ver seus documentos. O carro pertencia a um contrabandista chamado Mushtaq "Tigre" Memon, que tinha uma casa em Mahim, atrás do santuário. A equipe da polícia investigou a casa em Mahim, mas nada encontrou, exceto a chave de uma motoneta, com a marca do fabricante, BAJAJ. Houve um estalo. Ajay lembrou-se da motoneta abandonada em Dadar, na qual fora encontrada uma bomba. Pediu a um de seus homens que fosse ao posto policial de Matunga, para onde a motoneta havia sido levada, e tentasse enfiar a chave. Era a da motoneta.

Descobriu-se que o homem incumbido de conduzir a motoneta-bomba para a estação ouvira uma explosão quando a dirigia e, achando que o veículo em que viajava também ia explodir, saiu da estrada, abandonou a motoneta e fugiu. Sua covardia levou Ajay à pista mais importante. Ele mandou investigar a casa de Memon minuciosamente. Descobriram um par de *chappals* — sandálias — com um pó pegajoso, como barro preto, nelas. A essa altura não sabiam, mas o pó era "sabão preto", RDX. Nas garagens do prédio de Memon, foram encontrados mais pacotes de sabão preto, com embalagens que traziam marcas de Karachi. "Agora tínhamos certeza de que a motoneta, a van Maruti e aquela casa estavam interligadas."

Memon não estava em casa, mas pessoas da vizinhança disseram a Ajay que um jovem de Andheri chamado Manager cuidava de seus negócios. Ajay ordenou a sua equipe que fosse à casa dele e o apanhasse. "Nossos camaradas pegaram o pai, a mãe, o tio, a tia e Manager, e trouxeram todo mundo para o posto policial. Manager disse: 'Não trabalho mais para Memon'. E o xingou, insultos envolvendo mãe e irmã. Vi que estava mentindo. Eu lhe disse: 'Você está mentindo. Se mentir, vou perturbar sua mãe e seu pai e prendê-los também'. Ele não se importou. O tio e a tia o chamavam o tempo todo de 'filho, filho'. Ele respondia mais a eles do que aos pais, e eu disse ao tio e à tia: 'Vou prender vocês'. Um dos homens deu um tapa no tio, e Manager se acovardou. Disse: 'Por favor, não façam nada com meu tio e minha tia. Eles me adotaram quando nasci'. Eu disse: 'Tudo bem', e ele contou tudo."

Os fabricantes das bombas tinham enchido as malas de carros nas garagens de Memon com sabão preto. Três navios tinham saído de Dubai no começo de 1993. Em Karachi, receberam um carregamento de RDX e armas. As granadas de mão traziam a marca Arges, empresa australiana que autorizara uma empresa paquistanesa a fabricá-las. Um dos navios veio para Mhasla e dois outros foram mais para o sul do Gujarat. Funcionários da alfândega ao longo da costa foram subornados. Diferentes grupos contrabandearam as armas em caminhões para Bombaim. Alguns grupos foram treinados para conectar os detonadores e armar os relógios eletrônicos, que tinham cores diferentes, dependendo da duração: quinze minutos vermelho, uma hora amarelo e duas horas verde. Outros grupos de rapazes muçulmanos foram armados de fuzis AK-56 e estavam prontos para defender os muçulmanos, no caso de haver tumultos.

Tigre Memon partira na manhã de 12 de março. Abraçou seus homens e disse-lhes: "Vocês são todos soldados. Saiam da cidade. Vai haver tumultos". As bombas tinham sido postas pelos gângsteres muçulmanos na esperança de que a cidade voltasse a pegar fogo. Pegara fogo um mês antes, em tumultos destinados a alvejar muçulmanos que deixaram milhares de mortos e feridos, pela primeira vez na história da cidade. As explosões eram uma vingança e tinham o objetivo de incitar mais tumultos. Toda a operação fora planejada numa reunião em Dubai, organizada pelo chefe de gangue Dawood Ibrahim. Todos os participantes juraram sobre o Corão que guardariam segredo.

Cento e sessenta e oito pessoas foram presas pelas explosões em Bombaim. Dessas, Ajay ou seus subordinados foram responsáveis por 160, incluindo a prisão mais célebre, a do ator Sanjay Dutt. "Interroguei cada um desses mais de 160 sujeitos. Sei quais são as ligações entre essas pessoas." Por seu trabalho, Ajay recebeu a Medalha da Polícia por Louváveis Serviços das mãos do presidente da Índia. Ele furou a fila. A medalha é concedida normalmente a policiais com pelo menos quinze anos de serviço; Ajay tinha apenas treze.

Diferentemente do que aconteceu nos casos de tumulto — nos quais não houve esforço algum do governo do Sena para processar os assassinos do próprio partido citados no Relatório Srikrishna —, o governo estadual foi atrás dos conspiradores (na maioria muçulmanos) que planejaram as bombas, e com raiva. No fim, foram apresentadas queixas contra 189 pessoas; 44 fugiram à ação da justiça. A equipe de Ajay apreendeu 2074 quilos de RDX, 980 quilos de gelatina, 63 fuzis AK-56, dez pistolas Tokarev de 9 mm, treze pentes de 9 mm, 1100 detonadores elétricos, 230 pentes de AK-56, 38 917 cartuchos de AK-56 e 482 granadas de mão Arges. Essas armas não se destinavam a escaramuças do submundo. Essas armas destinavam-se à guerra civil.

Mas dessa vez não houve guerra civil; o ódio dos hindus aos muçulmanos tinha sido gasto nos tumultos de quatro meses antes. A cidade recuperou-se rapidamente após as explosões. A Bolsa de Valores, que fora atingida, reabriu dois dias depois, usando o sistema de negócios manual, porque os computadores foram destruídos, e seus índices na realidade tiveram ganho de 10% nos dois dias seguintes. Só para mostrar a eles.

Ishaq, jovem empresário muçulmano a quem o programador de computador Girish me apresentou, sabia dos ataques a bomba antes de eles serem realizados. Uma noite, na frente do cinema Maratha Mandir, Ishaq saiu-se com essa inesperadamente. Ele estava falando do tempo em que andava com as gangues no distrito de Madanpura, que agora se chama mini-Paquistão. O *bhai* local, Tajul, dava-lhe, e aos seus amigos, 15 mil rupias por dia sem muito problema. Ishaq jamais gastava seu dinheiro; ele o considerava *haraam* — profano —, mas fazia o serviço.

"Que tipo de serviço?"

"Pegar alguém. Dar alguns tapas em alguém. Eu andava com uma Mauser na cintura. Durante os ataques a bomba eu tinha seis fuzis AK-56. Tajul veio para mim na noite anterior às explosões e me mandou esconder as armas, as granadas de mão e o RDX. Trinta e seis quilos de RDX. Estavam numa caixa verde com o desenho de uma caveira branca. Havia um saco de estopa cheio de granadas, deste tamanho" — ele põe as mãos em concha —, "com pregos. Tajul me deu metade de uma nota de dez rupias. Enterrei o negócio na terra solta e joguei molho de pimenta em cima e água misturada com hortelã, para que os cães, se viessem, não farejassem o RDX. Meu pai me insultou a noite inteira. Ele dizia: 'Sabe o que vai acontecer se descobrirem?'. No dia seguinte os homens chegaram — homens grandes, com cabelo à escovinha. Eles traziam o outro pedaço da nota de dez rupias. Verifiquei o número e entreguei o material. Tajul tinha me dito, duas horas antes das explosões: 'Diga a sua família para não sair de Madanpura hoje, de jeito nenhum'. Por isso, ficamos em casa. E então ouvimos uma enorme explosão e vimos fumaça saindo do prédio da Bolsa de Valores. Fomos para o J. J. Hospital. Havia montes de corpos, vinte a trinta corpos em cada pilha."

Ao tentar compreender o que fizeram as bombas que ele tinha ajudado a guardar, a cabeça de Ishaq começa a lhe pregar peças, quando ele pensa na cena que viu no hospital. "Devia haver pelo menos uns 10 mil corpos."

Nem Tajul nem Ishaq foram apanhados, muito embora Tajul tenha desempenhado papel importante na conspiração. Ishaq ainda tem algumas balas de AK-56; roubou-as da carga para guardar de lembrança. Mas não quis os fuzis. Ele leva a mão ao lobo da orelha, tremendo ao relembrar. "Devolvi-os em três dias."

As explosões mudaram Bombaim. Até então, terrorismo significava terrorismo sikh, ligado aos problemas no Punjab. O submundo de Bombaim era completamente secular antes das bombas. Depois, dividiu-se em comunidades, diz Ajay. "Há um desafio para a polícia hoje em dia. Os líderes hindus que chefiaram multidões enlouquecidas durante os tumultos são visados pelas gangues muçulmanas; gangues hindus têm visado os acusados das explosões que estão em liberdade sob fiança." Apesar de haver hindus na gangue de Dawood e muçulmanos na Rajan Company, "eles são imposições locais", diz ele, necessidades privadas. Uma diferença crucial entre as gangues muçulmanas e hindus explica por que as primeiras são mais poderosas. "O grupo de Dawood provavelmente não precisa pagar pelas armas; Chotta Rajan paga." As gangues muçulmanas operam com armas fornecidas pelo Paquistão. A estratégia normal da Inter-Services Intelligence (ISI), a agência de inteligência paquistanesa, era infiltrar espiões em Bombaim, deixá-los ficar ali anos, trabalhando sem problemas como mecânicos ou operários de fábrica, e ativá-los quando necessário, para colocar uma bomba ou matar um político. Mas durante as explosões os paquistaneses, trabalhando por meio do recém-ofendido submundo muçulmano, cujas famílias tinham sofrido durante os tumultos, não precisaram passar pelo longo período de gestação. Além de homens, as gangues também forneciam à ISI suas redes de contrabando e esconderijos.

Depois das explosões, pediram a Ajay que fizesse apresentações ao embaixador dos Estados Unidos e à Interpol sobre o envolvimento paquistanês nos ataques a bomba. Ajay tinha interrogado os terroristas e visto passaportes, quatro deles, com carimbos de saída de Bombaim e Dubai, e em cujas datas faltava um período de quinze dias. Nessa época, segundo eles contaram a Ajay, foram levados a Islamabad, e depois conduzidos de automóvel para o norte, até a fronteira entre o Afeganistão e o Paquistão. Lá ficaram em acampamentos e foram submetidos a um rigoroso programa de doutrinação anti-indiana; foi exibido um inflamado vídeo dos tumultos em Surat depois que a mesquita Babri caiu, e disseram aos rapazes: "É isto que acontece com nossas irmãs e nossas mães na Índia". O treinamento era de tipo militar; eles aprenderam a usar armas sofisticadas e artefatos explosivos. Depois foram mandados de volta para executar a vingança.

Em 1994, Chotta Rajan rompeu com seu chefe muçulmano, Dawood — fugiu de Dubai para Kuala Lumpur, levando consigo alguns dos principais hindus da gangue. Ele anunciou publicamente que fizera isso porque não poderia trabalhar com um traidor do país, e jurou eliminar os responsáveis pelas bombas. Dawood e Shakeel mandaram um grupo de homens matar Rajan, e Rajan mandou bandos de pistoleiros para Karachi, onde a D-Company agora estava sediada, para matar Dawood. Enquanto isso, em Bombaim centenas de pessoas começaram a morrer todos os anos em tiroteios da polícia, em combates entre gangues rivais e em assassinatos relacionados a extorsão.

O rompimento, segundo Dawood, nada teve a ver com as explosões; foi uma desavença pessoal por causa de uma morte encomendada, uma vendeta entre ele e Rajan que produziu pilhas de cadáveres em Bombaim, Dubai, Katmandu e Bangcoc; um pingue-pongue internacional de assassinatos. Os rapazes se matam pelo controle de numerosos esquemas lucrativos em Bombaim, e se matam também porque seus chefes querem matar um ao outro. Cada membro morto da outra gangue, por mais insignificante que seja, é um golpe desfechado pessoalmente por um chefão contra o outro. A D-Company tem cerca de oitocentos pistoleiros, e a Nana Company tem de quatrocentos a quinhentos.

Dawood e sua gangue mudaram-se de Dubai para Karachi em meados dos anos 1990, porque a família governante Maktoum estava sob pressão do governo indiano para extraditá-lo. As atividades da gangue são dirigidas por Chotta Shakeel a partir do Paquistão. A mão de Dawood agora é vista em tudo de ruim que acontece na Índia, de bombas a assassinatos e corrupção, e sua riqueza é descrita em termos fantásticos. "Ele é provavelmente mais rico do que Bill Gates e o sultão de Brunei", começa um perfil dele na imprensa. O mesmo perfil mostra Dawood reclamando: "O governo indiano quer me responsabilizar por toda calamidade que acontece no país, mesmo que seja a morte de um cachorro. Graças a Deus eu não estava por aí em 1947; do contrário, me acusariam de ter partido a Índia".

Bollywood — a indústria cinematográfica de Bombaim —, Partição e a guerra de gangues têm um tema em comum, uma fórmula em comum: o rompimento da família. As famílias dos chefões exilados ainda estão em Bombaim, para sempre separadas deles. A irmã de Dawood e outros parentes ainda vivem em Bombaim, sem ser incomodados. "A polícia sabe que não é para mexer com o pessoal de Dawood. Pode-se matar seus homens — é um sistema de troca, toma lá, dá cá", me diz um dos seus lugares-tenentes. "Mas, se mexerem com seu pessoal, ele vai mexer com eles." A separação forçada produz momentos de pieguice, a momentos de cinema. Em entrevista a um jornal, Rajan diz: "Oh, sinto uma falta imensa de meus filhos. Mas estou sempre no telefone falando com eles. Às vezes, é por videoconferência. Na realidade, quando eles fazem suas festas de aniversário, eu fico com o telefone ligado a festa inteira. É quase como seu eu estivesse participando da alegria — contando piadas, cantando e conversando com eles".

Chotta Rajan é chamado, desdenhosamente, de bhangi por Shakeel e sua tropa. Rajan às vezes fica bêbado e liga para Shakeel: "Vou matar você". "Você sabe onde moro, tem meu endereço", responde Shakeel. "Por que não vem me pegar, se tiver coragem? Me dê seu endereço e eu vou aí e acabo com você." Eles comeram no mesmo prato, ambos eram filhos favoritos de Dawood. Há uma fotografia de Dawood no casamento de Rajan; a mulher de Rajan, Sujata, amarrou um *rakhi* no pulso de Dawood e fez dele seu irmão. E então Rajan o traiu. É uma briga entre irmãos que se estranharam.

Há também uma terceira gangue, menor, chefiada por Arun Gawli, ex--homem de Dawood. Gawli vive entrando e saindo da cadeia, atraindo pessoas para sua fortaleza em Dagdi Chawl. Ele tem a lealdade completa de seu bairro. Pais no vasto complexo de apartamentos de Dagdi Chawl instruem seus filhos, quando chegam à idade certa, para trabalhar com Gawli. A gangue de Gawli também é conhecida como companhia *chaddi*, devido à predileção de seus membros por usar short. Eles bebem cachaça do interior e comem sanduíches de *vadapav*, e dessa maneira suas necessidades são supridas de forma barata. Mas o pessoal de Dawood tem gostos mais refinados. "Eles precisam ir a bares de cerveja com luzes", explica um agente de Dawood. A gangue *chaddi* é formada, na maioria, por operários despedidos dos cotonifícios; eles podem estar vendendo hortaliças no mercado de Dadar quando recebem ordem para deixar as hortaliças na barraca durante meia hora e abater alguém.

Os pistoleiros da D-Company falam com admiração da gangue de Gawli: "Eles têm os atiradores mais audaciosos. Mas Gawli entrou na política e estragou sua companhia". Ele começou a achar que era um servidor social. Em 1997, Gawli lançou um partido político que, ao se tornar uma ameaça ao Sena, levou Thackeray a soltar a polícia contra Gawli. Quando Gawli está na cadeia, sua mulher, Asha, dirige a companhia, mas, como me explica um homem da D-Company, "só um homem é capaz de comandar uma guerra de gangues".

O crime organizado em Bombaim é único. "Todas as nossas mortes, todas as nossas atividades terroristas são ordenadas do exterior", diz Ajay, explicando por que a polícia bombainense é incapaz de acabar definitivamente com o submundo. "Prendemos os pistoleiros, as pessoas que fazem o serviço. Se tivermos sorte, chegamos às pessoas que fornecem as armas. Mas temos as mãos e os pés aqui. Os cérebros estão fora do país." Os chefes das gangues — que viajam usando passaportes diferentes pelo mundo todo, de Buenos Aires a Bangcoc — movimentam suas tropas de um lado para outro através de telefones celulares. "Eles congestionam essas linhas telefônicas."

Os lucros das gangues de Bombaim vêm dos esquemas de proteção, extorsão, lavagem de dinheiro, jogatina, contrabando de bebidas, financiamento de filmes, prostituição de luxo e drogas. Ultimamente, as gangues de Bombaim têm formado redes com grupos terroristas de todo o subcontinente, como os Tigres Tâmeis no Sri Lanka, a Frente Unida de Libertação do Assam e o Grupo de Guerra do Povo em Andhra Pradesh. Esses grupos vendem armas para as gangues, e as gangues atuam como seus financistas. "Tenho nomes de membros da gangue de Dawood em Guwahati", no distante Assam, diz Ajay.

Os lucros da prostituição e do contrabando de bebidas são usados para cuidar dos membros mais baixos, dos honorários dos advogados da gangue e dos salários pagos a famílias enquanto seus homens estão na cadeia, conta Ajay. Os lucros provenientes do pagamento de extorsão são repartidos. Para cada 100 mil rupias extorquidas pela gangue, 60 mil vão para o chefe no exterior, e 40 mil são mantidas no caixa para serem distribuídas à tropa. O dinheiro é mandado para o exterior por intermédio de redes de *hawala*, um sistema de lavagem de dinheiro sem documento, no qual uma mala de rupias dada a um lojista ou vendedor de diamantes em Bombaim transforma-se, rápida e eficientemente, num envelope cheio de dólares em Dubai.

As gangues estão em processo de se tornar "brancas", formando empresas que dirigem hotéis, resorts e lojas de departamentos, até mesmo bancos. A indústria de entretenimento é particularmente estimada pelos gângsteres: Chotta Rajan investe pesadamente nas redes de TV a cabo de Bombaim. Eles lidam também com direitos autorais de filmes no exterior e shows itinerantes, e controlam grande parte da indústria da música, porque os bancos em geral não financiam projetos de entretenimento — os controles contábeis são praticamente inexistentes.

Diferente das declarações públicas dos chefões, eles estão envolvidos, inevitavelmente, com drogas. Mas têm medo das autoridades americanas e britânicas, que perseguem traficantes de drogas com empenho especial, por isso jamais falam dessa parte de seu negócio e a mantêm numa escala relativamente pequena. O barbiturato Mandrax é a única droga produzida abundantemente na Índia, onde muitas unidades farmacêuticas que não têm lucro fabricam os comprimidos. O custo de um comprimido de Mandrax, que inclui os custos de fabricação, propinas e transporte para as ilhas Maurício — perto da costa da África do Sul, seu destino —, é de 99 paises, ou 2,5 centavos de dólar. No momento em que chega à África do Sul, seu valor passa para 2,5 dólares, um aumento de cem vezes. Um contêiner comporta até duas toneladas desses comprimidos. "Se você conseguir fazer um contêiner chegar ao litoral da África do Sul, está com a vida feita", comenta Ajay.

Os rapazes não chamam as organizações para as quais trabalham de gangues, mas de companhias, e de fato há qualquer coisa de empresarial nesses grupos. Dentro da estrutura da gangue há uma minuciosa especialização de trabalho. Há pessoas responsáveis pelo pagamento dos salários todos os meses, exatamente como numa empresa. Há outros incumbidos de fornecer armas, e um grupo separado é responsável pela guarda das armas. Há células especiais encarregadas de ameaçar testemunhas. Elas percorrem os tribunais para garantir que, em casos que envolvem a gangue, testemunhas hostis acabem depondo a seu favor. Há médicos, advogados, simpatizantes, soldados de infantaria, batedores e pessoas que cuidam de esconderijos. E existe a elaborada estrutura de apoio para membros da gangue na cadeia. Para evitar conflitos entre gangues nas prisões, o governo reservou cadeias específicas para diferentes grupos: a gangue de Gawli está espalhada pelas prisões de Yerawada e Amravati; a de Rajan está em Arthur Road; e a D-Company é alojada nas cadeias de Byculla, Thane e Nashik. Perto da cadeia de Nashik, a D-Company comprou alguns apartamentos e riquixás motorizados, e contratou cozinheiros e meninos de entrega. Chefs preparam café da manhã, almoço e jantar nos apartamentos, e os meninos montam em seus riquixás e entregam comida quentinha aos pássaros enjaulados. É um sistema de entrega de comida totalmente planejado, supereficiente. O homem que tem a sorte de ser preso depois de matar espera com ansiedade o tempo que ficará preso, com todas as suas necessidades atendidas em grande estilo. E há também uma estranha espécie de generosidade competitiva atrás das grades. Durante o festival do deus Ganesha, Arun Gawli mandou uma caixa de bombons para presos da D-Company em Thane, contou-me um deles. "O chefe da D-Company disse: '*Accha!* É mesmo?*',* e mandou um enorme prato de *halva* para Gawli".

Como no mundo dos esportes e do entretenimento, a gangue contrata espiões. Eles espionam em toda parte, descobrindo quem é bem-sucedido na cidade, e o tamanho exato do sucesso, e informam às gangues. Uma parte substancial do pagamento que vier a ser feito será repassada aos espiões. As gangues, como Ajay, vivem de informações. São famintas, vorazes por informações, farejando-as constantemente nos jornais, nas *pan shops*, em suítes de luxo, em salas de políticos, na internet.

As gangues florescem porque formam um sistema de justiça paralelo num país com o maior número de processos acumulados do mundo. Um sinal dessa paralisia judicial é o fato de que, mesmo em 2003, uma década depois de as bombas explodirem em Bombaim, o julgamento dos conspiradores ainda se arrasta. "O sistema de justiça criminal está totalmente falido", diz Ajay. "É por essa razão que o submundo progride. Uma disputa em torno de um apartamento, que leva vinte anos nos tribunais, é resolvida numa semana ou num mês pelo submundo. É só fazer as contas."

Políticos vêm e vão, a cidade vai crescer e explodir, mas a guerra de gangues não acaba nunca. A cultura da guerra de gangues é parte intrínseca da cultura da cidade. Madanpura, Nagpada, Agripada, Byculla, Dongri, Bhendi Bazaar, Dagdi Chawl: o coração de Bombaim é o coração da guerra de gangues.

Estou jantando com um amigo de meu tio, um joalheiro polonês dos Estados Unidos. O joalheiro vem a Bombaim há vinte anos. A cada visita ele vê melhorias na cidade. Mas quatro anos atrás a curva começou a declinar. Bombaim está mais poluída, diz ele. Há uma tempestade de pó nessa tarde e ele não consegue respirar. E há a violência cada vez maior. Ele acompanha pelos jornais os tiroteios entre as gangues, que apareceu até no *New York Times*; sua mulher, em Connecticut, quer que ele volte imediatamente. O mundo descobriu que Bombaim tem um sério problema de gangues.

"Você se sentiria seguro andando nesta rua? Posso andar aqui?", pergunta o joalheiro, quando seguimos de carro do Taj para o Oberoi (deveria haver um caminho alto ou um trenzinho aéreo, com ar-condicionado, ligando os dois hotéis, tão intenso e exclusivo é o tráfego entre eles). São onze horas da noite, e não há ninguém na calçada mal iluminada.

"Sim, eu me sentiria", responde meu tio.

Bombaim ainda é uma cidade por onde posso andar quase em qualquer lugar, a qualquer hora do dia ou da noite. Quase não há assaltos. As mulheres não são incomodadas, como são em Delhi. Uma mulher pársi numa festa de sociedade me fala de um incidente ocorrido quando ela viajava pela via expressa com a família. Seu carro quebrou perto de uma favela, e ela e o marido saíram. Pessoas vieram da favela em sua direção. Ela teve medo; estava de minissaia. Elas se aproximaram e ordenaram-lhe que voltasse para o carro. Ela sentiu o carro mover-se; os moradores da favela estavam tentando, sem êxito, fazer o carro pegar. Enquanto isso, amigos que estavam no carro da frente tinham voltado. Os moradores disseram-lhes que deixassem o carro ali de noite. Ela tinha certeza de que no dia seguinte eles teriam depenado o carro, mas não teve escolha. Quando voltaram, o carro estava lá, intacto; os moradores da favela tinham destacado duas pessoas para tomar conta dele a noite toda.

A ameaça a Bombaim não é o crime de rua. Ela é maior e mais bem organizada do que isso.

Meu tio me mostra os convites para a temporada de casamentos de dezembro, que ele recebeu de seus amigos vendedores de diamantes. Geralmente são cartões extravagantes, que custam de cinquenta a cem rupias a unidade, consistindo cada um num livreto enfeitado com Ganeshas, envolto em seda, contendo cartões individuais para os diferentes módulos que compõem esse tipo de casamento: Hasta-Milap (a cerimônia religiosa), Dandiya-Raas (a dança), Noite de Bollywood, Jantar de Gala. Ele abre um. O principal endereço está escrito num pedaço de papel colado no cartão principal, como um lembrete de última hora. É num pequeno salão de que nunca ouvi falar. Meu tio descola o papel: debaixo está o endereço original, uma pista de corridas. O casamento foi transferido de endereço para não atrair a atenção das gangues. Outro casamento, na família de um produtor de cinema, mostra um elaborado cartão, mas o endereço também é humilde: o gramado do prédio do apartamento onde mora o próprio produtor. Num casamento anterior na família, uma lista de astros de Bollywood veio para dançar como macacos de circo; este será uma pequena festa familiar. Um empresário de catering para casamentos, conhecido de meu tio, foi abordado pelas gangues, que lhes exigiram a lista dos clientes daquela temporada. "Não tive escolha. Fui obrigado a entregar a lista", disse o fornecedor. Como o submundo obtém informações sobre quem tem dinheiro? Por meio dos intermediários: fornecedores, empregados domésticos, decoradores.

O *Bombay Times* publica uma reportagem sobre o fato de que os casamentos se tornaram menos vistosos devido à possibilidade de extorsão. É assinada por "Repórter do Jornal". No fim da reportagem, uma frase: "Todos os nomes foram trocados, a pedido dos entrevistados". O anonimato tornou-se tática de sobrevivência.

Correm histórias, transmitidas boca a boca, sobre o medo dos ricos num país pobre. Uma família janta no restaurante de um hotel cinco estrelas e recebe a conta. É um valor de cinco algarismos, e ela protesta. O garçom informa que a conta inclui o pagamento do jantar dos seis homens sentados a uma mesa no canto. A família pode escolher. Ou paga a conta, ou diz adeus ao novo carro Ford em que veio para o hotel.

Outro amigo de meu primo é abordado por alguém que lhe pede dinheiro. "Você comprou um apartamento novo e vendeu o velho por oito lakhs. Agora nos dê um."

Meu primo dá um conselho ao amigo: "Para sua paz de espírito, dê-lhes um lakh".

"Eles não querem um lakh", diz o amigo. "Eles querem um crore." (Um crore são cem lakhs.) Quando o sujeito de Karachi liga novamente para exigir o dinheiro, o pai do amigo pede o número do fax do achacador. E passa para o sujeito uma cópia de suas declarações de imposto de renda dos últimos quatro anos, demonstrando que não ganhou dinheiro algum. É como candidatar-se a uma bolsa de estudos numa faculdade americana. A pobreza é virtude.

Os grandes e os bons da cidade estão em pânico. Lutam para entender por que a vida humana chegou a valer tão absurdamente pouco. A colunista de fofocas Shobha De dá a dimensão apropriada do problema. "Hoje, um assassinato por *supari* [contrato] custa qualquer coisa entre 5 mil e 10 mil rupias, quantia perfeitamente acessível. Poucos anos atrás, custava de cinco a dez lakhs", explica ela aos leitores de sua coluna. "Jovens desempregados estão prontos para matar pelo preço de um sutiã Gossard. É ou não é demais? Vale a pena refletir sobre essa estatística." Assim, os ricos são obrigados a mudanças humilhantes de estilo de vida. Outra coluna de Shobha De conta os apuros de uma jovem no sul de Bombaim:

A mesma moça passou a usar joias falsas — bugigangas de plástico e sobras de prata. "Tenho a impressão de que sou seguida, isso pode até parecer paranoia. Mas meu medo é de verdade. Volto das festas muito tarde. É um longo caminho para casa. Que farei se gângsteres armados resolverem roubar minhas coisas da Cartier e da Bulgari em Marine Drive? Até troquei de carro. Deixo a Mercedes em casa e saio de Maruti."

Os gângsteres produzem na sociedade de Bombaim o mesmo efeito que os bolcheviques produziram na nobreza russa. O que as manifestações de protestos da esquerda não conseguiram, alguns telefonemas dos *bhais* conseguiram: obrigaram os ricos de Bombaim a parar de ostentar riqueza.

Nos negócios, a extorsão está tão arraigada que a Suprema Corte de Bombaim recentemente decidiu que o pagamento de extorsão é dedutível, como legítima despesa comercial. A extorsão é uma forma de imposto. Uma vez que existe um sistema paralelo de justiça, tem de haver um sistema paralelo de cobrança de imposto. Antigamente havia apenas uma gangue — a de Dawood. Mas agora há múltiplas gangues atuando na cidade, e, quando um homem de negócios paga a uma delas, todas as outras fazem fila para receber, e ele é obrigado a pagar de uma vez a quatro ou cinco gangues. Ele pode pagar até mesmo a achacadores freelance, pessoas que não representam ameaça alguma. A permuta implícita ou explícita nos esquemas de proteção — você me dá dinheiro, eu lhe dou proteção contra mim mesmo e contra os outros — já não vale. As gangues não têm poder para oferecer proteção contra as outras. É menos um esquema de proteção do que assalto puro e simples: me dá dinheiro ou eu mato você.

"A extorsão e o sequestro são os crimes do futuro", diz Ajay, porque o investimento líquido é de uma rupia, o preço de um telefonema. Recentemente ele prendeu dois estudantes de MBA que extorquiam o professor que lhes dera aulas de empreendedorismo. "Eu disse: 'Vocês são malucos'. Eles responderam: 'Temos mais cabeça do que os outros'." O sequestro também desenvolve-se no medo. Um gângster afiliado a Dawood faz sequestros como atividade paralela. Leva as vítimas para um cômodo nos subúrbios, cobre-lhes os olhos com uma venda e joga cobras vivas nelas.

Em 1999, Ajay tem um novo cargo, como comissário adicional de polícia, região noroeste, que o põe numa área que cobre metade de Bombaim, de Bandra a Dahisar, mas é onde ocorrem três quartos dos crimes da cidade. Agora ele é chefe de 31 dos 72 postos policiais em Mumbai e tem 10 mil homens a seu serviço. Nessa nomeação, passou na frente de seis policiais mais antigos, por causa do dramático aumento dos crimes de extorsão. "Esperam que eu tenha uma varinha mágica para resolver os problemas", diz. Os jornais o apresentam como um cavaleiro num cavalo branco; falam de seu trabalho nas investigações dos atentados a bomba e o promovem como o homem capaz de resolver o problema da criminalidade em Bombaim. Quero ver se terá êxito. Numa noite agradável, sugiro a Vinod, o diretor de cinema, que façamos uma caminhada até o escritório de Ajay. Anu, sua mulher e jornalista que escreve sobre cinema, diz que também quer ir.

O novo escritório tem uma bela vista do mar. Quando chegamos, um inspetor de polícia e seu informante entram e põem Ajay a par de um recente tiroteio. "Quem estava no time que joga o jogo dos suspeitos das explosões?", pergunta Ajay.

Eles dizem que no tiroteio "o time está em campo há quatro dias". Time, campo, jogar o jogo: devem estar falando de uma partida de críquete. E, de fato, a emoção de pertencer a uma gangue não é diferente da emoção de jogar num time. O capitão tem de ser o mais esperto; ele tem de ser o cérebro. Tem de arranjar a posição no campo, a ordem de rebater; ele tem de poupar alguns jogadores e testar os recém-chegados.

O inspetor e o informante lhe dizem que vão precisar de pelo menos seis dias para produzir um jogador-chave. Ajay insiste em que façam isso em menos tempo e diz ao informante que cuidará dos casos contra ele. Durante toda a noite, informantes vêm falar com ele, debruçam-se sobre sua mesa, falando baixo e em tom de urgência, enquanto ele balança a cabeça e toma notas em seu livro-razão; a noite inteira ele berra e rosna, ameaçando mutilar, castrar, matar e executar entes queridos, em sua busca incessante de informação. A noite inteira ele escuta os múltiplos sussurros da cidade em fogo, estabelecendo contatos, cultivando fontes.

Ajay define a essência de um interrogatório: "Você tem pouca informação, mas precisa levar o outro a acreditar que sabe mais do que sabe". O suspeito também tentará enganar Ajay, revelando um pouquinho de cada vez, até poder chegar ao ambiente seguro do tribunal. Ajay aperta; depois aperta mais um pouco. "Primeiro sai um caldo de cana, depois suco de limão", explica ele, fazendo o gesto de girar uma manivela. Mas não é apenas uma questão de força física. "Não se pode simplesmente bater em todo mundo. Conhecimento é poder." Ele pode começar uma sessão com a sugestão mais breve, dizendo que sabe algo, mas que está esperando que o suspeito confesse voluntariamente. "Às vezes, com isso, eles começam. Às vezes eles avaliam você: quanto será que você realmente sabe?" Portanto, interrogar é um jogo, no qual os participantes tentam constantemente ler a mente um do outro. E nem todo o poder está com o policial que segura o porrete, o fio elétrico.

O celular de Ajay toca. Khan, um de seus principais informantes, aguarda para falar com ele. A porta se abre, e um homem muito magro, de seus vinte anos, entra e se debruça sobre a mesa de Ajay.

Quando ele sai, Ajay nos conta que Khan é um ladrão de residências e um mulherengo. Seu nome de guerra é Chikna. Ele dorme com as mulheres de quatro ou cinco gângsteres poderosos. "Tenho inveja dele", diz Ajay. Mas seus dias estão contados. Ajay descobriu isso quando Khan foi trazido pela primeira vez por suspeita de roubo de residências. Os homens de Ajay surraram-no e só pararam quando Khan começou a vomitar sangue no chão. Naquele momento o ladrão informou a seus torturadores que tinha aids, e eles repassaram a informação a Ajay. "A primeira coisa que mandei meus homens fazerem foi limpar o sangue e jogar Dettol no chão." Depois ele conversou com o ladrão e descobriu que ele poderia se tornar informante.

Por que fazem isso?, pergunto. É pelo dinheiro?

Ajay balança a cabeça. "Para se aproximar de mim." Ele vem ao escritório do comissário à hora que quer, anda por aí no carro dele. "Sente-se poderoso." Ajay é bom para seu informante. "Em seus últimos seis anos de vida vou fazê-lo se sentir como um rei." Ajay deu a Khan um celular e o número de seu telefone celular pessoal, para o qual o ladrão pode ligar dia e noite. E sobre os roubos?, pergunto. Ele continua roubando?

"Permiti-lhe um ou dois." Mas ele o trancafiou por outros dois que envolveram arma de fogo, uma vez durante seis meses e outra vez durante oito. Isso também fez as gangues acreditarem que Khan não era informante da polícia.

Esta noite ele trouxe informações interessantes. Um dos gângsteres, com cujas mulheres ele dorme, visitará a esposa hoje, em casa. Ajay pega o telefone e pergunta: "Que aconteceu com aquele riquixá motorizado que confiscamos? Ainda funciona?". O plano é fazer Khan se passar por condutor de riquixá e estacionar na frente da casa da mulher. Os homens de Ajay estarão por perto, à paisana, como ambulantes ou passantes. Quando o gângster chegar para visitar a mulher, Khan o identificará para os policiais. Se ele não aparecer hoje, o ladrão está informado de que ele irá à igreja no domingo, e os homens de Ajay estarão aguardando do lado de fora.

"Que vão fazer com o gângster?", pergunto a Ajay.

Ele olha para mim, para Vinod, para Anu, e outra vez para mim, e em sua boca há um leve sorriso. "Tenho opção?"

Anu pergunta se Khan transmitiu aids ao gângster por intermédio da mulher.

Vinod está excitado com isso como uma trama de filme: agente da polícia que mata gângsteres dormindo com suas mulheres e infectando-as com o HIV. Ajay derruba a ideia imediatamente: "O período de incubação é longo demais, seis anos. Em seis anos eles podem causar muitos danos".

Segue-se uma reunião de chefes do posto policial de Ajay, sujeitos untuosos, gordos, dissimulados, que são senhores do seu pedaço. Percebo por que Ajay se refere a eles, quando vão embora, como *bandicoots* [rato típico da Índia]. Um policial entra e diz que pegaram um carro com dinheiro falso. Ajay lhe pergunta: "Quanto tinham?".

"Quatro lakhs."

"Que foi que eles disseram?"

"Não disseram nada."

"Traga-os."

Ajay nos manda sentar no fundo da sala, num pequeno sofá. A porta se abre, e dois homens são trazidos por três policiais à paisana. Quase de imediato a surra começa. "Diga ao *saab* quem foi que lhes deu o dinheiro!", berra um policial.

"Não sei, senhor."

O homem é estapeado com força no rosto. Ele é um gordo burguês sindi. O mais alto e magro diz que ele é seu primo e que estava dirigindo o carro. Ambos falam inglês e estão bem-vestidos. São desconfortavelmente familiares: um pouco mais de dinheiro, um pouco mais de instrução, e eles seriam Gente Como a Gente. Quatro lakhs e meio em cédulas de quinhentas rupias são trazidos numa sacola e colocados na mesa de Ajay, bonitos pacotes verdes de inverdade. Seguem-se mais alguns tapas. "Quem deu o dinheiro a vocês?"

"Não sei, senhor. Alguém ligou e me pediu que pegasse a sacola."

"Um estranho ligou e pediu a você que fosse pegar quatro lakhs?", berra Ajay. "Acham que nascemos ontem? Tirem a roupa!"

O outro policial tira os cintos dos homens e golpeia-os violentamente com eles. Anu contrai os músculos; Vinos segura a mão dela.

O gordo solta algumas informações. Ele conheceu o homem que arranjou o negócio por intermédio da mulher que ele "mantém", como Ajay se refere à dançarina de uma cervejaria em Mira Road.

"Qual é o nome dele?"

"Não sei, senhor."

"Tragam o fio elétrico e a correia", Ajay ordena a um policial.

O policial volta com uma grossa correia de couro, de uns quinze centímetros de largura, com um cabo de madeira. Um dos policiais a segura e bate com ela, violentamente, no rosto do gordo. É impossível descrever o som do couro na carne humana a quem nunca escutou. O homem dá um grito. O policial bate de novo. Enquanto isso, o primo é golpeado nas costas com o cotovelo do outro policial. Os dois homens estão curvados, músculos contraídos, para evitar os golpes, com a correia, com os cintos, e com as mãos dos policiais, que acertam em qualquer lugar do rosto e do corpo. A correia no rosto do gordo foi a que mais doeu, e ele está quase dobrado, tentando evitar os golpes.

"Você tem filhos?", pergunta Ajay ao gordo.

"Um."

"De que idade?"

"Cinco anos."

"Tragam sua mulher e o filho. Vamos bater no filho na frente dele, se ele não falar."

"Não, senhor. Eu lhe digo tudo. Já lhe disse tudo."

Os três policiais atacam os homens aleatoriamente. O magro recebe os golpes sem gritar; uma vez o policial ao lado dele, muito mais baixo, acerta-lhe o olho com o cinto. O magro mal pisca, como se uma mosca o tivesse atingido. "Conte ao *saab* o que você me contou", diz o policial baixo.

"Não é nada", protesta o magro.

O policial atinge-o no rosto com o cinto. "Conte!"

"Senhor, meus pais vieram do Paquistão em 1947, quando houve a Partição."

O policial baixo olha ansioso para Ajay, talvez esperando ser recompensado por ter extraído um importante fragmento de informação, crucial para estabelecer as duplas lealdades do sindi. Ajay não se impressiona. Por esse critério, milhões de pessoas na Índia, incluindo o vice-primeiro-ministro, seriam traidoras.

"Levem-nos para a sala e deixem o fio elétrico aqui." Ajay dirige-se ao gordo. "Você não vai poder fazer seu trabalho com sua amante."

Mais informação aparece: o gordo recebeu 450 mil rupias de um agente paquistanês e deu 325 mil, em genuína moeda indiana, em troca. Enquanto apanhavam, eles chamavam seus atormentadores de "senhor". Assim chamávamos os professores na escola; assim Vinod é tratado por sua equipe de filmagem. Nenhuma vez eles perderam as estribeiras; nenhuma vez gritaram palavras obscenas para as pessoas que estavam lhes dando golpes com a mão espalmada no rosto. Pela primeira vez, ouço Ajay xingar. "Vou enfiar tanto no seu rabo que tudo vai sair pela boca." Mas ele se controla. Os homens não estão levando choques elétricos nos genitais, ainda não, pelo menos não nesta sala, porque há uma mulher presente.

"Levem-nos para o Sanjay Gandhi National Park e atirem neles. Encostem um revólver num e uma metralhadora no outro. Diremos que tentaram escapar no carro."

Os homens são levados para fora por três policiais e nós três voltamos para a frente da sala. Vinod, que já tinha assistido a essas cenas antes, ri do quanto Anu foi afetada. Ele lhe perguntou várias vezes se ela queria ir embora. Mas ela manteve os olhos bem abertos e não conseguiu sair, apesar de estar chocada. "Nunca vi surrarem ninguém. Não vejo a hora de ir para casa e abraçar meu neném."

"Isto não é nada", diz Ajay. "Isto é Walt Disney."

"Surra de verdade ainda vem por aí", diz Vinod, com ar de entendido. "Eles serão levados para algum lugar."

Ajay sorri. "Para o Resort."

Eu faço ideia do que seja uma "surra de verdade" porque conversei com Blackeye, jovem pistoleiro da D-Company que foi preso pelo assassinato de um produtor musical. Os policiais tiraram sua roupa e o puseram com o rosto para baixo num pequeno banco na sala de interrogatório. Amarraram-lhe as mãos ao banco. O policial pôs luvas. Pegou uma pequena garrafa com uma espécie de ácido; uma gota na pele humana corrói como Drano na tubulação do banheiro. As mãos estavam enluvadas para abrir-lhe as nádegas. "Eles puseram aquilo no meu rabo", contou Blackeye. "Arreganharam meu rabo e enfiaram a garrafa inteira." Mais de um ano depois, toda vez que ele defeca um pedaço de carne sai junto.

Os falsários não serão mortos a bala; são insignificantes. E seus filhos e suas mulheres não vão apanhar. Diferentemente de outros na corporação, Ajay não é sádico; seu latido é pior do que sua mordida. Sua técnica consiste em arrancar a maior quantidade de informação com o mínimo uso de dor física. Mas a dançarina em Mira Road, a amante do gordo cujo nome ele revelou primeiro, será trazida nesta noite. Eles a pressionarão a dar mais nomes. A amante é sempre a primeira cujo nome é revelado.

Posteriormente, a dançarina os leva a toda a quadrilha. Ajay prende sete pessoas ao todo e recupera 100 mil dólares de dinheiro indiano. Descobre que a gangue de Dawood está envolvida, sob o comando dos paquistaneses. Seu objetivo é inundar o país com cédulas falsas. A surra nos homens revelou a cadeia de distribuição: o dinheiro falso indiano era fabricado na casa da moeda paquistanesa, nos arredores de Islamabad, cujas impressoras produziram centenas de milhares de imagens com o retrato do Mahatma Gandhi, e enviadas para Katmandu, de onde foram mandadas de trem ou por via rodoviária para toda a Índia. Uma vez dentro do país, foram trocadas por montantes menores de cédulas genuínas, ou misturadas com notas de verdade e usadas para pagar compras em bazares, ou dadas a dançarinas em cervejarias. Esta é uma nova forma de agressão através da fronteira: sabotagem econômica. Bombaim, como capital financeira do país, é particularmente vulnerável. Circula o boato de que o Banco Central da Índia vai deixar de aceitar notas de quinhentas rupias. Alguns lojistas já não as aceitam, provocando brigas com os fregueses. Em Katmandu, no ano anterior, disseram-me no hotel que não aceitavam notas de quinhentas rupias pela mesma razão — muitas eram falsas.

"Há um mundo à nossa volta sobre o qual nada sabemos", diz Anu, caminhando de volta para casa. "Só quero ver meus filmes híndis e ficar em segurança." De repente, ela toma consciência de uma corrente subterrânea de violência homicida a apenas cinco minutos de distância de sua casa cheia de plantas, um profundo rio de dor em cujas margens ela vive.

Na leitura do roteiro de *Missão Kashmir* que acontece imediatamente depois, na casa de Vinod, este explica uma cena para Hrithik Roshan, o herói. "E então você receberá balas pelas costas e cairá assim." Ele cai de cara no chão — a ideia que um diretor de cinema tem da morte.

"Fantástico", diz o astro.

Ajay é um menino de Bandra, um batedor de críquete famoso em seu tempo de escola. Ingressou no Serviço de Polícia Indiano em 1981, depois de se formar na Universidade de Bombaim, com louvor, em história e ciência política. Trabalhou em várias posições em todo o estado e na cidade. Com o passar dos anos, aprendeu, com exatidão, como funciona cada esquema fraudulento da cidade, grande ou pequeno. Ele me conta, por exemplo, que a franquia para fazer grandes imagens de Cristo a giz na calçada, nas quais os passantes atiram moedas, é vendida por 75 mil rupias por seis meses pelos valentões que controlam aquele setor.

Depois de trabalhar nas investigações dos ataques a bomba, Ajay foi promovido a subcomissário na Divisão de Crime, onde durante quatro anos foi responsável por seguir as atividades de terroristas e gangues em toda a cidade de Mumbai. Então, em 1996, ele tomou uma má decisão para sua carreira: invadiu a casa de Jaidev Thackeray. Jaidev é filho de Bal. O velho pegou o telefone e conseguiu que Ajay fosse transferido para a polícia estadual por sua audácia. Ali Ajay permaneceu, lidando com crimes tribais nas áreas rurais, até 1998, quando as autoridades concluíram que o incômodo da incorruptibilidade de Ajay era superado por sua habilidade no combate à guerra de gangues e o trouxeram de volta para a polícia da cidade.

Ajay tem um ódio duradouro: a indústria cinematográfica. Seu pai foi um produtor de cinema que morreu devido à falta de poder. Em certa época, seu pai contratou Rajesh Khanna para um filme. Depois de marcar as datas com o superstar, ele alugou um estúdio por uma semana e construiu um elaborado set para uma sequência musical. O ator não apareceu na segunda-feira, nem no dia seguinte. O set estava pronto; a equipe de filmagem e o produtor esperavam. Cada dia que passava era uma despesa enorme. Khanna não apareceu a semana inteira, e no sábado o set teve de ser demolido, uma fantasia que permaneceria uma fantasia. Naquele sábado, o pai de Ajay teve o primeiro derrame.

Algum tempo depois, ele contratou outro ator, Vinod Khanna, e de novo obteve uma série de datas. No dia da filmagem, o ator não pôde ser localizado. Ele se tornara seguidor de Rajneesh e desaparecera no *ashram* do guru, em Pune. As secretárias do astro não conseguiram alcançá-lo. Mais uma vez o produtor viu seu dinheiro desaparecer diante dos olhos. Teve então seu segundo derrame.

"Eu amava muito meu pai", diz Ajay. "Acordava às três e meia da madrugada e meu pai não estava na cama. Eu ia até o jardim e o via sentado lá fora, fumando. Quando eu me aproximava e perguntava qual era o problema, ele dizia: 'Tomei dinheiro emprestado a juros de 36%. Que vou fazer?'. Ele tinha perdido 25 lakhs. Odeio filmes; é um negócio sujo. Jurei que quando crescesse ocuparia uma posição de poder perante esse pessoal que arruinou meu pai." Por isso ele se tornou policial, e não advogado, médico ou empresário; ou muito menos produtor de cinema. "No uniforme há poder."

Em sua posição atual, como comissário adicional de polícia, região noroeste, ele tem autoridade sobre Bandra e Juhu, equivalentes de Beverly Hills em Bombaim, onde os astros vivem e trabalham. Eles seguem direto para o escritório de Ajay sempre que recebem ameaça do submundo por telefone, incluindo os atores que fizeram seu pai morrer de morte lenta. "Eles me procuraram para dizer que eram bons amigos de meu pai. Eu lhes disse o que meu pai tinha me contado e como minha família se sentia a esse respeito." Eles se sentaram à sua frente, contorcendo-se. "Cheguei a pensar em expulsá-los. Mas há o problema da reputação do departamento." Portanto, ele os ajuda, faz as ligações que precisam ser feitas e prende os extorsionários que precisam ser presos, para que os astros possam dormir sossegados. Mas há uma diferença entre Ajay e seu pai. Hoje é Ajay quem diz aos astros quando está livre.

Quando Ajay e a mulher, Ritu, vêm jantar no nosso apartamento, ofereço-lhe bebida, mas Ajay é essa coisa rara em Bombaim: um policial que não bebe. "Vi tanta bebida em minha casa, quando jovem. Eu não gostava que meu pai bebesse. Quem bebe perde o controle. Não gosto de beber ou fumar. Nunca." Ele repete, acho que para si mesmo: "Nunca".

Ele é raridade também em outro sentido: não aceita suborno. Diz que deve ser o único funcionário governamental na Índia que paga as contas de sua própria linha telefônica particular: 2 mil rupias por mês. Por não aceitar propinas e por vir de uma família bem de vida, Ajay diz que tem muito pouca coisa em comum com seus colegas. "A maioria das pessoas da corporação tem inveja. O resto, talvez os mais graduados, tem medo de mim." Em consequência disso, ele nunca convive socialmente com os outros policiais.

Nos dez dias anteriores ao festival Diwali, o quartel-general dos policiais graduados em Worli vê uma procissão de homens que trazem cestas de frutas e balas caras, presentes para os policiais. Ritu recusa, sumariamente, todos esses presentes — uma garrafa de champanhe de um diretor de cinema, por exemplo. Os outros oficiais, especialmente os superiores de Ajay, preocupam-se com o contraste entre a honestidade de Ajay e o fato de eles aceitarem presentes, e lhe dão conselhos paternais. "É preciso ser prático."

"As gangues já tentaram comprá-lo?", pergunto a Ajay.

"Depois das explosões, um oficial veterano me ofereceu cinquenta lakhs para que eu não agredisse um sujeito. Ele me disse: 'Não bata nesse homem, ele é muito bem relacionado. Sei de alguém que está pronto para dar cinquenta lakhs. Não lhe peço que faça nada ilegal; só lhe peço que não bata nele'. Eu disse: 'Senhor, fui treinado sob seu comando. Se o senhor não fosse meu superior, eu agrediria *o senhor*'. Meu problema é que sou muito sensível no que se refere à minha honestidade."

O salário mensal de Ajay, como policial do Serviço de Polícia Indiano, é de quase 20 mil rupias. Uma boa secretária de uma empresa multinacional ganha mais. "Isso precisa ser revisto", comento.

"Já foi revisto. Até o ano passado, era de 7 mil."

"Sete mil por mês?"

"Comecei em 1981 com 750 rupias" — na época, 75 dólares — "por mês, como comissário assistente de polícia." Ritu, que é de uma família rica de Delhi, ficou horrorizada quando viu o alojamento onde iam morar. Não havia móveis. Apesar de não beber, Ajay adora carne, quanto mais malpassada melhor. Na casa dos pais, ele só comia carne. Quando ingressou na polícia, passou um ano sem poder comprar carne. Quando foi lotado num distrito, ele completava o que não podia comprar no mercado caçando javali. Nas paredes de seu alojamento, há uma cabeça de tigre e uma cabeça de veado.

Ajay quer sair do país para estudar terrorismo. O conhecimento da polícia bombainense sobre as ligações internacionais entre associações do crime organizado e grupos de terror é, diz ele, superficial e assistemático. Nenhuma força policial pode combater sozinha o demônio do crime organizado; se lhe cortam a cabeça em Bombaim, aparece outra em Delhi ou Dubai. Mas severos limites sobre contatos com estrangeiros são impostos aos policiais na Índia. O único lugar onde Ajay tem esperança de fazer esses contatos é em outro país, durante uma licença para estudo. Ele quer ver como outras democracias combatem o inimigo interno.

Em 1999, Bombaim emergiu como o centro nervoso do sequestro de um avião da Indian Airlines por separatistas caxemirianos. Os passaportes falsos de alguns sequestradores tinham sido feitos na cidade. De um avião parado na pista em Kandahar, Afeganistão, os sequestradores recebiam notícias atualizadas por telefone de uma parte do grupo, que estava baseada em Jogeshwari monitorando o que a mídia indiana dizia do incidente. Na realidade, os parentes dos sequestrados estavam aparecendo histéricos diante das câmeras do mundo inteiro. A pressão era forte para que o governo indiano cedesse aos terroristas, o que acabou ocorrendo. Um dos *jihadis* soltos, como parte do acordo, foi o xeque Omar, que três anos depois matou o jornalista Danny Pearl. Os cúmplices dos sequestradores, quando apanhados, tinham listas de líderes políticos hindus marcados para morrer.

Ajay prevê um vínculo global das organizações muçulmanas militantes — no Afeganistão, na Chechênia — com as gangues criminosas muçulmanas em Bombaim e na Rússia. "Para eles, Mumbai é muito importante. Se a Índia for atingida financeiramente, aleijar Mumbai é uma necessidade. Eles querem espalhar o medo e o pânico na cidade." Ajay sabe que Dawood e seu principal lugar-tenente, Chotta Shakeel, tiveram um encontro com Osama bin Laden perto de Kabul em agosto de 1999. Eles discutiram a compra de armas e a possibilidade de trabalharem juntos. Como me explicou Kamal, o tesoureiro da D-Company em Bombaim: "A comunidade muçulmana não considera Osama bin Laden terrorista, ele é tido como um messias. Ele não é nem um pouco egoísta. É o segundo homem mais rico da Arábia Saudita; ele sozinho é toda uma economia. Os muçulmanos acham admirável que ele tenha abandonado essa vida de rico para viver como um cigano. Por isso muita gente o segue".

Ajay tem a impressão de que vastas redes estrangeiras estão sempre observando os procedimentos da polícia à procura de brechas para causar problemas em sua amada cidade. A quantidade de RDX que explodiu em 12 de março de 1993 foi de apenas dezesseis quilos, mas Ajay apreendeu muito mais do que isso: quase 2500 quilos. E isso não é tudo. "O carregamento total que chegou antes das explosões não foi recuperado", diz Ajay. "Ainda está em algum lugar."

"O próximo tumulto vai ser muito violento", previu um pistoleiro da D--Company. Ele o comparou a um incêndio. "Qualquer vento pode soprá-lo daqui para lá, qualquer um pode ateá-lo pelo mais insignificante dos motivos. Haverá conflagração em toda parte." E, dessa vez, diferentemente da última, os muçulmanos estarão armados e prontos para entrar em ação.

Poucos anos atrás, Ajay foi chamado por um funcionário em Delhi. A África do Sul precisava de policiais de países do Terceiro Mundo para treinar novamente seus serviços policiais, e Ajay tinha sido designado para servir dois anos em Johannesburgo. Johannesburgo "é a capital mundial das drogas", diz Ajay. Ele refletiu sobre o assunto naquela noite e resolveu ir. De manhã consultou dois antigos comissários de polícia, que tinham grande consideração por ele. Ambos o aconselharam a não ir. Ajay está na lista negra das gangues do submundo. "Eles providenciaram para que você seja morto lá", disseram os homens. Ajay rejeitou a oportunidade, mas, refletindo agora sobre o assunto, acha que foi "um erro tático".

Ritu estudou história em Oxford. Ela se candidatara a Cambridge, e eles lhe ofereceram um emprego de professora com remuneração significativa, mas ela recusou para se casar com Ajay. No entanto, não conseguiu seguir carreira. Ela quer ir para os Estados Unidos, onde poderá voltar a estudar. Sempre que passam pela estrada do aeroporto, o filho de Ajay, que tem dez anos, pergunta: "Papai, podemos pegar essa estrada?". Ele sabe que o pai só pode descansar de verdade no exterior. Quando o avião decola em Bombaim, toda a tensão desaparece. "É como um interruptor", diz Ajay.

"Ele nunca leva os filhos ao zoológico", reclama a sra. Lal.

"Passo todos os dias num zoológico", responde o sr. Lal.

Em todas as conversas comigo, Ritu mencionou o fato de que desistiu de sua carreira logo depois de se casar. Ela insiste em que foi a decisão certa, cuidar dos filhos, ser uma boa esposa para Ajay. E, só por ser esposa de Ajay, ela é obrigada a aguentar pressões que acabariam com qualquer mulher. "Depois dos ataques a bomba, eu recebia ligações no meio da noite: 'Sabemos que você tem um filho que vai para a Cathedral.'" As pessoas exigiam que Ajay desistisse. Os filhos, Rahul e Ravin, vivem sob proteção armada 24 horas por dia. Depois das explosões, um dia os gângsteres ficaram esperando para jogar granadas no carro que estava levando Rahul para a escola, quando passava por baixo do viaduto de Marine Drive, trecho onde é preciso diminuir a marcha. No último minuto, Ajay descobriu o complô, e o carro pegou outro caminho.

Quando os filhos vão para a escola, policiais armados ficam do lado de fora da sala. Rahul, o mais velho, não gosta de ter policiais o tempo inteiro por perto. "Tira sua liberdade", comenta Ajay. "Ele não pode brincar como as outras crianças." Certa vez, quando Rahul estava no segundo ano, Ritu pegou o telefone, e alguém do outro lado da linha disse que tinha colocado uma bomba na sala de aula do filho. Ela ligou para Ajay, nervosa, mas não conseguiu falar com ele. Dois minutos depois, o policial que protegia seu filho ligou para confirmar a ameaça, dizendo que a escola tinha sido evacuada. Ritu entrou no carro correndo e foi para a escola em estado de pânico, avançando todos os sinais vermelhos, o coração na boca, imaginando o que estaria acontecendo. Rahul estava são e salvo na frente da escola, e ela o levou para casa. Isso já aconteceu várias vezes. Ajay diz que regularmente a equipe de especialistas em bombas é mandada à escola do filho.

Isso explica a raiva que percebo nele durante os interrogatórios. "Se a família está tensa e amedrontada, eu fico automaticamente tenso." Além de Shrikant Bapat, o comissário na época dos tumultos e o que foi citado no Relatório Srikrishna por dar aos desordeiros liberdade para agir, Ajay é o único membro da polícia de Mumbai que recebe essas extraordinárias medidas de proteção, porque sua família vive sob extraordinária ameaça. Mas Ajay pode continuar porque tem uma boa mulher ao seu lado. "Ritu aceitou a situação extraordinariamente bem", me diz ele depois. "Ela tem sido muito forte. Ela nunca me diz: 'Não faça isso'. Nunca." Por isso ele agora quer sair do país, por dois ou três anos, para escapar da atenção das gangues e baixar um pouco a guarda. "Longe dos olhos, longe do coração, espero."

Quando Ajay e Ritu deixam o apartamento e descem, olho pela janela da cozinha. Um Ambassador branco, com luzes da polícia, aproxima-se, Ajay e Ritu entram, outros homens se movimentam, alguns entram no Ambassador com eles. Atrás, para um jipe, cheio de policiais com espingardas, e o comboio desaparece no sossego da noite. Os carros tinham parado na entrada do prédio antes que meus convidados chegassem ao térreo; devia haver guardas na minha porta, ou no saguão, esperando a noite inteira que o jantar acabasse. Nunca tínhamos tido tanta segurança — ou tanta insegurança.

A polícia de Bombaim foi fundada pelos britânicos. O mais famoso chefe de polícia da época dos britânicos, o que modernizou a força policial, foi Charles Forjett, um anglo-indiano. Ele deu início à tradição de policiar a cidade com mão de ferro, e também de ser odiado pelo que fez por exigência dos cidadãos. Achava que sua principal obrigação era "esmagar o mal em botão". Ajay poderia ser sua reencarnação; quando lhe pergunto o que o motiva, ele responde, simplesmente: "A luta contra o mal".

Durante o motim de 1857, o comissário Forjett viajava incógnito pela cidade, prendendo no ato qualquer um que ele ouvisse elogiar as ações dos amotinados. Construiu um cadafalso no recinto do escritório da polícia, convocou os principais cidadãos que ele sabia estarem insatisfeitos com as autoridades e mostrou-lhes o cadafalso. Dois dos amotinados foram acorrentados a canhões no Maidan, o público foi convidado para assistir, e os canhões foram disparados. O Maidan encheu-se de cheiro de carne queimada.

Os homens de negócios de Bombaim deram a Forjett 1300 libras esterlinas em 1859 e, depois que ele voltou para a Inglaterra em 1864, mais 1500, "em sinal de sua profunda gratidão por alguém cujos poderes quase despóticos e cuja ardente energia reprimiram de tal forma as forças explosivas da sociedade nativa que elas pareciam permanentemente subjugadas". Mas o Império não foi tão generoso; ele era mestiço. De acordo com uma história britânica posterior da força, "dizem que Forjett se considerava esnobado pelo governo por não ter recebido nenhuma condecoração. De fato, é curioso que um servidor público tão admirável não tenha sido agraciado com um título de nobreza ou admitido numa das ordens de cavalaria". A pensão de Forjett era paga em rupias, e depois da queda da taxa de câmbio ele pediu que ela fosse paga em libras. Seu pedido não foi atendido. Ele morreu na Inglaterra, com oitenta anos, numa casa em Buckinghamshire, que, em sua amargura, ele batizou não com o nome de qualquer governador britânico a quem servira, mas com o nome de sir Cowasji Jehangir, importante pársi de Bombaim. Um nativo.

Um século e meio depois que Forjett profissionalizou a força, a polícia de Mumbai ainda é, com justiça, considerada a melhor da Índia, com os melhores detetives. Ajay se lembra de ter levado uma equipe de policiais de Nova York à favela Dharavi. "Ficaram espantados." Ele cita a maciça população da cidade, as dificuldades de rastrear o constante fluxo de imigrantes e seus crimes. "Em cada caso, você mexe com uma varinha mágica e os detecta. Não sei de nenhuma outra cidade no mundo com uma variedade tão grande de crimes." Ajay se pergunta quais são as fabulosas instalações de que a polícia americana dispõe. "Se for como no cinema, eles têm ginásio de esportes, vestiário."

Ajay certa vez teve uma discussão com o editor do *Bombay Times*, que comparou desfavoravelmente a polícia de Bombaim com a Scotland Yard. Ajay respondeu que as estatísticas mostravam que quase todos os casos entregues aos policiais de Bombaim são resolvidos. Por que havia tantos casos?, perguntou o editor. Porque havia queixas demais. Na atual posição de Ajay, ele recebe por dia de sessenta a setenta visitas, pessoas que lhe pedem todo tipo de ajuda, de telefonemas de extorsão ao caso de uma mulher que quer que ele traga de volta o marido fujão. "Oitenta por cento das pessoas que me procuram dizem: 'Tirem ele do meu apartamento', ou 'Esse sujeito está tentando me expulsar do meu apartamento'", diz Ajay. "E, se ajudo o sujeito a expulsar a pessoa de seu apartamento, a pessoa que foi expulsa dirá: 'A polícia recebeu dinheiro'." As sobras da Lei do Inquilinato tomam a maior parte do tempo de Ajay. O que se intromete entre ele e o direito dos filhos de ficar com o pai e o direito da mulher de ficar com o marido é a Lei do Inquilinato, não a guerra de gangues.

A raiz do problema é que simplesmente não existem policiais em número suficiente para esta explosiva cidade. Em 1951, quatro anos depois da independência e uma época tranquila em Bombaim, havia 4,3 policiais por mil pessoas. Em 1988, quando voltei, essa proporção tinha sido cortada pela metade; agora, são 2,6 por mil. Como resultado, observa Ajay, a força está extraordinariamente sobrecarregada. "Praticamente todo mundo aqui, do comissariado para baixo, trabalha de catorze a quinze horas por dia. Um policial tem um turno de doze horas, das oito da manhã às oito da noite. Mas ele pode ir para casa às dez ou às onze. Não há hora extra." Um policial leva para casa um salário de 4 mil rupias por mês, menos do que pago ao meu motorista. Os alojamentos da polícia só acomodam cerca de 60% da força; 40% dela vive nas favelas. Mais de 10 mil policiais aguardam alojamentos do governo, a que só têm direito depois de dez anos de serviço. "Com isso, o policial vai ao chefão da favela e lhe diz: 'Você está cobrando aos outros 25 mil por um barraco; dê-me um por 20 mil e receba o dinheiro em prestações'. Você acha que esse sujeito fará alguma coisa contra os chefões das favelas? Ele dirá: 'O que o departamento já fez por mim?'." E não se pode dizer que uma devoção sustentada ao dever dê ao policial esperança de melhorar a vida dos filhos. Pelas regras da polícia de Bombaim, um policial não pode passar da patente de inspetor assistente. Não admira que o pai de Dawood tenha sido um policial a serviço da polícia de Bombaim. Apesar de seu exemplo, a presença dos muçulmanos na força, de menos de 5%, precisa ser aumentada, diz Ajay.

As armas e os laboratórios disponíveis para a polícia de Bombaim são antiquados. A gangue de Dawood obtém suas armas nos bazares da fronteira entre o Paquistão e o Afeganistão: fuzis AK-47, granadas de mão. Alguns fuzis automáticos são equipados até com silenciadores. No começo do século XXI, seções da polícia de Bombaim ainda estão armadas com fuzis .303 usados na Segunda Guerra Mundial. "Depois que o Exército foi modernizado", explica Ajay, "suas armas velhas foram transferidas para a polícia. Havia falta de revólveres e pistolas." Quando Ajay não estava trabalhando, no tempo em que era policial subalterno, tinha de entregar a arma ao policial que o substituía. Dessa forma, se um policial se vê diante de um pistoleiro profissional armado com uma Mauser, ele precisa parar, tirar o poderoso bacamarte dos ombros, carregar a bala, erguê-lo até os ombros, olhar pela mira montada no cano e feri-lo. A essa altura, o pistoleiro estará em Dubai.

E não é como se a polícia estivesse adequadamente treinada, mesmo quando apropriadamente equipada, explica Ajay contando uma história. Um dia, no fim dos anos 1980, quando servia na região nordeste de Bombaim, ele recebeu uma ligação de um dos policiais sob seu comando, informando que um elefante tinha tido um acesso de fúria. Ele pediu ao policial que procurasse um veterinário. Pouco depois, o policial voltou a ligar: o elefante estava enlouquecido, derrubando coisas. Ajay foi ver o animal. Quando chegou lá, o veterinário já tinha acalmado o elefante, que estava sendo levado para um caminhão com a ajuda de um guindaste. Enquanto mostrava o lugar para Ajay, o policial comentou, envergonhado: "Senhor, eu tive de disparar um tiro". Ajay passou a informação ao veterinário e lhe pediu que verificasse se havia alguma bala no elefante. À noite, o veterinário ligou para Ajay: não tinha encontrado a bala. Ajay pediu-lhe que verificasse novamente. "Eu disse: 'A pele de um elefante é muito grossa, passe um pente fino e achará a bala'."

Mais tarde, naquela noite, o veterinário ligou outra vez; não havia bala alguma no couro do elefante.

Na manhã seguinte, Ajay voltou ao local e o examinou, ele mesmo, acompanhado pelo policial que havia feito o disparo. Achou a bala, incrustada na porta de uma clínica médica, atrás de onde estivera o elefante. "Ele tinha errado."

Dei uma olhada em minhas anotações. "A que distância estava o policial do elefante?"

"Ele tinha atirado de pouco mais de três metros de distância."

Ainda que um suspeito seja preso e sua arma descoberta, a estrutura de apoio a que Ajay recorre para garantir a condenação, tudo, desde os laboratórios forenses a tecnologia da informação e a promotores públicos, está abaixo dos padrões aceitáveis. "É muito fácil falar de direitos humanos em outros países. Em Nova York ou no Reino Unido, uma confissão feita perante um policial é aceitável. Aqui, não é. Dão-nos os piores advogados, os que não se deram bem trabalhando no setor privado. As gangues têm os melhores." Na era da economia de mercado, da globalização e das multinacionais, "a polícia é uma instituição não lucrativa. Por que haveriam de investir dinheiro nela?".

Assim, a polícia toma atalhos para resolver crimes. Maharashtra tinha o mais alto índice de mortes sob custódia do país em 1997: duzentas, um aumento de 500% em relação ao ano anterior, quando morreram trinta. Duzentas pessoas mortas por tortura sob custódia da polícia. Esse número supera o de ditaduras militares no resto do mundo. De acordo com um relatório da polícia sobre as causas de 155 mortes sob custódia em Maharashtra nos anos 1980, apenas quinze resultaram de "ação da polícia". As demais tinham causas que iam de "queda da cama", a "queda em cima dos outros".

A maioria das pessoas nesta parte do mundo, ricas ou pobres, mantém distância da polícia. Um amigo me conta que seu contador roubou 45 lakhs e fugiu para o sul, onde está escondido. Meu amigo registrou queixa na polícia, que prendeu a irmã do contador. Ela nada tem a ver com o crime, mas eles a mantêm presa durante vinte dias, esperando que o irmão se entregue. Quando meu amigo vai ao posto policial, o policial encarregado lhe diz que a moça está trancafiada e convida-o a "fazer o que quiser com ela". Meu amigo teme pela segurança dela, e manda um empregado do escritório para ficar dia e noite no posto, protegendo-a contra os agentes da lei.

Meu tio me critica severamente por eu ter mandado Sunita buscar uns formulários na Divisão Especial, a agência responsável pelo registro de estrangeiros. "Não se manda senhoras a um posto policial." E, é claro, ela é maltratada. Ouve os policiais fazerem comentários licenciosos a seu respeito em marata. O policial encarregado diz à minha mulher que pode mandá-la, e a meus filhos, para o tribunal, se quiser. Bastaria que eu mencionasse o nome de Ajay; os formulários teriam sido entregues na minha porta. Mas não fazia muito tempo que tínhamos voltado para casa; ainda agíamos de acordo com os padrões de decência que aprendêramos no Ocidente. Isso mudou quando nos habituamos aos modos do País do Não.

Senti um gostinho do poder de Ajay quando minha irmã e o noivo chegaram de avião de San Francisco. Estou sentado em seu escritório e lhe digo que preciso sair para ir buscá-los. Ajay faz uma ligação para o inspetor encarregado do aeroporto. Vou ao posto policial do aeroporto. "Convidado do *saab* Lal. Arranjem uma cortesia para ele", ordena o inspetor. Um policial à paisana me escolta até a área restrita do aeroporto, até a escada rolante que vem do portão de desembarque, onde saúdo minha espantada irmã. Levo-os para a frente da fila de imigração — ó, a alegria de pular aquela fila interminável! — e vou direto para a alfândega. O comissário assistente da alfândega aperta-me a mão e pergunta, debilmente: "Algo a declarar?". "Nada", digo, passando com minha irmã e o noivo pelos impotentes homens de branco. Eles não trazem nada que possa estar sujeito a pagamento de impostos, mas há uma sensação de poder em saber que eles poderiam ter trazido computadores, munição, bebidas e heroína, se quisessem. Com muita frequência, vindo a este aeroporto, eu me senti completamente impotente. Agora tenho um enxame de policiais à minha volta; passo por portas fechadas, passo por homens armados. As regras normais não se aplicam a mim.

Eu poderia ter me acostumado a isso.

Lá pelas nove horas atualmente, quando as sirenes de ataque aéreo disparam, já está fumegando. Quem pôde, já fugiu. Só aqueles que tiveram um ano ruim — estudantes fracassados, homens de negócio fracassados — ficam para trás, para sofrer o verão na cidade, tomar os trens, andar pelas ruas derretendo.

Fica mais quente a cada ano. O sol nasce tarde, mas compensa o atraso com seu vigor. Por todo o inverno ele acumulou forças; agora está furioso.

Chego ao escritório de Ajay às sete da noite. Ele está com febre e desligou o ar-condicionado; a sala cheira a suor azedo. Está infestada de mosquitos, que se banqueteiam com meu sangue. Ajay prendeu recentemente vários membros de uma gangue que trabalhavam numa fábrica de sapatos em Dharavi, ganhando de oitocentas a 1500 rupias por mês pelo trabalho ali. É uma vida miserável, para os milhões de jovens que trabalham nas fábricas da cidade. Eles trabalham em cômodos escuros e quentes, onde não podem ficar em pé direito, com medo de serem atingidos pelas pás girantes dos ventiladores presos precariamente nos tetos de lata. São, na maioria, do Bihar ou Uttar Pradesh, e trabalham catorze horas por dia, todos os dias, em silêncio, fazendo gestos automáticos com as mãos. Se houver uma encomenda urgente, eles trabalham o dia inteiro e a noite inteira. Muitos empregadores pagam aos empregados de acordo com as peças fabricadas: uma carteira, por exemplo, lhes dá de catorze a vinte rupias. Eles começam a trabalhar aos oito anos, e não conseguem trabalhar depois dos vinte, porque as mãos já não são ágeis, os olhos já não brilham. "Não têm amizades, nada. Em suas vidas, não há plano algum para o futuro", diz o dono de uma das oficinas. O momento de transcendência deles é o último show em Maratha Mandir, na noite de domingo, ou uma viagem à praia superlotada de Juhu, para ficarem maravilhados com a liberdade do mar. À tarde, os operários de fábrica agacham-se para comer na panela. Quando param de trabalhar, deitam-se no mesmo pedaço de chão onde passaram catorze horas sentados, em cômodos onde podem ver um pedaço de céu e um prédio de luxo no horizonte não muito longe.

Ajay me conta como esses jovens são atraídos pelas gangues. Alguém de uma aldeia distante, já pertencente à gangue, os leva às cervejarias; ali, os recém-chegados veem o conhecido da aldeia jogar dinheiro para as dançarinas. Veem as meninas se aproximarem dele, tocá-lo, saírem para passar a noite com ele. "Para os moços da aldeia, as dançarinas de cervejaria são como a atriz Madhuri Dixit", observa Ajay. Eles pensam: Este sujeito veio para Bombaim apenas seis meses antes de mim, como é que vive tão bem? Ele veste roupas boas, anda de carro. Portanto, eles são atraídos, ganham uma arma já engatilhada, e recebem ordem para ir ao alvo, apertar o gatilho e correr; é tudo. A idade média de um pistoleiro é de dezoito a 26 anos. "Acima disso, você passa a organizador." Se viver tanto. A aparência não lembra em nada a dos pistoleiros do cinema. "Sua aparência é absolutamente indefinida. Isso o ajudará a desaparecer na multidão. No fim das contas, basta uma pressãozinha do dedo para apertar o gatilho, não é preciso força física. Só é preciso ter capacidade de não sentir remorso ao matar um homem e ver o sangue derramar."

O primeiro interrogatório da noite começa. Dois oficiais de polícia e um policial à paisana entram, trazendo uma figura coberta. Os oficiais contam a Ajay que o suspeito é um pistoleiro de gangue que matou o advogado de uma gangue. Quando o véu é retirado, aparece um homenzinho fraco, de um metro e meio de altura, se tanto, tão mirrado que ninguém olharia uma segunda vez para ele na rua. Quando a toalha é tirada, ele junta as mãos num hesitante *namaste*.

Ajay exerce pressão para que ele forneça detalhes. "Quando recebeu a encomenda?"

"Onze... antes das onze. Foi antes das onze, no começo da manhã, o *bhai* me ligou para que eu fizesse o serviço."

"Os *bhais* acordam antes das onze?", diz Ajay, com raiva, pegando a mentira. "*Bhais* nunca acordam antes das onze!"

Quando o suspeito e os policiais à paisana deixam a sala, Ajay me diz que tem quase certeza de que não foi ele o autor. Ele está sendo pago para assumir a culpa no lugar de alguém que a gangue quer proteger. "Mas acho que o oficial está metido nisso", prossegue, indicando a cadeira à minha esquerda, onde o policial, um homem enorme, estava sentado.

Estou espantado. Ele se refere a um oficial de polícia sob seu comando.

"Ele é um espião." Ajay talvez tenha de interrogá-los pessoalmente, se não conseguir a informação até de manhã.

A nova estrutura policial não quer Ajay em Bandra. Ele não espera ficar em seu escritório depois de setembro. Seu chefe, o comissário de polícia, deve ser substituído em breve, e ele não sabe se o novo homem será alguém em quem ele possa confiar. Quando ele não sabe se seus próprios chefes têm uma dívida de gratidão com as gangues, tem de operar guardando segredo dos seus superiores. Se lhes diz quem é que ele está procurando, e se o suspeito pertencer à gangue da qual o superior é aliado, a gangue será informada. Portanto, Ajay precisa esconder o que está fazendo, tanto dos ratos encarregados dos postos policiais como dos homens politicamente espertos acima dele.

Nos últimos dois anos, e especialmente desde que foi mandado para Bandra, Ajay não tem conseguido dormir à noite. Ele se vira e se mexe, pensando nas diversas operações policiais, adivinhando o próximo passo do gângster. "Quando acordo de manhã, acho que não vou querer ir para o escritório. Acho que vou preferir adoecer. Estou desgastado." Nos raros domingos em que não vai ao escritório, ele começa a ficar apavorado à noite, achando que perdeu o controle de sua região.

Na manhã anterior, a mulher lhe disse: "Seu filho precisa de você". Ajay aponta para os jornais em cima da mesa. Um deles traz a notícia de que Rahul fez o gol da vitória para o time de hóquei da escola, do qual é capitão. O filho não leu a reportagem. Ajay não chegará em casa a tempo de cumprimentar o filho, por isso liga para Ritu, para que ela o faça. "Quando saio de manhã cedo, ele está dormindo, e quando volto tarde de noite ele está dormindo. Não vi meu filho de jeito nenhum."

Um Maruti Omni sem identificação para na frente do posto, e alguns homens são tirados dele com a cabeça coberta. Um detetive entra no escritório de Ajay trazendo Akbar, condutor de riquixá de 31 anos, oriundo de Andhra, e pistoleiro suspeito de ter matado vários membros da D-Company. Akbar fez até o terceiro ano na escola municipal de Jogeshwari. Usa camisa branca com estampa de um jacaré verde. Parece um pouco lento; segura a cabeça e coça-a quando tenta lembrar um nome. "Como era o nome dele...?" — passando os dedos lentamente pelos cabelos — "Como era o nome dele...?" Mas ele não está evitando coisa alguma. Sem ser pressionado, revela o fato de que fez os disparos. Antes, era dono de um riquixá, que vendeu para juntar dinheiro para o casamento da irmã. Depois ele passou a dirigir um alugado. Os policiais estapeiam-no um pouco, mas não é preciso. Ele fala prontamente sobre seu trabalho. Primeiro, foi um homem numa autoescola. Seu cúmplice deu dois tiros nele, e ele deu um.

"Como aprendeu a atirar?", pergunta Ajay.

"Ele me deu a arma e mandou apertar um botão. Ela já estava carregada." Aparentemente, a principal preocupação de Akbar é proteger o irmão, que participou indiretamente do serviço, tendo apanhado parte do dinheiro da gangue quando ia da estação para casa.

"Vou arrastar toda a sua família para cá", ameaça Ajay. "Quanto dinheiro você recebeu?"

"Recebi 1500 rupias para fazer o disparo." Depois, houve o serviço com um membro da D-Company, em que ele, num sinal de trânsito, meteu duas balas na vítima, enquanto esta tentava desesperadamente se esconder na traseira do jipe. "Ganhei 3500 rupias." Pelos três assassinatos, o total.

"Que fez com o dinheiro?"

"Dei para minha família, para minha mulher e meus filhos. Tenho dois filhos, um de seis anos, outro de seis meses."

"Quer dizer que você destruiu a vida dos seus filhos!" Então Ajay lhe faz a pergunta que já fiz muitas vezes em Bombaim: "Você não sente nada quando tira a vida de alguém?".

Akbar responde: "Depois de disparar a bala, não sei para onde ela vai. Atirei de muito perto". Ele mostra como, estendendo o braço; atirou à distância de um braço. "Se tivesse de atirar de longe, eu não conseguiria."

O detetive se vira para Ajay. "Isto é o diabo. Deveríamos acabar com ele."

Quando o homem é tirado da sala, Ajay me diz que sua gangue está por trás dos maiores tiroteios das últimas duas semanas. Os homens trabalham para a gangue de Rajan e foram, para azar deles, apanhados com cinco armas que os exames de balísticas confirmaram terem sido usadas nos tiroteios. "Mil e quinhentas rupias", repete Ajay. Foi o que Akbar recebeu para meter duas balas num ser humano. E agora vai passar pelo menos dez anos de sua infeliz vida pagando por isso atrás das grades, por causa de 35 dólares que queria dar à mulher e aos filhos.

"Qual foi a quantia mínima que você já viu pagarem por uma vida em Bombaim?", pergunto a Ajay.

Ele reflete um pouco. Depois me conta a história do catador de trapos.

Em 1995, pedaços de um corpo foram encontrados no depósito de lixo municipal em Deonar. Um informante disse a Ajay quem era o assassino: um menino de dezesseis anos, catador de trapos, que vivia num barraco no depósito de lixo. O menino foi levado para interrogatório e confessou. Ele tinha sido procurado pelo hóspede de um casal. O homem do casal fazia plantão noturno nas docas de Mazagaon e tinha aceitado o pensionista. Para um homem casado, é imprudente dar plantão à noite, e o inevitável aconteceu: o amor floresceu entre a mulher e o pensionista. O marido era o espinho. Ele suspeitou da mulher e surrou-a. Um dia a mulher botou droga na comida do marido; ele comeu e pegou no sono. O pensionista e o catador de trapos esmagaram sua cabeça com uma pedra e levaram o corpo para o depósito de lixo de Deonar. Ali, o catador de lixo gastou duas horas para cortar o corpo em pedaços e distribuí-los pelo depósito. A mulher foi à polícia informar que o marido tinha desaparecido.

Ajay perguntou ao rapaz quanto dinheiro ele tinha recebido por todo o serviço: matar o marido, transportar o corpo, serrá-lo, carregar a cabeça, o torso e os membros ensanguentados à procura de lugares estratégicos onde jogá-los.

"Cinquenta", disse o rapaz.

"Cinquenta mil?"

"Não. Cinquenta rupias."

Era maio. Em junho viriam as chuvas. O catador de trapos precisava de cinquenta rupias para comprar um saco de estopa e colocá-lo no teto do barraco, para que sua casa não fosse inundada pelas chuvas. Matara um homem por uma quantidade de dinheiro que não daria para comprar uma xícara de café num bom hotel da cidade.

Depois do interrogatório, convido Ajay para jantar em minha casa. Ajay pergunta se podemos escrever um livro juntos; confia em mim. Nunca teve a menor dúvida de que estou escrevendo um livro; quando pessoas são surradas em seu escritório, ele me vê no sofá do fundo da sala, tomando notas em meu caderno, registrando cada tapa, as palavras exatas de cada ameaça de morte. Ele não tem medo de que isso lhe crie problemas depois da publicação? Tudo que eu lhe disse, para tranquilizá-lo, foi que todos os nomes em meu livro serão trocados. Talvez ele me deixe assistir porque precisa de alguém que sirva de testemunha, para fazer um registro dessas melancólicas noites da sua vida. Ou talvez ele simplesmente já não se importe com nada.

ENCONTRO

Na fronteira entre o sono e a vigília, certa manhã, tenho um sonho. Meus olhos caíram sobre um documento na mesa de Ajay. É a meu respeito. Ele está fora da sala, e surrupio o documento. Eles tinham monitorado cada movimento meu, grampeado meu telefone. Ele chefia uma operação de vigilância contra mim. Um plano foi preparado para me eliminar; a equipe especial foi citada.

Saio correndo, pego um riquixá. Preciso sair de Bombaim com minha família. Quando voltar à sua mesa, ele vai perceber que o documento sumiu e mandar todos os seus homens atrás de mim. Eles vão me encontrar.

"Encontrar" — é uma palavra inócua, que sugere um encontro casual enquanto andamos no parque. Mas em Bombaim ela significa assassinato cometido pelo Estado sem o benefício de um julgamento, um assassinato extrajudicial. Ocorre quando a polícia prende e interroga um suspeito, leva-o a um lugar público e mata-o a tiros. A explicação dada à imprensa é que "encontraram" um temível gângster, ordenaram-lhe que se rendesse, viram-se debaixo de fogo e reagiram com tiros, matando-o. Os rapazes da guerra de gangues encurtaram a palavra: "Ele foi 'contrado'", dizem.

Naeem Husain, repórter policial de um dos principais diários de Bombaim, tem um encontro com o inspetor assistente de polícia Vijay Salaskar, o grande "especialista em encontros" da polícia de Bombaim. Leva-me com ele. O escritório de Salaskar fica num pequeno barraco nos fundos do posto policial de Nagpada. Ficamos aguardando sua volta do quartel-general.

Enquanto esperamos, ouvimos um grito desesperado. A porta do escritório do outro lado do corredor, que estava aberta, agora foi fechada e o homem berra lá dentro.

"Interrogatório?", pergunto a um inspetor.

Ele sorri e concorda com a cabeça. Ninguém mais levanta os olhos do seu chá, do seu jornal.

Quando Salaskar está para entrar no escritório, duas caixas de doce de leite chegam, e oferecem-me *pedas* numa imensa caixa. Antes de perceber o que estou comemorando, como um. Salaskar acaba de ser absolvido no caso do encontro de Sada Pawale. O gângster tinha se preparado para fugir de Bombaim. Pediu à irmã e aos irmãos que o acompanhassem no carro. O carro parou num cruzamento por ordem de Salaskar e seus homens, e a família foi obrigada a sair. A irmã sabia o que ia acontecer; pôs o corpo na frente do do irmão e pediu: "Não atirem nele". A polícia os separou e atirou nele no cruzamento, diante da família. Cinco testemunharam sobre o encontro. A polícia pôs um policial na casa de Pawale e ligou um alto-falante ao telefone, de modo que todas as chamadas tocavam na casa inteira. Disseram à irmã: "Você quer perder o irmão mais novo também?". A Comissão Aguiar, que investigou o incidente, concluiu que o encontro foi forjado, mas a Suprema Corte acabara de absolver Salaskar, porque todas as testemunhas, incluindo o irmão, a irmã e a cunhada da vítima, de repente abjuraram seus depoimentos. Quatro grupos de novas testemunhas apareceram no tribunal: não dissemos o que dissemos, não vimos o que vimos.

Enquanto estou no escritório de Salaskar, policiais graduados entram, apertam-lhe a mão e dizem: "Parabéns". Um deles diz, em marata, que a partir de amanhã ele deveria retomar os assassinatos "com toda a força". Salaskar recebe os cumprimentos com um sorriso. Parece curiosamente suave para um alto "policial de encontro" de Bombaim; comporta-se como um engenheiro maharashtriano de classe média. Mas varreu do mapa praticamente sozinho a gangue de Gawli, matando cinco de seus principais pistoleiros. É por isso que, diz Husain, "Salaskar, segundo dizem, tem ligações com Shakeel". Todo policial importante tem essas supostas ligações, até Ajay. As gangues seguem com zelo a ficha de cada policial. Ele matou mais homens da D-Company? Então deve ser homem de Chotta Rajan. Está matando os rapazes de Gawli? Então deve ser homem do Sena. Esses boatos como que grudam na pessoa, e é difícil se ver livre deles; a única maneira de limpar o nome é matar gente da gangue com a qual, supostamente, você tem ligação. Quando Husain lhe pergunta se ele visou a gangue Gawli em especial, protesta, Salaskar dizendo que matou homens de Shakeel também.

Husain pergunta-lhe em quantos encontros ele se envolveu e que tipo de arma usa.

O policial pensa um pouco. "Mortes... vinte."

Salaskar tira uma bolsa de couro preta de um armário, abre o zíper — e de repente estou com ele nas mãos. É um revólver de seis tiros, cabo marrom e cano de aço. Traz o logotipo TIGRE TITÃ, e, escrito embaixo, ".38", além da proveniência: "Miami, FL". No cabo está gravada a figura de um deus norueguês barbado. Parece adereço de filme de Hollywood dos anos 1950. Olho atentamente o cano.

Pergunto a Salaskar se ele já se sentiu mal depois de um encontro, depois de tirar uma vida humana.

"Eles não são humanos", responde, de imediato. "São animais. Lixo." Para tirar a vida de alguém, primeiro é preciso negar que a vítima é um ser humano. É preciso reclassificá-la.

Husain pergunta se ele já correu risco pessoal durante um encontro. Nunca, ele responde. O truque é disparar contra o alvo, "antes do fogo retaliatório". Diz que ele ou seus homens chegam bem perto do alvo antes de atirar. Ele não é bom de pontaria, admite, mas nunca teve de atirar de uma distância superior a oito metros.

Como escreveu o juiz Aguiar no relatório sobre o recente encontro:

> É incrível que, apesar de Sada Pawale ter feito disparos com uma arma sofisticada, ou seja, uma AK-56 capaz de disparar seiscentas balas por minuto, e de ter um alcance efetivo de trezentos metros, nem o inspetor assistente de polícia Salaskar nem o policial Desai, ou qualquer dos policiais, tenha sido atingido por uma bala [...]. Os policiais devem mesmo ter o corpo protegido.

As gangues jamais perseguirão os policiais, diz Salaskar, nem mesmo um guarda. "O que se vê em *Satya*" — referência a uma cena do filme de gângster no qual um comissário de polícia é morto a bala pelas gangues — "só acontece no cinema." Ele não se sente pessoalmente ameaçado. "Sou justo. Sei onde estão as famílias dos criminosos, mas nunca toco um dedo nelas."

Husain pergunta a Salaskar sobre sua família; ele tem uma filha de dez anos.

"Você quer que sua filha ingresse na polícia?"

O policial balança a cabeça enfaticamente: não.

O desfile de congratuladores continua durante o tempo de nossa conversa. O grito na sala ao lado também continua. Nada se ouve dos interrogadores do homem que berra; não há brados, nada além de um grito estável, a plenos pulmões. Então escuto uma série de pancadas, um instrumento atingindo algo macio. Ninguém liga, a não ser eu. Um inspetor diz que precisam juntar toda a equipe que participou do encontro e comemorar. Qualquer restrição ao comportamento de Salaskar agora será aliviada. O Tigre Titã está pronto para viver sua 21ª vida.

"Ele tem algum dispositivo de segurança?", pergunta Husain, virando o revólver nas mãos.

"Nenhum dispositivo de segurança."

Husain me conta, mais tarde, que viu um homem que suplicava pela vida ser morto a tiros pela polícia. "É errado chamar isso de encontro. É assassinato a sangue-frio." O repórter foi levado para o local antes da hora pela polícia. Deixaram-no num lugar onde podia ficar e observar. Disseram-lhe que não saísse dali. Você pode ser atingido por uma bala. "Que *chutiapanthi*" — papo furado —, me diz Husain.

Ele descreve o que viu. Eram onze e meia da noite. Seis policiais chegaram em duas vans Gypsy. O homem sabia o que o esperava. Ele se humilhava, pedindo que não o matassem. "Tenho filhos, por favor, por favor, me poupem. Farei qualquer coisa, viro informante, qualquer coisa." Enquanto suplicava, os policiais levantaram suas armas e começaram a disparar, diferentes tiros, de diferentes ângulos, de acordo com um plano preestabelecido. Um policial ficava em pé num determinado lugar e disparava dois tiros, outro atirava de um lugar diferente; resolveram que seriam feitos seis ou sete disparos contra o homem suplicante. Enquanto atiravam, xingavam-no vigorosamente, mas não havia arrependimento, ou racionalização, no rosto dos policiais que Husain viu. Quando o homem caiu, eles sacaram um revólver, seguraram-no com um lenço, puseram-no na mão do morto e fizeram a mão do cadáver disparar dois tiros. Se havia público por ali, esse público foi embora ao ouvir os primeiros disparos. Os policiais esperaram 45 minutos, até não haver mais sinal algum de vida no corpo, então o levaram para um hospital. "Só fui dormir às três da madrugada, e fiquei três dias sem conseguir comer", diz Husain. "Tinha visto alguém suplicar pela vida. Vi sangue espirrar da cabeça dele." Aquilo mudou suas relações com os policiais. "Odeio-os. Os policiais de Bombaim são os piores de todos." Husain é, provavelmente, o melhor repórter de polícia da cidade e trabalha num grande jornal. Nunca escreveu uma linha sobre esse incidente. Agora se dá conta de que tudo que a imprensa noticia sobre os encontros da polícia é bobagem; ele é um estenógrafo de luxo. "Somos os *munshis* [secretários] da polícia."

A polícia, os jornais e os tribunais mantêm a ficção da morte num encontro. Eles conhecem o roteiro — supostamente os gângsteres são sempre os primeiros a atirar, e a polícia só atira para se defender — e nunca se preocupam em fazer perguntas, assim como nunca se preocupam em fazer perguntas lógicas sobre os enredos dos filmes em híndi. Se é para acreditar nos relatos da imprensa sobre esses encontros, deve-se concluir que os gângsteres são péssimos em matéria de pontaria. A polícia, por outro lado, consegue pegar o homem que procura, sempre.

Nos Estados Unidos, são chamados de "a fina linha azul" os policiais (vestidos de uniforme azul) que nos separam — nós, a sociedade: homens e mulheres que trabalham em escritórios, voltam para casa e vão para o trabalho no dia seguinte — dos maus sujeitos, as pessoas que lá da rua estão sempre espiando nossas salas de estar brilhantemente iluminadas. Em Bombaim, seria a tênue linha cáqui. Mas aqui a linha é indistinta. Não é distintamente parte de nós, e não está claro quem está sendo protegido contra quem. É uma linha áspera, infantil, feita com um pedaço de giz. Em alguns lugares, é grossa e robusta; em outros, é tão fraca que só falta desaparecer. *Eles* estão sempre à procura desses intervalos, dessas brechas, por onde possam entrar, como lontras na água numa noite escura.

O público tem uma tolerância cada vez maior para com a violência. Em outubro de 1998, a polícia de Mumbai formou seis "equipes especiais" secretas, "cuja única instrução que recebiam era abater gângsteres", de acordo com um relatório que Husain escreveu em seu jornal. A polícia tinha matado dez pessoas em encontros nos nove meses anteriores à formação das "equipes especiais". Nos cinco meses que se seguiram à formação das equipes, a polícia matou a tiros 53 supostos gângsteres, em 43 encontros. Um dos esquadrões da morte era chefiado por Salaskar, outro por Ajay. As equipes não eram limitadas por jurisdições; podiam percorrer a cidade inteira, escolhendo seus alvos. Quando ocorria um encontro, era creditado oficialmente ao posto policial mais próximo. Isso não chegava à primeira página do jornal de Husain; nenhum outro jornal entrou no assunto, exclusivo de Husain. Não houve reação do público, nenhuma indignação com o fato de que os policiais resolveram se transformar em carrascos.

Quando se vive num mundo dominado pelo medo, concedem-se poderes ilimitados ao Estado. "E que dizer dos direitos humanos dos comerciantes inocentes mortos pelos criminosos?", pergunta um negociante numa grande reunião pública de negociantes e funcionários do governo, convocada para discutir as ameaças generalizadas de extorsão feitas aos comerciantes. Alguns deles foram mortos por se recusar a pagar. Os discursos na reunião são uma curiosa mistura de fingida obediência e ameaças veladas. A comparação favorita da polícia de Bombaim é com a Scotland Yard. Cresci ouvindo a expressão "Melhor do mundo, depois da Scotland Yard", provavelmente uma citação errada de alguma pesquisa feita no Ocidente. E as pessoas dos dois lados da lei repetiam a frase como se fosse verdade comprovada. Amol, o valentão de rua, que foi suspenso entre dois pneus e surrado pela polícia, disse-me, com não pouco orgulho: "Depois da Scotland Yard, nossa polícia de Bombaim é a número dois". Agora, a expressão mudou, na reunião dos negociantes, para "Melhor até do que a Scotland Yard". Mas os comerciantes estão ofendidos. Ameaçam parar de pagar impostos sobre vendas, que são coletados pelo governo estadual.

Nesse meio-tempo, a cidade continua vivendo sua rotina, convencida de sua própria ameaça. As manchetes de jornal e os filmes satisfazem tanto aos gângsteres como aos policiais; aos gângsteres, porque aumentam sua estatura dentro da sociedade — afinal de contas, eles vivem do medo, o medo é sua solução de açúcar —, e aos policiais, porque o público agora lhe concede o poder mais alto — o poder de tirar vidas sem julgamento. Tenho a impressão de que a cidade se imagina mais violenta do que na realidade é.

Certa noite, a caminho de casa em Nepean Sea Road, pego carona no carro do comissário. Conto a Ajay do meu encontro com Salaskar. "São exterminadores", diz ele a respeito de Salaskar e outros especialistas em encontros, como Pradeep Sharma e Pradeep Sawant. "O bom trabalho de polícia envolve pegar uma pequena pista e segui-la até conseguir decifrar todo o quebra-cabeça." Ele discorre sobre os especialistas em encontros. "São assassinos de aluguel. Recebem ordens de uma facção para matar os membros da outra gangue." Ele ouviu relatos segundo os quais Gawil ordenou a morte de membros de sua própria gangue, homens que poderiam se tornar rivais dele. Por essa razão, no momento em que Salaskar ou Pradeep Sharma tem um encontro, "surge de imediato um grande ponto de interrogação. Ele não pode fazer sozinho tudo que provavelmente fazia alguns anos atrás".

Apesar de ser líder de uma das seis equipes especiais, Ajay não tem fama de ser especialista em encontros. Mas ele usa vantajosamente em suas investigações o medo que Salaskar e Sawant inspiram. Quando Ajay ameaça com encontros os homens que está interrogando, eles acreditam. Toda vez que o vi interrogar suspeitos em seu escritório, ele ameaçou matá-los sem julgamento. Ajay mantém rigoroso controle de quem seu pessoal matou. Ele não concede a seus subordinados o poder de decidir, a licença para matar. "Digo a todo o meu pessoal: nada de encontros sem informar ao subcomissário ou a mim. A não ser que demos o sinal verde, não é permitido. Tivemos 23 em nossa região, desde que cheguei." Não faz nem um ano.

Como ele lida com essa responsabilidade? Ele vê as decisões que toma, seja para tirar, seja para poupar a vida de um homem, como decisões corajosas. "É uma linha muito tênue. Tomar uma decisão sobre os encontros requer fibra moral da parte do policial."

Pergunto a Ajay se ele já matou alguém com as próprias mãos.

"Durante os tumultos alguém abriu fogo", diz ele, cuidadosamente. "Houve quatro incidentes. Seis pessoas morreram. Era uma situação de ataque de multidão. Eu era subcomissário para o tráfego. Quando Mahim fugiu do controle, o comissário me pediu que tomasse conta de Mahim, e fui para Mahim."

Mas Ajay também entende as razões pelas quais há tantos encontros. "O sistema judiciário é tão favorável ao acusado que ele não tem medo. É muito frustrante para a polícia. Alguém é preso num caso de assassinato, o caso é julgado em quatro anos, a testemunha é ameaçada e se torna hostil, e você sabe que o homem voltará a matar. Ele opera com a mais absoluta impunidade, e os tribunais o soltam sob fiança." Isso coincide com minha própria experiência. Todos os pistoleiros com quem conversei, homens que mataram muita gente, entram e saem da prisão, acusados de assassinato. O único medo que têm é de um encontro.

Quando Ajay pega um gângster e o joga no sistema judiciário, as chances de conseguir uma condenação são, no melhor dos casos, de 10%. O índice de condenação para crimes, que era de 18% a 25% dez anos antes, caiu para um recorde histórico de 4% em 2000. Mas, antes que sejam julgados, os casos se arrastam por anos nos tribunais. É a única época em que o criminoso talvez veja o lado de dentro de uma cela — mas só se for pobre demais para pagar fiança ou contratar um bom advogado. Setenta e três por cento da população carcerária do país está sendo julgada ou aguardando julgamento; apenas um quarto disso realmente cumpre pena. A cada ano, 40 mil novos casos são registrados em Bombaim.

As leis criminais do país precisam de uma revisão geral, diz Ajay. O pilar do sistema judiciário ainda é o Código Penal indiano, que data de 1861 — quase 150 anos atrás —, e o Código de Processo Criminal tem cinquenta anos. As instalações a que Ajay tem acesso precisam ser modernizadas, assim como o pessoal. A força tem um detector de mentiras, mas ninguém treinado para operá-lo. Tem um sistema de identificação vocal, mas os resultados não são aceitos como prova nos tribunais. Os promotores públicos que representam Estado num caso estão na base da escada, em termos de qualidade — são os que não conseguem emprego na iniciativa privada —, e enfrentam as melhores mentes jurídicas que defendem os gângsteres.

Mas não são apenas as leis criminais que precisam de reforma. Isso se torna evidente para mim certa noite, num jantar com um primo meu, de Surat. Ele é um pequeno comerciante e parece perturbado; sei que tem enfrentado dificuldades financeiras. Falo-lhe a respeito de meu livro, que estou entrevistando gângsteres. Ele ouve atentamente, depois me pede ajuda. Deu nove lakhs a um sócio, parte em espécie, parte em ações, para investir. O sócio, por sua vez, deu o dinheiro a um empreiteiro em Bombaim, que investiu o dinheiro em imóveis e esqueceu de devolvê-lo. Já faz um ano e nove meses desde que meu primo viu o dinheiro pela última vez. O empreiteiro simplesmente se recusa a devolvê-lo; está progredindo. Meu primo quer saber se posso pedir às gangues que o ajudem a recuperar o dinheiro.

"Por que você não move uma ação contra o empreiteiro?", pergunto.

Meu primo me lança um olhar. "Se eu entrar com uma ação, meu filho de quatro anos talvez ouça o veredicto."

Ele está desesperado. Não contou ao pai a história dos nove lakhs, e seu negócio está indo à falência. É muito dinheiro para ele. Uma noite, afligido por preocupações comerciais, ele andou de um lado para outro em sua casa, um frasco de pílulas para dormir numa mão, e chegou a pensar em pôr fim a suas preocupações de uma vez por todas. A visão de sua mulher e seu filho dormindo o impediu de tomar as pílulas.

Digo-lhe que posso apresentá-lo a alguém.

Ele pensa um pouco. "Precisamos ter muita certeza sobre quem vamos procurar. Porque o empreiteiro também tem seus contatos. E seus contatos não podem ser maiores do que os nossos. Devíamos ir à Suprema Corte."

O sistema judiciário do país em que ele vive não lhe oferece nenhum recurso para recuperar o dinheiro que é seu por direito. Ele é obrigado a recorrer ao sistema paralelo. Sua justiça será rápida e certeira, mas os honorários do tribunal são altos. "O que os tribunais não fazem, nós fazemos", diz Mama, alto membro da gangue de Chotta Rajan. As gangues progridem em Bombaim antes e acima de tudo porque o judiciário não progride. "Acúmulo e atrasos estragam uma grande variedade de sistemas legais", em vários países, reconhecem os autores de um estudo de 1998 sobre o sistema de justiça civil indiano, publicado no *New York University Journal of International Law and Politics*. "Em parte alguma, no entanto, o acúmulo e o atraso parecem mais acentuados do que na Índia de hoje." O total de casos acumulados nos tribunais indianos no fim do século XX era de pelo menos 25 milhões, uma ação para cada grupo de quarenta homens, mulheres, eunucos e crianças do país.

A proporção entre o número de juízes e a população nos Estados Unidos é de 107 juízes para 1 milhão de habitantes; na Índia é de treze juízes para 1 milhão. Quarenta por cento dos cargos de juiz em Bombaim estão vagos; cada juiz tem 3 mil casos pendentes. Advogados qualificados não querem ficar sentados nos tribunais, porque o salário é muito baixo em comparação com o que podem ganhar trabalhando no setor privado. Mover uma ação não custa nada, por isso a maioria esmagadora dos casos envolve frivolidades. Os adiamentos são extremamente comuns. Em 1996, audiências de recursos intermediários — não finais — só eram realizadas para recursos impetrados em 1984. Ações são descartadas ao ritmo de metade nas novas ações apresentadas a cada ano. Isso significa que a cada ano o número de casos que se acumulam na Suprema Corte de Bombaim é igual ao número dos casos que ela resolve.

A este ritmo, levará 350 anos para resolver os processos acumulados.

O exame de provas em ações cíveis leva em média cinco anos. Em muitos casos, os recursos finais levam vinte anos para ser decididos; muitos casos que hoje estão nos tribunais foram iniciados originariamente no começo dos anos 1950. Portanto, se minha família fosse processada ou tivesse processado alguém quando saí de Bombaim, ainda menino, a questão só agora estaria perto de ser resolvida — a não ser que tivéssemos procurado alguém como Mama:

> Se alguém invadir sua propriedade, seja o que for que esteja pendente nos tribunais por dez ou vinte anos, nós, *goondas*, resolveremos em dez dias. Aquilo que a polícia, os políticos, os tribunais não conseguem fazer, nós, *goondas*, fazemos. Quando as pessoas se cansam dos tribunais, quando estão arruinadas, quando procuram uma saída, elas nos procuram, e dizem: "Façam alguma coisa". Aquilo que você já esqueceu que é seu nós devolveremos a você.

Numa festa em Cuffe Parade, conheci uma mulher que está no meio de uma disputa por propriedade com o senhorio. É uma mulher instruída, que viaja muito ao exterior. Ela contratou um consultor para ajudá-la a recuperar uma grande quantidade de dinheiro do senhorio. "Vamos sequestrar a filha dele", diz o consultor. Ela está espantada. Será tão fácil assim? "Se eu estivesse numa situação difícil, não sei se não faria isso."

É preciso violar a lei para sobreviver. Eu violo a lei com frequência e acidentalmente. Não gosto de subornar, não gosto de comprar ingresso de cinema no mercado negro. Mas, como a opção legal é tão absurdamente árdua — para conseguir carteira de motorista, para comprar ingresso de cinema —, faço do jeito mais fácil. Se todo o país, coletivamente, faz do jeito mais fácil, um sistema alternativo se estabelece, cujas regras são mais ou menos conhecidas de todos, com taxas fixas. A "economia paralela", companheira de viagem da economia oficial, está sempre lá, basta virar um pouco a cabeça para a esquerda ou para a direita que você a verá. Para sobreviver em Bombaim, é preciso conhecer seus hábitos. Se você tem filho, precisa saber quanto deve oferecer de "doação" à escola para conseguir matriculá-lo. Se você se envolve num acidente de trânsito, precisa saber quanto dar aos policiais para esquecer o assunto, e quanto dar ao pai da criança que você atropelou, para não ser linchado. Se é inquilino, precisa saber quanto dinheiro deve exigir do senhorio para sair do imóvel. A economia paralela é alimentada com uma dieta de podridão judicial. O sistema de justiça, supremo legado dos britânicos, está em farrapos, subalimentado por uma sucessão de governos temerosos do poder desse sistema sobre eles. Foi um juiz da Suprema Corte de Allahabad que anulou a vitória eleitoral de Indira Gandhi em 1975; ela imediatamente suspendeu a Constituição. Foi outro juiz que finalmente teve a coragem de citar Thackeray como o agente por trás dos tumultos de Bombaim. Mas os políticos têm poder também. Eles têm o poder de empobrecer os juízes, de não os nomear quando vaga um cargo. Portanto, a economia paralela vive, gorda, rica e feliz, porque os seres humanos precisam de um sistema de troca, para trocar seu trabalho pelos bens e serviços do mundo.

"É uma cidade boa para a guerra de gangues", comenta Mama. Como uma área de baixa pressão na atmosfera, o submundo penetra as áreas de onde o Estado se retirou: o Poder Judiciário, a proteção pessoal, a canalização de capital. Os homens da guerra de gangues veem a si mesmos como trabalhadores dedicados. Como explicou Chotta Shakeel a um jornalista amigo meu: "Há trabalhadores de colarinho azul e trabalhadores de colarinho branco. Somos trabalhadores de colarinho preto".

Tanuja Chandra, diretora de cinema que é amiga minha e de Ajay, aparece logo depois de ele sair para passar férias na Inglaterra. Um alto oficial de polícia disse a seu produtor e mentor, Mahesh Bhatt, que o departamento central de investigações está grampeando o telefone de Ajay por suspeitar de que ele faz negócios com pessoas do submundo; transações financeiras. Tanuja está muito perturbada e me pergunta se acho que existe alguma verdade nisso. O estilo dele não condiz com o salário que ganha: as viagens ao exterior, os aparelhos eletrodomésticos em sua casa, o relógio Guy Laroche. Mahesh me diz que Ajay tem andado muito nervoso e não quer falar ao telefone. "Quem conhece as razões humanas?", especula. Ele se lembra do policial que lhe disse que, se Mahesh um dia precisasse, Ajay poderia intervir pessoalmente perante os chefões das gangues: "Ele falará com os caras e trocará favores".

Pergunto diretamente a Ajay. "Em dezoito anos de serviço jamais recebi um copo de água de quem quer que seja", declara. Ele há muito tempo tomou uma decisão referente à carreira: "A longo prazo, vale a pena ser limpo". Seu dinheiro vem de amigos de faculdade que, diz, fizeram bons investimentos para ele. Mas há gente na polícia que gostaria de pegá-lo. Inventam histórias sobre ele. "Só Ritu, minha mãe e minha irmã permaneceram do meu lado." Ajay e a família acabaram de se livrar de uma investigação no departamento contra ele, com acusações de corrupção, que se arrastou durante quatro anos. Ritu teve de explicar cada rupia que gastou esses anos todos, até onde conseguiu o dinheiro para comprar a máquina de lavar. Finalmente, ele foi absolvido de todas as acusações.

Portanto Ajay, como o comissário Forjett um século e meio atrás, é um homem amargo. Ele tem a amargura de uma pessoa de boa família que assumiu um emprego ao qual dedicou sua vida e sente que não está sendo recompensado por seu sacrifício. "De manhã, quando eu dirigia para o escritório, vi no parque Shivaji um pai ensinando o filho a jogar futebol. Pensei que eu era um atleta muito bom, mas nunca tive tempo de ensinar meu filho a jogar futebol ou basquete. Ontem meu filho jogou uma partida de futebol na escola.

Todos os pais foram assistir. Eu não pude. Acho que estou sendo muito injusto com minha família."

Pergunto a Ajay como ele vê o futuro. "Conheço o departamento. As autoridades vão me usar. Além de ir ao exterior, não há mais nada. Não há nada aqui."

Ajudo Ajay a preparar seu currículo e colocá-lo para navegar no oceano da internet. Bruce Hoffman, do Rand Institute, maior autoridade mundial em terrorismo, responde. Convida Ajay para ir a Washington, a fim de se dedicar, por algum tempo, a pesquisas.

Ele poderá trabalhar com as melhores cabeças que se dedicam ao assunto, e a força terá grande lucro com o que ele aprender, quando voltar. Mas Ajay não consegue a carta de permissão do comissário de polícia. Teria de passar pelo Serviço de Polícia Indiano e depois pelo Ministério dos Assuntos Externos. O comissário suspeita de Hoffman. "É assim que a CIA recruta pessoas", diz ele a Ajay. "Eles dão bolsas para estudar no exterior." Ajay fala ao chefe sobre o prestígio do Rand. O comissário rebate com outro argumento: "Ele disse que a batalha está na metade, como posso sair agora? Tive vontade de dizer que venho combatendo nessa batalha há muitos anos". Mas Ajay não diz isso a seu superior, e continua em Bombaim, pronto para ingressar na batalha contra a mais nova safra do submundo.

Depois que o governo do Congresso assume o poder em Maharashtra, em 1999, Ajay é chutado para cima; ele se torna comissário da polícia ferroviária. O mais hábil detetive da cidade agora foi posto para caçar passageiros sem tíquete. Ajay sente-se ofendido por "não ter havido nenhum protesto por causa da sua transferência" da parte das pessoas que ele protegeu em sua região. Mas, como comissário de ferrovias, Ajay Lal é um homem relaxado. Ele pode ir — "à sessão das três!" — ver um filme com Ritu. Em seu novo posto, ele persegue batedores de carteira, delinquentes que dão estupefacientes a viajantes para roubá-los e ladrões de corrente de pescoço. Na primeira semana de trabalho, pede os arquivos dos últimos cinco anos para examiná-los. Percebe um padrão nos roubos em trens nos trajetos longos: a maioria deles é cometida entre Santacruz e Khar. Ele imagina que é onde os trens de longa distância cruzam com os trens locais: os ladrões fazem o serviço, saltam dos trens de longa distância e embarcam nos trens locais. Por isso, Ajay destaca alguns homens para esses pontos e imediatamente apanha uma gangue de ladrões. Não é trabalho que apareça muito, mas pela primeira vez em muitos anos ele tem tempo para ficar com a família. O filho adora. Ajay agora pode ir aos jogos de futebol com Rahul aos domingos.

Ajay me pergunta o que Vinod está filmando atualmente; um amigo seu da força policial gostaria de assistir a uma filmagem. Examino o cronograma de *Missão Kashmir*. No dia em que o amigo de Ajay chega à cidade, Vinod vai filmar uma cena em que um policial obtém informações de militantes capturados. "Pode ser interessante para seu amigo, como policial, ver esta cena de interrogatório", digo.

"E quem faz o policial? Sanjay Dutt?"

Faço uma pausa, percebendo as múltiplas ironias — o próprio Ajay mandou Sanjay Dutt para a cadeia, por um ano e meio, por seu papel nas explosões —, e solto uma risada.

"Ele seria mais útil para aconselhar a pessoa interrogada sobre como agir", comenta o atormentador de Dutt na vida real.

Sanjay Dutt me conta, posteriormente, que se tornou amigo dos outros homens acusados de participação nos ataques a bomba. Um deles era alguém que se apresentava como o *nawab* [governador] de Tonk, Salim Durrani, "homem instruído", como Sanjay se refere a ele repetidas vezes. O *nawab* escreveu e contrabandeou um panfleto para Sanjay, *Voices*, sobre as torturas que a polícia aparentemente infligiu aos acusados das explosões. Sanjay descreve o conteúdo. "Eles obrigaram uma nora a chupar o pau do sogro. Ele cometeu suicídio depois."

Os suspeitos mandaram o documento para a ONU e a imprensa, na esperança de chamar a atenção para a situação dos direitos humanos em Bombaim. Procuro o documento por muito tempo, e finalmente um advogado especializado em direitos humanos me manda uma cópia quando estou nos Estados Unidos para uma breve visita. É um maço de páginas mal datilografadas, com o título de *Voices — From the Draconian dungeons* [Vozes — Das masmorras draconianas]. Leio o texto, horrorizado, numa velha e sossegada casa de fazenda em New Hampshire, o outono se desenrolando à minha volta. Muitas das sessões de interrogatório descritas foram conduzidas por Ajay, ou se passaram na sua presença. O documento denuncia tortura sistemática, não só de suspeitos, mas de suas mulheres, mães e filhos pequenos. Há um foco particular, com uma espécie de tempero ressentido, na tortura sexual de mulheres. "Uma bela moça, educada em convento e recém-casada, foi despida e posta sobre uma placa de gelo, enquanto um policial bêbado violentava seu corpo nu. O corpo ficou marcado por queimaduras de cigarro." E: "Majma foi obrigada a acariciar o pênis do pai e comer suas fezes [...]. O jovem Manzoor Ahmed, nu, foi forçado a enfiar o pênis na boca de Zaibunnisa Kazi, uma mulher da idade de sua mãe [...]. Genros eram obrigados a tirar a roupa de sogras". A maior parte do documento lembra um romance de horror barato. "Urina e fezes eram parte da comida; cuspir na boca e até trazer leprosos especialmente para cuspirem na boca das pessoas serviam como diversão, e os policiais se divertiam imensamente. Até o próprio Satanás teria se arrepiado diante dessa sádica demonstração de selvageria."

Partes de *Voices* são verdadeiras; difícil é saber que partes são essas. Os fatos básicos da história de Rakesh Khurana são verdadeiros. Khurana era dono de uma lavanderia em Bandra, e tinha ligações periféricas com Piloo Khan, traficante de drogas. Certa noite, pouco depois das explosões, quando Khurana jantava com a família, a polícia chegou e lhe pediu que fosse ao posto policial para ser interrogado. Ele disse que iria em seguida, e os policiais saíram. Durante toda a noite ele pareceu muito perturbado. Então foi ao posto, voltou, e levou a mulher, o filho e a filha de carro a um beco sem saída em Juhu. Enquanto a mulher tentava proteger as crianças com os braços, ele matou-os a tiros e depois se matou. O que a polícia lhe disse que o deixou tão perturbado? Há um mundo cinzento entre fatos e boatos. *Voices* afirma que Khurana assassinou a família depois de ter presenciado o que o policial no posto, Maneckshaw, fez com a mulher de um homem acusado pelas explosões. "Se você não achar Piloo Khan até amanhã, vou buscar sua mulher e mandar que os policiais a estuprem", diz o documento, citando Maneckshaw.

Pode-se demonstrar que pelo menos uma parte do documento é verdadeira. Em março de 2000, a Comissão Nacional de Direitos Humanos mandou o governo de Maharashtra pagar uma indenização de cinco lakhs à família de Iqbal Haspatel, pelo que lhe fez durante uma quinzena de abril de 1993. Haspatel era um tecelão de sessenta anos que morava com a família em Alibag, nos arredores de Bombaim. Um carregamento de armas e explosivos usados nos atentados a bomba tinha entrado, de contrabando, pelas praias de

Alibag, e a polícia local estava perto de pegar os responsáveis. Quando arrombaram a porta da casa de Haspatel, viram um cilindro suspeito num mostruário da sala de estar. Os policiais concluíram que se tratava de um "foguete projétil", prenderam a família inteira e desfilaram com ela pela mesquita, perguntando aos muçulmanos por que tinham criado "uma serpente como ele". No posto policial, despiram Haspatel, o filho e o primo na frente da mulher, das filhas e das noras. Quando as mulheres cobriram os olhos, os policiais golpearam-nas nos braços com cassetetes, dando ordem para que olhassem. Quando o pai nu tentou esconder as partes íntimas das filhas e noras, foi chutado na coluna e caiu, de cabeça, numa mesa. As mulheres foram chutadas e surradas com um cinto de couro. Depois os agentes da lei pegaram o filho de Haspatel, de 25 anos, amarraram-lhe braços e pernas, penduraram-no numa vara suspensa entre duas mesas, e jogaram futebol com seu corpo, chutando-o com tanta força que ele girava em volta da vara. Vendo isso, o pai rezou para que o filho morresse. O filho chegou perto disso; passados seis dias desse jogo, ele com frequência desmaiava e tinha convulsões. A família ficou duas semanas na cadeia.

Enquanto isso, um parente de Haspatel descobriu o que estava acontecendo. Levou a polícia a uma fábrica de têxteis, onde um engenheiro mostrou aos detetives outro cilindro exatamente igual ao "foguete projétil". Era um fuso de tear. A família teve permissão de voltar para casa, onde descobriu que a polícia tinha destruído toda a mobília e roubado quase tudo que podia ser levado. Houve o inquérito de praxe. Nenhum dos torturadores da família Haspatel foi preso, apesar de o incidente ter sido fartamente documentado. Um dos policiais, que não sabia a diferença entre um foguete projétil e uma peça de máquina de tecer, foi transferido para o escritório de inteligência.

De volta à Índia, pergunto a Ajay sobre *Voices*. Ele diz que a maior parte do documento é invenção, e mostra as inconsistências lógicas internas. Depois de trabalhar nas investigações dos atentados, houve 47 petições no tribunal contra Ajay de autoria de suspeitos, alegando tortura. Todas deram em nada.

Que faço com Ajay? Ele é um interrogador brutal; vi isso com meus próprios olhos. Mas se tornou uma espécie de amigo. "Vamos sentir sua falta, Suketu!", disse ele, com genuíno sentimento, quando eu me preparava para voltar para os Estados Unidos. "Já nos acostumamos com você por aqui."

O que está em questão é seu grau de envolvimento na tortura de seres humanos. Seria bom acreditar que ele só bate em homens que sabe que são criminosos, e que só usa uma correia, ou manda seus homens lhes darem choques elétricos — espécie de dor que não lhes causará danos permanentes, apenas agindo como o alicate necessário, na ausência de um Judiciário operante, para arrancar informações que salvarão vidas, informações que impedirão que bombas matem pessoas inocentes, sem relação alguma com a guerra de gangues. É evidente que Ajay não gosta da parte de seu trabalho que tem a ver com tortura. Nunca o vi atingir ninguém fisicamente, só mandar outros fazerem. Também é verdade que ele não pertence a nenhum partido político, gangue ou religião; nunca ouvi Ajay mencionar Deus, sequer uma vez.

Sou informado pelo ativista de direitos humanos Javed Anand que Ajay perseguiu os valentões do Sena como poucos policiais ousariam fazê-lo. E o jornalista Jyoti Punwani também me conta que o depoimento de Ajay perante a Comissão Srikrishna, que investigou os tumultos, foi muito melhor do que as mentiras contadas por outros policiais. Até Sanjay Dutt afirma que ele é um bom policial. E, para as pessoas comuns de seu distrito, Ajay é herói. Ele é um dos poucos altos funcionários da polícia que defendem pessoas sem dinheiro; isso porque é um dos poucos policiais que não recebem dinheiro para executar seu serviço. Os jornais estão cheios de gratas declarações sobre Ajay, de autoria de moradores de Bandra que lutam contra os chefões das favelas e os empreiteiros.

Na tabela variável da polícia de Bombaim, Ajay Lal é um bom policial. Ajay não mataria pessoas por atacado. Ele odeia os "exterminadores", como Salaskar, Sharma e Sawant, não porque a morte seja uma violação dos direitos humanos, mas principalmente porque é mau trabalho policial. "Não é uma coisa leviana tirar uma vida humana", diz ele, referindo-se aos especialistas em encontros. "Requer um tipo especial de psicologia." Que tipo de psicologia é necessário para aplicar choques nos genitais de um ser humano, quando essa pessoa é incapaz de reagir? Ajay está convencido de que participa de uma luta contra o mal. Ele se vê como alguém que oferece a espécie de proteção para os fracos que o Sena julgou oferecer durante os tumultos. Ajay e os rapazes do Sena se tornariam o mal para combater o mal. Ao fazer isso, protegem os bons médicos, comerciantes e professores da cidade, que, sob o peso da própria consciência, são fracos demais para se tornar o mal a fim de combater o mal. Quando vem a ligação de Karachi, ameaçando os filhos, as mulheres, eles querem que Ajay faça qualquer coisa que seja preciso fazer. Eles não se importam se ele maltrata as mulheres dos gângsteres, os filhos *deles*.

Ajay admite que as constantes ameaças de matar sua mulher ou explodir a escola do filho o afetaram. "Eu teria desistido há muito tempo. Mas o departamento me protege. Se deixo o departamento, onde está a proteção?" Seus filhos iriam para a escola sem proteção. Não haveria policiais armados à sua porta. "Portanto, vivo agora esta situação de Ardil-22: não estou nem cá nem lá. Quero sair, mas não posso." Jamais poderá deixar a polícia enquanto viver em Bombaim; nem por dinheiro, nem por desgosto. O trabalho que colocou a medalha do presidente em seu uniforme também garante que esse uniforme jamais será tirado.

No ano passado, um grande industrial ofereceu uma saída a Ajay. Convidou-o para chefiar a segurança de sua empresa. O pacote incluía um salário de três lakhs por mês, mais apartamento e carro em Bandra; a conta telefônica também seria paga; mais férias no exterior todo ano para a família, viajando de primeira classe, mais educação de graça para os filhos — tudo isso se ele deixasse a polícia e passasse a fazer parte da diretoria. Depois um amigo comum lhe disse que eles teriam aumentado a oferta para cinco lakhs por mês, 25 vezes seu salário atual. Ele recusou. Perguntei-lhe por quê. "Agora, posso fazê-los esperar. Outro dia eu os fiz esperar meia hora por mim. Se eu trabalhasse para eles, eles me fariam esperar três horas." Ele não será um Gurkha* de ninguém. Além disso, com seu salário atual, complementado pelos bons investimentos que os amigos fizeram em seu nome, "estabelecemos um estilo de vida. Temos tudo de que precisamos, e mais do que isso não faria diferença. Não me importa se tirarem esses carros e tudo o mais".

"Você gostaria que Rahul fosse policial?", pergunto.

"Não. Nunca." Ele quer que o filho faça um MBA ou seja médico. Não se importaria se ele entrasse para o serviço público, ou para o serviço exterior, mas não o Serviço de Polícia Indiano. "Sei o preço que tive de pagar. Se pudesse recomeçar", diz o ganhador da Medalha da Polícia por Louváveis Serviços, pelo trabalho de detectar as explosões em Bombaim, "eu teria tirado licença médica no dia em que me designaram para o caso dos ataques a bomba."

---

* Alusão aos soldados originários do Nepal e do nordeste da Índia que lutaram a serviço da Coroa britânica entre 1813 e 1816 e nas duas guerras mundiais. (N. E.)

E por que não faz outra coisa? Abrir um negócio, por exemplo?

Então, Ajay admite. Depois de todas as tortuosas explicações sobre estudos no exterior e ameaças à sua vida, e o resgate da honra de pai, ele finalmente explica sua maldição, pondo o inevitável "Fim" à sua história: "Se quer saber, acho que eu seria incapaz de fazer qualquer outra coisa que não seja isto. Não posso fazer nada que não seja ser um policial".

5. Trabalhadores de colarinho preto

A matança prosseguirá por três dias. Milhares de bodes e bovinos foram trazidos para Madanpura, no centro de Bombaim, para o festival Bakri Id. Girish foi convidado para a festa por seu bom amigo, e ocasional sócio comercial, Ishaq, outro jovem empresário, e Girish e eu tomamos um táxi. O cenário da rua, à medida que nos aproximamos de Madanpura, torna-se heterogêneo, caleidoscópico. Uma placa antes do viaduto da Estação Central de Bombaim anuncia: DR. GANJAWALA, ANESTESISTA. Na principal rua de Madanpura, um tratador de fraturas, ao lado de um hotel, ao lado de um farmacêutico, ao lado de um restaurante, onde se preparam churrasquinhos na brasa, perto da cabine STD de Ishaq, onde é possível fazer ligações interurbanas. Há milhares de pequenas oficinas produzindo maçaricos, fivelas de cinto, peças de máquinas têxteis e uma grande quantidade de artigos pequenos, mas essenciais, que fazem funcionar a economia de Bombaim. As ruas correm o risco de ser esmagadas pelas favelas dos biharis, que se derramam pelas calçadas dos dois lados. As vielas têm muitas mesquitas, uma em cada. Há divisas que, todos sabem, separam áreas muçulmanas de áreas hindus. Antes dos tumultos, havia muitos hindus nas áreas muçulmanas e vice-versa. Depois de 1993, a comunidade minoritária de cada lado começou a vender tudo e mudar-se. A segregação está quase concluída. "Mini-Paquistão" é como as pessoas da cidade chamam Madanpura.

Sentado no tosco escritório, que no entanto tem ar-condicionado, da fábrica de peças para fogão de Ishaq, seu primo Shahbuddin, médico bonitão como um astro de cinema, de seus vinte anos, me explica o significado de Id-ul-Adha. "Quando Alá pediu a Ibrahim que sacrificasse o filho, Ibrahim o levou para as montanhas. Fechou os olhos, ergueu a espada e, quando se preparava para desferir o golpe, viu um bode no lugar do filho. O festival significa que é preciso sacrificar a Deus algo muito querido."

Saímos. Um jovem touro é levado para um espaço aberto em frente às fábricas. Pertence a um encanador que está extremamente agradecido a Deus este ano, pois escapou por pouco de ser achacado por uma gangue. Eles lhe telefonaram e depois foram à fábrica à sua procura. Ele não estava, mas os homens da gangue disseram aos operários que o matariam a tiros se ele não lhes pagasse dois lakhs. O encanador ligou para Ishaq. Ishaq e seus homens esperaram a gangue, armados de vigas de ferro. Mas os gângsteres não apareceram, e o encanador comprou um touro por 20 mil rupias e está prestes a dar graças a Deus publicamente.

As crianças são levadas até lá. "As crianças devem ver", diz o dr. Shahbuddin. O animal é derrubado no chão e sua cabeça, puxada com força para trás, as pernas amarradas. Uma criança de um ano de idade é colocada em cima do touro e em seguida retirada. O imã pergunta em nome de quem o sacrifício deve ser oferecido e lhe dão um pedaço de papel. Ele lê sete nomes, em voz alta, e diz uma oração. Então um homem, que não é açougueiro profissional, enfia uma faca no cachaço do animal. Observo a cena de uma escada que conduz ao escritório de Ishaq, portanto posso ver bem quando a garganta se abre, o sangue jorra, e de repente brancas artérias se agitam loucamente. O corpo do animal se mexe involuntariamente; a cabeça se sacode, os pés se contorcem. "A carne continuará tremendo em casa", diz um homem a outro. Os movimentos musculares podem prosseguir por mais de uma hora, e durante esse tempo a carne será temperada e posta na mesa, pronta para ser cozida. No balcão da cozinha ela pode se contrair de repente, sobretudo os músculos externos.

Na larga rua atrás da fábrica, a pista está manchada de sangue. Vejo um boi sendo trazido aos trancos por um grupo de homens. Uma corda foi enfiada através de suas ventas, e eles tentam derrubá-lo. Amarram as patas dianteiras e traseiras e empurram. O animal vira, mas de alguma forma resiste e se levanta. Com um safanão, ele é novamente empurrado. Um dos homens segura-lhe a boca fechada. Outro se aproxima com uma lâmina afiada de uns trinta centímetros. Os espectadores se juntam; ainda é cedo, no primeiro dia. Há muitas crianças pequenas. O boi luta um pouco, há um profundo estrondo que sai de dentro do seu ser, e a faca é enfiada, com um movimento rápido, através de uma veia. Uma torrente de sangue jorra, a cabeça e o corpo do animal são puxados em direções opostas e o pescoço é aberto, o sangue jorra aos baldes sobre a roupa dos profissionais. O sangue fresco tem qualquer coisa de irreal na cor, como se fosse tinta; ainda não é o vermelho vivo de momentos depois, mas um vermelho claro, brilhante, rosado. Um balde de água é trazido e jogado na garganta exposta do boi, para impedir que o sangue coagule. A cabeça e o corpo lutam separadamente. Eles o deixam ali alguns momentos, para que o sangue escorra, depois começam a cortar a carcaça. Quando uma bolsa do estômago é cortada, libera blocos de esterco quente, misturado com o sangue e as tripas. Perto dele, outra carcaça de touro, o couro tirado, de repente libera um fio de líquido amarelo; quinze minutos depois de ter sido decepado, o torso está urinando.

Enquanto o pelo, o couro e a carne são cortados em camadas, os corpos dos animais revelam tesouros em múltiplas cores vivas: o marrom avermelhado do fígado; o branco e vermelho elegante das faixas do lado interno das costelas; o marrom, o branco e o preto do pelo; o cristal dos olhos; o puro creme dos intestinos, desdobrados. Vejo o maravilhoso arranjo do corpo do touro, dentro e fora, a complexa abundância de suas entranhas, a fina diferenciação dos órgãos, cada um admiravelmente projetado para sua função. Tudo isso funcionava em conjunto um minuto antes, e agora cada pedaço é libertado do jugo da mente e age em separado, contorcendo-se, urinando, crescendo, endurecendo. Agora cada um terá destino próprio. Quando um boi é abatido, as crianças puxam a gordura branca de dentro; ela estica como elástico. Um homem apalpa o olho aberto do animal morto; a boca se abre, num reflexo, mostrando uma fila de dentes. O homem repete o gesto; a boca abre de novo.

Uma coisa me surpreende: dos milhares de animais, vivos e mortos, nessas ruas não vem um som. Nenhum balido dos bodes aterrorizados, nenhum berro de gado bovino. As mortes ocorrem ao lado dos animais vivos; um boi imponente continua remoendo capim enquanto outro é trazido para o lado dele. O mesmo se dá com os bodes. Os animais não sentem nada, o fedor da matança ao redor? Além de um leve tremor que percebo num bode e um curioso silêncio, não há reação alguma. Eles parecem, se tanto, deprimidos. Um boi permite que o deitem de lado, e fica lá, esperando a faca de olhos abertos. Quando a lâmina lhe penetra a garganta, ele nem sequer opõe resistência.

Crianças sorridentes correm descalças pelas ruas sujas de sangue, segurando cabeças recém-cortadas, todas com os olhos abertos. Há grupos de lixeiros da prefeitura que levam as entranhas descartadas, as bolsas estomacais cheias de estrume. Imensos depósitos de lixo são enchidos com essas carcaças. Um homem em pé dentro de um contêiner de lixo municipal corta as entranhas de um grande animal, colocando os restos em volta dos seus pés. Gatos e cães fazem uma festa com as sobras. Na esquina há os vendedores de facas, um homem numa bicicleta com um amolador de faca preso a ela. Ele pedala e a roda gira; enquanto segura a lâmina em ângulo de encontro à roda, forma-se uma torrente de faíscas.

Os muçulmanos dessa área são sensualistas. Em dias de festival e casamento, os mais velhos pegam um guardanapo, embebem-no de atar, colocam uma bola de ópio na ponta e enfiam-na no ouvido. Depois ficam altos a noite toda. Nas ruas, as crianças das favelas dos biharis, com suas melhores roupas — como um menininho de terno marrom e gravata-borboleta costurada —, andam em pequenas rodas-gigantes giradas à mão. Homens jogam na calçada. Um anel é atirado num conjunto de brinquedos e aparelhos; se seu anel cai em cima de, digamos, um baralho, o baralho é seu. As ruas estreitas estão escorregadias com uma mistura de sangue e fezes, a mais imunda época do ano, na mais imunda parte da cidade. Na rua que leva à fábrica vejo um rato morto esmagado e coberto de moscas. Um poço de inspeção aberto revela enormes baratas de cor avermelhada no túnel. As peles dos animais são empilhadas e postas na frente das mesquitas, para serem distribuídas. Homens passam com camisas manchadas de vermelho; parece que estavam brincando no Holi, o festival das cores.

Por lei, o gado só deve ser morto no abatedouro de Deonar. Um caminhão carregado de policiais observa, enquanto os bois são mortos diante de seus olhos. O gado que vejo é todo constituído de bois, apesar de um médico dizer, uma vez que a vaca é mais barata e mais delicada, que eles preferem essa carne, e algumas são trazidas às escondidas, ilegalmente, e mortas aqui. "É contra os sentimentos da outra comunidade", diz ele. "Se descobrissem, em uma hora haveria um tumulto."

Não se oculta, como no Ocidente, o fato da morte por trás do alimento temperado num prato; o animal é trazido vivo, e vemos o antes e o depois. Vemos exatamente de que parte das entranhas dele vem este ou aquele corte de carne. Vemos o animal lutar para ficar em pé enquanto é derrubado; vemos seus olhos bem abertos quando os homens se sentam em cima do seu corpo; vemos o corpo arfar e tremer em desespero quando o sangue o abandona. Antes disso, eu só tinha visto morte no Discovery Channel. Mas agora ela está aqui: exposta, no meio da rua, à luz do dia. Quando vejo pela primeira vez um boi ser morto, sinto-me mal; minha vontade é fazer alguma coisa para impedir. Sou vegetariano há onze anos. Mas não consigo me afastar. Subo num carrinho de mão para ver melhor. Olho para minha camisa de brim azul quando o homem corta a carcaça do boi com um machado. Uma gotícula vermelha de sangue caiu no azul e ficou agarrada, sólida. Tenho medo de tocá-la. Depois de um tempo, fica preta, e é inofensiva, apenas outra mancha negra.

Dizem que a carne do animal que acaba de ser morto tem mais sabor do que a carne de animais mortos em países distantes, meses ou anos atrás. Os caçadores devem enfrentar sua caça, mas não é nada disso; o rifle confere o privilégio da distância. Esta é a forma mais direta de caçar, na qual se enfia a faca no cachaço do animal que luta pela vida, e se rasga seu corpo em pedaços com as próprias mãos. Os homens estão ansiosos, felizes de participar da morte e do corte. Os operários da fábrica de Ishaq estão de bom humor. É o começo de um feriado de três dias, um feriado na cidade, pois não há tempo para voltar à aldeia. O dia inteiro é ocupado pela matança e pelos festejos. Todos os pobres serão alimentados, e bem alimentados, com carne fresca; três quartos dela serão distribuídos entre eles. A carne de boi é dura, e a maior parte é transformada em espetinho e carne moída. A carne de bode é mais tenra. Os frangos presos no mercado estarão a salvo nos próximos dias.

Está calor, um calor de rachar, e a carne fica na rua. Quando as carcaças são cortadas, ficam na rua ou nas sarjetas onde caíram. Depois são arrastadas pela superfície da estrada em sua viagem para a casa das pessoas ou para os países do Golfo, para onde grande parte da carne é exportada. Não vejo freezer em parte alguma. No meio da manhã, muita carne estará no estômago das pessoas, um animal indo para dentro de outro. Na oficina, vejo um homem tirar um longo tubo das entranhas de um bode; uma chuva de pequenas bolotas duras de esterco cai num balde. Depois ele corta as partes comestíveis do bode e joga-as no mesmo balde, onde voltam a se misturar com o esterco.

Haverá festa três dias seguidos. "Na noite do terceiro dia", diz o médico, "vamos para um hotel comer comida vegetariana."

Dentro da fábrica, Ishaq mostra seu bode de estimação. Ele o alimenta com carne de carneiro. Ele ri. "Come qualquer coisa." Sua dieta no último ano incluiu chá e cigarros. Ele desenvolveu uma afeição pelo bode. Depois de amanhã vai matá-lo.

Vejo crianças conduzindo cabritos pelas ruas, acariciando-os, dando-lhes folhas de alface para comer. Um operário da fábrica de Ishaq, vestido de branco pouco antes de entrar no poço para matar um bode cujos chifres foram pintados de verde, diz que esses animais têm sorte, porque estão sendo mortos por motivo religioso — "são felizes" —, enquanto todos os outros são mortos apenas para servir de alimento. É por isso que não emitem um som, diz ele. Ele entra no poço e corta a garganta do bode, o sangue espirra em sua roupa branca, cobrindo-o de vermelho.

Em sua aldeia, diz o médico, ele matou bodes de que gostava muito. "É melhor sacrificar um bode que criamos desde novinho, pelo qual sentimos amor." No momento do sacrifício, diz ele, o sentimento religioso sobrepuja a relutância em matar aquele que se ama. "Não o que eles fazem aqui: compram o animal no dia anterior, animal que nem conhecem, de modo que a única coisa que sacrificam é o dinheiro. Todo esse sangue que se viu hoje... Alá não gosta disso." Agora estão comendo carne de carneiro, Shahbuddin e Ishaq, colocando pedaços de *pav* na carne. É fígado. Algumas pessoas dão valor ao fígado, outras ao coração, outras à grossa sopa feita de unhas de gado, que supostamente dá força a quem a toma; o médico prefere o músculo do úbere da vaca.

Diz Shahbuddin: "Se os animais falassem a língua dos homens, poucos seriam abatidos". Ele tenta defender a prática. Acredita que tem bom coração, diz, e essas coisas o afetam. Mas sua religião ensina que todas as coisas que existem no mundo foram criadas por Alá para satisfação do homem, e, se os animais não existissem para serem mortos e comidos, para que serviriam? "Se alguém me provasse que os animais não são criados para uso dos seres humanos, eu desistiria." Pergunta-me: alguns acham que é correto matar uma galinha, mas não um bode. Por quê? Respondo que é porque o bode tem mais capacidade de sentir dor. Mas para a formiga, responde Shahbuddin, sua dor é tão grande e sua vida tem tanto valor quanto a do elefante. "Você há de me perguntar por que eu não como carne que não seja *halal*. Você pode dizer que a carne é a mesma; que diferença faz se rezamos sobre uma delas?" Ele está pronto para admitir a dúvida no seu sistema de crença. De qualquer maneira, reflete sobre a matança que ocorre lá fora, e gentilmente procura respostas para as perguntas que não fiz.

MOHSIN: A D-COMPANY

Ishaq e Shahbuddin — cuja clínica fica na mesma rua da loja de Ishaq — são, originariamente, de Azamgarh, em Uttar Pradesh, que é famosa por seus criminosos, como o lugar-tenente da D-Company, Abu Salem, nascido lá. Converso com eles sobre um artigo a respeito de Azamgarh publicado recentemente no jornal. O artigo mencionava sua reputação de capital da lavagem de dinheiro da Índia. "Nós mesmos fizemos isto!", respondem, em coro, Shahbuddin e Ishaq. O avô de Shahbudinn foi um grande operador de *hawala*, transferência informal de dinheiro. Ele recebia dinheiro em rupias; telefonava para a Arábia Saudita e, por intermédio de um código, instruía o operador de lá para desembolsar a soma em riais para a parte recebedora. "Em qualquer crime em qualquer parte do mundo, se investigado com rigor, o nome de Azamgarh vai ser citado em algum momento", declara o médico. Em Azamgarh, diz Ishaq, o *pan wallah* negocia também com armas. Pode-se comprar um AK-47, contrabandeado do Nepal, numa barraca de *pan* por 65 mil rupias. "Para que as pessoas hão de querer um AK-47?", pergunto.

"É só um hobby", explica ele.

Madanpura também é famosa por suas gangues. "Eles espalharam o negócio", comenta o dr. Shahbuddin. "Alguém está no negócio de propriedades, alguém está no negócio de matar, alguém está no negócio de sequestro." Os rapazes por aqui são capazes de cometer um assassinato por 5 mil rupias. Fazem isso porque são pobres, mas recebem o dinheiro e o gastam nas cervejarias, jogando-o para as meninas. Depois do assassinato, a vida acabou para eles. São caçados pela polícia. Podem ser caçados até pelas pessoas que lhes encomendaram o crime.

"Qualquer sujeito que faça essa coisa desumana está enganando a si mesmo", diz Asad bin Saif, do grupo pacifista, a respeito dos hindus do Sena que mataram gente durante os tumultos. Foi interessante a maneira como ele formulou a questão: "enganando a si mesmo", em vez de "enganando a Deus", ou "enganando a humanidade". Há um abismo entre o coração humano e o assassinato, e eu queria saber quais eram as pontes que o homem constrói sobre esse abismo. Eu tinha conhecido os criadores de tumultos e os especialistas em encontros, e agora buscava os assassinos profissionais da guerra de gangues, homens que enganam a si mesmos todos os dias da vida.

Certa tarde, sento-me no *dhaba*, um restaurante barato, em Madanpura, e peço pepsi para mim, Ishaq e Anees, jovem de pele clara, entusiástico, que cresceu junto com Ishaq. Anees me fala sobre a guerra no submundo que até agora neste ano, 1998, deixou duzentos mortos. Ele é "contato da companhia" — não pertence oficialmente à D-Company, mas está ligado a ela, disponível para pequenos serviços. Ele tem um amigo que é pistoleiro da gangue de Dawood, assassino profissional. Pergunto-lhe se eu poderia me encontrar com ele. Ele concorda, mas diz que isso terá de acontecer num lugar público, que ficarei sabendo na hora.

Alguns dias depois alguém se encontra comigo na loja de Ishaq e me leva para o Venus Café, embaixo do cinema Maratha Mandir. É um lugar moderno, muito iluminado, aberto para a rua, cheio de casais aguardando o início da sessão. Acompanha Anees um homem pequeno e magro, de bigode, que me é apresentado como Mohsin. Anees se debruça em minha direção: "Ele cometeu dois assassinatos".

"Sete e meio!", diz Mohsin imediatamente, ofendido. "Sete e meio!"

Pedimos café e suco. Há um grupo de jovens inglesas numa cabine atrás de nós, viajantes que saltaram da estação próxima. Talvez estejam esperando o trem noturno que sai de Bombaim. Ninguém mexe com elas nesse café, ou sequer faz comentários. Isto aqui não é Delhi. Atrás de nós, Ishaq e outro rapaz estão sentados num banco, voltados para nossas costas, como o cocheiro na traseira de uma carruagem.

Mohsin é outro amigo de infância de Ishaq. Este o encontrou depois de dez anos, e mais tarde me conta: "Zombávamos dele quando era criança". Ele poderia ser qualquer um, o ascensorista, o contínuo no escritório do meu tio, qualquer dessas pessoas que andam pela calçada enquanto passo de carro. Mas tem olhos de assassino, escuros, cintilantes. Olha para mim e, se abaixo meus olhos para olhar meu caderno e escrever alguma coisa, ele toca minha mão com a sua, de leve. Tenho de olhá-lo nos olhos.

Dos sete casos e meio "abertos" contra ele — os que a polícia registrou —, seis e meio foram executados para a gangue, e um foi em esquema de frila, encomenda particular. Seu primeiro assassinato foi cometido em 1991 — ele deu catorze facadas num homem, mas a vítima sobreviveu. É o meio-assassinato a que se refere. A vítima seguinte foi um vendedor de bebidas, Philips Daruwala, o primeiro assassinato de verdade. Houve mais cinco, de que a polícia tem conhecimento. "Dos que não estão abertos, só eu sei." Se for apanhado, diz, "de dez a quinze assassinatos serão atribuídos a mim, pelo menos". Quando mata, ele gosta que seja um "grande" — alguém cuja morte assuste mais dez.

Sua companhia é organizada em grupos de células. Uma pessoa não sabe o que a outra faz; é tudo organizado em Dubai. Suas despesas semanais são de 20 mil rupias: 10 mil em conta de telefone celular, 5 mil em gastos com ele mesmo — quase tudo com *charas* [haxixe artesanal] — e o resto ele dá para a família. Quando precisa de muito dinheiro, aceita um *supari*, assassinato de encomenda, que lhe renderá dois lakhs: metade é paga antes, metade depois. Se o homem a ser morto não for muçulmano, ele o mata de imediato. Mas, se for, Nohsin primeiro vai verificar se é correto matá-lo, se o homem de fato está errado; do contrário, desfaz o contrato, desistindo de receber a outra metade do dinheiro.

"Faço isso pelo islã", explica Mohsin. "Na época dos tumultos, era uma questão de *izzat*" — honra. Se não houvesse uma disputa entre hindus e muçulmanos, não haveria guerra de gangues. Depois das explosões, comenta ele, Chotta Rajan disse que quem escapasse da lei não escaparia dele. "Não sou alfabetizado. Se tivesse cabeça, não estaria fazendo isso. Na cadeia, eles leem o Corão, que é onde aprendi tudo." Mohsin não tem medo da morte, porque quando morrer estará mais perto de Alá; ele se tornará um *shaheed*. "Eu tinha meus sonhos, mas acabaram. Deixei tudo por causa de Alá Malik. Todo mundo morre. Tentei matar tantas pessoas, e elas viveram, talvez eu também viva."

O grupo de inglezinhas atrás de nós de repente começa a cantar "Happy birthday to you".

Depois do encontro no café, andamos um pouco pelas ruas de Madanpura. Há muita luz, proveniente de todas as lojas, mas é um tipo de luz metálica, como a música que vem dos rádios. Perto das favelas dos biharis, uma classe de meninos muçulmanos na calçada recita alta e entusiasticamente sua tabuada de multiplicar, comandada por uma jovem professora, que marca o tempo com uma vara. Mohsin está mais relaxado e me conta que vai se casar no dia 16 deste mês. De início os pais da moça resistiram, mas, como todo mundo do bairro parece participar da guerra de gangues, acabaram consentindo: "Se o destino da menina é casar-se com ele, é o que vai acontecer", disseram.

Combinamos de nos encontrar outra vez, por mais tempo, em algum lugar mais apropriado.

Dentro de poucos dias, depois do almoço, nós sete entramos no saguão de um pequeno hotel no bairro de Byculla. Ishaq, Shahbuddin, Girish e eu pegamos o elevador, com Mohsin, Anees e outro jovem ainda mais magro do que Mohsin, que parece ser seu aprendiz. No começo, fico ligeiramente irritado com a presença de Ishaq e Shahbuddin; acho que nos acompanharam por causa da comida e da bebida, e faço um pedido para o quarto que aluguei por um dia. Só então compreendo. Eles vieram por medida de segurança, para ter certeza de que não serei assassinado.

O hotel pertence a um gângster pathan aposentado, que foi mentor de Dawood Ibrahim, segundo me contam. Todas as ruas desta parte do centro de Bombaim têm uma dimensão mítica para o submundo. No moderno quarto com ar-condicionado, Mohsin tira os sapatos e senta-se confortavelmente na cama. Usa uma camisa leve e jeans preto. Os outros se sentam no sofá e em volta de Mohsin na cama. Girish não deveria estar aqui; tinha um encontro com um provável cliente em Andheri. Mas isto é mais importante do que os negócios. É por isso que Girish sempre será um mau comerciante. Ele acha sua cidade fascinante demais.

Pego uma cadeira diante de Mohsin e ligo meu laptop. Tenho o cuidado de me dirigir a esses sujeitos usando o formal *aap*, em vez do familiar *tu*, que todo mundo usa em Bombaim. Isso confirma minha condição de forasteiro, e também lhes confere certa dose de respeito da parte de um homem pertencente à outra Bombaim.

A confiança é muito importante, diz Mohsin, olhando para mim. "Os rapazes muçulmanos são confiáveis, mas são também os maiores traidores. Quando se entra nisto, é preciso ter confiança. Estou aqui" — neste quarto de hotel, ele quer dizer — "em confiança. Vim aqui por causa do meu amigo", diz, apontando para Ishaq. "Caso contrário, se fosse para me encontrar com alguém com um computador, eu o tomaria dele e mandaria ele se foder."

Digo-lhe que também estou aqui em confiança, e sei que ele pode tomar meu computador quando quiser. Preciso lhe dizer isso logo no começo, reconhecendo que neste quarto, neste momento, na cidade de Bombaim, é ele que tem o poder, e eu, o indiano não residente que mora em Malabar Hill, sou inferior a ele na ordem das coisas. Ele não precisa exercer seu poder, mas precisa que esse poder seja reconhecido, posto em palavras.

Mohsin começou trabalhando com um contrabandista em Andheri, principalmente de biscuits de ouro, quando era adolescente — agora tem 28 anos. Quando seus bolsos começaram a ficar agradavelmente cheios, ele começou a frequentar as cervejarias. Quando o governo liberou a importação de ouro, o negócio dos biscuits de ouro acabou, e Mohsin foi para Baroda e roubou um banco. Foi preso. "Puseram grandes fotos nossas no jornal", diz ele, com orgulho. Pagou 15 mil rupias de fiança para sair, mas o dinheiro do roubo foi confiscado. Na cadeia, um amigo lhe deu um número de telefone. "Ele me disse: 'Fale com Shakeel Bhai'." E assim, cinco anos atrás, Mohsin ingressou na D-Company. Agora ele ainda negocia um pouco com ouro, mas sua ocupação principal envolve extorsão de dinheiro e pagamento de resgates. A organização é uma espécie de coletora de impostos. "Todo mundo na indústria cinematográfica dá dinheiro para Shakeel. A D-Company toma dinheiro de todo mundo: empreiteiros, diretores, produtores. Se vem uma ligação de Dubai, não importa quem você ponha no meio — um ministro ou seja quem for —, você terá de pagar."

Mohsin explica com muita simplicidade quais são os benefícios de pertencer à D-Company: "Se alguém me matar, pelo menos um lakh irá para minha casa. Se eu for atropelado por um táxi, nada irá para minha casa". Um amigo seu, Afzal, foi morto pela polícia. Quando sua irmã se casou, há seis meses, Shakeel mandou três lakhs para ela. Quando Mohsin saiu da cadeia, a mãe tinha morrido e o irmão ia se casar. O *bhai* mandou 50 mil rupias para o casamento e lhe disse: "Se quiser mais, é só dizer".

"Só preciso abrir a boca para conseguir dinheiro", diz Mohsin, confiante. "Se precisar de um carro por um tempo, eles arranjam." Como a guerra de gangues é uma atividade remunerada, há pistoleiros em abundância em Bombaim; os biharis chegaram e estão provocando uma queda nos preços. "Eles foderam nossas mães. Agora todo mundo quer entrar na D-Company."

Anees, diferentemente dos outros, tem noção da injustiça econômica da forma como as gangues são organizadas. "Em Dubai, os sheths recebem crores por serviço pelos quais eles pagam um lakh para um rapaz fazer aqui."

Mohsin tem três espécies de inimigo: os homens de Chotta Rajan, a polícia e os informantes. Se os homens da guerra de gangues sequestram um informante, eles o torturam antes de matá-lo. Também podem matá-lo a tiros em qualquer lugar onde o encontrem. Hoje a polícia dá aos informantes armas poderosas, para se protegerem. Mohsin recebeu ordem para "fazer um serviço" — ordem para matar Husain Vastara, informante no caso dos ataques a bomba, íntimo de Ajay Lal, meu amigo policial. Vastara era extremamente cauteloso e raras vezes saía de sua cova em Pydhonie. Alguns dos comandos policiais mais novos só agora estão começando a usar coletes à prova de bala quando vão para a guerra de gangues, diz Mohsin. Husain Vastara era um gângster que usava colete à prova de bala.

Mohsin é atirador experiente e formulou uma máxima para guiá-lo no seu trabalho: "É preciso conhecer os hobbies de alguém antes de matá-lo". O sujeito pode parar de trabalhar, mas nunca deixa de praticar seus hobbies. Vastara gostava muito de críquete; saiu para assistir a uma partida. Seus guarda-costas estavam tomando chá quando Mohsin partiu em sua moto. "Cheguei e atirei nele. Meu equipamento travou. Ele parecia estar com muito medo. O rosto tinha uma aparência de morte." Mohsin deu meia-volta e saiu em alta velocidade; não foi reconhecido. A arma ruim salvou a vida de Vastara, por enquanto.

O chefe imediato de Mohsin é Mohammed Ali, hindu convertido ao islã para melhorar suas possibilidades de ascensão na carreira dentro da D-Company. "Ele administra Bombaim para Chotta Shakeel." No dia seguinte, Mohsin e Mohammed Ali, que é parente de Vastara, foram ao escritório deste e se sentaram com ele para bater um papo. Vastara sacou uma pistola. "Ele ficou brincando com a pistola, primeiro apontando-a para um, depois para o outro." O braço descrevia um grande arco, como um pêndulo, parando na frente do rosto de um, fazendo uma pausa, depois passando para o rosto do outro. Os dois ficaram amedrontados. Quando saíram do escritório, ligaram para Vastara de um telefone público. O informante disse a Mohsin: "Sei que você veio para me matar". Mohsin pôs o fone no gancho e disse a Mohammed Ali: "Vamos fugir".

Eles se esconderam num clube em Grant Road, o Dana Club, e foram jogar cartas. O telefone tocou; era para eles. Quando pegaram o aparelho, escutaram a voz de Vastara. "Não é bom jogar cartas demais", disse o informante. Dessa vez eles ficaram realmente com medo. Como ele sabia onde estavam? Telefonaram para Shakeel e lhe perguntaram o que deviam fazer. "Quem mais sabia onde vocês estavam?", perguntou o *bhai*. Stanley sabia. Stanley era o principal pistoleiro da célula deles. Shakeel ligou para Stanley e lhe perguntou como Vastara poderia saber que os dois estavam jogando cartas no clube. Havia algo de estranho no jeito de Stanley responder às perguntas do *bhai*; não estava certo. Por isso, Shakeel ligou de volta para Mohsin e disse: "Mate-o". Foram procurar Stanley e o encontraram na estrada.

"No primeiro tiro acertei nele, *dhadam*! Ele estendeu a mão para parar os tiros quando a arma apareceu. O primeiro tiro foi no coração, o segundo do outro lado, o terceiro no pescoço, o quarto no estômago. Mohammed Ali levantou a cabeça dele pelos cabelos e descarregou a arma em sua cabeça. Então fomos embora. Todo mundo correu quando demos os tiros. Foi em Narialwadi, a cinco minutos daqui. Andamos até Rani Bagh e pegamos o ônibus para Wadala. Depois voltamos à noite e tivemos um bom jantar no Bhendi Bazaar. Comemos codorna. A seguir jogamos *carrom*. Esquecemos que tínhamos feito um serviço."

Isso foi há dois anos. Mohammed Ali foi apanhado por assassinato, mas não Mohsin. Quando este leu no jornal sobre a prisão de Ali, sabia que logo também seria pego. Mohammed Ali deu o nome de Mohsin. "Não fiquei inimigo dele por isso; ele apanhou." E Vastara? "Ainda está lá. Mas quando a organização quer um serviço, o serviço será feito, se não hoje, amanhã." E foi o que ocorreu. Poucos meses depois, Vastara foi morto a tiros por outro pistoleiro da D-Company, quando saía do edifício onde morava sua amante. Shakeel tinha descoberto outro hobby seu.

Mohsin explica sua técnica de trabalho. "Na maioria das vezes, atiramos na cabeça, o tiro na cabeça. Depois disso não há mais a tensão de saber se ele vai viver ou morrer." Exceto uma vez, quando baleou um homem perto da Estação Central de Bombaim. "Pus a arma na cabeça dele e atirei. A bala ricocheteou na testa e ele sobreviveu. Que posso fazer? Meu trabalho é atirar e matar. Tento matar. Que posso fazer se a bala escorrega?" Ele vai devagar. "Se puder matá-lo devagar, eu mato. Se tiver de matar e correr, então só Ele lá em cima sabe se o sujeito vai viver ou morrer."

Mohsin usa um .38, com sete ou nove balas. Para os que não podem pagar armas importadas, existe o *katta*, feito no campo, usado para matar veados. "O buraco que faz na frente é muito pequeno, mas atrás é grande. A bala gira quando entra na carne. Depois de disparar duas ou três balas, é preciso esperar esfriar. Se você fizer mais disparos, sua mão explode." Quando Mohsin não usa ou não pode usar uma arma, ele recorre a uma navalha ou a um cutelo. Para o meio assassinato de 1991, ele usou uma *khanjar*, uma adaga curta. Pergunto-lhe se é preciso ter força para usar uma faca e enfiá-la em músculos e ossos. "Você já cortou uma melancia?", pergunta Mohsin. "É a mesma coisa. A carne humana é muito delicada."

O segundo homem da moto, o ajudante num ataque, é chamado *number-kari*. Chotta Shakeel foi o primeiro a usar motos para cometer assassinatos na guerra de gangues; agora todas elas as usam. "A gente para a moto e faz o serviço. O motor fica ligado. O homem atira e monta. Um terceiro homem está sempre de prontidão, quieto. Se for necessário, ele se aproxima; caso contrário, as pessoas nem se dão conta de que ele está por ali. Se precisarem dele, ele começa a atirar e as pessoas pensam que estamos em todos os lugares." Diferentemente dos pistoleiros de países mais adiantados, Mohsin nunca se preocupa em descartar os corpos. Ele simplesmente os deixa onde caíram e sai disparado em sua moto.

Quando foi matar Philips Daruwala, Mohsin estava com febre tifoide. Quando se está com febre, diz ele, a cabeça funciona em outro nível, e matar alguém pode ser uma experiência muito especial. Foi durante o ramadã, e ele teve de fazer o serviço sozinho. Daruwala era um homem de certo estilo, que usava ternos tipo safári e óculos escuros, e tinha um dobermann que o acompanhava sempre. Durante os tumultos, ele tinha dado dinheiro e armas para os hindus. Veio uma ordem para fazer o serviço. Apesar de estar doente,

Mohsin precisava cumprir a ordem; o serviço era muito importante. Quando o pistoleiro se levantou da cama e foi à loja de bebidas de Daruwala, viu que havia um policial de uniforme sentado com ele. Mohsin foi embora e voltou à noite. Ainda havia homens em volta de Daruwala, mas estavam à paisana. Mohsin não sabia que eram policiais da Divisão de Crime, que tinham ido coletar suas propinas, como o faziam todos os sábados. Seguiu Durawala quando ele se afastou do cachorro e das visitas para urinar num bar vizinho. Enquanto o outro urinava, Mohsin veio por trás dele no banheiro e levantou a mão com a arma. Teria sido fácil atirar, mas Mohsin de repente hesitou: um homem, pensou ele, não deveria ser morto quando está urinando. Esperou que ele terminasse.

Darwala fechou a braguilha, virou-se e viu a arma apontada para seu rosto. "Era o rosto da morte." Mas a arma de Mohsin travou. "Eu também tive medo. Deveria ter atirado nele pelas costas." Ele recarregou, disparou e o atingiu na cabeça. Daruwala cambaleou até a rua e caiu. "Carreguei de novo — *dhadam, dhadam* —, atirei duas vezes e saí."

Os homens de Daruwala correram atrás de Mohsin; este fez um disparo e eles fugiram. Mas os policiais da Divisão de Crime entraram no carro e saíram em seu encalço. Enquanto era perseguido, o gângster ergueu a mão com a arma e apontou na direção deles. O motorista desviou-se e fez uma volta, e Mohsin saltou dentro de um táxi que passava. Quando chegou em casa, a febre estava alta. "Puxei o cobertor e dormi."

Mohsin não foi preso pelo assassinato de Daruwala, mas já foi preso por outros. Se os policiais o encontram, ligam para Shakeel e perguntam quanto ele está disposto a pagar para que seu pistoleiro seja solto. Se não há acordo, a polícia o tortura. Ele me conta o que já lhe fizeram. Os policiais algemaram suas mãos atrás das costas, enfiaram uma vara entre seus joelhos, equilibraram-na nos espaldares de duas cadeiras, e ele ficou pendurado como um porco. Depois se alinharam de cada lado dele e o golpearam, enquanto ele balançava de um lado para outro. As pálpebras ficaram abertas a noite toda, com palitos de fósforo. Havia um gerador portátil; prenderam-lhe grampos nos dedos, nas orelhas, nos genitais, uma roda começou a girar, soltando faíscas, e seu corpo magro tremia e pulava quando os choques de doze volts lhe eram aplicados. "Isso produz um efeito na cabeça", explica Anees.

Certa vez, no posto policial, os tiras prenderam uma das argolas de um par de algemas num dos pés de Mohsin e o penduraram no teto de cabeça para baixo. Era para ser apenas uma medida temporária. Mas havia uma marcha lá fora, em protesto contra qualquer coisa, e os policiais tiveram de cuidar dela. "Fiquei lá pendurado quatro horas. Minha perna inchou toda. Esqueci que tinha um pé."

Ele ergue a mão, abre a palma e mostra os efeitos nela causados pela gentileza da polícia. "Não há um dedo reto." O dr. Shahbuddin examina-a com interesse profissional.

Os policiais bebem um bocado enquanto surram os presos. Quando alguém apanha, todos os policiais do posto se juntam em volta. "É como quando matam um bode, e todo mundo vem ver." Nos interrogatórios, a polícia tenta amedrontar os cativos. Um dos truques usados contra homens simplórios consiste em arranjar um limão e uma faca. Então, eles dizem ao suspeito: vamos cortar o limão na sua cabeça e isso afetará seu cérebro, e você nos contará tudo. Funciona, com os supersticiosos; quando veem o policial se aproximar do crânio com o limão e começar a cortá-lo, o suco esguichando na cabeça exposta, podem acabar contando tudo. Mas não Mohsin. "Eu disse: 'Então, para que me bater? Basta cortarem o limão.'" Eles ficaram furiosos. Xingaram-no. O pistoleiro já tinha aparecido no tribunal, portanto não poderia ser morto num encontro, informou ele a seus torturadores. Esta é uma das regras dos encontros, reconhecida e observada por policiais e criminosos. Se um juiz está ciente de que ele está vivo e sob custódia da polícia, ele continua vivo.

Mohsin tem três homens em seu grupo dentro da gangue maior. Os outros cinco foram mortos pela polícia em encontros. De acordo com Mohsin, o governo do estado ordenou que qualquer um contra quem haja duas acusações deve ser morto num encontro. Por esse critério, Mohsin tem cinco casos e meio a mais do que deveria. A arma que os policiais deixam com a vítima de um encontro é um indício de seu status. Com um novato na guerra das gangues, eles deixam um "seis tiros". Com uma pessoa mais importante, deixam uma Mauser. Com os grandes, os *bhais*, uma submetralhadora, um AK-47 ou AK-56.

Dois garçons entram no quarto com bandejas de sanduíches. Paramos de falar até que eles saiam.

Mohsin está há um ano fora da cadeia, onde passou três anos muito confortáveis. "Eu ficava drogado o tempo todo." Havia alojamentos separados para os rapazes da guerra de gangues. Ele usava *charas* e Phensydril, um poderoso xarope contra tosse. A D-Company lhe mandava 7 mil rupias por mês para as despesas na cadeia, e mais 10 mil para a família. A cadeia tinha todas as instalações para os homens da organização, incluindo TV e tabuleiros de *carom*, em torno dos quais os gângsteres drogados passam o tempo. Duas vezes por dia, a gangue lhes manda lanches. Eles podem receber mulheres, bebidas; basta pagar à "alfândega" — subornar os guardas. Aqueles que não conhecem ninguém em Bombaim que lhes possa dar dinheiro para as despesas na cadeia recorrem a outros meios: "Vendem suas traseiras".

Na cadeia, os presos metidos no negócio de mulheres e de heroína apanham muito e são achacados. A droga é vendida em sacos atrás da V. T. Station, por africanos, entre as quatro e as cinco da madrugada. A polícia tem medo das pessoas da heroína. Elas atiram as próprias fezes nos policiais; cortam-se com lâminas antes de aparecer nos tribunais e dizem aos juízes que tudo foi obra da polícia. Em 1993, houve um motim na prisão de Nashik, onde Mohsin estava alojado. Os primeiros a ser alimentados nas celas são os indianos, depois os estrangeiros. Um africano jogou sopa quente no rosto de um guarda, e houve tumulto. Os guardas da prisão bateram nos negros com seus porretes de bambu de ponta de ferro, sem resultado. Então um africano empurrou um guarda, e este ficou inconsciente. O motim saiu do controle; os guardas perderam poder. Por isso, abriram os portões dos gângsteres de Bombaim e deixaram destrancados os das celas dos africanos. Os *wallahs* de Bombaim correram com facas improvisadas e começaram a golpear os africanos a torto e a direito. "A questão foi resolvida. Dois negros foram mortos. Não houve registro do crime. Na cadeia a justiça é selvagem."

Mohsin está prestes a se casar. Depois do casamento, ele pode fazer algum "bom trabalho", em contraste com o que faz agora: "Alguma fábrica, algo assim. Posso mudar de nome e viver em outro lugar". E pode também fugir do país. Após um grande serviço, um pistoleiro valioso vai de Bombaim para Dubai, e de Dubai para Karachi. Eles têm ligações com a polícia no aeroporto de Bombaim.

A essa altura, Girish resolve tentar regenerar o pistoleiro. "Você vai se casar. Agora pare."

Mohsin não se deixa influenciar pelo apelo. "Preciso ganhar dinheiro para as despesas do casamento." Sua noiva lhe disse a mesma coisa: largue isso. E Mohsin fez um desafio a ela: "Se você tiver poder, faça-me largar tudo isso".

É um casamento por amor; a moça é sua prima. Depois do casamento ele terá de ir a Surat para se vingar de um ataque contra um de seus homens, Yasin. Ele estava tomando um gole de água e seus inimigos o atacaram com uma espada: "A cabeça abriu, todos os dentes caíram nas mãos". Foi deixado à morte, e agora Mohsin precisa ir a Surat. É uma questão de honra pessoal, não assunto da gangue. "Minha *izzat* está lá."

"Ele não vai se regenerar", prevê Annes, na frente de Mohsin.

Ouço água escorrer no banheiro atrás de mim. O médico está tomando banho. Ele se manteve calado no sofá durante toda a conversa sobre tortura e assassinato, olhando para o banheiro. Lembro que ele uma vez me falou sobre a água em Madanpura, explicando por que não gosta de morar em Bombaim. "Toda manhã tenho de tomar uma decisão; se tomar banho, não haverá água para beber à noite." Quando depara com um banheiro que tem água corrente, e quente, ele decide tirar o máximo proveito. Demora-se no chuveiro e sai radiante.

Mohsin e Annes falam das associações criminosas de sua comunidade com orgulho, o orgulho de uma minoria oprimida que reage e tem a ousadia de se arriscar em negócios ilícitos "periféricos". "O pessoal periférico é quase todo muçulmano, porque hoje os que têm mais dificuldades financeiras são os muçulmanos jovens. Os muçulmanos estão nas cervejarias, na guerra de gangues... Os muçulmanos não são menos em coisa alguma." Annes comenta que durante todo o Ramadã as cervejarias ficam fechadas, ou meio vazias — durante esse mês eles não têm nem cuspe para engolir —, e então, no "feriado de Eid, as cervejarias estão cheias de muçulmanos".

Essas associações criminosas não passam despercebidas da polícia de Bombaim, que só tem 5% de muçulmanos. "Eles nos dizem os piores xingamentos", conta Anees. "Chamam-nos de traidores do país." Mas eles nasceram aqui. Se houver problema, pergunta Mohsin, para onde vão correr? Ele está pronto para lutar pelo país. Vê seu trabalho no submundo "não como uma questão do país, mas uma questão do *quum*", da nação universal do islã. Os tumultos, e o partido político que os instigou, estão sempre na mente de Mohsin. Ele chama Thackeray de "*the main wicket*", "o pior de todos". A D-Company observa os acontecimentos perto da mesquita Babri com muita atenção. Se houver mais problemas por causa da mesquita, não será como da última vez; agora eles estão preparados e responderão de imediato. Muitas pessoas em lugares remotos morrerão. As gangues estocaram equipamento. "Temos um lançador de foguetes, mas ainda não o usamos." Mísseis Stinger da guerra no Afeganistão foram distribuídos por todo o subcontinente e guardados para o próximo grande tumulto.

O grupo conversa sobre a noite anterior, quando a polícia chamou alguns rapazes de Madanpura para a reunião com o Comitê Ekta, cuja finalidade é prevenir tumultos entre hindus e muçulmanos. Houve uma *lafda*, uma greve; os rapazes tinham percebido que havia muitos policiais presentes, mas não compareceram. A tensão cresce a cada dia. Mohsin fala com medo dos tempos que virão. "Vão acontecer coisas que nem podemos imaginar." O próximo problema, diz, acontecerá no mundo inteiro, uma guerra global do islã contra seus inimigos. Eles têm os números e a geografia do seu lado. "Há muçulmanos em toda parte; hindus, só na Índia", observa. Eles estão do lado certo da História.

Um dos homens muçulmanos concorda, e me diz: "Se você quiser realmente ver *mujaidins* [combatentes], tem de ir à Palestina. Lá, até meninos de nove anos carregam seus AK-47". Ele recita a litania internacional da jihad: Palestina, Afeganistão, Caxemira, Bósnia. Já ouvi isso antes, numa mesquita do Brooklyn, no sermão do imã: o cuidadoso exame de cada luta islâmica do mundo, os clarins de batalhas distantes, um senso de erro global.

Essas são as escaramuças de rua na guerra global, uma guerra que dura séculos, começando num obscuro ponto de conflito, entre pessoas convencidas de que havia o bem e havia o mal, e que o mal precisava ser combatido e o bem, defendido. A vida dos jovens muçulmanos na guerra de gangues ganha significado nessa luta, não para converter os *kuffar* — os infiéis —, mas para proteger sua própria honra. É um sentimento transmitido, quase intacto, através das linhas inimigas, para Sunil e os rapazes do Sena, que se veem como a única coisa que se ergue entre as hordas islâmicas e nós. "Todos vocês, marwaris, gujaratis, vocês, que vivem em Malabar Hill, se não fosse por nós vocês teriam sido eliminados há muito tempo." Os dois lados veem o que acontece em Bombaim hoje apenas como a última de uma longa série de batalhas históricas. Bombaim é onde os mundos se chocam; é, para eles, seu Tours, seu Kosovo, seu Panipat. Aqui se traça o limite, nesta nação hindu cercada de países islâmicos.

A TV no quarto do hotel está ligada e exibe um filme de gângsteres, *Parinda*. O filme é dirigido por Vidhu Vinod Chopra, que nessa época ainda não conheço. Um homem está sendo assassinado numa fábrica de óleo capilar. "Esta cena é muito boa", diz Mohsin. Todos olham a tela com interesse. "Vejam como seu sangue se mistura com o óleo." Os policiais interrogam o assassino. "Para onde foi aquele homem?", perguntam. Responde o assassino: "Está na sarjeta de Worli". Depois desse filme, "Está na sarjeta de Worli" se tornou gíria usada no submundo para dizer "Foi assassinado".

Minha técnica para conseguir que os rapazes da guerra de gangues contem suas histórias é simples: vou contar a vida deles no cinema. Não é mentira; estou em contato com diretores que querem que eu trabalhe para eles em filmes a respeito do submundo. Cabe a mim conseguir histórias. Pode uma vida de crimes se tornar legítima se for transformada em arte, em mito?

Os rapazes me contam que, para dar autenticidade a meu filme, os personagens devem usar a língua do *bhai*. Há uma só palavra para morte, sexo e trabalho no submundo de Bombaim: *kaam*. "*Uska kaam kiya*" pode significar "Eu o matei", "Eu a comi", ou "Trabalho para ele".

Com o tempo, a necessidade de ocultar suas atividades da polícia levou o submundo a desenvolver toda uma numerologia de gíria. Cada número de 1 a 40 tem um equivalente na língua do *bhai*. Por exemplo, uma moça, ou "artigo" é, nesse argot, *chabbis* (26). O namorado dela é seu *chhava*. Moça é também *paaya*, *paneri* ou *chawal*: arroz, que pode ser de qualidades diferentes, como em "Isto é *chawal* basmati". Ela dança numa "escola" — uma cervejaria. *Nalli jhatakna* ser refere ao orgasmo masculino. Relação sexual é *atkana*.

Uma arma, e não é de surpreender, é conhecida por muitos nomes: *samaan* (equipamento), *bartan* (vasilha), *mithai* (doce), *baja* (instrumento musical), *dhatu* (metal), *chappal* (sandália), seis tiros, *chakri* (espécie de petisco). Com muita frequência é chamada de *ghoda* (cavalo); é tão cara e tão crucial para um pistoleiro quanto um cavalo para um guerreiro medieval. Uma submetralhadora ou, como diz Mohsin, uma "arma de máquina" é também chamada de guitarra, spray ou *jhadu*, pela rapidez com que se desfaz dos alvos. Uma arma pequena é chamada, carinhosamente, de *amma*, mãe; as balas, sua prole, de *bacche*, crianças. Uma bala também é chamada de tablete, cápsula ou *dana* (grão). Uma granada de mão é batata, pedra ou romã. Uma espada é *lambi* — a alta.

Um eufemismo para matar é "fotografia exterior", como no cinema. Um *sheth* diz a seus rapazes: "Molhe a cabeça dele" ou "Totalize ele". Para um serviço no qual o corpo deve desaparecer: "*Uska potla kar de*" ou "*Parcel kar de*", como em "Distribua-o para fora deste mundo". Outra versão da mesma ordem é "*Kamti kar do*" — menos ele, diminua-o. O termo *supari* ficou ligado à morte por encomenda devido à tradição de oferecer *pan* e *supari* em ocasiões festivas, como casamentos. Antes de o pistoleiro ser despachado para uma missão, ele geralmente recebe um pedaço de noz de bétele, para dar sorte.

Fazer sexo com uma moça — *bajaana* — é brincar com ela. Pode ser também *thokna* (golpear) ou *gaadi chalana* (dirigir um carro). Sexo e morte nunca estão muito distantes; uma arma também pode ser chamada de *gaadi*. *Shot lena* pode ser disparar uma arma ou foder. Garotas, assim como drogas em geral, são *maal* — carga —, e *charas* é *kala sona* — ouro preto. Polícia é *thola*; van da polícia, *dabba*.

Muitos termos são tirados do críquete, como vi nas sessões de interrogatório de Ajay: os vigias são chamados a "botar em campo"; eles ficam observando se a polícia chega enquanto os pistoleiros "jogam a partida" da vítima ou "derrubam uma vareta". Os chefões das gangues adoram críquete; passam muito tempo assistindo às partidas e mandam buscar jogadores para os países onde estão escondidos. Adoram tanto o esporte que precisam saber por todos os meios quem vai ganhar, antes do começo do jogo; eles regularmente subornam jogadores para perderem de propósito. E ganham muito dinheiro apostando contra eles.

Informação é *tichki*, ou um leve estalar de dedos, como em "Vou fazer o serviço com fulano. Me dê uma *tichki* sobre ele". Dinheiro é "número", como em "Que número saiu para você?". Dinheiro também pode ser "recado", como em "Seu recado chegou para dez" — 10 mil rupias chegaram para você. O submundo fala de dinheiro em termos modestos, diminutivos; um lakh geralmente é chamado de "uma rupia". Arranjar dinheiro roubando é "capitalizar".

Quando um pistoleiro vai para o exterior, seja Dubai, Malásia ou Toronto, ele vai *upar* — do inglês *up* — para a *gaon*, a aldeia. Para quem sai de Bombaim, o resto do mundo é uma aldeia.

Lá embaixo, os muçulmanos bohra de classe média de Byculla vão e vêm; está se realizando um casamento. Saímos do hotel e entramos em meu carro. Quando passamos pelo centro da cidade, Anees aponta para uma cervejaria, a Gold Mine. "Dois assassinatos ocorreram aí dentro. O dono é um Shetty. Ele tinha dois guarda-costas. A D-Company lhe pediu dinheiro, e ele não deu. Um dia, quando entrava no bar, encontrou a cabeça de um guarda-costas em cima da mesa."

Deixo-os em Kamathipura e eles perambulam rumo à 5th Lane. "Agora vamos só fumar *charas*", diz Mohsin, que abandonou o álcool há cinco anos, mas que é *charasi* desde os quinze. "Não há dificuldade, é tudo lucro. O barato acalma a mente. Tenho a cabeça quente." O haxixe os deixará famintos e sexualmente excitados; comerão doces e procurarão prostitutas depois de fumar, para que a ereção dure mais. "Veja como é nossa vida. Acordamos à uma da tarde e dormimos a qualquer hora." Ficam felizes com a falta de estrutura na vida; sempre à sombra da morte, sua liberdade. Passam o dia e, mais importante, as noites andando, flutuando através dos encantos da cidade, das barracas de espetinho de carne aos clubes de *carom* de Madanpura, às bocas de *charas* e aos puteiros de Kamathipura, onde sua raiva pode ser desnudada. A qualquer momento do dia ou da noite, há sempre grupos desses rapazes no centro de Bombaim em busca de uma confusão que lhes renda algum dinheiro. Eles observam as ruas como os corretores de ações observam suas telas de computador, ou os vendedores de grãos observam o começo da monção, procurando identificar a mais leve mudança no mercado, o mais breve sinal de excitação.

Depois da reunião no hotel, vou jantar com um grupo em Worli. Há sete ou oito casais no apartamento. A sala é comprida, com pé-direito alto, e tem arte abstrata nas paredes — rostos escuros deformados — e móveis antigos cuidadosamente escolhidos. Eu poderia estar no Soho. O dono voltou para Bombaim depois de dez anos na Califórnia; a maioria dos convidados também passou temporadas nos Estados Unidos: na Wharton School ou em Harvard. Há um considerável contingente da Doon School, no Himalaia. A conversa, na sala, é sobre bebês, sobre a terrível situação da economia, antigos assuntos escolares. Bebemos o vinho francês do anfitrião, e ouvimos Eartha Kitt e Annie Lennox em seu luzidio estéreo. Uma mulher chega, de uma palidez de mármore e cabelos loiros. Vendo de longe, acho que é americana. Depois ouço o sotaque: pura Bombaim. Ela fez alguma coisa com o cabelo, fez alguma coisa com a pele, e conseguiu se dar ao luxo de não se expor ao sol.

Cometo o erro de falar com alguém sobre meu dia, e logo um rumor percorre a sala. Todo mundo que me ouvir falar da tarde que passei em companhia dos pistoleiros. As pessoas nessa festa ficam tão fascinadas com meu relato sobre Madanpura quanto, duas noites atrás, Ishaq e Girish ficaram fascinados com meu relato de uma festa de industriais no Library Bar: "Como eles são? Como falam? Como se vestem?". Tenho raiva de mim mesmo por ter aberto a boca, pela minha necessidade de falar com alguém sobre as histórias que ouvi o dia inteiro. Ainda não tenho estômago para elas; não consigo segurá-las dentro de mim e escrever sobre elas na manhã seguinte. Mas acabou havendo algum benefício em contar os casos para esse grupo bizarro. Lentamente, dos banqueiros de investimentos, dos industriais, suas próprias histórias começam a surgir. Ninguém admite ter sido, diretamente, alvo das exigências das gangues, ou ter cedido, mas eles mencionam um parente ou amigo que teve de pagar. Mohsin e sua organização não estão muito longe dessa sala; quando olho pela janela para a calma estrada de Worli, vejo grupos de homens parados sem propósito, talvez observando as pessoas que andam de um lado para outro nessa sala brilhantemente iluminada. Eles nos veem melhor do que nós os vemos.

O homem que me dá uma carona até em casa, um banqueiro de investimentos, me pergunta onde pode comprar uma arma em Bombaim. Ele disse que certa vez disparou uma arma na fazenda do cunhado. "Foi o maior barato da minha vida."

Poucos meses depois, Anees me conta o que aconteceu com Mohsin. Ele não se casou; dois dias após o nosso encontro, a Divisão de Crime o prendeu, entupiu seus ouvidos de algodão, vendou-o e o levou para um lugar desconhecido, onde ele permaneceu três dias. Espancaram-no e pediram-lhe duas coisas: que se tornasse informante e que matasse homens que a polícia considerava inimigos. "Ele preferiria morrer a se tornar informante", diz Anees. Portanto, a polícia ligou para Shakeel, que pagou três lakhs pela vida de seu pistoleiro. Soltaram-no e ele fugiu para o norte. De Surat, Mohsin enviou para Anees um artigo de jornal sobre um assassinato, com sua foto nele. "Cumprimente-me", disse a Anees, por telefone. Fiel a seu juramento, Mohsin tinha matado o homem que matara seu amigo Yasin. Tinha encerrado o serviço "pendente" sobre o qual me falara.

SATISH: O DAL BADLU

Estou no quente e sufocante escritório externo do Phone-in Services, para conseguir um encontro com o chefão Chotta Shakeel. Mais uma vez outra pessoa do vasto círculo de amigos de faculdade de Girish, Kamal, tem o poder de me obter essa entrevista. Kamal é o tesoureiro dos pistoleiros; quando precisam de dinheiro, é ele quem cuida deles. Várias das principais figuras da lista de mais procurados o chamam de "*bhai*". Kamal tem uma cara ligeiramente vulpina, e faz questão de se vestir bem e de falar bem o inglês. Tem diploma universitário e talento empresarial, e administra uma série de negócios para a organização de Dawood. Esteve diretamente envolvido no submundo, conhecido e temido, até três anos atrás. Os rapazes de Madanpura — Anees, Mohsin — serviam-lhe chá e bebidas geladas. "Se eu entrasse numa sala, eles não tinham o direito de se sentar em minha presença. Ficavam de pé."

O Phone-in Services é um shopping de serviços de subúrbio, e o negócio mais transparente de Kamal.

Com o Phone-in Services, o passageiro apressado que volta para casa em Mira Road depois de uma longa viagem de trem só precisa fazer uma ligação telefônica e seu jantar será levado do restaurante de sua preferência para sua mesa, sua televisão será buscada na oficina para que ele assista a seus programas favoritos à noite, e as roupas que vai usar de manhã para ir ao escritório serão entregues, recém-lavadas e passadas, à sua porta.

Em seu cabeçalho, o Phone-in Services menciona no topo o nome de um hindu. Ele é dono de apenas 15% da empresa, mas o verdadeiro dono, Kamal, antes conhecido como Shahid, não pode ser citado. O amigo de Girish usa uma sucessão de nomes, como outros usam escritórios, a serem descartados quando os custos associados a eles se tornam muito altos, quando o nome já despertou muita má vontade. Kamal encontra-se em seu escritório, com um casal a quem está dando conselhos, na qualidade de "*bhai*". Uma moça fugiu de Aurangabad para juntar-se ao amante, e os pais a querem de volta. Kamal está agindo como mediador. Logo ele sai e vai à loja STD da esquina dar um telefonema para Chotta Shakeel em meu nome.

O chefão pergunta: "Você o conhece? É amigo seu?".

"Não é meu amigo, mas é bom amigo de um bom amigo meu."

"Descubra quem ele é. Preciso falar com ele primeiro."

* * *

De volta a seu escritório, Kamal propõe que eu escreva a verdadeira história da guerra de gangues, em forma de roteiro de cinema, diferente de qualquer filme já feito: "Nada de contos de fadas". Ele me prestará toda a ajuda necessária na pesquisa. Posso ir a Dubai para passar quinze dias observando a estrutura de comando operacional da gangue. Posso ver o quanto sentem falta de Bombaim. Sentem-se miseráveis lá; além do trabalho, não há vida para eles. Nas horas de folga, vão para um Pizza Hut tomar suco de frutas, ou comprar filmes híndis para assistir. Ficam o tempo todo imaginando o que a família está fazendo em casa, o que um irmão está aprontando num determinado festival. Quando Kamal passou duas semanas em Dubai com Chotta Shakeel, percebeu que a fita da canção "I love my India" estava gasta de tanto tocar.

Eu deveria fazer o roteiro, diz Kamal, porque então o governo saberá qual é a verdadeira situação da guerra de gangues, e pensará em melhores estratégias para combater as gangues. Será um serviço prestado ao país, diz o tesoureiro da gangue. Se o governo quiser acabar com a extorsão, deve permitir que o contrabando volte a ser lucrativo. "Ele deveria impor restrições de novo ao ouro, a relógios importados, aos artigos eletrônicos. É impossível acabar com o submundo." As gangues às vezes combatem entre si apenas para manter o nome nos jornais, diz Kamal. Caso contrário, as pessoas comuns perderiam o medo. "É como abastecer a loja de mercadorias. Medo é o artigo com o qual eles abastecem sua loja."

Antes de sair para um serviço, alguns pistoleiros amarram um pedaço de barbante de Ajmer Sharif no pulso uns dos outros, como um *rakhi*, diz Kamal. "Todo mundo do submundo é temente a Deus. Todos têm consciência de que estão em pecado, por isso têm de respeitar Deus por sobreviverem." Deus é maior de todos os *bhais*. O escritório de Kamal tem versos do Corão pelas paredes, em cima da mesa. Ele recita o namaz cinco vezes por dia. Como muita gente da guerra de gangues, Kamal amarra uma ou mais faixas verdes — chamadas *taveez* — em volta do braço e algumas em volta do peito. Quando Girish visita seu escritório, há sempre uma discussão religiosa em curso, entre Kamal, sua equipe e os visitantes. O negócio do momento é posto de lado para que se discutam os *Upanishads* e o Corão, comparem e contrastem o hinduísmo, o islamismo e o cristianismo, sem diminuir nenhuma dessas religiões, e exaltando todas. Para Girish, é um pouco demais.

Há um novo aparelho de ar-condicionado no escritório de Kamal, e também um monte de mosquitos. Girish tenta matar um e bate as mãos no ar. Examina as palmas; estão limpas. "Você não tem lugar no submundo", observa Kamal. "Não consegue matar nem um mosquito."

Girish adoeceu por causa do ar contaminado de Bombaim. À noite ele não consegue respirar. Já tentou vários médicos: aiurvédicos, homeopatas, *hakims* e, mais recentemente, por recomendação de Kamal, uma mulher em Mira Road que vê djins. As pessoas chegam e perguntam a seu djim, por intermédio da mulher: Meus pais, nos Estados Unidos, como estão de saúde? E o djim responde, mais barato e mais confiável do que uma ligação telefônica. Kamal visita regularmente a médium para saber notícias de seus sócios da D-Company em Dubai. Atualmente, quando a polícia grampeia todos os telefones dos gângsteres, a rede de djins, operando com segurança no outro mundo, tem valor incalculável para o submundo.

Um dos homens sentados no escritório de Kamal se chama Zameer. Tem seus 25 anos, menos de 1,65 metro e é muito magro, com um pequeno bigode. Ele viaja sete horas por dia para Kamal, supervisionando um de seus projetos de construção em Daman. Zameer me conta que os gerentes, as dançarinas e os proprietários das cervejarias são a principal rede de informações das gangues. Assim como os barbeiros, Zameer parece conhecer muito o submundo.

A conversa telefônica que espero ter com Shakeel não ocorre de imediato, mas Kamal me faz um grande favor: envia-me um dos principais pistoleiros de sua organização, um homem que "vive escondido de Bandra a Borivali", o território no qual a polícia procura por ele, onde ele corre o máximo perigo. Ele pode me encontrar no sul de Bandra ou no norte de Borivali. Kamal disse ao pistoleiro que estou escrevendo um roteiro de cinema a respeito do submundo.

Encontramo-nos com eles na parada de ônibus interestaduais de Bhayander, nos limites do município de Bombaim, numa tarde de julho. Trago meu amigo Vikram, que está escrevendo um romance a respeito do submundo e perguntou se podia vir comigo. Entramos num pequeno café, perto da parada, e encontramos Zameer, comendo seu almoço de *methi parathas*. Ele aponta para um homem no telefone da cabine do lado de fora. "É ele."

Quando Zameer acaba de comer, saímos para falar com o ocupante da cabine telefônica. É um homem troncudo, de seus vinte e tantos anos, usando camisa xadrez e jeans, uma fita sagrada no pulso e um anel. É bonito, tem olhos inteligentes e uma ligeira barba — pelos eriçados, na verdade. É apresentado com um nome e, mais tarde, quando confia mais em mim, com outro; depois, em Dubai, com um terceiro nome. Vou lhe dar um nome que não é nenhum dos que ele me deu: Satish.

Pegamos um Garuda, uma espécie de riquixá alongado, onde cabem oito pessoas atrás, em dois bancos um de frente para o outro, e três ou quatro na frente, dependendo da tolerância do condutor, e seguimos para um hotel. O trânsito é leve. Mas Satish quer que o Garuda ande mais rápido. Ele vê uma obstrução adiante, um veículo, uma pessoa ou um animal. Não vejo nada de onde estou sentado, mas ouço-o dizer ao condutor: "Escorrace-o da rua, sem medo".

Saltamos junto a um outdoor que diz MAXWELL RESORT. Anuncia uma piscina, e, misteriosamente, há imagens de um helicóptero e de um canguru. Da estrada andamos cerca de um quilômetro e meio até o hotel. A estrada segue a crista de um morro; à nossa esquerda, há velhos bangalôs com nomes católicos nos batentes das portas e alguns santuários dedicados a Jesus. À direita, podemos ver o mar branco, além dos campos de arroz verdes das chuvas. Toda a paisagem é suavizada por uma névoa de monção, e não reclamamos da longa caminhada ladeira acima.

Quando entramos no hotel, um mistério é resolvido: abrigados numa casa de veraneio logo depois da entrada há dois helicópteros e um canguru, com fendas para dinheiro do lado; são para uso de crianças. Quando alimentados com dinheiro, movimentam-se de várias maneiras. Entramos no hotel para negociar com o proprietário. Enquanto negocio o preço, dois empregados do hotel se aproximam dele.

"A polícia está aqui. Os policiais dizem que têm um mandado de prisão contra o senhor."

O proprietário, um homem pequeno de bigode grande, acena lentamente com a cabeça. "A polícia está aqui? Diga que o pai deles está sentado aqui."

Os policiais não entram.

Subimos para o quarto, que me custa quinhentas rupias. É completamente funcional, com uma cama e algumas cadeiras de plástico. Abro minha mochila, tiro o computador e Satish me fala de seu primeiro assassinato.

O *bhai* da companhia em que Satish trabalhava na época, Chotta Rajan, tinha mandado duas "*mithais*" — balinhas, armas — para ele e um amigo sikh. De início, os dois brincaram com as armas, ameaçando as pessoas com elas, mas sem usá-las. Um dia, a namorada de Satish o levou a um templo e amarrou a fita vermelha sagrada em seu pulso direito. Enquanto amarrava, disse-lhe: "Não faça o mal". No dia seguinte, chegaram as instruções do *bhai*: eles deveriam matar um muçulmano envolvido nos atentados a bomba. O alvo tinha seus trinta e poucos anos e deixara as gangues para trás; agora era um devoto e frequentava regularmente a mesquita.

Quando Satish estava prestes a matar o homem das bombas, "vi fogo e medo em seus olhos". Ao erguer a mão direita, lembrou-se da fita e das palavras da namorada. "Por isso, atirei com a mão esquerda, mas era difícil acertar, e eu errei. Atingi-o na perna. O homem correu. Senti um pouco de pena. Ele não teve uma grande participação. Se eu ficasse cinco minutos com ele, ele poderia tocar meus pés. Eu não poderia matá-lo; tive dúvida. Ele correu para dentro de casa, e eu não atirei com medo de atingir seus filhos." Então, encantado com o barulho dos disparos, Satish continuou a atirar para o alto, andando um pouco e disparando, as pessoas correndo em redor.

As ordens de cima tornaram-se mais insistentes. O suspeito das explosões precisava ser morto. Por isso, tudo foi preparado de novo. Quatro pessoas, incluindo Satish, aguardaram o homem num ponto de ônibus numa área movimentada. Todos tinham armas sofisticadas: uma 9 mm, uma Mauser, um .38, uma semiautomática. Puseram as coordenadas nos celulares. No ponto de ônibus, um deles sentou-se perto do alvo. Os outros procuraram rotas de fuga. Tinham escondido o equipamento em sacolas de plástico. Quando tudo estava preparado, "fizemos sinais para nosso amigo perto dele. Ele atirou na cabeça. Atiramos para ter certeza. Todo mundo correu; outras pessoas também ficaram feridas. Fiquei parado mais ou menos um minuto, olhando todo aquele sangue. A carne estava saindo do cérebro dele. O sangue fervia, como quando a gente vê água ferver no fogão".

Foi seu primeiro assassinato. "Assim começou o trabalho."

Falamos em híndi e também em inglês. Satish é um homem inteligente, e tem um jeito de se concentrar totalmente no interlocutor quando fala; olha nos olhos e expõe suas opiniões com vigor e eloquência, sem esperar que você concorde ou simpatize com ele. Estudou química até o segundo ano da faculdade; mais um ano e teria um diploma.

Quando Satish tinha sete anos, em 1981, no terceiro ano, ele viu a mãe ser queimada viva na sua frente. Pergunto-lhe de que modo isso o afetou.

"No dia seguinte eu estava comendo chocolate."

A polícia disse que seu pai, funcionário da Receita, tinha matado sua mãe. O pai sustentou que havia sido suicídio. Ele foi suspenso do trabalho no departamento de imposto de renda, preso, julgado e condenado à prisão perpétua. Anos depois, foi absolvido pela Suprema Corte.

Enquanto isso, Satish foi para uma escola em Andheri onde se falava inglês. Foi um bom aluno, classificado entre os dez melhores da classe. Mas "a situação não era boa em casa". Ele fez amigos na escola, sujeitos duros. Começou a se meter em dificuldades; certa vez urinou no quadro-negro e foi suspenso. "As pessoas em casa descobriram o que estávamos aprontando e nos pediram, emocionadas, que parássemos." Quando fala, Satish geralmente emprega a primeira pessoa do plural referindo-se a si mesmo, não tanto no sentido do plural majestático, mas como alguém que busca o anonimato, ou foge da responsabilidade de ser parte de um grupo.

A necessidade de dinheiro para sair com as garotas tornou-se premente. Satish e os amigos surripiavam correntes, roubavam carros, surravam pessoas e tomavam seu dinheiro. Às vezes havia problemas; às vezes *eles* eram surrados numa briga. "Não apanharíamos se tivéssemos um revólver. Íamos ao cinema e achávamos que deveríamos ter um *ghoda*." Um amigo, de Uttar Pradesh, metera-se numa briga; Satish e seus camaradas esfaquearam os adversários.

Mas o outro lado tinha relações com as gangues, por isso o amigo de Uttar Pradesh comprou um revólver fabricado no campo. Foi o primeiro *ghoda* de Satish. "Ficávamos nos olhando no espelho. A gente se sentia muito bem. Andávamos por aí com a arma." E dentro dele formou-se um firme desejo: "Queríamos atirar com a arma". As referências da vida de Satish não são as pessoas que ele conhece, mas a arma que usou em determinada ocasião. Para cada etapa de sua vida adulta, ele se lembra da arma que levava no cinto, como outros homens se lembram das mulheres com quem estavam envolvidos.

Satish foi para a faculdade, mas vendeu armas e bombas para uso nos tumultos de 1993. Um dos homens do grupo de Satish foi preso por Salaskar, o especialista em encontros que eu tinha conhecido, e dezoito pistolas importadas foram encontradas em poder do grupo. A polícia procurou Satish na casa do pai. Ele não estava, e os policiais apontaram uma arma para a cabeça do pai e perguntaram pelo paradeiro do filho. O pai suplicou pela vida do filho e deu dinheiro ao inspetor, pedindo-lhe que não matasse o rapaz.

Satish foi detido pela polícia para investigação, para descobrirem se ele estava envolvido nas explosões. Diante dele, os policiais surraram seu cúmplice, aplicaram-lhe o fio elétrico. Aquela noite, informaram a Satish, ele também ia apanhar. Ele ficou na cela, com muito medo da surra que ia levar. Então se lembrou de um poderoso mantra que um amigo muçulmano lhe ensinara. Quando o policial chegou para bater nele, Satish fingiu que estava dormindo e entoou o mantra furiosamente para si mesmo. O policial ficou em pé junto dele, olhou para o menino adormecido, e foi embora. "Até hoje acredito no mantra", diz Satish.

A polícia não descobriu ligação entre Satish e os ataques a bomba, e o liberou. Quando ele chegou ao prédio onde morava, tarde da noite, viu luzes acesas no apartamento da família. Abriu a porta, e o pai, o irmão e a irmã estavam sentados. "Eu não tinha mãe, é claro." Pela primeira vez na vida, ele viu o pai chorar. "Ele disse: 'Achei que você ia estudar, ser médico.'" Sentindo-se culpado, Satish foi à aldeia de seus antepassados em Maharashtra. O avô foi extremamente duro e o obrigou a trabalhar no campo. Ele empurrava o arado com os ombros e não tinha comida suficiente. Quando adoeceu, o avô deu-lhe remédio de má vontade. Enquanto isso, o irmão, que tinha sido levado para um albergue, escreveu-lhe uma carta dizendo que estava doente e precisava vê-lo. Mas quando Satish pediu dinheiro a um primo para poder ir ao albergue ver o irmão, o primo recusou. "Eu me senti muito mal", recorda-se. "Quando eu fazia serviço ruim, tinha muito dinheiro; agora que estava fazendo serviço honesto, não tinha dinheiro nenhum." Ele fugiu para Bombaim.

Em Bombaim, achou emprego numa empresa de serviços de voo, na qual havia muito contrabando. Com seu primeiro pagamento, Satish comprou para o pai um relógio. "Até hoje ainda sinto sua felicidade", lembra-se. Houve uma disputa no trabalho, e ele ingressou numa empresa de entregas, de propriedade de outro primo. Seu trabalho era transportar pacotes para Bombaim nos trens.

Pouco antes da estação de imposto de consumo, na divisa de Bombaim, ele tinha de jogar a carga do trem em movimento, depois o próprio corpo, e passar com a carga, de contrabando, pelo coletor de impostos. Um dia ele cometeu um erro; pediu a um homem sentado a seu lado que empurrasse a carga, e ela caiu debaixo do trem. O pacote, que consistia em sáris e maquinaria importada, foi danificado, e seu primo recusou-se a pagar-lhe pelo serviço. Satish largou esse emprego também.

Depois disso, um velho amigo procurou Satish. Ele tinha estado na cadeia, onde entrara em contato com as gangues. Com o amigo, Satish alistou-se na Rajan Company. Foi quando Chotta Rajan lhe deu a missão de matar o homem envolvido nas explosões. Depois desse primeiro assassinato, houve outros. Rajan teve uma disputa com um produtor de cinema por causa de um filme que havia financiado. O produtor se julgava intocável; vivia protegido por trinta ou quarenta rapazes. Estava sentado no escritório certo dia, cercado de guardas, quando Satish ateou fogo em seu bangalô nas proximidades. Os rapazes correram para apagar o fogo no bangalô, e Satish entrou no escritório. O produtor estava ao telefone, sentado com visitas. "Xingamos o homem e metemos uma bala no seu peito. Os outros nem sequer abriram a boca. Saímos e fugimos de carro."

Tudo isso aconteceu no começo dos anos 1990, durante os tumultos no Punjab. Os terroristas pediram a um amigo sikh de Satish que estava com eles que trouxesse alguns bons pistoleiros de Bombaim. Um policial devia ser morto. Satish saiu com mais quatro, atirou no policial e foi apanhado. Ficou quatro meses na prisão de Patiala. Era uma prisão imensa, cheia de terroristas. Muitos deles eram altamente inteligentes; um era Ph.D., e o colega de cela de Satish era filho de um coletor assistente de impostos. Ele deveria ficar em confinamento solitário, mas "tínhamos 2 mil rupias e boas relações". Havia três homens na cela vizinha. Através das paredes, eles jogavam *antakshari*, o jogo de canções de filmes híndis, no qual cada pessoa começa uma canção cuja sílaba inicial é a sílaba final da canção anterior. A cela fazia ressoar as vozes altas de terroristas cantando canções de amor.

Uma das tarefas de Satish era limpar a forca. Esta consistia numa plataforma, sobre a qual ficava a corda, e o espaço embaixo, onde caía o corpo pendurado. Satish tinha de limpar a plataforma superior, cheia de excrementos deixados por bandos de periquitos que sobrevoavam a forca. Mas o verdadeiro trabalho era limpar a sala do subsolo. Segundo Satish, quem vê a plataforma é incapaz de imaginar o sofrimento dos enforcados quando eles caem no subsolo. A sala estava toda suja de fezes e línguas. Quando os condenados se contorcem na ponta da corda, borram a calça e cortam a língua com os dentes.

Quando saíram da cadeia, Satish e seus companheiros estavam em bons termos com os policiais do Punjab; um deles chegara a ajudá-lo a conseguir sua soltura, porque Satish era filho de um alto funcionário do governo, ainda que estigmatizado. De certa forma, tornaram-se amigos. Agora, quando os policiais do Punjab vêm a Bombaim, Satish e seus rapazes vão buscá-los de carro na estação e levá-los para o 007, um bordel em Kamathipura. Satish sabe o menu de cor. "Por 150 rupias consegue-se uma moça bonita, com jeito de universitária. Uma hora custa trezentos, a noite toda, setecentos." Ao levá-los ao bordel, Satish está apenas retribuindo um favor. E me conta uma história sobre a hospitalidade dos policiais punjabis.

Certo dia, no Punjab, Satish foi convidado para ir à casa de um de seus amigos policiais. Houve um farto jantar com a família do homem. "Ele sabia que eu gostava de foder." Portanto, depois do jantar, ele disse a Satish que montasse na garupa de sua moto Bullet e os dois saíram roncando pelo campo. Pararam na frente de uma casa, e o policial bateu à porta. Um homem veio abrir e o policial encostou-lhe a arma na cabeça. Atrás do homem estava sua mulher. "Ele me mandou levar a mulher para um quarto e fodê-la." Foi o que fez Satish: "Dei uma rapidinha". Depois foi a vez do policial, com Satish sentado na beira da cama, olhando. "Ele a fodeu com força, e, olhando-o, fiquei novamente à espera da minha vez, e trepei de novo com ela. Ela gritava: 'Não, não!'" Mas o policial disse a ela que cooperasse. "Disse: 'Este é nosso convidado.'" O marido e a filha mocinha estavam no quarto ao lado. "O marido estava sendo ameaçado por alguns policiais. No Punjab a polícia faz o que quer." Perguntei a Satish se ele tinha estuprado a filha também. Não. Ela só tinha dezoito anos, disse ele, "e eu não quis fazer nada com ela".

Satish tenta racionalizar. "A mulher devia ter um caso com alguém, e eles pensavam: se ela pode fazer isso com alguém, por que não conosco?"

Enquanto escuto, tenho de fazer uma pausa. Com esforço, guardo para mim mesmo o que sinto. Pergunto a Satish se ele tem medo quando atira.

O som da bala afasta o medo, responde ele. "Depois que sai a primeira bala, tudo fica claro. Então, começa a diversão." Diferentes pistoleiros têm formas diferentes de lidar com o trabalho que fazem. Quando acabam, alguns bebem. Alguns se drogam. Outros comemoram nos bares de prostitutas. Depois que mata alguém, Satish faz uma farta refeição estritamente vegetariana. Ele é abstêmio e não fuma, e não consome drogas. Vai direto para casa, toma um banho — "Sempre tomo um banho" —, faz um *puja* para Hanuman e senta-se para comer um repasto não violento. Não ingere nem mesmo ovos. Isso começou quando ele saiu da cadeia; a experiência lhe provocara muita raiva. "Eu sentia que era capaz de matar todos os dias." Antes disso, era um carnívoro convicto, que comia carne até no café da manhã. Mas um dia ele abandonou o hábito de uma vez. "Agora que sou vegetariano, minha mente se acalma, não consigo ficar zangado e posso prestar atenção no meu trabalho."

Em seguida à refeição pós-assassinato, Satish dorme profundamente, por muito tempo. "Algumas pessoas sentem outras coisas", reconhece. Ele tem um amigo pistoleiro que tem um problema com as consequências dos assassinatos que comete. "Quando ele mata um homem, a alma desse homem vem se sentar no seu peito." A alma tenta lhe tirar o coração do corpo. O pistoleiro não estava conseguindo dormir à noite, até que um feiticeiro lhe ensinou a enganar a alma. "Ele lhe disse para virar de lado quando dorme, para que a alma não possa agarrar seu coração." Agora o pistoleiro dorme de lado, e quando vê a alma entrar no quarto, encolhe-se em posição fetal para proteger o coração.

Alguns pistoleiros tornaram-se psicopatas. Satish conhece um que é filho único de um médico e foi estudante de medicina. Sempre que tinha um problema em casa, ele fugia e fazia qualquer coisa psicótica. Estava sempre alto. Tinha uma esquisitice: depois de matar alguém, tirava o cérebro da vítima e, com uma espada, cortava-o em pedacinhos. Satish corta o ar em fatias muito finas com a mão, fazendo uma demonstração.

"O que ele faz agora?", pergunto.

"Retomou os estudos de medicina."

Pistoleiros, segundo Satish, são muito sensíveis e levam as coisas muito a sério. Isso, afirma, lhe causa dificuldades no amor. "Quando amo uma moça, não sei como expressar esse amor. Quando amo uma moça, amo-a muito, e ela começa a me evitar. Se ela fala com outro rapaz, eu mato o cara. Então penso em matar a moça também. Ainda não matei nenhuma, mas sinto que uma vai morrer por minhas mãos." Talvez tenha adquirido essa atitude assistindo a filmes, especula ele.

De outro lado, as moças com quem os pistoleiros saem sabem que eles pertencem a gangues e conhecem os riscos que correm. Algumas ficam com eles pela comida e pela bebida, outras por simpatia. "As dançarinas e prostitutas nos entendem mais. Nos amam mais. Entendem a situação. Aqui é matar ou ser morto. Elas também são assim. Não têm o poder das armas; estão à procura de um ombro." Se os pistoleiros estão sem dinheiro, ou são procurados pela polícia, sempre podem achar onde se esconder nas casas das dançarinas. "Parece nossa casa. Elas nos amam. O tempo passa."

Houve uma mulher que Satish levava muito a sério, uma médica de uma família de médicos de Delhi. Os dois se conheceram na faculdade; ele a dividia com o amigo sikh, que também saía com uma médica. "Era caro. Elas tinham boa situação, e a gente precisava de dinheiro. Íamos ao Taj e nos sentávamos, ao Leela e nos sentávamos." Ele ficou com ela quase dois anos. "Eu estava satisfeito mentalmente, sexualmente, em tudo." Ela tentou corrigi-lo. Satish era aluno de ciências na faculdade. "Ela queria que eu seguisse sua linha. Queria que eu fosse patologista." Mas eles romperam antes do segundo aniversário de namoro. Sua mente começou a pregar-lhe "psicopeças". "Comecei a achar que ela tinha casos com outras pessoas do grupo dela, outros médicos. Eu costumava xingá-la, surrá-la. Ela dizia: 'Pode me bater, mas não use essas palavras tão feias para me xingar.'" Mas ela encarava com muita seriedade o namoro e era muito ambiciosa profissionalmente. Satish viu o fim se aproximar. "Senti que estava indo muito fundo naquilo. Senti que, se fosse apanhado, ela e sua família seriam desonradas, e acabei o namoro."

Mais tarde, Satish tentou voltar, mas a moça não quis. "Poucos dias atrás, saí para matar alguém de manhã. Não o encontrei. Estava esperando na frente de um hotel em Dahisar quando ela apareceu para visitar um parente. Ela me viu, porém não disse nada. Depois disso liguei muitas vezes para ela. Meus amigos me batiam, mas continuei ligando."

Depois da Rajan Company, Satish e seu grupo fizeram alguns serviços para a Manchekar Company. Essa organização era especializada no negócio do pó — drogas — e também extorquia médicos em Kalyan e Dombivali. A Manchekar Company era pobre; era conhecida como a gangue das castas e tribos inferiores, mas sempre pagava pontualmente seus pistoleiros. Satish contrabandeou armas para o grupo. Quando queria obter armas, ia ao Nepal ou a Uttar Pradesh. Ele me conta de uma viagem a Uttar Pradesh: "Lá eu matei".

A zona rural está em constante guerra de castas, e a única profissão dos jovens é a política. A honra de uma pessoa é seu fuzil. Bombas feitas em casa são vendidas por uma rupia e meia. "As pessoas que as fabricam acabaram com a saúde de tanto lidar com elas." Ele foi visitar um membro local do Parlamento, que fornecia munição para a gangue. Satish tinha uma proposta para o parlamentar: se ele fizesse certo serviço para o grupo de Satish em Bombaim, Satish e seus rapazes fariam um trabalho para ele em Uttar Pradesh. Certa manhã, quando se aliviava num campo atrás da aldeia, Satish ouviu tiros. Havia uma briga entre os thakurs e os brâmanes. Satish entrou com sessenta homens armados na aldeia dos brâmanes. A aldeia inteira debandou. Uma pessoa foi morta e muitas, feridas. "Sentíamos que éramos um exército, tantas eram as armas que tínhamos."

Satish tem uma ficha respeitável na Rajan Company. Tem dois assassinatos em sua ficha oficial, quatro ou cinco tentativas, e alguns outros assassinatos não registrados. Ele está na D-Company — ou "Mucchad Company", como ele chama Dawood e seu bigode — há apenas dois meses. Nesse período, já cumpriu duas missões. Ele trocou de gangue devido ao dinheiro que lhe dão nesta organização e devido à boa qualidade da munição que ela fornece. "Um atirador tem duas fraquezas: mulheres e armas. Quando as balas são disparadas, há uma grande felicidade e tudo se abre. Quando um homem morre, sinto uma felicidade ainda maior."

Pergunto a Satish se as pessoas que ele mata suplicam pela vida. "Algumas suplicam, por isso é preciso matá-las imediatamente e não esperar que falem."

Quando acabamos a conversa do dia e saímos do hotel, Satish diz: "Eu gosto de lugares como este". É sossegado à noite, e o ar, fresco. "É como na aldeia, e minha mente relaxa. Mas depois de alguns dias assim começo a ficar inquieto." Enquanto aguardamos um Garuda, ele pergunta: "O que é aquilo no meio da estrada?". A certa distância de nós, um animal anda furtivamente pela estrada. De início, parece uma fuinha, mas Satish faz um comentário: "É um gato que foi atingido por aquele carro". Um Maruti branco acabou de passar em alta velocidade. O gato não emite um som. Tenta recompor-se e arrastar-se até a margem da estrada. É uma curiosa forma de locomoção; ele levanta metade do corpo, depois cai e desliza freneticamente, como uma minhoca espichada, para um lado e para o outro.

"O que a gente faz com aquele gato?", pergunta-nos Satish. "Pode-se fazer duas coisas: pode-se colocá-lo no meio da estrada, para abreviar a dor, ou apanhá-lo e colocá-lo na margem. O que vocês fariam?"

"Se eu tivesse um instrumento para matar, eu o mataria", diz Vikram, o romancista.

O gato se arrasta para o lado, depois volta se arrastando para o meio da estrada. "O gato teve a mesma ideia", comenta Satish. "Você mataria um gato?"

"Não sei. Já fui caçar umas duas vezes", responde Vikram.

"Espancar o gato assim é o que os filhos da classe média de Bombaim estão fazendo. Nós" — ele quer dizer os pistoleiros — "lhes damos o *mukti*" — a libertação do ciclo de reencarnações. Nós os liberamos. O Garuda segue em frente, deixando o gato ainda a se arrastar, à espera de ser libertado pelo próximo carro ou ônibus.

Logo Satish dispara um solilóquio a respeito de Deus. "Deus é como cheirar o dinheiro que ganhamos. Na verdade, não há cheiro, mas percebe-se. Todos somos parte do jogo de Deus." Até Deus tem um jogo: no sentido do submundo, "jogar o jogo de alguém" quer dizer matá-lo. O maior jogo de todos é o de Deus. Satish diz que estou pesquisando o assunto errado. Eu deveria fazer pesquisa espiritual, como nossos antepassados, os *jnanis*. "Eles sabiam tudo. Nunca falavam, apenas riam."

Pergunto-lhe se ele fez muita pesquisa espiritual. "Não faço pesquisa. Olho para dentro de mim. Tudo está em mim. Quer saber quando atinjo o mais profundo estágio de meditação? É quando estou no banheiro. É um momento muito criativo para mim. Planejo tudo, todo o meu trabalho, na privada."

Passamos por um posto de controle da polícia. Os tiras estão verificando carros de casais que vão se esfregar nas praias desertas. Eles acenam para mim e os gângsteres avançam. Quando chegamos ao restaurante Surahi, há um grupo de policiais bêbados, nos fundos. Eles discutem. Um quer que outro tome mais um gole. Um terceiro solta um imenso arroto. Um deles tira a camisa e se levanta. Quando saem, vejo-o de camisa nova, a etiqueta ainda aparecendo nas costas. "Devem ter feito a coleta hoje", diz Satish, claramente enojado. Os gângsteres chamam os policiais de "gente suja".

Poucos dias depois, Zameer arranja um segundo encontro com Satish, numa sexta-feira. Sobre o primeiro, ele diz: "Foi só o trailer". Para o espetáculo principal, Zameer vai trazer Satish e outro pistoleiro. Vikram não pode ir; está sendo entrevistado para um programa de televisão em Delhi. Portanto, vou sozinho, da segunda vez, ao encontro com os gângsteres.

Quando Zameer vem me buscar de riquixá, tento puxar conversa. Mas ele não quer falar. Está tenso por algum motivo, e tenho consciência de estar sozinho. Na estrada para o hotel começamos a ver seus rapazes: dois, quatro, oito. Há um exército indo para o hotel. Por quê? Zameer não oferece carona a nenhum deles. Pergunto se ele já viajou para o exterior. Ainda não, mas dentro de uma semana irá a Dubai. Por quê? Sei que, depois de um grande serviço, os pistoleiros geralmente são mandados para fora do país por algum tempo. Quem é que Zameer vai matar desta vez?

Pergunto-lhe se é absolutamente seguro para mim ir sozinho. Zameer responde que, como ele está me levando, provavelmente sim. "Mas neste negócio as coisas mudam em cinco minutos", observa. "Se eu receber uma ligação de cima dizendo 'Elimine Suketu', eu elimino, mesmo que eu seja seu melhor amigo. Porque, se não o fizer, eu é que serei morto."

Enquanto passo pela recepção, Zameer diz que só haverá quatro pessoas no quarto. O que todos esses rapazes estão fazendo aqui, então? "Vêm nadar", explica ele. Esperamos em silêncio no quarto. Pela janela veem-se árvores. O quarto dessa vez tem o mesmo tipo de cama, um guarda-roupa de aço, uma escrivaninha, duas cadeiras. É espartano, funcional, perfeito para o sexo e para a morte. Você entra num quarto como este e o decora com sua presença. Você é a única coisa que está sobrando.

Satish fez a barba hoje e está de jeans e camisa com grandes listras vermelhas e brancas. Acompanha-o um jovem sikh, homem bem-proporcionado, de nome Mickey. Pego meu computador, e Mickey senta-se numa cadeira ao lado da cama. Ele usa uma camiseta azul justa, que mostra seus músculos, bigode e barba bem aparados e tem o hábito de passar a mão pelos cabelos curtos, talvez procurando o turbante que deixou de usar.

Mickey se levanta, tira a camiseta e saca uma arma do cós da calça. Entrega-a a Satish. Este a segura, examina-a com atenção e vira-se para mim.

Ele coloca a arma em minha mão.

Sinto-lhe o peso e o volume e devolvo-a. É uma Mauser 9 mm, cinzenta, com o aço aparecendo onde as marcas foram removidas. Os arranhões dão a impressão de que a arma é bem usada. Pareceu muito grande em minha mão.

Satish mostra-me o pente de balas. Mickey observa que ela tem capacidade para dez balas, mas eles geralmente só colocam sete, porque a mola do mecanismo estraga se ele estiver cheio. Pode ser esvaziado em dez segundos. Satish tira as balas e me mostra. São balas de cobre com aço, e cada uma traz a marca KF, de Kanpur Factory, a fábrica de munição do governo. A arma custa entre 2,5 e três lakhs na rua, e cada bala custa de setenta a 180 rupias. Eles têm orgulho da arma; falam dela como de um filho pródigo. "Num homem, faz um tremendo estrago", diz Mickey. Ele fala com conhecimento. Fez estragos desse tipo em seis homens quando mal tinha entrado nos vinte anos.

Mickey gosta de ouvir os Backstreet Boys — e o barulho de uma Mauser. "Há qualquer coisa nesse barulho. O amigo do meu irmão me ouviu testá-la, e disse: 'Olhe meu braço, os pelos estão em pé'." Mikey insiste para que eu tente. "Mesmo que dispare dois ou três tiros, você vai ganhar confiança. O barulho tem essa virtude. Quando mais a arma dispara, mais sua confiança aumenta." Um AK-47 e armas mais sofisticadas não têm a qualidade dessa voz, diz ele, como alguém comparando cantores de música clássica. O Barulho é usado para convencer alvos de extorsão; Mickey toca-o como se fosse um disco para os homens de negócios que visita a mando do *bhai*. "Às vezes ele precisa ouvir o Barulho. Às vezes preciso lhe meter uma bala nas mãos ou nas pernas." Ao ouvi-lo, o homem de negócios de repente fica subordinado a Mickey. Em circunstâncias normais, os pistoleiros, como os rapazes do Sena, são espetacularmente impotentes na cidade grande. Eles se tornam potentes matando; eles absorvem o poder de suas vítimas.

"Somos antialquimistas", diz Satish. "Tudo aquilo em que tocamos vira ferro."

Satish aponta a arma, praticando; tira o pente, aperta o gatilho, enfia o pente de volta sem as balas e aponta-a, tira o pente outra vez, carrega as balas e agita a arma pelo quarto, apontando-a para Zameer e sorrindo, fazendo um suave barulho com a boca: "Pooo!" — soa como framboesa —, enquanto o provoca.

Mickey é o amigo sikh que levou Satish ao Punjab para matar um policial. Os cinco saíram de Bombaim, pegaram um carro Maruti, pegaram as armas — cada um recebeu uma pistola — e fizeram o serviço. Depois foram perseguidos. Desfizeram-se das armas, subiram num trem de carga e depois correram para o mato, onde havia muitas árvores velhas e raras. A polícia os cercou, com lanternas, dentro da floresta. O barulho da polícia vinha de todas as direções na neblina fria, e os pistoleiros decidiram andar juntos rumo a um grupo de policiais. Os tiras os puseram em fila numa clareira, e eles sabiam que iam ser baleados. Mas nesse momento outra equipe que os perseguia chegou e começou a discutir com a primeira, dizendo que queria interrogar os rapazes capturados. Houve uma disputa sobre qual das equipes ganharia crédito pela captura. A segunda equipe finalmente os levou, vivos. "Costumávamos usar bastante o nome de Deus", diz Mickey. "Talvez tenha sido por isso que sobrevivemos." Satish levanta a arma, aponta-a, aperta o gatilho.

O interrogatório no Punjab começou. A polícia fez cortes na virilha de Satish, e ele nos mostra como faziam: um corte diagonal, inclinado na direção do pênis, à esquerda, e um à direita, na fenda logo abaixo dos testículos. Depois os policiais pegaram pimenta-malagueta em pó e esfregaram nas incisões, que sangravam.

Mickey me conta do cilindro. Ele foi espichado e um grande pino girante foi colocado sobre seu corpo. Dois policiais fortões subiram nele, um de cada lado, e o rolaram sobre seu corpo, jogando todo o peso em cima. Aquilo fez Mickey gritar em voz alta chamando toda a família, até os avós. "Depois de torturar uma pessoa dessa maneira, é melhor matá-la", sugere Mickey. "Porque, se você soltá-la, nada mais, absolutamente nada mais, neste mundo terá o poder de lhe meter medo."

O grupo passou uma breve temporada na cadeia, mas o juiz do caso foi subornado e eles voltaram para Bombaim. Depois das proezas no Punjab, viram-se ardentemente cortejados pelas gangues. Começaram a fazer frilas para os partidos políticos — seu "negócio independente" —, que eles descrevem como "tirar o ar dos partidos de oposição". Para uma eleição geral, foram contratados por um parlamentar do Congresso que disputava uma vaga contra um homem do BJP que era um rico contrabandista e agente de pouso no aeroporto. O candidato do BJP tinha segurança policial, mas Satish e Mickey conseguiram tirá-la de perto dele por tempo suficiente para entrar no seu escritório, surrar seus rapazes e partir para cima do homem com espadas. Eles o teriam matado, porém ele foi resgatado a tempo. O homem do BJP tinha relações com o ministro do Interior; manifestações públicas foram realizadas, exigindo a prisão dos agressores. Mas Satish e Mickey também conheciam o ministro; tinham tirado uma foto com ele. Além disso, não alimentavam nenhuma inimizade particular com o BJP. Seu último contrato tinha sido feito com o BJP e, antes disso, houvera outro com o Partido Republicano da Índia. "Não apoiamos partidos, apoiamos o indivíduo", diz Mickey. Eles não se interessam por política; não vão a comícios políticos. "O membro nos diz que tem uma dificuldade com determinado sujeito. Nós tentamos fazer o sujeito compreender", explica Satish.

"Alguns compreendem de imediato", acrescenta Mickey. "Outros, depois de irem para casa. Outros, depois de ouvir um barulho de fogo de artifício. Nós os fazemos compreender à maneira de cada um." Mas há um político que eles sinceramente admiram. "Se tivéssemos de escolher um homem a quem apoiar no país", diz Satish, "daríamos nosso apoio a Atal Bihari Vajpayee. É uma pessoa genuína. Se ele puder provocar uma revolução, nós o apoiaremos. É solteiro. Fez da política sua amante. Seu nome não aparece em nenhuma operação fraudulenta. Todos os partidos o respeitam." O que mais os impressiona em Vajpayee é sua decisão de realizar testes nucleares. "Agora o mundo todo olha para a Índia. Agora existe um poder", diz Mickey, exultante.

"Ele tomou a decisão de ir à guerra por causa do Kargil", observa Satish. "Nenhum outro parlamentar teria sido capaz de fazer isso." Eles admiram sua capacidade de tomar decisões poderosas, decisões de guerra. "Hoje em dia, quem se lembra de Gandhiji?", pergunta Satish. Mas ele ainda usa o sufixo respeitoso.

Apesar de toda a sua luta do lado dos terroristas do Punjab, apesar de todo o trabalho de Satish em nome do *bhai* baseado no Paquistão, ambos insistem que não são contra o país. "O patriotismo e a guerra de gangues são coisas completamente diferentes", diz Satish. De fato, os dois discutiram o conflito no Kargil na véspera. Chegaram à conclusão de que, se tivessem a oportunidade, iriam ao Kargil para combater pela Índia. Se os *bhais* de fato lhes dessem ordem para fazer um serviço antinacional, eles abandonariam a D-Company, afirma Satish. Seu maior desejo é matar aqueles que planejaram os ataques a bomba. "Eles fizeram coisas erradas." Ele não quer matar os participantes das explosões que ainda estão em Bombaim — "Esses eram paus-mandados; apenas guardaram as armas em casa" — não, eles não. "Quero matar Tigre Memon. Quero matar Dawood. Quero matar Chotta Shakeel." Satish está falando a respeito dos chefes da D-Company. Está sentado aqui e anunciando, na presença de Zameer, de Mickey e na minha, que quer matar o *bhai* de sua própria gangue. (Posteriormente, Zameer me conta que lhe agrada o fato de Satish dizer em voz alta que quer matar Shakeel, para quem Zameer trabalha. "Ele não tem uma coisa no coração e outra na língua.")

Pergunto pela estrutura de sua vida, sua rotina diária.

"Geralmente, dormimos tarde", responde Satish. "Vemos televisão até as duas. Acordamos, tomamos café e fazemos nosso *puja* ao meio-dia. Passamos a maior parte do tempo no telefone. Vamos atrás de carne; principalmente, meninas de faculdade. Usamos boas roupas, temos carros e celulares. De 60% a 70% das moças a gente seduz assim. Com 15%, falamos inglês bem. Com as outras, damos dinheiro. É isso: 100%", diz Satish, fazendo a soma. Mas as moças também tentam fazê-los de bobos. Ele aponta para mim. "Cavalheiros como você não seduzem moças como nós seduzimos. Se lhes dermos chocolate uma vez, queremos comê-las no segundo encontro."

Então Mickey diz, e não sei se está falando sério ou brincando: "Acreditamos em puros princípios indianos. Primeiro a noite de casamento, depois os filhos, depois a casa". Talvez o desejo de Mickey de fazer coisas à moda indiana venha de algum desgosto, pois ele acrescenta: "Achamos que uma mulher irá sempre para alguém melhor, alguém com roupas melhores. Ela deixará a gente por alguém melhor".

"O amor de mãe é puro", continua Satish, que conheceu tão pouco desse assunto. "Ela não pensa: 'Este menino fracassou na escola, não é meu filho, aquele é o primeiro da classe, aquele é meu filho'. O amor de uma esposa ou namorada nunca será tão puro." Ele quer chamar minha atenção para algo que percebeu a respeito do amor. "No dia em que fazemos alguma coisa muito ruim, recebemos muito amor em casa. Quando a polícia vem e diz às pessoas em casa que vai trazer o corpo de seu filho, elas nos abraçam e dizem: 'Filho, amamos você'. Se penso no amor, não consigo praticar crime algum. Não consigo nem mesmo contar uma mentira." Por isso ele tem todo o cuidado de não pensar nisso.

"Basicamente não sou atraído por nada", explica Mickey. "Penso numa pessoa só quando ela está comigo. Quando ela vai embora, por mais rápido que seja, eu me distancio bastante dela. Como nosso chefe: não penso nele de jeito nenhum. Posso até matá-lo. Mesmo as moças; tenho casos com elas que duram no máximo quatro ou cinco dias. Mesmo minha família: quando estou longe, não penso muito nela."

Por que seus pais os trouxeram ao mundo?, pergunta-se Satish. "Devem estar arrependidos."

Quando um homem toca os pés de seu assassino e suplica pela vida, dizendo "Por favor, não me mate, tenho filhos pequenos", este é o pior argumento que ele pode apresentar. Pensar que o assassino vai deixá-lo ir embora porque você tem filhos é supor que você pode localizar uma fonte de simpatia em seu assassino, com base em algo que compartilham, algo em comum. Mas poucos assassinos são pais. Muito poucos têm boas experiências com os próprios pais. Portanto, o vínculo entre pai e filho, que para você e para mim é o argumento mais convincente contra sua morte — não me mate porque isso romperia este vínculo sagrado —, nada significa para eles. É um vínculo que, na realidade, os pistoleiros tentam conscientemente romper a vida inteira. No que lhes diz respeito, livrar seus filhos de um pai é o maior favor que lhes podem prestar.

De repente, Satish declara: "Não há sentido algum nesse tipo de pesquisa que você está realizando. Não termina nunca". Ele repete o conselho: "Se você fizesse pesquisa espiritual, talvez até encontrasse Deus".

"Todo homem tem a mesma história", diz Mickey, concordando que minha pesquisa é perda de tempo.

"Se quatro criminosos morrem, nascem mais oito", diz Satish. "Não havia tanto crime antes. Agora, é o único negócio que resta: o negócio da bala. Tudo isso é jogo de Deus; temos de jogá-lo. Nossa existência não tem absolutamente sentido algum. Seja qual for nossa história, está acabado."

"Podemos morrer dentro de duas horas", diz Mickey. Mas ele está preparado para isto. "Vimos tudo que há para ver."

A essa altura, Satish e Mickey estão escondidos ao norte de Dahisar. Depois pergunto a Zameer por que eles não são apanhados. Ele explica que é por causa da política entre postos e zonas policiais. Se determinado crime foi cometido em determinada área, o prestígio do posto policial dessa área está em jogo e depende da captura do autor. Outros postos ou zonas não cooperam voluntariamente com ele; e o posto de origem não gosta de pedir aos outros informações sobre o homem que procura. É a mesma diferença entre a comida feita em casa e a comida que se adquire em outro lugar, explica Zameer. A força policial está cheia de facções políticas, e ninguém acompanha essas brigas policiais com mais interesse do que o pessoal da guerra de gangues. Esse pessoal sabe o nome de todos os especialistas em encontros, e cada um tem em torno de si uma mitologia própria, semelhante à que se constrói em torno dos principais pistoleiros. À mais leve provocação, eles podem lhe contar as façanhas de Vijay Salaskar, Pradeep Sharma, Pradeep Sawant. "Sunil Mane está em boa forma atualmente", diz Mickey, como se falasse de um jogador de críquete. Eles falam dos atiradores da polícia com não menos respeito do que falam dos astros da pistolagem das gangues.

Mas os pistoleiros das gangues de Bombaim estão ficando nervosos. Estão sendo mortos em múltiplos encontros. Os *bhais* lhes proibiram reagir. Satish declara: "Estamos prontos para matar os tiras. Mas o pessoal lá de cima tem medo da inimizade da polícia, porque então a polícia vai acabar com aquela gangue". Em vez disso, os *bhais* dizem aos policiais para matarem os pistoleiros sempre que necessário; eles dão informações sobre seus próprios homens. Satish quer reagir atacando a polícia. "Se dois ou quatro tiras são mortos, os encontros param. Agora mesmo tudo — política, guerra de gangues — está nas costas dos pistoleiros. No dia em que eles perceberem que o pessoal de cima não os apoia..." Os pistoleiros estão desenvolvendo uma espécie de consciência de classe.

A D-Company tenta tomar conta dos pistoleiros em fuga como Satish. Eles passam por um processo rotativo entre vários esconderijos, em bons prédios da cidade, e recebem celulares e, de vez em quando, até carros. "Agora estou num lugar onde não preciso me mudar toda noite, mas os rapazes que estão comigo precisam mudar de lugar toda noite, ou toda semana", diz Satish. Ele está numa posição curiosa. Até agora já passou por três organizações, e elas sabem que ele não tem lealdades permanentes. Não trabalha por sua fé, como os muçulmanos da D-Company dizem que fazem, ou pelo país, como alegam os hindus da Rajan Company. Ele está no negócio estritamente por dinheiro. No momento, precisa conseguir dinheiro para o casamento da irmã de um amigo; o amigo esteve na cadeia depois de um serviço mal executado. Ele não tem amor por Rajan ou por Dawood. "Não existe lealdade", diz ele. "Não existe confiança."

Lembro-me do que Kamal me disse sobre os *dal bladus*, os homens que mudam de lealdade para com outra gangue. Isso geralmente acontece depois de um desacordo com o *bhai*. Pode acontecer por razões emocionais, "como quando o *bhai* mata nosso irmão". Quando o *dal bladu* envia sinais à gangue rival de que quer mudar de grupo, o *bhai* da outra gangue lhe diz: "Dê-nos um presente", e ele matará um membro da primeira gangue, talvez o chefe, como presente. Mas existe sempre a desconfiança da nova gangue; ele será sempre o primeiro a ser entregue à polícia. "Esse homem é morto depois de ser usado."

Satish, de 25 anos, nunca vai poder abandonar as gangues. "Agora não vale a pena sair. Agora há pessoas contrárias" — os muitos inimigos que fez na oposição. Lembra que o primeiro homem que ele matou, o muçulmano suspeito de envolvimento nos atentados a bomba, tinha "melhorado". Ele havia abandonado a guerra de gangues. "Tinha mulher, dois filhos. Foi seguido." Satish costuma pensar na própria morte. "Vi muitas mortes. Quando eu for morto, vou morrer rápido, não haverá problema. Só quero uma coisa: quero matar uma das pessoas que vão me matar com minhas próprias mãos."

Antes de sair a serviço, Satish se abençoa cerimoniosamente. "Eu me abençoo. Não quero a bênção de ninguém. Para o bem e para o mal, eu mesmo me abençoo, porque sou o único responsável por tudo neste mundo. Não acredito no bem e no mal; acredito no carma." Então, virando-se para mim, pergunta: "Você acredita no pecado e na virtude?".

Digo que sim.

"Só os fracos acreditam no pecado e na virtude. Meu pai trabalha muito, sofre nos trens. Agora, veja meu caso. Eu não trabalho muito. Sento-me, recebo um telefonema, vou e enfio uma bala em alguém e recebo um lakh de rupias. Não é grande coisa para mim, mas meu pai não seria capaz de executar esse tipo de serviço. Por isso ele chama seu medo de pecado. Vai chamar de princípios, ou de qualquer outra coisa."

Satish me conta uma história sobre um primo engenheiro civil. Ele foi muito amado em casa, e agora ganha milhares de rupias por mês trabalhando para um empreiteiro. "Nunca fui mimado assim em casa. Ganho um bocado de dinheiro. Não sei qual de nós é mais bem-sucedido. Seu progresso é lento mas consistente, o meu ocorre de uma vez, mas é inútil." Ele inveja o primo, inveja sua respeitabilidade — as famílias devem comparar os dois constantemente —, mas tem por ele certa dose de desprezo. "Ele nunca pensaria em nada diferente de sua vida." Um dia, quando os dois eram meninos, tiveram uma briga feia. O primo morava perto de uma fábrica de automóveis que fazia os onipresentes carrinhos da Fiat. Satish e o primo estavam conversando sobre carros, como os meninos costumam fazer. Satish mencionou carros de luxo dos quais ouvira falar: Toyota, Mercedes. Disse ao primo que o Mercedes era o carro mais caro do mundo. O primo, vendo os Fiats passarem todos os dias por sua casa, insistiu que o Fiat era o carro mais caro do mundo. "Tive vontade de arrebentar a cabeça dele", lembra Satish. "Ele é um *bhenchod*, uma rã num poço."

Satish me pergunta sobre meu grau de instrução. Digo-lhe que tenho mestrado. "Acho que também tenho mestrado", diz ele. "Por estar neste negócio, penso muito rápido. Meu nível de confiança aumentou; está voando. Para matar um homem no meio de dez pessoas é preciso ter confiança. Se eu me dedicar à matemática ou à ciência, ou aos negócios, conseguirei resultados muito bons, por causa da minha confiança. Estou num estágio bem adiantado de autoconfiança." Satish acha que, se montasse um negócio em Bombaim, se sairia muito bem. "Sabe por quê? Ninguém conseguiria me achacar. Em Bombaim, para ser um homem de negócios competente é preciso estar em contato com o submundo."

Mas a mente de Satish não tem estado sossegada ultimamente. Ele não tem sido capaz de meditar. Costumava meditar horas seguidas. Bombaim o deixa apreensivo. "Em Bombaim há qualquer coisa no ar. Em Bombaim vê-se a morte o tempo todo." Mesmo nos trens. "Você já viajou no trem de Virar? Só viajar no trem de Virar o torna uma pessoa forte. Sinto mais tensão no trem de Virar do que ao fazer um serviço."

Poucos dias atrás ele esteve num desses trens. Estava apinhado de uma forma que só um trem de Bombaim pode estar, e Satish viajou esmagado contra um homem gujarati em pé com a mulher, os filhos e o irmão. Satish pediu-lhe educadamente que se afastasse um pouco, para lhe dar um pouco mais de espaço. O gujarati ficou agitado. "Não seja metido a esperto!", gritou para Satish. O irmão do homem agarrou Satish pelo pescoço, e este deu um chute, atingindo o filho por engano. Ele se sentiu mal por ter machucado o menino. O gujarati estava se exibindo diante da mulher, dos filhos e do irmão, xingando o solitário maharashtriano. Sacudiu o guarda-chuva para Satish, com a intenção de lhe dar umas pancadas. Satish estava com uma mão na arma. "Perguntei a mim mesmo se devia ou não devia." Fez um apelo à mulher: "Tia, por favor, faça com que ele entenda". O gujarati ergueu o guarda-chuva; Satish apalpou a arma. Mas e se o homem dissesse à multidão que Satish tocara sua mulher?

A multidão poderia fazer qualquer coisa. Por isso, ele deixou passar o desafio e pulou do trem com um salto. "Mas voltarei a vê-lo um dia, tenho certeza." Ele ri imitando os gestos do gujarati com o guarda-chuva, sem saber como passou perto da morte. Um gângster não deve ser insultado, mesmo inconsequentemente. Uma ofensa que para uma pessoa normal seria apenas irritante, e logo esquecida, é uma imensa ferida no ego de alguém como Satish. Esse senso de ter sido insultado pode levar ao homicídio. Não há proporcionalidade na reação. O caráter de um pistoleiro é definido, acima de tudo, pelo narcisismo, essa complexa mistura de egoísmo e ódio de si mesmo.

Há qualquer coisa no ar de Bombaim que o agita, repete Satish. "Minha mente não está estável há algum tempo. Algo sempre acontece, mesmo durante o sono." Quando come, ele sente um calor no corpo todo, e pensa: *Ma ki chud*, quero matar alguém. Satish vira-se para mim e pergunta: "Você já disparou uma arma alguma vez?".

"Não."

"Tem vontade de disparar?"

Sorrio.

"Gostei da resposta do seu parceiro". Satish vira-se para Mickey e lhe conta o que Vikram disse em nosso último encontro. "Um gato estava morrendo no meio da estrada. Quando lhe perguntei o que se deveria fazer com o gato, ele respondeu que se tivesse um instrumento o mataria com as próprias mãos. Pareceu-me uma resposta bem franca." Mas eu sou diferente. "Você não é um cavalheiro!", diz Satish. "Você é pior do que os criminosos."

"Por quê?"

"Quanto mais instruído, mais criminoso. Você se torna cruel, egoísta. Usa o poder do seu dinheiro para criar problemas para as pessoas."

"O que é um cavalheiro?", pergunta Mickey. "Eu não sei."

"Um cavalheiro é alguém que mata todos os desejos do seu coração, que não tem coragem", diz Satish. "Nos tempos de faculdade eu recebia apenas dez rupias por dia para pequenas despesas. Meu pai me disse que, na sua época, ele andava até a escola. Mas eu roubava e ia de riquixá com minha namorada. Não tinha medo, e tive relações com ela."

Então, segurando a arma na mão, Satish me pergunta à queima-roupa. "Você tem medo da morte?"

Minha resposta é crucial. Minha resposta precisa ser exata.

Ele carrega a arma. "Que acha que vai acontecer com você depois que morrer?"

Ergo os olhos do computador. Respondo que minha religião me diz que alcançaremos a moksa e nos uniremos a Deus.

"Não é tão fácil, você morre e imediatamente alcança a moksa", observa Satish.

"Eu sei", digo. "Isso leva milhões de vidas. Com todos os pecados que cometi nesta vida, provavelmente vou renascer como formiga."

Eles riem e a tensão se desfaz. Volto a respirar.

Satish tira o jeans e vai nadar de calção na piscina do hotel enquanto continuo a conversar com Mickey. Este me diz que precisa muito sair de Bombaim. Pergunta-me como pode chegar ao Canadá, aos Estados Unidos ou à Alemanha. "Me levaria com você? Só precisa me levar até o aeroporto de lá; depois eu me viro." Ele estudou informática num instituto. Tem parentes fora. Precisa sair de Bombaim enquanto ainda vive. Além disso, diz, a probabilidade de um novo tumulto em Bombaim é alta. "Este será previamente planejado. Vai ser muito feio."

Satish acabou de nadar, volta enrolado na toalha e escuta. "Os muçulmanos juntaram muitas armas. Os países vizinhos lhes forneceram armas." Ele coloca um colar de contas de oração no pescoço. "O que os hindus vão trazer para a briga, canhões?"

Nos tumultos de 1993, Satish e os amigos tiraram proveito da desordem para saquear barcos de transporte de madeira e lojas de roupas. Mas ele também salvou a vida de um amigo muçulmano; deu-lhe uma identidade e um nome hindus, Amar, e o escondeu. "Ele queria roubar, não matar. Meus amigos estavam matando mulheres. Eu não gostei daquilo." Ele culpa Thackeray pelos tumultos e diz que o Relatório da Comissão Srikrishna, que o Sena detesta, é "um relatório perfeito". É uma opinião inusitada, vindo de um hindu devoto, especialmente um maharashtriano, porém Satish não é um hindu comum. Os membros de seu grupo são fervorosamente religiosos, mas todos pertencem a diferentes religiões; poderiam servir de propaganda para a harmonia comunal. Há o próprio Satish; há Mickey, que é sikh; e Zameer, que é muçulmano. "Tínhamos católicos também. Mas eles eram desviados com muita facilidade pelas namoradas; não têm muita fome de dinheiro."

Satish joga-se no chão, coloca uma toalha cor-de-rosa na cabeça como um cachecol ou um véu e começa a rezar, com a arma à sua direita na cama. Recita versos em sânscrito que sabe de cor, rapidamente e em voz alta, balançando-se um pouco para a frente e para trás, de mãos para o céu, palmas abertas. O quarto se enche dos estranhos suspiros desse homem seminu rezando numa língua antiga ao lado de sua arma, enquanto continuo conversando com seu companheiro e digitando em meu laptop. Ele reza durante cerca de quinze minutos. Depois se levanta, faz uma reverência, encosta a testa no chão e se levanta de novo. Quando se senta na cama, a primeira coisa que faz é pegar a arma e encostá-la na testa. "Isto é Deus!", exclama, em inglês.

"O que pode dar a vida e tirar a vida só pode ser Deus", observa Mickey.

"Acho que você é um grande criminoso", me diz Satish, de repente. "Já matou alguém?"

"Não."

"Mandou matar alguém?"

"Não."

"A linha da cabeça dele é muito grande", diz ele a Mickey, indicando a palma da minha mão. Do outro lado do quarto, ele leu minha mão. A linha indica que sou um grande criminoso.

Quando escurece, eles ficam cada vez mais irascíveis. Usaram meu celular a tarde toda e à noite. Fizeram ligações, e meu número ficou registrado na memória dos celulares de seus contatos. Outro pensamento faz meu sangue gelar: eles podem conseguir os telefones de minha casa e de meus amigos na memória do celular. Tudo que precisam fazer é apertar o sinal do número e o "i". Um número vai aparecer, e a tela perguntará: CASA? Se eles responderem ao convite e apertarem SIM, vão falar com minha mulher.

Fecho o computador e dou a sessão por encerrada. Mickey põe a arma de volta no cinto, e saio do quarto sentindo-me leve, leve.

No riquixá durante a viagem de volta, passamos por dois homens na estrada. Um deles segura um rifle de ar comprimido, o outro uma lanterna, e as duas coisas estão apontadas para as árvores. O primeiro homem dispara o rifle. Um pássaro tomba, esvoaçando. É a mesma estrada onde vimos o gato moribundo da outra vez.

Ao chegar à cidade, passamos andando pelo posto policial. O sikh fanfarreia, passando a mão pelo cabelo. Ele, eu, todos nós temos consciência da peça que ele leva no cinto. Atravessamos os trilhos em Bhayander. Com o trem crescendo para nós, Satish me pergunta: "Conhece alguém que possa responder às minhas perguntas? Tenho muitas perguntas. Conhece alguém que saiba a resposta de tudo?".

"Que tipo de perguntas?"

"Sobre filosofia, sobre o país. Você não sabe responder às minhas perguntas. Fica só ouvindo. Ou você não tem capacidade para responder às minhas perguntas — estou falando francamente — ou não quer; preferiu não responder. Preciso que alguém responda às minhas perguntas. É por isso que parei de meditar, porque acabo de fazer meu *puja* de qualquer maneira, muito rápido." Chegamos ao restaurante, o mesmo onde comemos antes. "Estou muito apreensivo por causa das minhas perguntas. Não tenho satisfação no meu trabalho. É como fazer sexo mas não atingir o orgasmo."

No restaurante, resolvo atacá-lo de frente. "Diga-me uma ou duas das suas perguntas."

O pistoleiro sorri e se debruça sobre a mesa. "O que é Deus? Ele teve começo ou fim?"

Conto-lhe o que meu avô me contou — que, de acordo com o Bhagavad Gita, Deus é "*anant, akhand, anari*", e explico o significado das palavras: interminável, inseparável, não nascido.

Uma vez, conta-me ele, quando a polícia estava fechando o cerco contra seu grupo e eles viviam sob a ameaça iminente de morrer a tiros num confronto, "nós nos sentamos num quarto e falamos de Deus constantemente. Discutimos Deus como outros discutem mulheres; falamos sobre se ele tinha começo e fim, como poderia ter vindo do nada. Então desistimos, porque resolvemos que pesquisar Deus nos torna infelizes. Por isso nos pusemos apenas a recitar o nome de Deus".

Mostro que eles tinham começado com a Jnana Yoga, aproximando-se de Deus por meio do conhecimento, e passaram para a Bhakti Yoga, por meio da devoção. Está no Gita.

Próxima pergunta: "O que é certo e o que é errado?".

Digo-lhe que não posso responder a essa pergunta por ele. A maioria das pessoas aprende o que é certo e o que é errado com os pais ou com sua religião. Mas essas regras são engraçadas, admito; as pessoas vão lhe dizer que é errado matar, mas que é certo matar por seu país. Por isso lhe digo que, como as perguntas vêm de dentro dele, as respostas também virão de dentro dele.

As perguntas o atormentam, diz Satish. Assustam-no, deixam-no apreensivo. Ele faz a pergunta seguinte: "Por que respeitamos fronteiras? Por que chamamos [o país] de Bharat Ma? Por que cantamos essas canções patrióticas?".

Respondo que também não sei. Como me mudei para os Estados Unidos, nunca acreditei em fronteiras nem em patriotismo. Dois punjabis do outro lado da fronteira têm mais em comum entre si do que um punjabi e um arunachali. Essas fronteiras são de fabricação britânica.

Então Zameer diz o que acha. Discorda de mim, com polidez. Ele dá um exemplo. Se você tem uma casa, é preciso separar a propriedade que pertence a você da propriedade que pertence ao vizinho, por meio de uma divisa, do contrário ele tomará o que pertence a você. O Paquistão pode engolir a Caxemira.

Satish quer saber quando virão as respostas às suas perguntas. Elas afetam-lhe a mente.

"Você alguma vez pensou em suicídio?", pergunto.

"Quando estou inquieto, quero matar outra pessoa, não a mim mesmo. Talvez eu não tenha coragem suficiente." Ele me pergunta sobre um gângster muçulmano com quem eu lhe disse ter tido um encontro, e que disse que combatia por sua fé. "O que você lhe disse? Você tentou melhorá-lo?"

"Quem sou eu para melhorá-lo?"

Ele gosta muito da resposta. "Pela primeira vez em dois dias, você falou com franqueza."

Satish acha que seu vegetarianismo é o primeiro passo para o aperfeiçoamento. Depois ele deve largar as mulheres e, mais tarde, abandonar tudo. Mas quer saber por que seu desejo continua aumentando. Primeiro, ele ficava satisfeito com uma ou duas trepadas quando ia para a cama com uma mulher. "Agora são cinco, seis, sete. Por que isso?"

Eu lhe digo que o desejo é uma forma de fazer avançar a espécie. Mas ele diz que quer eliminar os desejos um por um. "Não podemos aceitar a derrota. Precisamos sempre da vitória. Quando vamos fazer nosso trabalho não podemos perder."

"E se você sair para matar alguém e o outro lado estiver armado e matar você? Isso é derrota?"

Esta quem responde é Mickey, o sikh. "O homem que é morto não aceitará a derrota. Mas outros cinco dirão que ele perdeu."

Falo-lhes novamente do Gita, sobre a lição de que basta a cada um cumprir seu darma.

"De fato, o Gita reduz toda a tensão", diz Satish. Ele se sente mais aliviado, agora que sabe que as respostas estão dentro dele. Convida-me para acompanhá-los, de férias, a Mahabaleshwar. Depois eles vão planejar a próxima operação, em Chembur. Há um sussurrar apressado com Zameer, e então eles vão embora, cada um para um lado.

Agora Zameer me diz os nomes verdadeiros dos dois homens. Depois, vem a maior de todas as surpresas: Mickey, conta Zameer, é na realidade um pistoleiro da Rajan Company, inimiga jurada da gangue de Satish. Quando este saiu da gangue de Rajan, Mickey ficou. Hoje ele veio para avisar Satish de que um dos terroristas das bombas, associado à D-Company, ia ser morto, e para dar o nome dele a Satish, a fim de que o alvo pudesse ser informado e fugir. Fez isso por amizade, e também porque Mickey sentia compaixão pelo alvo; tratava-se de alguém sem importância alguma, que tinha guardado alguma munição. Zameer observa: "Há honra até entre ladrões". Ele se inclina para trás e acende um cigarro. "Agora, pela primeira vez hoje, posso relaxar. Eu estava realmente com medo do que eles iriam fazer com aquela arma." Zameer tinha pulado para dentro de um riquixá quando saímos do hotel. Temia que os pistoleiros disparassem a arma na rua, se saíssemos andando. Tinham estado ansiosos para ir a tarde inteira e à noite; tinham perguntado se podiam dar uns tiros no banheiro. Naquele quarto de hotel, diz Zameer, Satish estava encostando as balas no nariz e cheirando-as.

Naquela manhã, antes de me encontrar com os pistoleiros pela segunda vez, eu tinha escrito o nome de Deus em meu computador e apertado a tecla de backspace para voltar por cima, de modo que seu nome ficasse bordado invisivelmente na tela, formando uma fundação para todos os relatos de assassinatos e assaltos que eu escreveria durante o dia. Não gosto de Satish e não gosto de Mickey. Se a polícia ou outro gângster matá-los a tiros — *quando* a polícia ou outro gângster matá-los a tiros —, não lamentarei. Não acharei que a Terra se tornou um lugar mais pobre por causa do falecimento deles.

E, apesar disso, apesar disso... quando estou sentado com eles, quando meus olhos seguem ansiosamente a arma que passa de mão em mão, o pente quando as balas são tiradas e recolocadas, o ângulo da arma quando ela é apontada, e o dedo no gatilho — eles fazem tudo isso com tal rapidez, como os artistas do jogo monte de três de cartas, não podem cometer um erro e deixar uma bala na agulha achando que esvaziaram o tambor? —, nesse período no quarto quando estou com esses homens que pensam que bem e mal, pecado e virtude são para a gente comum, para rãs no poço, não há uma exaltação em mim? Por que não me canso de ouvi-los? Por que as nove horas passam tão facilmente, como quando estamos com uma nova amante?

No dia seguinte ao meu segundo encontro com Satish, e um dia depois, ando atordoado no mundo das coisas ordinárias. Vou com Sunita à cidade me encontrar com um velho amigo, ver um filme, jantar. Mas o resto do mundo parece trivial. Suas conversas giram em torno de trivialidades: carreiras, impostos, compras. Ninguém em Bombaim fala em Deus, ou pecado e virtude, ou morte, salvo quando ela é iminente, está prestes a chegar para um parente próximo, e então lida-se com ela de modo rápido e temeroso, para tirá-la do caminho o mais cedo possível. Mas mergulhei em longa contemplação dessas questões com pessoas que as enfrentam todas as horas de todos os dias, e isso tem sido estimulante. A última vez que me lembro de ter explorado esses tópicos em tal profundidade foi com meu avô, quando ele estava morrendo na cama, na casa de meu tio em Bombaim. Mas não estive tão perto da morte nessa ocasião como estive naquele quarto de hotel.

Agora as conversas comuns me aborrecem. "De quanto ainda vai precisar?", minha mulher e meus amigos me perguntam, preocupados com minha segurança. Eles fazem perguntas com base na premissa errada. Acham que continuo me encontrando com os gângsteres porque preciso de material para o livro.

CHOTTA SHAKEEL: O CHEFÃO NO EXÍLIO

Poucas semanas depois, Kamal me diz que Zameer foi para o Golfo. "Foi ver o *bhai*."

"Quando volta?"

"Não volta. Você conheceu um futuro chefão. Sabe aquele pistoleiro que você conheceu? É controlado por Zameer. Zameer presta contas diretamente a Shakeel. Você vai ler seu nome nas manchetes em poucos dias." Penso naquele homenzinho inteligente. Não falou muito durante minha conversa com Satish, mas era óbvio que o pistoleiro recebia ordens dele. Agora, por ordem de Zameer, Satish matou um muçulmano chamado Salim, antigo colega deles que passara para a gangue de Chotta Rajan. Kamal me conta que, pelo fato de Zameer me acompanhar durante os encontros no hotel, eu estava seguro. Do contrário, os pistoleiros são um tanto malucos. "Se você fizesse a pergunta errada, eles o matariam com um tiro e depois pediriam desculpa. Uma arma tem tal poder que, se está na mão de um eunuco, ele se acha muito homem."

Digo a Kamal que ainda quero ir ao Paquistão me encontrar com Chotta Shakeel. As modalidades desse encontro são estudadas: devo ir para Dubai e me encontrar com um homem chamado Anwar, o irmão mais jovem de Chotta Shakeel, que o chefão sempre manteve longe das gangues — ele dirige um negócio de cargas. O irmão me levará a Karachi, onde me encontrarei com Shakeel, e posso falar com ele o tanto que quiser. Kamal o conhece bem; passou muito tempo com ele e me fala a seu respeito.

Shakeel às vezes é chamado de Sheth, ou de *saab* Haji. Olhando, não se dá nada por ele, confirma Kamal. É mesmo baixinho, 1,65 metro de altura, e magro. Também é chamado pelos amigos de *paun takla*, por ser três quartos calvo quando visto de frente. O pai trabalhava nas docas de Mazagaon como técnico, foi demitido e encontrou emprego como pintor itinerante de navios. A mãe classificava grãos. Tiveram cinco filhos, e todos viviam num pequeno cômodo. Shakeel, o segundo, concluiu o curso secundário e começou a consertar televisores. Depois passou a vender relógios falsos. Depois começou a fazer serviço de cobrança de dívidas, e chamou a atenção de Dawood.

Shakeel fez nome inicialmente durante a apreensão de uma remessa de ouro contrabandeado. Era um gângster novato. Quando os homens da alfândega de Delhi vieram buscá-lo, ele saltou da janela numa sarjeta, abandonando o ouro. Os inspetores selaram o ouro e anotaram a quantidade. Shakeel esperou que eles saíssem pelo portão do prédio, apontou uma arma para o primeiro inspetor da alfândega a aparecer e pegou o ouro de volta. Depois estapeou os inspetores e mandou-os embora. Os inspetores e a polícia fecharam toda a área de Nagpada e exigiram que lhes fosse entregue apenas um homem: "aquele baixote". Por intermédio de suas relações políticas, a gangue conseguiu tirá-lo da cadeia. Por fim, ele fugiu para Dubai em 1989.

Shakeel é casado e tem duas filhas, que estão com ele no Paquistão e odeiam viver ali; elas amaldiçoam essa vida. Mas sua família, incluindo parentes próximos, vive do seu dinheiro. No Paquistão, Shakeel passa as noites assistindo a filmes de faroeste numa imensa tela em casa.

"De que tipo?"

"Com duelos."

Kamal tem boas relações com Shakeel. "É boa gente. Quando conversava comigo, era respeitoso. 'Faça isso, *beta*.' Como um irmão mais velho." Shakeel tem facilidade de perdoar, a não ser que lhe falem com raiva. Ele tem outro nome: Insaaf ka Tarazu, a Balança da Justiça. Kamal viu por que com os próprios olhos. Um velho devia oito lakhs a alguém, e o credor tinha levado a questão para o tribunal de Shakeel. Kamal estava jogando *carom* no escritório de Shakeel quando o velho foi conduzido à presença do chefão, sozinho. O velho explicou que vinha passando por grande necessidade; a filha precisava se casar. "E aí Shakeel disse que não era para ele pagar um tostão; na realidade, Shakeel deu dois lakhs ao velho."

Na falta de justiça oferecida pelo sistema legal, os *bhais* assumem o papel de juiz. Eles ressaltam que, quando entram numa disputa, não se limitam a apoiar um lado e extorquir dinheiro do outro. Se um empresário vai ao *bhai* a fim de recuperar dinheiro de um devedor, a questão é examinada pelo *bhai* antes de o devedor ser abordado para pagar. Isso faz sentido, comercialmente, para o submundo. É muito mais difícil separar alguém do dinheiro que não deve do que fazê-lo pagar uma dívida legítima. Até mesmo a linguagem usada pelos *bhais* nas disputas é tomada de empréstimo da linguagem dos tribunais. A noção de que se pode obter justiça recorrendo ao submundo é tão generalizada que o fenômeno atingiu sua conclusão lógica: em novembro de 1999, um importante juiz de Bombaim procurou Shakeel em busca de ajuda para receber quarenta lakhs que lhe eram devidos numa espécie de consórcio, um esquema informal de poupança. Um advogado do crime chamado Shaikh arranjou um encontro entre o juiz e Shakeel, de acordo com uma transcrição da conversa tornada pública pela polícia:

SHAIKH: Por favor, fale com o juiz *saheb*, ele está num tribunal e é um homem bom.

JUIZ: *Salam aleikum!*

SHAKEEL: *Salam, salam*, diga lá.

JUIZ: Preciso recuperar um dinheiro que está com alguém. Seu nome é [...].

SHAKEEL: Só um minuto. Fayeem, me traga a caneta e o diário. Sim. Quanto é?

JUIZ: Uns quarenta lakhs. O dinheiro é meu, de meu filho e de meu cunhado.

SHAKEEL: Como é o nome da loja dele?

JUIZ: [...]

SHAKEEL: Tudo bem, uma que fica em Sion?

JUIZ: É, sim.

SHAKEEL: Conheço. Já tive uma questão dele envolvendo dois crores. Mas vou resolver.

[Shakeel aproveita a oportunidade para falar da brutalidade policial.]

SHAKEEL: Por que vocês não tomam nenhuma providência contra a polícia nessa questão dos encontros?

JUIZ: A questão precisa ser trazida para nós.

SHAKEEL: Isso vai acontecer. Mas, mesmo depois do relatório do juiz Aguiar, houve mais encontros. A polícia simplesmente não dá a mínima para a lei.

JUIZ: É uma injustiça, uma atrocidade.

[Shakeel narra um caso de encontro.]

SHAKEEL: Em nenhum dos encontros os policiais foram feridos.

JUIZ: Deveriam, deveriam [ser feridos].

SHAKEEL: Agora, o que faço com esses policiais?

JUIZ: Você é um homem sábio.

SHAKEEL: Sei que sou.

É uma conversa entre dois juízes, ou entre um juiz e um suplicante. "Já tive uma questão dele envolvendo dois crores", diz o juiz mais poderoso, depois de pedir ao escriturário que lhe traga caneta e diário. As cortesias entre juízes são respeitadas: "Você é um homem sábio". O juiz mais velho repreende o mais jovem por tolerar a ilegalidade na força policial. Porém ele tranquiliza o peticionário: "Mas vou resolver". Nesse incidente particular, a ação falhou. O advogado, Shaikh, foi assassinato por sua própria gangue. A polícia tinha grampeado as ligações de Shaikh quando deparou com a conversa entre o juiz e Shakeel. Se o telefone do juiz não tivesse sido grampeado, as chances seriam até melhores do que se ele tivesse recuperado seu dinheiro, menos as costumeiras custas legais, os honorários contingenciais. Como disse o comissário de polícia M. N. Singh, resumindo a conversa, "um juiz perdeu a fé no Judiciário e aborda um gângster para resolver uma questão pessoal".

Kamal diz que me conta coisas do submundo porque estou na mídia e ele quer que sua mensagem seja levada ao governo, à sociedade, ao sistema e ao submundo: todo mundo é egoísta no submundo; ninguém é amigo de ninguém. Zameer não é amigo de Satish; ele o utiliza para alcançar seus próprios fins. Dawood e Shakeel não confiam um no outro. "Há uma briga entre eles. É assunto interno." Shakeel depende do dinheiro de Dawood para continuar vivo e, por sua vez, protege seu chefão contra Chotta Rajan. Mas Shakeel não está seguro em Karachi, diz Kamal. "Acho que, num futuro próximo, o pessoal da ISI vai matar Shakeel." A inteligência paquistanesa suspeita que ele talvez esteja jogando dos dois lados da cerca, fornecendo informações para a inteligência indiana. O governo indiano, se pudesse escolher, apoiaria Shakeel contra Dawood; Shakeel, tanto quanto se pode saber, não teve nenhuma participação nos ataques a bomba. "É um gângster muito comunal, um simpatizante da comunidade", admite Kamal. "Mas ele não faria isso com um inocente." Dawood e Tigre Memon, também escondido em Karachi, é que participaram das explosões. "Eles são hóspedes do Paquistão, por isso têm de fazer o que o Paquistão manda." Nesse ponto, a polícia e o tesoureiro da gangue concordam: Dawood agora vive em Karachi como hóspede e prisioneiro da ISI. Ajay Lal explica: "Dawood é prisioneiro dele mesmo no momento. Não pode recuar. Ele exige a ISI lá. Na hora em que voltar para cá será morto, por seus adversários ou por sua própria gente".

Apesar disso, Dawood vive com estilo em seu país de adoção, colecionando casas, carros, passaportes e mulheres. Ele usa ternos Armani e cruza os mares na costa de Karachi numa lancha, atirando em gaivotas. Mas nem todo o seu dinheiro pôde impedir que a filha de nove anos, Mariah, morresse de meningite em Karachi em 1997. Dawood ficou arrasado com a morte da filha e afastou-se do controle efetivo de seu império, passando a tarefa para seu irmão, Anees, e para Shakeel. Eles se tornaram rivais, e deverá haver uma guerra de gangues interna na D-Company, quando o homem que lhe deu o nome morrer.

Kamal depois fala com Shakeel sobre nossa viagem ao Paquistão, e o chefão é contrário à ideia. A atmosfera aqui não está boa, diz ele a Kamal. "Uma guerra civil está para começar. As agências perguntam sobre todo mundo que vem da Índia." Em vez disso, ele vai falar comigo por telefone, de Dubai, onde farei escala a caminho dos Estados Unidos. Estou igualmente interessado em saber como Zameer está se saindo em sua nova pátria.

Eles me esperam logo na saída do aeroporto, Zameer e outro jovem. Zameer sorri quando me vê; ele precisa fazer a barba e seus olhos estão vermelhos. É de manhã muito cedo; eles estão à minha espera desde às cinco e meia. Em seu celular, o homem silencioso que acompanha Zameer liga para seu *bhai* em busca de instruções, e nos mandam pegar um táxi para um hotel.

Se Bombaim tem uma irmã gêmea, essa irmã gêmea é Dubai. É o ideal a que aspira a maior parte de Bombaim, exceto a parte que quer ser Nova York ou Londres. Passamos de carro pela cidade tinindo de nova, e digo a Zameer que ela parece ter sido construída ontem. É uma grande mudança em relação a Mira Road. Viajamos num grande carro americano por pistas novas e de alta velocidade que passam por arranha-céus, e não há um único ser humano à vista. Zameer está há um mês em Dubai. "Gosta daqui?", pergunto. Ele balança a cabeça, rápido, dizendo que não.

O táxi para no hotel, e há uma discussão entre o jovem e o motorista por causa de um dirham. Quando chegamos ao quarto, esse colega, que confirmei no elevador ser também de Bombaim, de repente explode: "Esses paquistaneses são uns verdadeiros filhos da puta".

"Por quê?", pergunta Zameer. "O motorista era paquistanês?"

"Era, aquele cretino."

Pouco depois, saímos para almoçar num restaurante indiano. Zameer e um amigo de faculdade de Girish, um troncudo homem do estado do Kerala, que mudou o nome de Sree para Shoaib depois que ingressou na D-Company, me contam de sua vida em Dubai. São submetidos a humilhações diárias. No escritório telefônico, eles podem estar esperando numa longa fila de indianos e paquistaneses, e um homem de roupa árabe vai direto para a janela e recebe primeiro seu pagamento. Os árabes chamam os indianos e paquistaneses de mendigos, ou de *harami*, filhos da puta. "Se alguém chega de Bombaim", diz Shoaib, que vive aqui há anos, "logo lhe perguntamos, ansiosamente: 'Conte para nós o que está acontecendo em Bombaim.'"

Zameer diz a Shoaib que Bombaim se tornou maravilhosa. "Cinquenta e cinco viadutos! Dá para ir de Andheri a Colaba no limite de velocidade." Ele tem lembranças nostálgicas das baldeações de trem de Mira Road para Borivali, de Borivali para Andheri, e de Andheri para Dadar. Lembra-se do verde em toda parte; em Dubai há poucas árvores. Ele sente falta acima de tudo da família, o fato de que dez pessoas ficariam tensas se ele estivesse atrasado, aquele *apnapan*, o senso de pertencer a um lugar. Aqui eles têm de lavar a própria roupa, preparar a própria comida, limpar o próprio banheiro. Moram numa cidade que detestam, e sobrevivem criando um fac-símile do mundo de Bombaim, pela televisão e pelas constantes conversas ao telefone com as tropas em Bombaim. "Não temos amigos entre as pessoas daqui." Ocorre-me que eles não têm amigos em lugar nenhum.

Mais tarde, Zameer e eu saímos para andar na noite iluminada por neon de Dubai. Os bares e as ruas do emirado estão cheios de prostitutas: meninas malaias muito jovens, meninas russas muito brancas de short apertado e caminhando a passos largos pelos bulevares desertos. Entramos num pub, onde tomo, agradecido, um copo de cerveja Kilkenny. "Não posso mais voltar. Lá embaixo está tudo acabado para mim", diz Zameer, sem rodeios. Salim, o homem que ele mandou matar, trabalhava para Chotta Rajan. Ele já tinha matado três suspeitos de participação nos atentados a bomba e ia matar o próprio Zameer; andava olhando a casa de Zameer quando os rapazes deste perceberam. Zameer recebeu a ordem de Shakeel: "Mate-o".

Ele pôs Satish no caso, e Satish sequestrou o homem com um carro, surrou-o e fez com que falasse ao telefone com Zameer, para que ele decidisse seu destino. Salim suplicou pela vida. "Havia ondas em sua voz", recorda Zameer, abrindo a mão num gesto brusco e fazendo-a tremer. Ele lhe disse que estava arrependido e que de agora em diante ia trabalhar apenas para a D-Company. Zameer manteve a conversa enquanto andava para cima e para baixo pela rua de seu apartamento, do outro lado do mar da Arábia. Zameer xingou-o por ter matado os três suspeitos das explosões e o chamou de traidor.

Mas havia um problema técnico: Chotta Shakeel tinha dado sua palavra à polícia de Bombaim de que nenhum tiro seria disparado por sua gangue durante as eleições. Por isso, Satish pegou uma faca de bom tamanho e abriu Salim com ela. "É preciso ter coragem demais para fazer isso com o sangue espirrando na gente", observa Zameer. Ele o feriu de tal maneira que os rins saltaram para fora. Meia hora depois que o rapaz morreu, Satish voltou a telefonar para Zameer; o serviço fora executado. O corpo ficou três dias, de segunda a quarta-feira, no terraço de um prédio em Mira Road. Mas Chotta Rajan, que mandara Salim matar Zameer, soube desde segunda-feira que o rapaz estava sumido, de modo que denunciou Zameer à polícia e disse onde encontrar sua família. Os tiras montaram uma emboscada na frente da casa para confrontá-lo, mas Zameer já tinha fugido para Dubai.

A família de Zameer está tensa. Ele não fala com os seus desde que chegou aqui; a polícia pode estar monitorando suas linhas telefônicas. Os policiais pegaram seu irmão e o torturaram até ele não conseguir mais falar, e Zameer teve de lhes pagar 50 mil rupias por intermédio de Kamal para soltá-lo. "Se o tivessem matado, eu faria qualquer coisa", diz o homenzinho, com emoção. "Jogar uma bomba, qualquer coisa." Outra grande soma foi gasta para soltar o cunhado de Satish, que também participou do assassinato. Shakeel lhe deu dois lakhs pelo serviço. Esta é a vantagem de não fazer o serviço com base num contrato; se ele tivesse sido contratado para fazer o serviço por, digamos, um lakh (que já é muito dinheiro, em vista do pagamento de 5 mil rupias para cada pistoleiro), com que cara ia pedir mais ao *bhai*, se o custo de pagar às pessoas foi mais alto do que calculado inicialmente? Não há preço fixo quando Shakeel lhe pede que mate alguém. Para Zameer conforme sua necessidade, de Shakeel conforme sua capacidade. "O submundo dá em vez de tomar", afirma.

Zameer enumera a generosidade da organização. Seu apartamento, que ele divide com Shoaib e outras pessoas, custa 35 mil dirhams por ano. Tem lavanderia, TV, aparelho de som estéreo e celular de última geração; sua conta de ligações para a Índia é de 70 mil rupias mensais, em média. Além disso, qualquer valor que ele peça para sua família — o custo de um casamento, por exemplo — é imediatamente enviado por Shakeel. Zameer calcula que Shakeel gasta dezoito lakhs por ano para mantê-lo em Dubai. Durante parte do tempo em que trabalha — ele tem duzentos homens sob seu comando em Bombaim —, Zameer planeja as mortes, as rotas de fuga e como lidar com o inquérito policial que virá em seguida. Ele desenha gráficos, a lápis, para ajudá-lo a visualizar a cena no local.

Zameer propõe que a gente vá a outro clube, só para variar. Saímos novamente para a rua úmida e vemos fotos de mulheres de um bar de encontros num hotel. Entramos e damos uma passada pelo banheiro. Vou a um mictório e ele entra numa cabine, como homens heterossexuais fazem quando só estão dois num banheiro público. Mas Zameer abre imediatamente a porta de seu cubículo e sai. "Barata." Vejo-a, a barata branca que apavorou o chefão em botão, impedindo-o de mijar.

No andar superior do hotel há duas salas, ambas com música tocando. "Paquistanês", diz o porteiro, convidando-nos a entrar numa delas, onde se apresenta um cantor paquistanês de gazal. "Indianas", diz o homem na frente da outra sala, que tem as dançarinas. Ambos tentam nos atrair. "Venham, venham!" Sem hesitação, Zameer dirige-se à sala indiana, e eu o acompanho. É um melancólico disfarce para um bar de encontros. As mulheres gordas de terninho, importadas de Bombaim, sentam-se em cadeiras num palco. Há uma máquina de produzir fumaça. Tocam-se antigas canções, do tipo que indianos não residentes gostam: "Eena meena deeka" e "Bole re papeehara". Quase não há ninguém na sala. "Em Dubai todo mundo sabe que trabalho para Shakeel. É uma coisa às claras. Em Bombaim, haveria uma ou duas pessoas da Divisão de Crime em cada bar. Se eu me sentasse assim em Bombaim, teria quatro ou cinco guarda-costas em pé atrás de mim." Aqui, neste estranho país, Zameer é anônimo, triste e seguro.

Este é o verdadeiro significado de exílio: uma força invencível que nos impede de voltar. Zameer, se voltar, será morto a tiros no trajeto do aeroporto para casa, ou pela polícia, ou pela Rajan Company. Por isso, ele se senta em casa à noite num país que odeia, assistindo sem parar à Sony TV e à Zee TV. Ele sonha em pegar o trem em Mira Road e elogia os 55 viadutos de Bombaim diante dos amigos, entre ligações telefônicas nas quais ordena a destruição da cidade de que sente saudades. Depois de três meses ele pode ir para Karachi, que odeia ainda mais do que Dubai — em Dubai, pelo menos, diz ele, as pessoas são disciplinadas —, ou para Bangcoc. Zameer é um refugiado de categoria especial: não um refugiado político, não um refugiado econômico, mas um refugiado criminal.

Shoaib continua a ligar para o Paquistão de meu quarto de hotel, tentando trazer Shakeel para o telefone. Os rapazes chamam-no respeitosamente de "Chotte Saab". Ele é um *namaazi*, dizem; reza cinco vezes por dia e jamais bebe, fuma, sai com mulheres ou prragueja. Meu amigo e repórter policial Naeem Husain certa vez discutiu com Chotta Shakeel. "Como você pode dizer que mata em nome do islã? Quando você mata outro muçulmano, isso é um ato islâmico?"

"O profeta morreu e Alá está no céu", respondeu Shakeel. "Temos de fazer o que podemos na terra."

Falo uma vez com Anwar, irmão de Shakeel. "Espero que não esteja tendo dificuldades em Dubai. Não há nada com que se preocupar", diz ele para me tranquilizar, sem que eu lhe peça.

De início, parece que Shakeel foi visitar Dawood, cuja mãe acabou de morrer em Bombaim — de causas naturais. Há alguma tensão na fraternidade em Karachi por causa disso, e Shoaib já não sabe se vou conseguir minha entrevista. Comprei trezentos dirhams de cartões telefônicos num supermercado e pus os créditos no celular de Shoaib. Ligamos de novo. Finalmente, percebo uma mudança na voz de Shoaib. "*Ji, bhai. Ji, bhai*", diz ele ao telefone. Seu rosto se torna tenso e ele fica plantado num ponto do quarto. Ele me passa o telefone, e Chotta Shakeel fala.

O chefão chama a minha atenção para o fato de que ele jamais dá entrevistas, não precisa da fama, e só está fazendo isso porque eu, um homem dos Estados Unidos, viajei de tão longe para falar com ele. Repete sua alegação várias vezes durante a conversa. Fala um urdu puro; obviamente, os anos que passou em Dubai e no Paquistão afetaram seu híndi de Bombaim. O tempo todo ele se mostra muito respeitoso, relaxado, confiante. Nunca hesita; é uma voz acostumada a dar ordens. Não há o mais leve vestígio de raiva na voz do chefão, apenas sugestões que ele espera que sejam seguidas — "Você não deve escrever isso" — quando discutimos assuntos que poderiam lhe causar problemas sérios. Suas respostas a perguntas difíceis são indiretas, como as de um político.

Pergunto ao chefão se ele sente falta de Bombaim.

"Não há nenhuma outra cidade como essa no mundo inteiro. Sinto falta do meu povo, da minha terra; aquele ar, aquele céu; aqueles rostos conhecidos, aqueles parentes." Percebo que ele tenta expressar, em urdu, sua grande saudade numa forma poética. "É como um prato que, uma vez provado, nunca se esquece. Tenho saudade de toda a família, mas, fora isso, nasci lá. Nunca se esquece o lugar onde se nasce. Nunca se esquece a infância, as ruas, o bairro. Ama-se muito tudo isso. Ir a piqueniques na escola... ver filmes... sair com os amigos... Minha história é esta", diz ele, como um ator se explicando numa cena de um filme. "Estudei até o ssc" — Secondary School Certificate, o 11º ano — "e queria estudar mais. Minha intenção era entrar no Exército e me tornar um oficial. Sabe, na escola, quando as pessoas escrevem sobre o tema 'O que quero ser'? Eu tinha a ideia de ser um oficial do Exército e escrevi uma redação sobre isso. Eu queria morrer por meu país. O sentimento de um homem por seu país — algumas pessoas pensam nisso, outras não. Eu queria fazer isso, mas as circunstâncias e as condições mudaram tanto que sou um tenente na D-Company." Ele sabe quem culpar por não ser sido capaz de servir a seu país. "O pessoal da polícia ajudou a estragar minha vida. Então, acabei me envolvendo neste negócio e o resultado está aqui, na sua frente."

Pergunto como ele controla uma operação de tal porte de tão longe. Não digo "de Karachi"; seus rapazes já me disseram isso mais de dez vezes hoje.

"Não escreva o nome deste país", ordena ele. "O planejamento e as atividades são conhecidos dos rapazes, e eles fazem o serviço à sua maneira. Há um elo de comunicação." Shakeel passa muito tempo ao telefone. Mostra-se impressionado com a internet. "Você aperta um botão e a notícia inteira está na sua frente!" O chefão passa duas horas por dia na internet, vasculhando os jornais de Bombaim: olha as páginas de finanças, procura saber quem cometeu um assassinato no mercado. "A maior fonte de informações no mundo inteiro é a mídia eletrônica. A segunda são as revistas políticas, que pessoas como você publicam." Depois, vem a rede dos serviços de inteligência. "Tenho muitos contatos lá embaixo, que me dizem o que acontece na Índia. A notícia que você não consegue eu consigo primeiro." O chefão é um bibliófilo; tem particular predileção por histórias de espionagem. Gosta de ler desde menino. "Posso ler um romance em meia hora ou em três quartos de hora."

Pergunto-lhe por que está em guerra com Chotta Rajan. Seria, como diz Rajan, por causa das explosões?

"Preste atenção", ordena o chefão. "Toda a Bombaim sabe que Chotta Rajan não brigou conosco por causa dos atentados a bomba. Um ano antes, de 1991 a 1992, ele teve uma falha no coração e virou traidor. Três rapazes dele — Diwakar Chudi, Amar, Sanjay Raggard, seus rapazes — nós matamos porque eram traidores da organização. O quarto era Chotta Rajan. Dos doze aos quinze anos, Dawood o criou como um menino pequeno. Em vez de matá-lo, ele o perdoou. Dawood o criou como um filho, e Rajan tocou-lhe os pés e chorou bastante, por isso ele o perdoou. Ele não fez nada para a D-Company. Depois das explosões, passados seis meses, ele deixou Dubai. Ele tinha de explicar às pessoas por que brigara, por isso dizia que tinha sido por causa das bombas. Ele sabia qual era a realidade sobre as explosões e quem estava por trás delas."

"E quem estava por trás delas?"

"Não fale nisto agora", sugere o chefão.

Não é verdade, afirma Shakeel, que o pessoal da comunidade muçulmana vai para a D-Company, e o pessoal da comunidade hindu vai para a gangue de Chotta Rajan ou de Gawli. "Muitos rapazes hindus estão conosco", diz ele, na proporção de meio a meio. Para os festivais hindus, os membros hindus da companhia recebem dinheiro. "Nosso lema", declara, "é *insaaniyat*" — humanidade.

Peço-lhe sua opinião sobre a polícia. Não é virulenta, como a que ouvi entre os pistoleiros. "Determinados policiais são ligados a determinadas gangues, mas não todo o departamento. Alguns policiais são bons, mesmo hoje. Todos os policiais do Serviço de Polícia Indiano são neutros e fazem um bom trabalho." Ele admite que a polícia precisa fazer seu trabalho, ainda que isso envolva matar os homens dele. "Os encontros deveriam acontecer com aqueles que representam perigo para o público, que importunam o público." Mas deveria haver uma ética. "Não deviam desejar que um inocente morresse em suas mãos, porque ele também é filho de alguém, ou alguém que sustenta uma família." Ultimamente a polícia tem matado inocentes. "Em alguns departamentos há pessoas que fazem coisas de acordo com a religião. Vêm matando rapazes muçulmanos nos últimos quatro meses, dizendo que eles pertencem à D-Company. Setenta e cinco por cento desses rapazes não são meus, e não os conheço." É uma estimativa precisa, pelo que tenho visto em Bombaim. "A polícia os traz e os mata, dizendo que este homem é da D-Company, ou está com Chotta Shakeel." E acrescenta: "O que é a mesma coisa". O acréscimo é significativo. As pessoas têm posto em dúvida essa suposição. Mas ele diz isso com confiança. Shakeel não vai romper com a D-Company, ele vai herdá-la.

Como vive num país inimigo, pergunto-lhe o que acha da recente guerra na Caxemira.

"Suketubhai, a guerra é uma coisa muito ruim atualmente. Porque a vida das pessoas está perdida, a economia se arruína. O país inteiro anda para trás cem anos. Quem ganha com a guerra? Tantas armas e tantos mísseis são fabricados, milhões de dólares. Esse mesmo dinheiro, se fosse gasto com os pobres, então todos os países, não só o Hindustão, seriam muito felizes." Afirma que, desmentindo sua reputação, ele ama a Índia e quer morrer por ela. "Não há dúvida sobre isso. O país onde um homem nasce, ele não se torna traidor dessa terra. Um homem só pode dar a vida por seu país. É uma grande medalha para ele. É um respeito muito grande. Quando um homem quer entrar no Exército, não é para jogar críquete ou fazer exercício; ele quer ser mártir."

O cabeça da maior associação criminosa do subcontinente cita uma frase de John Kennedy: "Meu conceito é: 'O que posso fazer por meu país?'. E não 'O que meu país pode fazer por mim'". E acrescenta: "Pense nisto".

Shakeel é a favor da transferência de poder para a geração mais nova, "que tem um plano para o futuro". Os políticos de hoje, diz, "ficaram tão velhos que seu único futuro é a morte, seja em um ano, em dois ou em cinco". Fala deles com veneno especial, enumerando as operações fraudulentas e os escândalos diversos de que participam: o esquema do couro, o esquema das forragens. Há uma diferença entre criminosos e políticos, que ele compara usando a metáfora do cinema comum em Bombaim. "A diferença é que todos os criminosos fazem seu trabalho na tela, que as pessoas podem ver. Os políticos atuam atrás da tela, que o povo não pode ver. Tanto faz trabalhar na frente como atrás da tela. Os políticos são mais criminosos do que nós. Brigamos entre nós, mas esse pessoal arruína o mundo inteiro." Não há dúvida sobre o partido que ele apoia em Bombaim. "O Shiv Sena está arruinando Maharashtra. O bom governo foi feito sob comando do Congresso."

Pergunto-lhe se está satisfeito com os rumos tomados por sua vida.

"O ser humano é incompleto. Por toda a sua vida há sempre alguma coisa atrás dele. Faça um bom trabalho ou um mau trabalho, ele nunca está satisfeito consigo mesmo. O que eu queria fazer — tornar-me um oficial militar, o sonho que eu tinha — foi esmagado desde o início. Agora, que sonho devo ter, que desejo devo alimentar para o futuro?", pergunta. Volta a usar a linguagem de Bollywood. "Do jeito que é a vida, o FIM só Alá sabe."

Tem arrependimentos?

"Um homem que faz coisas ruins nunca pode achar que elas são boas. Acho que algo deu errado ou eu fiz algo errado."

Pergunto-lhe como, dizendo-se um bom muçulmano, ele concilia o fato de ser religioso com o fato de ser assassino.

"Inimizade e religião não têm nada a ver um com o outro. As duas coisas têm seu lugar na vida. Algumas medidas são tomadas em nome da religião. Não só as minhas; você também faz isso." A guerra de gangues jamais terminará. "Inimigos morrem, a inimizade, não. Morre um inimigo, nasce outro." Ele se defende: "Meu testemunho é que nunca fiz nada contra um inocente. Não mato ninguém para extorquir dinheiro". Ele alega, ainda, que não pede dinheiro de extorsão. "Tenho tantos negócios que não preciso." Como todo o trabalho de extorsão é feito pelo telefone, observa, há muita gente que achaca em seu nome. Recentemente, dois marwaris foram mortos em seu nome. Quando precisa fechar um caso, a polícia lhe atribui todo tipo de assassinato, que nada tem a ver com ele. "Não é bom que assassinatos sejam cometidos por motivo de extorsão", opina o chefão.

Apesar disso, ele parece ter uma forte percepção de seu envolvimento em "trabalho errado". "O errado é errado. Pecado é pecado." O castigo virá depois da morte. Mas "um homem deve ter a oportunidade de melhorar. Se até o que ele não fez lhe é atribuído, então ele não pode voltar atrás. Sua vida se torna" — e ele usa a frase em inglês — "*one-way traffic*" [via de mão única].

Meus cartões acabam e a linha é cortada. Passa-se um minuto, o telefone de Shoaib toca e primeiro um assistente fala, depois Shakeel. Ouço um barulho de buzinas de automóvel ao fundo; talvez ele esteja no trânsito, ou pode ser que o barulho entre por uma janela aberta. Ele explica de novo que não tem muito tempo. "Mas acho que, como você veio dos Estados Unidos..." Ele me lembra de novo da cortesia que está me fazendo. "Nosso verdadeiro rosto deve aparecer perante o público. As pessoas estragaram nosso rosto." Mas isto é verdade em todos os setores. "Pessoas que nos amam e pessoas que nos odeiam." No fim, diz: "Agora, diga o que acha de mim". É um pedido estranho. Estará ele ansioso para ouvir minha opinião, ansioso para ser amado, ou está tentando descobrir o que vou escrever a seu respeito, para que possa me impedir a tempo? Enquanto falo com seu chefe, os rapazes se debruçam sobre meu computador, olhando o que escrevo. Tenho de prosseguir com cuidado.

"Você fala como um poeta", respondo, pois conheço meus compatriotas.

O chefão fica satisfeito com a resposta. Quer me dar um presente. "Qualquer tipo de serviço que precise de mim, a qualquer momento, é só me ligar. Deixe o número do seu telefone com essas pessoas ou entre em contato comigo por intermédio delas." É um imenso favor, oferecido por alguém que tem todo o poder para concedê-lo. Imagino que seja seu jeito de manter os jornalistas satisfeitos. O governo pode dar uma casa; as empresas podem proporcionar viagens; o chefe do crime organizado oferece-me a morte de meus inimigos. Ele me oferece algo da loja da D-Company. Agradeço-lhe e digo-lhe que não preciso de nada assim no momento.

"Muito poucas pessoas me entendem", conta ele, no fim da conversa. Diz isso com certo orgulho.

Despeço-me de Zameer no saguão do hotel. Então Zameer repete a oferta de Shakeel: "Qualquer problema que tiver em Bombaim. Um serviço de graça. Foi o que o *bhai* disse".

Minha infância foi cheia não propriamente de violência, mas de um medo constante da violência. Eu sonhava com alguém que me defendesse dos valentões da escola, do meu prédio. Agora finalmente tenho meus protetores: Ajay Lal, Kamal, o próprio Shakeel. Eles destruirão meus inimigos. Os meninos brigões, os Donos do Banco do Fundão da minha escola, cresceram e são meus amigos. Eu agora ando pelo mundo com um status diferente, um senso de segurança diferente. O chefão me ofereceu uma morte de graça.

Mais tarde, quando conto a história a amigos íntimos em Bombaim, em Nova York, seus olhos assumem uma expressão pensativa, e eles começam a fazer listas das pessoas que eliminariam se alguém lhes concedesse tal favor. Falam de brincadeira apenas parcialmente, e fico chocado com alguns nomes citados — ex-amantes, colegas. As mulheres têm mais interesse em usar um favor desse tipo do que os homens. Se os homens sonham em matar alguém, querem fazê-lo pessoalmente, apertando o gatilho, enfiando a faca. As mulheres precisam que alguém o faça para elas. A maioria dos nomes que elas têm em mente é de pessoas que certa vez amaram muito e agora odeiam com a mesma intensidade. Cada um de nós, começo a descobrir, tem um círculo de pessoas próximas sobre cuja morte fantasia.

Agarro-me a meu favor como se fosse um pé de coelho no bolso; ele faz com que me sinta seguro, andando em Bombaim, e fico mais calmo com pessoas que me ameaçam, mais tolerante. Sei o que posso fazer se for realmente provocado. Essa certeza me torna generoso, mais tolerante a insultos. Torno-me um ser humano melhor porque sei que posso mandar matar a pessoa que eu quiser.

Em abril de 2000, dois *shakha pramukhs* são mortos a tiros pelos homens de Shakeel. Sunil e Amol estão nas ruas, fechando tudo em Jogeshwari, tirando riquixás de circulação, mandando lojas fecharem as portas. A força de reserva da polícia estadual é convocada. O Sena toma o partido na guerra na Assembleia. Exige a renúncia do governo do Congresso por "quebra da lei e da ordem no Estado". O governo sai à procura dos assassinos dos *pramukhs* do Sena. Ajay Lal me conta por que um dos *shakha pramukhs* foi morto. "Ele estava comendo uma muçulmana", diz o policial, com a alegria de alguém que tem informações não publicáveis nos jornais. "E Shakeel não gosta que os *kuffar*, os infiéis, se metam com suas mulheres. Ele disse: 'Mate-o'."

Girish está cada vez mais assustado. Ele me telefona um domingo à noite. "Sabe o serviço do Sena? Foi feito por nosso amigo." Kamal lhe mostrou dois retratos falados dos assassinos, divulgados nos jornais pela polícia. Qualquer cidadão que os reconheça deve entrar em contato com a polícia. Girish reconheceu Satish e Mickey.

Ligo para Kamal. Ele me conta que Zameer deu a ordem para que o serviço fosse executado, e Satish e Mickey o executaram. "Eles se tornaram superstars." A D-Company agora está se vingando dos quarenta ou cinquenta membros da gangue que foram mortos pelo governo anterior do Sena. Sob a égide do governo do Congresso, mais amistoso, eles estão indo atrás dos *shakha pramukhs*; e os policiais, que foram maltratados pelos *pramukhs*, não deixam de ter simpatia pelos rapazes de Shakeel.

Mais uma vez, estou de posse de informações perigosas. Conheço os dois assassinos que a polícia em peso está procurando; até Ajay identificou erradamente o homem que fez o serviço como Nilesh Kokam, que depois foi morto a tiros. A polícia, à caça de Satish por toda parte, matou algumas pessoas que nada tinham a ver com as mortes; num período de 24 horas, quatro homens foram mortos em três confrontos separados. Mas eu sei seus nomes verdadeiros, o que gostam de comer, como fazem amor, qual é sua relação com Deus. Sei quem os controla de países distantes. E sei exatamente quem, quando torturado, dirá onde eles se escondem.

Abandono aqui minha pesquisa do submundo. Mas a guerra de gangues jamais terá fim. Porque, no âmago, não é uma guerra de gângsteres contra a polícia, ou de uma gangue contra outra. É um jovem com uma Mauser contra a História, pessoal e política; é uma revolução, com um assassinato de cada vez.

PARTE II

PRAZER

6. A cidade dos comedores de *vadapav*

Dariya Mahal já é história. Quisera que fosse escombros.

Foi um erro necessário. Eu não me despedi de Dariya Mahal. Não achei que fosse necessário ficar mais um segundo naquele apartamento. Eu tinha me esquecido, malgrado meu, o quanto sou afetado pelo espaço físico onde vivo. Dois meses depois de encontrar o escritório na Elco Arcade, também encontrei, por intermédio de um corretor, um apartamento para morar em Bandra. Não tenho nenhuma história pessoal em Bandra; era tão distante de mim, na minha meninice e juventude, quanto a Patagônia. Era tida como um subúrbio habitado por católicos. Os únicos católicos que eu conhecia eram os meus professores de escola, e o que eu sabia de seu jeito de viver eu captara nos filmes híndis, em que as mulheres cristãs sempre usavam saias curtas e os homens sempre bebiam demais. Eu gostava deles por essa razão. Um pouco mais velho, sentia-me mais à vontade entre eles do que entre os gujaratis, entre os quais fui criado, e onde, se a gente fosse jantar na casa de alguém, a comida vegetariana era muito boa, mas não havia bebida para abrir o apetite.

O novo apartamento era o lar de uma famosa atriz que estrelou em alguns dos melhores filmes do cinema paralelo nos anos 1980,[*] antes de sua morte

---

[*] Período considerado como a *nouvelle vague* do cinema indiano, que produziu filmes de arte, alternativos a Bollywood. (N. E.)

intempestiva. Agora a irmã se encarrega de alugá-lo. A negociação do contrato não poderia ser mais diferente da negociação para alugar o apartamento de Dariya Mahal, a rigor feita mediante um aperto de mão com um vendedor de diamantes. O contrato do apartamento de Bandra é o mais longo e minucioso que já assinei. Partimos de uma premissa, vigorosamente reforçada pelo corretor, de suspeita e desconfiança recíprocas. Entre os itens enumerados pelo proprietário, para que não roubemos nada ao sair, estão varões de cortina, o número e o tipo das luminárias de teto e o porta-papel higiênico. Lemos cada linha, cada palavra, como negociadores de armas examinando cuidadosamente um tratado de mísseis balísticos. No fim, o dono troca comigo um aperto de mãos e me deseja boa sorte no meu novo lar. Tudo isso por um apartamento de terceiro andar num edifício sem elevador, a uma hora do centro da cidade. A Lei do Inquilinato transformou Bombaim numa cidade onde a confiança não existe.

Mas é um apartamento bem melhor, que vale toda a disputa. A mobília de madeira é tão parca e elegante quanto a do apartamento de Daiya Mahal não era. Este apartamento, também, tem vista para o mar. Diante de mim, um feio prédio cor-de-rosa, mas além dele, à esquerda, meu mar. Posso abrir as janelas sem que lixo entre voando. Acima, o vasto céu. Uma casa limpa com a luz perfeita para mandar fazer um retrato. Durante a tarde inteira a luz muda, suaviza-se. E de repente chove, e há uma adorável luz de monção. Morando em Dariya Mahal, esqueci-me de que Bombaim, também, tem uma luz que vale a pena observar. É uma tarde de segunda-feira, e não vejo ninguém quando olho pela janela. É a Índia, e não vejo ninguém! Uma vista exuberante para deleitar os olhos na visão das palmeiras, do mar que se encolhe na maré baixa, as toalhas penduradas, sem um movimento, nos varais. Mas veja! Um empregado vem até a janela em frente e recolhe a roupa do varal. Uma pessoa, tudo bem. Para servir de contraste.

Em frente ao quarto das crianças há uma amendoeira, que uma manhã nos surpreende com uma folha de um vermelho vivo entre as largas folhas verdes; mudou de cor durante a noite, como se pintada por um trocista.

Em Bombaim, depois do primeiro ano, nosso estilo de vida é muito parecido com o que era no East Village. Voltamos a fazer amizades, aumentando nossa riqueza. Já acumulamos uma bela coleção de pessoas generosas em três continentes; não tanto entes queridos como "entes gostados". Amigos, meus e de Sunita, ou dos dois, chegam de fora — de Bhopal, Nova York, Nova Delhi, Londres — com minhas irmãs e meus primos e, sem planejar, fazemos uma festa. Nossos amigos não se importam se esperamos que cheguem para começar a preparar a comida, e não se incomodam de cortar cebola e gengibre. Enquanto alguns usam a cozinha, outros se esparramam pelo chão da sala e equilibram meus filhos na barriga, ou constroem carros Meccano com eles. Servimos cerveja e vinho, às vezes algo mais forte, e comida cuidadosamente preparada e informalmente servida. Alguns fumam maconha na janela. Pode haver música, e meus filhos dançam. Passa-se de um grupo para outro, participando das conversas — sobre o tóxico corredor no Gujarat que o amigo ativista do Greenpeace está combatendo; ou sobre fotografia e a exposição de Dayanita; ou sobre se o amigo do Bhopal deve ou não se casar com a mais recente namorada. Ou pode-se não falar nada, tirar e botar uma toalha na cabeça, provocando gargalhadas em meu filho mais novo, Akash. Há pessoas que não gostam umas das outras, que têm boas razões para odiarem umas às outras, porque já estiveram apaixonadas, mas estão aqui por acaso e têm de se comportar da melhor maneira possível. Depois da quarta dose de bebida elas descobrem que suas diferenças na realidade não existem. Essas diferenças serão redescobertas amanhã de manhã, com a ressaca, mas por ora tudo que existe é a camaradagem do álcool. Logo mais, numa hora avançada, depois que todos estiverem devidamente bêbados, o jantar será servido, geralmente nas panelas, e estará quente demais para poder passar por nossas papilas gustativas, adormecidas pelo álcool. Meus filhos ficam acordados até todos irem embora, à uma, duas da madrugada, ou até caírem de sono. Isto me é familiar. Isto é o que gostamos de fazer à noite, onde quer que estejamos.

Outras coisas começam a mudar para nós. Começamos a compreender coisas simples: como negociar com os donos de loja, os taxistas, os parentes. O híndi de Sunita melhora e ela aprende a não ser roubada pelos empregados. Agora sabemos que não se chega para jantar na casa de ninguém antes das nove e meia. No primeiro ano, aparecíamos às oito — hora de Nova York — e ficávamos sentados bebendo nervosamente enquanto a anfitriã tentava se vestir, cozinhar e conversar ao mesmo tempo. Descobrimos onde comprar saca--rolhas, roupa de cama, orégano e computadores. Os meninos param de adoecer, e quando adoecem não ficamos muito preocupados. Todas as crianças de Bombaim vivem doentes. É o ar ruim, a água ruim, a comida ruim — e o país ainda assim tem 1 bilhão de habitantes. Um bilhão de pessoas magras, em geral doentes, mas vivas, algumas magnificamente vivas.

Mesmo no apartamento de Bandra, as coisas quebram regularmente. Os aparelhos de ar condicionado dão defeito com inexorável frequência; o do meu gabinete periodicamente pinga em minha cabeça enquanto escrevo. Durante todo o verão, não há água corrente o dia inteiro. Ela desaparece às nove e meia da manhã e espirra de volta nas torneiras às oito e meia da noite. Isso vai até a época das monções. Fora da janela há bátegas de chuva; dentro, no luxuoso banheiro, uma fila de baldes de cores brilhantes esperando para serem enchidos sob as torneiras vazias. Mas o que nos teria chateado no primeiro ano dificilmente nos incomoda no segundo. Levantamos cedo para encher os baldes e racionar a água. Se um empregado falta uma semana inteira, nós mesmos cuidamos da limpeza. Se a caixa de porcelana da descarga se parte em dois, chamamos, com o nosso recém-adquirido conhecimento, não o encanador, mas o eletricista, que é confiável e honesto. O eletricista traz o encanador e, quando percebe que este está se preparando para as burlas de costume, expulsa-o e faz, ele próprio, o serviço, remendando a caixa de descarga com cimento. Não é que sejamos menos roubados, mas aceitamos isso como uma espécie de imposto de recém-chegado e nos livramos da nossa expectativa americana de justeza em questões financeiras. Uma noite engano um taxista. Ele nos leva para casa à meia-noite, quando o preço da corrida aumenta, mas meu relógio está atrasado e mostro a hora que ele marca: 23h57. Ele aceita o preço mais baixo. Salto, e Sunita me repreende. Percebo que me tornei mau.

Aprendemos a utilidade da "influência". O WIAA Club [Western India Automobile Association Club], quando telefono para fazer uma reserva para um visitante de outra cidade, diz que não há quartos disponíveis. Meu tio liga para um amigo, que usa sua influência, e um quarto se materializa como que por milagre, como o universo surgindo do nada. Eu tinha me esquecido dessa diferença crucial. Há pouca coisa que se consiga fazer anonimamente, como membro das vastas massas. É preciso passar por alguém. O empregado que faz as reservas precisa do toque pessoal de um ser humano que ele conheça. O mesmo ocorre com as reservas de trem, de ingressos de teatro, apartamentos e casamentos. É preciso que haja uma pessoa servindo de ponte com outra que conheça outra, e assim por diante, até alcançarmos nosso destino; o trajeto que seu pedido segue para percorrer toda essa rede. Não se pode pular um elo indo direto a alguém que não nos conhece, ligado somente pela linha telefônica. Nesse caso haveria apenas um comprador e um vendedor, uma transação mais do que um favor. Uma amiga minha foi de Bombaim para Londres e me disse que ficou horrorizada quando soube que podia passar um dia inteiro — comprando passagens de metrô, indo ver uma peça, comer — sem precisar fazer um contato pessoal que fosse. Quando se quer fazer uma reserva de hotel em Matheran, ou comprar um ingresso de cinema no Metro, pergunta-se: "Quem tem influência?". É por isso que as pessoas ficam em Bombaim, apesar de tudo. Elas formaram uma rede de contatos; elas têm influência.

Em nossos domingos em Bombaim, o tempo se torna gélido. Numa manhã de domingo, o cheiro de peixe ao curry sendo preparado nas panelas tamanho família flutua sobre Khar e Bandra. As duas qualidades mais esquivas de uma metrópole são intimidade e silêncio. Ambas existem aqui, na tarde de domingo. Dormir até a hora do almoço, depois fazer uma grande refeição acompanhada de cerveja, depois fazer sexo com a mulher, depois voltar a dormir. Ao anoitecer há a caminhada na Carter Road, ou um filme cujos ingressos foram comprados três semanas atrás. Ou pode-se andar um pouco em Nariman Point, levar o menino para um passeio de carrossel, contemplar a água azul cheia de cascas de coco, com os altos edifícios erguendo-se na Walkeshwar Road. Passando por Flora Fountain ou pelo Forte pode-se andar nas calçadas nesse dia de descanso; as ruas se mostrarão como são: largas, ensombradas de árvores, ladeadas por palácios suntuosos. Domingo à tarde é o que separa a cidade da insurreição geral. O resto da semana, as pessoas chegam em casa tarde demais para fazer algo que não seja comer e dormir, como animais, movidos por necessidades animais. Aos domingos nos tornamos novamente humanos.

Gautama começa a falar híndi de Bombaim, essa rude língua de carpinteiro. "Você é uma *bekaar amma*", diz ele à mãe, quando irritado. Está encontrando seu lugar no país de seus ascendentes. Os meninos do prédio brincam no Holi, o festival das cores, e para minha grande surpresa, meu filho ri com eles, todo enfeitado. O estacionamento transformou-se num carnaval. Com cada rosto multicolorido, ninguém sabe quem é empregado e quem é sheth; todos estão bêbados ou drogados. Pode-se até pegar nas mulheres; nesse dia pode-se pegar em todas as mulheres.

Na Índia, as pessoas são amistosas com meus meninos. A recepcionista no saguão do aeroporto nos segue, prepara café para nós, traz biscoitos para os meninos. Ela conversa com Gautama; falam sobre os brinquedos que cada um possui. Um comerciante ergue os olhos do seu jornal e fala com Akash em tâmil. Na Índia, meus meninos se aproximam de um estranho com confiança; repousam as mãos nos joelhos de nossos convidados, brincam com os *dupattas* [espécie de xale] das mulheres. Vão precisar aprender a guardar distância dos outros quando voltarmos para os Estados Unidos. Vão precisar aprender que as pessoas não gostam de ser tocadas. Isso acontece aqui mesmo, nas partes primeiro-mundo de Bombaim. Um amigo que morou em Nova York e voltou irrita-se com Akash porque ele mexe nas coisas em seu apartamento — o aparelho de som — e sobe na mesa. No táxi de volta para casa, o motorista se vira e diz, sem rodeios: "As crianças vivem à sombra de Deus. O que os adultos não aguentariam, se fossem feridos, não afeta as crianças pequenas".

Os ricos têm o teatro, as festas, as viagens ao exterior. Os pobres têm os filhos; divertem-se com eles, são sustentados por eles. Quando chegam em casa, vindos da última estação de trem, os filhos estão acordados, numa hora em que já não deveriam — vão ter dificuldade para acordar cedo e ir para a escola de manhã —, mas é o que os pais querem. Eles querem ver os filhos durante a meia hora que lhes diz por que estão trabalhando. Assassinos, prostitutas, limpadores de esgotos e atores de cinema que lutam para se afirmar vivem por esse momento em que chegam em casa e sua filhinha vem correndo para eles, ou acorda de um sono profundo e os repreende por não voltarem para casa mais cedo. Nos feriados, eles se sentam no apartamento de um quarto, para ver os filhos brincarem com os filhos do vizinho, comentando os hábitos, as preferências e as excentricidades de cada um, acompanhando suas disputas como os bardos das cortes italianas da Idade Média. À noite, eles às vezes levam as crianças, as suas e as do vizinho, para ver um filme, entram subrepticiamente com a criança de cinco anos e a colocam no colo do pai, comem um lanche preparado em casa pelas mulheres, veem o ator Amitabh Bachchan lutar e dançar, aquelas criaturas de luz, até que a criança, contra sua vontade, aos poucos cede, a cabeça cai, e o ar-condicionado não está funcionando, e o menino tem seis anos de idade, mas no colo do pai não é pesado; tem pouco peso, quase não pesa nada.

De quem é Bombaim? Bombaim é a cidade dos comedores de *vadapav*, me disse Mama, da Rajan Company. É o almoço dos favelados, dos carroceiros, dos pivetes de rua; dos escriturários, dos policiais, dos gângsteres.

Pergunto às pessoas no escritório do meu tio onde se come o melhor *vadapav* de Bombaim. Eles respondem em coro: "Borkar!". Saio na tarde quente do centro da cidade à procura de Borkar. Não disponho de muito tempo; eles me disseram que Borkar só faz negócio três horas por dia, das quatro às sete, ou até os *vadas* acabarem. Ando por ruas estreitas no centro, com buracos abertos, passo por um mercado de hortaliças, passo por Kotachi Wadi, onde algumas adoráveis casas antigas ainda são ocupadas pelos moradores católicos originais, passo pela Clínica Jain, até chegar, finalmente, a Borkar. Há um pequeno grupo, homens de um lado, mulheres do outro, com dinheiro nas mãos. Borkar senta na sua barraca, fritando uma nova leva. Uma velha placa diz:

Vadapav —————— 4 Rs.
Vada —————— 3 Rs.
Um *Pav* —————— 1 R.
Prop.: Borkar

Espero que ele termine de fritar; as dezenas de pessoas à minha volta fazem o mesmo. Estou tenso, com meu dinheiro já pronto. Logo que a concha emerge do tacho de óleo quente cheio de *vadas*, bolinhos fritos com fiapos de massa amarela, o frenesi começa. As pessoas empurram o dinheiro para a frente, na maioria notas de dez rupias; diante do ajudante há uma bandeja cheia de moedas de duas rupias. Ninguém parece querer só um. Nem todos vão conseguir seus *vadapavs* desse lote; os mais tímidos vão ter de esperar mais. O ajudante atende primeiro às mulheres. As pilhas de pav foram borrifadas de chutney — a parte de cima de dentro do bolo está banhada de chutney verde, a de baixo de chutney de alho vermelho — e o ajudante pega com uma mão, num arco contínuo do braço abrindo o *pav*, recolhendo dois *vadas* com a concha, um em cada ninho de *pav*, e entregando ao faminto freguês. Afasto-me da barraca e esmago o *vada* apertando-o com o *pav*; pequenas fissuras aparecem na superfície crocante, e do *vada* verte sua mistura de batata e ervilha. Como. A massa crocante, o bocado de *pav* macio e doce abrandando a quentura do chutney, os temperos da mistura de *vada* — escura com pasta quente e cheia de dentes de alho que parecem castanhas de caju — são mastigados, e a boca se enche de sabor. Meu estômago está ficando cheio e sinto que como algo nutritivo, depois de um longo período de soluços. Borkar cumpriu seu darma.

Chego à vizinha casa de bebidas frias em Sikkanagar, sedento depois do fogo do *vadapav*. Há agradáveis cabines de fórmica onde sentar; todo o lugar tem uma atmosfera tranquila, relaxada, na qual se pode tomar uma bebida gelada e olhar a rua agitada em paz. Há um cardápio de sorvetes na parede, escrito em marata; afirma-se que cada um tem uma propriedade salubre. A essência de *amla* é boa para problemas urinários, cegueira noturna e irritação; o sorvete de gengibre é recomendado para flatulência, bronquite e cólica menstrual. A maioria é muito saborosa e representa uma subversão das bebidas com sabor de cola que dominam o mundo. Na realidade, pode-se lançar um ataque direto à coca-cola; pode-se pedir uma coca de *masala*. É o mesmo que o refrigerante que conhecemos, o mesmo líquido escuro espumante, mas com limão, sal, pimenta e cominho. Quando a coca-cola é despejada num copo, que tem duas colheres de chá de *masala* esperando para atacar o líquido do fundo para cima, a bebida americana espumeja numa cólera espantada. O garçom fica na cabine, esperando a espuma diminuir, depois despeja um pouco mais de refrigerante, espera e coloca o resto. E, vejam só, virou coca hindu. O invasor alienígena chegou ao país. Foi aceito no panteão das bebidas locais, mas com um tempero a mais, um pouco mais de animação. A cocaína está de volta na coca.

Meu nariz está vermelho e esfolado da poluição do centro da cidade, mas não consigo desviar os olhos do caos psicodélico da rua. Filas de pequenas lojas, cada uma delas dedicada a fornecer à cidade um artigo ou serviços com microscópica precisão: polimento de móveis de madeira, datilografia, óleo para cabelo, fogos de artifício, *chapatis* assados, caixões, sapatos feitos à mão. Essas lojas são cuidadas agora pela quarta geração da mesma família. Eles vivem no mesmo prédio, num andar superior, pagando quinze rupias, 45 rupias, de aluguel. As lojas ficam abertas das onze da manhã às nove da noite; e os donos sabem onde conseguir o melhor sorvete de rosa, o melhor *sabudana khichri*, nessa intimidade universal que os comerciantes têm com comida de rua. Quando parentes de outra cidade vêm visitar, o passeio não vai muito além deste bairro. Termina-se a noite, como geralmente termino a minha, com a última sessão no Maratha Mandir. Os donos de loja podem não ganhar nunca o suficiente para sair de suas instalações alugadas, mas essa possibilidade é impensável, de qualquer maneira. Seus filhos vão herdar o negócio, que só melhora desde o tempo dos ingleses. Ao longo de décadas pacientes, um alto grau de conforto, de familiaridade, desenvolveu-se.

Redescubro os restaurantes iranianos, que estão entre meus lugares preferidos de Bombaim para encontrar gente ou apenas para sair do calor e esperar. Uma das atrações da minha infância era o Café Naaz, em Malabar Hill. Chegou à cidade junto com a independência e tinha as melhores e mais baratas vistas da cidade. Eu ia lá toda vez que voltava a Bombaim; sentava-me no terraço mais alto (privilégio que acrescentava uma taxa de quinze rupias à conta) e, contemplando toda Chowpatty e afastando os corvos famintos, tomava minha cerveja e punha o papo em dia com amigos de todos os países. As forças vingadoras do governo municipal, empenhadas em destruir qualquer vestígio de beleza dentro da jurisdição de Mumbai, caíram em cima. O Café Naaz tinha sido alugado da cidade, e houve uma briga entre pessoas da família proprietária; a prefeitura revogou o aluguel, demoliu o café e construiu no lugar uma estação de monitoramento de água. Era adoravelmente barato demais para sobreviver na moderna Mumbai.

Os iranianos vieram para Bombaim por volta da virada do século xx. Eram zoroastristas que vinham das pequenas aldeias da Pérsia, como Yezd, e não das cidades, e não tinham boa situação no país de origem. Os iranianos eram muito trabalhadores, mas sofriam perseguição religiosa no Irã. Eram distintos dos pársis, zoroastristas iranianos que vieram para a Índia a partir do século VIII.

Os iranianos começaram como vendedores de provisões e se ramificaram em padarias e restaurantes. Beneficiaram-se de uma superstição existente entre seus concorrentes indianos: não dá sorte instalar uma loja numa esquina. Para os iranianos, isso trouxe sorte; seus estabelecimentos eram visíveis de dois lados e tinham muita luz e muito ar, porque ficavam bem voltados para os cruzamentos. São mobiliados com mesas de tampo de mármore e cadeiras de teca; as paredes são enfeitadas, tipicamente, com retratos de Zoroastro e espelhos de alto a baixo. Sobre a pia onde se lavam as mãos, nos fundos, pode haver um conjunto de instruções, que, como percebeu o poeta Nissim Ezekiel, formam um poema completo:

Não escreva carta
Sem pedir uma refeição
Não se penteie
Cabelo estraga o chão
Não faça travessuras na cabine
Nosso garçom nos informa
Volte
Todos são bem-vindos, de qualquer casta
Se não estiver satisfeito nos diga
Caso contrário diga aos outros
Deus é grande.

Um iraniano serve o menu mais simples: chá, café, pão e manteiga (sempre Polson), biscoitos salgados, bolos, pão duro, pãezinhos doces com manteiga, ovos bem cozidos, pãezinhos com carne moída, pilafe e carne de carneiro com arroz. A maioria dos iranianos vende tempo e sombra: uma chávena de chá e uma mesa são suas durante uma hora, enquanto você lê seu jornal ou contempla o que se passa na rua. Estão a um mundo de distância, em preço e atmosfera, dos restaurantes punjabis e chineses, que a classe média prestigia. Sua família não precisa fazer sacrifícios para que vocês possam comer aqui.

A clientela dos iranianos veio dos trabalhadores imigrantes na cidade, que viviam em grupos de oito num cômodo e precisavam de comida básica barata — chá e *brun maska*, um pão duro com manteiga. Se não podiam comprar *brun maska*, era sempre possível comer biscoitos *khara*. Esse era e continua sendo um jeito de encher a barriga, quando não se tem dinheiro para comprar outra coisa; o chá dá energia aos pobres, devido às muitas colheres de açúcar em cada xícara. Nos anos 1970, a culinária de Udupi, no sul da Índia, começou a substituir a iraniana e agora está sendo substituída pelas cervejarias. Pouquíssimos filhos de proprietários estão interessados em continuar com os iranianos; devido à ênfase da comunidade em educação, eles se ramificaram em várias profissões e foram para o exterior. Com isso, alguns restaurantes iranianos se transformaram em bancos e lojas de departamento. Outros mudaram pela metade, dividindo seu interior numa área onde se pode tomar cerveja — a sala "com autorização" — e outra área estritamente para o chá — o "salão familiar".

Um desses é, junto com o Naaz, meu iraniano preferido, o Brabourne, que existe desde 1934. Antigamente era um estábulo. Recebeu esse nome em homenagem ao lorde Brabourne, governador de Bombaim naquela época. Rashid Irani é um de seus proprietários. Ele não tem família, mas tem 3 mil ou 4 mil livros em seu apartamento; escreve resenhas de filmes e sua casa está sempre aberta para escritores, pintores e cineastas de Bombaim. O iraniano de Rashid é um dos últimos quatro ou cinco restaurantes iranianos que não subiram de nível. Ele serve comida simples: ovos, pão, carne moída, biscoitos, chá. Doze anos atrás, Rashid incluiu cerveja em seu cardápio e agora as noites se enchem principalmente de tomadores de cerveja, alguns apenas à espera de que o trânsito melhore para ir para casa. "Que jeito adorável de esperar!", exclama Rashid.

Rashid quer manter o Brabourne exatamente desse jeito. Há um grande senso de espaço no Brabourne que não se encontra em restaurantes de Bombaim dez vezes mais caros. Durante dois anos, na década de 1970, o Brabourne fez uma experiência com um jukebox, tocando Pat Boone, Elvis Presley e canções de filmes híndis por moedas de quatro annas. "Tentamos entrar na moda." Mas havia um problema: a música. No Brabourne, o garçom anuncia a conta para os donos, em vez de lhes dar um pedaço de papel. Os sócios, da velha geração e portanto um tanto surdos, disseram: "Nada disso, não conseguimos escutar o que os garçons dizem". Portanto, livraram-se do jukebox, e o Brabourne reassumiu sua tranquila personalidade, onde o único barulho são os gritos ocasionais de negociantes de algodão bêbados discutindo críquete.

O Brabourne tem seus ritmos certos. Abre às seis e meia para as pessoas que aguardam para tomar sua primeira xícara de chá. Depois os taxistas chegam para sua refeição de "doll", que é o jeito pársi de dizer *dal*, comido com pão *pav*. "A tarde é sem graça", diz Rashid. À noite, as pessoas vêm pela cerveja. Há um imenso mercado de tecidos aqui perto, e os vendedores de tecidos chegam por volta das sete. Eles conversam principalmente entre si e vivem nos subúrbios; tomam duas cervejas aqui porque não podem beber em casa. Às dez, Rashid baixa as portas de ferro. "Para um bar, fechamos bem cedo", diz ele.

A maior parte dos fregueses é de pessoas de certa idade. De manhã, a partir das seis, as mesas são ocupadas por frequentadores antigos, na maioria pársis e católicos. Um grupo de quatro ou cinco idosos pársis tem uma mesa favorita no Brabourne. Eles ficam muito ansiosos se tiverem de se sentar em outro lugar. Se houver apenas um freguês ocupando a mesa, eles se sentam na mesa ao lado e ficam olhando fixa e silenciosamente para o usurpador. Ou ficam em pé em volta dela e o forçam a sair. "É um fetiche", diz Rashid. Uma vez estabelecidos em sua mesa, eles discutem os assuntos do dia com veemência. Mas a primeira coisa que examinam é a coluna de mortes do *Jam-e-Jamshed*, o órgão comunitário, o cronista da constante diminuição de sua comunidade.

Outro velho cavalheiro pársi vinha toda tarde depois das três. Quando ele se sentava, os garçons colocavam três xícaras de chá na sua frente. Ele queria, por razões pessoais, as três xícaras de chá simultaneamente, com três pedaços de *brun maska*. Os pedaços ele molhava em apenas uma das três xícaras. Logo que chegava, fazia questão de colocar uma moeda de cinquenta paises na mesa, como gorjeta. A maioria dos fregueses do Brabourne, que são mais bem de vida do que ele, não dá gorjeta. Mas alguém tinha tomado a casa desse senhor; ele passava o dia sentado na frente do templo existente na mesma rua e vivia das esmolas que os devotos lhe davam. Portanto, observa Rashid, "esse homem que dependia de esmola conhecia o valor de dar e receber". A fotógrafa Sooni Taraporevala certa vez tirou uma foto sua, como parte de uma série sobre os pársis. Ela imprimiu uma cópia e mandou para ele. Ele deu uma olhada e a devolveu. "Para quê?"

7. Uma cidade no cio

Cidades como Bombaim vivem à noite. O dia serve para reunir forças para a noite. A cidade se abre, esplendorosa, depois que o sol se põe, em recepções, premières, festas e jantares; nas cervejarias, nos hotéis, nas danceterias, nos bordéis e nas vielas. A noite não tem hora; está livre do rigor corporativo do dia. E a noite contém possibilidades sexuais: aquele homem tão bonito de paletó, aquela mulher que acende um cigarro do outro lado da sala.

"Quando o pessoal da Divisão de Crime pega você, a primeira pergunta que faz é quem é a mulher que você mantém", diz Mohsin, o pistoleiro. "A maioria das pessoas neste negócio tem uma amante." Alguns acabam se casando com a mulher que mantêm. Só gângsteres se casariam com elas, e isso por causa de uma comum falta de honra, diz Mohsin. "Se você não tem *izzat*, qual é a *izzat* dela?" Os gângsteres estão livres, como as moças dos bares, das convenções e restrições da honra.

Nesse momento seu amigo Anees, que vive na periferia da guerra de gangues, me conta como se faz a corte às moças dos bares. "Bombaim tem todos os gostos, todos os fetiches", começa. A cidade é úmida de sexo. No ponto mais baixo da escala estão as prostitutas nepalesas, que os bhaiyyas, do norte da Índia, frequentam, pagando a meia hora: trinta rupias, cinquenta rupias. "São do público. Nem sequer cuspiríamos nelas." Para os rapazes da guerra de gangues, só existem as dançarinas de bar. Há centenas de bares em Bombaim, chamados de cervejarias, bares de mulheres ou bares de dança. Em subúrbios como Chembur e Malad parece haver um em cada quarteirão. Nesses bares, jovens completamente vestidas dançam em palcos com decoração extravagante, ao som de músicas de filmes híndis, e os homens chegam para olhar, jogar dinheiro na cabeça delas e apaixonar-se. Esse mundo, que dançarinas e fregueses chamam de negócio de bar, é exclusivo de Bombaim, e para mim é o ponto de intersecção de tudo que torna a cidade fascinante: dinheiro, sexo, amor, morte e indústria de entretenimento.

Funciona assim: um rapaz da guerra de gangues pode se tornar freguês de um bar. Pode ver uma moça que lhe toca a fantasia. Pode se imaginar protegendo-a contra vilões, ou vê a moça cuidando de suas feridas depois de um duelo ou um encontro. Portanto, ele vai até a moça na hora de sair e pergunta se pode vê-la quando o bar fechar. Ela sorri e lhe pede que volte no dia seguinte. Ele volta na noite seguinte, senta-se e olha só para ela entre todas as dançarinas. Ela se lembra de tê-lo visto na véspera, sorri para ele uma ou duas vezes e pede ao garçom que a enfeite com mil ou 5 mil rupias. Ela dança um pouco mais rápido para ele, em sua direção. Ele fica até o bar fechar e pede-lhe novamente o número do telefone. Ela lhe diz que volte na noite seguinte; estará esperando por ele. E, com isso, ele vem vezes seguidas ao bar, jogando algum dinheiro sobre a cabeça dela, até que finalmente, numa noite em que ele menos espera, ela rapidamente enfia-lhe um pedaço de papel na mão. Nele estão escritos o número mágico e o nome dela.

No dia seguinte ele vai ao telefone logo que acorda, às onze horas. Ninguém atende, ou, no caso das moças mais modernas, atende uma secretária eletrônica. Todas as manhãs ele liga, até que finalmente, à uma ou às duas da tarde, uma voz de sono responde. "Alô?" E assim começa a relação deles por telefone. Na grande cidade anônima, ela se torna um ouvido para ele. Ouve seus problemas com a mulher, com os pais; ela entende se seu trabalho não vai bem, preocupa-se quando ele não come. "Já almoçou?", pergunta ela.

"Já."

"O quê?"

"Ah, nem lembro... um *vadapav*."

"Chama isso de almoço? Você come qualquer coisa, nem cuida de você mesmo."

"Pois estou chegando aí, e você me prepara o almoço", pode ser que ele diga, tentando a sorte.

"Hoje, não, meu irmão está vindo aqui. Mas em breve quero preparar uma comida para você com minhas próprias mãos. Não sei por quê, mas me sinto bem com você. Nunca encontrei ninguém que me entendesse como você. Você vem ao bar hoje à noite? Estarei esperando."

E assim, todas as tardes, ele conversa com ela pelo telefone, todas as noites vai ao bar, e agora, quando a olha no palco, existe uma intimidade entre eles. De todas as pessoas na sala, de todas as pessoas na cidade, ela é a única que sabe segredos dele. É a única que lhe perguntou, aquele dia, se ele comeu. Ele senta-se a uma mesa com uma pilha de dinheiro, fuma, bebe e olha constantemente para ela, observa como seus quadris giram ao som da canção que ele continua pagando cinquenta rupias para o garçom tocar, pensa nela deitada na cama e falando com ele, pensa num comentário que ela fez, pensa que ela acabou de sair do banho quando recebeu sua chamada e nem teve tempo de vestir a roupa.

Todo dia agora ele quer vê-la fora do bar. "Vamos passar dois dias em Khandala", sugere.

"Não. Eu gosto muito de você, mas não sou esse tipo de moça. Não sou como as outras do negócio do bar."

Ele continua indo ao bar. Continua gastando dinheiro com ela. Continua pedindo que ela se encontre com ele.

"Ainda não, ainda não", diz ela, resistindo. O que ela não diz, o que o faz ir sempre ao bar, é "Nunca". A essa altura ela é o centro de suas fantasias; ele vê como ela o olha no bar, diferente de como olha para qualquer outra pessoa. Quando ela dança para outros homens, ele sabe que ela só faz isso por dinheiro, mas quando ela se vira para ele, quando ela chega perto de sua mesa, é claro que ela faz isso porque quer. Não foi ela mesma que disse isso, hoje à tarde? Uma noite, ele não pôde ir ao bar — o *bhai* tinha um serviço para ele — e ela telefonou no começo da tarde seguinte, quase chorando. "Onde você estava? Fiquei tão preocupada! Seu trabalho é tão perigoso. Sempre, sempre, me ligue quando não puder vir. Do contrário, passo a noite toda olhando para a porta, como a noite passada, esperando você entrar. As outras meninas notaram, fizeram piadas comigo: quando é que seu *chhava* [namorado] vem?"

* * *

 Ele a convida para tomar um café, e certa tarde, depois de ter gastado muito dinheiro na noite anterior, depois de ter derramado sobre ela uma chuva de cédulas que a fez girar num frenesi que encantou os frequentadores do bar, ela aceita e marca um encontro no shopping Heera Panna para aquele sábado. Quando ele aparece, ela fica feliz de vê-lo e lhe diz isso. Eles passeiam pelas galerias do shopping, como um rapaz comum e sua namorada, como os outros casais de Malabar Hill e Breach Candy, e ele acha que percebe alguns homens olhando para ela e para ele, com inveja e admiração. Passam em frente a uma loja de artigos eletrônicos e ela dá um gritinho agudo, vira-se para ele e diz: "Que lindo espremedor de suco! Sabe, o médico mandou minha mãe tomar suco de frutas todas as manhãs!". E, assim, como é um homem galante, ele entra na loja e, sem perguntar o preço, diz ao vendedor: "Aquele espremedor de suco. Embrulhe-o". Eles passam por outras lojas. "Que bela camisa, aquela", diz ela. "Ia ficar tão bem em meu irmãozinho." Como prêmio, ela pode levá-lo a uma loja de lingerie e pedir ao vendedor que lhes mostre as roupas íntimas mais excitantes. Ela talvez delibere sobre o que vai comprar, colocando o sutiã sobre a blusa, o fio dental na frente das virilhas, talvez lhe peça que admire o material, rindo da própria travessura. O vendedor já viu isso antes, muitas vezes, e desempenha seu papel, mostrando-lhes os artigos mais caros, tratando o pretendente com o respeito devido a um homem de respeito, a um homem querido pelas mulheres. Manda servir-lhes uma coca-cola, que demora a chegar, e enquanto isso ela continua comprando, de modo que, toda vez que a vítima faz menção de ir embora, o vendedor protesta: "Mas o refrigerante está vindo, senhor!". O vendedor sabe que ele está envergonhado demais para perguntar o preço dos artigos que está comprando, por isso o preço pode ser inventado na hora; no dia seguinte, a moça voltará com seu pequeno volume de compras e discutirá com veemência sobre a divisão dos despojos. Mas, nesse meio-tempo, o pretendente estará pensando nela usando todas aquelas peças, aquele sutiã de renda vermelha, aquelas calcinhas transparentes. Está decidido a vê-la hoje à noite usando-as e depois em vê-la sem elas.

 A expedição de compras talvez lhe tenha custado um lakh. Ele terá de pedir ao *bhai* para mandar mais algum dinheiro e, em troca, precisará matar ou surrar alguém pela gangue. Ao sair, ele diz a ela, em tom de urgência: "Quando sair do trabalho hoje à noite, você virá comigo". Dessa vez ele não aceitará uma resposta negativa. Dessa vez ela percebe que as coisas serão como ele quer, ou ela o perderá. Ele a xingará e nunca mais voltará ao bar — nem ele, nem o dinheiro dele.

Portanto, ela finalmente lhe dirá: "Está bem, hoje à noite". E, quando o bar fecha, ele estará esperando, e os dois talvez tomem um táxi para um bom hotel — o Oberoi, o Taj ou o Marine Plaza.

Ou, se a moça for mais imaginativa, se tiver qualquer coisa de poético em seu temperamento, eles farão o que Anees, o gângster, me conta que fizeram com ele. Ela usará os pássaros.

"Você precisa ir ao Haji Ali, para tomar suco à uma da manhã", começa ele. Haji Ali é o túmulo de um santo sufi, e há uma passarela elevada que vai da estrada ao túmulo por dentro da água, e onde há sempre uma fila, tanto de hindus como de muçulmanos, em busca das bênçãos do santo. Todos os anos, numa maré alta de monção, as ondas derrubam alguns crentes da passarela exposta. Os motoristas de táxi tocam nos lábios e no peito quando passam por Haji Ali. À noite, o local torna-se um centro de sucos. Quando eu era menino, meus pais costumavam me levar, depois de jantarmos num restaurante, para Haji Ali, onde nos sentávamos no carro e um homem trazia sucos frescos para nós. A brisa marinha que vinha do oeste nos refrescava, e o suco gelado com um pouco de *masala* refresca mais um pouco, e tudo isso faz bem à saúde. Eu não sabia, naquela época, o que Mohsin e Anees viriam a me contar — que um dos sócios da barraca de sucos é um traficante de heroína, que compra e vende grandes suprimentos da droga. Para mim, tratava-se apenas de um belo lugar para se tomar uma bebida não alcoólica.

Portanto, à uma hora da manhã o pretendente estará esperando pela moça do bar num táxi em Haji Ali, examinando ansiosamente cada pessoa que anda na sua direção, cada carro que chega. Ela talvez se atrase um pouco, ele pode achar que ela o abandonou e começa a xingá-la, mas de repente ela aparece e lhe tira o fôlego, de tão linda que está. Ela entra no táxi com ele, está de minissaia, e ele nota como suas coxas são macias e brancas. Ele aspira seu perfume. Ela usa algo que deixa os braços à mostra, ou um sári com uma blusa modelo frente única. Ela não sorri, não o olha nos olhos. Ela olha para a calçada, à procura de alguma coisa, até que encontra: um homem com duas gaiolas nos ombros cheias de pássaros.

Ela dá ao motorista uma nota de cinquenta e manda-o dar uma volta, tomar um suco.

Ela chama o vendedor de pássaros e ele se aproxima. As gaiolas contêm pequenos pássaros canoros voando de um lado para outro, com bicos de diferentes cores. A dançarina pede a seu homem que compre alguns pássaros — seis por quinhentas rupias; "Se quiser se divertir mais, compre uma dúzia", aconselha Anees — e fecha as janelas do carro e os pássaros voam e enchem o pequeno e escuro táxi com sua energia e sua música. Ela ri, deliciada, e pede a seu homem que jogue um jogo com ela: pegar os pássaros. Eles estendem as mãos para pegar os pássaros, que são pequenos e ágeis, e precisam mexer muito os braços para tocá-los. Quando a moça e seu ardoroso pretendente tentam pegar um pássaro, eles às vezes, acidentalmente, não podem deixar de tocar um no outro. Isso é novidade para o homem — lembrem-se, ele até então não tinha encostado um dedo nela. Quando o pássaro pousa no ombro dela, ele tem de tentar agarrá-lo, e, se o pássaro voa, sua mão pousa no ombro dela. Se o pássaro passar perto do seio, faz parte do jogo que ele tente capturá-lo, e o pássaro talvez seja rápido demais, e a mão dele, em seu impulso para a frente, pode encontrar algo diferente, mais macio, mais duro. E então todo o pequeno táxi Fiat se enche do barulho dos pássaros, das gargalhadas dela e dele, e, de vez em quando, de um rápido arquejar feminino. E assim, finalmente, depois de tanto tempo, a dançarina e seu resignado pretendente se enternecem e se aquecem no banco traseiro do táxi, o espaço em volta deles cheio de pequenos pássaros canoros, adejantes e assustados.

Meia hora ou uma hora depois, a porta do táxi se abre e meia dúzia ou uma dúzia de pássaros mortos são jogados na rua. Se ainda sobram alguns vivos, eles saem voando sobre o grande mar escuro, finalmente livres.

MONA LISA DANÇA

Comecei a frequentar as cervejarias porque estava confuso. Não conseguia entender por que homens se dispunham a gastar somas colossais de dinheiro nesses lugares. Numa noite boa, uma dançarina num bar de Bombaim pode ganhar duas vezes mais do que uma dançarina de alta classe num bar de striptease de Nova York. A diferença é que a dançarina de Bombaim não precisa dormir com os fregueses, é proibida de tocá-los no bar e usa mais roupa do que uma secretária comum de Bombaim usa na rua.

Uma noite um jovem chamado Mustafa, ex-gerente da empresa de computadores do meu amigo Ashish, me leva a Worli. Quando passamos de carro pela avenida, não há luzes na frente do Carnival Bar. É bem mais de meia-noite e meia, quando os bares supostamente já estão fechados. Mas avançamos devagar. Um homem sentado à entrada da pequena viela nos pergunta: "Hotel?". E saltamos do carro, outro homem aparece e estaciona o carro do outro lado. Instruem-nos com acenos a entrar na viela totalmente escura, e acho que estamos no lugar errado, mas de repente uma pequena luz pisca lá no fim e andamos na direção dela. Um homem forte nos cumprimenta e nos manda para a próxima luz de tocha. Finalmente chegamos à entrada dos fundos do bar. A porta se abre e dentro o ambiente está incandescente de luz e música, com bebida à vontade e cheio de gente às três da madrugada, cinco salas entupidas até as paredes. Há cerca de dez dançarinas em cada sala, vestidas de maneira só um pouco provocante, com sáris completos e blusas frente única justas. Uma ou duas têm rosto tão jovem que certamente botam enchimento no lugar dos seios. Os homens da plateia, diz Mustafa, são vendedores de diamantes e banqueiros. Acho que reconheço o gordo sentado perto de nós, um dos amigos de meu tio, e ele também lança para mim um olhar mais demorado do que o que se poderia chamar de "casual".

Mustafa trabalhava no mercado de ações no tempo das vacas gordas. Em meados dos anos 1990, subcorretores conseguiam ganhar dois lakhs por dia enganando um cliente, dizendo-lhe que suas ações haviam sido vendidas por alguns países a menos do que na realidade o foram, e embolsando a diferença — e depois torrando o dinheiro à noite, com a mesma facilidade com que o tinham ganhado, nas cervejarias. O boom converteu-se em falência, mas Mustafa ainda está aí, bebendo seu rum com soda e coca-cola.

Os clientes literalmente jogam dinheiro para cima das dançarinas: *paise udana*, jogar dinheiro para cima. Eles vão até a pista, ou ficam em pé com uma pilha de notas acima da cabeça da dançarina favorita. As notas, nas mãos de um especialista, atravessam a distância entre o cliente e a dançarina pelo ar e se espalham, formando um halo, ou um leque, em torno da moça, envolvendo-a na suprema graça da moeda, a riqueza aumentando incomensuravelmente o brilho radiante do seu rosto, exaltando-a na cidade mais comercial de todas, até que o piso se cubra de cédulas de rupias e os ajudantes corram para juntá-las e depositá-las na conta da dançarina.

Os admiradores mais tímidos entregam o dinheiro para um garçom, que embaralha as notas sobre a dançarina como um baralho caindo da palma, uma torrente de papel que atinge o alvo com mais precisão, e é mais fácil de juntar e repassar à moça. Outros clientes gostam de fazer brincadeiras. Uma dançarina chamada Kajal joga loteria com um dos seus clientes. Ele se senta no bar com dez pedaços de papel, em cada um deles um valor escrito. Ela dança e pega um pedaço, e o cliente lhe dá aquela soma; pode ser de alguns milhares até 100 mil rupias. Outro homem está sentado à mesa, cantando sonhadoramente as canções que ela canta. Há uma pilha de nota de dez na frente dele, que ele segura no ar, duas de cada vez, o tempo todo cantando, sem sequer olhar para as moças, que vêm dançando, pegam o dinheiro rapidamente e correm, como peixes dourados abocanhando os pedaços de pão que alguém joga num lago.

Pode-se também enfeitar uma moça com uma "guirlanda" — um colar de notas de cinquenta, cem ou quinhentas rupias encaixadas em plástico, que é colocado no pescoço da dançarina e ali permanece enquanto ela canta a canção solicitada. Se você se aborrece com ela, se descobre que ela só se interessa por dinheiro, pode jogar uma grande pilha de dinheiro em seu rosto, ou, o que é ainda mais descuidado e desdenhoso, nem sequer olhar para ela enquanto joga de costas centenas de notas na direção dela, sorrindo para a plateia. Depois, você atira as mãos vazias para cima, como quem diz: É esse o pouco valor que atribuo ao dinheiro e a essa moça.

"Por que eles fazem isso? O que esses homens recebem em troca?", pergunto a Mustafa.

"Cinco minutos de atenção. Até um mecânico de oficina pode vir aqui e conseguir a atenção dessas moças." Este é o único lugar onde as classes convivem, onde a única coisa que importa é a cor do seu dinheiro. Porque não são apenas os mecânicos e os *taporis*; são também os ricos comerciantes do sul de Bombaim, que passam o dia cercados de homens e a noite na companhia de suas esposas obesas. Este talvez seja o único lugar onde eles podem olhar diretamente para jovens bonitas, jovens o suficiente para serem suas filhas. No momento em que o cliente entra no bar, ele é o astro de seu próprio filme musical híndi, preparado sob medida. Pouco importa que seja velho, feio ou gordo, durante as duas horas que passa no bar ele é um astro de cinema, ele é Shahrukh Khan. O freguês habita a canção que está sendo cantada; ele canta junto, jogando a cabeça para trás, movendo os braços, cantando para sua moça, que assumiu o papel feminino no dueto. Mexendo o corpo nos movimentos da dança do vídeo original, ela faz a dublagem da canção. É uma ilusão fácil; as canções de filmes, de qualquer modo, são em playback. Assim, o freguês, no meio de uma centena de homens iguais a ele, pode alimentar a ilusão de individualidade.

Vinod Chopra, o diretor de cinema, diz que quer ir às cervejarias a fim de fazer pesquisa para um filme sobre a cidade. Ele nunca esteve numa, portanto tomo as providências para levá-lo comigo uma noite dessas. Paresh, o guia que Mustafa arranjou, espera-nos por volta das nove. Ele é um especialista em impressão de código de barras, um homem gordo com dentes manchados de tabaco. O bar para onde Paresh nos leva, o Dilbar, é uma sala pequena, de teto baixo, no segundo andar de um edifício, numa transversal da Grant Road. Entre as dançarinas, há uma de passo mais pesado do que as outras. É mais alta, mais robusta e mais clara, tem um rosto agradável e mal sabe dançar. "Aquela é Honey", diz Paresh.

A primeira vez que ouvi falar em Honey, a mais famosa dançarina de Bombaim, foi por intermédio de Naeem Husain, o repórter policial. Husain sabia o grande segredo de Honey: "Na realidade, ela é ele". Vinod e eu somos apresentados a ela, eu lhe dou cem rupias e digo-lhe que estamos escrevendo o roteiro de um filme. Poderíamos conversar? Honey é muito educada, mas, quando digo que gostaria de encontrá-la fora do bar, ela adota a clássica estratégia de Bombaim, o Não. Diz que isso só será possível "na semana que vem". Ela não quer um encontro agora porque alguns parentes chegaram para visitá-la.

Mudamo-nos para um segundo bar, a dois quarteirões de distância. "Antigamente, as pessoas vinham a Bombaim para ver o Portão da Índia", diz Paresh, quando um guarda uniformizado abre uma porta para nós. "Agora elas vêm ver o Sapphire."

O Sapphire! O mundo da minha meninice era outro. Quando passo pela porta, sinto fome e minha boca se enche de água, com vontade de provar uma comida que não como há muito tempo: frango *tandoori*. Era aqui que meu pai nos trazia aos domingos, durante toda a minha infância, para que nos fartássemos da mais deliciosa carne cor-de-rosa, tão fresca que eu julgava escutar o cacarejo das aves abatidas na cozinha. RESTAURANTE DE GRAU I, dizia a placa na entrada, no meio do distrito comercial de Grant Road. Depois, andando por Marine Drive, eu me sentia à vontade para fazer a meu pai todas as perguntas do mundo — como os aviões voam, por que Indira Gandhi impôs estado de emergência — e ele respondia devagar, com paciência. Ir ao Sapphire era o acontecimento central daquelas noites de domingo.

"É como um filme híndi", observa Vinod. Tínhamos entrado na sequência de uma canção de Bollywood. Há duas salas na nossa frente, cada uma com um palco muito baixo, onde refletores iluminam as dançarinas, ao som de canções de filmes. Os sáris de chiffon que as moças usam poderiam ter saído de um filme de Yash Chopra e os *cholis* [espécie de corpete] sem a parte de trás, de um filme de Sooraj Barjatya. As dançarinas todas imitam movimentos que viram na tela grande. E há mais três salas nos fundos: o saguão do teatro, o saguão VIP e o grande saguão da *mujra*, dança tradicional das cortesãs do norte da Índia. O saguão do teatro tem sofás, com assentos de estádio, para que as moças não precisem se curvar para falar com os fregueses e todo mundo possa ter uma boa visão do ambiente. A sala VIP é pequena e exclusiva, e os sofás são dispostos em torno da pista de dança, de uma forma que permite a máxima proximidade das dançarinas. Parece meu apartamento de Dariya Mahal, cheio de espelhos, dourados e esculturas e afrescos clássicos. Os espelhos são gravados com desenhos de marajás alimentados por dançarinas profissionais. Quando você se senta no saguão da *mujra*, pode relaxar e esticar os pés antes de notar que suas botas repousam em seios de mulheres. Cada mesa que temos diante de nós é apoiada pela escultura de uma mulher com peitos nus segurando o tampo de vidro com as mãos e os joelhos. Os peitos de barro são grandes e pontudos, como uma pequena cadeia de montanhas. Entre os saguões fica o camarim das dançarinas. Seu espelho é marcado por uma fila de adesivos de deuses e deusas — principalmente deusas — aos quais as moças do bar dirigem suas orações.

Foi Jaiman quem chamou minha atenção para ela.

Jaiman, o primeiro editor marwari da *Playboy* russa e meu amigo de Nova York, pensava em levar uma moça da Índia para Moscou, para sua revista. Ele tinha viajado pelo país: Delhi, Rajastão, e agora Bombaim. Queria uma moça, um exemplar das ardentes beldades da Índia, para deleite dos leitores eslavos. Eu tinha ouvido Mustafa falar do Sapphire, e dois meses antes de ir lá com Vinod eu tinha ido ao bar, pela primeira vez, com Jaiman.

Nós a notamos primeiro quando ela dançava ao som da canção "Brazil", refeita pelos Vengaboys. No meio das moças mais ou menos recatadas do palco, lá estava ela, a mais alta, a que tinha cabelos mais compridos, o sorriso mais ofuscante. Todas as outras moças se apagavam e desapareciam, como num filme em que a heroína de repente aparece em foco, a caminhar na rua no meio da multidão.

Jaiman estava totalmente encantando com ela. Achava que era a mulher mais bonita que tinha visto na Índia e a única que era explicitamente sexual. "Fodam-se essas meninas ricas de Bombaim, quem é que quer saber delas?", declarou ele, depois de várias noites de flertes malsucedidos com as meninas ricas de Bombaim. Essa moça tinha um jeito de dar as costas à plateia que era uma clara mímica de sexo, com penetração por trás. Ela estava... se apresentando. Depois, voltou a olhar de frente para a plateia e sorriu, um sorriso de adolescente. Tinha lábios grandes e cheios, pescoço longo, olhos graúdos e nariz arrebitado. Jaiman lhe deu cédulas de cem rupias e tentou lhe dizer, por cima da música, que era editor da *Playboy* e se podia encontrá-la quando o bar fechasse. Ele lhe pediu que voltasse no dia seguinte; ele explicou que estava de saída para Moscou de manhã. Nesse caso, respondeu ela, eles não poderiam se encontrar.

Mas ela foi amável e lhe deu seu nome. Vou chamá-la de Mona Lisa.

O Sapphire, esta noite, só tem lugar em pé. Mas as cadeiras diante de nós ficam vagas; alguns fregueses recebem ordem para sair. Desta vez, Mona Lisa veste um sári amarelo e *choli*. Ela vem falar com Minesh, outro amigo de Mustafa, atrás de onde estamos sentados. Ele é um homem baixo e cavo, de trinta e poucos anos, de óculos e camisa amarela. Ela se lembra de ter me visto da última vez, ou finge que se lembra, sorri e diz: "Oi". Minesh a apresenta para mim, depois aponta para meu companheiro e pergunta se Mona Lisa o reconhece. "Você já ouviu o nome Vidhu Vinod Chopra?" Ela abre a boca e arregala os olhos, como se um amigo ou irmão havia muito tempo sumido acabasse de entrar. Ela mudou de nome, adotando o da protagonista de um dos filmes de Vinod, informa-nos Minesh. Ela volta correndo para o palco. Na canção seguinte, ela não dança, ela faz um teste. Todas as outras dançarinas fazem uma imitação do filme de alguma atriz. Uma tenta ser Madhuri, outra, Manisha. Mas a dança de Mona Lisa surge do calor de seu próprio corpo; ela aprendeu a dançar na frente do espelho. Os olhos de Vinod estão grudados nela. "Se ela fosse de Malabar Hill, estaria no topo do mundo do cinema", diz ele, avaliando-a profissionalmente.

Perto dela, uma moça muito jovem — mas todas são jovens — de sári e blusa azuis está olhando para a plateia, sem dançar, mexendo a boca; finalmente, sai dela uma pequena bola cor-de-rosa, que infla e explode. Um velho branco faz um bocado de barulho. Ele segura uma cédula de dez rupias que as moças relutam em tocar, mas finalmente uma delas a recebe, mais por polidez do que por qualquer outra coisa. À deriva no seu antigo império, ele é o homem menos importante do bar.

Mona Lisa volta para nossa mesa. Inclino-me para a frente, com uma nota de cem rupias na mão, e digo-lhe que estou escrevendo um roteiro com Vinod e gostaria de conversar com ela. Ela recusa o dinheiro — é a primeira vez na vida que uma moça de bar recusa meu dinheiro —, escreve o número do seu telefone num pedaço de papel e me entrega. Tal é a magia do cinema.

Poucos dias depois Mona Lisa entra no café da Sea Princess, em Juhu, e quando anda na minha direção todas as cabeças se viram para olhá-la, os homens com desejo, as mulheres com ódio. Ela usa uma camiseta vermelha Ralph Lauren, jeans e salto plataforma; um sutiã de renda preto aparece sob as alças da camiseta. O peito parece bronzeado; na realidade, ficou avermelhado por ela ter brincado no festival Holi no dia anterior. Ela traz os cabelos presos num rabo de cavalo e pede desculpas por isso. "Acabei de passar óleo neles." Acordou há apenas quinze minutos.

Diz ela: "Há uma moça de marrom à sua direita. Olhe para ela". Olho casualmente à minha direita. "Vê o homem que está com ela?" Ele é muito mais velho, roliço e escuro, e usa bigode. Estão sentados do mesmo lado da mesa, examinando o cardápio. "Ela é uma das meninas. Nós nos reconhecemos ao entrar."

Ela me fala sobre o bar onde trabalha e suas dançarinas. O Sapphire tem as melhores meninas da cidade, boas dançarinas sexy, com boa aparência e altura, claras, com cabelos longos. A maioria das moças dos bares vem do interior; muito poucas nasceram em Bombaim. Elas entram no negócio com treze ou catorze anos, trazidas pelos pais, por uma irmã mais velha ou por um agente; quando têm mais ou menos 25, já estão velhas demais. Vivem nas áreas próximas de Foras Road ou em Congress House, onde o aluguel de um quartinho vagabundo custa a soma exorbitante de 10 mil rupias, com depósito de 7,5 lakhs, mas vivem juntas por motivo de segurança. Três ou quatro meninas dividem um quarto com ar-condicionado. Todas têm celular, e algumas, carro próprio. A maioria economiza para mandar dinheiro para os pais na aldeia, ou para comprar uma casa. "Atrás de cada uma que ganha dinheiro, há cinquenta que comem", comenta Mona Lisa.

Os fregueses do Sapphire podem ser muito jovens, mal saídos da adolescência, que saem escondido de casa e sem muito dinheiro. Mona Lisa não perde tempo com esses meninos. O próximo grupo etário é o dos rapazes de vinte, 25 anos, "bonitos, jovens e bons. É por eles que as meninas se apaixonam". Mas elas não podem ser muito explícitas sobre seus afetos, não podem anunciar sua fidelidade. "Tudo se baseia no ego. Se uma moça fala demais com um freguês, ele pensa: 'Ela é só minha'. Ele vai ter certeza disso." Portanto, quando o coração de uma menina do bar se perde por um homem, é melhor que ela não mostre isso em público, se for esperta.

A ideia do negócio dos bares, explica ela, é fazer o freguês se apaixonar por ela e fazê-lo acreditar que ela também o ama. Pergunto-lhe como faz isso, como ela consegue deixar um homem tão apaixonado que a paixão se torna obsessão, e ele gasta todo o seu tempo e dinheiro com ela.

Ela me conta sua técnica, os segredos de cortesã. Quando vê um homem jogar dinheiro no bar pela primeira vez, ela lhe concede toda a sua atenção e sorri para ele. (E há muito poder no sorriso de Mona Lisa. Faz você se sentir um pouco menos medíocre do que de fato se tornou.) "Todo mundo me quer fisicamente", explica. "O primeiro olhar é para o corpo. No Sapphire, o freguês me olha fisicamente, depois me vê dançar. Eles acham que sou muito rápida e hi-fi. Não ligo. Que posso fazer?" Ao telefone, todos os dias, ela o faz falar dos seus problemas em casa. "Tenho explosões de cólera, digo-lhe que faça isso ou aquilo, como uma criança mimada." Depois que se estabelece uma conexão, "eu lhe digo: 'Você só vai falar comigo e com mais ninguém'. Cuido dos meus fregueses como uma esposa toma conta do marido: sou só sua, sou só sua, sou só sua".

Em algum lugar dentro dela, o otário sabe que nesta cidade ninguém é de ninguém, mas se deixa levar pela agradável ilusão de que Mona Lisa o ama a tal ponto que até fica enciumada quando ele fala com outras mulheres. O meio de vida e a segurança das dançarinas de bar dependem de um conhecimento microscópico dos homens: o que os agasta, o que os amolece. Há sempre a possibilidade de que, quando pega a moça, consegue o que quer, o freguês não vai mais querer vê-la. Talvez ele diga aos amigos: "Já foi minha, se quiser pode ser sua também". Por isso, uma moça pode dormir prontamente com um freguês que sabe o que quer e não vai mudar de atitude, e cada um consegue o que pode. Mas ela não dormirá com um freguês "decente", um que tenha escrúpulos e alguma delicadeza, porque ela pode sugá-lo durante muito tempo. Os caras legais pagam mais caro.

Se Mona Lisa não quer ir para a cama com um freguês, ela o trata com respeito exagerado, torna-se sua amiga, sua irmã, sua filha, até que ele, aos poucos, pare de pensar nela dessa maneira, dessa maneira ardente. Ela o toca. "Você tem uma índole tão boa." Ele pode estar excitado e pesado, com vontade de falar sobre o corpo dela; ela se aproxima do seu coração. "Quando começa a cuidar de mim como se eu fosse uma menininha, sei que está apaixonado." Depois de um tempo, ele percebe que Mona Lisa não pode retribuir seu amor e inevitavelmente rompe com ela. Ou ela se coloca à sua mercê, uma menininha perdida na cidade grande. "Por mais forte que o homem seja por fora, com uma menina ele se curva inteiramente." Isso se aplica sobretudo aos homens de negócios, homens que vão para o escritório e comandam outros, e por isso amadurecem. Ela pede sua proteção, e, sendo um homem importante em Bombaim, ele não pode recusar. Ele a adota. Não se pode foder a filha adotiva.

Se dois fregueses regulares aparecem no Sapphire ao mesmo tempo, ela tem de tomar conta dos dois. "Eu sorrio primeiro para um, depois para outro." Mona Lisa tem fregueses em toda a Índia e no exterior: Estados Unidos, Dubai. Ela gosta dos fregueses de outras cidades; são na maioria maduros homens de negócios e não perguntam o tempo todo onde ela estava na noite passada. Ela tem de lhes dar *izzat*, ligar de vez em quando e lhes dar toda a atenção quando vêm a Bombaim. Mas não precisa perder tempo em longas conversas telefônicas todos os dias, como os fregueses de Bombaim.

Algumas moças são populares entre os árabes — que pagam muito bem — e outras são populares entre os malásios ou os sikhs, que ela odeia, porque dizem coisas imundas às meninas. Mona Lisa é especialmente popular entre os turistas ocidentais que visitam o Sapphire e lhe dizem: "Você é tão animada!". Infelizmente, eles não sabem gastar dinheiro. Oferecem cédulas de um dólar e ela ri na cara deles.

O homem mais obcecado por ela foi um fabricante de cimento maharashtriano de Latur. Houvera um terremoto naquela região e 15 mil pessoas tinham morrido. Ele estava ligado ao governo de alguma forma; milhões haviam sido desviados dos fundos de reconstrução. Parte desse dinheiro foi parar nas mãos de Mona Lisa. Ele frequentou o Sapphire durante seis meses, gastando com ela dezenas de milhares de rupias de cada vez. Um dia ele estava em Hyderabad e sentiu terrivelmente a falta dela. Ligou e disse que precisava ver-lhe o rosto. Por isso mandou-lhe uma passagem de ida e volta para essa cidade meridional; ela pegou o avião de manhã, encontrou-se com ele no aeroporto, conversou com ele durante meia hora e pegou o mesmo avião de volta para Bombaim. Por esse vislumbre de seu rosto ele lhe pagou 50 mil rupias.

As moças dos bares que querem ganhar mais dinheiro fazem festas privadas, geralmente em casas particulares. Elas podem ser arranjadas em dois ambientes: o do Partido do Congresso, onde não se pode tocar nas moças, apenas vê-las dançar; e no do Partido Bharatiya Janata, onde o público tem permissão de tocar e afagar, uma boca-livre. Algumas das festas incluem striptease no palco, com orquestra, cantores, garçons. Certa noite, Mona Lisa foi paga para participar de um show desse tipo num barco que ia partir do Portão da Índia. Ela começou a dançar, e os homens se levantaram e começaram a acompanhar seus movimentos. Eles dançavam muito perto, tocando-a, colocando dinheiro em seus seios, na cintura, mantendo-se muito próximos. Depois de uma música, ela fugiu para o topo do barco. Ainda havia duas dançarinas na sala. Ela viu que uma das moças estava num quarto separado e que os fregueses faziam fila do lado de fora. Em duas horas, a moça deitou-se com vinte homens, "alguns vinham com tudo, alguns maneiravam, outros mordiam". Tudo que Mona Lisa ganhou foi um cachê de mil rupias pela canção. Ela não é prostituta.

Mais cedo, enquanto arranjava nosso encontro pelo telefone, Mona Lisa tinha dito: "Estou tendo um caso com Minesh. Já faz um ano". Penso no homem que conheci no bar, um idiota ou um chato, e tento imaginá-lo com a magnífica Mona Lisa. Não funciona. Não consigo pensar neles juntos ao mesmo tempo.

"Ninguém se casará comigo", declara Mona Lisa.

"É claro que sim, alguém vai se casar com você", digo.

"Não, não vai. Mesmo que haja amor, como eu poderia entrar na família dele? E se eu fosse a um lugar qualquer com ele e alguém me reconhecesse, um dos fregueses do bar? As pessoas vêm do Rajastão e de Bangalore para me ver." Além disso, diz ela, casar não lhe interessa. "Vivo por minha própria conta; não dependo de ninguém. Não quero jamais precisar estender a mão para meu marido e lhe pedir 5 mil rupias para fazer compras." Ela para e pensa: "Nenhuma moça da minha idade ganha o que eu ganho. Ganho o suficiente. Ganho com *izzat* [honra]". Deveria parecer estranho ouvir uma mulher que a maioria das pessoas considera prostituta dizer que ganha com honra, mas não parece. "Todos os homens me dão *izzat*", diz ela. *Izzat* é o conceito mais importante no negócio dos bares, mais desejável do que sexo, mais duradouro do que amor.

Ela ama Bombaim. Progride na cidade, como não o faria em Delhi, como não o faria em Nova York. Diferentemente das moças de Malabar Hill, onde fui criado, Mona Lisa não quer ir para os Estados Unidos. "Bombaim é correta." Em dez anos, diz ela, a Índia será tão livre quanto os Estados Unidos. Mona Lisa gosta da liberdade que o dinheiro lhe confere. Ela comprou um Maruti 800, bateu com ele e comprou algo melhor, um Maruti Esteem. Adora fazer compras. Quando termina o trabalho no Sapphire, percorre as discotecas da cidade, geralmente sozinha. "Faço de tudo. Bebo, vou às discotecas, jogo sinuca. Acontece de tudo em Bombaim. Posso usar qualquer tipo de roupa. Como é livre a vida em Bombaim!" Quando Mona Lisa percorre a cidade, ela viaja em sua autoconfiança. Numa discoteca, se vê um rapaz bonito com uma namorada que o guarda com o maior ciúme, ela faz questão de ir até ele, quando estiver saindo, agarrá-lo pela gola, encostar o rosto nele e dizer: "Você é muito lindo!". Ela ri. "Da próxima vez, ele virá sozinho."

Mona Lisa não se considera bonita. Ela se acha atraente, sexy. Sem que eu pergunte, me diz suas medidas: 32-28-36. Esteve uma vez na 1900, a discoteca do Taj, e até o ídolo do cinema Shahrukh Khan parou e ficou um minuto olhando para ela quando a viu.

Aponto para seu pescoço. Há um fio negro nele, com um nó na frente. "O que é isto?"

"Meu *mala*. Da deusa Meldima, do templo de Surendranagar. Acredito muito nela." Mona Lisa faz promessas para ela.

Pergunto até que série estudou. Ela diz que até a décima, numa escola gujarati.

"Você é gujarati?", pergunto, espantado.

Ela faz que sim com a cabeça e sorri, mostrando dentes desiguais. Seu pessoal é de Amreli, em Saurashtra. Seu nome verdadeiro é Rupa Patel. Olho para ela de forma totalmente nova. Ela está mais perto de mim agora. Pouquíssimas dançarinas, mas muitos fregueses, são gujaratis. Às vezes, um dos fregueses que sabe das origens dela põe para tocar a canção "Dil lagi kyudi Gujarat di", que é um canto de glória a uma moça gujarati, para que ela dance. Mona Lisa e eu temos outra coisa em comum: nós dois viemos de famílias que ganharam a vida vendendo pedras reluzentes. Seu pai e seu irmão são lapidadores de diamantes. A própria Mona Lisa, por alguns meses, trabalhou numa fábrica de brilhantes no subúrbio, lapidando diamantes "com óleo no cabelo e vestida com *salwaar kameez* [túnica longa e calça]". Não era seu estilo. Ela se aborrecia.

Voltou uma vez a Amreli. Pergunto-lhe o que aconteceu. "Os cães começaram a latir", diz.

Mona Lisa foi criada em Bombaim, numa favela em Kalina. "A que me deu a vida me pôs neste negócio", conta. Ela não diz "mãe", palavra que reserva para a deusa. Os pais se divorciaram, e a mãe, garçonete numa cervejaria, levou-a para o negócio dos bares aos dezessete anos. Ela odeia a mãe agora, saiu da casa dela e passou seis meses sozinha, e quase não viu a mãe em três anos. Mas ainda lhe manda dinheiro, de vez em quando. Não fala com o pai, que está no Gujarat.

Mona Lisa chegou a pensar em fazer outra coisa que não fosse dançar nos bares: ser modelo, por exemplo, mas ouviu dizer que é preciso contar com o apoio de alguém, do contrário a pessoa é muito explorada; eles a levam até certo ponto, depois dizem: agora você tem de dormir comigo; caso contrário, tudo acaba. "Seu mundo é assim", me diz ela.

"Não é meu mundo!", protesto.

Pego meu celular e digito o número de Rustom, o fotógrafo de moda. Conheci-o quando estava pensando em alugar um quarto no apartamento dele, para usar como estúdio; não aluguei o quarto, mas tornei-me seu amigo, atraído por sua visão pársi vesga de Bombaim. Ele diz que vem dar uma olhada nela no bar; se gostar, tirará uma série de fotos.

No que me diz respeito, a conversa terminou. Então, noto as marcas.

Ele virou a mão para pegar qualquer coisa na mesa e percebo uma fila de cortes, do punho até a palma, em volta do pulso e no cotovelo. A mesma coisa no outro braço. Arrisco-me. "Que marcas são estas?", pergunto.

"Cortes." Ela olha para as marcas. "Aqui levei oito pontos." Ela aponta para uma série de pontos salientes na pele. "Queimaduras de cigarro."

Sigo os cortes e as cicatrizes com o dedo. "Quem fez isso com você?"

"Eu."

"Por quê?"

"Um foi depois que saí de casa. O outro foi depois que meu amor rompeu comigo." Ela fez isso umas quatro vezes, com uma navalha. A última tentativa foi três meses atrás.

"Por quê?"

"Eu estava sozinha. Chateada." As veias não irrigam as palmas suficientemente agora, porque já foram cortadas muitas vezes. Seu pulso é cheio de cicatrizes e furinhos, como uma estrada de terra. Ela não consegue levantar nada pesado. Uma de suas tentativas foi tão séria que a mão quase foi decepada e teve de ser reimplantada cirurgicamente. Ela tem vinte anos.

Ao sairmos, Mona Lisa diz que mora a cinco minutos dali, a pé. "Da próxima vez apareça lá em casa." Penso no significado disso. Ela está me convidando para fazer sexo? Não, ela não me pediria para ir ao seu quarto. Ele me chamaria para ir lá em cima, no hotel onde estamos. Esse "apareça lá em casa" é no melhor sentido indiano: apareça para comer, apareça como convidado.

Eu lhe digo: "Apareça lá em casa também".

Saímos do hotel cinco estrelas, e novamente todos os olhos se grudam nela, e em mim, por associação. Ela tem um jeito de mover a cabeça — já vi isso antes, em Nova York, entre as moças muito jovens —, um sorriso e um leve mexer de cabeça para a frente e para trás, de origem africana. Ela gosta de ser olhada, de ser notada.

* * *

    Rustom é conceituado na indústria. As moças o adoram. Dormem com ele. Depois se tornam amigas, e isso é perceptível nas fotos que elas lhe permitem tirar. Ele está na idade em que a atual geração de modelos "é a última com quem posso dormir sem me sentir um pedófilo".

    Levo Rustom ao Sapphire para ver Mona Lisa. Entre as outras dançarinas, Mona Lisa é uma flor de lótus entre lírios. Na sequência de canções que está sendo apresentada, ela é a heroína e elas são o coro. Está vestida de preto: blusa e *choli* pretos que cobrem seus seios, mas deixam à mostra as costas. Ela dança vigorosamente, é trabalho duro — mergulhar até o chão, as duas metades do corpo agitando-se em velocidades diferentes, o umbigo no centro de gravidade, os longos cabelos espalhando-se à sua volta. Essa jovem moça gujarati torna-se, na pista de dança, um animal com espaço insuficiente para se mover, e todas as partes do seu corpo se esforçam contra a contenção e são energizadas por ela: as pernas, as nádegas, os braços, os lábios, os cabelos, os olhos.

    Rustom observa-a e às outras, com os olhos de um experiente fotógrafo de comerciais. "A turma do xampu ia ficar louca com esse cabelo", diz ele, a respeito de Mona Lisa. "Ela é uma Protima Bedi jovem."* Mas seu olhar se desvia para uma moça de cor-de-rosa, atrás dela, que na verdade não está dançando. Ela é mais *petite* e tem uma covinha no queixo. "Eu seria capaz de conseguir emprego para ela amanhã", diz o fotógrafo. Ela é o que a turma dos comerciais procura, a fim de vender para a grande classe média indiana. "Doce. Cara de lua, parecendo coisa de filme, não ameaçadora. É isso que funciona com produtos de consumo e filmes híndis. Reflete os tempos em que vivemos. Tudo deve ser doce, legal e feliz."

    Mona Lisa, na opinião de Rustom, é a mais atraente das duas. Mas essa energia toda é um elemento perturbador num anúncio destinado a vender creme facial e sáris. As mulheres não reagem bem a alguém com a crua força sexual de Mona Lisa. "Ela seria melhor para imagens em movimento", diz Rustom. "Que tal o namorado?", pergunta.

    "Não sei, não descobri."

---

* Referência a uma dançarina e modelo indiana muito famosa nas décadas de 1960 e 1970. (N. E.)

No meio de suas danças sexy, Mona Lisa faz uma pausa para rezar, e os homens sentados às mesas olham-na com avidez. Ela interrompe o giro das pernas, as investidas das nádegas, a coleta do dinheiro para nos dar as costas e comunicar-se com sua deusa. É uma atividade chocantemente privada, rezar.

Rustom olha em torno. "É como uma versão suave de um clube de striptease." À sua volta, para onde quer que se vire, há homens desesperados por mulheres. O fotógrafo de moda reflete sobre sua profissão. "Agradeço a Deus por estar neste negócio. Deus é bom comigo." Ele olha para cima e balança a cabeça.

Quando Rustom me deixa na frente do meu prédio, vejo um homem que, tenho certeza, esteve no bar esta noite. Ele espera sozinho pelo elevador, segurando o celular. É um homem de meia-idade, usando camisa e calça de trabalho. "Agora ele vai acordar a mulher e realmente cumprir seu dever, depois do que viu no Sapphire", digo.

"Nunca vou me casar nesta vida", responde Rustom.

Levo Mona Lisa ao estúdio de Rustom, para que ela possa ver seu trabalho e ter certeza de que não se trata de um pornógrafo. Marika, no momento a modelo mais disputada do país, está no estúdio, e parece uma moça comum, em seu *salwaar kameez*. "Você participou do vídeo de Bhatti", diz Mona Lisa em voz baixa, em híndi.

Depois de examinarmos as fotos, quando estamos saindo, Mona Lisa me diz, referindo-se à modelo: "Ela também se cortou".

"Como assim?"

"Eu vi, no braço dela."

Posteriormente, Rustom confirma. Encontrei-me com Marika pelo menos meia dúzia de vezes, mas nunca notei os cortes. Mona Lisa descobriu cinco minutos depois de conhecê-la. A moça do bar percebeu certa tensão no rosto da modelo, reparou que ela falava um pouco demais, ria um pouco demais. Por isso, olhou para os pulsos. Depois descobri a história da modelo. Ela é amante de um homem casado e pai de três filhos. Sumiu por um ano; ninguém sabia para onde tinha ido e com quem. Então voltou e tomou novamente de assalto o mundo da moda: seu rosto, seus olhos claros, são usados para promover todo tipo de produto. Ela é mais do que amante; casou-se com seu amado num templo, em cerimônia secreta. Ele tem ligações com o submundo e ameaça matar qualquer um que se aproxime demais. Assim, Marika mantém-se leal a ele, por medo ou por amor. Ela costuma convidar um bando de pessoas sem qualquer relação entre si para jantar em sua casa, sugere que todas se desloquem para a casa de outra pessoa, recebe uma chamada pelo celular e de repente desaparece pelo resto da noite, deixando os convidados inquietos, na casa de um estranho.

Seu amante nunca abandonará a mulher, por isso Marika marca o tempo nos pulsos. Deve haver na cidade um clube dessas mulheres que cortam os pulsos e sobrevivem, que se reconhecem automaticamente. Uma irmandade das cortadas. A top model da Índia e a top dançarina de bar de Bombaim têm isto em comum: os braços marcados por sua angústia, como tatuagens de gangues.

Certa tarde, Mona Lisa vem ao apartamento em Bandra, em cima da Elco Arcade, que uso como escritório. Está vestida com simplicidade, de um jeito não provocante, usando camiseta listrada e jeans preto. Íamos almoçar num restaurante, mas ela diz que não está com fome, e eu comi um sanduíche mais cedo. Precisamos de um lugar para conversar, por isso vamos para o apartamento. Tenho de fazer um esforço consciente para minhas mãos não tremerem quando enfio a chave na fechadura.

Dentro, ofereço-me para preparar um café gelado, e ela vai para a cozinha comigo. Enquanto ponho leite nos copos, ela sobe no balcão, as longas pernas balançando na beirada. Já tive convidados no apartamento, mas ninguém jamais fez isso. É um gesto informal, espontâneo, e percebo que faz muito tempo que não fico sozinho com alguém dessa idade. Ela observa, divertida, enquanto preparo o café. "Você esqueceu o açúcar", comenta, rindo. No fim da tarde, a vasilha de açúcar está quase vazia; Mona Lisa gosta de café doce. No dia seguinte percebo que ela lavou as coisas de fazer café e as colocou em ordem no balcão. Não me deixou lavar os pratos ou servir a comida; não é coisa que um homem faça.

Mona Lisa me trouxe um presente, de uma viagem que fez a Ahmadabad. É uma pasta de tecido para meus documentos, feita à mão no Gujarat, onde ela nasceu. Sua mãe lhe deu as boas-vindas ao mundo pegando-a e jogando-a na varanda.

Aquela que Deu à Luz Mona Lisa foi criada num orfanato. Os homens iam ao orfanato escolher uma moça para casar. O pai de Mona Lisa fez uma visita dessas, viu uma menina bonita e casou-se com ela contra a vontade da família. Foram morar na aldeia dela, com seis seis irmãos, mais as cunhadas e sobrinhos. Ele logo começou a bater nela, e a família dele também.

Um ano e meio depois de Mona Lisa nascer, ela deu à luz outra criança, um filho. Isso trouxe muita alegria para a família, uma vez que um dos irmãos não tinha filhos. Ele falou com o pai de Mona Lisa, que disse à mulher para dar o filho recém-nascido para o irmão dele. "Minha mãe não foi ouvida nessa questão", explica Mona Lisa. Durante toda a vida ela teve de viver sabendo que seu filho primogênito estava sendo criado em outro lugar da aldeia, e ela não tinha direito algum sobre ele. Mona Lisa não vê o irmão desde criança. "Eu nem o reconheceria se o visse agora." Mas a perda logo foi compensada. A mãe de Mona Lisa teve outro menino, Viju, e permissão para criá-lo.

A família mudou-se para Bombaim. Eles viviam numa favela, uma *zopadpatti*. A mãe começou a ter um caso com um homem que estava lhe dando dinheiro. Quando descobriu a infidelidade da mulher, o pai tomou veneno. A mulher o levou ao hospital e cuidou dele. Quando melhorou, ele pediu o divórcio e voltou para a aldeia, levando os filhos. Mona Lisa tinha cinco anos nessa época. A família paterna tinha uma grande casa na aldeia, com búfalos no quintal. Ela cresceu jogando bola de gude. "Mesmo quando era menina, eu só brincava com meninos."

"Eu amava muito meu pai", diz Mona Lisa, usando o verbo no passado. Quando ela era bebê, ficou tão doente que a família até fez os preparativos para sepultá-la. Então ela se sentou e disse, em voz alta: "Papai!". Durante toda a fase de crescimento, ela foi sua princesa. "Se visse uma lágrima em meus olhos ele dizia: 'Isto não é uma lágrima, é uma pérola; não a perca.'" As mulheres da família, no entanto, ressentiam-se de Mona Lisa e do pai, que estava divorciado, e não cuidavam deles. Eram sovinas com comida; antes de se sentar à mesa, contavam os *chapatis* a que cada um tinha direito. Quando Mona Lisa tinha dez anos, ele voltou para Bombaim, para viver de novo com a mulher, e de novo a largou. Mas dessa vez deixou Mona Lisa e o irmão caçula com a mãe deles. Depois casou-se com outra mulher, com quem teve dois filhos.

"Eu não sabia que meu pai ia embora", diz Mona Lisa. Ele lhe disse que iria à aldeia, mas voltaria. "Quando descobri sobre o outro casamento de meu pai, pensei: Ele me esqueceu? Ele, que me amava tanto? Nunca mais vou querer vê-lo." Mona Lisa não fala com o pai há dez anos. Ele telefonou recentemente para o Sapphire; ela recusou-se a atender.

A mãe encontrou outro homem para tomar conta dela, para lhe dar um apartamento. Mona Lisa lembra que ele era bom para ela e seu irmão. Então, a mãe o abandonou, ou foi abandonada por ele, Mona Lisa não sabe direito. Um dia, no período das monções, Mona Lisa voltava da escola pelo canteiro central da pista, virou o rosto para a água e ficou toda ensopada, como as crianças da cidade adoram fazer. Quando a mãe descobriu, ficou furiosa, como qualquer mãe ficaria, mas a raiva chegou a tal ponto que ela tirou Mona Lisa da escola. Periodicamente, sua mãe tentou terminar o que começara a fazer quando a filha lhe saiu do útero. Ela partia para cima dela com uma concha de madeira usada para bater roupa. Havia muitas marcas em seu corpo, antes que ela mesma começasse a fazê-las. A menina passava dias sem conseguir se levantar da cama por causa das surras. Se a mãe achasse que ela estava flertando com os meninos, dava-lhe uma surra. Se a comida que Mona Lisa preparava estivesse sem sal, ela lhe dava uma surra. Enquanto a mãe procurava se divertir, Mona Lisa era obrigada a cozinhar e lavar; era pouco mais do que uma empregada. Quando tinha dezessete anos, estava tão acostumada às surras da mãe que se sentava no chão, fumando um cigarro, enquanto a mãe a enchia de pancadas. Uma vez ela fugiu de casa, mas a polícia a encontrou e a levou para uma instituição de menores. A experiência foi assustadora; era o único lugar pior do que sua casa. A maioria das crianças vinha das favelas, e as meninas eram oferecidas a políticos. Algumas, com não mais que treze anos de idade, engravidavam.

Portanto, Mona Lisa, na adolescência, ficava em casa enquanto todo mundo ia para a escola e via televisão na ausência da mãe. Ali ela descobriu o mundo fora da favela onde vivia, bem longe da mãe brutal, bem longe do pai que a abandonara. Na tela da televisão ela descobriu um mundo de jovens que vivia apenas para dançar. "Eu via MTV, Channel V, e tinha uma sensação estranha. Tudo aquilo acontecia lá fora. Eu achava que tinha de ter namorados — não sexo, ou coisa parecida —, mas tinha a sensação de que deveria estar com eles. Queria usar aquelas roupas, short. Eu gostava muito de dança. Eu queria ser livre."

Ela começou a sair escondido para participar de competições de dança nos subúrbios. Na adolescência, era chamada de "cavala" ou "pata", por causa das pernas compridas e da altura. Mas isso lhe trazia vantagens; era a primeira nas competições, dançando ao som de uma canção de Ila Arung, "Resham ka rumaal". Isso chamou a atenção dos rapazes para ela. "Havia uma fila deles na frente do prédio esperando para me ver." Havia rapazes que a beijavam, que a colocavam no colo. Quando a mãe descobriu, disse a Mona Lisa que tinha arranjado um noivo para ela. O homem tinha 28 anos. Mona Lisa, dezesseis.

Mona Lisa foi instruída a encontrar o noivo pela primeira vez em Nariman Point. Ela decidiu jogar limpo. Disse ao homem mais velho que tinha um namorado e suplicou-lhe que dissesse à família que, por essa razão, não queria se casar com ela. Porém o noivo não respeitou sua confidência. Contou tudo à mãe dela. A mãe surrou-a de novo, brutalmente, dessa vez com a ajuda do filho mais novo. Mas durante a surra Mona Lisa se revoltou e respondeu. "Fiquei louca e disse que *jamais* me casaria." Foi quando a mãe a levou pela primeira vez para o palco, num bar chamado Deepa. Se Mona Lisa não queria casar, iria trabalhar nos bares.

Quando a primeira guirlanda de notas de cem rupias foi posta em seu pescoço, ela começou a soluçar diante da plateia. Como gujarati, aprendera a respeitar o dinheiro; aquilo era um desrespeito. Mas as outras moças foram boas com ela. Ensinaram Mona Lisa a se maquiar. Ela logo se acostumou com o negócio dos bares. Os bares suburbanos operam numa rotina diferente dos bares da cidade. Lá, uma boa dançarina pode fazer uma "entrada solo" — a única pessoa no palco. Uma noite típica para Mona Lisa incluía dois solos e seis duetos. Nos bares suburbanos ela tinha seu próprio camarim. Ia ao escritório do dono e sentava-se numa cadeira; o dono sorria, mimava-a. Ela começou no Deepa, depois passou para o Night Lovers, o Natraj, o Jharna, o Ratna Park. Tinha fama de dançarina sexy desde o início. "Eu dançava sem medo, ousada, independente." Ela sabia se mostrar durante a dança. "Expor-se é uma arte. Abra, mas tente esconder." No negócio dos bares, acham que ela é *awara* — caída.

No Jharna, um homem de seus quarenta anos ia vê-la todos os dias. Tinha experiência em bares, como freguês constante dos melhores, procurando as meninas mais jovens, que ele pudesse tratar como crianças. Todos os dias dava a Mona Lisa 15 mil, 20 mil, até que um dia ela o encontrou na frente do bar. Ela começou a gostar dele. "Era decente comigo. Cuidava de mim como de uma menininha." O homem era um produtor de cinema chamado Hari Virani. A mulher tinha saltado da janela do seu apartamento no sexto andar, deixando-o com dois filhos, de oito e dez anos. Ele passou a dar dinheiro também para a mãe de Mona Lisa.

O eufemismo mais comum para tirar a virgindade de uma moça é *nath utarna*. Um marido maharashtriano, antes de fazer amor com a noiva virgem na noite de núpcias, começa tirando-lhe o grande anel de ouro do nariz, o *nath*, a primeira pessoa a ter a prerrogativa de fazê-lo. O defloramento de uma moça de bar tem seu próprio ritual. Quando uma moça de bar perde a virgindade, dá-se a isso o nome de *sar dhakna*, cobrir a cabeça com o véu — o primeiro sentimento de vergonha. É adiado ao máximo. Quando um freguês deseja deflorar uma dançarina virgem, como Mona Lisa naquela época, primeiro ele fala com a mãe. Vai descobrir quanto custa; uma menina como Mona Lisa consegue pelo menos cinco lakhs. Se houver uma competição, a mãe tentará fazer um pequeno leilão, aconselhando o freguês: "Deixe a menina crescer um pouco mais". Muitas compras são feitas para os parentes de moça, às vezes durante anos.

Hari não quis esperar tanto. Uma noite, pediu a Mona Lisa que jantasse com ele no Sun'n'Sand Hotel e ligasse para a mãe avisando que chegaria tarde. Ao chegar ao hotel, ela descobriu que ele reservara um quarto. Ele subiu nela. Ela morreu de medo e pediu que ele parasse. "Eu disse: 'Saia de cima de mim, saia agora. Não gosto disso'. Mas ele me *pataoed*." *Pataoed* — não é estupro, não totalmente; não é sedução, não totalmente. É mais trapaça do que qualquer outra coisa. Quando ela chegou em casa, a mãe olhou para ela e soube que tinha perdido a virgindade. "Ela soube pelo meu jeito de andar." Deu a virgindade a Hari de graça, diz, porque estava apaixonada. Se ele ligasse no meio da noite, ela iria correndo para ele. Ele contava sua vida inteira para ela; que tinha dormido na calçada quando era novo na cidade, como subira na indústria cinematográfica. Ele lhe prometeu um apartamento em Lokhandwala. Protegia-a, envolvia-a com seu poder.

Um dia Hari pagou à mãe de Mona Lisa 20 mil rupias para que levasse a filha a Indore, onde ele estava escrevendo um roteiro de cinema. O roteirista disse a Haria: "Gosto dessa moça". Eles lhe deram duas garrafas de cerveja; foi a primeira vez que Mona Lisa bebeu. Então o roteirista a chamou para fazer sexo. Hari, que observava, disse a ele que fizesse com ela o que quisesse. Mas a essa altura a cerveja fez efeito e Mona Lisa vomitou. "Naturalmente, ninguém me tocou." Ela deve ter ficado incrivelmente magoada. Mas se vingou, uma vingança de menina: "Hari desmoronou para mim".

Em poucos meses, a mãe, que farejara um otário, passou de todos os limites em suas exigências de dinheiro. Assim, Hari, que tinha um senso agudo de quanto devia durar um caso com uma moça de bar, abandonou-a depois de seis meses, mas cuidadosamente: "Hari achava que eu o amava muito e tinha medo de que eu fizesse alguma coisa contra ele".

Certa manhã, a mãe de Mona Lisa a acordou muito cedo e a expulsou de casa. Na casa da tia, Mona Lisa ia ao templo dar dinheiro para a deusa, a quem ela considerava sua verdadeira mãe, o que ofendia a mãe biológica. Mona Lisa mudou-se, indo viver primeiro com a tia, depois num apartamento alugado a mil rupias por mês em Byculla. Foi quando ela tentou se matar cortando os pulsos.

Então Samar apareceu e sua vida foi salva. Era 15 de setembro de 1996, no Ratna Park; ela vai sempre se lembrar da data. Mona Lisa tinha um amigo chamado Adi, um dos muitos homens que ela considerava irmãos. Ao longo dos meses, ouvirei a respeito de muitos outros desses "irmãos". A relação é uma forma segura e eficiente de neutralizar a atração sexual e é carregada de mitos e de significados na Índia. Quando Mona Lisa diz a alguém que o considera um irmão, ele não apenas deixa de pensar nela como amante como também é obrigado a protegê-la.

Adi tinha roubado o carro do pai. Ele passou o braço ao redor do seu "item" e levou Mona Lisa e outros jovens para um passeio de carro. O amigo de Adi era um belo muçulmano de dezesseis anos e meio, um ano mais jovem do que Mona Lisa, chamado Samar. Eles saíram para se divertir; podiam ir até Lonavla. Enquanto passeavam, um carro aproximou-se por trás em alta velocidade, ultrapassou-os e fechou-os. O pai de Adi saltou do outro carro, furioso. Esbofeteou o filho e esbofeteou Samar, mas não disse uma palavra às moças; compreendeu de imediato que eram moças de bar. Adi foi arrastado para casa pelo pai, a outra moça foi para sua casa, e Mona Lisa e Samar ficaram sozinhos.

"Voltamos para minha casa e lá ficamos três dias. Ficávamos na cama, sem parar, durante dois, três meses. Nunca nos cansávamos. Todo dia. Duas, três vezes por dia, e à noite, depois de beber. Quatro, seis, dez vezes por dia. Parecíamos insanos."

Depois de três dias, Samar foi em casa buscar dinheiro. Voltou para Mona Lisa, e a lua de mel continuou; passavam as noites em discotecas, em pubs, andando pela cidade iluminada. Ele queria saber cada detalhe da vida dela.

Mona Lisa tinha parado de trabalhar. Samar abandonara os estudos e sua grande família. Até que uma noite — duas semanas depois de terem se conhecido — Samar a levou a um bar chamado Sapphire. Ali, ela poderia ganhar muito mais do que no Ratna Park, disse ele. Foi o conselho profissional mais sensato que alguém já lhe deu.

"Mesmo agora, eu tenho muito medo do mundo. Se estivesse sozinha até agora, estaria arruinada." Mas graças à deusa ela encontrou Samar. "Olhei para Samar e com ele encontrei, em um ano, o amor que não tinha encontrado em dezessete."

Samar era neto de um homem chamado Karim Lala, que nos anos 1970 fora o maior chefão em Bombaim, cabeça da gangue Pathan. Samar tinha um certo jeito de falar, uma espécie de *shaan*, de bravata. "Você verá o que faço em seis meses! Vou para Dubai e você verá como vou ganhar dinheiro!", dizia ele a Mona Lisa. Era um caso de amor com muita energia. "Vivíamos como crianças, brigando de vez em quando." Uma vez Mona Lisa brigou com ele e saiu para a rua, usando suas escassas roupas curtas. Dois condutores de riquixá viram esse pedaço de mau caminho andando pela rua e a abordaram. Disseram-lhe que os acompanhasse, mas ela teve medo, voltou para casa e contou tudo a Samar. Ele saiu, tirou o cinto e surrou os dois *wallahs* de riquixá até deixá-los na sarjeta. "Ele é maometano. Eles têm essa raiva e querem que o que é deles seja deles." Samar disse que não queria que ela usasse aquelas roupas. Mas ela não ligou. "Queria que eu me vestisse como uma maometana; eu disse: 'Sou gujarati'." Mona Lisa não cedeu nem mesmo na única vez em que se encontrou com os pais de Samar. Foi no casamento da irmã dele. Ela usava sári preto e uma blusa minúscula. Quando ela passou, o pai virou-se para Samar e perguntou: "Quem *era* aquela madame?".

Mona Lisa conheceu a irmã dele, a avó. "Ele disse: 'Eu só amava minha avó, *e* agora você'." Mas não houve como a família de Samar aceitar Mona Lisa, por isso Samar fez o que pouquíssimos fregueses fazem: saiu de casa e foi viver com ela. A família dele passou a odiá-la. Ele não contou a ninguém sobre o trabalho dela. "Se descobrissem que eu era uma moça de bar, não o deixariam vivo, por isso ele teve de mentir." Quando Samar foi morar com Mona Lisa — ela comprou um apartamento em Mira Road para que pudessem viver juntos —, ela o sustentava. Pois Samar não tinha renda. Era apenas um adolescente.

Uma noite foram a Madh Island para uma rave, e estavam bebendo e dançando na praia. Ao voltar, de manhã, passaram por uma viela e Mona Lisa apontou para um lugar, dizendo a Samar: "Aquela é minha casa". A mãe morava ali. Samar resolveu ir com ela para conhecer a mãe. Quando apareceram, a mãe ameaçou chamar a polícia; Mona Lisa ainda era menor de idade e poderia ser obrigada a voltar para casa. Então, Samar falou o que queria falar. Ele lhe disse que deixasse Mona Lisa em paz e lidasse com ele diretamente. Pela primeira vez na vida, Mona Lisa encontrara alguém capaz de protegê-la da própria mãe, de resistir a suas intimidações.

Samar engravidou-a, mais de uma vez. Ela tentou vários remédios caseiros: comer mamão, beber água de pimenta com açúcar mascavo e depois fazer sexo até sangrar. Certa vez, ela estava na metade do quarto mês de gravidez. Preparou-se para dar à luz, mas abortou enquanto dançava. "Chorei muito. Eu queria a criança." Porém, depois de alguns meses vivendo juntos, Mona Lisa largou Samar. Ela é franca com relação à causa: "Ele não ganhava nada. Eu lhe disse: 'Quero o dinheiro que você ganhou e não o que seu pai ganhou'". Ela queria abandonar o negócio de bares, e Samar não era seu bilhete de saída.

Eles ainda conversam por telefone, mas ela não quer encontrá-lo. Todo ano, poucos meses antes do seu aniversário em outubro, ele pergunta a Mona Lisa o que ela quer ganhar de presente e diz que vai economizar para comprar-lhe uma corrente de ouro ou um medalhão. Ele pergunta: "Se eu começar a ganhar dinheiro, você casa comigo?". Não. "Não posso me casar com Samar agora, porque fiquei com ele um ano e meio, e depois fui com outro. A coisa que era dele agora pertencia a outra pessoa. Eu me degradei perante mim mesma." Ela se sente imunda por viver na casa de outro homem, como Sita no *Ramayana*.

Uma noite, depois que Mona Lisa rompeu com Samar, um grupo de rapazes de Hong Kong foi ao Sapphire. Entre eles havia um sindi muito bonito chamado Vijay. Ele flertou habilmente com Mona Lisa, e ela lhe deu o número do celular. Vijay era um garanhão de bar de dança. Tinha namoradas em todos os bares: Dilbar, Pinky, Golden Goose, Carnival. Como Samar, também tinha certo estilo; segurava a mão de uma moça e a inundava com seu charme. Chorava com facilidade, e as meninas se apaixonavam. Uma véspera de Ano-Novo, um amigo dele estava dando uma cantada em Mona Lisa; presenteou-a com uma rosa. Vijay levou-o para fora e surrou-o até sujar a camisa de sangue. "Qualquer moça pensa que ele a ama."

E Vijay era especialista em enganar. Quando Mona Lisa telefonava, ele dizia que ligaria de volta em meia hora. Ela ficava esperando ao lado do telefone. Passavam-se três, quatro horas. Então, Mona Lisa ligava de novo. Vijay virou a mesa das relações entre dançarinas e fregueses. Queria mostrar aos amigos que conseguiria tomar dinheiro de uma moça de bar. Nunca deu nada a Mona Lisa: "Nunca peguei cinco paises de Vijay". No auge da paixão de Mona Lisa, ele lhe disse que precisava de dinheiro. Ela imediatamente lhe deu 25 mil rupias; ele nunca pagou. "Nunca pedi, porque dei por amor", disse ela. "Ele se julgava capaz de arrancar dinheiro em qualquer lugar." Ouvi muitas histórias parecidas, de moças de bar sustentando um caloteiro anos a fio, porque elas lhe entregaram o coração. No fim, as maiores otárias — *ulloos, dhoors, chutiyas* — eram as moças de bar, e quem as fazia de otárias — amantes, pais, irmãos — apelava para o mesmo truque das dançarinas: o amor.

Finalmente, Vijay a trocou por outra dançarina. Mona Lisa ficou arrasada. Depois de dançar quase a noite toda ela passava o resto do tempo nas discotecas, bebendo muito. Havia drogas também; maconha, regularmente, e a mais imunda de todas, heroína, uma vez. Ela ia para casa, chorava até pegar no sono e, mal acordava, bebia duas ou três cervejas como café da manhã. Minesh, freguês habitual do Sapphire, cuidava dela de vez em quando; pagava seu aluguel e lhe dava dinheiro para ir às discotecas. "Foi meu amigo em momentos difíceis." E se apaixonou por ela. Ela tirou partido disso. Bebia até ficar bêbada, ia ao apartamento dele, dizia que estava com calor, tirava a roupa e dormia na sua cama. Ele a cobria com um lençol e não tocava um dedo nela.

Três meses antes de eu conhecer Mona Lisa, ela tinha ido ao Carnival certa noite. Vijay lá estava com seus amigos, e ela falava com eles quando Vijay apresentou alguém a Mona Lisa: sua nova namorada. Mona Lisa conversou com ela normalmente, mas por dentro fervia. A bebida ajudou. Foi para casa e bebeu mais. Na noite seguinte, ela estava dançando no Sapphire e não se sentia muito bem. "Eu estava com medo do futuro." De repente, ela saiu do bar e foi para casa. Minesh, que estava no bar, percebeu. Depois de algum tempo ligou para o celular dela. Não houve resposta. Ligou para casa. Nenhuma resposta. Saltou dentro do carro, dirigiu até Juhu e tocou a campainha. Quando ela abriu a porta, o piso estava todo sujo de sangue; haviam se passado 45 minutos desde que ela começou a cortar furiosamente os braços com uma navalha. Estava preparada para morrer. Tinha posto para tocar a música "Missing", da banda Everything But the Girl, que ela dançara com Samar nas discotecas, a que ela pedia ao DJ que tocasse e anunciasse, publicamente, para constrangê-lo: "Para Mona Lisa, oferece Samar". Essa canção estava tocando sem parar enquanto Mona Lisa, bêbada, chorando, cortava os braços.

Minesh lhe pediu que erguesse as mãos. As veias tinham saltado da carne. Ele abriu a garrafa de RC, o uísque que ela estava tomando, segurou-a sobre os braços dela e derramou o álcool nas veias abertas. "Nem pisquei." Ela tirou um cigarro, acendeu e sentou para fumar, enquanto Minesh chamava o médico de sua família, que conseguiu um quarto no hospital para ela.

Na primeira vez em que tentou se matar, ela conseguiu envolver as mãos em ataduras e foi ao médico para enfaixar os pulsos. Dessa vez, e na segunda vez em que cortou os pulsos, não houve necessidade de dar pontos. Na terceira, foram necessários oito pontos. Mas, agora, todas as veias estavam aparecendo e as mãos tinham ficado pretas. O hospital ligou-a a um monitor cardíaco. O médico falava com ela como quem fala com uma criança, injetava qualquer coisa, costurava a carne. Para fechar as feridas foram necessários 45 pontos. Até hoje, três dedos dela não funcionam direito. Mona Lisa fez um serviço completo.

Enquanto me conta tudo isso, ela sopra baforadas de cigarro, olhos fechados, balançando de leve e dizendo qualquer coisa para si mesma.

"Está rezando?", pergunto.

"Não vou dizer."

Por que o faz? Por que se corta e se queima?

"Estava com raiva."

"De quê?"

Dela mesma, é a resposta. Quando tem raiva de um homem, "quando ele não entende o que *eu* quero, quando não entende o que *eu* preciso, fico furiosa comigo mesma. Por que a outra pessoa se comporta assim comigo se não tiro nenhum dinheiro dela?". É uma expressão que ela costuma usar para descrever seus homens: "a outra pessoa". Como a outra pessoa a trata mal, e ela não consegue descobrir o motivo do seu mau comportamento, a culpa deve ser dela, Mona Lisa. Deve ser culpa dela que o homem seja tão egoísta, tão sem consideração.

Quando Mona Lisa saiu do hospital, Minesh sabia que ela provavelmente tentaria se matar de novo. Apesar de estar apaixonado por ela, ele ligou para o rival, Samar. Eles se conheciam; num dado momento, até tinham pensado em abrir um negócio de venda de celulares juntos. Ele lhe contou o que tinha acontecido e, discretamente, saiu de cena. Samar de imediato foi à casa de Mona Lisa. Como os braços dela estavam enfaixados, ele lhe deu banho e limpou a casa — coisa que um rapaz de Bombaim, um neto de chefão, não costuma fazer. Durante sete dias e sete noites, ele ficou com ela. Dormiram juntos, de lado, um encaixado no outro, como crianças pequenas; nem uma vez fizeram amor. Mas Minesh não sabia disso. Minesh ficou afastado, porém não conseguia dormir à noite. "Eu pensava nele tocando em você", disse ele a Mona Lisa, depois.

Os dois homens tinham se oferecido para viver com ela. "Esqueça o passado. Comece vida nova comigo." Mona Lisa aos poucos permitiu que Minesh entrasse em sua vida, em seu apartamento. Ele passou uma noite inteira com ela, certa vez, e seu pai, um rico advogado, ficou furioso quando ele voltou para casa. Por isso Minesh ligou para Mona Lisa e disse que ia sair de casa e alugar seu próprio apartamento, e que estava livre para casar com ela. Só havia um obstáculo.

"Eu disse: 'Qual?', e ele disse: 'Você precisa dizer que sim.'"

Mas ela não sente atração por ele. Samar é lindo, um pathan, cheio de raiva selvagem. Minesh é um gujarati baixinho, calvo, de óculos. Perto dela, ele parece um irmão menor ou um ajudante. "Minesh é um bom amigo; eu lhe dou *izzat*." Um mês atrás, Mona Lisa disse a Minesh, gentilmente, que não sente amor por ele. Que ela ia deixá-lo hoje para que ele organizasse sua vida amanhã. Para que ele não fosse à falência. Todo mês ele gastava um lakh ou mais no Sapphire, mais o aluguel do apartamento que alugava para ficar com ela, as roupas que comprava para ela, o que gastava com ela nas discotecas, as comidas que pagava para ela em hotéis cinco estrelas. Ele chorou quando ela lhe disse isso; suplicou para que não o abandonasse. Mas tinha de acontecer cedo ou tarde, e ela disse que continuaria a se encontrar com ele, que conversaria com ele, que seria sua amiga. "Porém no último mês não houve relação alguma." Agora Minesh sai com outras moças, volta para casa e conta os detalhes para Mona Lisa.

* * *

Mona Lisa tem duas vidas. Uma é a vida no bar e o tempo que ela passa com os fregueses. E há outra vida: o tempo que ela passa nas discotecas, vendo TV, dormindo o dia inteiro. Ela nunca vai para a cama antes das seis da manhã. Em nossas conversas, se misturo essas vidas, ela diz, sobre o mundo do seu trabalho: "Essa vida é completamente diferente. Essa é uma *jooth ki duniya*" — um mundo de mentiras. Uma vez, ao telefone, eu lhe digo em inglês que estou indo me deitar para tirar um cochilo. Ela pergunta o que significa "cochilo". Quando explico o significado, ela repete, estabelecendo uma ligação. "*Jooth* significa mentir. Também significa deitar." No mundo de Mona Lisa, contar uma mentira e deitar-se com alguém não são coisas muitos separadas.

"Para o muarrã [primeiro mês do calendário islâmico], o bar está muito sossegado", me diz ela, certo dia. "Todo esse trabalho imoral parou."

"Por quê? Você acha que o seu trabalho é imoral?"

"Claro que é. Beber num bar também é imoral."

Pergunto se ela acha que o Sapphire é explorador.

"Tudo bem, desde que haja limites", responde ela. "Levei dois anos para entender isso. Um homem pode ir ao bar quando está cansado da família, de tomar conta da mulher e dos filhos, do escritório. As dançarinas compram os *armaan* dos fregueses. Isso é muito ruim. Por que não guardamos nosso dinheiro? Por que temos de ter azar? Porque compramos as dificuldades deles." Ela entendeu mal minha pergunta. Está me dizendo que o Sapphire é explorador, mas que explora os fregueses. Qualquer coisa que aconteça com ela e as outras dançarinas depois disso — se se apaixonam por um freguês e ele as maltrata — é merecida, porque elas exploram a necessidade humana que esses homens têm de conforto.

"Sou atraída muito rapidamente por uma pessoa", explica Mona Lisa. "Gosto de Hari ainda hoje, porque pelo menos ele cuidou de mim durante uns meses." Recentemente, Mona Lisa estava dançando no Razzberry quando viu um rosto conhecido. Era Hari. Ela foi até ele e o confrontou. "Hari, você arruinou minha vida. Você me ensinou a beber, a fumar. O que sou hoje devo a você." De repente, ela parou de expressar sua indignação, porque, quando olhou de perto para o velho nas luzes piscantes da discoteca, viu que seus olhos estavam cheios de lágrimas.

Hari enfrenta tempos difíceis. ORDEM DE PRISÃO CONTRA PRODUTOR DE CINEMA DE BOLLYWOOD, diz uma manchete de jornal certa manhã. Uma ordem de prisão, sem fiança, foi emitida contra Hari Virani porque ele não pagou um empréstimo de 35 lakhs tomado de uma empresa financiadora de carros. Ligo para Mona Lisa e leio a notícia sobre Hari.

"Estou feliz e magoada também", diz ela, sem maldade. Está feliz porque ele agora recebe de volta o que fez com ela e outras moças, mas "estou chateada porque ele ainda não progrediu". Seus filmes foram fracassos, observa ela, e "ele deixou o negócio dos bares" — como se Hari também fosse empregado na indústria, como Mona Lisa. No Sapphire, Minesh também falou em termos parecidos: "Estou no negócio dos bares há sete anos". O negócio dos bares tem uma integridade que pode envolver até os fregueses, de modo que ele se torna seu principal ponto de identificação, pelo menos na parte escura das 24 horas.

Ela diz, de repente, em inglês: "Você é meu melhor amigo!".

Esses dias, ela também tem sido minha melhor amiga.

Mona Lisa me pergunta: "Cadê sua família? Você vive sozinho em Bombaim?".

"A maior parte da minha família está nos Estados Unidos. Tenho parentes em toda parte: nos Estados Unidos, na Inglaterra, alguns em Bombaim. A família de minha mãe é do Quênia." Não lhe falei da minha mulher e dos meus filhos. Lembro-me de que Mona Lisa ainda está sob a proteção do neto do chefão. Ela é do mundo das sombras; isolo minha família dessa gente. Pistoleiros, dançarinas, badernerios: no que lhes diz respeito, vivo sozinho no apartamento da Elco, na realidade meu escritório. Se houver problema mais tarde, se resolverem tomar-se de violenta antipatia por mim, ou pelo que escrevo sobre eles, é só a mim que podem fazer mal.

"Nunca falo da minha vida com ninguém", diz ela. Estou sabendo.

Rustom liga e combinamos um encontro em seu estúdio para que Mona Lisa seja fotografada.

O carro de Mona Lisa é um surrado Esteem. O ar-condicionado está quebrado e ela dirige sem carteira. Meu banco não tem apoio para a cabeça e a pintura está descascando no para-choque. Ela dirige descalça, porque, quando pisa na embreagem, seu salto plataforma a impede de soltar o pedal. Entro e vejo as imagens da deusa profusamente espalhadas. JAI SHRI MELDIMA, dizem os adesivos em gujarati. Rumamos para a cidade, sofrendo o bafo dos canos de descarga pelas janelas abertas. Faz um calor fortíssimo essa tarde. Mas, como sempre, ela está animada.

Quando descemos e mergulhamos na multidão na porta do Eros Cinema, todos os seres humanos presentes se voltam para olhá-la. Observo seus rostos, dos homens e das mulheres; as cabeças giram como as dos espectadores de uma partida de tênis. Alguns caminham, absortos em seus mundos particulares, até que Mona Lisa passa por eles, e eles, de repente, olham de novo. Julgo escutar o barulho de muitos carros freando abruptamente. Se houvesse cães, eles latiriam. Ela veste uma blusa verde-clara, com uma alça na nuca. Deve ser o jeito de andar com saltos plataforma, a confiança com que mantém a cabeça erguida. Entramos num café para um rápido sanduíche. Aqui, também, todo mundo se vira e olha, sub-reptícia ou involuntariamente. Mona Lisa se diverte. Mesmo quando usa um *salwaar kameez*, o corte é revelador. "Quem quiser, pode ver. Quem não quiser, abaixe os olhos", ela instrui a cidade de Bombaim.

No estúdio, ela está nervosa e tímida, e ri muito. Rustom preparou tudo: dois maquiadores gays, dois ajudantes, luzes, guarda-chuvas, suportes. Rustom pede-lhe que tire o sutiã. Não é que queira ver-lhe os seios; Rustom já viu seios o bastante para fazer uma creche de bebês arrulhar de prazer. É porque as marcas das tiras de elástico aparecem nas imagens. Essas marcas levam pelo menos uma hora — uma hora e meia, para mulheres com qualquer quantidade de gordura na pele, os tipos "agradáveis" de que os anúncios regionais precisam — para desaparecer. Mona Lisa obedece e puxa o sutiã por baixo da blusa. Mas Rustom faz um pedido mais ousado; quer que ela remova a corrente escura do pescoço. Ela sacode a cabeça. Pouco depois, o maquiador também lhe pede que se livre da corrente, e ela de novo se recusa. Ela tira tudo, menos a medalhinha da deusa Meldima.

Rustom liga a música no largo espaço iluminado e começa a tirar fotos. Diante da câmara, Mona Lisa é uma boa modelo. Um ajudante esvoaça-lhe o cabelo sobre o rosto com uma mangueira de aspirador de pó, que também agita a medalhinha sobre o pescoço e o queixo, dando a impressão de que ela está sendo estrangulada ou garroteada. Sob a peça superior de veludo preto, noto, pela primeira vez, que ela tem uma barriguinha protuberante. Seu sorriso é enviesado; os lábios se curvam no canto esquerdo da boca. As marcas nos braços podem ser vistas claramente sob o fulgor das poderosas lâmpadas do estúdio. Rustom berra instruções em inglês: "Mexa no cabelo! Vire a cabeça para cima, rápido!". Não me parece que ela as compreende perfeitamente, em meio do barulho da música, e ela se esforça para não rir. A música — Alanis Morissette, Phil Collins, uma mistura de hip-hop — não é a que ela está acostumada a ouvir, e ninguém lhe joga dinheiro. Quando as folhas de contato chegam, fica claro que ela não se saiu bem no teste. Mona Lisa não tem cara de quem é capaz de convencer a grande massa de mulheres indianas a comprar xampu, geladeiras ou absorventes.

Dois meses depois de começar a me encontrar com Mona Lisa, fico um mês ocupado com a mudança de minha casa e meu escritório para Bandra. Não posso atender suas ligações diárias. Mona Lisa corre, chorando, para Minesh, que ainda a persegue. "Suketu está se afastando de mim." Ela acha que sabe a razão e me pergunta, certo dia de manhã: "Há alguma coisa que você quer de mim que eu não lhe dei?".

Digo-lhe que não. É que ando ocupado.

"Todo mundo me quer", diz Mona Lisa, em inglês. Parece menos gabarolice do que uma declaração da verdade.

Ela quase não comeu ontem; um *club sandwich* no Sapphire. E agora sua tia lhe preparou uma refeição completa. "Você já comeu?", pergunta-me ela. Ainda não, mas já vou comer. "Então venha aqui e coma comigo."

Mona Lisa mora no térreo de um edifício de classe média em Juhu. Seu apartamento tem uma sala mobiliada com dois sofás desbotados, que nunca é usada, a não ser para tirar os sapatos. Tem cozinha, um banheiro ao estilo indiano, com um buraco no piso, e dois quartos. Não há cadeiras nos dormitórios, por isso Mona Lisa recebe as visitas na cama. A televisão está sempre ligada, e, perto dela, um potente aparelho de som. O apartamento não recebe luz natural; o reboco está descascando no teto e todas as paredes precisam muito de pintura. Mas Mona Lisa exibe sua animação de sempre. Coloca as rosas que eu lhe trouxe na cabeceira da cama, perto de um gorila de brinquedo. Na cozinha há um grande santuário dedicado à deusa, enfeitado com uma fresca guirlanda de flores brancas e vermelhas. Sua geladeira só tem água, queijo e um saco de hortaliças. No quarto de dormir há uma pilha de copos de bebida, mas, desde a última tentativa de suicídio, não há bebidas.

O que acontece quando se entra pela primeira vez no apartamento de uma indiana solteira? Ela mostra fotos da família. Há duas pequenas fotos do irmão mais novo, Viju, um menino pequeno de pele clara. Mona Lisa ama Viju, que tem dezessete anos, quase 1,80 metro e um belo físico; ela acha que ele deveria ser modelo. Ele abandonou a faculdade e trabalha intermitentemente no negócio de polimento de diamantes. Sabe o que Mona Lisa faz para viver e a encontra, em segredo, nas tardes de domingo, dando à mãe a desculpa de que vai sair com amigos. Ele vem ao apartamento dela e vê televisão, e ela lhe dá para comer frango *biryani*. Se a mãe descobrir, também vai querer vir. Domingo é dia em que os clientes do Sapphire se dedicam à família; passam o dia com as famílias legítimas. Portanto, é dia de descanso para as meninas do bar.

O irmão é praticamente a única pessoa da família com quem Mona Lisa mantém contato. Seus parentes na aldeia, incluindo o outro irmão — o que foi dado ao tio quando nasceu —, acham que ela é casada e não têm ideia do que ela faz para viver. Esse é um dos motivos que a mantêm afastada da família: "Para que não descubram". Ela não quer voltar para a aldeia. Mas o bar lhe oferece uma família substituta. Em cima da televisão há uma foto de Mona Lisa abraçando uma moça mais nova na praia. "É minha filha." Trata-se de Muskan, a menina que Mona Lisa "adotou", como isso costuma ser feito no negócio dos bares. Muskan é uma dançarina do Sapphire que veio de Indore e tem treze anos. É uma das quatro virgens que ainda restam no bar, e as outras meninas a tratam como uma boneca. Muito em breve, ela venderá a virgindade por algo entre dois e cinco lakhs, talvez para Mohammed, o árabe, que frequenta o Sapphire há cinco anos e adquire os direitos de deflorar as meninas mais novas. Certa vez ele disse a Mona Lisa: "Você parece um sorvete".

Quando resolvo comer, ela sugere que nos sentemos na cama onde dorme, e eu me apoio em seus travesseiros e ponho os pés na cama. Ela sobe também e se espicha como eu, bem perto de mim. Pela primeira vez vejo suas longas pernas, em seu short de *spandex*. Ela se abraça a um travesseiro e mostra manchas de sangue nele. "É de quando eu me cortei. Não mandei lavar." Atrás de nós há um caderno de telefones com dezenas de números, a maioria começando com 98: números de celulares. A maior parte dos nomes de homem traz apenas um número de celular; as mulheres têm números de linhas fixas. Mona Lisa é o tipo de moça a quem os homens nunca dão o número de casa.

Ela tinha me perguntado se eu gostava de comida apimentada e eu, tolamente, disse que sim. É a comida mais apimentada que já comi numa casa indiana. Batatinha apimentada, *dal* de espinafre, *chapatis*, arroz. Além disso, Mona Lisa traz duas garrafas de picles. Ela tira mais colheradas de pimenta-malagueta e coloca no meu prato, uma verde, uma vermelha. Estou faminto, e como — primeiro com prazer, depois com dor; como imagino que qualquer relação com Mona Lisa deve ser. Não tenho medo de comida apimentada — o armário da minha cozinha em todos os países sempre tem uma pilha de pimenta *habanero* —, mas isso é demais para mim. Mona Lisa, entretanto, não dá sinais de estar pegando fogo. "É por isso que me dizem que sou muito picante", diz ela, seus longos dedos misturando o arroz e o *dal*. Ao falar em comida, Mona Lisa passa a falar em gujarati, a única vez em que ela usa essa língua comum a nós dois. Seu gujarati tem forte sotaque kathiawari, mas ela se dá conta disso, constrangida. Prefere o híndi: híndi de Bombaim, híndi de cinema, híndi *tapori*. Gujarati é a língua original, e é íntima demais para ser usada entre nós, narrador e cronista.

Ela me conta como descobriu o próprio corpo e seus prazeres. As moças da aldeia não eram inocentes; faziam sexo com berinjelas, tinham relações com árvores. Depois de mudar-se para Bombaim, depois de menstruar, Mona Lisa descobriu que "estava interessada em mim mesma". Ela se lembra da primeira vez que menstruou; tinha onze ou doze anos. "Eu estava dormindo. Acordei e me senti muito molhada. Pensei comigo: O que será que aconteceu, quem fez isso? Eu estava muito excitada. Odiei-me. Ficava sentada o dia inteiro: O que aconteceu comigo?" A mãe, é claro, não tinha explicado coisa alguma. À filha, só ensinara a ter medo. "Minha mãe não me deixava dormir nem com meu pai."

Ela assistia a vídeos de música na televisão e eles afetavam seus sonhos. "Meu sentimento se completava no sono. Então, eu costumava ficar assustada, tinha medo de que alguém fizesse aquilo comigo enquanto eu dormia e me engravidasse." Ela chegou a ir ao médico, quando tinha dezesseis anos e deixou de menstruar, para saber se estava grávida de uma visão que tivera durante o sono. Ainda hoje, diz, se passar um mês sem ter relações, ela "descarrega" dormindo. "Durmo com um travesseiro entre as coxas; se ele me tocar, por mais leve que seja o toque, eu descarrego." Ultimamente, ela descobriu que também consegue descarregar no chuveiro. É um termo adequado, que eu jamais tinha ouvido neste contexto, como uma bateria guardada por muito tempo. Quando a eletricidade se acumula dentro, descarregue-a ou ela vazará e explodirá.

Mona Lisa compreende perfeitamente por que o sexo, para a maioria dos indianos de classe média, é uma experiência tão sem alegria. "O que acontece aqui é que o homem vive com os pais. Depois entra no negócio da família; não pode fazer o que realmente quer. A seguir casa com a moça que os pais escolheram. Não há sentimento. Quando ele quer sexo, tem relações com a mulher com a mesma disposição de ânimo — como uma necessidade corporal. Ele descarrega. Quando encontra uma nova mulher, faz sexo com ela do mesmo jeito. Talvez queira fazer algo diferente, mas não sabe como. A mulher também, parindo filhos, cozinhando em casa, não sabe como é a vida lá fora. Elas tem de dar quando os maridos querem, e não quando elas querem. Muitas mulheres não sabem o que é uma descarga. Sua vida é assim, cozinhar de dia e ver televisão em casa. Mesmo à noite, na cama, tudo o que dizem é: 'Sua irmã fez isso, sua cunhada fez aquilo.'" Não é uma visão feliz do casamento. Mona Lisa fez a ligação — por que parece haver tanta insatisfação sexual na cidade. Se todas as outras áreas da vida pessoal — trabalho, família — estão circunscritas, se o padrão foi estabelecido antes do nascimento, então, no que diz respeito ao sexo, ele será condicionado da mesma forma, suas posições e técnicas predeterminadas ou improvisadas às pressas no escuro. Um homem ou uma mulher com um cérebro morto não pode fazer ideia dos picos de prazer que Mona Lisa e Samar, espíritos aventureiros em todas as áreas da vida, alcançavam com tanta rapidez e com tamanha frequência.

Os meninos de faculdade, diz Mona Lisa, são melhores na cama. Eles ficam bêbados, veem filmes pornográficos, criam seus próprios negócios, fazem às coisas à sua maneira. Ela gosta da indiferença deles pelas convenções; ela mesma quer que Rustom tire fotos dela nua. Enquanto me conta tudo isso, tenho a sensação de que o ar-condicionado não está funcionando. Enquanto me conta tudo isso, ela mantém o travesseiro firmemente preso entre as pernas.

Digo a Mona Lisa que estou trocando os nomes de todas as pessoas que podem ter problemas pelo fato de aparecerem em meu livro. "Que nome você quer que eu lhe dê?"

"Por quê? Não, não, não!", grita ela, esmurrando o ar. Ela quer ser conhecida pelo nome verdadeiro; não tem nada a esconder e está achando o máximo o mundo saber como é sua vida.

Insisto; digo-lhe que não há como prever as consequências que a publicação dos detalhes íntimos de sua vida pode ter. Então, ela sugere "Finalfi".

"Finalfi? Mas isso é nome de cachorro."

Ela diz que nunca o ouviu antes, por isso gosta. Não pode ser um nome muito comum. Ela sugere outro: "Mona Lisa".

E é assim que Mona Lisa ganha seu nome. Cai-lhe bem. Beleza, mistério e um pouco de tristeza.

Mais tarde, vamos ao Just Around the Corner, uma lanchonete da moda que Mona Lisa tem curiosidade de conhecer. Estou nervoso. A qualquer momento alguém vai me reconhecer e perguntar: "Como vão os meninos?". Mona Lisa sugere que ambos passemos dois dias no balneário marítimo de Daman — "com dois ou três casais", acrescenta. Ela diz que sentiu saudades de mim no domingo e saiu para ver a última sessão no Sterling. Não conto que também estava lá, na plateia, com minha mulher. Percebo que a possibilidade de nos encontrarmos era grande e que eu teria de me explicar para ela sobre minha mulher. Já é muito tarde, na minha amizade com Mona Lisa, para mencionar minha família sem dar alguma explicação. Alimentada nas sombras, ela adquiriu o status de segredo.

Em vez de levá-la a Daman, levo Mona Lisa para jantar e ver um filme. Na galeria do cinema, jogamos videogames, atirando em caubóis e dirigindo carros de corrida. Ela compra samosas e dois baldes de pipoca, e nos sentamos no balcão para ver *Vida de inseto*, Mona Lisa comendo durante a projeção. Ela comprou muitas fichas para os videogames, e depois do filme continuamos atirando em caubóis. Tento ter outra vez dezenove anos, mas nunca me esqueço de que estou tentando.

Depois do filme vamos ao Orchid, novo hotel perto do aeroporto, e esperamos por Minesh, que — com lento e paciente galanteio, depois que deixo passar a oportunidade de acompanhá-la a Daman — está de volta à vida de Mona Lisa como amante. O hotel tem uma cachoeira no centro do saguão, tubos de água despencando de grande altura. Comemos e conversamos à toa sobre a Copa do Mundo. Começo a perceber que há pouca coisa que posso comunicar a Mona Lisa sobre o meu mundo; ela não sabe onde ficam a França e o Quênia, não tem a menor vontade de sair de Bombaim, ir à aldeia, ou ao exterior. Quando lhe conto que estou indo a Delhi e talvez me encontre com Vajpayee, ela não diz nada.

"Atal Bihari Vajpayee. O primeiro-ministro."

"Não sei quem é o primeiro-ministro atualmente. Só conheço Indira Gandhi, Rajiv Gandhi e Mahatma Gandhi. Foram esses os nomes que nos ensinaram." Ela nem mesmo lê o jornal, nunca assiste a programas noticiosos na TV.

Minesh chega, trajando short largo. Ele tem 32 anos e parece mais velho. Está ficando calvo e há um curioso tom escuro em volta da boca, talvez provocado pelo tabaco. Ele frequentou uma escola gujarati — "Sou um menino vernáculo". Depois formou-se em direito, mas nunca exerceu a profissão. Em vez disso, abriu uma empresa de software que exporta para os Estados Unidos; no ano anterior ele foi quatro vezes para lá. Minesh é teatrólogo amador, em gujarati, e, como muitos teatrólogos amadores, quer fundar seu próprio partido político dentro de dez anos. Conversamos, em inglês, sobre recrutamento técnico e custeio de software e impostos, com Mona Lisa entre nós dois. Ambos escondemos alguma coisa: escondo minha família de Mona Lisa, Minesh esconde Mona Lisa de sua família. Só Mona Lisa não esconde nada. Não tem família da qual esconder seja lá o que for. Está sonolenta e cansada. Não pertence ao nosso meio, sinto; é jovem e bela, e deveria estar com pessoas de sua idade, homens jovens e cheios da mesma energia e leveza, homens que têm diferentes usos para ela, mais inocentes, do que qualquer um de nós dois.

Mais ou menos nessa época, Dayanita Singh, fotógrafa amiga minha de Delhi, vem a Bombaim para uma sessão de fotos. Deve ficar apenas dois dias. Dayanita tem uma afinidade especial com operários do sexo e pessoas de gênero indefinido: eunucos, prostitutas. Descrevo para ela o mundo dos bares e ela quer conhecê-lo imediatamente. Acaba ficando semanas em Bombaim, seguindo meus amigos com sua câmara. No Sapphire, ao notar que o rosto de Mona Lisa se ilumina quando ela me vê, e a energia extra que ela põe na dança quando está na minha frente, Dayanita diz: "Estou com medo que ela se apaixone por você".

"Ou vice-versa."

"Impossível", diz ela.

Por quê?, faço menção de perguntar.

"Como você poderia não se apaixonar?", diz. "Eu já estou meio apaixonada por ela."

Mona Lisa nos apresenta — a mim e Dayanita — a BK, o gerente do Sapphire. É um pársi gentil, que estava no "negócio técnico" antes de ser gerente do Sapphire. Faço a BK perguntas sobre Mona Lisa. "Ela é diferente das outras dançarinas", diz ele.

"Diferente como?"

"Gosto dela", explica o pársi.

BK é o mais adorado dos gerentes de bar em Bombaim; as moças fazem qualquer coisa por ele. Dançar a noite toda é trabalho duro. Antes da imposição do toque de recolher à meia-noite e meia, elas dançavam até as oito da manhã: das nove da noite às duas e meia da madrugada, depois uma breve pausa para a "ceia", depois de novo até que o sol ia alto no mundo lá fora. Quando a energia falhava, o gerente instigava-as a "virar a chave!". E as bonecas dançavam.

Mas BK mantém as mãos longe delas. Elas o chamam de "sr. BK", como um professor. Mona Lisa é extremamente sensível aos humores do chefe. Uma vez, quando atravessava uma fase difícil com Vijay, o sindi, ela começou a perder outros fregueses por causa dele. Um freguês devoto como Raj, que vinha ao bar com quatro guarda-costas de fuzil na mão e gastava muito com ela, sentia-se desprezado quando a via embevecida com Vijay o tempo todo. Certa noite, Mona Lisa deveria ensinar as rotinas a uma nova dançarina, mas em vez disso ficou parada no palco com ela, sem dançar, limitando-se a segurar-lhe a mão. BK viu aquilo lá de trás e, já irritado com o desdém de Mona Lisa pelos seus fregueses, berrou-lhe: "Largue a mão dela!". Mona Lisa correu para casa e pôs-se a beber. Chorando, bebendo, pensou no que o gerente tinha dito. Ela voltou ao Sapphire e mostrou-lhe o braço: havia seis queimaduras de cigarro frescas na macia carne morena. "Veja o que você me levou a fazer." Depois disso, ele nunca mais falou com ela rispidamente.

Dayanita fotografa Mona Lisa à tarde, num saguão vazio do Sapphire. Ela captura sua beleza. Mas me pergunto se terá capturado uma expressão que conheço bem: no meio de "Jalwa" ou "Brazil", quando Mona Lisa gira de repente, inclinando-se para baixo e para a frente, e olha para a gente através daquela juba de cabelos caindo dos dois lados do rosto. Ela não sorri, nem sequer tenta agradar, e seus olhos miram diretamente a gente, e a boca está arrumada, quase com fúria, em puro desafio sexual. "Tenho medo desse tipo de sensualidade", diz Dayanita. Com o tempo, quando conseguir apreciar o lado gentil de Mona Lisa, não devo esquecer esse olhar. Não devo esquecer sua essência, que é feita de sexo, de luxúria. Aquele movimento das nádegas, que os homens veem e na imaginação tiram o fino sári que as cobre. Não é preciso mover um dedo; ela fará tudo por você.

Mais tarde, em Nariman Point, ela está sendo fotografada no meio da multidão de sábado à noite. Dayanita quer testá-la, ver como ela reage quando fotografada em público. Ela não revela ansiedade, timidez. E pode ouvir as pessoas perguntando umas às outras: "Quem é essa moça? Não a conheço de algum lugar?". Pela primeira vez, a plateia não diz: "Lá está aquela dançarina de bar". Diz: "Lá está aquela modelo".

Quando saio do Sapphire, horas depois — devo me encontrar com Mona Lisa no hotel Marine Plaza, depois que ela tirar a maquiagem e mudar de roupa —, os manobristas se aproximam de mim. "O senhor deve se sentar no carro de *saab* Minesh." Logo o namorado de Mona Lisa sai do bar e me leva ao hotel. Ele não foi convidado.

Pegamos uma mesa perto das janelas, pelas quais não conseguimos ver coisa alguma — é uma e meia da manhã —, e nos ajeitamos: eu, Mona Lisa e Minesh. Minesh bebeu a noite toda; seis uísques e três doses de tequila. Sem que ninguém pergunte, ele explica por que os homens vão aos bares: "Ego falso de homem. Posso dar ordens lá — a Mona Lisa, a BK. Não posso dar ordens em casa. Preciso dar ordens".

Minesh começa a me contar sua história. Expressa-se em inglês. "Comecei a ir aos bares há sete anos. Conheço uma moça em cada bar. Eu tinha medo de entrar em bares. Era um puro. Agora não sou mais. Estou apaixonado por essa mulher. Eu via uma mulher boa e pagava. Sejamos honestos: é uma questão de ego." Minesh usa a terceira pessoa para referir-se a si mesmo quando fala sobre apaixonar-se. "Durante cinco anos e meio este homem vai a um bar e olha para Mona Lisa e se torna bom amigo dela, depois de seis anos e meio este homem de repente tem ciúme de outro homem, e percebe-se que ele está amando." Lembro que os gângsteres geralmente usam a terceira pessoa quando falam dos assassinatos que cometem. É difícil assumir a responsabilidade pelo amor e pelo assassinato.

"Foi quando percebi que preciso dessa mulher", prossegue Minesh, falando de como se apaixonou por Mona Lisa. "Fui para a cama com um número absurdo de moças de bar — mais de doze. Se dormisse com uma mulher, não voltava ao bar para não ficar viciado nela. Essa foi a mulher com quem dormi e voltei ao bar onde ela trabalha no dia seguinte. Houve um tempo em que ela não dormia comigo, mas todos os dias ela dormia na minha casa. Eu a levava a uma discoteca e a deixava ficar lá até as seis da manhã, e ela chegava bêbada na minha casa. Eu não dormia. Tinha medo de que as pessoas a usassem, não de que dormissem com ela. Se ela estiver bêbada e alguém a usar, isso me afeta."

Minesh chama o negócio dos bares de a "indústria". Ele os outros fregueses habituais fazem parte da indústria, como as dançarinas e os proprietários de bares. "Todos os homens que vão aos bares estão insatisfeitos com a vida ou têm um complexo de inferioridade. Porque, se eu tiver dinheiro, posso dizer a essa mulher para não olhar para nenhum outro freguês. Eles são uma indústria de serviços; têm de me servir sempre que tenho dinheiro. Ela sabe que quando me torno ciumento, isso significa mais dinheiro."

Ele atribui seu complexo de inferioridade, seu falso ego masculino, à situação em sua casa. "Não estou satisfeito lá. Quero que minha mãe diga: 'Filho, beba seu chá', mas ela não diz. Quero atenção. Quando gasto dinheiro no bar, há quatrocentos olhos em cima de mim. Hoje BK me chama de Mineshbhai, porque sou um dos maiores fregueses do Sapphire. Se eu parar de ir alguns meses, eles dirão que esse sujeito se tornou um *chutiya*." Eles entenderão que ele foi explorado até o último centavo por uma moça de bar. Minesh conhece as técnicas das moças de bar, sua hábil manipulação do falso ego masculino. Por exemplo, um freguês pode dar um presente a uma moça, uma camiseta, digamos; a moça, lá mais adiante, dará a camiseta a outro freguês, como demonstração de amor. O segundo freguês vai se exibir. Usando a camiseta, ele levará seus amigos ao bar, contando vantagem: "Ela comprou isto para mim".

Minesh tem experiência nas técnicas de pegar uma moça de bar. É uma disputa; as moças tentam fazer os fregueses de otários, e os fregueses tentam dormir com as moças gastando o mínimo possível ou, melhor, fazê-las se apaixonarem. "Se eu for esperto, dou-lhe dinheiro durante dez dias sem perguntar seu nome. No 11º dia digo o seguinte: '*Jaan*, hoje não consigo dormir. E, ainda que consiga, você vai aparecer no meu sonho. E, se você aparecer em meu sonho, como é que devo chamá-la?". Foi essa a frase que Minesh disse a Mona Lisa depois de lhe dar dinheiro durante muitos dias, sem dizer palavra. Ele explica: "No bar é preciso ser cinematograficamente diferente". Ele observa que, se encontrasse uma moça como Mona Lisa numa discoteca, teria de fazer outra coisa para atraí-la: dançar bem, por exemplo. "Mona Lisa não acha, mas sei dançar. Não é preciso ser bonito. As aparências enganam, como toda mulher sabe." Os amigos dela já comentaram no bar: essa mulher jovem e belíssima e seu acompanhante careca, de óculos, vários centímetros mais baixo, vários anos mais velho.

"Posso ser bem honesto?", pergunta Minesh. "Sabe por que Mona Lisa dormiu comigo a primeira vez? Ela queria ofender o último sujeito que a sacaneou."

Agora, Minesh sai com os amigos de Mona Lisa também, como Muskan, a virgem de treze anos, que, afirma Minesh, está apaixonada por ele. "Sou o único freguês na história da indústria que levou duas moças de bar ao cinema."

"Quando alguém gasta dinheiro com uma moça e ela o procura, é pelo dinheiro. Não é pela boa conversa, pela boa aparência, pelo bom coração", digo a Minesh.

"Mas é o poder do meu dinheiro. Posso me orgulhar do dinheiro que tenho!" Um dos seus colegas fregueses da indústria certa vez lhe contou a história de sua relação com sua namorada firme no Sapphire. "Gastei tanto com Ranjita e dormi com ela tantas vezes. Paguei 3 mil rupias por noite, e a amo."

Minesh dá uma baforada no cigarro e fala com Mona Lisa. "Se eu tivesse gastado com diferentes mulheres o que gastei com você, a esta altura eu já teria dormido com quinze ou vinte mulheres."

Mona Lisa não diz nada. Absolutamente nada. É como se ele estivesse falando do tempo.

Minesh vira-se para mim. "Mona Lisa tem um corpo *estupendo.*"

Pergunto-lhe como se sente quando ela se encontra com outros fregueses. Mona Lisa se intromete na conversa, falando mais para Minesh do que para mim. "Posso sair com fregueses para tomar café. É meu trabalho."

"Vá", diz Minesh, inclinando a cabeça e soprando fumaça. "Confio em você." Depois volta a falar comigo. "Eu sempre digo a ela: 'Tirei muito dinheiro de você em meu último nascimento; neste nascimento estou devolvendo-o a você.'"

Pergunto a Minesh qual será o futuro de sua relação com Mona Lisa e se ele vê o futuro dela como atriz de cinema ou modelo.

"O que ouvi falar da indústria cinematográfica e da indústria da moda é que é extremamente desagradável. Todo mundo usa você: sexual, física, mentalmente. Em todo caso, ela já foi arruinada fisicamente pela indústria. Por isso você fica assustado" — mudando agora para a segunda pessoa —, "com medo que isso aconteça com ela e ela seja destruída. Apesar de ela ser muito capaz de se sair bem na mídia — como modelo, no cinema, em seriados —, eu não deixaria. Pode ser complexo de inferioridade, medo de perdê-la. Porque, se não fosse complexo de inferioridade, eu não estaria aqui há sete anos, rondando os bares. Se não houvesse complexo, Minesh não estaria aqui. Talvez eu esteja tentando mentir para mim mesmo. Minhas economias estão a zero."

Ele acaba de ir ao âmago de sua vida, e o que encontrou talvez o tenha surpreendido também. "Quanto dinheiro você gastou nos bares, no total?", pergunto.

"Não vamos contar, mas foi muito dinheiro."

Peço-lhe uma estimativa, um número aproximado.

"Não vamos contar." É uma súplica. Ele não consegue encarar, não pode sequer encarar o processo de calcular quanto tem sido tolo ou obcecado. "Vamos mudar de assunto."

Mona Lisa pega um elástico, junta os cabelos com as duas mãos na nuca, coloca-os para cima e os prende, de modo que eles se amontoam no alto e caem dos dois lados do rosto. Assim ela é extraordinária, esmagadoramente adorável. Cinquenta mil rupias para dar uma olhada nesse rosto.

No carro, quando nos despedimos, percebo algo no braço esquerdo de Minesh. Há dois cortes profundos. "O vidro de uma janela quebrou. Passei três dias sangrando", diz ele. Mona Lisa me conta, mais tarde, o que aconteceu. Ele tinha ido ao Sapphire e ela lhe disse que o encontraria depois, em Juhu. Ele foi para a casa dela; ela não estava e ele soube que ela tinha mentido. Ela fora se encontrar com outro freguês. Ele estava bêbado e tinha fumado muita maconha, e cortou o braço ali. Sangrou abundantemente, enxugou-se com um lenço e saiu. Quando por fim chegou em casa, Mona Lisa achou o lenço sujo de sangue. A campainha tocou; Minesh disse que tinha voltado para pegar o lenço. Ela lhe fez uma atadura e ele dormiu na cama dela. De manhã ele foi consultar um médico e levou onze pontos. O principal freguês da principal dançarina de bar se associara à irmandade dos retalhados.

Todo mundo na família de Mona Lisa tentou se matar pelo menos uma vez. O irmão, ainda no mês passado, tomou uma dose exagerada de comprimidos para dormir, porque a mãe foi má com ele. O pai certa vez tentou dar veneno à mulher e depois tomou veneno, ele próprio, de modo que Mona Lisa, então com dez anos, teve de levá-lo correndo a um médico no meio da noite. A mãe tentou se envenenar por causa de um amante que foi mau com ela. E, é claro, Mona Lisa — mesmo antes dos casos de amor —, quando vivia com a mãe, tomou veneno para matar pulgas. "Os filhos aprendem vendo o que os pais fazem", explica ela.

E agora, depois de doze anos, Mona Lisa vai se encontrar com o pai que a abandonou.

Ela tem se encontrado com a mãe ultimamente. Foram juntas ao parque Essel World e ela se permitiu chamá-la de "mamãe". Há pouco tempo o pai telefonou para a mãe dela e esta lhe contou sobre a filha. Ao saber que ela estivera em contato com a filha, decidiu vir a Bombaim. A mãe perguntou a Mona Lisa se ela podia encontrá-lo, e Mona Lisa concordou. Ele passou o dia perguntando à ex-mulher, usando o verdadeiro nome da filha: "Rupa ligou? Rupa ligou?". Nem mesmo viu as fotos dela.

Pergunto a Mona Lisa se está nervosa. "Estou muito nervosa. Não vou conseguir falar nada com ele."

"Quer que eu vá com você?"

Ela pensa rápido e diz: "Sim, venha".

Eu a apanho de manhã à entrada do prédio onde mora Minesh, em Juhu, que fica na frente de um enorme Ganesha vermelho, de onde brotam sete cabeças dos principais deuses — Shiva, Rama, Hanuman — e catorze braços, todos protegidos pelo capuz aberto de uma cobra. Mona Lisa sai e se volta para dar adeus a Minesh, que está debruçado na janela de seu apartamento no segundo andar, sem camisa. Pegamos um táxi com ar-condicionado para Mira Road. Ela acaba de acordar e ainda está muito sonolenta; encosta a cabeça no meu ombro e fecha os olhos. Eu me lembro, depois esqueço, de que ela acaba de sair da cama de outro homem sem tomar banho; provavelmente, ele ainda está nela.

A estrada assinala o progresso de sua vida. Num extremo estão as favelas onde ela foi criada, e ela aponta para elas na beira da estrada. Lá, nos gigantescos complexos gujaratis em Bhayander, estão os lugares onde sua tia a escondeu quando ela fugiu de casa, centenas de edifícios de muitos andares brotando no chão coberto de ervas daninhas. Lá estão os bares de subúrbio onde ela dançava, em Goregaon e Borivali, frequentados pelos broncos construtores maharashtrianos e pelos desconfiados bhaiyyas que mantêm gado em cercados no meio da cidade. No outro extremo fica o apartamento que ela comprou e vendeu em Mira Road, do outro lado da rua onde morava a mãe, um apartamento de um quarto com terraço. Ela vendeu o apartamento em Mira Road por quatro lakhs. Pôs um lakh numa conta de depósito a prazo fixo no banco. "Depois disso perambulei por dois ou três meses. Bebia. O tempo passou." Os olhos viram-se para o céu e fecham-se.

Muitas moças no negócio de bares agora vivem em Mira Road; as meninas de Foras Road estão se mudando rapidamente para a nova cidade. O trem das 12h30 para Mira Road vai até Grant Road cheio de moças de bar gritando e falando ao celular. A cara Sterling School, no subúrbio, está repleta de filhos dessas moças. Mira Road é uma cidade apressada, onde ninguém faz perguntas, porque todos são recém-chegados. Já perto de Mira Road, onde o pai a espera, ela diz: "Agora sinto alguma coisa aqui dentro", e abre e fecha a mão, como um coração batendo. Dou-lhe um abraço e seguro-lhe a mão.

Vamos andando até o apartamento da mãe e Mona Lisa vê o pai sentado numa poltrona na sala de estar, as pernas para o alto, um homem calvo de olhos suaves, de camiseta e *lungi*. "Olá, papai", diz ela, como se estivesse voltando de um passeio matinal.

"Toque seus pés, toque seus pés!", grita a mãe, da cozinha. "Faz tanto tempo que você não o vê."

Ela se aproxima dele e não toca seus pés. Aperta-lhe a mão. Tem medo de que ele esteja com raiva; julga ver raiva em seu rosto.

Chego e me sento no sofá; ela se senta perto de mim, longe do pai.

"Quanto tempo faz?", pergunta a mãe.

"Dez anos", diz Mona Lisa.

"Não tanto. Eu costumava ir à sua escola, lembra?", diz o pai. Mas ela não aceitava vê-lo na escola.

"Você perdeu cabelo. E a barriga cresceu", observa Mona Lisa.

Ele sorri. Não faz comentário algum sobre a aparência da filha.

A mãe vai até a cozinha. Ainda traja uma camisola de algodão, uma mulher de seus 45 anos, orgulhosa da antiga beleza. O irmão, Viju, entra na sala, um jovem alto, de aspecto saudável, parecido com as fotos. Sorri com frequência; um dos dentes da frente é amarelo-escuro e está partido ao meio.

O pai olha-me com atenção, sem falar, durante alguns minutos, quando me sento. A televisão está ligada e continua ligada pelo resto da visita. Todos nós olhamos para ela, aliviados: o pai há muito tempo perdido, a filha que dança para estranhos por dinheiro, a mãe que vendeu a filha, o irmão que recentemente tentou se matar e eu. Quando me perguntam "O que o senhor faz?", respondo: "Sou escritor". É um jeito eficaz de matar a conversa.

O apartamento consiste em uma sala de estar e dois quartos, tudo recém-pintado de cor-de-rosa. Como a maioria dos apartamentos de Mira Road, é apartamento de classe média trabalhadora, o primeiro passo para sair das favelas. É limpo, e a janela aberta deixa entrar muita luz e muito ar, mas também nuvens de mosquitos. Há um relógio cuco a pilha numa parede e cópias de duas grandes fotos de Viju, que eu tinha visto na casa de Mona Lisa, no mostruário. "Vou botar duas fotos, uma nesta parede e outra naquela", diz Viju.

"Fotos de quem?", pergunta Mona Lisa.

"Minhas."

Mona Lisa vira rapidamente o rosto.

Ela ignora o pai e pede ao irmão que traga o álbum com as fotos dela quando bebê. Lá está ela, uma menina gujarati qualquer de Bombaim, segurando a mão do irmão e rindo para a câmara; poderia ser minha irmã. Não há nenhuma foto do pai. Há também as fotos tiradas duas semanas atrás, quando Mona Lisa foi com Muskan, o irmão e a mãe aos parques Essel World e Water Kindgom. As duas moças de bar flertam escandalosamente com a câmara de Viju, balançando-se com suas blusas vermelhas iguais e calças pretas apertadas. Em algumas fotos elas estão se beijando; numa, a mais jovem encosta a boca na barriga nua de Mona Lisa, para beijá-la. Em outras, elas estão de roupa de banho. Mona Lisa pergunta ao pai se ele viu essas fotos; teriam sido o primeiro vislumbre da filha adulta. Ele faz que sim com a cabeça.

Depois de um tempo o pai vai até o quarto. Mona Lisa vai atrás. A mãe sai e me diz, sorrindo: "Ele está chorando". Os dois ficam lá sozinhos uns quinze minutos. Assisto à novela na TV da sala de estar. Uma família vive um tempestuoso conflito.

Eles voltam para a sala e tem início uma animada discussão sobre a carreira do irmão. Ele saiu da escola no nono ano. Tem de escolher: ou entra no negócio de classificar diamantes, que paga mais e oferece melhores perspectivas do que cortar pedras numa fábrica; ou vai para o Quênia, para Nairóbi, trabalhar no hotel da tia. O trabalho na fábrica aqui é um beco sem saída; ele ganha mais ou menos o que ganha um contínuo de escritório ou um motorista. Mona Lisa quer que ele vá para o Quênia, para aprender a se defender.

"Mas eu não quero ir para o Quênia!", protesta Viju. Ele tem medo da criminalidade de lá.

Mona Lisa vai para a cozinha preparar *chapatis*. Seus dedos amassam o longo tubo de massa branca amarronzada, que estica em suas mãos. Depois ela tira um disco do tubo, enrola-o na plataforma de madeira e joga-o primeiro na panela, depois diretamente no fogo, onde ele acumula vento, incha, torna-se um balão tão leve que seria capaz de sair voando e se acomoda quando Mona Lisa o lambuza com *ghee*.

O almoço é cheio de pequenas cortesias dirigidas a mim à moda indiana. Sou convidado para comer pelo pai, como se a casa ainda fosse dele, e me sento no chão na frente do prato. A comida é menos picante do que na casa de Mona Lisa: *chapatis*, curry de batata e berinjela, *dal*, arroz e pimenta frita longa e verde, mas não muito ardida. Há uma pilha de *chapatis* na minha frente. Enquanto como, a mãe vem da cozinha trazendo *chapati* quente e diz a Mona Lisa: "Tire o *chapati* frio da frente dele". Mona Lisa pega meu prato, tira o *chapati* feito antes e o substitui pelo quente. E come o que estava frio.

A mãe me pede desculpas por não ter preparado algo especial. "Eu não sabia que vinha um homem. Quando Mona Lisa me disse que ia trazer alguém, pensei que fosse uma moça, do contrário eu teria feito *undhiyu*."

Enquanto comemos, a família repreende Viju por não ter ido trabalhar. "Não tem desculpa", diz o pai. "Há um banheiro perto da fábrica!"

"Mas quando me sinto assim, como é que posso trabalhar?"

"Ele está com o intestino solto", explica Mona Lisa. "Mas não é motivo para faltar ao trabalho."

O irmão apela para mim. "Como é que se pode trabalhar neste estado?"

A mãe quer que ele coma alguma coisa. "Coma arroz e iogurte. Você está de estômago vazio." Ele não quer, mas a mãe o obriga a comer. Ele se senta e come conosco, com seu intestino solto.

Depois da refeição, o pai arrota e lava as mãos no prato, com água do copo, como é costume na aldeia. Ele me diz para fazer o mesmo e eu faço, passando os dedos rapidamente pela água fria, que cai em meu pires de *dal* e fica turvada de amarelo. "Você é gujarati", diz ele, num tom de aprovação. "Ele ainda é gujarati", concorda Mona Lisa. Ela lava as mãos na pia da cozinha. O pai senta-se e lê um jornal gujarati, movendo silenciosamente os lábios. É óbvio que se sente em casa; não há o menor sinal, absolutamente, de que se trata de um casal divorciado. "Temos cinco casas na aldeia", diz a mãe. "Bangalôs. Um é do meu senhor, as outras pertencem a seus irmãos."

Depois do almoço, Mona Lisa e o irmão se estiram no chão, a cabeça encostada em almofadas e fazendo brincadeiras pesadas. Ele faz cócegas nela; ela puxa com força os cabelos dele. "São muito amigos", diz a mãe. "Eles brigavam e vinham me contar coisas um do outro, e quando eu batia nele ela ficava num canto chorando. Quando eu batia nela, ele chorava. Ela é muito forte, ele não. Quando Viju apanhava dos meninos do prédio, Rupa descia e dava dois ou três murros naqueles meninos parrudos, e eles saíam correndo. Mas Viju é muito delicado. Mesmo que eu lhe dê uma beliscada de leve, ele chora alto e diz que o machuquei com força. À noite, quando ele está dormindo, às vezes eu pego seu cabelo e o separo em dois rabos de cavalo de cada lado da cabeça." Ela põe o cabelo para cima, nas têmporas, com as duas mãos, como os chifres do diabo. "Nós costumávamos botar vestido nele, como numa menina."

O irmão sorri um sorriso largo.

"Ele urinou na cama até quatro anos atrás. Dormíamos todos juntos, e quando eu acordava minha camisola estava ensopada. E o cabelo de Rupa estava completamente molhado. É por isso que é tão comprido e tão lindo. É o condicionador dela. Quando as pessoas perguntam a Rupa qual é o segredo para ter um cabelo, assim ela deveria responder: 'O xixi do meu irmão.'" Ela ri com vontade, enquanto o filho tenta, desesperado, fazê-la calar-se. Mas Viju se dá conta de que ela não vai parar, e, tentando com todas as forças tomar parte na brincadeira — para me mostrar que ele também acha engraçado —, diz: "Talvez eu deva engarrafá-lo e vendê-lo".

Então a mãe e o irmão descrevem para mim o impressionante apetite de Mona Lisa. A mãe enumera todas as coisas que ela precisa comer durante o dia: tantas *parathas* no café da manhã, tantas no almoço e dois jantares. "Dois *pav bhajis* e de doze a dezesseis *pavs*", diz Viju.

Mona Lisa ri também. "No lar das crianças eu chorava, mas mesmo chorando eu comia. Eu chorava e comia, chorava e comia."

Algo oculto e selvagem está sendo representado para mim por esta família, única pessoa na plateia. Digo que estou indo, mas a mãe insiste que Mona Lisa vá comigo, ainda que esta se espiche para tirar um cochilo. A garçonete de cervejaria é toda risos e sorrisos para mim e me pede que volte para visitá-los. Sou dos Estados Unidos; provavelmente sou rico; Mona Lisa precisa ir para casa comigo.

No trem durante a viagem de volta ela está calada. Viajamos em pé perto da porta aberta para pegar uma brisa. Ela me conta que, quando foi ao quarto, o pai pôs as duas mãos no rosto da filha perdida e rompeu em lágrimas. Disse que sentia falta dela. "Ele pediu desculpas por tê-la abandonado?", pergunto.

Ela balança a cabeça negativamente.

Ele disse que a abandonou porque ela lhe pediu. Quanto tinha dez anos, ela viu que a mãe tinha outro homem e o pai tinha um caso com outra mulher, por isso ela lhe disse que fosse embora. "E ele sempre me obedeceu, mesmo quando eu era criança", explica, para mim e também para si mesma.

Ele lhe pedira que guardasse apenas um segredo: não dissesse à mãe que ele tinha três carros na aldeia. Não ia pegar bem o fato de que a segunda mulher vivia melhor do que a primeira. "Ainda hoje meu pai ama minha mãe", diz Mona Lisa e sorri. "Se não fosse assim, por que ele falaria com ela? Faz bem para mim, durante algum tempo, quando eu os vejo juntos."

Ela pousou a cabeça no colo dele e conversou com ele. Contou-lhe tudo sobre o seu tipo de trabalho. Ele lhe pediu que se case. "As moças desse negócio não podem casar nunca", ela respondeu. Ela lhe pediu que vá à casa dela quando ele voltar para Bombaim, e ela poderia lhe preparar comida com as próprias mãos. Perguntei se ela chorou. "Não chorei."

"Por que não?"

"As lágrimas não vieram. Virão quando eu estiver sozinha. Choro quando estou sozinha ouvindo música. A música começa e eu começo a chorar."

Percebo por que há tão poucas lágrimas nessa família. Se Mona Lisa — ou a mãe, ou o irmão — chorasse toda vez que sente o peso da dor, ou a força da emoção, ficaria seca de tanto chorar. Choraria até sair sangue. Por isso, quando se encontrou com o pai, que a abandonou meia vida atrás, ela conseguiu vê-lo chorar sem perder o controle. Não, não está certo; ela não estava se controlando. Nada tão desejado quanto isso. Aos vinte anos, isso ocorreu naturalmente à srta. Mona Lisa Patel, quando ela deparou com uma situação de grande dor. Resistiu com força. Conduziu-se como uma profissional.

Com o passar do tempo, começo a gostar do Sapphire. Gosto da felicidade do lugar. Ali estão pessoas que chegam depois de um dia duro numa cidade brutal, há música que apreciavam, luzes e moças lindas dançando. As moças se divertem também, ganham dinheiro, são aduladas. Há uma espécie de fraternidade da cerveja entre os espectadores. Homens vão com amigos e, seus instintos comerciais anestesiados ou diminuídos pela felicidade, jogam nas moças o conteúdo de suas carteiras, que trabalharam tanto para acumular: Vejam só como nada significam para mim estes pedaços de papel vivamente coloridos. Os homens vão até lá para desdenhar do dinheiro.

Quando Mona Lisa me vê chegar com meus amigos, seu rosto se ilumina. Passamos facilmente pelos guardas e pelas portas para a sala VIP, usando a chave mágica do seu nome. Ela fala com o garçom, e mesas são esvaziadas para nós enquanto todo o resto fica em pé. Mona Lisa manda tocar as músicas de que gosto e dança na minha frente, abrindo mão de milhares de rupias que outros homens lhe oferecem para dançar para eles. E todos os gângsteres, policiais, empresários, xeques e turistas esticam o pescoço para ver quem é este dignitário para quem são retirados os avisos de RESERVADO das melhores mesas. E o que ela ganha em troca por fazer isso para mim, mantendo minha *izzat*?

No amor, como Mona Lisa sabe muito bem, a arma mais poderosa que temos é o ouvido.

Mona Lisa explicou a Dayanita, quando estavam sozinhas, qual é a diferença entre sexo, amor e amizade. "O que é sexo? Sexo não é nada. Você precisa é de alguém que esteja ao seu lado a noite toda, cuja respiração você possa escutar a noite inteira, que você ainda possa ver na cama de manhã depois de fazer sexo. Alguém com quem você tem relação dura seis meses ou um ano; um amigo é para toda a vida. Entre os homens só tenho um amigo, Suketu. É pura amizade. Não há amor nisso."

"E o que me diz de Minesh?"

"Isso começou como amizade, mas depois veio o amor. É estranho." Ela falava de amor como se falasse de um poluente.

Explico tudo isso a um amigo poeta. "Mona Lisa é especialista em fazer os homens se apaixonarem por ela. Acompanho sua vida. Desde janeiro me encontro com ela ou falo com ela pelo telefone quase todos os dias."

"Ah, então ela conseguiu."

"Conseguiu o quê?", pergunto, antes de me dar conta.

"Todo mundo me quer", disse Mona Lisa. Em Bombaim as pessoas acham que eu também a quero e, quando veem como sou recebido no bar, concluem que ela cedeu ao meu desejo. Sei qual é o tipo e a cor das suas roupas íntimas. Sei que ela gosta de fazer amor. Sei quando está triste, quando está com vontade de se matar, quando está exuberante. O que é o sexo diante de um conhecimento íntimo tão vasto?

"Há uma pessoa que conhece minha vida toda", diz Mona Lisa a Dayanita. "Contei todos os detalhes a Suketu." Ela se revela em pedaços grandes e pequenos até que sua vida seja transferida de Mona Lisa para mim. Quais serão os efeitos dessa transferência para ela e para mim?

A certa altura, a Mona Lisa que descrevo nestas páginas se tornará mais real, mais sedutora, do que a Mona Lisa de carne e osso. Mais um *ulloo*, dirá Mona Lisa. Mas imaginem sua surpresa quando descobrir que o que adoro, que o que me deixa obcecado, é uma moça além dela mesma, maior do que ela mesma no espelho além dela, e que é sobre ela que jogo todo o meu dinheiro, é a ela que faço girar e rodar sob os confetes de minhas palavras. Quanto mais escrevo, mais rápido Mona Lisa dança.

GOLPITHA

Madan, um fotógrafo de rua, me pede que ande com ele por Golpitha, o nome coletivo da zona boêmia. Uma parte tão grande de Bombaim é zona boêmia que os poetas dalits chamam a cidade toda de Golpitha. No fim da caminhada, Madan e eu nos sentamos num bar cheio de homens, aberto para a rua. São os intestinos da Terra. Toda a área tem uma aura de sujeira. Os quartos são anunciados nas janelas de primeiro andar: BEM-VINDOS — 55 — AC [ar-condicionado]. Homens, sozinhos ou em grupos de dois e três, passam pelas mulheres paradas diante do bar, à luz amarelada da iluminação pública, reunindo coragem para falar com elas, avaliando-as: idade, cor da pele e tamanho dos seios. As mais velhas se sentam no primeiro degrau, cansadas, à medida que a noite avança.

Madan brinca com um menino de seus vinte anos que veio ao bar e está sentado na mesa diante de nós. Shezan é um *mallu* [natural do Kerala] de olhos vivos que vai trabalhar num hotel em Dubai; é sua folga, uma noite em Bombaim, durante a viagem. "Acho que devíamos pegar uma menina bonita e fodê-la, nós três", sugere Madan. Aponta para mim: "Este sujeito está tão excitado. Quer trepar".

Shezan Babu acabou de "trepar com uma menina andhra" por 150 rupias. Ele adora quando as meninas cuidam dele. Em Dubai haverá meninas russas por mil rupias a noite, e ele ouviu dizer que são muito carinhosas. Há também meninas tadjiques e — que raça é essa? — filipinas. As filipinas são muito boas. Não é como na Arábia Saudita, onde não há nada. Em Mangalore ele se divertiu muito com estudantes africanas que vêm para as universidades. "As meninas negras são muito carinhosas. Com elas, é preciso ser muito decente. O máximo possível. É preciso ser decente por três, quatro meses, e depois disso elas deixam fazer qualquer coisa." E então pode-se conseguir uma, e depois pode-se conseguir muitas.

Um gigolô baixinho levou-o para um quarto onde havia cinco ou seis meninas, e ele escolheu a andhra. Foram para o quarto e ela disse: "Vou tirar minha roupa", e ele disse "Não" (tem medo das doenças que pode pegar, doenças venéreas, tudo bem, mas essa tal de aids é realmente ruim), e ele tirou a roupa e deitou-se no escuro, e ela transou com ele. Ela tinha oferecido um preservativo; ele sempre usa dois preservativos para foder. Madan está espantado. "Odeio camisinha. O pau da gente se torna um objeto estranho."

Madan engana-o, dizendo-lhe que vá às putas lá fora e pergunte se elas aceitam trepar com nós três. Cem rupias por nós três, diz uma delas, e depois baixa para oitenta cada. O quarto é extra. Bebidas não estão incluídas. Em seu último encontro Shezan tomou um comprimido que lhe deram, ele acha que era maconha, mas Madan acha que era haxixe, por vinte rupias. "Quando você fuma maconha e trepa, não consegue gozar", observa Shezan.

No meio de seu negócio com as putas, ele faz uma pausa para falar por telefone com a mãe em Mangalore. "Você está onde?", pergunta ela, ansiosa. "No hotel, eu não saí." "Comeu alguma coisa?", pergunta ela. "Não, não saí do hotel."

As mulheres são como as outras do centro de Bombaim, com a diferença de que há mais mulheres com traços do Leste da Ásia, as nepalesas. As outras são maharashtrianas ou andhras, de cor escura. Não se vestem de modo provocante. Apenas trazem flores nos cabelos e poderiam estar vestidas para ir ao cinema ou jantar num hotel. Há crianças com elas. As prostitutas de rua nos mandam cair fora quando Shezan pergunta se aceitam fazer sexo anal com ele. "E o que vocês fazem, então?", pergunta ele. Uma delas aponta para o baixo-ventre. "Botar o pau na boceta e só." Outra lhe faz uma proposta: se ele lhe pagar cem rupias, ela enfiará no cu dele um pedaço de pau lubrificado. As prostitutas parecem ter o controle não só sobre os homens com quem aceitam fazer sexo, como também sobre o que fazem ou não fazem com eles. Mas de repente chega um gigolô e se aproxima de duas mulheres paradas debaixo de um poste de luz. Ele saca um livro de contabilidade e faz anotações. As mulheres lhe dão algumas cédulas; ele recebe, anota e vai embora. Também começo a me afastar. Shezan está confuso; a noite ainda é uma criança, a infinita noite de Bombaim. Há 8 milhões de histórias na moça nua.

Bombaim é uma cidade que zune e palpita, cheia de energia sexual. Cidade de homens migrantes sem mulheres; cidade no cio. Os condutores de riquixá sem mulheres, os aspirantes a Bollywood, as modelos e os marinheiros de muitos países — tudo em busca de algum calor, uma foda apressada e furtiva em qualquer canto escondido que o mundo lhes ofereça. Fazem-no em trens, estações ferroviárias, bancos traseiros de táxis, parques, banheiros públicos. As pedras à beira-mar são disputadas. Ao longo da Carter Road, em Bandra, em Scandal Point, em Malabar Hill, há filas de casais agarrados nas pedras, todos de frente para o mar. Não importa que os milhares de pessoas que passam por ali possam vê-los, pois só veem as costas, não os rostos, e os amantes à esquerda e à direita só se preocupam uns com os outros, beijando-se, sentindo. O anonimato é erótico. Aquela mulher que pendura roupas na varanda, com cabelos longos e molhados caindo nos ombros depois do banho. As multidões de meninas de saias curtas na saída dos colégios católicos. "A cidade inteira é uma alcova", diz minha empregada. Ela sabe das *memsahibs* que vêm se encontrar com motoristas em Haji Ali. O homem que vem consertar a televisão a cabo se aproxima quando ela está sozinha em casa. "Alguma coisa para comer?", pergunta ele. "*Chapatis*", responde ela. "Você me dá alguma coisa para comer?", repete ele.

Mas a fome sexual não se limita às classes baixas. No China Garden, no Oberoi, grupos de mulheres da sociedade falam de seus amantes durante o almoço. Os jovens espertos de Walkeshwar olham as mulheres pintadas do Ocidente que giram ao som dos vídeos de música e baixam filmes pornográficos na internet, e não conseguem uma beijoca no rosto das boas meninas do seu círculo social. Nos hotéis cinco estrelas, jovens modelos masculinos rezam para seus deuses antes dos concursos de beleza, enquanto pederastas pársis idosos os caçam nos banheiros, tentando ver suas rolas. A mulher de um industrial, organizadora de um desses desfiles masculinos, é flagrada numa gravação com um dos concorrentes. A pornográfica fita cassete vai parar nas mãos de uma família de comerciantes rivais, que convoca uma reunião familiar de emergência. O que fazer com esse material? Pode ser uma mina de ouro ou um desastre. Decidem guardá-lo para quando precisarem. Mulheres são agarradas e detidas: nas ruas, nos arranha-céus, nas cervejarias, nos *chawls*. É o frenesi sexual de uma sociedade fechada, e as mulheres de Golpitha são as sarjetas onde esses homens ejaculam.

Girish, o programador de computador, me leva uma noite para conhecer um desses homens, seu amigo dos tempos de faculdade chamado Srinivas. Descemos para um subsolo onde Srinivas trabalha, numa empresa de corretagem. Jovem, de óculos, muito animado, ele é um dedicado baixador de pornografia em seu computador, que fica bem ao lado do telégrafo da Reuters. Srinivas foi criado em Kamathipura, onde estudantes do sexto ano pegam o dinheiro que os pais lhes dão para comprar balas de caramelo, juntam e pagam por um boquete. Até um ano atrás, ele se reunia com os amigos e, juntos, contratavam prostitutas a quinhentas rupias, levavam-nas para apartamentos vazios ou quartos de hotel e as usavam coletivamente. Ele nos conta como é uma conversa pós-coito com as prostitutas. Nove entre dez das moças contratadas por Srinivas lhe dizem: "Você é de boa família, não deveria fazer coisas desse tipo". Mas Srinivas adora sexo. "É a coisa mais simples que um ser humano pode fazer."

Alguns meses atrás, Srinivas teve icterícia e perdeu dez quilos, e por isso parou de beber e de sair com prostitutas. Mas está se recuperando e planeja voltar à ativa dentro de um mês ou dois. Enquanto esse dia não chega, ele se vira com a ajuda do computador. Adquiriu um novo CD, que mostra a imagem de uma mulher na tela. Usando o mouse, o espectador pode fazer coisas com a mulher, e ela reage de acordo; quando ele move a flecha do cursor dentro de sua vagina, ouve no alto-falante do computador o som de gemidos de prazer. Srinivas me leva para onde ele irá assim que estiver plenamente recuperado.

O maior bordel de Bombaim chama-se Congress House. Tem esse nome por causa da sede do Partido do Congresso, situada do outro lado da rua. O vigia de 86 anos conta que o Mahatma Gandhi acampou aqui durante a luta pela liberdade. O casto líder, cuja batalha mais épica da vida não foi contra o Império Britânico, mas contra sua própria sexualidade, não ficaria muito feliz com os frutos da independência, porque do outro lado da rua fica uma academia de música, como anuncia uma placa; dentro, é uma fortaleza de prostitutas. Centenas de putas, dançarinas de bar e seus ébrios fregueses, jovens de roupas bem cortadas e bons sapatos, ficam em pé, cozinhando, flertando, cuspindo tabaco no meio da mais inacreditável imundície: ralos abertos, umidade por toda parte, comida estragada, matéria orgânica. No Holi, o festival das cores, as moças de Congress House enlouquecem. Ficam bêbadas e misturam água de sarjeta e lama com absorventes usados, pegam outras moças e jogam-nas nessa mistura, ou atiram absorventes sujos de sangue umas nas outras.

À nossa volta há janelas e portas pelas quais vemos mulheres lavando roupa, lavando-se a si mesmas, mexendo panelas em fogões e entregues a outros afazeres domésticos. É aqui que elas moram; seus fregueses, se são costumeiros, vêm aqui para pegá-las e levá-las para os hotéis e hospedarias. Tenho de andar com cuidado para não pisar no lixo, mas Srinivas não se importa com nada disso. "O lixo é mais do que encoberto pelas belas visões", diz ele, olhando ao redor, com gratidão, para a galáxia de escolhas, de todos os cantos da Índia e do Nepal. Os preços das putas vão de cinquenta rupias na vizinha Pila

House, diz ele, a mil rupias, pelas que ele prefere, e 50 mil por uma starlet de Bollywood.

Ranjita, amiga de Mona Lisa, mora em Congress House, como muitas dançarinas de bar. Ranjita mudou-se de um extravagante apartamento em Lokhandwala para um quarto imundo em Congress House — com aluguel de 15 mil rupias por mês, mais depósito de vários lakhs —, apesar de ser dona de um apartamento bem melhor em Jogeshwari. "Há segurança em Congress House", explicou-me Mona Lisa. Todo mundo sabe o que faz a maioria dos inquilinos, e tudo bem. Nenhuma sociedade residencial fará objeções, como estão começando a fazer com Mona Lisa em Juhu.

Pila House é onde moram as putas nepalesas. É a área que fica em volta de um teatro do século XIX. Ao redor de Pila House há prédios com centenas de putas em fila nas escadas, e quando os homens passam "elas os agarram pela bagagem e os levam para dentro do quarto", explica o taxista que nos acompanha. Pergunto o que se compra com trinta rupias. "Cinco minutos, dez minutos, quinze minutos. Depende de você." Vejo homens saindo de Pila House, trajando *lungi*, com ar relaxado, fumando cigarros. Os frequentadores são operários, puxadores de carroças, trabalhadores braçais: homens que trabalham com o corpo o dia inteiro e, à noite, compram outro corpo que está trabalhando.

Bachu-ni-wadi, para onde vamos em seguida, é uma série de ruas atrás de uma pequena entrada. As primeiras lojas vendem espetinho de carne e a qualquer hora da noite há homens comendo espetinho com cebola. Pedaços de gelo na frente são enfeitados com hortelã moída na hora para espalhar em cima da carne. Lá dentro, a impressão que se tem é de uma casa de bonecas aberta; em cada um dos mais de cem cômodos há músicos e cantoras, e dançarinas dançando a *mujra*. Os sons de diferentes *mujravalis*, de tabla e harmônio, flutuam pela viela. Mando o taxista negociar numa casa que exibe ar-condicionado. Ele volta com um preço: trezentas rupias por três músicas, e tiramos os sapatos na porta e nos sentamos dentro em colchões estirados no chão. O cômodo tem geladeira para bebidas, uma TV acima dela, um pequeno som estéreo e uma bandeira indiana de papel saindo de um mostruário. A cantora, artificialmente loira, nos pergunta, em urdu com sotaque híndi, o que gostaríamos de ouvir — gazais ou canções, velhas canções ou novas canções? Ela começa com um gazal, acompanhada de outra cantora no coro, e um tocador de tabla e um tocador de harmônio atrás dela. O canto nada tem de notável. O detalhe que chama a atenção é quando ela junta as mãos para marcar a batida; é o som mais alto que já ouvi um par de mãos humanas produzir. Tem qualquer coisa de metálico, mas não há anéis ou instrumentos escondidos entre seus dedos. Ela dobra o dedo de uma das mãos de um jeito particular, junta as palmas em concha e o som reboa como trovão no pequeno cômodo. Em seguida uma dançarina é chamada, uma linda menina num caro vestido de seda; mas quando ela dança, a apresentação é tão ruim que somos obrigados a rir. Ela joga os braços de um lado para o outro e gira, numa imitação barata de incontáveis cenas de *mujra* em filmes híndis. A maioria dessas dançarinas trabalha nos bares até a hora de fechar, meia-noite e meia, e depois disso termina a noite dançando em Bachu-ni-wadi. Aqui, nesta viela, não há hora para fechar; tudo parece funcionar numa jurisdição própria.

Há uma foto da cantora, muito mais jovem, pendurada no cômodo; é de um concerto que ela deu num salão qualquer. Ela e os demais músicos são de Benares. Ela nos fala dos *nawabs* de antigamente que mandavam os filhos receber educação sexual das *tawaifs*, as cortesãs; hoje não é mais assim, e as *mujras* de verdade não são como as dos filmes. "Dawood vinha aqui e passava a noite toda. Ele pegava qualquer moça que quisesse e lhe pagava o que ela pedisse." O fato de o chefão frequentar essas casas é motivo de grande orgulho; a visita de um ator de cinema ou de um político não os honraria tanto.

Voltamos andando pela viela, espantosamente imunda. Ao me sentar numa cama de campanha fora do cômodo para amarrar os sapatos, minha mão esquerda tocou em alguma coisa; encosto-a no nariz e sinto cheiro de vômito. Dentro dos quartos há luz, música e poesia urdu; fora, despejam-se os dejetos corporais.

O taxista me fala de um clube onde as mulheres tiram toda a roupa, mas é proibido o consumo de bebidas alcoólicas; e outro, muito popular entre os estrangeiros e os árabes, onde quatrocentas moças dançam diante da gente e pode-se escolher uma delas e levá-la imediatamente para um hotel vizinho. Na cidade da noite, há todo tipo de mulher por todos os preços; ninguém precisa ficar sozinho ou frustrado. Um grupo de homens aluga um apartamento e traz mulheres lactantes, amordaçadas. Depois os homens se revezam sugando os peitos delas.

Quase de manhã estou num táxi solitário, correndo da cidade para os subúrbios; do outro lado não há sequer o tráfego vindo do aeroporto. É a pausa antes que o primeiro trem chegue de Virar com mulheres pescadoras. Todas as cidades são parecidas em sua quietude, depois que os bares fecham. Todos aqueles que foram amados durante a noite precisam voltar para casa agora.

DUAS VIDAS: HONEY/MANOJ

Já falei de Honey, o homem que dança vestido de mulher, para Mona Lisa. "Honey é uma mulher que nasceu homem por engano", explicou de imediato Mona Lisa. "É uma grande amiga minha." Uma noite, faço planos para me encontrar com Mona Lisa depois do trabalho num café que fica aberto a noite toda no Marine Plaza. Logo ela aparece e sussurra ao meu ouvido: "Houve uma festa no Dilbar. Honey ainda está com a roupa do trabalho e um roupão por cima. Tudo bem?". Mona Lisa contou a Honey o quanto confia em mim e a convenceu a nos encontrar. Traz a amiga para o luxuoso e sossegado café no primeiro andar do hotel. Pela primeira vez vejo Honey na luz apropriada. É muito alva e não tem um pelo no rosto. Ela é sindi, nascida em Bombaim, e tem 25 anos. O nome dela — o nome dele — é Manoj. Enquanto tomamos café e comemos batata frita, ela me fala de sua vida nos bares.

Manoj foi inicialmente atraído pelo negócio dos bares por intermédio de uma vizinha, Sarita Royce, dançarina que viajou o mundo inteiro. "Honey era meu *protégé*", contou-me Sarita, posteriormente. A mãe dela costumava tomar conta de Manoj e do irmão dele, Dinesh, nas frequentes ausências dos pais. "Você sabe a respeito deles, não? Os antecedentes familiares não são muito róseos." A mãe de Manoj ganhava dinheiro contrabandeando utensílios de Cingapura. Manoj fez 34 viagens de ida e volta a Cingapura com a mãe nessas expedições de muamba, a partir dos nove anos de idade.

Sarita costumava pedir ao menino, que tinha gestos femininos, que dançasse para ela ao som de músicas de filmes. Ela também organizava festas particulares. Algumas festas eram em sua casa, e o jovem Manoj gostava de ir para ver todo mundo dançar. Pensava consigo mesmo: posso fazer melhor do que isso. Um dia, Sarita tinha organizado uma festa privada num hotel, e uma das moças que deveriam dançar ligou para dizer que não poderia ir. Sarita olhou ao redor e seu olhar se deteve no menino. Pediu à mãe que mandasse o menino para o hotel. Ali, Sarita pegou uma trança e prendeu à cabeça dele com alfinetes. Quando Manoj subiu no palco, a trança caiu. A plateia reagiu favoravelmente: "Que menina! Doce como mel!". A mãe de Sarita começou a chamar Manoj de "Honey" [Mel]. Alguns homens da plateia perguntaram a Honey se ela gostaria de dançar num bar para ganhar dinheiro. Assim começou sua carreira nos bares de dança, e a dicotomia Manoj/Honey. "Primeiro havia a sensação de que as pessoas esperavam por mim", diz Honey. "As pessoas esperavam por uma heroína."

Manoj estudava num colégio interno de língua inglesa em Khandala, de onde foi expulso no oitavo ano. Foi flagrado num banheiro com outro aluno, que estava prestes a estuprá-lo. Quando Honey começou a dançar, seu contrato era de cem rupias por dia. Era um bom dinheiro para a mãe, que fora apanhada e multada por contrabandear rolamentos numa de suas viagens a Cingapura. Num dia ela perdeu o que tinha ganhado em três anos e ficou devendo 50 mil rupias. Ela rasgou seus sáris de casamento, fez roupas de mulher para o filho de treze anos e o mandou sair para dançar.

Um dos fregueses do primeiro bar de Honey deixou-lhe um bilhete dizendo que ela estava sendo enganada e que sua mãe deveria lhe telefonar. Tratava-se de um punjabi que tinha um hotel em Vashi, o Maya Bar. Honey ficou tão popular lá que o dono lhe ofereceu um lakh para fazer uma operação de mudança de sexo. Havia uma condição: depois da operação, ela teria de fazer sexo com ele. Honey trocou de bar e foi para o Indraprashta, em Saki Naka. Ali, começou a fazer nome e trabalhou três anos. O dono do bar apaixonou-se e cortou os pulsos por ela. O pessoal do bar chamava Honey de "cunhada".

O pai de Honey coletava recibos de teatro para um produtor, G. P. Sippy, mas não tocava no dinheiro que a mulher ganhava ilegalmente. Ele deve ter se sentido mal vendo o filho botar um vestido e dançar na frente de estranhos, e afastou-se de Honey, mas a mulher continuou estimulando o filho a ir em frente, feliz com o dinheiro extra. A primeira vez que um freguês levou Honey para fazer compras, ela pediu ao freguês que comprasse presentes para o pai: bermudas, camisas e garrafas de Fanta de dois litros. Então Honey foi para casa e colocou os presentes na frente do pai. Foi o primeiro dinheiro que o filho ganhou. O pai de Honey aceitou os presentes e beberam um copo de Fanta juntos. A mãe entrou e teve uma boa surpresa: "O que é isto? Pai e filho bebendo juntos?". E o pai respondeu: "Se meu filho ganha dinheiro, tenho de beber com ela". E abençoou o filho. Honey se lembra de suas palavras: "Ele pôs a mão em minha cabeça e disse: 'Você vai ficar muito famoso na vida!'". Quando Honey conta essa história, o pai usa o pronome feminino para se referir a ela. Ele aceitara a estranha maneira de o filho ganhar dinheiro. Naquela noite, quando saltava de um ônibus em Dadar, um caminhão que vinha em alta velocidade em sentido oposto atropelou-o, jogando-o na frente de outro ônibus, o que acabou com ele.

Um dia, uma dançarina que morava em Congress House pediu a Honey que fosse com ela a um novo bar chamado Sapphire. Honey hesitou; ouvira dizer que gigolôs de Congress House iam ao Sapphire procurar meninas para seu estábulo. Mas as dúvidas desapareceram quando ela entrou. Honey começou a dançar no palco do Sapphire e o lugar pegou fogo. "Mais uma, mais uma!", berravam os fregueses. Ela deveria fazer apenas um número, mas nem os fregueses nem Pervez, o proprietário, queriam deixá-la ir embora. Pervez não fazia ideia da identidade de Honey. Quando Sarita resolveu lhe contar, ele não se importou. "Honey fez o Sapphire", disse-me BK.

Quando chegou, Honey era, com dezesseis anos, a mais jovem e a mais inventiva das dançarinas. Ao planejar uma dança, ela se perguntava: Como é nos filmes? E usava roupas diferentes para cada número, mudando de roupas indianas para roupas ocidentais de acordo com a canção. Para uma canção de tema árabe ela usava vestidos transparentes de estilo árabe; para um som com batida popular, usava *ghungroos*, pequenos sinos, nos tornozelos; numa canção sobre um odiado herói, "Tirchhi topiwale", ela subia no palco com um monte de chapéus e os jogava na cabeça dos fregueses prediletos. Foi Honey quem começou o jogo de *call-and-response* nos bares de dança. "Oye, oye!", ela gritava, e os fregueses gritavam de volta: "Oye-o-oooaah!". Ela pulava nas mesas e dançava; imaginava-se uma segunda Helen, a incomparável sedutora de cabaré dos filmes híndis dos anos 1960 e 1970. Seus vestidos de estilo oriental deixavam à mostra as pernas depiladas com cera; ela aproximava-se de um freguês dançando, levantava a perna e colocava-a no ombro dele, quando ele estava sentado abaixo dela, "e todo mundo ficava maluco".

E ela inventou outra moda. "Eu disparava uma flecha no escuro e ela atingia o alvo." Começou a escolher fregueses e fazê-los dançar: "Estou pedindo, só um segundo, por favor". Então, jogava o dinheiro *dela* na cabeça deles. Eles ficavam maravilhados; todo o bar testemunhou seu estrelato. Se Honey jogasse cinquenta rupias nos fregueses, eles jogavam quinhentas de volta. Honey inverteu a equação entre o artista e a plateia no negócio dos bares. "Não quero que as moças dancem e os homens fiquem sentados." No aniversário de uma das meninas, seu principal freguês decorou todo o salão com frutas — abacaxis, mangas, maçãs, laranjas, tudo pendurado com barbante nas paredes —, enquanto a aniversariante dançava no pomar. Honey começou a tirar as frutas das paredes e prendê-las nos fregueses mais velhos, colando bananas em suas calças, laranjas no peito, e os velhos andavam enfeitados de frutas, e dançarinas e fregueses se uniram numa estrondosa gargalhada. As notas de cinco rupias foram trocadas pelas de cem, até que as de cinco foram definitivamente banidas do bar. Ela jogava algum dinheiro num freguês; ele reagia atingindo-a com maços de notas de cem. Era tal a quantidade de cédulas jogadas que ela não conseguia juntá-las todas. Pessoas formavam fila para lhe dar dinheiro. "Eu jogava e corria, jogava e corria." BK lhe deu uma bronca. "Não deixe seu dinheiro espalhado no chão." Honey era tão importante para o Sapphire que o bar lhe concedeu a maior honra que se pode imaginar numa cidade que tem os imóveis comerciais mais caros do mundo: seu próprio camarim.

As outras dançarinas pararam de falar com ela. Desejaram-lhe a pior de todas as vinganças: que um freguês se apaixonasse por ela e a impedisse de continuar dançando. Mas Honey não estava tão interessada no dinheiro como na apresentação em si, em ouvir os fregueses baterem palmas e gritarem "Mais um, mais um!". Quando dançava um turno completo, suando profusamente, "eu me sentia como se tivesse tido uma refeição completa". Honey desde então se apresenta para celebridades tão variadas quanto Steven Seagal e Chotta Shakeel. Passou dois meses em Nairóbi. Tem fregueses da África, de Jacarta, das ilhas Maurício e de Cingapura. Honey teve seu perfil publicado na revista *Savvy* e se apresentou no talk show da atriz Priya Tendulkar, mas como mulher, dançarina de bar. Seu segredo estava bem guardado.

Honey nos conta de sua cirurgia dos seios. Na época, sua coleta diária era de 35 mil rupias. Mas ela achava que se tivesse seios as gorjetas aumentariam, permitindo-lhe fazer uma pausa trabalhando no cinema. "Eu queria seios bem separados." Ela costumava prender a pele do peito com faixas de gaze, para simular seios, e os fregueses assobiavam para ela. Mas quando tirava a fita adesiva, saíam pedaços de pele. Manoj se transformava em Honey dentro do táxi a caminho dos bares. Vestia o sutiã e o enchia de lenços ou esponjas. Às vezes tinha de enchê-lo com bolas de papel-jornal, que arranhavam como o diabo. Por isso decidiu pela intervenção cirúrgica, procurando o melhor cirurgião plástico da Índia para fazer um implante de silicone. Quando acordou depois da cirurgia, começou a gritar. Parecia que havia dois grandes pesos em cima dela. Agora Honey tinha aquilo com que sonhara: um par de seios tamanho 44. "Tire-os!", gritou ela. O médico lhe disse para ter paciência durante um mês; ela se acostumaria. Ela saiu do hospital e entrou num táxi.

O táxi bateu num quebra-molas.

"Eles saltaram com tanta força que tive de segurá-los." Honey mandou o táxi seguir imediatamente para outro hospital; sentia dores e queria que as novas próteses mamárias fossem removidas. Quando os médicos do hospital ouviram o nome do prestigioso médico que as colocara, mandaram Honey embora. Naquela noite, as meninas do Sapphire cercaram-na e apalparam as novas protuberâncias em seu peito. "Honeyzinha, o que é isto? Tum, tum." Depois de semanas de busca, ela encontrou um médico que concordou em remover o implante. Honey levanta a blusa e me mostra as cicatrizes no peito dela. No peito dele.

O que Honey fazia tinha consequências para a imagem de sua família na comunidade. Em certo ponto no início da carreira, Honey dançava num bar em Ulhasnagar, reduto dos sindis e subúrbio onde moravam muitos de seus parentes. O tio tinha uma loja ali. Fregueses do bar lhe diziam: "Seu sobrinho se veste de mulher e dança num bar". O tio disse ao pai: "Não passe com seu filho na rua da minha loja. As pessoas vão me gozar". Honey se sentiu muito mal com isso, mas respeitou a vontade do tio e passou a evitar a rua. Quando Honey se tornou famosa e bem-sucedida, esse mesmo tio veio lhe pedir um empréstimo de três lakhs, para outra loja, e Honey lhe deu o dinheiro. Honey comprou apartamentos para a família e uma loja de telefones para o irmão, Dinesh.

O segurança do Dilbar, sujeito um bocado esquelético, está apaixonado por Honey e lhe dá cem rupias todas as noites. Ele liga regularmente e é muito tímido e educado. Se a voz de Honey estiver um pouco rouca, ele se apressa a pedir desculpas por ter atrapalhado seu sono. "Comeu alguma coisa?", pergunta ele, para dizer algo. "Dormiu direito?" Ele sabe sobre ela. É assim que Honey resume: "Ele sabe sobre mim", como se só houvesse uma coisa para saber, como se alguém que soubesse que Honey é homem pudesse compreender a totalidade de sua existência. Os segredos são assim, e deve ser por isso que ficamos tão ansiosos para conhecê-los. Uma vez revelados, eles nos dão a falsa impressão de um conhecimento mais amplo.

Algumas pessoas que frequentam o bar acham que sabem o que há para saber sobre Honey: que ela é um eunuco. Chotta Shakeel, o homem que chefia a D-Company, é uma dessas pessoas. Ele esteve duas ou três vezes no Sapphire. Honey lembra-se de um homenzinho muito baixo, muito respeitador; jamais jogou dinheiro com as próprias mãos, mas mandou os rapazes jogarem, muito dinheiro, e depois pediu a Honey que rezasse pela alma dele. Deus tem uma relação especial com os eunucos e ouve suas preces. "*Salaam*", dizia o chefão a Honey. "Por favor, faça uma súplica por mim." Mas nunca chamou Honey publicamente de eunuco, porque isso ofenderia suas credenciais de dançarina.

Honey mostra-nos um "portfólio" feito por um fotógrafo que ela contratou. Primeiro há dezenas de fotos dela como mulher, roupas extravagantes, fotos extravagantes. Depois, há fotos menores, dela como menino. A diferença é espantosa. O menino, Manoj, usa cavanhaque e jeans, ou terno e gravata. Não é ostensivamente feminino. "Duas vidas", explica Honey. De dia, homem; de noite, mulher. O que esse conflito causou em Honey? Levou-a a beber, drogar-se, casar.

Sarita Royce iniciou a jovem Honey na vodca. Beber não foi um processo natural; ela gritava com o pai quando ele tomava cerveja. Mas a vodca levou a outras bebidas, até se tornar necessidade. Até que uma noite, num dos frequentes dias em que não se bebe no estado, três fregueses chegaram altos ao Sapphire. Honey lhes perguntou o que tinham bebido e eles apareceram com garrafas de bebida cheias de Corex, poderoso xarope contra tosse à base de codeína. Honey tomou um gole; sentiu-se agradavelmente anestesiada. Foi quando o hábito começou. Logo estava bebendo oito ou nove garrafas por dia. Cada garrafa custava normalmente trinta rupias; os mensageiros que Honey despachava do bar viam sua situação de drogada e cobravam cem rupias. Os fregueses viam aquilo e os que queriam conseguir seus favores passaram a comprar garrafas de Corex para presenteá-la. Esse xarope contra tosse é um dos narcóticos favoritos das dançarinas de bar; há certas farmácias no centro de Bombaim diante das quais se veem multidões de belas jovens depois de uma hora da manhã, sob o efeito bestificante do remédio.

A droga acabou com seu organismo. Muito depois de abandoná-la, Honey teve cálculos na vesícula e precisou ser operada. Na metade da cirurgia, ela começou a acordar. O anestésico não fazia efeito no seu corpo, acostumado a sedativos fortes como Corex, e os médicos precisaram aplicar outro, mais potente. O vício arruinou Honey. Quando dançava, ela pegava os copos de bebida dos fregueses e virava-os na boca. Enquanto isso, sua invejosa mentora, Sarita, percebeu que os fregueses estavam abandonando os shows privados que ela própria fazia, para ver Honey dançar, e estavam jogando dinheiro nela. Então Sarita começou a espalhar a história da verdadeira identidade de Honey. As relações com a vizinha esfriaram; ainda hoje, Honey mal cumprimenta a mulher que a levou para os bares. Mas os fregueses começaram a fazer comentários, chamando-a de eunuco, de homossexual. Gritavam-lhe termos ofensivos: "Ei, *chakka!*", "*Hijda!*", "*Gaandu!*".

Na última noite de Honey no Sapphire, ela estava sob efeito de Corex e um freguês começou a xingá-la. "Você não é daqui, cai fora, seu filho da puta." Ela contou ao segurança, que contou a BK, mas o freguês não foi expulso. Naquela noite ela deu um basta. Pegou uma garrafa e quebrou-a na cabeça do importuno, ferindo-lhe o olho. Depois saiu da pista de dança e empacotou a maquiagem. Trabalhava no Sapphire havia nove anos; na semana seguinte, começou a trabalhar no White Horse.

Depois do Sapphire, Honey consumiu Corex com mais vontade ainda. Todos os dias, gastava quatrocentas rupias no xarope. A mãe e o irmão, apavorados, pararam de lhe dar dinheiro e ela cortou o pulso com uma navalha. Mas, lembra-se, ela o fez fora do prédio onde morava, no meio de uma multidão, de modo que alguém percebeu e avisou a família. "Se eu me cortasse em outro lugar, estaria sozinha e ninguém ia perceber." Ela ri. O corte foi tão mínimo que, quando Honey foi levada ao médico, não precisou de pontos.

A história pessoal das dançarinas de bar está escrita em seus braços. Honey me mostra outra marca e conta a história. Havia um iraniano no bar, um freguês fiel que dizia estar apaixonado e chegava a jogar até 40 mil rupias em cima dela numa noite. Certa noite, ele estava gastando também com outra moça, Sonali. Sonali fazia o possível para afastar o iraniano gastador de Honey; sussurrou-lhe ao ouvido que Honey só o amava pelo dinheiro. E ele perguntou a Honey se era verdade. Honey pegou um copo, quebrou-o e cortou o braço com um caco. Disse que ia escrever "Amo você" com sangue no braço para prová-lo. O iraniano suplicou-lhe que não se ferisse mais e perguntou-lhe o que poderia fazer para se penitenciar de ter duvidado do seu amor. "Vá a Sonali e diga-lhe que amarre um *rakhi* em você", exigiu Honey. O iraniano fez um sinal para Sonali e lhe deu 5 mil rupias para que ela tirasse um pedaço de seu *dupatta* e amarrasse em seu pulso, diante do bar inteiro, transformando-o para sempre em seu irmão. Honey, sangrando, teve de ouvir os insultos de Sonali, mas o iraniano guarda há três anos, com carinho, o caco de vidro com que Honey se cortou.

"E agora ele não dá mais dinheiro para Sonali?", pergunto.

"Dá, mas não tanto. Um homem não dá à irmã tanto dinheiro quanto dá à amante."

Um dia, no auge do vício, sua mãe e Dinesh lhe pediram que fosse com eles a Pune. Ofereceram-lhe um incentivo: duas garrafas de Corex. Honey foi e, no fim da viagem, viu-se noiva de uma menina sindi, chamada Jyoti. Tudo foi feito sob o efeito atordoante do Corex. "Eu agi como uma vaca." A cabeça balançava, frouxa, bovina. Honey está casada há quatro anos. "Não há amor com minha mulher. Sei o que é amor; é quando se sabe o que o amante está pensando, quando o amante sabe o que estamos sentindo." Apesar de não amar a mulher, Manoj quer filhos, dois meninos. "Porque os meninos cuidam melhor da mãe, por isso vão cuidar de mim." Então percebe o que disse e se corrige: "Cuidam melhor do pai".

Pergunto a Honey se ela faz sexo com os fregueses.

"Quando estou a fim de sexo, tenho minha mulher. Satisfaço-me com ela." Mas ela permite aos fregueses, especialmente os jovens bonitos, algumas liberdades. "Eu beijo." Então, pensa. "Que estranho, uma língua procurando outra língua. Limpa meus dentes. Digo a meus fregueses que não preciso escovar os dentes de manhã."

"Os homens percebem que você não é mulher quando se aproximam?", pergunto.

"Os homens não têm consciência. Quando uma pessoa tem fome, não se importa com o que come, mesmo que esteja estragado." Honey explica as desculpas que usa quando não quer falar ao telefone com um novo freguês. Ela pega o telefone, finge ser a irmã e diz ao ansioso interlocutor: "Honey não pode atender agora. Está na privada". Essa imagem destrói a delicadeza essencial ao romance e o freguês desliga.

    Honey não tinha ideia de como era beijar, até conhecer as dançarinas. "Uma dessas vagabundas me ensinou. Mas não gostei. Ela estava bêbada e tive vontade de vomitar." Mas ela tem de dar pelo menos isso aos fregueses, portanto permite que a beijem. Num carro estacionado, eles a põem no colo, botam uma mão em sua camiseta e tentam tirar o sutiã. Ele protesta, como uma mulher: "Hoje, não. Não estou me sentindo bem". Nem todos param. Alguns tentam abrir o fecho da saia; Honey agarra a mão deles nesse ponto crucial, antes da descoberta. Eles pegam sua mão e a fazem segurar o pênis ereto, ou agarram-na pelo cabelo e enfiam o rosto dela entre suas pernas. "Alguns desses babacas são apenas babacas imundos. Eles se esfregam em mim e esporram em mim. Então, ficam satisfeitos." Honey diz que não deixa que os fregueses a penetrem; mas alguns se gabam para outros: "Peguei Honey". Honey não se importa. "É bom para mim. Depois disso, mais quatro pessoas dizem: 'Leve-me para dar uma volta de carro'." É a vida de um homem que provoca constantemente outros homens, e constantemente os rejeita no último minuto.

    Mona Lisa e Honey não têm gigolôs, não têm protetores. Isso já deixou Honey, especialmente, em situações muito perigosas. O freguês mais notório dos bares, o tigre-dentes-de-sabre dos pesadelos das dançarinas, é um sujeito chamado Mehmood. Todas as meninas o conhecem. Honey diz: "Ele faz sexo com elas e as queima com cigarros naquele lugar. Enfia agulhas lá dentro. É um maníaco, um maníaco sexual". Havia uma moça em Congress House que ele amava; urinava na boca da moça para demonstrar seu amor. Teve uma filha com ela, que fugiu para Dubai. Quando a filha cresceu, ele a levou para Congress House, por vingança.

    Um dia Mehmood pediu a Honey que fosse a Chembur para uma festa particular. "Ele era muçulmano", começa Honey. "Você sabe como são esses muçulmanos." Entre os fregueses de Honey, os que gastam com mais liberalidade são os gujaratis e os marwaris, porque vêm de famílias ricas. "Os muçulmanos são os mais rudes. São uns verdadeiros filhos da puta. Babacas." Lembro-lhe de que sua família é sindi, refugiados do Paquistão depois da Partição. Quando ela chegou à casa de Mehmood, seus homens estavam espancando alguém que tinham sequestrado. Quebraram-lhe as pernas com bastões de hóquei; todo o piso estava sujo de sangue. Quando acabaram, Mehmood virou-se para Honey. "Quer dizer que você é uma dançarina. Mostre para nós. Dance." Ela se sentiu ameaçada e não quis dançar. Eles insistiram. Ela estava num cruzamento, cercado de prédios. Portanto, Honey dançou entre os prédios, e todo mundo apareceu na janela para ver e jogou moedas — 25 paises, cinquenta paises — para ela. Então Mehmood levou-a para uma cabana e trancou a porta. Disse que ia fazer sexo com ela. Honey tentou dissuadi-lo. "Eu disse que tinha jurado com a mão sobre o Corão que nunca faria essas coisas." Mehmood respondeu que também tinha jurado sobre o Corão que ia fazer sexo com Honey. "Ou faz sexo comigo ou com dez amigos meus." Seguiu-se um incidente que Honey ora descreve como estupro, ora como fuga providencial. Hoje ela diz que escapou dizendo a Mehmood que precisava voltar ao Sapphire para um número de dança e que depois retornaria. Ele a liberou e no dia seguinte ela fugiu de Bombaim para uma aldeia.

Mas depois li no artigo da revista *Savvy* que Honey foi estuprada por Mehmood e tentou se matar tomando Baygon. Pergunto-lhe se é verdade. "Ele esporrou em mim", diz Honey. "Estava me beijando. Caiu da cama."

"Você tentou se matar depois do estupro?", pergunto, citando o artigo da revista. O artigo descrevia com vivacidade Honey tentando se matar com uma garrafa de inseticida, cortando os pulsos e dançando freneticamente de joelhos até estes sangrarem. Honey solta uma risada rouca. "Por que eu tentaria me matar? Só as mulheres fazem isso. No dia em que a revista saiu, minha mãe, Sarita e eu nos arrebentamos de rir. 'Puta! Estupro! Estupro!'"

Um dia as vítimas se voltaram contra Mehmood. Ele tinha ido a Congress House pegar uma menina e foi identificado. As meninas de Congress House cobriram o rosto e o cercaram. Unindo forças, elas lhe deram uma surra e o obrigaram a beber água da sarjeta. A certa altura até juntaram dinheiro e contrataram um pistoleiro para matá-lo. O pistoleiro atirou nele; errou e a bala atingiu um amigo dele, o que deixou Mehmood ainda mais furioso. Então Mehmood fez algo que obrigou a polícia a agir: estuprou uma menina de família rica. Isso era inaceitável para a polícia, que o prendeu, surrou e o pôs na cadeia. "Agora ele está esfriando um pouco", diz Honey.

"Todo mundo deveria ter dois cérebros", anuncia Honey subitamente. "Um para guardar no freezer quando ficasse quente demais de tanto pensar. Então a gente trabalha com o sobressalente até que o outro esfrie."

* * *

Mona Lisa e eu conversamos com Honey no café a noite inteira. Saímos, nos despedimos de Honey, e Mona Lisa e eu nos sentamos no parapeito que dá para o mar em Marine Drive. A cidade começa a despertar. Os corredores matinais passam por nós. Um mendigo caminha devagar e Mona Lisa lhe dá dinheiro. Ela dá dinheiro a qualquer mendigo que lhe peça. Pela primeira vez, vejo as luzes do Queen's Necklace — o Colar da Rainha, como Marine Drive é conhecida — serem desligadas, por trechos, ao longo da baía. Mona Lisa olha para as ondas debaixo dos seus pés e mostra os caranguejos arrastando-se nas pedras. Pergunta: "Você acredita que esta seja a Kali Yuga? Que o avatar Kalki virá?* Que o terceiro olho de Shiva se abrirá?".

Ela acredita que o mundo ainda dispõe de uns duzentos anos antes que o avatar Kalki chegue e o mundo acabe, "porque ainda há muita gente boa". Ela não quer largar a face do mar. Está feliz sentada aqui e falando sobre a gente boa do mundo e sobre como os outros podem ser pacificados, e sobre quantas horas podemos falar; ela conta as horas sempre que nos encontramos, como eu antigamente fazia com uma menina num país bem distante. Cada vez ela se admira de descobrirmos novos assuntos para conversar. Está sentada perto de mim e a parte de cima do sutiã aparece na blusa solta. Mas ela é uma menina. Quer ir ao Essel World, fazer traquinagens comigo nos tobogãs de água. Está sentada na mureta com a maré da manhã chegando, de jeans e uma blusa de zíper de menina, balançando as pernas na beirada, enquanto eu me empoleiro cuidadosamente ao lado dela, olhando, nervoso, para a brusca descida lá embaixo. "Eu queria morrer", diz ela. "Mas mudei de ideia. Agora quero viver."

"O que a fez mudar de ideia?"

"Nada. Meu cérebro não estava funcionando."

E então compreendo por que homens mais velhos se apaixonam por mulheres jovens. Não é pelo corpo; isso satisfaz a luxúria, mas não o amor. É pela

---

* Kali Yuga: segundo as escrituras hindus, trata-se de uma era de confusão, dissolução, ruína e trevas, com duração de 432 mil anos; Kalki: avatar do deus Vishnu (o protetor da ordem universal) que aparecerá no fim da Kali Yuga para eliminar o mal e marcar o início de um novo ciclo para a humanidade. (N. E.)

mente — nova, limpa, ainda não cínica, ainda não endurecida. Eles bebem a *recentidade* delas.

Honey pediu a Dayanita que tirasse foto delas no Sapphire também, mas BK não quer Honey no bar nem mesmo como espectador. BK ajuda qualquer de suas meninas que esteja em dificuldade, porém não perdoa Honey. Ela está arrasada. Jura que largou o Corex e que já não masca tabaco. Não vai mais tomar a bebida dos fregueses. Pediu desculpas pelos erros do passado; por que BK não a aceita de volta? Mas tenho a impressão de que não é por nada disso que ela não pode voltar ao Sapphire. "Você precisava tê-la visto cinco anos atrás", diz BK. "Ninguém seria capaz de adivinhar que não era uma mulher."

Por isso Honey nos convida para ir à sua casa certa tarde, Mona Lisa, Dayanita e eu, para conhecer sua mulher e para que Dayanite fotografe. O apartamento fica num prédio perto do zoológico. Às quatro da manhã ela ouve os leões urrarem e as corujas piarem. É um belo prédio antigo, construído pelo inventor do Afghan Snow, um creme facial que tem a reputação de clarear pele escura. Honey tem uma série de quitinetes no prédio. Uma é para a mãe, uma para o irmão, uma para ela e a mulher, e uma para a avó. As quitinetes são interligadas por portas que ficam o tempo todo fechadas, e o tráfego entre elas é feito pelo longo corredor do lado de fora. Honey passa os dias na sua, que é escura e fresca, comendo lanches, recebendo visitas, vendo TV. A quitinete tem banheiro, sala com um sofá-cama, onde Manoj dorme com a mulher, e uma sacada que é metade cozinha, metade sala de orações. Há pôsteres de dois gordos bebês brancos numa parede.

Manoj está sentado na cama, de camiseta de botões pretos e jeans. Os únicos vestígios de Honey são o longo cabelo amarrado na nuca, o esmalte nas unhas e a pele ruim em volta do rosto, onde o cabelo foi arrancado com pinça. Até a voz é mais baixa, uma oitava ou duas. Manoj mostra-me um álbum do casamento do irmão em 1995. Lá está Honey, abraçada por Pervez, o dono do Sapphire; e lá estão, aponta ele, muitos fregueses do bar. Eles pagaram para ir ao casamento, por isso Honey compareceu à cerimônia, não Manoj.

Pergunto: "Você foi ao seu próprio casamento como Honey também?".

"Não, como Manoj. Honey quer morrer, casando-se?"

Sua mulher, Jyoti, entra na sala, uma sindi alta, clara, bonita, de seus vinte e poucos anos. Não fala muito; não é tímida, mas quieta. Manoj e Jyoti não formam um casal inteiramente harmonioso; há certo distanciamento. "Se ela me dá uma sugestão e meus amigos me dão a mesma sugestão, aceito a sugestão dos amigos", Manoj me disse antes.

Houve alguém na vida de Manoj a quem ele só aludiu uma única vez: "Houve uma menina, há muito tempo". Era bela, diz ele, e morava em Foras Road. Manoj conheceu-a antes de casar. Ele e a moça faziam longas viagens de carro, até Khandala. Depois de uma noite inteira dançando, a moça e Manoj voltavam para o apartamento dele e ali ficavam. "Foi a única moça a quem contei toda a minha vida, tudo que aconteceu." Eles tinham uma espécie de relacionamento físico: "Beijos, isso e aquilo, menos sexo". Durou dois anos, até eles romperem, cedendo a pressões das famílias de ambos. Agora ela tem dois ou três filhos e ainda mora em Foras Road.

Por volta das cinco horas, Manoj está diante do espelho, de camiseta; o peito ainda é achatado. Todos os dias ao anoitecer, Manoj coloca um sutiã com enchimento e três corpetes. Mas ele teve erupções. Levanta a camisa para me mostrar as bolhas e eu sinto que devo desviar a vista. Então, pela primeira vez na vida, ouço um marido dizer à mulher: "Me passa meu sutiã". Jyoti ajuda Manoj a se transformar em Honey, com paciência e habilidade, e o que me parece amor. Ela prende a blusa do marido, amarra o sári. Sabe exatamente onde apertar a peruca, enquanto Manoj enfia os grampos para mantê-la presa na cabeça. Diz Manoj: "Às vezes estou falando, meus olhos batem num espelho e eu penso: 'Quem é este?'". Tão hábil na maquiagem. Tão apegado a seus subterfúgios.

Fascina-me o modo como Honey e Manoj demarcam seus limites na personalidade; como a dançarina mantém as duas personas separadas. Entre os fregueses que sabem que Honey não é mulher, metade acha que ele é gay, metade pensa que é eunuco. Mas ela não é nada disso. Não é travesti, nem homossexual, nem eunuco nem *cross-dresser*, mas um homem que se veste de mulher por necessidade econômica. Seus equivalentes mais próximos são os artistas de *jatra* ou *tamasha*, homens que ganham a vida representando personagens femininos no teatro popular, que a vida inteira representam o mesmo personagem feminino, até que o personagem tome conta de sua vida.

As pessoas que conhecem o segredo de Honey fazem a necessária distinção entre ela e Manoj. Estou em pé, de manhã cedo, com Minesh, em Marine

Drive, vendo Dayanita tirar fotos de Honey e Mona Lisa juntas. Mona Lisa encosta-se na divisória de Marine Drive e abraça Honey por trás, beija-a no rosto.

"Está com ciúme?", pergunto a Minesh, ao ver essa exibição.

"Não de Honey, talvez de Manoj."

Até a família de Manoj parece confusa com sua identidade. Uma vez telefonei para Honey e a mãe disse: "Ela está dormindo, um sono pesado". Em casa, durante o dia, Manoj geralmente se veste como outros homens de sua classe, de short e camiseta. Quando Manoj fala com a mulher em sindi, ele nunca, nem por acaso, se refere a si mesmo no feminino. No bar, quando Honey fala com os fregueses ou com as outras moças, nunca, nem por acaso, se refere a si mesma no masculino. Como ficam separados, compartimentalizados, assim?

"Porque nunca me apaixonei. Nem por mulher, nem por homem", diz Manoj. "Se o amor, ou mesmo um indício de amor, tivesse entrado em minha vida, minha vida inteira teria mudado." Se ele tivesse amado, não teria sido capaz de falar com sua namorada como Honey. "Eu teria passado a falar num tom masculino." Ele falaria com ela o tempo todo, mesmo do bar, e o amor tornaria impossível mentir, fingir que era mulher, com sua amante. O amor nos expõe, nos torna vulneráveis, e mata todas as personas construídas em cima do eu verdadeiro. Se Manoj se apaixonar, Honey terá de ir embora, morta pela amante de Manoj. Jyoti não representa essa ameaça, porque Manoj não ama a mulher. Jyoti, a rigor, ajuda Manoj a se transformar em Honey todas as noites. Tenho a impressão de que Jyoti, na verdade, sente-se mais próxima de Honey.

O envolvimento das moças de bar com o amor é total. É seu pão de cada dia, seu darma. Elas geralmente se apaixonam, o que Manoj não consegue imaginar. "Agora a cabeça de Mona Lisa está metade no amor, metade nos negócios. Não entendo essas pessoas. Amor é uma lâmina que corta a escada que leva a seu objetivo na vida. Não me apaixono", repete Manoj. "Neste negócio, perdemos nossa identidade." E um senso de identidade é essencial para que sejamos capazes de amar verdadeiramente.

Subimos ao terraço do prédio de Honey, onde a luz do anoitecer é perfeita para a câmara de Dayanita. Mona Lisa está espetacular com seu vestido preto simples. O cabelo está puxado para cima, num coque solto, atrás da cabeça, e Dayanita mostra que ela tem um pescoço excepcionalmente belo. Ela brilha, desenrola-se, sob o olhar da câmara. Depois das fotos, está faminta e come tudo que Jyoti lhe oferece. Jyoti se diverte com ela. "Ela é louca", declara, "mas o mundo precisa de um pouco de loucura." Sinto-me muito feliz nessa pequena sala, com seu espectro completo de gêneros e situações maritais: eu, o homem casado com dois filhos; Dayanita, que diz estar tendo um caso com Mona Lisa e Honey; Honey, sentada de pernas abertas sobre o território entre todos nós, numa terra de ninguém; a mulher dele, que quer engravidar; a exuberantemente feminina e incansável Mona Lisa.

Mona Lisa e Honey fazem a maquiagem uma da outra para a noite, e é claro que se divertem com o ritual.

"Meu rosto está muito branco? Estou parecendo um fantasma?", pergunta Mona Lisa.

"Ponha um pouco de marrom no nariz", responde Manoj. Estão apenas indo trabalhar, mas quem ouve suas gargalhadas e suas piadas acha que estão indo a uma festa. Sinto uma saudade, um desejo, observando-as. Homens nunca fazem isso, nunca têm esses momentos com outros do próprio sexo, esse estímulo recíproco à autoestima nas horas que antecedem uma festa. "Nossa, você está ótima." "Nossa, veja esse vestido! Te cuida, Bombaim!" Esse momento que geralmente é muito mais divertido do que a própria festa.

Como acontece com Honey. Os negócios têm sido muito ruins para ela no Dilbar. "Ontem só ganhei quatrocentas rupias", diz a ex-Rainha do Sapphire, que em seus dias de glória levava para casa cem vezes mais. Honey atribui o pouco dinheiro que ganha ao fato de que não pode, nem quer, fazer sexo com os fregueses. "Outras meninas vão por problema noturno, elas conseguem." BK não liga de volta quando Honey lhe telefona suplicando para voltar, e ela sente isso profundamente. A dançarina que fez do Sapphire uma instituição não é mais bem-vinda. "A questão não é nem de dinheiro." Honey suspira. "A questão é que, do jeito que eu dançava no Sapphire, não danço nem a metade no Dilbar." Uma artista tratada com desdém, incapaz de encontrar uma plateia adequada para sua arte.

O Sapphire a faz esperar — ou talvez ela mesma se faça esperar na expectativa de voltar à cena da sua glória. Honey está desesperada, disposta a fazer qualquer coisa, mesmo dançar de dia entre os *faltus*, funcionários do governo na hora do almoço, os ociosos, os homens com tempo de sobra e dinheiro de menos. Quando ela fala com BK ou Pervez, eles nunca dizem não explicitamente. É sempre: espere. Espere até depois da eleição. Espere até o terceiro salão abrir. Espere até aumentarem as horas. Espere até que este subcomissário inconveniente seja transferido. É a estratégia de evasivas adotada no País do Não, e a essa altura já estou bem familiarizado com ela em Bombaim. Assim, Honey fica sentada em casa à tarde vendo televisão e à noite vai dançar na triste casa noturna, esperando uma ligação do Sapphire.

Certamente aqueles homens na plateia do Dilbar, do Sapphire, não deixaram de perceber o sexo de Manoj. Terá sido exatamente isso que atraiu tantos deles e fez do Sapphire uma instituição? Será que Honey, sem saber, explorou uma tremenda torrente de desejo homossexual na metrópole que precisa mentir sobre suas origens, que só consegue pagar para que um homem dance se estiver disfarçado de mulher exageradamente feminina?

Falei do Sapphire a Sunil, o homem do Sena. "É onde o eunuco trabalha", disse ele de estalo. Ele tinha ido ver o eunuco dançar ao som de uma canção de que até hoje se lembra. O grande segredo de Honey, aos poucos percebo, é que sua identidade não é, na verdade, segredo para ninguém. Homens levam amigos ao bar sabendo quem ela é, veem os amigos desfalecerem por ela e depois zombam deles por terem se apaixonado por um homem. Muita gente conhece Honey: modelos, gângsteres, taxistas, jornalistas. E todos acham que são os únicos a conhecer o segredo dela.

Honey me mostra uma foto de quando tinha quinze anos, de saia curta com uma encantadora jaqueta por cima. Eu teria saído com tal moça. Ela é magra e atraente. Corresponde à definição aceita de bonita. Mas, à medida que envelhece, Honey supera a beleza. Seu andar está mais pesado. Há uma sólida linha em seu queixo. Ela ganhou peso e uma inquietante atratividade sexual tomou conta de seu corpo: a maneira como o umbigo se mostra, um corte proeminente no centro da rechonchuda carne branca da barriga. A maioria das mulheres corre contra o tempo: quando ficam mais velhas, perdem a beleza. Mas Honey está numa corrida diferente e muito mais desesperada. À medida que envelhece, Honey perde o próprio sexo.

Honey e Manoj estão em guerra por causa do corpo. Manoj quer ter bíceps, barba, barriga. Honey quer peitos, pele macia, uma bunda admirável. Honey está constantemente tentando passar a perna em Manoj, ajudada por uma comitiva de cirurgiões em Bombaim. Ela começou a tomar pílulas para emagrecer, três de cada vez. "Depois de fazer sexo, depois de casar, a barriga começa a aparecer", afirma. Mas, ocasionalmente, o desejo de mudar vai em sentido contrário. Certa vez, Honey comeu *sindhoor*, o pó vermelho que as mulheres passam na testa, na crença de que sua voz ficaria mais grossa, mais parecida com a que se espera de Manoj. Honey cortou o cabelo bem curto um ano atrás, quando decidiu que ia abandonar os bares para sempre e ver se encontrava emprego como modelo masculino. Pagou a um fotógrafo para preparar um portfólio, uma série de fotos de Manoj. Então foi às agências de publicidade em busca de trabalho. Mas nas salas de espera viu outros modelos masculinos: homens de belo físico com bíceps protuberantes, agressivamente masculinos. Deu-se conta de que não tinha chance naquele mundo. Manoj era incapaz de ganhar dinheiro para sobreviver. Por isso, voltou aos bares de dança, pôs sua peruca e seu sutiã e chamou Honey de volta à sua vida.

Tenho a impressão de que, assim como no gênero, na vida sexual de Honey também há uma dicotomia. De dia, Manoj tenta engravidar a mulher; à noite, Honey vai com homens para os carros, trocam beijos e eles se esfregam nela até ejacular. Manoj/Honey é como uma dessas minhocas que são macho numa ponta e fêmea na outra. Isso a torna tremendamente solitária. "Procuro um amigo que o faça pelo estômago." Honey tem consciência de outros que querem ser como ela. Há mais dois ou três rapazes que usam maquiagem feminina — mas ainda usam roupas masculinas — e dançam em bares menores, passando de um para outro, como algo curioso. Porém são gays.

Percebo que Manoj usa um fio no pulso. Eunucos estiveram recentemente em seu prédio para abençoar o filho do irmão e prenderam um cordão em seu pulso para afastar o *nazar*, o olho grande. A comunidade de eunucos também ouviu falar de Honey e a procurou. Um dia o notoriamente belo eunuco Sonam, de Kamathipura, foi ver Honey dançar no Sapphire. "Achava que eu era como eles." Sonam perguntou por que Honey estava desperdiçando sua vida e sugeriu que Manoj fizesse uma operação para mudar de sexo. Honey quis saber como Sonam tinha aumentado os seios e Sonam lhe deu o nome de um remédio que induz a lactação em mães que amamentam. Disse a Honey que se injetasse 250 ml do remédio; Honey dobrou a dose. Depois de duas semanas, dois nós do tamanho de limões apareceram em seu peito; quando ela usava sutiã apertado, doía. "Eu queria entrar no cinema. Estava obcecada." Manoj ficou com medo dos efeitos dos hormônios em seu impulso sexual. O médico da família aplicou-lhe outras injeções para se livrar dos seios.

Honey até já viajou com passaporte de mulher, obtido mediante suborno de funcionários. A foto do passaporte foi tirada quando ela não tinha pelos no rosto. Mas há alguns anos ela já passa duas ou três horas toda noite tirando os pelos com pinça, o que deixou o rosto marcado de espinhas e manchas. Ela tem problema de pelo encravado; por cima do cabelo forma-se uma pele que tem de ser rompida. "É dura, como casca de ovo", diz, e a cada dois dias sangra. Os fregueses já perceberam. Honey tem recebido conselhos de amigos eunucos, que lhe sugerem que use lâmina de barbear em vez de pinça. Os eunucos afirmam que fazem a barba há anos sem que a pele fique azulada. Por isso, Manjo pediu a Jyoti que lhe compre gilete. Diz Manoj: "Me disseram para não passar a gilete de cima para baixo. O que quer dizer isso?". Ensino ao rapaz de 25 anos a forma correta de segurar uma lâmina, como meu pai fez comigo quando eu tinha dezesseis, e a passá-la no rosto sempre de cima para baixo.

A suposição de que Honey é eunuco leva a estranhas proposições. Certa vez, um freguês lhe deu dinheiro, diariamente, durante quinze dias. Até que disse que gostaria de ter com ela uma conversa particular. Ah, não, pensou Honey. Mas o freguês explicou-se. "Eu quero juntar vinte dos seus irmãos e irmãs e ir até um sujeito que me deve 35 lakhs. Preciso recuperar esse dinheiro." Honey percebeu o que ele queria. Achava que Honey era eunuco. Se ela fosse com seus "irmãos e irmãs" eunucos ao escritório do devedor, e cantasse, dançasse e levantasse a saia com eles, o empresário, envergonhado diante do mundo, pagaria a dívida.

Honey fica furiosa quando a tomam por eunuco, mas o freguês tinha lá suas razões. Pouco depois, vi o seguinte anúncio na seção Serviços dos classificados de um jornal de Bombaim:

Dívidas pendentes?
Calma!
Agora à sua disposição em
UNIQUE RECOVERIES:
grupo treinado de eunucos instruídos
que garantem rápida recuperação de devedores remissos.
São bem-vindas consultas de indivíduos, bancos e setor empresarial.

Aparece um endereço em Matunga East e um número de telefone. Quando chamei, a linha já tinha sido desligada.

VÉSPERA DE ANO-NOVO

Em dezembro de 1999, Honey é finalmente aceita de volta no Sapphire. O novo governo do Partido do Congresso dá mais liberdade à cidade. Os bares fecham mais tarde. Alguns nem fecham e o Sapphire precisa de mais dançarinas para completar as horas extras. Honey fez uma promessa, num templo de Hanuman das proximidades, de que, se voltasse ao Sapphire, alimentaria os famintos. Passam-se duas semanas depois da intervenção divina, e uma noite seu irmão Dinesh sonha com cinquenta cocos. Por isso, Honey e Dinesh vão ao templo, oferecem cinquenta cocos, gastam 11 mil rupias comprando comida e saem de carro pela cidade distribuindo-a para os famintos. Isso faz com que o dinheiro jogado sobre as dançarinas circule pela cidade.

Logo que volta ao Sapphire, Honey passa a ganhar no mínimo 2500 rupias por noite, dez vezes mais do que ganhava no Dilbar. Desde seu retorno, tem atraído novos fregueses, que nem sempre sabem o que ela é. Tem usado linha, em vez de pinça, para fazer as sobrancelhas, e a isso atribui sua sorte. Para Honey, pelo facial é destino.

"Você é nova aqui?", pergunta um freguês.

"Sim, sou virgem", responde Honey.

Ganhei a fama, na sociedade de Bombaim, de ser o melhor guia do Sapphire. As pessoas me atazanam para levá-las ao bar e às vezes eu cedo. Alguns ficam fascinados, alguns sentem repulsa, outros não se impressionam. Um escritor me pede que leve Mona Lisa comigo a festas na Bombaim chique. Para isso, devo dizer-lhe o que vestir, como se comportar, o que conversar. Meus amigos querem abrir-lhe mundos, guiá-la, protegê-la. Outros não teriam tantos cuidados. "Ela é o Tendulkar dos bares de dança", comenta um agente esportivo, fazendo alusão ao famoso jogador de críquete bombainense. "Lábios de travesseiro", saliva um executivo de canal de televisão musical. "Dá para a gente se afogar nas piscinas dos seus olhos", diz um entusiástico repórter policial. Eles não teriam muito autocontrole se eu lhes apresentasse Mona Lisa. "Seria comida inteira", advertiu-me uma mulher de sociedade. Mona Lisa é capaz de lidar com os homens que aparecem no bar, lhe dão dinheiro e dizem que gostariam de fodê-la; mas é presa fácil para os sedutores do sul de Bombaim, aqueles a quem entregaria seu coração. Depois de tudo, haveria mais uma marca no pulso de Mona Lisa, que bem poderia ser a última. Seu pulso já não tem lugar para assinalar o fim de outro amor.

Mona Lisa me dá um passe para ir ao Sapphire na véspera de Ano-Novo de 1999: um pequeno cartão azul com borda branca. Não traz o nome do bar, só o endereço. Um duende está sentado de pernas abertas na borda inferior. "Entrada só com convite." Apenas os fregueses mais favorecidos, os que pagam melhor, receberão esses passes.

Na véspera de Ano-Novo, o Sapphire está atulhado de amantes. Quase todas as canções tocadas hoje são canções sentimentais, lacrimosas, de filmes antigos, canções que os homens e seus amores de verdade acham apropriadas para expressar o que sentem uns pelos outros, canções a que são fiéis, canções em que não pulsa uma necessidade premente, mas que falam daquilo que o grande poeta Faiz identificou como o verdadeiro tema da poesia: a perda do ente amado. Todos os amantes que estão aqui hoje hão de se separar, em um ou em cinco anos, sem exceção. É o palácio do amor impossível.

"Enganamos os *ulloos* até nessa noite", explica Mona Lisa. "Dizemos a eles que, se vierem no dia 31, sairemos com eles." Se o freguês quiser se julgar especial para sua moça, é melhor que esteja lá nessa noite e prove isso ao mundo, do contrário receberá muito menos atenção no novo ano. Na véspera de Ano-Novo anterior, Soni, outra dançarina do Sapphire, foi publicamente louvada por Sajid, seu principal freguês. Ele gastou com ela 900 mil rupias naquela noite.

Mona Lisa abre caminho no apinhado salão de *mujra*, abrindo as águas. Faz-se espaço para mim. Duas almofadas são tiradas; o homem à minha esquerda pega pilhas de notas de dez rupias e puxa-as para perto de si, algumas caindo entre as almofadas, algumas embaixo, e com a mão ele arrasta as cédulas para que eu não tenha de me sentar sobre elas. Pela primeira vez em muito tempo vejo Honey dançar e compreendo o que há de tão especial nisso. Não é sua aparência; pela primeira vez penso nele, à noite, como homem. A barriga está exposta e tem um desenho de quatro folhas feito com hena. Usa peruca e véu, e as pernas estão nuas até pouco abaixo dos joelhos. Mas então vejo sua "dança dos joelhos" e a ilusão se produz novamente.

Quando tocam sua música, Honey se ajoelha no piso e gira rapidamente, de uma ponta a outra da pista, três giros rápidos sobre os joelhos, tão rápido que nos tira o fôlego. Todo o salão rebenta num aplauso espontâneo. Honey é de longe a dançarina mais cheia de energia. Está exausta por volta de uma e meia da manhã. Inclina-se e me diz: "Estou dançando desde as sete". Mas recebe uma guirlanda de notas de cem. Nessa noite, Honey ganha 110 mil rupias, equivalentes a meses de trabalho no Dilbar. Diz que precisamos almoçar e que dessa vez ela paga. "Tenho um bom motivo." Há uma pausa, e suas sobrancelhas se erguem; ela faz força para não sorrir. "Advinhe!"

"Você vai ser pai!"

"Isso mesmo." A mulher está grávida. Se tudo der certo desta vez, Manoj será pai antes do fim do ano. Honey será mãe.

Para a véspera de Ano-Novo, as meninas pagam até 100 mil rupias por seus trajes. Uma pequena dançarina, Kavita, traz muitas joias na cabeça, no valor de 35 mil rupias. "Você não acha que é um pouco demais?", Honey me pergunta, desaprovando. Acho difícil concordar com ela, pois a cabeça da própria Honey tem um véu azul com bolas de ouro que pesam mais de um quilo. E ela comprou lentes de contato coloridas com desenho de flor. "É tãããão sexy." Tudo nessa noite é "um pouco demais". Ninguém liga.

Muskan está aqui também, mais alta do que Mona Lisa, mais clara do que Mona Lisa, mais jovem do que Mona Lisa. Muskan acabou de completar quinze anos. Deve perder sua virgindade por amor ou dinheiro? Há Mohammed, o árabe, e há um adolescente de quem Muskan gosta muito. Mona Lisa diz-lhe que a primeira vez deve ser com alguém que ela ame — "mas Raju está decidido a quebrar-lhe o selo". Raju é um homem que mora nos Estados Unidos e lhe deu um lakh como entrada do pagamento por sua virgindade. Tem cinquenta anos. Mona Lisa aconselha-a a acalmar-se por um ano, um ano e meio. A não ir por esse caminho de forma alguma. Mas Muskan está pensando. O homem dos Estados Unidos lhe ofereceu muito dinheiro.

Na sala VIP há um grupo de homens do Gujarat com suas putas. Uma das putas se joga por cima deles, indiscriminadamente. Está no colo deles; dois a acariciam ao mesmo tempo; ela usa sári preto. Pouco depois percebo que está no chão; acaba de cair. Um dos homens, de brincadeira ou com raiva, empurrou-a e ela caiu, bateu a cabeça na mesa e desmaiou. Um bando deles a leva dali. Talvez esteja inconsciente; o que farão com ela agora? Deve ter uns vinte anos. Vão deflorá-la.

Mona Lisa também atende os homens do Gujarat, homens grandes, robustos, com bigodes de policial. Um deles está na pista, dançando com ela.

"Estou ganhando bem com eles", diz ela, soprando-me ao ouvido. Mas é uma arte delicada; ela precisa dançar com eles e manter o fluxo de dinheiro sem estimulá-los a ponto de fazê-los perder a cabeça. Por isso sua dança é convidativa sem ser provocante; ela não balança a bunda para eles. Sempre que tentam tocá-la, ela os afasta com um sorriso. Eles a seguem de uma sala a outra.

Mona Lisa não ganhou todo o dinheiro que poderia ganhar. Está ajudando outras dançarinas a ajeitarem seus sáris e vestidos e só sai do vestiário às onze e meia, perdendo duas horas lucrativas na sala com o grupo do Gujarat. Sua coleta no Sapphire "não é boa" hoje em dia; a maior parte dos fregueses sabe que ela é fiel a Minesh e não há possibilidade de eles conseguirem nada além de tomar um café com ela. Há muitas outras dançarinas com quem o horizonte de possibilidades sexuais ou românticas é ilimitado. Por isso Mona Lisa tenta transitar em outras áreas do mundo. Para trabalhar como modelo, é o que todos lhe dizem, ela precisa aprender inglês. Ela contratou um professor particular para lhe dar aulas em casa. A mensagem de sua secretária eletrônica agora é em inglês. "Você ligou para a residência de Patel. Lamentamos não poder atendê-lo agora." Minesh treinou-a, incluindo a inflexão de voz e as pausas. Seu inglês parece o de uma recepcionista das classes baixas.

Qual é o futuro de Mona Lisa? Que fará depois de ter trabalhado nos bares? Por fim pergunto a Rustom, francamente, se ela algum dia conseguirá trabalho no mundo da publicidade. "Acho que não", responde ele. "O rosto e tudo o mais..." Mona Lisa não vai ser uma modelo no mundo da alta moda. O rosto é capaz de parar o trânsito, mas não poderia estar num anúncio de creme facial da Pond's. Não tem diploma universitário. O inglês é fraco. Pode ser dançarina no cinema ou em vídeos musicais; ganharia num ano o que ganha agora numa semana. Aqui é onde ela brilha: na pista do Sapphire. Mas aqui ela tem mais três anos, talvez quatro, antes que fique velha demais, ou o negócio dos bares mude.

Quando Mona Lisa mostra as fotos que Rustom e Dayanita tiraram dela às moças do Sapphire, a reação é menos do que entusiástica. São fotos em preto e branco, que as moças dos bares não acham um conjunto de cores muito atraente. Nas aldeias de onde a maioria é oriunda, preto e branco era o que se conseguia quando o dinheiro não dava para pagar pelas fotos coloridas. Mona Lisa tenta explicar que são fotos artísticas. Mas está cada vez mais isolada no bar.

Levo Mona Lisa, certa noite, para tomar uns coquetéis na residência de meu amigo Manjeet, um grande apartamento de frente para o Oval. Manjeet é jornalista, trabalha para uma revista americana, e os convidados são diplomatas e um advogado. Eles interagem com ela com os modos de gente educada. Mona Lisa se espanta com o fato de que, mesmo sabendo o que ela faz, as pessoas do grupo a tratam como "família". Isso é exagero; Manjeet apenas lhe ofereceu um copo de suco de laranja e conversou um pouco com ela, evitando assuntos difíceis, como o trabalho dela. Mas para Mona Lisa qualquer tipo de aceitação nesses inalcançáveis círculos de Bombaim é um gesto imenso, e ela se sente grata comigo por eu lhe mostrar esse mundo. Aqui ninguém lhe passa a mão, nem lhe joga dinheiro na cabeça, nem fala com ela de suas intenções sexuais. Ela tem de sair dessa reunião para ir trabalhar no Sapphire, onde imediatamente outra dançarina a acusa de ter querido lhe roubar um freguês na noite anterior — ela lhe deu o número do seu telefone — e xinga-a na linguagem mais suja diante das outras dançarinas. Mona Lisa devolve os insultos, a plenos pulmões, e a disputa de berros quase chega às vias de fato — as moças de bar de vez em quando mordem, arranham, esmurram e puxam os cabelos umas das outras — antes que BK a contenha. Mona Lisa está entre dois mundos, um a que ela aspira, mas onde nunca será aceita, e o outro, que ela quer deixar, mas que continua a puxá-la de volta. Está em trânsito entre esses mundos e essa é uma viagem tremendamente solitária.

Ela sonha com o casamento do irmão mais novo. "Vou lhe dar uma grande festa de casamento. Vou dançar um bocado. Mesmo, vou dançar demais."

"E que me diz do seu próprio casamento? Quando você vai se casar?"

"Nunca vou me casar."

Minesh aos poucos desaparece como possibilidade romântica. Não esteve no bar na véspera de Ano-Novo. Seu sócio comercial o abandonou; ele disse ao pai de Minesh que este estava seriamente envolvido com uma dançarina de bar. O pai imediatamente exigiu que ele se mudasse de volta para casa, impediu-o de usar o apartamento de Juhu, impôs toque de recolher e fiscaliza suas contas de celular. Agora ele não pode nem mesmo ligar para Mona Lisa, a não ser de um telefone público. Ela quase não o vê.

O ano passado foi ruim para Minesh. Ele perdeu muito dinheiro em sua empresa de software. Comprometeu-se a depositar 25 mil rupias na conta de Mona Lisa no Sapphire, mas ainda não o fez. Ele suplicou-lhe que o espere.

Minesh tem duas irmãs solteiras, uma mais velha do que ele, outra mais nova, e suas possibilidades de acharem alguém à altura serão destruídas se o mundo souber que o irmão tem ligação com uma dançarina de bar. Logo que as irmãs se casarem, ele se rebelará contra a família e não esconderá mais sua ligação com ela. Mas a irmã mais velha já tem mais de trinta. Se até hoje não encontrou um homem, é improvável que encontre alguém num futuro próximo. Mona Lisa está chateada, esperando sentada em casa que Minesh lhe dê um tempo. Por isso voltou a sair com fregueses "para um café" — jovens gujaratis e marwaris.

Mona Lisa não viu mais o pai. Ele continua planejando vir a Bombaim, mas não vem. "Ele tem sua própria família. Não quero perturbá-lo." Ela aceitou a distância, internalizou-a. Mona Lisa agora não tem mais amigos. Tem apenas os fregueses; Minesh, às vezes; a mãe e o irmão; e eu. Faz planos comigo: ir a novos restaurantes, dançar no Fire & Ice, a nova discoteca. Num dia chuvoso, depois que minha mulher e meus filhos partiram para os Estados Unidos, ela vem ao meu apartamento à uma da tarde e fica até às oito da noite, comendo, dormindo, vendo filme na TV, conversando. Liga para Minesh e diz que está relaxando. Nessa época sem amigos de sua vida, sou alguém que não é nem freguês nem amante.

Finalmente falo a Mona Lisa sobre minha família. Mostro-lhe fotos de Sunita e dos meninos, explico-lhe por que mantive minha família afastada da maioria das pessoas do livro e digo-lhe como lamento agora que ela não tenha conhecido meus filhos, pelo menos. Mas tudo bem. Ela está acostumada com subterfúgios; com "*jooth ki duniya*". Não ficou com raiva de mim, nem diz "eu gostaria de tê-los conhecido". Todas as pessoas que ela conheceu até hoje tinham uma vida oculta, um quarto trancado onde ela não entra, como a segunda mulher do pai e a família de Minesh. A moça de 21 anos me dá conselhos sobre o casamento: "É como uma tira de borracha", diz ela, puxando as duas pontas no ar e soltando-as. "Você não é um desses meninos que comem, bebem e lavam as mãos. Se cuida tão bem de mim, posso imaginar os cuidados que tem com alguém que você escolheu."

Manoj está muito agitado. Acabou de ver o resultado da ultrassonografia do filho. "Consegui ver um pequeno rosto e dois pontinhos, as mãos." Mas a gravidez traz uma série de problemas. À noite ele tem de levantar várias vezes para satisfazer a fome e a sede de Jyoti. No primeiro trimestre ela está irritadiça, e Manoj já pensa em deixá-la um mês na casa da sogra em Pune. A coleta de Honey no Sapphire diminuiu, agora que a hora de fechamento do bar mudou de meia-noite e meia para mais tarde, e vice-versa, conforme os caprichos da polícia. Honey acaba de ser operada da vesícula. Dançar torna-se para ela cada vez mais difícil.

O negócio dos bares, em sua forma atual, está chegando ao fim. "É como era quando começou", reflete Honey. "As pessoas jogam cédulas de cinco rupias." O boom do mercado de ações acabou. Os homens já não se contentam em ver meninas dançando de sári, ou as mais atrevidas girando eroticamente; já não se satisfazem com um sorriso ou uma breve carícia no rosto. "Hoje se aperta e se beija muito!", exclama ela, revoltada. "O negócio dos bares virou vida noturna, é tudo sexo." E essa é uma área na qual Honey não pode competir com as meninas.

Honey tem um grande desejo na vida. "Meu coração quer muito uma coisa: que uma vez na vida eu possa me apresentar às pessoas como Manoj. Sem esconder nada." Fazer de Manoj um nome importante também, talvez como maquiador, talvez como fornecedor de roupas para as indústrias da moda ou do cinema. Ele pode economizar o dinheiro que Honey ganhou e abrir uma transportadora, como a do irmão, com alguns carros e caminhões para alugar. Ou pode ir comigo para os Estados Unidos, onde Manoj trabalharia na loja da tia, ou Honey dançaria num bar gay. Quando a criança tiver um ano, diz ele, Honey abandonará os bares. De um modo ou de outro, Honey vai morrer dentro de um ou dois anos. No fim Manoj vencerá; está decidido desde o início. Mas foi lindo vê-la enquanto vivia.

Mona Lisa também pensa em deixar os bares em dois ou três anos. Talvez faça um curso de design de moda ou trabalhe num salão de beleza. Se ela guardar cinquenta lakhs, poderá abrir uma butique de roupas. O problema com o negócio dos bares, diz ela, é que "tudo está se tornando ocidental". Está se tornando igual às discotecas, às faculdades. Em breve, as moças dos bares deixarão de usar longos sáris e vestidos; "será short curto". Os fregueses sabem o que querem. Nos primeiros tempos, eles vinham ao bar durante quinze dias, antes de perguntar o nome de uma moça; agora perguntam à queima-roupa: "Você vem ou não vem?".

Portanto, Mona Lisa me conta seu sonho. É fazer um discurso quando ganhar o título de miss Índia.

Ela fica imaginando que sensação seria o país descobrir que o recém-designado paradigma de feminilidade indiana é uma dançarina de bar; que essa representante das mulheres de reputação duvidosa deixou para trás todas as meninas de Malabar Hill e Friends Colony que estudaram em convento. "Que manchetes não daria! Seria como uma bomba." Para ela o assunto do discurso é coisa séria. Já começou a se preparar, a tomar aulas de dicção e a ir ao dentista para tratar dos dentes. Mas, com quase 22 anos, ela está ficando velha para o concurso.

Seu sonho não é ganhar o título; é fazer o discurso, com milhões de pessoas assistindo. "Vou dizer a todo mundo que sou uma moça de bar. Podem pegar de volta seus prêmios, todo o seu dinheiro, mas eu queria mostrar que podia chegar aqui. Que nós, do negócio dos bares, também somos parte da sociedade. Fui para os bares por necessidade. Não estou sendo forçada a fazer nada." Mona Lisa me conta o resto do discurso em inglês, o inglês que vem aprendendo todos esses meses, para que, quando chegar a hora, ela possa subir no palco reluzente no vasto auditório e dizer ao país inteiro: "Trabalho nos bares, mas não estou fazendo nada errado. Estou apenas dançando".

8. Destilarias do prazer

Madanpura está em polvorosa. Os filmes chegaram. As estrelas saltaram da tela grande e aqui estão, tão perto que se pode quase tocá-las. Que estrela é aquela? Karishma Kapoor ou Shahrukh Khan, depende do boato em que você queira acreditar.

O filme intitula-se *Sangharsh* e é dirigido por uma mulher jovem, frágil, confiante, chamada Tanuja Chandra. Seu último filme não foi muito bem e este será diferente, porque, explica-me, "nesta história o herói está integrado no enredo". É a versão híndi de *O silêncio dos inocentes* — com música. Preity Zinta faz o personagem de Jodie Foster, uma aprendiz de inspetor do Departamento de Investigação Criminal que se apaixona por um bandido. E eu apresentei Tanuja e seu famoso produtor, Mahesh Bhatt, a Madanpura, o lugar mais sombrio de Bombaim, e descobri gângsteres de verdade para proteger a realização desse filme de gângster.

Anees juntou quarenta dos seus rapazes para controle de multidão. Eles controlam a multidão com pancadas. Diante de mim, um homem alto chamado Farid estapeia um estúpido bhaiyya, no rosto, quatro vezes. O pequeno bhaiyya olha para ele, em dúvida se a raiva e a dor lhe darão força para dizer qualquer coisa a Farid. Um policial viu o que aconteceu, testemunhou a agressão. Corre e bate com seu bambu com ponta de ferro no bhaiyya — e em todo mundo. O *lathi* entra em contato com corpos macios e a multidão inteira foge na maior confusão pela estrada, gritando. Há crianças pequenas na multidão, fugindo dos porretes que se agitam.

É um grande dia para Madanpura.

"Em cinco minutos estarão todos de volta", diz Anees.

Em cinco minutos estão todos de volta.

As *karkhanas*, as oficinas, de Madanpura estão fechadas; os açougueiros e alfaiates não fazem muitos negócios; o homem que faz *rotis* bem na frente da casa onde estamos filmando nunca bateu sua massa com mais energia. As pessoas param na frente da barraca de *pan* e, quando interpeladas pelos tiras ou pelos rapazes de Anees, dizem que estão esperando as *pans* ficarem prontas. Elas são empurradas para que saiam dali. Por cima de nós há um telhado de zinco, que deve estar fervendo ao sol. Nele há dezenas de pessoas, quase na beira do rebordo, muitas delas com os pés descalços fritando no telhado. Por uma brecha na *karkhana* perto da casa vejo três rostos, como querubins vistos na floresta. Meninos pequenos subiram no telhado que dá para o pequeno pátio da casa e têm de ser enxotados para fora da cena. Um policial brincalhão está sentado numa moto diante da entrada da casa, dizendo gracejos. "Não há nada para ver. Saiam, saiam, vão dar comida a seus pais e mães. Saiam, Shilpa Shetty e Amitabh Bachchan estão chegando às quatro horas. Façam fila!"

Tanuja, a única mulher que teve êxito na indústria de filmes comerciais como diretora, está eufórica por ter começado seu filme em Madanpura. Todos os homens da unidade estão com medo da multidão; só Tanuja, Preity e sua assistente enfrentam a multidão. Quando Preity sai da van, de celular no ouvido, e passa rápido com um cordão de mãos apertadas pela multidão ululante, compreendo pela primeira vez o significado do termo "atacado pela multidão". A assistente, uma mulher miúda, empurra as pessoas vigorosamente. A multidão recua diante desse duende, como não o fez diante da polícia ou dos bate-paus de Anees. "Poder feminino", comenta a assistente.

A cena filmada mostra Preity Zinta chegando ao centro da cidade para se encontrar com o chefe da gangue. Ela se senta perto de mim e eu me apresento. Ela pergunta sobre os rapazes de Anees. "Mataram alguém?" Respondo que muitos provavelmente já. Ela arregala os olhos. "Você pode me mostrar algum que tenha matado?" Ela sente pelos gângsteres o mesmo fascínio que os gângsteres sentem por ela. Tudo que a multidão quer é dar uma olhada em seu rosto ou seu corpo, vestido de blusa de moleton Old Navy e tênis plataforma brancos. O que ela quer é dar uma olhada num matador.

Gângsteres e prostitutas do mundo inteiro sempre se sentiram fascinados pelos filmes, e vice-versa; os filmes são, fundamentalmente, transgressivos. São os olhos com que vemos o proibido. A maioria das pessoas nunca verá um ser humano matar outro ser humano, exceto na tela. A maioria das pessoas jamais verá um ser humano fazer sexo com outro ser humano, exceto na tela. O cinema é um veículo de comunicação fora da lei, nossa lanterna de mão na parte mais escura de nós mesmos. Para os criminosos e as prostitutas que vivem fora da lei, os filmes são quase realistas; são, para Mona Lisa e para o pistoleiro Mohsin, o que um conto de John Cheever talvez seja para um empresário que mora em Westchester: uma representação simpática, apenas um pouco exagerada, do seu trabalho e da sua vida.

Diz Anees: "Olhe para os meus pés". São marrons e engelhados de um modo não natural. O dia inteiro as pessoas pisaram neles, enquanto ele tentava afastá-las da ação. Os rapazes de Anees terão muitas explicações a dar depois; eles surraram a multidão com os punhos e *lathis*. Mas hoje eles estão com a unidade; são parte do mundo do cinema, ajudando-o a realizar seus sonhos.

Uma equipe de policiais chega. O inspetor exige que o pessoal do filme vá embora. Eles não conseguiram as autorizações necessárias. O negociador da unidade conversa com ele cuidadosamente. O membro local do Legislativo, ele próprio com aparência de valentão, aparece, balançando um bastão. "Fechem tudo! Se mandem, se mandem! O público está sendo incomodado." Mas Tanuja não terminou suas tomadas, que incluem filmar um gângster comendo *biryani*. Há um enorme prato de arroz gorduroso na frente dele e ouvimos Tanuja gritar-lhe: "*Khate raho!* Continue comendo!". É dinheiro o que o inspetor quer, mas Tanuja não percebe. Ela precisa sair antes do almoço. Acaba desistindo das cenas de rua porque há gente demais olhando para a câmara, obrigando-a a reduzir constantemente o quadro. Em Bombaim, logo aqui, ela está tentando excluir a multidão.

Madanpura quase não entrou no filme, mas essa manhã ali agora tem enorme significado: para Anees, para Ishaq, o dono da loja STD, e seu primo, o dr. Shahbuddin, e para todo mundo que ajudou Tanuja a filmar. Ishaq agora está cercado de pessoas que querem um encontro com as estrelas ou pequenas pontas no filme. A filmagem muda o status de Ishaq e de Shahbuddin na comunidade. O barbeiro do médico se recusa a receber dinheiro por fazer a barba dele todas as manhãs. Quer que Shahbuddin lhe faça um favor da próxima vez que as estrelas fizerem uma visita: uma foto sua com uma delas. A mulher de Shahbuddin, que está na Malásia, se recusa a acreditar que ele tenha conhecido todas essas estrelas; acha que ele está mentindo. É algo de que vão falar até a velhice, e algo de que os filhos vão falar. "Meu pai conheceu Preity Zinta. Mahesh Bhatt esteve na nossa loja, bem aqui. Sentou-se bebeu uma coca."

Quer façam filmes de arte, quer façam filmes de gêneros misturados solidamente pertencentes ao *mainstream*, as pessoas da indústria cinematográfica são iguais: grandes sonhadoras. Na Índia, seus sonhos têm de ser maiores do que os de todo mundo. Na Índia eles fazem sonhos coletivos; quando vão dormir à noite precisam sonhar para 1 bilhão de pessoas. Isso lhes desvirtua a personalidade. Também explica seu ego: a exigência de escala. Os cineastas de Bombaim sofrem de megalomania. "Este é o começo de uma mudança na órbita do Planeta Índia, a vingança definitiva, na qual os indianos vão tomar conta da mente ocidental. Sejam bem-vindos à agressão cultural do século XXI", escreve o produtor Amit Khanna numa coluna de jornal. A indústria indiana de entretenimento no começo do século XXI movimenta 3,5 bilhões de dólares, parte pequena da indústria mundial de entretenimento, que movimenta 300 bilhões de dólares. Mas é a maior indústria cinematográfica do mundo, no que diz respeito à produção e à audiência. Os mil filmes longa-metragem, as 40 mil horas de programas de TV e os 5 mil títulos musicais que o país produz são exportados para setenta países. Todos os dias, 14 milhões de indianos veem um filme num dos 13 mil cinemas; no mundo inteiro, mais de 1 bilhão de pessoas por ano compra ingressos para ver filmes indianos do que filmes de Hollywood. A televisão está entrando a galope; atinge 60 milhões de lares, dos quais 28 milhões têm TV a cabo, levando à cidade e à aldeia um cardápio de cerca de cem canais. "Hoje há mais canais disponíveis em Mumbai do que na maioria das cidades americanas", observou Bill Clinton numa viagem à cidade em 1999.

A Índia é um dos poucos territórios em que Hollywood foi incapaz de causar mais do que um arranhão; os filmes de Hollywood mal chegam a dominar 5% do mercado do país. Sabotadores ricos de expedientes, os cineastas híndis. Quando todos os países do mundo caíram diante de Hollywood, a Índia enfrentou Hollywood à maneira híndi. Acolheu-o, engoliu-o e regurgitou-o. O que entrou misturou-se a tudo que já existia e voltou com dez cabeças novas.

Os diretores de cinema híndis detestam o termo Bollywood: observam que a indústria cinematográfica de Bombaim é mais antiga que a de Hollywood, porque o cinema americano começou na Costa Leste antes de se mudar para a Califórnia, no começo do século xx. Os irmãos Lumière levaram seu *cinématographe* para Bombaim em 1896, poucos meses depois que a fantástica invenção estreou em Paris. Um maharashtriano chamado Bhatvadekar começou a fazer curtas sobre disputas de luta livre e macacos de circo em Bombaim em 1897. Por intermédio do cinema, os indianos vivem a vida inteira em Bombaim, mesmo aqueles que nunca estiveram na cidade. A vasta curva de Marine Drive, a praia de Juhu, o portão para o Ocidente que é o aeroporto de Andheri — tudo isso é reconhecido imediatamente em Kanpur e no Kerala. E Bombaim é mítica de uma forma que Los Angeles não é, porque Hollywood tem orçamentos para criar cidades inteiras em seus estúdios; a indústria cinematográfica indiana tem de recorrer a ruas, praias e edifícios altos que de fato existem.

Na grande maioria, os filmes comerciais híndis são musicais que contêm entre cinco e quinze sequências de canções. Os cineastas ocidentais abandonaram os musicais quando abandonaram o próprio cinema, em favor da televisão. Musicais exigem largueza, escala; não cabem em telas espremidas de dezenove polegadas. Houve outra exigência descabida que críticos e espectadores impuseram aos musicais de Hollywood: que a canção se ajustasse ao enredo. Os filmes híndis nunca obedeceram a essas diretrizes fascistas. A suspensão da descrença na Índia é imediata e generosa, e começa antes de os espectadores entrarem no cinema. É fácil suspender a descrença numa terra onde a crença é tão generalizada e vigorosa. E não apenas na Índia; plateias no Oriente Médio, na Rússia e na Ásia Central também são pré-cínicas. Ainda acreditam na maternidade, no patriotismo e no verdadeiro amor; Hollywood e o Ocidente seguiram em frente. Por isso as famílias russas de meu prédio em Jackson Heights, Nova York, cantavam as mesmas canções de Raj Kapoor cantadas por nós, indianos. "São filmes limpos", explicou-me, certa vez, um taxista egípcio em Nova York. "A gente pode vê-los com a família. Eles não nos causam constrangimentos."

Perto do fim do século XX, os filmes híndis começaram a ficar segmentados. Abriu-se um abismo pela primeira vez: o que o técnico de computação em San Jose gosta não é o que o agricultor em Bilaspur quer ver. Por isso, cineastas como Yash Chopra, Subhash Ghai, Mani Ratnam e Karan Johar mudaram seus filmes para agradar lá fora, onde, a longo prazo, está o dinheiro. Tajuna parafraseia a crença dos cineastas: "Não queremos pobres em nossos filmes, só queremos beleza".

Antes de vir à Índia desta vez, eu via uma média de um filme híndi por ano. Os enredos não me seguravam depois do começo. Cada vez mais, o mercado externo exige musicais sem enredo: filmes com dez cenas musicais elaboradas e um mínimo de conflitos, como *Hum aapke hain koun...!* [Quem sou eu para você?], filme que, em essência, é um vídeo de festa de casamento ampliado, com catorze canções. Os filmes substituíram as antigas tradições de casamentos hindus em minha família na Inglaterra e nos Estados Unidos. As roupas, os ambientes e muitas cerimônias são tiradas de filmes a que a comunidade assiste todas as noites nos videocassetes. A noiva e as damas de honra agora dançam não ao som das canções de tristeza pela partida das aldeias, mas de alegres números musicais de Bollywood.

As pessoas da diáspora querem ver uma Índia urbana, rica, lustrosa, a Índia onde imaginam que foram criadas e gostariam de viver agora. Querem histórias de amor com o mínimo de conflitos, ainda que seja entre rivais. Em casa, os filmes exploram as mais novas inseguranças dos filhos da classe média indiana. Seus pais já não lhes arranjam casamentos, como os pais de gerações anteriores. Agora se espera que cada um encontre o amor por sua própria conta, na faculdade, no trabalho. Espera-se que as mulheres saibam namorar, enganar. Os filmes ensinam a fazer isso.

No exterior os indianos querem um filme que possam ver com os filhos sábado à tarde, mostrar como exemplo de "valores indianos". Os de casamento e romance preenchem os requisitos. A violência não funciona com eles. O desejo de histórias está no Bihar, em Uttar Pradesh, lugares onde aldeões escutam *Ramlila*, versão teatral do *Ramayana*, impulsionados pela mesma fome de narrativa. Por isso outra classe de cineastas faz filmes apenas para o interior do país, repletos de mais violência, mais sexo terreno e mais deusas, seguindo a trilha dos filmes B. Os filmes híndis podem unificar o Bihar e Delhi, até mesmo o Bihar e Karachi, mas não, definitivamente, o Bihar e Londres.

Fui criado numa Bombaim anterior à televisão e meus sonhos eram maiores do que os das crianças criadas na cidade de hoje, porque eram exibidos numa tela vasta, centenas de vezes maior. Os filmes me forneceram a matéria-prima para minhas fantasias, nas quais eu salvava a moça que amava dos vilões e da desonra no último minuto. Meus enredos seguiam de perto os dos filmes, que naquele tempo seguiam de perto os das epopeias. Meninos de cidade, não contávamos com o benefício do sacerdote do templo recitando a *harikatha* ao escurecer. Tínhamos de ir ao cinema para nossa dose de história. Poucas estrelas viviam em Nepean Sea Road; elas eram, principalmente, as que tinham se aposentado da indústria. Não conheci ninguém ligado à indústria cinematográfica em minha meninice. Mas em contrapartida não conheci ninguém ligado ao crime, à prostituição ou à política. Os filmes eram, confiavelmente, irreais; os atores, distantes o suficiente para não interferir no que minha imaginação fazia com eles.

Quando me mudei para os Estados Unidos, eu assistia a filmes indianos por nostalgia; era a mais barata passagem de ida e volta para casa, quatro dólares no Eagle Cinema em Jackson Heights. Então, na faculdade e depois, parei de ir, achando-os cada vez mais absurdos e inconsequentes. De volta a Bombaim dessa vez, percebi que eu precisava fazer um curso intensivo sobre cinema híndi se quisesse falar inteligentemente com as pessoas que os fazem. Não foi algo que eu tivesse planejado.

Um dia no verão de 1998 vi-me no distante estado de Arunachal Pradesh, onde até os indianos precisam de autorização para entrar. Lá, uma mulher numa loja de chá à beira da estrada me falou da geografia sagrada da região. "E aqui, perto do tanque de água desta aldeia, *Koyla* foi filmado. Shahrukh Khan esteve aqui." É daqui que vêm os novos mitos. Os antigos deuses tribais foram substituídos pelos deuses de Bombaim. No vizinho Butão, numa cidade de montanha que só tem uma rua, vi o nome de Tanuja num pôster de filme. O país mais isolado do mundo conhece as estrelas de cinema de Bombaim, seus hábitos alimentares e com quem saem, como se fossem seus vizinhos.

O que é um asiático meridional? Alguém que assiste a filmes híndis. Alguém cujo ser inteiro se inunda de prazer quando escuta "Mere sapnon ki rani" ou "Kuch kuch hota hai". Esta é a nossa língua nacional; esta é a nossa canção comum.

VIDHU VINOD CHOPRA: *MISSÃO KASHMIR*

Uma tarde, logo depois de me mudar para Bombaim, devo me encontrar com o escritor Vikram Chandra para tomar um chá no Sea Lounge, mas quando ligo para seu celular descubro que ele está em Bandra. Estarei nesse subúrbio mais tarde à noite, por isso sugiro que nos encontremos em algum lugar lá. Ele pergunta se eu gostaria de acompanhá-lo a uma sessão de roteiro de que ele participa com o cunhado, um diretor chamado Vidhu Vinod Chopra.

A casa é um bangalô de seis andares numa ruazinha tortuosa perto do mar, na parte católica de Bandra, com suas pequenas aldeias. Um elevador privado me leva ao quarto andar, para uma alegre e bem mobiliada sala de estar com vista para as palmeiras e o mar, por janelas que vão do piso ao teto. É luxuoso, mas não no sentido cinematográfico de Bombaim. Não há espelhos tomando paredes inteiras, nem candelabros. Troco um aperto de mão com Vinod, um homem bem cuidado e vigoroso, que está chegando aos cinquenta mas parece bem mais jovem. Sua marca registrada nas fotos de publicidade é um boné de beisebol cobrindo o cabelo rarefeito, mas em casa está sem boné. Em colaboração com Vikram e um jovem teatrólogo gujarati chamado Abhijat Joshi, ele está escrevendo o roteiro de um filme sobre o conflito na Caxemira. Amitabh Bachchan, herói e deus dos meus sonhos adolescentes, aceitou estrelar no projeto. Bachchan deve fazer Khan, um policial, e Shahrukh Khan será Altaaf, um militante. No fim, o militante perceberá o erro dos seus métodos e passará por uma patriótica conversão. Vinod é um hindu punjabi que foi criado em Srinagar; a casa de seus ancestrais foi queimada pelos militantes. Seu último filme foi uma história de amor, *Kareeb* [União], um fracasso.

No dia seguinte telefono para Anu, mulher de Vinod (e irmã de Vikram e Tanuja), que faz com habilidade a cobertura de Bollywood para a revista semanal *India Today*, a fim de conversar com ela sobre a indústria. Em vez disso, ouço a voz de Vinod no viva-voz. "Sentimos sua falta! Por que não vem aqui para a sessão de roteiro?" Portanto, lá vou eu novamente para a casa em Bandra, sento-me com Vinod, Vikram e Abhijat e discutimos enredo, personagens e motivação. Nos próximos dois anos, sem jamais assinar formalmente qualquer coisa, ou sequer assumir um compromisso verbal, vejo-me participando da equipe de roteiristas de *Missão Kashmir*. Faço agora o que milhões de indianos sonham fazer: trabalhar num filme de Bollywood.

Um roteiro de filme híndi é mais falado do que escrito, e o diretor precisa demonstrar enorme entusiasmo por suas ideias. Embora Vinod realmente se inflame quando fala em punjabi, a maior parte de nossas conversas sobre o roteiro, incluindo os diálogos, transcorre em inglês. A indústria é dominada pelas classes média e alta; um recém-chegado que não fale bem o inglês está em grande desvantagem e precisa aprender rápido. Nos filmes híndis que vi produzirem, a direção — o desenvolvimento da história, as instruções para os atores, as ordens berradas para a multidão — é quase toda feita em inglês. Dois anos atrás, sentei-me com os atores Shahrukh Khan e Madhuri Dixit para almoçar enquanto eles falavam de filmes e programas de tevê americanos de que gostavam — *Sleepers: A vingança adormecida*, *Jack*, *Arquivo X* — e se queixavam de uma entrevista que tinham acabado de conceder para o Doordarshan, o canal de TV do governo, em que foram obrigados a falar híndi. Eles nem sequer conheciam algumas das palavras em híndi, disseram.

O estúdio de Vinod é repleto de livros em inglês, roteiros de diretores estrangeiros. Vinod diz que este será seu último filme em híndi; se tiver êxito, quer usar os lucros para fazer um filme em Hollywood. Sua carreira está em jogo. Depois de *Kareeb*, ele está com uma dívida de cerca de um crore. Se o próximo filme que produzir não der dinheiro, seu tempo na indústria cinematográfica estará, essencialmente, terminado. "Se este filme fracassar, minha casa será posta à venda." Os espectadores devem entrar no cinema já informados sobre a narrativa — os jornais serão os sócios silenciosos desse filme de interesse tão atual —, mas nada pode provocar, ou desafiar, a posição do país sobre o conflito ou, por falar nisso, a dos militantes, que podem até atacar sua casa a bomba se ficarem irritados. Muito da complexidade política da questão da Caxemira — a alienação que a maioria dos caxemirianos sente, as razões econômicas e administrativas do longo mergulho na rebelião — deve ser rigorosamente eliminado do roteiro. Vinod não se cansa de repetir: "Não quero que este filme seja polêmico. Não quero receber ameaças de morte e não quero que ele seja proibido. A Comissão de Censura é composta de pequenos merdas. Vão assistir a meu filme, se levantar e dizer: 'Chopra *saab*, grande filme'. Depois, metade vai votar para que eu receba um certificado U". Isso restringirá os espectadores àqueles maiores de dezoito anos, acabando com as possibilidades comerciais do filme. Para os indianos, ir ao cinema é coisa de família.

Todas as tardes, sentamo-nos no estúdio com uma bela vista, tomamos chá e lançamos ideias. Aprendo a construir um roteiro. Cada cena precisa ter valor dramático, não apenas fornecer informações. Diz Vinod: "Eu não deveria estar fazendo isto. Não há nada no mundo que me agradaria mais do que ver vocês três sumirem daqui e voltarem com um roteiro pronto. Eu deveria estar dirigindo". Ele tem dois comentários fatais sobre uma ideia de que não goste: "Muito cinematográfica" (ofendendo seus sentidos de artista) e "a plateia de cinema híndi não vai aceitar" (provocando-lhe preocupações comerciais). Muito embora elas possam ser geradas por escritores, as ideias que entram no roteiro são as que, de alguma forma, Vinod pode tornar suas, como se tivessem nascido em sua cabeça.

Vikram escreve uma série de mudanças que tornam o roteiro muito mais complexo. Vinod tem suas dúvidas. "Não vamos esquecer que estamos fazendo um filme híndi. Se fosse um filme em inglês seria completamente diferente."

Vikram é fã de *Los Angeles — Cidade proibida*, e usa a estrutura do thriller como argumento em defesa de sua versão do roteiro. "Eu o vi sete vezes, e poderia vê-lo mais sete."

"Se *Los Angeles — Cidade proibida* fosse um filme híndi, não ficaria nos cinemas um só dia", diz Vinod. "É cerebral demais."

Lembro a Vinod que as plateias indianas são perfeitamente capazes de entender a complexidade; afinal, estão acostumadas às narrativas míticas mais complexas do mundo, o *Ramayana* e o *Mahabharata*. Cada personagem das epopeias é multidimensional, os enredos têm múltiplas camadas e a mensagem é moralmente ambígua, exigindo alto grau de reflexão. Nada é fácil nessas epopeias e ambas têm fim infeliz, com a morte dos protagonistas. Mas o filme não é meu, nem de Vikram ou Abhijat; é de Vinod. E ele sem dúvida está possuído pelo projeto. A certa altura, tanto ele como Abhijat, ao ilustrarem o tipo de canção que querem numa determinada cena, se põem a cantar "Aa chal ke tujhe", de Kishore Kumar. Continuam, com um brilho no rosto, até cantarem toda a canção. Isso nada tem a ver com o trabalho que fazemos; é um desvio de prazer. Quando Vinod demonstra uma cena violenta, torna-se violento. Enfia o rosto no nosso, agarra-nos pela camisa e berra frases: "*Madharchod*, vou matar você!". A violência de Vinod me enche de energia. Chego em casa certa noite e Sunita me conta que alguém tem tocado a campainha da porta e saído correndo. "Vou matá-los, esses filhos da puta. Vou matá-los", digo, e me curvo para fazer as orações da noite.

O que me fascina não é tanto o processo de escrever o roteiro, como ouvir Vinod explicar o que é aceitável politicamente e o que não é. Toma-se infinito cuidado, como dizem os jornais, para "não ferir os sentimentos de determinada comunidade". Vinod passa e repassa a questão de saber que religião as protagonistas femininas devem professar, o que pode ser ofensivo, o que pode ser bem-aceito pelos espectadores. Finalmente, ele estabelece as diferenças: a sra. Khan, mulher do policial, é hindu, e Sufi, a namorada do militante, é muçulmana. As restrições sob as quais trabalhamos são peculiares ao país. Vinod não pode usar *fade-to-black* em seus filmes. Usou cinco num dos seus primeiros filmes, quando saiu do Film and Television Institute of India, e a plateia começou a gritar e assobiar. Os espectadores achavam que a luz de arco voltaico estava apagando. No interior os responsáveis pela projeção cortam os *fade-outs* dos rolos de filme para impedir que a plateia quebre o cinema.

Um dos primeiros rascunhos termina com a heroína esperando que o herói desça de helicóptero, vivo ou morto. Quando ela o vê vivo, começa a rir. "Você está vivo!" são as últimas palavras. Mas Vinod vê o fim novamente e balança a cabeça. "Tarde demais. As luzes vão acender e as portas vão se abrir antes que eles entrem no helicóptero." Nos cinemas da Índia, as plateias aprenderam a saber quando o filme vai terminar. Este senso é ajudado pelas portas que se abrem e pelas luzes que se acendem, cinco minutos antes do fim. As pessoas que têm crianças pequenas precisam sair logo, para pegar um táxi ou um riquixá. Portanto, os cinco minutos finais de qualquer filme híndi estão inevitavelmente perdidos, mesmo que a gente permaneça no cinema, porque a maioria das pessoas na frente se levanta. É por isso que os filmes terminam com uma canção, ou com uma breve reprise dos momentos mais importantes, como a vida de um moribundo passando diante dos seus olhos. O fim é espichado. Por isso, *Missão Kashmir* termina com uma supérflua sequência de sonho de alguém jogando críquete na neve e a reprise de uma canção.

A influência das epopeias é forte. Um incidente em que a sra. Khan pede ao menino que deponha as armas em benefício do marido é chamado, naturalmente e sempre, de "cena Kunti", em referência à mãe no *Mahabharata*. Como a maior parte dos filmes de Bollywood, o filme é um canto de louvor à maternidade, assunto sobre o qual jamais se pode ser cínico num filme híndi.

A maioria dos filmes híndis é sobre a família que se separa e depois se junta. Durante duas horas e meia, eles mostram e superam a dissolução das famílias urbanas do país em lares nucleares, de pai e mãe divorciados e sozinhos. Essa categoria é chamada de filme "social". Donas de casa vão às sessões da tarde e choram copiosamente em seus pequenos lenços brancos de algodão bordados de pequenas flores coloridas. Vinod é dedicado à mãe, como um bom filho de filme indiano. Ele desmarcou um jantar conosco porque a mãe lhe disse que ele não poderia comer comida preparada durante um eclipse.

Os princípios narrativos que impulsionam o enredo são alheios, digamos, aos da Iowa Writers' Workshop, oficina literária onde passei dois anos. Divirto-me imaginando o que aconteceria se o roteiro fosse preparado numa oficina. Minha contribuição ao roteiro é mínima. Proponho ideias que se desviam da fórmula padrão dos filmes híndis. Vinod pensa um pouco. "Não pode ser, porque se pusermos isso no filme os espectadores vão incendiar o cinema. Vão rasgar as poltronas e tocar fogo."

Retiro minha sugestão.

Ele não está exagerando. Os indianos levam seus filmes tão a sério quanto os italianos levam a ópera. Quando percebem que seus heróis divergem radicalmente do que deveriam fazer, os espectadores podem chegar às vias de fato. Enquanto preparamos o roteiro, lemos que em Ludhiana, depois da primeira sessão do filme *Fiza*, no qual o herói também faz um terrorista, a plateia ficou descontente com a maneira como seu ídolo era retratado. E manifestou seu desapontamento levantando-se e depredando o cinema. Sinto agora uma imensa responsabilidade como roteirista. Construímos o filme olhando ansiosamente para o condutor de riquixá que está sentado numa das fileiras de baixo, com uma lata de gasolina.

Peço a Vinod sua opinião sobre os filmes de arte feitos na Índia. Não é muito boa. "Acho que filme de arte na Índia é como falar grego ou latim com o indiano comum. É nossa ressaca colonial. Cinema de arte é feito para o Ocidente, exceto o de Ghatak, que fez filmes em bengali para bengalis. O poder de Ray veio do Ocidente, depois de *A canção da estrada*, e não de Bengala."*

Vinod pode falar com autoridade sobre filmes de arte. Como se aprende no decorrer de um primeiro encontro, ele foi indicado para o Oscar. Recém-

---

* Referência aos cineastas Ritwik Ghatak (1925-76) e Satyajit Ray (1921-92). (N. E.)

-saído da escola de cinema, fez um curta sobre crianças sem-teto em Bombaim, *An encounter with faces*, que foi indicado na categoria de documentário de curta-metragem para o Oscar. Os dois filmes que ele fez depois receberam aplausos da crítica mas mal se pagaram. Depois disso, Vinod começou a fazer filmes francamente comerciais: thrillers, romances, a começar por *Parinda*, seu primeiro filme convencionalmente importante. O submundo adorou *Parinda* [O pombo]; foi a primeira vez que um filme híndi mostrava-o como ele realmente é. Lembro-me do pistoleiro Mohsin vendo uma cena de *Parinda* na tv do quarto de hotel e comentando comigo: "Esta cena está correta".

Depois disso, Vinod só fez dois filmes, *1942 — A love story* e *Kareeb*, num total de cinco longas em sua carreira de duas décadas. Por que ele leva tanto tempo, quando outros diretores de Bollywood lançam um ou dois filmes todo ano?

"Basicamente por causa do roteiro. Não sou escritor." Ele se ressente de ter que fazer filmes com enredos banais para o que chama de plateias *ulloos*. "Tenho sempre de carregar o fardo de espectadores analfabetos em cinema. É como tentar falar sobre Shakespeare com Khem Bahadur" — o cozinheiro nepalês de Vinod. "Meu medo é que, por causa dessas constantes simplificações e tentativas de falar sobre Shakespeare com Khem Bahadur, eu tenha perdido a capacidade de discutir Shakespeare com gente que conhece Shakespeare."

Isso é algo que aos poucos descubro sobre Bollywood: as pessoas que trabalham nela são muito mais inteligentes do que as coisas que produzem. "Estamos tolhendo nosso lado intelectual para fazer filmes destinados a uma plateia de filmes híndis. Você está escrevendo esse grande romance na língua inglesa. Tente fazê-lo em híndi; então você vai entender minha tragédia. Você vai se ferrar. Não vai ter a porra do dinheiro para pagar a escola dos seus filhos."

Ele gosta de pensar, às vezes, em como teria sido se seus primeiros filmes de arte fossem um sucesso, ou se ele tivesse ido morar nos Estados Unidos depois da indicação para o Oscar. Ele às vezes se sente acossado pela sensação de uma vida não vivida, a sensação de que tomou o caminho errado na encruzilhada lá atrás. "Quero fazer filmes internacionais para o mercado mundial. Quero crescer. Para onde vou daqui? Posso me sentar aqui no meu estúdio de madeira com minha jacuzzi e ficar estagnado o resto da vida."

Há dois Vinods em luta, "olho no olho", como ele gosta de dizer, referindo-se a Khan e Altaaf, nossos protagonistas. Um é o cineasta de vanguarda do Film Institute em Pune, aluno de Ghatak e Mani Kaul, louco por Kurosawa. O outro é o produtor de filmes de grande orçamento de Bombaim, que quer provar algo a seu irmão adotivo comercialmente bem-sucedido e não pode se dar ao luxo de incluir sutilezas em seus filmes, com medo de que a plateia *ulloo* não perceba nada. Se jurasse fidelidade a qualquer dessas duas personas — tornar-se completamente Vinod, dedicado autor de filmes de arte, ou Vinod, diretor comercial de Bollywood —, viveria menos atormentado. Como está, o conflito é visível em seus filmes; ele o impede de ganhar um Oscar ou de ter um megassucesso de bilheteria.

Vinod é apegado ao lar, mas não à cidade. "Bombaim nunca me comoveu. Se eu pudesse pegar todos os meus amigos daqui para ir morar na Flórida, não seria má ideia. Bombaim tornou-se uma cidade de valentões depois que o Sena e Bal Thackeray tomaram conta. Há um homem que sozinho fodeu com Bombaim, e esse homem é Thackeray." Um burocrata do governo lhe disse que, se quisesse isenção de impostos para *Kareeb*, teria de falar com Thackeray. O mais eficaz método de controle do governo sobre o cinema popular não é o escritório do censor, é o funcionário da Receita. A isenção de impostos concedida a um filme permite reduzir pela metade o preço do ingresso, e pode significar a diferença entre a vida e a morte para um filme. Mas Vinod não vai se prostrar e tocar o chão com a testa diante de Thackeray. Se o Supremo lhe causar dificuldades, ele diz que se mudará do país.

Vinod me fala do Novo Movimento Deixe a Índia. É um grupo de cerca de cinquenta luminares de Bombaim: dançarinos, atores, diplomatas e assim por diante, coordenados por uma cabeleireira pársi que cuida das cabeças mais famosas da cidade, que convidou Vinod e Anu a juntar-se ao êxodo. Eles resolveram emigrar em massa para o Canadá: Vancouver. Para tanto, fazem reuniões, para as quais trazem especialistas que dão palestras sobre como sair do país e viver fora. Todos são ricos e podem pagar os 200 mil dólares necessários para obter documentos canadenses. É um sonho de exílio típico de Bombaim: sair de Bombaim, mas levando Bombaim junto. O Novo Movimento Deixe a Índia sonha em viajar numa bolha social para o outro lado do mundo, onde possa recriar Malabar Hill e Pali Hill num ambiente mais salubre.

* * *

Daqui a muitos anos, eles vão me perguntar: "Que aparência ele tinha? E o jeito de andar?".

Estamos no bangalô de Amitabh Bachchan, e aperto sua mão. Não seu clone de cera no museu de Madame Tussaud, mas o artigo genuíno. Cresci com esse homem — ou melhor, com sua imagem. Agora, pela segunda vez, vejo-o em carne e osso. A primeira vez foi em 1979, no velho Deluxe Cinema, em Woodside, Queens, onde ele foi lançar *Kaala Patthar* [Mina de carvão]. Ele fez um discurso no palco; eu o adorei de longe. Bachchan era, naquela época, o maior astro dos filmes híndis; o homem que, quando foi ferido fazendo uma tomada perigosa para um filme, levou o país inteiro a rezar por sua recuperação e dezenas de milhares de pessoas a fazerem fila na frente do Breach Candy Hospital para lhe doar sangue.

Ao vivo, o homem é surpreendentemente maior do que sua persona na tela. Usa uma folgada camisa de seda pathan. Quando aperta minha mão, surge um sorriso. Nunca vi tantos dentes em minha vida. Não é um sorriso de prazer, ou mesmo de boas-vindas. É como se uma tomada fosse ligada; há um breve lampejo. Logo depois, a tomada é desligada e o rosto recupera sua imobilidade, mergulha de volta em seu leve atordoamento.

Fora do bangalô, a qualquer hora, grupos de pessoas esperam para ter seu *darshan*, uma visão auspiciosa. Dentro, ele reina em seu escritório, que está no limite da ostentação, couro bege e madeira escura por toda parte. Uma grande pintura figurativa e um velho operador de bioscópio com um bando de meninos olhando por ele domina uma parede. Em sua escrivaninha há pilhas de videocassetes e dois livros, um dos poemas do pai e, em cima dele, *Couplehood*, de Paul Reiser.

Vinod me pergunta, depois: "Você acha que ele enrola o cabelo? Me pareceu estranho, na frente". De trás, também, parecia estranho, espichado no pescoço de modo pouco natural. Não foi apenas o cabelo que ele perdeu. Bachchan está desesperado; seus últimos escassos filmes foram muito mal e o futuro de sua produtora, a ABCL Ltd., é duvidoso. Quando Bachchan ligou para Vinod das ilhas Maurício, o diretor ficou tão excitado com o enredo de Vikram para um filme sobre a Caxemira que explodiu em xingamentos. "Filho da puta. Que porra de ideia mais brilhante!" Bachchan escutou polidamente e concordou que era brilhante. Naquela mesma noite, mais tarde, Vinod se sentiu mal por ter sido tão grosso diante de Bachchan, que é mais velho do que ele. Mas esse era também um indício sutil da nova posição do astro — que um diretor possa xingar como um marinheiro perto dele, e que ele tenha de engolir isso calado, aguardando na linha em Maurício. Depois do fracasso dos últimos dois filmes, era Bachchan que tinha de ligar propondo novos papéis.

Diferentemente de muitos diretores de filmes híndis, Vinod filma a partir de um roteiro escrito e encadernado, mas nenhum produto desses é necessário — ou suficiente — para conseguir contratar o talento para o filme. É preciso ir fisicamente e "narrar" o roteiro para os astros. É por isso que estamos no bangalô. Vamos contar uma história a Bachchan.

O astro nos fala do efeito que nosso filme deve ter sobre a plateia. "É preciso agarrá-los no meio das pernas e sacudi-los." Ele quer fazer um filme verdadeiramente inovador, num novo paradigma. Como exemplos, cita *Bombay* e *Bandit Queen* [A rainha dos bandidos]. E ele tem um afiado senso da primazia de seu papel como herói, o único herói. Quer que o enredo tenha algo que permita a Khan mostrar sua "esperteza — suprema esperteza".

Depois que lhe narramos a história, o superstar faz uma sugestão. "Podemos fazer com que o vilão seja o sistema?", pergunta Bachchan. "O homem comum é desinformado", começa ele. Ele viu *JFK — A pergunta que não quer calar*, de Oliver Stone, que mudou seu modo de ver o mundo. Na Índia, apesar de o homem comum ser inteligente, os políticos e os filmes lhe contam muitas mentiras. Mas agora o homem comum está despertando e percebendo que o sistema é responsável por seus tormentos. Portanto, o homem comum já não aceita um fim convencional, com o herói vencendo e todo mundo indo para casa.

Bachchan quer que façamos um filme com um fim que desperte o homem comum para os males que o sistema lhe inflige. Ele quer que os dois protagonistas, o tira e o militante, agarrados num abraço no fim do filme, sejam mortos com uma só bala. "Vamos dar aos espectadores algo sobre o que refletir", propõe o astro. "Eles vão ficar sentados no cinema quinze minutos depois que as luzes se acenderem, pensando sobre quem poderia ter atirado neles. Depois dirão: 'Porra... é o sistema!'"

"E os censores?", pergunto, lembrando-me das preocupações de Vinod sobre filmes polêmicos.

"Não se preocupem com os censores", diz Bachchan, espantando-os no ar, como moscas. Ele conta o que aconteceu na Academia de Defesa Nacional, onde é ambientado seu último filme, *Major Saab*, no qual ele faz o comandante da academia. Quando mostrou o filme a oficiais do Exército, eles se queixaram de que certas cenas não eram verdadeiras e deram a entender que poderiam criar caso com os censores. "Proíbam, eu lhes disse, e farei um filme sobre o que realmente se passa no Exército; o contrabando de armas em postos avançados, altos oficiais que dormem com mulheres de oficiais subalternos." Os oficiais recuaram, dizendo: "Vamos conversar sobre isso bebendo alguma coisa". Amitabh Bachchan teve uma vitória de verdadeiro herói; enfrentou o Exército sozinho, e o Exército cedeu. Sinto um brilho por dentro.

Vinod anda pelo terraço depois da reunião. Pergunta o que acho das sugestões de Bachchan. Digo que não tenho certeza de que o público aceitará um filme em que os dois protagonistas morrem. A diferença básica entre um filme de arte e um filme comercial é que no de arte o herói morre no fim. Vinod quer que o militante se junte com a namorada e com o pai na conclusão do filme. Portanto, ensaia o apelo que fará a Bachchan: "Senhor, o sistema pode estar destruindo o homem comum. Mas, se eu matar os dois astros no fim do filme, o sistema certamente me destruirá".

O que explica a paranoia do astro? A incursão de Bachchan pela política teve fim humilhante; ele foi obrigado a renunciar a sua vaga no Parlamento em 1988, quando seu nome foi ligado ao escândalo das armas da Bofors. Seu conglomerado de entretenimento, a ABCL, está na primeira página dos jornais; seu banco quer vender sua casa para recuperar o dinheiro emprestado à empresa. Seus filmes fracassam à esquerda e à direita. Todo o país o amou um dia; todo o país se prontificou a dar o sangue por ele. Não pode ser porque o povo negou-lhe seu amor. Não pode ser porque o povo lhe tenha sido infiel. Não, deve ter sido outra coisa. Deve ter sido o sistema.

Voltamos à casa de Bachchan tarde da noite com a última versão do roteiro. Jaya Bachchan, sua mulher, está lá, junto com seu filho, o ator Abhishek, e o contador da família. Jaya é uma digna e graciosa senhora. Ainda vejo nela a atriz que tanto me deleitou em *Guddi* e *Mili*. Alguns tira-gostos nos são oferecidos na sala de estar. Conversamos sobre o relatório Starr, que acaba de sair.

Os recentes ataques a bomba a embaixadas americanas na África Oriental, percebe Bachchan agora, foram uma trama para desviar a atenção dos problemas de Clinton com srta. Lewinsky. E percebo a temível mão do sistema agindo novamente.

Estamos discutindo tudo isso às três da manhã. Depois, nos despedimos de Jaya e subimos com o astro para seu escritório. Bachchan assiste às tomadas da locação que Vinod filmou na Caxemira. Elas mostram um país deslumbrante e pacífico, com velhos bangalôs e fontes cascateantes em jardins bem projetados. Ele emite sons de aprovação sobre o roteiro revisto; noto que está cansadíssimo e deseja encerrar a reunião o mais rapidamente possível. Quando descemos, lá pelas quatro da manhã, Jaya ainda está lá, ao pé da escada, na luz amortecida, flutuando, em silêncio, pelo piso acarpetado. Abhishek e o contador também aparecem nas sombras. Dizemos a Jaya que achávamos que ela tivesse ido se deitar. "Estou sempre acordada até, pelo menos, as quatro e meia", responde ela.

"Somos uma família de insones", explica Abhishek, com uma ponta de orgulho.

Bachchan senta-se outra vez diante dos sempre presentes tira-gostos, agora complementados por um prato de doces do Rajastão. Todos parecem preparados para conversar por mais uma hora. Despedimo-nos. Os fantasmas ficam.

Shahrukh Khan, nossa primeira escolha para o papel do militante Altaaf, aparece um dia na casa de Vinod para falar do roteiro. Ele não é bonito de um modo convencional, mas é brilhante, atento e cheio de energia. Usa camisa preta desabotoada, mostrando o peito sem pelos, calça jeans, com as longas bainhas não dobradas, mas rasgadas nas costuras, e tênis. Já me encontrei antes com Shahrukh; a primeira vez foi no set de *Dil to pagal hai* [O coração é louco]. Estava sendo filmada uma tomada em que o herói encontra a heroína. Ela está comprando frutas e regateia o preço de uma melancia. Shahrukh resolve ajudá-la; põe o braço em volta do ombro do vendedor, sujeito escuro, de imensos bigodes, e lhe diz qualquer coisa em voz baixa. O vendedor parece se acalmar e põe a melancia numa sacola de plástico. Nos filmes que vi na infância e adolescência, heróis salvavam heroínas das mãos de bandidos; agora eles negociam o preço de hortaliças.

Quando Shahrukh entra na sala de estar de Vinod, estamos falando com Ajay, que apareceu para o almoço. O astro mostra-se altamente respeitoso com o tira; Ajay certa vez o salvou das gangues que tinham resolvido achacá-lo. O empregado de Vinod, Khem, não está na cozinha, e Anu diz que vai preparar chá. Shahrukh percebe que não acabamos de falar com Ajay. Levanta-se — "Vou preparar chá; sou bom para fazer chá" — e some na cozinha.

Então o empregado sobe a escada. "Se Khem for à cozinha, vai ter um infarto", comenta Vinod. Khem entra e vê alguém esmagando cardamomo para fazer chá. Fica irritado, descobrimos depois, de ver um intrometido, talvez outro empregado, fazer seu serviço. Só quando Shahrukh volta com o chá numa bandeja e Khem percebe nossa atitude é que ele descobre quem era o homem que estava na cozinha. O estrelato não é uma coisa intrínseca; os astros adquirem seu brilho pelo reflexo no rosto dos fãs. No momento, Shahrukh é o maior astro que existe, no país e na região. Dois meninos paquistaneses foram recentemente apanhados por soldados indianos atravessando ilegalmente a fronteira na Caxemira. Revelou-se depois que eles não tinham feito isso para lutar no jihad; tinham enfrentado a morte na fronteira para ver seu ídolo em carne e osso. Planejavam ir a Bombaim para ver Shahrukh Khan.

A próxima decisão a ser tomada por Vinod é a escolha da heroína. Mas isso não tem muita importância. Num filme de ação, a heroína é apenas um pouco mais importante do que o cenário. Vinod já falou com Tabu, uma atriz excelente, mas, seguindo o conselho de um distribuidor, deve "procurar alguém com glamour". Preity Zinta, a atriz que conheci em Madanpura, por ocasião da filmagem de Tanuja, tem um sorriso borbulhante. Além disso, é de Himachal Pradesh. É pahari, moça das montanhas. Ela fica com o papel de Sufi, o caso de amor.

Vinod escolhe um velho amigo seu, Jackie Shroff, para o papel de vilão. Conheci-o, e a seus amigos, quando voltei para visitar Bombaim. Eles matavam o tempo em Wonderworld, uma loja de videogames em Nepean Sea Road, e pegavam as meninas. Jackie, diferentemente da maioria dos astros de filmes híndis, olha nos olhos quando conversa. É um homem grande, quase gordo; quando come os biscoitos de Vinod, seu assistente o repreende. Vinod e Jackie — Jaggu, para os amigos — têm uma relação leve, afetuosa, brincalhona. Passaram juntos alguns momentos difíceis. Em certa época, diz Vinod, Jackie lhe devia cinco lakhs. Deu-lhe 22 cheques. Nenhum tinha fundos.

Diferentemente dos filmes híndis que eu via quando menino e adolescente, em nosso filme não há uma vamp contracenando com o vilão. Por que não existem mais vamps em Bollywood?, pergunto a Tanuja. "A heroína se tornou a vamp", explica ela. Nos dias de glória de Bindu e Helen, as vamps eras as únicas mulheres que tinham permissão de usar roupas chocantes na tela, girar eroticamente, beber uísque. Tudo isso agora pode ser feito pela heroína; pelo menos um número musical, em que a mulher que posteriormente se torna a esposa obediente seduz o herói mostrando-lhe rapidamente as coxas, é obrigatório nos filmes atuais. Outro papel que vai ser engolido pelo ator principal é o do ator cômico: Asrani, Paintal, Johnny Walker, o parceiro ou bobo que antigamente dava dois ou três murros acidentalmente na climática cena de luta. Bachchan destruiu os papéis cômicos, incorporando-os ao seu. Era o único ator com estatura suficiente para fazer isso e continuar parecendo heroico.

A proporção de filmes populares que lidam com questões políticas, com terroristas, tem aumentado constantemente. Quase não consigo me lembrar de nenhum filme desse tipo do tempo em que morava aqui, quando criança. A Índia agora trata de ameaças à sua integridade por intermédio dos filmes. Muitos filmes híndis recentes tratam de uma vasta conspiração internacional contra o país, encabeçada por um vilão de vagos contornos étnicos. Há cenas de ataques a bombas, de terroristas geralmente associados a políticos que usam boné à la Gandhi. É uma explicação simples para os milhões de motins: tudo vem de fora, perpetrado por aquilo que todos os governos, desde a independência, chamam de Mão Estrangeira. Se pudéssemos chegar ao homem que quer destruir nosso país, tudo estaria resolvido. Em algum ponto do Paquistão, da Suíça, senta-se Mogambo em sua fabulosa mansão, tramando com seus apaniguados um jeito de acabar com o Hindustão.

Sinto-me distante de muitas cenas de *Missão Kashmir*. Escrevo-as como um advogado, pondo palavras em que não acredito na boca de meus personagens. Politicamente, estou em desacordo com o filme. Argumento que precisamos inserir alguma coisa sobre as condições sociais e econômicas que ajudam a produzir um terrorista, especialmente na Caxemira. Falo de uma visita que fiz à Caxemira em 1987, quando vi talvez o governo estadual mais corrupto da Índia; do desejo da maioria dos moradores com quem falei de não fazer parte da União Indiana; da duplicidade da Índia em manter uma maioria muçulmana na Caxemira com o argumento de que o marajá concordou conosco na independência, e recusar-se a permitir que os príncipes muçulmanos de Hyderabad e Junagadh se unam ao Paquistão porque governavam estados de maioria hindu. Mas não insisto. Não tenho o peso necessário na equipe de roteiristas.

Vinod quer que o filme reforce na imaginação popular a ideia sincrética de kashmiryat, a antiga ideologia que permite muçulmanos na mesquita de Hazratbal e hindus no templo de Shankaracharya exercerem suas crenças no mesmo país. Ele não ignora a história recente de sua problemática terra natal. A certa altura, diz: "Os indianos ferraram a Caxemira. Sou caxemiriano, sei do que estou falando. Eles estão ferrando a Caxemira há cinquenta anos". O roteiro apresenta uma gama de opiniões políticas dos muçulmanos do país, representados por Khan, dos muçulmanos a favor de um estado indiano, a Altaaf, o iludido terrorista muçulmano, a Hilal, o encrenqueiro fanático do Afeganistão. A certa altura, um burocrata hindu põe em dúvida a lealdade de Khan. Este responde, furioso: "Senhor Deshpande, não é uma infelicidade apenas para os muçulmanos, mas para todo o país, que um soldado que desafiou balas durante 21 anos tenha de provar sua lealdade, só porque seu nome não é Deshpande, mas Inayat Khan [...]. Meu amor pelo país não precisa ser atestado por um burocrata".

O roteiro também precisa fazer tentativas não muito entusiásticas de manter o equilíbrio entre as opiniões do estado indiano e as dos caxemirianos. Mas é sempre abrandado, sempre faz concessões. Numa das cenas, um terrorista explica suas razões para ingressar no movimento. "Primeiro eles constrangeram minha mãe. Peguei numa arma e vim." Essa corajosa declaração é rapidamente compensada pela frase seguinte, que ele pronuncia enquanto segura uma carta de casa. "Agora, do outro lado da fronteira, fizeram o mesmo com minha irmã." Em tudo, equivalência. A equivalência pode congelar a tesoura do censor no meio do corte. A equivalência pode parar a bala do terrorista a um centímetro do nosso peito.

Durante todo o tempo, rascunhos do roteiro são mostrados a policiais e oficiais do Exército, para que o mundo da ficção seja confrontado com o mundo real. Na Caxemira, Vinod mostra o roteiro a um alto funcionário do escritório de inteligência. O funcionário tem dúvidas sobre a cena em que Khan mata dois militantes sem demora, durante um interrogatório. "Vocês simplesmente o mataram!", diz ele aos cineastas. "Comigo, eu não cortaria um dedo, porque é menos um pedaço do corpo com que trabalhar. Se corto um braço, a perda é ainda maior; se mato alguém, não posso trabalhar com nada." Para o funcionário da inteligência, o corpo é um recurso precioso, a ser conservado por seu valor como fonte de dor; cada órgão, cada dedo, tem seu valor.

Sem aviso, Amitabh Bachchan não quer mais fazer o filme. Envia um fax a Vinod. Como não discutiram "muitos aspectos" do projeto, conclui o astro, "infelizmente tenho de deixar passar este". Vinod examina com desgosto o fax escrito à mão. "Isto é '*money aspects*' [aspectos financeiros] ou '*many aspects*' [muitos aspectos]?" Ele vai à casa do astro levando cem rosas brancas para convencê-lo a participar do projeto. O astro diz que está comprometido com outro filme em que trabalha com Shahrukh. Agora temos de pensar no filme sobre a Caxemira sem a presença de Bachchan. Mas faltam atores mais velhos de ar distinto. Os atores de cinema indiano não envelhecem bem. Engordam, perdem o cabelo e, ainda assim, insistem em contracenar com heroínas de vinte anos — como seus amantes, não como pais.

Um dia Vinod me diz que Shahrukh também não participará do projeto Caxemira. Seu cachê é alto demais. Vinod está pensando em passar o resto do ano fazendo filmes publicitários. O dinheiro de verdade está nos comerciais de TV. De início foram oferecidos a Shahrukh trinta lakhs para aparecer no filme de Vinod, para o qual precisaria viajar e trabalhar durante meses. Por três dias de trabalho num anúncio da Pepsi, ele vai ganhar dez vezes mais. Mas, sem os filmes, o rosto de Shahrukh nos comerciais seria irreconhecível. A indústria publicitária subsidia os filmes financiando o estilo de vida dos astros. Em troca, os filmes movimentam produtos. O merchandising em filmes alcança territórios desconhecidos em Hollywood; um número musical pode ser pago inteiramente pela Coca-Cola, por exemplo, e o herói e a heroína dançam em volta de gigantescas garrafas do refrigerante, de cinco a sete minutos de tempo de projeção. Ninguém se importa; não há separação entre o sagrado e o profano nos filmes indianos.

Finalmente tenho a oportunidade de ver um dos filmes de Vinod, *Kareeb*, num cinema no resort de montanha de Lonavla.

Uma sala de cinema indiana jamais se torna uma câmara de inconsciência de massa como no Ocidente. Em primeiro lugar, não se pode mandar ninguém calar a boca. Todos falam à vontade, muitas vezes mantendo um diálogo com os personagens. Se um deus aparece na tela, as pessoas podem jogar moedas ou se prostrar nos corredores. Crianças berram; durante a execução de um número musical, um quarto da plateia pode se levantar e ir comprar lanche no saguão. Diálogo complexo não funciona, porque a maior parte do tempo a plateia não escuta. O som é tão ruim na maioria dos cinemas que, como no teatro, não pode haver sussurros num filme híndi e a música precisa ser executada o tempo todo no volume máximo. Nem sempre foi assim. Para pedir instruções sobre onde fica o cinema em Lonavla, pergunta-se onde ficam os "*talkies*".

A plateia está indiferente a *Kareeb*. Os espectadores gritam para a tela, assobiando quando a heroína mostra algum sinal de se aproximar do herói. Saio para comprar um sorvete durante uma terna cena entre a heroína e a mãe. "Estão sendo nojentas", diz-me Sunita, quando volto. "Fazendo comentários sobre intimidades entre mãe e filha." Mas a plateia não gosta de paródia na tela. Numa cena em que a mãe brinca com a filha, dizendo-lhe que ela perdeu uma irmã gêmea — cena que deveria ser cômica, jogando com as convenções da fórmula —, a plateia fica no mais absoluto silêncio. Perigoso silêncio.

Kareeb não é um bom filme. O roteiro recorre a muitos artifícios. A atuação, especialmente a da heroína estreante, é tão ruim que raia a paródia — ela anda pelo filme com ar de drogada. Vinod culpa-a pelos prejuízos que teve com *Kareeb*, porque ele precisou jogar fora uma grande quantidade de tomadas da bisonha atriz. Certa vez, no set, ela deveria botar a mão direita na cabeça. Ela estragou várias tomadas levantando a mão esquerda. Depois que isso se repetiu muitas vezes, Vinod foi até ela, agarrou-lhe a mão direita e mordeu-a. "A dor fará você lembrar qual é a mão que deve usar." Ele é o Werner Herzog do cinema indiano, um tanto louco.

Depois que Amitabh e Shahrukh recuaram, Vinod decide preparar outro roteiro comigo. A história se passa, parcialmente, em Londres, com o tema da reconciliação possível entre indianos e paquistaneses no exterior. O filme trata da Partição e chama-se *Mitti*, Chão. Vinod tem uma visão de dois soldados, um indiano, um paquistanês, que são criados em famílias parecidas em Bombaim e Lahore. Eles se ferem reciprocamente em combate e vão parar no mesmo hospital na Inglaterra. Ali, aos poucos percebem que seu ódio é recente e vazio. Eles pertencem ao mesmo *mitti*.

É um enredo artificial, mas tem uma espécie de benevolência; está do lado dos anjos. E está em sintonia com as manchetes dos jornais. A amizade está no ar; é a fonte de possibilidades. A ideia do filme tem sua origem numa viagem de Delhi a Lahore passando por Wagah em 1999, quando o primeiro-ministro Vajpayee pegou um ônibus — não um avião, não uma limusine — para fazer as pazes com o inimigo, Nawaz Sharif, em Lahore. Bollywood sente, agudamente, que aquilo assinala um "momento" na história do subcontinente. Recebo ligações simultaneamente do diretor Mahesh Bhatt e de Vinod para ajudá-los em projetos baseados no cataclismo que ocorreu aqui cinquenta anos atrás. A Partição afetou a ambos: a Vinod, porque é hindu punjabi da Caxemira, e a Mahesh, porque a mãe dele era muçulmana. Bollywood há muito tempo luta, corpo a corpo, com a vivissecção da pátria. Isso ocorre, em parte, porque é uma das poucas indústrias nas quais muçulmanos e hindus estão igualmente representados. Escritores muçulmanos geralmente escrevem epopeias mitológicas hindus; os deuses de dez cabeças recitam poesia urdu.

Bollywood é essencialmente uma indústria dominada por punjabis e sindis, fundada por refugiados da Partição, que tomaram conta de um negócio que as elites estabelecidas de Bombaim nos anos 1940 viam com desdém. Nisso, assemelha-se à história de Hollywood e os judeus. A saga da Partição ajusta-se com as grandes histórias de amor desta parte do mundo, de *Laila majnu*, *Heer ranjha* e milhares de filmes híndis: duas pessoas que se amam, enfrentando todas as vicissitudes, contra a tirania do pai e do Estado, ou irmãos gêmeos separados ao nascer por um acidente da História. A Partição, com todas as suas exaltadas emoções, sua amplitude e sua tragédia, é um enredo pronto e acabado para um filme de Bollywood. Enquadra-se na fórmula. Talvez, no fundo da psique ferida dos refugiados que fizeram de Bollywood o que Bollywood é hoje, a Partição tenha criado a fórmula.

Mas, em 1999, a guerra do Kargil começa entre os dois países, e *Mitti* é abandonado, deixado na poeira. Do tema dos paquistaneses como irmãos, partimos para o tema do filme sobre a Caxemira: paquistaneses como arqui-inimigos. Uma enorme quantidade de filmes sobre o conflito é lançada. Filmes que nada têm a ver com a guerra nas montanhas, mas mostram um soldado do Exército ou mesmo um policial combatendo o terrorismo na fronteira são anunciados como proféticos no que diz respeito a Kargil. O roteiro de *Missão Kashmir* esforça-se para acompanhar as manchetes. É impossível prever qual será o humor do público quando o filme foi finalmente lançado, se vai querer ver nos paquistaneses um povo irmão ou um povo de assassinos fanáticos. O maior pesadelo de Vinod é ver os acontecimentos em Kargil fugirem do controle e o inimaginável acontecer: um país jogar uma bomba atômica no outro. "Então, nosso filme ficaria totalmente fora de moda!" Sem uma bomba atômica, o filme estouraria nas bilheterias dos cinemas.

Vinod ainda precisa escolher novos atores para *Missão Kashmir*. Amitabh Bachchan é substituído por Sanjay Dutt, o ator problemático que pagou fiança para continuar em liberdade, devido ao seu envolvimento nos ataques a bomba de 1993. A carreira de Sanjay vai mal no momento; ele parece estar descendo gradualmente pela encosta do alto de sua glória. Para substituir Shahrukh, Vinod escolheu um ator completamente novo. Esse filho de 25 anos de um astro esporadicamente bem-sucedido da década de 1970 fez exatamente um filme, dirigido pelo pai e a ser lançado dentro de alguns meses. Seu nome é Hrithik Roshan.

Certa manhã, Hrithik vai à casa de Vinod para se informar sobre o roteiro. A primeira coisa que noto nesse recém-chegado é como ele é espantosamente, quase desconfortavelmente, bonito: olhos verdes, nariz e queixo vigorosos, braços como os de Popeye e corpo magro, malhado com zelo até inchar nos lugares certos. É um rapaz educado e humilde, que ouve atentamente a história. Mas Vinod está assumindo um grande risco. Se *Kaho na... pyaar hai* [Diga que isto é amor], o filme de estreia de Hrithik, fracassar quando lançado, provavelmente o mesmo ocorrerá com *Missão Kashmir*. Seu papel como Altaaf é central. Mas Vinod viu as primeiras cópias do filme e fez sua escolha, levado, talvez, por exigências financeiras. Hrithik sai barato.

Há uma explicação para o fato de que Hollywood é incapaz de produzir filmes indianos: negociar contratos em Bollywood levaria qualquer advogado de entretenimento de Wall Street a pular de sua suíte no 26º andar do Oberoi.

Vinod fala com diversos diretores musicais e pede-lhes ideias para partituras e números musicais. Anu Malik, o compositor com quem ele trabalhou em *Kareeb*, fica muito sentido quando ouve falar que Vinod está à procura de alguém. Ele conversa durante duas horas com Vinod por telefone numa manhã de domingo e declara que está disposto a trabalhar de graça. Chora e geme; não vai querer um só paise. O dinheiro não é nada, em comparação com a amizade, diz, entre soluços. Vinod ouve o barulho de algo sendo triturado do outro lado da linha. "O que foi isso?", pergunta Vinod. "Estou comendo rabanete", responde o compositor. "Um minuto, estou acabando." Vinod ouve-o mastigar furiosamente; depois ele volta ao telefone, pronto para chorar mais. "Nem um só paise! Não quero de você nem um único paise, se for por causa do dinheiro."

Há cinco territórios na Índia onde um filme é vendido, e um território que compreende todos os mercados externos. Um distribuidor vem falar com Vinod, interessado no território da Índia central. Entrega a Vinod um cheque em branco. "Escreva um número, senhor. Sabe aquela cena em *Parinda* quando ele olha pelo espelho retrovisor? Sei-a de cor. De cor!" Negociar na indústria de cinema híndi é sempre uma questão emocional. A adulação mais descarada é ingrediente indispensável.

Um distribuidor de Calcutá, sr. Bagadia, chega e Vinod imediatamente o saúda com um abraço efusivo. Depois sou informado de que é a primeira vez que eles se encontram. "Parabéns pelo novo lançamento", diz o sr. Bagadia. Deve estar se referindo ao filho recém-nascido de Vinod, ao projeto *Missão Kashmir*, ou a ambos. Conversamos com o sr. Bagadia sobre elenco. Ele nos recomenda que procuremos o glamour, astros que estejam na moda, e, mais importante ainda, que tenham sorte. Analisou centenas de filmes e acabou descobrindo alguns pares de sorte, atores e atrizes que, quando aparecem juntos, fazem o filme ser sempre um sucesso. Um filme pode não ser um sucesso *por causa* do par; é apenas bom presságio. "Raakhee e Suresh Oberoi. Nenhum filme em que aparecem juntos jamais fracassou. Coloque-os em seu filme, mesmo em pequenos papéis. Não precisam nem contracenar." O sr. Bagadia passou a vida tentando compreender por que alguns filmes dão certo e outros não. É essencial conseguir um astro que ainda esteja em voga. Porque, diz ele, pensativo — e aqui eu sinto que ele nos oferece o sumo, a gema, de sua experiência acumulada, aquele aforismo em que os homens baseiam sua vida —, "um astro é como batom. Quando esmaece, esmaece".

O distribuidor está aqui para conversar sobre dinheiro. Em todo o circuito de Bengala e do Bihar, ele alega que teve uma arrecadação de menos de quinze lakhs com *Kareeb*. Há uma grande cordialidade durante o encontro, com uma leve corrente subterrânea de tensão. O distribuidor admite que *Kareeb* fracassou miseravelmente e lhe deu grande prejuízo, mas declara a Vinod que distribui filmes por prestígio e não por dinheiro. Mesmo sabendo de antemão que não vai ganhar dinheiro, se for um projeto prestigioso, como qualquer filme de Vinod, ele aceita distribuí-lo de imediato. "Não somos baluartes da indústria como Vidhu Vinod Chopra", diz ele, virando-se para mim.

Assim que o sr. Bagadia vai embora, Vinod me pergunta o que achei dele. Respondo que algo no homem me pareceu suspeito. "O filho da puta trapaceou comigo", diz Vinod. O filme arrecadou no mínimo entre trinta e quarenta lakhs no território do distribuidor; ele fica com 10% do que declara. É principalmente um negócio em dinheiro vivo; não existem mecanismos à disposição de Vinod para verificar as vendas reais de ingressos. "Não há nada que eu possa fazer", diz. Ele confiou no conselho do diretor Yash Chopra. Ao sair, o distribuidor disse que estava indo à casa de Yash Chopra, que tinha um encontro marcado com ele. Vinod pede que seu assistente ligue para a casa do diretor. Yash Chopra está fora da cidade.

Vinod faz rascunhos de contratos, mas normalmente não os assina. "Contratos legais nada significam", observa. O contrato que o astro e o diretor assinam nada significa; o pagamento vai depender de o filme mais recente do astro ter sido um sucesso ou um fracasso. Para se proteger dos riscos que assumem, os astros geralmente trabalham em três ou quatro filmes ao mesmo tempo, fazendo um policial de manhã, um terrorista à tarde e um amante diabólico à noite. Vinod me mostra um pedaço de papel. Trata-se dessa coisa secreta, entre as mais secretas, de Bollywood, um contrato por escrito. Ele estabelece os termos do pagamento dos astros numa linguagem que seria curiosa num tribunal, mas que é apenas a forma escrita do melodrama em que Vinod transforma todas as suas negociações verbais.

Prezado Sanjay,
ASSUNTO: *Missão Kashmir*
1. Acho que o que tem acontecido, nas últimas semanas, no contexto de *Missão Kashmir* é espantoso em termos da forma que o projeto está assumindo, seja no roteiro, na música ou, acima de tudo, no interesse e na dedicação que você tem demonstrado. Realmente acredito que o projeto está assumindo proporções incríveis.

2. Agradeço essa dedicação, mas quero que saiba que valorizo sua amizade, e nossa relação, ainda mais. Não quero que jamais um mal-entendido, especialmente nas questões mais mundanas de remuneração etc., afete essa relação. É por isso que discuti o assunto com você franca e abertamente. Quero registrar aqui, apenas para ajudar a memória, o que você e eu combinamos nessa questão.
3. Por mais que eu quisesse lhe pagar o que você conseguiria com outros, mas levando em conta que não disponho dos feios canais normais de financiamento, vou lhe pagar *25 lakhs*. Entretanto, por favor leve em conta que, se o filme não tiver sucesso, eu só lhe pagarei a soma simbólica de *0 rupia*. Espero que você esteja de acordo.
Sinceramente,
Vidhu Vinod Chopra

E, no pé da página, uma frase escrita à mão: *Bonus de 25 lakhs se o filme tiver êxito.*

Os contratos com os três atores principais são idênticos na linguagem. As cifras, no caso do segundo ator, Hrithik, são de onze lakhs se o filme se pagar, um lakh se não se pagar, e um bônus de dez lakhs se o filme for um sucesso. Para a atriz principal, Preity, o pagamento é de quinze lakhs se o filme der dinheiro, um lakh se não der, e um bônus de dez lakhs se for um sucesso. Apesar de as cifras terem mudado depois, com o aumento do orçamento e da popularidade de Hrithik, Vinod protege-se bem; se *Missão Kashmir* seguir a sorte de *Kareeb*, o pagamento total aos astros será de pífios dois lakhs. Termos similares foram negociados com os diretores musicais, os câmeras e outros membros da equipe. Ninguém recebe adiantamento. Às vezes, ninguém recebe nada depois do trabalho também. "Quando *Kareeb* fracassou, meu diretor de arte não recebeu nada", diz Vinod. Mas ele compensou depois. Quando fez um filme publicitário, contratou o mesmo diretor de arte e pagou-lhe três vezes o preço normal. "É algo muito não americano. Isso não aconteceria nos Estados Unidos", observa Vinod.

Precisamos de pelo menos quatro canções para *Missão Kashmir*. Idealmente, as gravadoras preferem oito canções num filme, para que possam gravar os dois lados de um cassete. Mas reconhecendo que a Caxemira devastada pela guerra, com dois contendores sedentos de sangue, não é o cenário ideal para um número musical de Bollywood, Vinod pensa, em princípio, em quatro canções, o suficiente para um lado de um cassete. "O outro lado pode ser preenchido com música de fundo." Quando o filme termina, o número praticamente dobra, para sete. Há outra decisão criativa que obedece a imperativos econômicos; a primeira renda que o produtor de um filme indiano recebe vem das vendas antecipadas da música para as gravadoras. Os filmes de Vinod tradicionalmente fazem sucesso no exterior, assim como a trilha sonora de seus filmes anteriores. Seus filmes são conhecidos, acima de tudo, pela alta qualidade da música; mesmo quem nunca viu *1942* reconhece, de imediato, a canção "Ek ladki ko dekha" e se põe a cantarolar. Ele vende a música por três crores antes de filmar uma única cena, recebendo adiantados dois crores, o que ajuda a financiar a produção do filme.

Vinod lê as letras escritas para as canções de Rahat Indori. Têm a ver com flores, com terra natal, com destruição, com bombas. Pergunto a Vinod se as letras são sempre em urdu. "É difícil saber o que é híndi e o que é urdu", diz ele. Como se trata de um filme sobre a Caxemira, a língua tenderá para o urdu. Esse cineasta nacionalista, como todos os demais, faz seus filmes em hindustâni, e não em híndi.

Os músicos são três jovens que estão em alta no mundo da publicidade: Shankar, Ehsaan e Loy; um hindu, um muçulmano e um cristão. Chamo-os coletivamente de Amar Akbar Anthony. Eles tocam três músicas para nós em seu estúdio. Revestiram as trilhas com *samples* do mundo inteiro. "Deem-me tambores do Burundi", diz Ehsaan. Depois ele dubla por cima uma convocação senegalesa para as orações, do álbum *Passion sources*, que já é uma compilação de fontes de world music feitas para *A última tentação de Cristo*, uma colaboração entre Martin Scorsese e Peter Gabriel. O assunto no estúdio é a música de Nino Rota, Vangelis, John Coltrane. Na mistura são jogadas tablas, guitarras, piano, sinos e o barulho de um remo nas águas de um lago. A música dos filmes híndis tinha uma batida world bem antes de Peter Gabriel ou Paul Simon terem ouvido um tambor falante. "Há séculos as pessoas pegam ritmos do mundo inteiro, não instrumentos", observa Loy. Por exemplo, a música das regiões costeiras do mundo geralmente tem os mesmos ritmos básicos. Loy imita a batida dos tambores com a boca.

A música de Bombaim agora é diferente da música de Bombaim da minha infância e adolescência. Para começar, ela usa mais instrumentos eletrônicos e mais ritmos e vozes africanos. Muitos números de dança mostram uma profunda voz negra saltando no meio do híndi, declarando seu sorridente amor pela muito feminina voz híndi. Os indianos gostam de vozes masculinas que sejam grossas e de vozes femininas que sejam finas. Mas hoje pouca gente sabe o nome dos cantores do playback; as irmãs Mangeshkar já não têm o monopólio. Com o advento da música eletrônica, a música de fundo agora compete com a voz numa canção de filme híndi; o sintetizador é geralmente mais importante, e mais perceptível, do que o cantor. E as massas adoram; as grandes plateias de *pan wallahs* dançam ao som dessa música. Os mais velhos piscam e reclamam, como os velhos costumam fazer. Eles ficam especialmente irritados quando os rapazes põem antigas canções em seus instrumentos eletrônicos e fazem um remix com batida de música de discoteca, vozes de reggae e amostras de rap. De repente, uma canção lenta, um lamento ou uma terna balada se transformam num chamado urgente para o enlace.

A eletrônica abriu um mundo novo para os compositores de música para filmes híndis. Eles ficaram malucos. Agora não precisam mais ir atrás de instrumentistas que conheçam a batida do samba ou do merengue. Podem roubá-las diretamente do sintetizador, de CDs de compilação de samples. A leitura digital dos sintetizadores de Loy anuncia os instrumentos que eles imitam: SWEET VIOLINS, AFRO DRUMS. Consigo identificar ZOUK, SENEGALESE CHANTING e ZYDECO. Qualquer coisa que tenha uma batida. Isso inclui música clássica europeia; os músicos indianos não esqueceram Mozart e temperaram o moço vienense com bongôs e congas. A música dos filmes híndis é como o hinduísmo. Todos que a invadem são absorvidos, digeridos e regurgitados. Nada que seja musical nos é estranho.

Uma noite levo minha família para ver *Kuch kuch hota hai* [Algo está acontecendo], filme maravilhosamente divertido, ainda que desmorone no trecho final. Não há vilões. É um grande filme punjabi sobre o primeiro amor entre estudantes de faculdade, os dias de paz da classe média indiana. Já vi esse campus escolar em alguma parte. Conheço esses personagens. Tento lembrar de onde. Então duas palavras numa notícia de jornal sobre o designer do set me fazem lembrar: a fictícia Riverdale High. É o gibi americano ressuscitado em híndi: Betty e Veronica brigando por causa de Archie. Os cineastas foram criados lendo os gibis da Archie Comics, que li também, para dar uma espiada na América. Quando se quer escapar da Índia, vai-se para a América dos subúrbios.

Meu filho Gautama canta "Kuch kuch hota hai" e "Chal mra ghoda", além de "I'm a Barbie girl" e "Twinkle twinkle little star". Ele está formando suas fontes de prazer a partir do Oriente e do Ocidente. Constrói seu próprio vocabulário de músicas de filmes híndis que carreguei comigo a vida inteira. Quando lhe perguntam de que sentirá falta quando voltar para os Estados Unidos, ele diz, sem pensar: "Filmes híndis". Quando tiver saudades de Bombaim em Nova York, cantará "Kuch kuch hota hai" nas calçadas da cidade distante. Um menino indiano nos Estados Unidos, cantando uma canção híndi de um filme indiano que imita um gibi americano; um jogo de pingue-pongue kitsch. Junto com o Bhagavad Gita e o ensaio de Thoureau sobre desobediência civil, isso também tem asas.

Durante os meses em que trabalhamos em *Missão Kashmir*, Vinod me abre sua casa e seu coração. Foi casado três vezes, e "nenhuma delas sabe fazer uma omelete", queixa-se. Mas as duas ex-mulheres visitam sua casa regularmente. Quando ele tem dor nas costas, vou a sua casa para ver o cineasta deitado no chão, cada uma de suas três mulheres — seu harém, como diz Anu — massageando diferentes partes do seu corpo. Quando se casou com Anu, ele a levou para a casa da sogra, que pôs *tilak* em sua testa e disse: "Você é uma filha nesta casa". Ele não vê razão para deixar de amar as ex-mulheres só porque não está mais casado com elas; mais importante, não vê razão para elas deixarem de amá-lo.

Não sei bem por que Vinod me contratou. Mas, aos poucos, percebo que o que ele quer não é tanto um escritor, mas um amigo. Começo a ser convidado para reuniões íntimas em sua casa: aniversários, comemorações. Ninguém do mundo do cinema é convidado; geralmente estão só a família dele, a minha e a de Ajay Lal. Vinod tem um jeito de sugar a vida dos outros e transformá-la em sua vida. Ele me liga todas as manhãs e quer saber quando vou à sua casa para as reuniões de roteiro; quando faço menção de sair à noite, seu rosto se transforma, como o de alguém condenado a uma longa noite solitária. No começo eu cedia a seus pedidos para aparecer às onze da manhã; gradualmente, quando percebo que estou chegando à casa do diretor antes de ele se levantar, começo a chegar mais tarde.

Quando minha família parte para os Estados Unidos e fico dois meses sozinho, Vinod me convoca para ir a sua casa um dia e chama o cozinheiro: "De hoje em diante", diz ele a Khem, "o almoço e o jantar serão mandados de nossa casa para Suketu". Protesto, mas Vinod não quer saber. Todas as manhãs, seu motorista chega com marmitas térmicas repletas de comida vegetariana punjabi, chinesa ou italiana; todas as manhãs outro motorista vem buscar as marmitas vazias. Num país pobre, com um sistema de saúde pública ruim, o alimento tem um significado elevado. Nessa família cinematográfica, encontrei uma espécie de lar.

Convido pessoas à minha casa para meu aniversário e é uma festa tensa, com pessoas que não gostam umas das outras, e não muita gente. Vinod altera seu cronograma de filmagens para poder comparecer. Chega tarde, quando quase todos já saíram, mas enche a sala. Ele acaba de vir de uma reunião de gente de cinema; está cheio de histórias divertidas e de três cervejas. De repente, minha festa ganha vida e sinto uma onda de afeição por ele. Em meus dois anos em Bombaim, ele tem sido sempre generoso comigo — com seu tempo e com sua hospitalidade. É tudo feito à moda punjabi, não sem receber algo em troca, e não sem chamar minha atenção para esse fato. Mas há nele uma exuberância, um gregarismo, que faz todos à sua volta sorrirem, pessoas já no apagar das luzes de uma festa. Na companhia de Vinod, tenho a impressão de que tudo é possível: casar e divorciar-se, ganhar muito dinheiro, ter uma grande casa em Bandra, viver uma grande vida. Vinod leva consigo sua própria fonte de energia, como uma bateria alcalina, como um submarino nuclear.

A FERIDA DE MAHESH BHATT

Mahesh Bhatt está de mau humor. Estamos no set de *Mumbai meri jaan* [Mumbai, minha vida], a história de uma imigrante de classe média em Bombaim que vence na vida, embora conservando seus valores de cidade pequena. Sua assistente é Tanuja Chandra, e a coisa não vai bem. "Estou furioso", murmura ele, soturnamente, pelo microfone. "Não há entusiasmo."

O cenário é do quarto de Chunky Pandey — "meu Taj Mahal ao ar livre", como diz uma de suas falas. Há os acessórios que acompanham o sucesso da classe média: um bar com um estoque de Chivas Regal, uma TV, uma cozinha e "um banheiro ao estilo ocidental-estrangeiro-alemão", como descrito em outra fala de Chunky, que continua assim: "Roubei a tampa da privada num hotel cinco estrelas". Essa extravagância visual é encenada no telhado da Happy Home and School for the Blind, em Worli. Um gigantesco anúncio luminoso de pneus CEAT em cima de nós desperta em vermelho, extinguindo-se aos poucos e reaparecendo. Há cerca de 150 pessoas no set: rapazes das luzes, o pessoal do som, atores, assistentes variados e um grupo considerável de pessoas que não fazem absolutamente nada. "Só duas ou três pessoas aqui sabem fazer seu trabalho", diz Mahesh, desgostoso. "É por isso que nossos filmes são mal-acabados. Não é como em Hollywood, onde todo mundo é qualificado. Dirijo uma gigantesca agência de empregos. Eles trabalham na base do chicote." A indústria cinematográfica indiana, como qualquer indústria do país, emprega muito mais gente do que precisa. Os atores, especialmente Chunky, estropiam repetidamente suas falas, e a tomada inteira tem de ser refeita. "*Saab* Bhatt, por favor, venha cá", suplica Chunky depois de um ensaio. Mahesh fica onde está. "Você não precisa que eu vá aí. Você precisa é aprender suas falas. *Aprenda* suas *falas!*"

Mumbai meri jaan, como tantos outros filmes, oferece uma Bombaim genérica para ser vendida nas províncias: gente rica, mulheres rápidas em carros rápidos, gângsteres, policiais, bens de consumo. Para o imigrante bihari que anda no sul de Bombaim, essa parte da cidade é irreal, um set de filmagem. Tão astronômicos são os preços dos apartamentos aqui que o forasteiro não diz a si mesmo, enquanto percorre Malabar Hill: "Um dia vou morar aqui". Ele passeia por uma paisagem de sonhos. Como este set ridículo. Se fosse real, tudo seria carregado — a cama, o bar, o banheiro, a cabine telefônica vermelha "roubada da MTNL", a companhia telefônica — pela primeira chuva.

Não sei o que esperava quando conheci Mahesh: um bom artista que se vendeu? Um mulherengo? Ele tem a reputação de ser um chato, que não perde a oportunidade de ser citado pelos jornais sobre qualquer assunto, incluindo aqueles sem qualquer relação com cinema. O que encontro é um homem com excesso de peso, já bastante calvo, desarrumado, que parece ter mais do que os 45 anos que tem, mas gracioso, agradável e muito à vontade com os jovens.

Está escrevendo um filme situado na época dos tumultos, sobre sua mãe. É uma mulher com dois segredos. Um é que ela é amante do pai dele; ele e os irmãos são filhos ilegítimos. O outro é que ela é muçulmana xiita. Um dia a mãe para na frente de um salão de casamento e pede à filha mais velha que vá lá dentro. Quando a moça volta, a mãe lhe faz perguntas sobre o casamento — A noiva estava bonita? E o noivo? — e chora a noite toda. Era o casamento do amante dela, o pai de Mahesh, com uma mulher mais respeitável.

A relação continuou depois do casamento, por toda a vida da mãe. Quando o pai, um brâmane gujarati produtor de filmes B, visitava sua casa, "nunca era completo", diz o filho do produtor sobre o pai. "Ele nunca tirava os sapatos. Nunca tirava a camisa, como os outros pais, e vestia uma camiseta e sentava-se para ler o jornal." Mahesh adora a mãe, agora octogenária. "Eu trazia vaga-lumes numa garrafa para colocar no cabelo de minha mãe", diz, com seu riso fácil.

O filme sobre a mãe e os tumultos — *Zakhm*, Ferida — é o último que Mahesh vai dirigir, segundo jurou. Ele fez em média mais de um filme por ano, cerca de 27 filmes, numa carreira de um quarto de século. Mahesh se aborrece com todo o exercício de dirigir. É trabalho duro e concentrado, sete dias por semana, num exercício sem propósito. Ele chegou a um ponto em que "dirige pelo telefone" alguns de seus filmes. Odeia ir para os locais de filmagem, odeia ter de parecer entusiasmado. Por isso dá instruções aos atores no set pelo telefone, enquanto guia seu carro, ou mesmo de casa.

"Em minhas lembranças mais antigas de filmes estou sentado no colo de alguém — minha mãe, minha tia ou minha babá — para assistir a uma première num cinema e vendo essa tela em preto e branco. Aproximava-me dela e tocava-a" — ele imita a mão de uma criança tocando numa tela enorme —, "mas quando chegava perto só via pontos pretos e brancos e perdia a imagem. Então eu recuava. Minha vida se tornou assim; já não vejo a magia. É só a realização de um filme, e não há braços para me levar de volta, a fim de que eu veja a imagem inteira."

Ele me conta o enredo de *Zakhm*, no qual o segredo sobre a religião da mãe do herói é revelado no fim, quando ele deve decidir como será o funeral dela. O filme tem a estrutura de flashbacks durante os tumultos de Bombaim, quando o herói está no hospital, ao lado do leito da mãe, com as turbas de Thackeray soltas lá fora. Mas ele não menciona Thackeray no filme. "Não quero fazer um filme sobre política."

A indústria de filmes híndis sempre teve o secularismo de um bordel. Todos são bem-vindos, desde que tragam ou ganhem dinheiro. O financiador pode ser um irredutível nacionalista hindu. O letrista pode ser um sunita fundamentalista. O astro que faz o papel de um hindu pode ser um muçulmano, e sua heroína, que faz uma muçulmana, pode ser hindu, e nada disso tem importância para o público. Mas os tumultos de 1993 derrubaram a pirâmide de poder na indústria cinematográfica. Os técnicos de nível inferior tomaram-se inauditamente audaciosos, exigiram favores e questionaram a autoridade. Os homens do Sena faziam a ronda dos estúdios para checar se havia empregados muçulmanos. Os hindus no topo da indústria, sem saber que a mãe de Mahesh era muçulmana, insultavam os muçulmanos na frente dele. Um dos iluminadores de Mahesh ficou preso em Behrampada, umas das áreas mais afetadas. Sua família foi cercada por uma turba hindu, e a mulher gritava pelo telefone para Mahesh: "Eles estão vindo para nos pegar!". Mahesh tentava mandar comida para a casa do iluminador quando um de seus iluminadores hindus veio e lhe disse que seu sindicato estava pedindo a Bhatt Saheb que não defendesse a causa dos muçulmanos. "Ele não é um muçulmano, ele é um empregado!"

Discutimos a maneira de isso aparecer em *Zakhm*. Ele vê o herói como um homem que ama a mãe e odeia profundamente o homem que aparece para fodê-la. "É um triângulo", explica. No funeral da mãe, enquanto ele anda, versos sagrados do hinduísmo, do islamismo e do cristianismo ecoam em sua cabeça. "Tenho a trilha sonora na cabeça", diz. Ele me conta que sua mãe o levava a uma igreja, onde lhe pediam que "beijasse o sangue de Cristo, beijasse o sangue de Jesus". Depois ela o levava a um santuário muçulmano e o fazia recitar "Lahilla Allah lahilla". Enquanto lhe dava banho, ela recitava suas castas origens: "Você é um nagar. Sua *gotra* [linhagem] é Bhargava". Por considerar-se casada com o amante hindu, ela mantinha em segredo seu lado muçulmano. Quando era menino, Mahesh odiava-a por ser muçulmana, por isso tentava perturbar seu namaz. Já adulto, ele decidiu celebrá-la, e à sua identidade religiosa, nesse filme. Mas a mãe está com medo. Durante os tumultos, ela perguntou se seria seguro para ele dar às duas filhas nomes muçulmanos. *Zakhm* baseia-se na vida de Mahesh em mais de um sentido. A mãe será representada pela neta, Pooja, filha de Mahesh.

Como Vinod, Mahesh odeia o negócio que tem sido tão bom para ele. "É uma indústria doente. Não há dinheiro nenhum nesta porra — ela é vítima de sua própria propaganda." Quando faz um filme agora, teme que não dê certo já de saída, porque nove em cada dez filmes não pagam nem o dinheiro investido. Ele perdeu a noção da fórmula. "Posso analisá-la, porém não flui mais." Mas Mahesh sabe exatamente qual é seu objetivo na vida, como alguém que faz filmes: "Somos destilarias do prazer".

Tanuja organiza uma pré-estreia de *Sangharsh* só para meus amigos, em reconhecimento pela ajuda que lhe dei na realização do filme em Madanpura. É um estranho encontro de dois mundos, meu livro ganha vida. Há Mona Lisa, Girish, Sunil, Kamal, Rustom e Ishaq, e toda a multidão de Madanpura. Depois da sessão, todos eles formam duas filas no corredor, descansando encostados nas paredes, tímidos, desajeitados, enquanto Mahesh e Tanuja ficam no começo da fila e falam comigo. Eles acabaram de ir ao cinema Novelty e de ver a casa cheia, centenas de pessoas, extasiadas com sua criação. *Sangharsh* está sendo arrasado pelos críticos. "Mas quando vi todas aquelas pessoas no Novelty", diz Tanuja, "achei que aquela plateia era mais importante do que a dos intelectuais."
"Esta é sua única plateia!", ruge Mahesh. "Nunca se esqueça disso."
Vamos todos ao restaurante Gallops, no hipódromo. O realizador de filmes sobre os tumultos senta-se à mesa, do lado oposto ao dos desordeiros. Sunil dá comida pacientemente à filha, que ele trouxe para ver as pessoas importantes. Mas a conversa não engrena. A fronteira de classe é alta demais.
A pré-estreia para meus amigos acaba sendo inesperadamente lucrativa para Tanuja. Dois dias depois, ela me liga, frenética. Acabou de ver seu filme, que não tem três dias nos cinemas, na tela de sua TV. Está sendo transmitido ilegalmente por operadores de TV a cabo em Bandra e Borivali. Os distribuidores no exterior, que não investiram dinheiro no mercado indiano, vendem cópias de novos filmes para operadores locais de TV a cabo. A primeira semana é crucial para um filme híndi; é nela que virá a maior parte do dinheiro que ele arrecada em sua existência, e, se as pessoas já podem vê-lo na tela da televisão, por que pagariam para ir ao cinema? Tanuja quer que eu peça a Sunil, o operador de TV a cabo, que não passe o filme em sua área. Sunil me diz que há um "distribuidor" de TV a cabo para os subúrbios com quem ela poderia conversar. Chega-se a um acordo. Como um favor a Tanuja, que é amiga de Sunil e lhe deu a honra de convidá-lo para sua première, os operadores de TV a cabo de

Bombaim e Thane vão desistir de transmiti-lo para seus assinantes durante um mês, por ordem do distribuidor. E mediante o pagamento de 50 mil rupias.

"Mas isto é chantagem!", protesto.

"É um bom negócio", responde ela.

Os cineastas fazem o possível para impedir que seus filmes caiam em poder da pirataria, que vende DVDs mesmo antes do lançamento. Com *Kareeb*, Vinod viajou pela Índia, fazendo um apelo pessoal aos departamentos de polícia para que protegessem seu filme da pirataria da TV a cabo. Em Ahmadabad, contou-me ele, um policial graduado pôs em fila os principais operadores de TV a cabo da cidade depois que Vinod reclamou que seu filme estava sendo exibido ilegalmente na TV. "Que faço com eles?", perguntou o policial a Vinod.

"Quebre as pernas deles", sugeriu o diretor.

"Tudo bem", respondeu o policial.

Abro o jornal numa segunda-feira de manhã e vejo uma grande foto de uma velha senhora sob o nome SHIRIN, um nome muçulmano — mas ela está usando a *tilak* hindu na testa. A mãe de Mahesh morreu. Porém sua versão em celuloide está em vias de nascer na tela grande.

Quando se aproxima a data do lançamento do filme, surge uma controvérsia sobre se Mahesh é ou não filho bastardo. Seu filme — e boa parte de sua vida — assenta-se na premissa de que ele é. O pai diz que não e põe um anúncio nos jornais para dizer isso, alegando que se casou legalmente com a mãe de Mahesh. Há uma troca de fortes insultos entre membros da família. "Minha mãe era tida como sua amante", insiste Mahesh. "Apesar de ambos repetirem que eram casados, não tinham documentos para provar." A ilegitimidade de Mahesh é muito importante para seu sentimento de identidade. E agora Mahesh é um grande homem. O bastardo tornou-se um astro e pode lutar contra seus demônios em 70 mm, para uma plateia de 1 bilhão de pessoas. A mãe dele, que teve de esconder seu amor o tempo todo, por seu Deus e por seu homem, reencarnou na neta e agora é uma deusa, objeto de veneração, de celebração. O filho tornou-se legítimo de novo. Ao celebrar sua ilegitimidade, Mahesh derrota-a. A arte é onde lutamos contra nossos demônios.

Mahesh me leva para uma pré-estreia de *Zakhm* na importantíssima Comissão de Censura. Aguardamos do lado de fora, no terraço do Liberty Cinema, até que a comissão acabe de ver e debater o filme. Ao entrarmos, a diretora do comitê diz: "Queremos cumprimentá-lo por ter feito um filme muito sensível".

Mahesh, Tanuja e eu ficamos em pé numa das primeiras filas, de costas para a tela, olhando para os censores: quatro mulheres e um homem hindus, todos tipos de classe média, médicos, contadores.

A diretora começa perguntando por que o policial muçulmano é apresentado como o mocinho. O policial é hindu, insiste Tanuja. "Qual é o nome dele?", pergunta a diretora. Mahesh e Tanuja se entreolham. Trata-se de um policial hindu, dizem, mas ele é chamado apenas de Sharad, que é o nome do ator. Os censores querem que isso seja tornado explícito, para que não pareça que a polícia está dividida por linhas comunais. "Apesar de sabermos que a força é comunalizada", acrescenta a diretora. Além disso, a frase dita pelo mau policial hindu, "Este menino muçulmano ———" deve ser mudada para "Este menino ———".

Mahesh concorda com a mulher antes que ela termine a frase. Este é seu último filme e ele já esteve em dezenas de sessões de regateio como esta. Subindo de elevador, o diretor me contara que, na exibição do seu primeiro filme para os censores, quando tinha 21 anos, discutiu com eles e recusou-se a fazer os cortes que exigiam, e foi a pé do Liberty a Mahim porque estava com muita raiva. Ele achava que 25 anos depois as coisas teriam mudado para melhor, mas não mudaram. O que mudou é que ele é menos confrontador.

A diretora elogia Mahesh por seu filme não ter cenas de nudez, violência, grosseria e pela maneira sensível com que tratou do tema da ilegitimidade. No entanto, diz que, como o filme trata de questões de comunalismo, o comitê decidiu dar-lhe a classificação A, para filmes Adultos.

É um golpe letal em termos de renda de bilheteria; as pessoas não vão poder levar os filhos de menos de dezoito anos para ver o filme, eliminando parte substancial da audiência.

Mahesh faz um apelo, sem estardalhaço, para que mudem de ideia. "Não quero discutir, mas acho que este filme deveria ser visto por pessoas mais jovens." Se adolescentes de catorze ou quinze anos pudessem vê-lo, e ser influenciados por suas ideias de tolerância e pelo ideal de um país unido, seria bom para o país, argumenta. Mas deixa a decisão por conta deles. A diretora diz que eles vão pensar e dar-lhe uma posição amanhã. Se insistirem na classificação A, as vendas do filme para a televisão também serão afetadas. Portanto, há um incentivo para que os cineastas não tratem de questões políticas. A realidade não é para crianças — nem para adolescentes.

Os censores finalmente insistem na classificação A. A diretora do comitê argumentou, com veemência, em favor de uma classificação U/A, mas os outros queriam ir ainda mais longe, submetendo-o à aprovação da polícia, a fim de que não instigue o ódio comunal. Se o filme causasse qualquer problema, o comitê ficaria com o fardo da responsabilidade de tê-lo aprovado sem cortes.

Na realidade, conseguir uma classificação A foi o menor dos problemas de Mahesh. Sem ter visto o filme, mas com base na sinopse escrita, a diretora-geral da Comissão de Censura, uma atriz envelhecida, mandou o filme ao Departamento do Interior, para obter uma autorização. Um dos funcionários da Comissão de Censura — composta majoritariamente por donas de casa e homens com muito tempo disponível — foi incapaz de dormir à noite depois de ver o filme, e essa é uma das razões mencionadas pela diretora para justificar a necessidade de obter autorização governamental. A rigor, o filme deveria ser submetido ao governo da União, uma vez que será lançado em toda a Índia. Levar um filme sobre os tumultos para ser aprovado pelo mesmo governo que está envolvido nos tumultos é procurar encrenca. E o governo do estado pode, de fato, dificultar as coisas para Mahesh, se quiser; pode acabar com todos os seus projetos, incluindo seus seriados para a televisão. Ele me diz que este é seu último filme e que não está preparado para perder a dignidade; não vai, como outros cineastas, fazer uma visita a Bal Thackeray de chapéu na mão.

Pooja, a filha de Mahesh, vai conosco à reunião com o secretário-chefe do governo de Maharashtra, sr. Subrahmanyam. Viajo com eles como um dos roteiristas. A reunião é no escritório do burocrata; pelas duas grandes janelas, tudo que vejo é o céu e o prédio da Air India. É uma das raras vistas de Bombaim não contaminadas por seres humanos. O secretário é um homem gordo, com o rosto marcado por uma doença epidérmica, que o tornou branco e vermelho, como se fosse iluminado por luz estroboscópica. Pooja está ali como enfeite, como estrela que ofusca. O secretário não está deslumbrado. É um grande homem em sua cadeira, um deus em sua lagoa de rãs. E faz questão que saibamos disso.

O secretário conta como autorizou o filme *Bombay*, ocasião em que, segundo diz, ficou sozinho contra o governo, sustentando que um artista tem direito a suas opiniões. A polícia se opusera a ele. Mas a autorização só foi possível depois que o diretor do filme fez um apelo a Thackeray; Amitabh Bachchan tinha ido pessoalmente ao líder do Sena e implorado por sua autorização para que o filme fosse lançado. O filme tratava dos tumultos, e hindus e muçulmanos eram mostrados como culpados. Quando o filme foi exibido ao Saheb para seu imprimatur, ele só quis que uma cena fosse cortada: a cena do fim, em que seu alter ego aparece pedindo desculpas pelos massacres e incêndios. Ele não tinha o menor desejo de fugir da responsabilidade por seus valentes atos.

"Ele comprou sua paz", recorda o secretário, sugerindo que Mahesh deve fazer o mesmo. Mahesh se recusa. "Não estou preparado para isso." O assistente do secretário diz então que ele precisa conseguir uma carta da diretora da Comissão de Censura dizendo que não vai liberar o filme, mas a carta não será direta. A diretora deve dizer que o filme será julgado por um tribunal superior e que a questão está sendo examinada pelo governo estadual. "Como não tomaram nenhuma decisão, você não pode recorrer", comenta o secretário. Mahesh escolheu o momento errado, acrescenta. O Relatório da Comissão Srikrishna acabou de sair. "Se seu filme for anti-hindu — e se você disser a verdade sobre os tumultos, ele *tem de* ser anti-hindu —, não verá a luz do dia."

Mahesh diz que o filme não toma posição contra os hindus.

Nesse caso, declara o secretário, "ele continuará nas latas. Vamos bani-lo". Ele faz isso o tempo todo; nessa manhã, diz o secretário, ele baniu uma peça de teatro. Ele deixa bem claro que, na sua opinião, os hindus começaram os tumultos; não obstante, "o atual governo é pró-hindu. Você não teria esse problema no governo do Congresso".

Mahesh e Tanuja tentam explicar que os tumultos aparecem apenas perifericamente no filme, e que na verdade eles jamais são mostrados. O secretário-chefe diz que não viu o filme, mas, repete, ainda assim ele "nunca verá a luz do dia" se disser a verdade e tomar posição contra os hindus. "Os hindus gostam de dizer que são seculares, mas não são." Ele ri. "Os muçulmanos não são seculares de forma alguma." Lembrando-se do poder emocional dos primeiros filmes de Mahesh, como *Saaransh* e *Arth*, o secretário acrescenta: "Se for muito forte emocionalmente, você está enrascado". Os filmes de Mahesh são jejunos em matéria de sutileza ou contenção. Um sikh sempre carrega uma espada; um muçulmano sempre usa gorro e sapatos no estilo de Ali Babá. Ele não acredita em segurar as lágrimas; faz seus atores chorarem sempre que possível. Tanuja, corroteirista de *Zakhm*, definiu para mim o segredo do sucesso de um filme híndi: "Ele tem de sacudir as entranhas das pessoas". O público indiano pensa com o coração. Essa paixão pode derrubar governos, impérios. O governo pode engolir um documentário sobre os tumultos, mas não um filme emocional, importante. O Iluminismo não chegou a estas praias; não tem influência alguma. A democracia, aqui, é o equilíbrio entre paixões opostas.

Mahesh responde que irá a Delhi falar com o primeiro-ministro, que recentemente disse que admira sua obra. O secretário-chefe ri. "Ele tem um falcão como ministro do Interior. O filme será mostrado para ele" e banido.

Mahesh e Tanuja trabalham até o Diwali, tentando, freneticamente, fazer o filme passar por todos os entraves políticos e burocráticos, levando a questão para a mídia. *Zakhm* é mostrado a um comitê de funcionários do governo, incluindo o comissário de polícia de Bombaim, que então pede a alguém da polícia na Comissão de Censura que veja todos os filmes, a fim de impedir que os policiais sejam mostrados sob luz negativa. "Gera mais calor — o fato de haver ali um mau policial — do que o efeito neutro gerado por um bom policial", explica o comissário.

Mahesh cede e faz alguns cortes, e filma novamente algumas cenas para agradar aos censores. As faixas cor de açafrão que os desordeiros usam, e que "representam certo partido político" de acordo com o relatório da Comissão de Censura, são substituídas por faixas pretas. Uma cena "em que um personagem muçulmano fala de suas frustrações é desnecessária" é cortada. Um encontro preparado em que policiais atiram num fugitivo é apagado. Um discurso feito pelo substituto de Thackeray — "Toleramos essas pessoas há muito tempo e é chegada a hora de uma fazer uma limpeza nacional" — é eliminado. Mahesh quer duas coisas incompatíveis. Quer ser o herói da imprensa, por segurar a tocha do desafio contra o establishment fascista; mas também quer liberar seu filme. Crores dependem disso.

Depois que os cortes políticos são feitos, *Zakhm* é liberado e acaba ganhando um prêmio do presidente da Índia: Melhor Filme de Longa-Metragem sobre Integração Nacional.

Estou sentado a uma mesa fora do Sun'n'Sand Hotel em Juhu no fim da tarde, vendo o sol declinar e cair no mar. Este é o hotel onde artistas de cinema e chefões de gangues costumavam vir para verem e serem vistos, o hotel onde Mona Lisa entregou sua virgindade ao produtor de cinema Hari Virani.

Ali Peter John gosta de se espreguiçar na beira da piscina do Sun'n'Sand Hotel, especialmente quando sua vodca e seu sanduíche de frango são pagos por outra pessoa. Mas ele não é um sanguessuga; ele paga por sua comida com histórias, muitas vezes. Pois Ali Peter John é, como diz seu antigo companheiro de bebedeiras Mahesh Batt, "Deus para os lutadores". Seu poleiro de colunista da revista *Screen* lhe dá liberdade para percorrer as estradas e vias secundárias de Bollywood.

Ali é um despachante, um mensageiro entre dois mundos, um conduto entre a Bombaim de cima e a Bombaim de baixo. Na aparência, ele é uma figura barata, cambaleante, suspeita, com o que no mercado de casamentos se chama "visão desunida", de modo que ele pode olhar para você sem estar olhando para você. Usa barbicha, que o faz parecer homem de confiança de contrabandista, e geralmente se esquece de abotoar a parte de cima da camisa. Mas seus artigos na *Screen* são lidos quase como sermões, de tal modo são impregnados de propósitos morais.

Ali é autoridade em filmes B e C, os sudras e intocáveis — e com certeza os que mais dão dinheiro — da indústria. As revistas sobre o comércio do cinema estão cheias de anúncios coloridos de página inteira desses filmes, nas categorias de sexo e horror. Esses filmes são realizados rapidamente, uma semana para começar e terminar, em bangalôs alugados na ilha Madh. Depois são apresentados para a Comissão de Censura em Madras, onde os censores são mais lenientes do que em Bombaim. Costumam ter mais êxito do que os filmes de grande orçamento no interior, em lugares como Uttar Pradesh e Madhya Pradesh, e nos pequenos cinemas da Velha Delhi, e têm nomes como *O diabo e a morte*, *Alma sedenta* e *Vampiro*. "São uma mistura de horror, sexo e música alta", explica Ali. Nas últimas sessões, cenas pornográficas em geral são inseridas aleatoriamente no filme pelos donos dos cinemas, cenas que nada têm a ver com o filme anunciado, mas que são de grande apelo para a plateia quase só de homens.

Ouvindo Ali falar, tem-se a impressão de que é um homem perseguido pelos aspirantes a atores que vieram para Bombaim e fracassaram; ele demonstra especial solicitude com as mulheres. Diz que de cada cem moças que vêm para a cidade a fim de se tornarem atrizes, "dez têm sorte, noventa estão condenadas". As audições são sempre realizadas em lugares como o hotel Seaside, em Juhu, que Ali rebatizou de hotel Suicídio, devido ao que ele leva algumas batalhadoras a fazer depois de uma audição num de seus quartos.

Os filmes estarão sempre ligados a sexo e morte para Ali; ambos significam oportunidades. "Sempre que alguém morria, era feriado na escola e íamos ao cinema." Ele foi criado em Andheri East, região de cristãos pobres e grupos tribais warlis. Quando os artistas jovens começaram a alugar apartamentos na área, "foi como a invasão de certa cultura". As mulheres warlis eram muito bonitas, e os aspirantes a atores as pegavam, dizendo-lhes: "Somos do mundo do cinema". O menino Ali ficava muito impressionado com a resplandecência dos atores, e para ele foi um choque descobrir, quando se tornou adulto, que "trabalhavam como contínuos de escritório". Ele agora os vê em bares de Yaari Road, em Andheri, na cervejaria Urvashi, no Leo's Country Liquor Bar, atrás da cortina suja, sentados com suas garrafas de bebidas locais de nove rupias e planejando a conquista do mundo, dizendo a outros aspirantes: "Amanhã vou fazer uma tomada com Amitabh Bachchan".

"Por estar neste negócio há tantos anos, espanta-me o nível de realidade oculta", diz Ali. "Eles nunca deixam você perceber que estão frustrados." Os aspirantes de melhor situação vivem em certos hotéis e pensões associados à sorte. O Marina Guest House, em Bandra, por exemplo; Rajendra Kumar morou lá. Ali conta que os batalhadores sobrevivem com Prato de Arroz. "Oito rupias. Arroz, seis *puris* ou dois *chapatis*, um *dal*. Se o hotel for muito generoso, serve uma pequena vasilha de coalhada bem aguada e dois vegetais. Comida no lugar certo é a dieta mais balanceada. Às vezes, se estão de bom humor, dão doce também." Para o batalhador que consegue pequenos papéis, há os hotéis de propriedade de muçulmanos, onde, por vinte rupias, consegue-se um *biryani* muito bom.

Ali e eu tomamos um riquixá para Yaari Road, muito movimentada à noite, com uma porção de pequenos restaurantes de cada lado. Ali me mostra um garçom numa barraca: "Aquele sujeito traz oito histórias no bolso. Está pronto para contá-las. Deve haver lakhs de histórias sobre filmes em Bombaim".

Assim como existem aspirantes a atores, existem aspirantes a roteiristas. Eles tentam conseguir uma entrevista com um produtor ou diretor, para contar sua história em tempo real e atuando para valer. Nas cenas emocionais, choram com eficiência. Nas cenas de ação, eles pulam e se movimentam para um lado e para outro no escritório do diretor. Em geral, poupariam ao diretor o trabalho de escolher o elenco: o astro já está escolhido. "E Vinod Khanna corre, corre... ele cai no chão, rola no chão... e é apanhado." Ali imita a narrativa, fazendo mímica. "Enquanto isso, Vinod Khanna desaparece, está longe dali, bebendo em algum lugar."

As cabines de ligações interurbanas de Yaari Road estão cheias de jovens que telefonam para casa, dizendo aos pais, aos irmãos, que a grande oportunidade está vindo, é só dobrar a esquina. Muitos deles pertencem a associações de artistas jovens e têm um sistema de castas preciso, explica Ali. Se um ator numa cena de festa usa terno, é considerado Classe A e recebe o dobro do que recebe outro ator, relegado à Classe C porque está parado atrás do ator Classe A. Os aspirantes a quem a natureza abençoou com uma aparência que lembra a de Amitabh Bachchan ou de Shahrukh Khan conseguem emprego de dublê profissional. Algumas mulheres parecidas com atrizes conhecidas trabalham em bordéis. Ao jeca que chega à cidade é mostrado um álbum com o que a casa tem a oferecer. Ele escolhe a sósia da heroína de cinema, paga um preço exorbitante por seus favores e, graças à luz mortiça e ao seu nervosismo, volta para casa convencido de que passou a noite com uma atriz de Bombaim. E sempre que a vê na tela fica rubro de secreto orgulho.

Ali promete apresentar-me a um "genuíno aspirante", um homem chamado Eishaan.

Poucos dias depois, estamos sentados na cantina do Filmalaya Studio. É um barracão, mas um barracão cinco estrelas, de acordo com Ali, porque tem cinco ventiladores. Na minha frente, do outro lado da mesa — feita de um gigantesco outdoor da coca-cola —, está um jovem de rosto liso e olhos brilhantes, de brinco numa orelha e um ursinho de ouro pendurado numa corrente que lhe pende do pescoço. Seu irmão Hitesh está sentado ao lado, e tem aparência tão diferente que deve ter vindo de outro reservatório genético. Esse é um dos devotos seguidores de Ali, Eishaan, o aspirante a ator. "Se não estivesse batalhando, nunca se sentaria nesta cantina", declara Ali. Pois Eishaan não fugiu de uma aldeia no Bihar para vir tentar a sorte no mundo do cinema; ele foi gerente de um próspero negócio de roupas em Dubai durante cinco anos, antes de vir para Bombaim. É sindi, um batalhador indiano não residente, que em seus 25 anos conheceu o banquete e a fome. Já viajou em Mercedes, num Rolls-Royce e nos trens de Bombaim. Morou com treze pessoas num apartamento de um quarto em Andheri antes de sua família mudar-se para uma casa em Jaipur, comprada com o dinheiro das joias que a mãe vendeu. Ele sonha em ser herói desde que tinha dezesseis anos e examinava as páginas dobradas da revista *Screen*. Naquela época, um de seus tios, que trabalhava numa produtora de Bombaim, conseguiu-lhe trabalho como modelo numa sessão de fotos, e ele embolsou oitocentas rupias. Para um adolescente de Jaipur, deve ter sido um grande negócio, de significado maior do que seu simples poder aquisitivo.

O adolescente estudou até o 12º ano, quando sua família se mudou para Dubai, onde ele foi gerente de uma loja de tecidos de um comerciante árabe, ganhando 70 mil rupias por mês. Então, durante a Guerra do Golfo, os negócios minguaram. Ele continuou vindo a Bombaim. Achava que devia fazer outra coisa, algo que lhe falasse mais ao coração. De volta a Dubai, um gerente de supermercado chamado Starson — "sabia muita coisa sobre os astros" — entrou na loja de tecidos. "Ele costumava me dizer: 'Você não é uma pessoa comum, vejo algo em você'." O jovem estava na loja de roupas, disse Starson, mas aquilo era apenas uma parada para descansar, para tomar água. "Isto não é o fim. Você vai dominar."

Esse rapaz achou que bem podia falar com Starson sobre seu sonho. "Ele disse: 'Faça isso. Vai haver muita dificuldade, mas não desista.'"

Dessa forma, o gerente da loja de roupas partiu de Dubai para Bombaim, a fim de tornar-se um astro de cinema. Quando chegou, a cidade tinha mudado de nome para Mumbai, por isso ele também mudou o seu. Quando nasceu, seus pais, com a falta de imaginação típica da classe média, deram-lhe o nome de Mahesh, sob cuja normalidade ele vinha batalhando todos aqueles anos. Nos anos 1950 e 1960, atores muçulmanos trocavam de nomes, adotando nomes hindus — como Dilip Kumar — para serem aceitos. Nos anos 1990 isso não era mais necessário. Mesmo com a ascensão do BJP e do Sena, os maiores astros de cinema do país eram um trio de atores muçulmanos, os Khan: Shahrukh, Aamir e Salman. Mahesh passou a se chamar Eishaan, que tem uma sonoridade urdu, uma sonoridade cinematográfica.

Eishaan começou a fazer vários cursos: de ação, de atuação, de dança. O de dança custava mil rupias por mês, o de ação, 5 mil por três meses, e o de atuação, 15 mil rupias. Nas aulas de ação ele aprendia tae kwon do. Depois os alunos eram levados à praia para aprender ação cinematográfica — mergulhar, rolar e dar socos. Ele faz uma demonstração. "Eles devem passar raspando", quase tocando o corpo, no instante em que a plateia ouve o satisfatório *dhishoom*! Ele acha que o professor de atuação viu algo especial nele. "Meu senhor Roshan Taneja ficou comigo como seu assistente durante um ano e meio", diz ele, orgulhoso. E acrescenta: "De graça. Foi uma honra para mim".

Recebeu ofertas para trabalhar em filmes C e em seriados da TV, mas tinha os olhos voltados para os filmes A. Eishaan tem muita clareza no que se refere ao tipo de papel que aceitará. "Vim para cá com a intenção de me tornar herói. Não foi para me tornar ator." Então ele conheceu um produtor que lhe prometeu um papel num filme que estava produzindo. A cada dois meses, perguntava ao produtor sobre a situação do filme e obtinha a mesma resposta: "Estamos procurando um diretor". O diretor nunca foi encontrado. Enquanto isso, Eishaan parou de fazer sua ronda por escritórios de produtores, na crença de que em breve seria lançado. Esperou um ano e meio, e nesse período perdeu outros contatos.

Começou de novo e, depois de quatro ou cinco meses, conheceu Chetan Anand num estúdio de moda e entregou seu portfólio ao diretor. Chetan Anand era um lendário diretor que tinha vindo do Paquistão, depois da Partição, e era parte de uma dinastia do cinema. Ele estava fazendo um filme sobre a Partição, em que uma muçulmana se apaixonava por um hindu. Eishaan estava na casa de um amigo quando recebeu uma ligação de Chetan Anand. "Você está nessa", disse o diretor. "Eu me senti nas nuvens", recorda o aspirante. "Comecei a sonhar, pensando em como reagiria quando eles dissessem 'Ação!'." Passou nove meses com o diretor, gravando sete canções. Então, Anand, de 87 anos, adoeceu. "Tinha um problema qualquer do fígado; perdeu os dois fígados", diz Eishaan. Anan morreu, e com ele o filme.

A família e os amigos de Eishaan exigiram-lhe que voltasse para o negócio de roupas. "Mas as pessoas não compreendem a importância que tem para mim um Chetan Anand sentado comigo discutindo uma cena durante horas. Isso era muito satisfatório para o ator que existe em mim. Porém uma mãe e um pai sentados lá em Jaipur não sabem quem é Chetan Anand. Meus pais rezavam a Deus: 'Dê-lhe alguma inteligência para que ele volte.'"

Eishaan decidiu ficar na cidade, porque se saísse nunca mais voltaria. "Agora, eis a verdade: Por mais que a gente se dobre, o mundo nos fará dobrar mais ainda." O aspirante agora estava com dificuldade até mesmo para entrar na televisão, para a qual tinha virado o nariz no começo. Agora até mesmo atores de cinema estavam prontos para trabalhar na televisão, durante o declínio da atividade econômica de meados dos anos 1990. E os produtores de TV queriam caras novas na telinha. Eishaan fazia a ronda diária pelos escritórios dos produtores, levando duas fotos suas. "Sei o que acontece com essas fotos, quando mais de 10 mil pessoas vêm ao seu escritório."

Vi fotos desse tipo num grosso álbum de fotografias no escritório de Vinod, que o diretor consultava quando escolhia atores para pequenos papéis. O álbum tem pessoas jovens, velhas, crianças, mães, avós. Tem pessoas atraentes, até deslumbrantes; tem pessoas repulsivas e com cara de más. Tem discretos naris hindustânis; tem vamps vulgares, com seios saltando de blusas apertadas. Toda a humanidade que possa ser aproveitada na tela está representada ali. Eles começam nas páginas desses álbuns, no primeiro estágio de sua longa trajetória para a tela, onde as imagens ganham vida com uma sacudidela.

Todas as manhãs, Eishaan vai ao ginásio para correr, para manter a forma e, mais importante, para parecer em forma. Ele tem de gastar com roupas para manter-se apresentável, até mostrar que é um ator; então, como acontece com os atores híndis mais velhos e estabelecidos, ele poderá com segurança engordar e vestir-se como um idiota. Seu carro está em adiantado estado de melancolia. O Maruti branco tem uma grande mancha marrom de ferrugem na frente e a porta range quando se fecha. Mas ele o conserva, apesar disso, uma despesa considerável. "Para entrar num estúdio é preciso ter carro, para que o porteiro o cumprimente. Num táxi, ele deixa entrar; num riquixá, faz perguntas; e, a pé, barra a entrada. Quando trabalhava em Dubai eu era o chefe; agora preciso dizer 'senhor, senhor'. Para um aspirante, esta é uma regra da vida: é preciso ser muito meloso."

Ele vive o eterno dilema de quem procura se iniciar numa profissão. "Não entendo quando perguntam: 'O que você fez? Já fez alguma coisa antes?'. Se todos fazem a mesma pergunta, quando é que vou ter oportunidade de fazer alguma coisa?" Ele tem inveja das aspirantes a atriz. "Para as meninas é fácil; existe o sofá." Eishaan evitou a profissão de modelo devido aos homossexuais do mundo da moda. Ele às vezes fica ressentido com as centenas de milhares de pessoas que querem ser estrelas e competem com ele no nível mais baixo da cadeia, dispostas a trabalhar de graça. "Qualquer um que escova os dentes na frente do espelho pensa o seguinte: Se Nana Patekar consegue, por que não consigo? Mas eles tornam a vida na verdade difícil para as pessoas que realmente têm talento."

Quando Eishaan veio para Bombaim, sentia-se inspirado pelas histórias dos astros que lutaram com dificuldade, como Mithun Chakraborty. "Ele era meu ídolo, o jeito que ele lutou, o jeito que ele subiu na vida. Ele dormia na calçada, louco para conseguir o pão de cada dia." De tal maneira Eishaan adorava Mithun que uma vez teve uma briga feia com o pai por causa dele. Em sua casa em Jaipur, ele tinha instalado um imenso retrato laminado do artista na sala de estar. Quando o pai de Eishaan chegou de Dubai e viu a foto, retirou-a imediatamente, sem que o filho soubesse. Eishaan fez greve de fome. A família, tendo de escolher entre viver com a enorme foto do sombrio ator e ver o filho morrer de fome, cedeu. Pôs o retrato de volta.

Eishaan está à procura do Grande Papel. Sabe que as pessoas não apostam em recém-chegados — os custos dos filmes atualmente não permitem riscos —, mas o Grande Papel pode ser o começo de tudo, como o foi para Manoj Bajpai, que lutou anos antes de conseguir o papel de vilão em *Satya* [Verdade]. Vai acontecer com Eishaan também, diz ele. "Conheço meu calibre."

"Essas histórias de luta são os maiores inimigos da geração jovem", diz Ali, melancolicamente. "Uma história de sucesso destrói mil vidas." Ele poderia escrever a história de Anupam Kher, que veio de Simla para Bombaim para ser astro de cinema. Costumava ir a pé de Bandra ao Prithvi Theater, diz Ali; só tinha dois pares de pijama *khadi kurta*, que lavava à noite e secava no corpo de manhã. Vivia à base de *vadapav* e dava aulas para crianças nas favelas a cinquenta rupias por mês. Então Mahesh Bhatt o descobriu e o pôs no filme *Saaransh*, e agora ele é um astro de cinema, além de diretor. "Essas histórias enlouquecem as pessoas que ficam sentadas lá na aldeia", observa Ali.

Conto a Eishaan que fiz escala em Dubai, onde passei um dia, na viagem para os Estados Unidos. Ele adorou viver ali. "O trânsito é tão disciplinado, todo mundo dirige na faixa."

Sua família lá é rica. Pergunto se vai voltar para Dubai.

"Amo minha Índia", diz ele, à maneira de alguém que confessa um adultério.

Ele às vezes pensa em como seria se tivesse voltado a levar a vida que levava em Dubai, com todos os seus confortos. Mas Bombaim tem uma vantagem única para um ator. "Em Bombaim observa-se tudo. Para ser ator é preciso observar tudo." Começa quando ele chega de avião, observa as pessoas nas favelas perto do aeroporto e vê uma cidade de lutadores. "Eles empenham a vida na luta. Chove, cai um pé-d'água, mesmo assim eles lutam. Provavelmente nós somos viciados nesta vida, precisamos de notícias a todo momento, todos os dias." Se Eishaan sai de Bombaim, dois dias depois quer voltar, declara.

Ali vai mais longe. "Comigo é um dia. Depois de um dia fora, quero voltar." Ali não se sente em casa fora de Bombaim. Ele nos conta de uma recente viagem à pequena cidade de Khambhat, onde estava assistindo a um filme. Na metade da sessão, apareceu uma mensagem na tela: "Chandulal Shah morreu". Chandulal Shah era alguém que morava na cidade. O filme teve de ser suspenso e todo mundo voltou para casa.

Quando Eishaan veio para Bombaim a fim de vencer no mundo do cinema, ele sabia que seria árduo. "Mas nunca pensei que fosse ficando cada vez mais difícil." Ele havia economizado o suficiente para dois ou três anos, e tinha uma família e amigos que lhe davam apoio. No começo, alugou um apartamento, pagando 5 mil rupias por mês. Mas gastava em média 35 mil mensais. A cada três dias jantava fora, pagando as refeições de uma multidão de primos que estavam sempre indo e vindo, levando visitantes de fora a cervejarias.

Com o passar dos anos, à medida que sua estrela afundava, o mesmo aconteceu com seu orçamento, que agora baixou para 11 mil rupias por mês. Ele tem tido a sorte grande de viver sem pagar aluguel num apartamento de propriedade de um de seus amigos, que o emprestou por dois anos. Eishaan já não sai à noite para ir a discotecas, não sai nem mesmo para jantar. "Hoje, pagar 350 por um prato de camarão é horrível, um desperdício criminoso." Ele aprendeu a cozinhar e a cuidar da limpeza.

Os primos a esta altura já retiraram o apoio financeiro, conta-me Hitesh, mas ele ainda manda dinheiro para o irmão e continua tentando convencê-lo a voltar para boa vida de Dubai. "Converso com ele vinte minutos pelo telefone…"

"Isso lhe custa cerca de quinhentas rupias", exclama Eishaan, quantificando o amor do irmão.

"… E eu lhe digo que se pode viver melhor em outro lugar. Ele passou por uma fase muito ruim. Cada segundo desses quatro anos numa enorme tensão." Hitesh lembra-se das desculpas de Eishaan para o fato de não conseguir papéis: era o tempo das monções, por isso não houve filmagens; depois era o

Ganapati, por isso houve um feriado, e depois o Diwali; depois era tempo de *sradh*, portanto, nada de filmagem. Depois de um tempo, Hitesh ficou com raiva do irmão. Não pelo fato de ele não estar ganhando dinheiro, mas pela "questão psicológica: ele sofre. Isso é o mais importante, pelo menos para mim". Hitesh temia que Eishaan fizesse algo perigoso, algo errado, "quando as pessoas espancam cada pedaço do seu corpo".

A situação chegou a tal ponto que Eishaan não vai mais a sua casa em Jaipur. "Todos eles perguntam: 'Não está acontecendo nada?'. Um amigo que não me conhecia muito bem em Dubai telefona e pergunta: 'Não está acontecendo nada?'. Meus pais, parentes, pessoas que torcem por mim, dizem: 'Todas essas pessoas estão entrando, por que não você?'. Não sei responder. 'Por que não eu?' Às vezes ponho a culpa em Deus, às vezes não respondo."

Eishaan é devoto seguidor da deusa Durga, em todos os seus múltiplos avatares. "Eu... eu tenho um pequeno templo em casa. Quando sinto que vou desabar, desabo na frente de Deus. Sempre acho que Deus está testando minha paciência. A cada dez ou quinze dias tenho uma tendência a entrar em crise." Por isso, Eishaan, nas profundezas da alma, chora e geme diante da estátua de sua Mãe. Por que ela é tão cruel com ele? Ela deu oportunidade a todos os outros, por que nega uma oportunidade justamente a ele, o mais devoto de seus filhos?

Poucos meses depois, Ali me dá a boa notícia de que Eishaan assinou contrato para um filme B, do qual será a estrela. Ali acha que tenho algo a ver com isso. "Ele conhece você, e em dois encontros se torna herói; sem isso, ele estava esperando há quatro anos."

Encontro-me com Ali e Eishaan no Sun'n'Sand e o aspirante me conta o que aconteceu. No dia do festival Durga Ashtami, ele rezou para Durga, e finalmente a deusa respondeu. Um admirador, o secretário de uma atriz, telefonou-lhe. Havia um diretor procurando um protagonista. Eishaan encontrou-se com o diretor num hotel, encontrou-se com os fotógrafos e tudo estava concluído em menos de uma hora. É um filme mitológico sobre Shakumbhari Devi, a deusa dos vegetais, um dos nove avatares de Durga. Em tempos de muita fome, a deusa aparece e distribui alimento. Uma vez, quando houve fome generalizada, ela chorou e suas lágrimas irrigaram a terra. Atualmente há falta de hortaliças em todo o país — um quilo de cebola custa sessenta rupias — e essa falta está derrubando governos. Há um templo dedicado a essa divindade no norte, mas ele não tem ídolos; agora esse filme vai dar a ela um ídolo de celuloide. A deusa encarnou especialmente para Eishaan, a fim de que ele conseguisse trabalho.

O projeto é um filme de baixo orçamento; será rodado em 16 mm e convertido para 35 mm para ser projetado. Ninguém está sendo muito bem pago, e os cineastas o lançarão por sua conta, pois Eishaan está certo de que "ninguém vai querer comprá-lo". Mas há um consolo, no que diz respeito a Eishaan: "Eles têm certeza de que vão terminá-lo". Os produtores resolveram capitalizar seu patrimônio. O sr. Agarwal, o financiador, tem um hotel de veraneio no sopé do Himalaia, onde o elenco e a equipe se alojarão. Os produtores também fundaram um *ashram*, ou retiro religioso, em Haridwar, com uma estátua de 108 pés [33 metros] de altura da deusa Vaishno Devi, outra encarnação de Durga, que aparecerá com destaque no filme, juntamente com sermões do guru do *ashram*, de quem os produtores são seguidores devotos. Mérito religioso e lucro financeiro serão acumulados simultaneamente.

"Isso passará nas aldeias. A divindade ganhará publicidade." Os produtores podem dar ao filme nomes diferentes nos grandes centros e no interior; para as aldeias, *Jai mata Shakumbhari Devi* seria apropriado; para as áreas urbanas, eles podem escolher *Vilayati saas, desi bahu* (Sogra estrangeira, esposa nacional) ou *Kudrat ka kamaal* (Milagre celestial). Já gravaram cinco canções na voz dos cantores mais importantes; Eishaan tem participação importante num dueto e numa canção triste. O filme tem um curinga: duas canções são *aartis* completos; caberá às devotas plateias hindus ficarem de pé, trançarem as mãos em adoração e jogarem moedas na tela quando vislumbrarem a deusa. Alguns podem até levar suas lâmpadas para o cinema e agitá-las perto da tela durante as canções. "O diretor — Shiv Kumar — está tendo uma espécie de renascimento", diz Eishaan.

Shiv Kumar é um grande nome em Bhojpur. Fez três filmes de sexo, se sentindo culpado. Na realidade, ele é muito religioso, ligado ao grupo Radhaswami, e fez votos de não beber álcool ou comer carne. As experiências anteriores de Shiv Kumar na direção intitularam-se *Be-abroo* (Sem-vergonha), *Badnasib* (Sem sorte) e *Badkar* (Pior do que ruim). O produtor recuperou o dinheiro investido em todos os três.

"Ele era um aspirante que eu pus na faculdade como estudante", declara Ali. Trabalhou como assistente de produção e assim entrou na indústria. Então começou a filmar *Be-abroo*. "A história era sobre mulheres que são usadas. A moça está a ponto de tirar a roupa, o homem está a ponto de tirar a roupa, a cama é mostrada, e *corta*!" Todas as canções têm duplo sentido. Mas o filme tem uma mensagem, explica Ali. "'Não, essas coisas não acontecem. Isto é muito ruim!' Os censores diziam: 'Que mensagem! Fantástico!'." Foi um grande sucesso em seu circuito.

O quarto filme de Kumar será rodado em Dehra Dun, Haridwar e Mussoorie, em 45 dias. A heroína, Raashee, é magra e alta e tem uma "aparência indiana", explica Eishaan. É trigueira. O papel chegou bem na hora para ele. "Desde que vi você pela última vez, passei por um bocado de tortura com minha família", me conta Eishaan. Um astrólogo esteve em sua casa e, na presença do irmão e do primo, lhe disse que insistir era perda de tempo. "É um desperdício criminoso. Volte." Os membros da família aproveitaram a profecia do astrólogo. "Me levaram de um lado para outro. 'Vê, vê o que ele disse? Agora largue isso.'"

Mas então Eishaan tirou a carta da manga: seu papel de protagonista em *Jai Shakumbhari Maa* [Em homenagem à Mãe Shakumbhari].

E qual foi a reação deles?

"Ficaram animados. Eu sei. Tinham de ficar." O irmão não acreditou até ele mostrar os bilhetes de trem que lhe deram para ir ao norte filmar. Eishaan ainda não tinha visto o roteiro. O diretor lhe contou a história. "Eu não quis pedir um roteiro ao diretor", diz Eishaan.

Ali aprova sua decisão. "Pedir um roteiro é quase como pedir para ser eliminado, mesmo que se trate de um astro estabelecido. 'Quem é você? Acha que estamos fazendo alguma porcaria?'"

Eishaan está preparado para ir na mais completa humildade. "As pessoas não vão ter um problema de ego sob esta bandeira. Eu disse ao diretor: 'Mesmo que o cozinheiro falte, estarei lá.'" Ali aconselha o astro a não engordar durante as filmagens, como fatalmente ocorrerá se cuidarem bem dele. Eishaan responde que está levando seus tênis de jogging, e que viverá de açúcar mascavo e amendoim. Sempre generoso, está emprestando seu apartamento — alugado de um amigo — aos vizinhos muçulmanos, em cuja família vai haver um casamento, enquanto ele estiver ausente. A propriedade é sempre comunitária em Bombaim; há uma circulação constante de espaço para dormir.

* * *

O astro vem a meu escritório na Elco Arcade, recém-saído do primeiro segmento da filmagem. Parece bem; acabou de correr na praia. Atirou-se por completo no filme. "Quero dormir e respirar o papel." Um dia gostaria de trabalhar com um diretor de renome, diz ele, como Vinod Chopra. Mas não acho que esteja me pedindo para apresentá-lo a Vinod. Eishaan não é tão ousado. Isto é parte do problema: ele não é tão ousado.

As filmagens de *Jai Shakumbhari Maa* estão paralisadas, espera-se que temporariamente, porque o diretor de repente se envolveu numa avalanche de trabalho para a TV. Pediram-lhe que apresente dois seriados ao Doordarshan. Ele ofereceu a Eishaan o papel de segundo marido da heroína no seriado. Eishaan agora é realmente pago para trabalhar — uma primeira prestação de 10 mil rupias, pelo que deveriam ser três dias de trabalho. Acabaram sendo 22 dias. Só há um pequeno problema: "O cheque ainda não foi compensado".

Os produtores puseram o astro no hotel de sua propriedade, num quarto com vazamento, em companhia de outro ator que fuma como uma chaminé e ronca. Eishaan não aguenta fumaça de cigarro. Gravou os roncos do companheiro e tocou para os produtores, que concordaram em mudá-lo de quarto.

O orçamento era um pouco abaixo do suficiente. Os produtores foram miseráveis demais para dar a Eishaan uma fita com as canções, por isso ele roubou-a do estúdio de som. Foram miseráveis demais para lhe dar uma foto a fim de que ele pudesse mostrar ao irmão que estava trabalhando; por isso ele roubou uma do álbum de still. Os inexperientes produtores não cuidaram de assegurar a necessária segurança no set. "Quando eu não estava filmando, estava auxiliando o diretor. Eu gritava: *Silêncio!* e batia palma." Isso causou altercações com o público. Um sábado, Eishaan estava se esforçando mais do que de costume para controlar seu humor, porque tinha percebido a influência apaixonada de Shani Maharaj, o deus para quem o sábado é dedicado. Mas um *tapori* insistia em interferir nas filmagens. O astro-secretário-segurança pediu-lhe que ficasse quieto. A coisa degenerou em troca de tapas. Eishaan mostra um recorte de um jornal de Haridwar: HERÓI SURRADO PELO PÚBLICO, diz a manchete. Na realidade, insiste Eishaan, o que aconteceu foi o oposto. "Eu o golpeei de cara." Mas é grato ao jornal por ter contado a história à sua maneira; se Eishaan fosse pintado como o herói que bate no público, os valentões locais estariam atrás dele.

No set do filme sobre a deusa dos vegetais, havia uma grave escassez de hortaliças. O elenco e a equipe de filmagem viviam numa dieta de batatas. "Não havia um só prato sem batata. Até o iogurte tinha batata." Eishaan começou a perder a paciência com a dieta de tubérculo. Tentou sutilmente demonstrar seu desconforto; compôs e recitou em voz alta versos satíricos sobre batata. Os produtores disseram simplesmente: "Eishaan reclama demais". O trabalho no set alternava-se com uma inadequada disputa por nutrição. Os técnicos eram empedernidos veteranos de muitos filmes B. "Quando a comida era servida, os técnicos pegavam quatro ou cinco *rotis* e um bocado de hortaliças e desapareciam. Ficávamos esperando na fila, com nossos pratos na mão, até que conseguissem mais comida."

Ficou pior. Um dia Eishaan estava comendo sua refeição, que era *kadhi* com *pakodas*, sopa de iogurte com almôndegas. Ele tem o hábito de pegar e virar a comida antes de levá-la à boca, o que lhe foi muito favorável nessa ocasião. Uma *pakoda* se desmanchou entre seus dedos, e ele encontrou uma barata aninhada dentro do bolinho. No dia seguinte, achou uma lagarta no arroz. Com isso, o astro assumiu outro papel: o de empregada. Pegou uma vassoura e um esfregão e foi para a cozinha. Só parou quando a tinha limpado inteirinha.

Eishaan carregou a estátua de Durga consigo para as filmagens e fez um pequeno templo em seu quarto de hotel. Ele achava que, como resultado de carma ruim, ela o estava castigando com comida estragada. "Nunca sonhei com esse tipo de *khana* [comida]. Minha deusa estava me mostrando que isso também faz parte da vida."

No meio de tudo isso, um herói do meu tempo de criança apareceu no set. Eishaan me mostra uma foto de um homem vestido de túnica cor de açafrão dos *swamis*. "Dara Singh", diz ele, e o nome me leva de volta para o passado. Dara Singh contra King Kong. Ele foi o maior profissional de luta livre da Índia e seu nome tornou-se sinônimo de homem forte, de lutador. Usou seu sucesso como lutador para se tornar um deus dos filmes B e chegou a ser designado para o Rajya Sabha, a Câmara Alta do Parlamento. O diretor conhece bem o lutador; lançou o filho dele em outro filme. Em *Jai Shakumbhari Maa*, Dara Singh faz um santo que adora a deusa. O lutador é conhecido em toda a Índia. Ônibus pararam na estrada perto da cidade quando os motoristas ouviram falar que Dara Singh estava filmando ali, e todos saíram e correram em sua direção para tocar-lhe os pés. "Daraji! Daraji!"

O lutador ficou um dia no set. Dara Dingh ainda era ágil e flexível apesar da idade; jamais comeu arroz e seus dedos ainda eram muito fortes. Então, chegou a hora de comer. "Deram-lhe batata." Eishaan teve uma conversa com ele sobre alimentos, assunto que ocupava a mente da equipe faminta, especialmente depois que foram obrigados a olhar, sem tocar, os cestos vermelhos e verdes repletos de hortaliças nas cenas. O lutador concordou com Eishaan sobre a necessidade de se alimentar bem. "Ele disse: 'Seja o que for que se faça, é feito para o estômago. Se o estômago não recebe boa comida, de que serve tudo o mais?'" Por isso, Eishaan comprou frutas e mandou-as para o lutador.

As batatas continuavam vindo. Eishaan começou a ir ao mercado para comprar suas próprias provisões. Ele espalhava o desjejum em seu quarto todas as manhãs; queijo, presunto, pão, manteiga, frutas. A equipe começava suas manhãs no quarto dele, onde se abastecia para o dia todo. Às vezes, o astro pagava também o jantar da equipe. Nada disso era barato. Das 21 mil rupias que Eishaan vai receber de cachê, suas despesas pessoais vão consumir 13 mil. Pergunto-lhe se o produtor lhe reembolsou o dinheiro e ele dá uma gargalhada. Na volta para Delhi, o ônibus com a equipe sofreu uma pane que durou algumas horas. Era hora de jantar e o ônibus só chegaria a Delhi às duas da madrugada. O produtor distribuiu quatrocentas rupias para vinte pessoas pagarem o jantar. "É um muçulmano com doutorado em bania", a casta dos comerciantes. Era óbvio que ia faltar dinheiro, por isso o aspirante de Dubai tirou a carteira e pagou o jantar para todo mundo, o que lhe custou 1200 rupias. Ele não pediu aos colegas artistas que rachassem a conta. "Não posso dizer às pessoas: agora cada um de vocês me dê vinte rupias." Por essas dores, a mulher que faz o papel de sua mãe o chamou de bobo.

A experiência com *Jai Shakumbhari Maa* representou para Eishaan a descoberta de pelo menos uma verdade. "Nos filmes jamais serei uma estrela, a não ser que eu tenha um clique." Agora sabe que nenhum Subhash Ghai ou Yash Chopra gastará crores de rupias com ele. Eishaan acha que confia demais nas pessoas — como aconteceu com os produtores que deveriam ter lançado sua carreira antes e jamais o fizeram, ou que morreram deixando-o à míngua. Ele acha que se envolve emocionalmente com as pessoas e que deveria poupar suas emoções para quando estiver diante da câmera.

Mas seu otimismo natural sempre se impõe. "Nana Patekar tornou-se um astro aos 42 anos", recorda o jovem de 25.

Eishann vira as fotos do álbum e para numa delas, em que ele aparece usando um chapéu da Cavalaria dos Estados Unidos e escrevendo qualquer coisa, cercado por uma multidão. "Este foi o grande momento da minha vida", diz. Está dando autógrafos. Finalmente, Eishaan, o vendedor de tecidos, está distribuindo autógrafos. Quando saía para correr de manhã, a multidão costumava correr ao lado dele. Pessoas iam ao hotel e perguntavam por ele na recepção: Ouvimos falar que um herói está hospedado aqui, queremos vê-lo. "Eles iam em grupos de cinco ao meu quarto. Apertavam minha mão. E eu dizia: 'Como seria bom se meu irmão estivesse aqui para ver.'" A tia, a cuja casa Eishaan ia de vez em quando para comer, tem três filhas, e as três ficaram loucas por ele. Ainda ligam para ele em Bombaim e mandam-lhe cartões. Uma moça do filme lhe mandou uma mensagem por outra moça, dizendo que estava apaixonada por ele. E a mensageira também se apaixonou. Ele as mandou embora. "Eu disse: 'Um ano e meio atrás passei por uma separação e não quero me meter em nenhuma confusão.'" A luz do fim da tarde entra pela janela e bate em seu rosto, iluminando-o. "Eu era muito popular com as meninas."

O mundo deveria acabar em 8 de maio de 1999. Os jornais só falavam disso: uma conjunção particularmente malévola de constelações. Dezenas de milhares de pessoas fugiram de Alang, o cemitério de navios do Gujarat, para suas aldeias. Centenas de milhares fugiram de Bombaim, especialmente os gujaratis; Sunil, o homem do Sena, abriu uma agência de viagens para tirar proveito do fenômeno e ganhou muito dinheiro como cambista de passagens de ônibus. Quando liguei para Ali certo dia de verão para saber por que não tinha mais recebido notícias de Eishaan, ele dá uma gargalhada. As coisas estavam indo bem com Eishaan; além de *Shakumbhari Maa* e do seriado para a TV, ele estava a ponto de assinar um contrato para fazer outro filme. Então recebeu um telefonema do pai em Dubai. "Filho, o mundo vai acabar, por isso vamos morrer juntos! Venha para Jaipur." O pai pegou o avião em Dubai, e em 6 de maio Eishaan fugiu de Bombaim e pegou o trem para Jaipur. Lá, a família inteira aguardou o apocalipse. Nesse ínterim, Eishaan perdeu o segundo filme. "Achei que fosse brincadeira", diz Ali. "Ele não sabe o que fazer; está dividido entre a ortodoxia extrema e o extremo modernismo. Este é o problema."

* * *

    Quando o mundo sobrevive, Eishaan volta para o norte para uma segunda fase de filmagem de *Shakumbhari Maa*. Ao retornar a Bombaim, ele vem com Ali e minha amiga Anuradha Tandon ao meu escritório para uma bela noite de bebidas e histórias. A presença na sala de uma mulher bonita, sofisticada, que frequenta lugares da moda aumenta a tagarelice de Ali e Eishaan; eles são refrescados, como se uma brisa marinha entrasse pelas janelas. Eishaan conversa com Anuradha sobre seu filme, buscando um paralelo. "Você já ouviu falar de um filme chamado *Jai Santoshi Maa*?"

    "*Shakumbhari Maa* é tia dela", sussurra Ali tomando sua vodca.

    Eishaan trouxe uma pequena videocâmera, na qual nos mostra cenas da segunda sessão da filmagem. "Isto é *O making of de Shakumbhari Maa*". Lá está ele, numa discoteca, com uma garrafa de bebida na frente. Uma trupe de dançarinos, em trajes ocidentais, canta em inglês: "She made me crazy".

    "Aqui eu acho que minha mulher está tendo um caso com meu primo. Por isso estou bebendo."

    "Mensagem social", explica Ali.

    Normalmente, as garrafas de bebida nos filmes híndis — eram todas Vat 69 nos anos 1970 — são enchidas com coca-cola. Mas *Shakumbhari Maa* não tinha o rico orçamento daqueles filmes, a ponto de desperdiçar refrigerante. "Eles misturavam coca com água. Uma coca para seis garrafas de bebida." Portanto, Eishaan tinha de beber seus tragos em garrafas de coca-cola altamente diluída e fazer de conta que estava bêbado. Quando se embriagava, ele jogava as garrafas fora, para demonstrar seu sofrimento. Ao fazer isso, dois assistentes atrás das câmaras seguravam um lençol para pegar as garrafas, a fim de que pudessem ser usadas de novo. Outra cena ocorre num denso nevoeiro. A produção não tinha mais o pó para criar o efeito de nevoeiro, por isso queimou bosta de vaca. Aquilo fazia arder os olhos dos artistas, o que representava outra feliz economia: "Eu não precisava de glicerina para fazer as cenas".

    A programação da segunda fase da filmagem era pesada, de meio-dia a meia-noite todos os dias. Dessa vez, para impedir que os técnicos roubassem a comida antes que os membros mais educados do elenco tivessem oportunidade de comer, o produtor teve uma ideia inspirada: separou porções individuais em sacolas de plástico. A comida vinha de um hotel de um *sardar* [sique] e era muito boa e farta, com ingredientes caros — "o *paneer* era como sangue escorrendo" —, mas o produtor não acreditava no gasto adicional de pratos. A equipe devia comer diretamente na sacola, quatro embrulhos em cada, para arroz, *roti*, *dal* e verduras. Era preciso rasgar a sacola com os dentes para chegar ao alimento. Eishaan comentou com os produtores que, quando fizessem a autópsia de seus cadáveres, seriam encontradas centenas de metros de plástico em cada um. "Envergonhados, os produtores ligaram para amigos num *ashram*, que mandaram centenas de pratos."

Depois de um tempo, a dieta reforçada com plástico produziu seus efeitos no astro. "Tive problemas de estômago. Desarranjo." O apito da panela de pressão na casa dos donos do hotel atormentava Eishaan; ali se preparava boa comida caseira todos os dias. A filha do dono ficou louca por ele. E ele se aproveitou disso para lhe pedir que lhe conseguisse um pouco de *dal* e *khichri* para seus intestinos desarranjados, e ela atendeu.

Vemos outra cena na camcorder, da jovem heroína num rio, afogando-se. Ela agita os braços e grita; ela de fato se atirou nesta cena. Então o herói a salva. Comentamos com Eishraan que ela trabalhou bem.

"Ela não estava atuando. Não sabe nadar. Estava mesmo se afogando."

Atuar nas cenas à beira do Ganges era um problema especial. Eishaan lembra-se de quando teve de cantar uma terna canção de amor para a heroína — "Na margem do rio", ele canta para nós, estalando os dedos —, enquanto, fora de cena, corpos mortos passavam boiando.

A certa altura, uma cabeça calva aparece em cena. "Quem é esse?", pergunto. Pertence a um sadhu; pelo fato de a filmagem acontecer em Haridwar, "havia sempre trinta ou quarenta sadhus por ali, todos eles maconheiros". Estavam fazendo uma pausa em seu ascetismo religioso, reunindo-se em volta do set de um filme mitológico, provocando engarrafamentos no trânsito. Todos queriam fazer pontas no filme, e não foi fácil ignorar seus pedidos, pois muitos deles eram perigosos. "Todos os *dacoits* [membros de gangues] do Bihar e de Uttar Pradesh, qualquer um que tenha ficha na polícia, vai para lá e raspa a cabeça", explica Eishaan.

Pergunto-lhe quando o filme será lançado.

Há uma pausa.

"Ainda precisam achar quem compre."

Jai Shakumbhari Maa compete com outro filme mitológico, *Devi* [Deva], que tem, rolo a rolo, muito mais milagres. Eishaan está pensando em adquirir os direitos de lançamento do filme no Rajastão, onde tem certeza de que pode dobrar o dinheiro investido. Ele vai precisar de dois ou três lakhs para publicidade, que, em se tratando de um filme desse tipo, consiste, basicamente, em riquixás motorizados com alto-falantes percorrendo as ruas das aldeias para alertar os moradores sobre a iminente chegada do fabuloso entretenimento. Desde que começaram as filmagens, os produtores descobriram que um novo templo dedicado a Shakumbhari Maa deverá ser instalado proximamente em algum ponto dos subúrbios setentrionais de Bombaim. O diretor instruiu o elenco e a equipe a, de agora em diante, dirigir suas preces a esta deusa.

Eishaan está muito mais autoconfiante do que quando o encontrei pela primeira vez. Não responde a todas as minhas perguntas, a não ser que eu as repita três ou quatro vezes, e ainda assim deixa algumas sem resposta. Ele começou a me evitar; não liga de volta quando lhe telefono. Não há desrespeito nisso, é apenas porque sua situação mudou. Em meu escritório, ele se senta automaticamente na poltrona. Mas, apesar disso, prepara todos os drinques e os serve, enchendo nossos copos periodicamente.

Por fim vejo *Jai Shakumbhari Maa* num luxuoso cinema de pré-estreia em Bandra. A plateia é formada basicamente de amigos e parentes de Eishaan e dois distribuidores. É o tipo de filme em que a maioria das pessoas nos créditos tem apenas um nome. Meu amigo não parece muito importante nesse filme, a julgar pelo erro de ortografia no nome do astro nos créditos. Agora é "Eisshan".

Não se trata apenas de um filme totalmente mitológico. Como diz Eishaan, "tem romance, ação, tudo". Como os grandes astros cobram um crore ou mais para aparecer num filme, até os produtores mais importantes estão fazendo filmes B e C, explicou-me Ali. Havia três maneiras de sobreviver. Uma, fazendo filmes de terror, que não precisavam mostrar nenhum rosto famoso; outra, fazendo filmes de sexo; e a terceira, fazendo filmes religiosos. "Ou uma combinação de terror, sexo e religião tântrica." *Shakumbhari Maa* tem os três ingredientes.

O filme aborda uma contenda entre as forças do mal, invocadas por um mago tântrico, e as forças do bem, lideradas pela deusa dos vegetais. No início, há uma família numa aldeia, que inclui dois irmãos: um que tem uma esposa virtuosa e o outro que é casado com uma megera. O segundo irmão deseja ir para os Estados Unidos. Um cantor peregrino louva as bênçãos de Shakumbhari Maa, e toda a aldeia se junta para rezar para ela. O irmão canta e reza, e imediatamente chega um telegrama, convocando-o para um emprego na América. Sua generosa cunhada vende as joias que tem para que a família possa comprar as passagens. Quando eles retornam da temporada no exterior (mostrada por duas tomadas de um avião da Air India, uma decolando, a outra, aterrissando), estão "americanizados". Trouxeram e despacharam uma mala cheia de dinheiro (dez lakhs) para salvar o negócio do irmão mais velho, mas, por azar, sua bagagem se extraviou.

Quando Eishaan aparece pela primeira vez, usa camisa de brim, jeans e um chapéu como os da Cavalaria dos Estados Unidos. A mãe e a filha usam camiseta, calça e saia; são indianas não residentes, portanto vagabundas. Em todo o filme os produtores parecem ter usado bem o vestuário *exhibition-cum-sale*. As roupas vão de saias longas com fenda até em cima a um colete de bolinhas e gravata vermelha para Eishaan, passando por vestidos esfarrapados com remendos que a mãe e a filha são forçadas a usar quando ficam pobres.

Mas Eishaan finalmente é herói, não apenas ator. Ele passa por todas as ações heroicas. Canta canções de amor enquanto balança a pelve para a frente e gira em círculo, enfrenta sozinho e vence três bandidos armados — tão poderoso é seu murro que produz uma explosão inversa; escuta-se o barulho *dishoom!* do punho atingindo o vilão antes mesmo que isso aconteça na tela —, bebe uísque quando perde a namorada, ganha dinheiro nos negócios.

O enredo, como o Senhor, age de maneira misteriosa. O estilo narrativo do filme é uma espécie de edição de cortes do roteiro. Um personagem passa de um acontecimento importante da vida para outro — casamento, expulsão da família, desgosto — sem que os tediosos detalhes intermediários de motivação ou propósito sejam explicados à plateia. Você os vê ir do ponto A ao ponto Z; as ações alfabéticas intermediárias ocorreram fora da tela. Como resultado, cada cena é uma agradável surpresa, porque nunca se sabe o que virá em seguida. Minha atenção é presa de uma forma que nunca ocorre num filme híndi de qualidade.

O filme conhece os temas e preconceitos que pesam mais na mente dos indianos da zona rural. Durante as filmagens, quando era submetido à dieta de batatas, Eishaan disse aos produtores: "Vocês nos tratam como a noiva que chega sem trazer o dote". Enquanto isso, no filme a deusa salva a noiva de

Eishaan, que de fato chegara sem dote. A mãe má interrompe o casamento do filho para exigir um dote do pai pobre da noiva. O pai é humilhado — este é o maior pesadelo de um pai aldeão que tem filha solteira —, mas a noiva reza para Shakumbhari Maa e, numa contravenção do Código Penal indiano, a deusa é encarnada numa velha que traz um dote impressionante: pilhas de rupias, joias e sáris. Tudo isso, mais tarde, se transforma em cinzas, quando a mãe e o irmão mau, sr. Bob, tentam roubá-lo.

As intervenções periódicas da deusa costuram o filme. Quando tudo parece perdido, ela aparece, uma jovem de impressionante matiz azulado, adornada de enfeites num matiz dourado igualmente alarmante. Numa cena, seus poderes transportam uma série de pratos de comida pelo ar de uma mesa de jantar para o salão do santuário; quando os famintos vilões vão atrás, sua imagem de barro, suspensa no ar, golpeia-os na cabeça e nos ombros.

Shakumbhari Maa é às vezes precedida por um *dhoot* cantante, ou agente, o lutador cantante. Dara Singh é o "faquir *baba*" e traja roupas cor de açafrão. "Quer dizer que ele é muçulmano?", pergunto a Eishaan. "Não, ele é patriarca. Não sabemos qual é a religião." Um homem santo, talvez muçulmano, talvez hindu, cantando louvores para uma deusa hindu. As aldeias não terão problema com isso. O compositor da música e letrista responsável pelos cantos piedosos hindus é jainista. O produtor executivo e vilão (sr. Bob), Shaheed Khan, é muçulmano. Ele também é adepto de Vaishno Devi.

Logo que a heroína se casa, para de andar por aí de minissaia e botas e aparece de sári. Enquanto Eishaan repousa em seu leito nupcial enfeitado de flores na noite de núpcias, a noiva sopra uma concha, fazendo uma pausa para cantar um hino religioso, e ele pega no sono. Um pouco depois, ela salva a cunhada do sexo pré-marital. "Antiquada!", queixa-se o macho interrompido, abusando da heroína. Será que ela sabe que no exterior esse tipo de comportamento é comum? "Isto aqui é a Índia", responde a esposa virtuosa, e faz a seguinte peroração em inglês furioso com sotaque bengali: "O que você acha de brincar com o cinto de castidade? Isso faz parte da cultura de algum país? Mostre-me uma universidade que eduque e encoraje esse tipo de coisa vulgar e pecaminosa".

Dou uma gargalhada sonora, até perceber que nenhuma das senhoras de idade sentadas no cinema acha a menor graça, e tenho de botar a mão na boca e morder com força. Os espectadores desse filme não são cínicos; não têm nenhuma noção de ironia ou de ridículo. Ainda rio, dias depois, ao falar disso com Mona Lisa. "É um filme hilariante."

A dançarina de bar também não ri. E me corrige imediatamente. "Não é engraçado. É um filme sobre Deus."

As profundas raízes da maioria dos filmes indianos na tradição épica ficam evidentes nesse filme. A mãe má chama-se Kaikeyi; o tio mau, Shakuni; o primo leal compara Eishaan a Rama, sua mulher a Sita e ele mesmo a Lakhsman. Esses nomes funcionam como lembretes para os espectadores de aldeia, designando imediatamente cada personagem para um papel mitológico estabelecido: a madrasta má, o irmão bom. O espectador indiano abomina a surpresa. E há um bônus extra para a plateia. Uma nota no fim do press-release na sessão de pré-estreia promete que Shakumbhari Maa certamente atenderá aos desejos de qualquer pessoa que veja o filme, ouça sua história ou pregue sua mensagem. Essas palavras servem de prefácio ao *Mahabharata* e a muitas outras narrativas hindus. O próprio ato de ouvir confere benefício espiritual ao ouvinte.

Durante o intervalo, Shiv Kumar, o diretor, me diz que tentou mandar uma mensagem aos jovens, num formato capaz de agradar-lhes. Isso talvez explique por que a heroína, usando saltos de quinze centímetros, gira o traseiro numa das saias mais curtas que já vi na tela, pouco antes de vestir um sári e prostrar-se diante da deusa. Há algumas dessas cenas destinadas a agradar à juventude: muitas saias curtas, blusas transparentes, beijos diante da câmara e rudes insinuações nos diálogos, intercalados em cenas de fervor religioso. O diretor me lembra que fez tipos muito diferentes de filmes durante anos, sobretudo comédias de sexo. Eis aqui um gênero completamente novo: a comédia de sexo mitológica.

Kumar afirma que o filme teve um orçamento de oitenta lakhs; Eishaan me diz que o valor é mais próximo de quarenta. Na indústria cinematográfica, cada pessoa tem um "nível de desconto", uma porcentagem que deve ser descontada do que ela diz. O nível de desconto de Kumar, portanto, é de 50%. Qualquer que tenha sido o orçamento, diferentemente de muitos filmes mais caros, ele tem boas chances de dar lucro. Uma das razões para isso é que o governo de Uttar Pradesh, curvando-se diante da deusa, isentou-o do imposto de entretenimento.

* * *

De início, o filme recebe publicidade favorável. A revista *Supercinema* informa: "A renda que um filme religioso alcançou no norte acaba de deixar muita gente de queixo caído. Vez por outra aparece um filme religioso que realmente invade o mercado como um furacão". Infelizmente, o furacão vira chuvisco e estanca. *Shakumbhari Maa* jamais encarnou numa tela de cinema de Bombaim perante espectadores pagantes. Em Bombaim ninguém morre de fome; a cidade não precisa de uma Deusa dos Vegetais, e sim de uma Deusa da Moradia, uma Deusa do Trânsito, uma Deusa do Bom Governo.

Mas a deusa, em seus muitos avatares, continua a intervir no curso da vida de Eishaan. Certa noite, ele está na casa de um primo em Worli. Eles insistem para que passe a noite lá; ele ameaça sair três vezes e três vezes é puxado de volta, recebendo até mesmo um short e uma escova de dentes. Mas algo o induz a pegar o carro e voltar para seu apartamento em Andheri. Por volta das duas da manhã, perto da igreja de Mahim, ele vê uma multidão na rua. Ele estava pensando a respeito de sua próxima peregrinação a Vaishno Devi, esperando, ansioso, pela caminhada de treze quilômetros até o santuário. Ao ver a multidão, o primeiro pensamento que lhe ocorre é que os tumultos começaram; é uma área densamente muçulmana. A multidão para seu carro e exige que ele abra a porta. Então ele vê um corpo na rua, de uma mulher que foi atropelada por um táxi. A cabeça e a coxa sangram abundantemente. O táxi fugiu e ela precisa ser levada ao hospital. A multidão coloca-a no banco traseiro e ele se dirige ao hospital Leelavati, onde descobre que ela não tem dinheiro para o tratamento. Por isso, o aspirante saca sua carteira e dá 2 mil rupias ao médico para que socorra a estranha e espera ao lado do leito de hospital a noite inteira. No dia seguinte, ele procura os parentes da mulher e dá ao taxista dinheiro para levá-los a um hospital mais barato em Malad.

Eishaan acha que a deusa o estava testando. "Enquanto dirigia eu pensava sobre Vaishno Devi, que seria o melhor lugar para comemorar meu aniversário." Se a deusa não o tivesse tirado da casa do primo no meio da noite, e levado ao lugar exato onde a mulher acabara de ser atropelada, ela talvez não estivesse viva. Por isso, ele irá a Vaishno Devi, com seus pais, para comemorar seu 27º aniversário, e sabe que tem sido fiel aos ditames da deusa.

Depois de *Shakumbhari Maa*, a heroína, Raashee, vai protagonizar *Club Dancer nº 1*. Após fazer uma mulher casta e devota da deusa, ela volta a representar com o cinto da castidade. Eishaan desaparece de Bombaim, indo, talvez, para Jaipur, ou de volta para o negócio da família em Dubai.

ACUSADO: SANJAY DUTT

Quando Vinod contou a Ajay Lal que Sanjay Dutt tinha sido contratado para o papel de Khan em *Missão Kashmir*, o policial comentou: "Vai ser um filme TADA". Ele se referia ao Terrorist and Disruptive Activities Prevention Act — Lei de Prevenção de Atividades Terroristas e Perturbadoras, em cujos termos o ator ficou dois anos preso por sua participação nos ataques a bomba. Um dos melhores amigos de Ajay escalou como ator principal um homem que o próprio Ajay tinha interrogado. Sanjay não foi o único participante do filme a ser indiciado por assassinato e conspiração. Ramesh Taurani, em liberdade sob fiança pelo assassinato do produtor musical Gulshan Kumar, comprou os direitos da música de *Missão Kashmir*.

Conheço Sanjay Dutt quando ele vem à casa de Vinod para ouvir a leitura do roteiro sobre a Caxemira. Será um desafio para ele, que assume um papel escrito para Amitabh Bachchan. Ele se senta no terraço com Vinod, Anu e eu. "Vocês devem se sentir pequenos sentados ao lado dele", comenta Anu. Sanjay tem a constituição de um brontossauro.

Menciono minha amiga fotógrafa Dayanita Sing, de Delhi, e ele diz: "Minha irmã. Ela fica conosco sempre que vem a Bombaim". Dayanita estudou com Sanjay; ele a considera sua irmã *rakhi*. No internato, ele era um dos que mais apanhavam dos professores. É filho de duas das maiores estrelas do país, o poderoso parlamentar e ator Sunil Dutt e a atriz muçulmana Nargis. Os professores tinham de mostrar ao mundo que isso não os impressionava. Eles tinham o poder de surrar esse fedelho do mundo do cinema de Bombaim; quem ele pensava que era? Uma vez, por uma infração à toa, um professor ordenou que ele subisse de quatro uma encosta de cascalho. Ele esfolou os antebraços e os joelhos. No dia seguinte, o professor rasgou os curativos e ordenou que ele subisse a mesma encosta. Outra vez ele apanhou tanto que teve gangrena. Os pais precisaram interná-lo num hospital em Delhi. Ele era um menino magricela, num internado de estilo britânico. Portanto, procurou os meninos durões, os *sardars*, e fez Dayanita amarrar *rakhis* neles também, tornando-os, por extensão, seus irmãos. Ele cresceu fascinado por armas e músculos.

Fui informado por Mahesh que Sanjay não quer falar de suas experiências na cadeia. Dayanita tinha dito a mesma coisa. Mas, sentado no terraço de Vinod, Sanjay se mostra extraordinariamente amável. Talvez por causa da pessoa que me apresentou a ele. "Foram dias tristes", diz Sanjay. Quase toda a indústria cinematográfica lhe deu as costas quando ele foi preso. "Este homem" — indicando Vinod — "foi o único que ficou do meu lado." Seu caso vai levar anos para chegar às altas instâncias dos tribunais. Se o veredicto lhe for desfavorável, ele pode recorrer e, portanto, o caso se estenderá bastante pelo século XXI adentro. Ele me convida para acompanhá-lo no dia seguinte ao tribunal, onde assinará o registro da fiança.

Quando saltamos do carro no tribunal TADA, no presídio Arthur Road, um dos passantes na rua movimentada vê Sanjay e grita *Kartoos*! É o nome de seu último filme, "cápsula de bala" em híndi. Toda a rua olha para nós. Um colega de Sanjay sob julgamento no caso das explosões conversa com ele em voz baixa. Um homem foi baleado em Chowpatty pela gangue de Rajan. Sanjay conhecia bem a vítima; o homem também é um de seus companheiros de julgamento. No meio deles Sanjay encontrou os amigos que nunca teve no internato, os homens duros que o protegerão dos valentões da classe e dos professores sádicos.

Voltamos de carro para seu apartamento, que tem uma bela vista da orla marítima de Bandra. Ele se mudou há apenas duas semanas. Sentamo-nos em seu estúdio, mobiliado com madeira clara. Trazem-nos chá e ele enche uma xícara para mim, adoça-o a meu gosto e mexe-o antes de me entregar. Ele conta como é ser um jovem problemático. Começou a usar drogas como esperado de um menino de boa família de Bombaim. "Só para estar no ambiente. Fumar um pouco de maconha, conhecer mulheres." Mas a maconha não bastou. "Uma pessoa em dez é viciada. Eu era uma delas." Por isso, partiu para coisas mais pesadas: *quaaludes*, cocaína, heroína. "Usei tudo", diz ele, algumas vezes. "Eu estava o tempo todo no banheiro, tomando uma dose, dormindo." Ele se permite uma desculpa. "Minha vida era difícil. Minha mãe morreu quando eu tinha vinte anos." Perdeu a mãe para o câncer em 1981, e depois a mulher, no mesmo hospital, Sloan-Kettering, em Manhattan. Ele costumava andar sozinho pelas ruas de Nova York, no inverno, chorando.

Sanjay conseguia seu suprimento de Do Tanki, no Null Bazaar. Lembro-me de que o pistoleiro Mohsin me contou que Sanjay ia àquela parte da cidade "para fumar haxixe com muçulmanos". Eles tinham orgulho dele, orgulho de sua mãe muçulmana. Gradualmente ele percebeu que estava viciado e viajou a Jackson, no Mississippi, em busca de tratamento. Sanjay é fascinado por um certo ideal americano do Homem do Marlboro. Um de seus amigos no centro de tratamento criava gado longhorn no Texas. Sanjay tinha dinheiro, que economizou em Bombaim, e resolveu investi-lo num rancho com o amigo. Ficou um mês com o rancheiro, antes que o pai fosse resgatá-lo. O pai precisou de dois dias de súplicas e argumentos para convencer o filho a voltar para Bombaim.

Enquanto conversamos, o celular de Sanjay toca e ele mente a alguém do outro lado da linha, provavelmente um diretor tentando descobrir por que ele não está no set. "Estou em Alibag", diz. Depois faz outra chamada, fala em voz baixa e terna com outra pessoa.

Ele sempre foi muito protetor com relação às mulheres da família, segundo Dayanita. Quando ela pernoitava na casa dos Dutt em Bombaim, nas noites em que ficava na cidade até tarde, Sanjay sempre estava à sua espera, a qualquer hora. Ele olhava para o relógio, depois para ela, então se recolhia em seu quarto sem dizer palavra.

Sanjay levava a extremos esse conceito de proteção. "Adoro armas", declara o astro. Durante os tumultos, ficou obcecado pela ideia de que sua família corria perigo. Temia pela vida deles: que os hindus estivessem dispostos a pegar os Dutt durante os tumultos por causa da mãe muçulmana e da posição pública do pai contra o Sena. Por isso, de acordo com Ajay Lal, ele ligou para Anees, o irmão de Dawood Ibrahim, e Abu Salem e lhes pediu que mandassem "guitarras" — fuzis AK-56. Ajay me contou o que conseguiram arrancar de Sanjay em troca das guitarras. "Os sujeitos que fizeram os ataques compraram um Maruti carregado de fuzis AK-56 e granadas num compartimento escondido, que veio do Paquistão para Bombaim. Precisavam de um lugar para abrir o compartimento — não podiam fazê-lo na beira da estrada — e o lugar natural era a garagem de Sanju. Sanju, como muitas outras pessoas, era fascinado pelo submundo." O tira não tinha uma ideia muito positiva do astro.

Sanjay estava no auge da carreira em 1993, quando ocorreram as explosões. Seu filme *Khalnayak* [Vilão] foi o de maior renda naquele ano. Ele interpretava um assassino contratado pelo submundo. INCRÍVEL RETRATO DE UM VILÃO SENSÍVEL, anunciavam os pôsteres. Ele estava filmando nas ilhas Maurício quando Ajay investigava o caso das explosões e começou a prender os conspiradores. As armas foram tiradas da casa de Sanjay por seus amigos e destruídas numa fundição. Na fundição, a polícia descobriu uma mola e uma vara pertencentes a um dos fuzis, e com base nisso ele foi preso.

Sanjay atribui seus problemas a Sharad Pawar, o poderoso líder do Partido Nacionalista do Congresso, que tem como um de seus maiores rivais o extraordinariamente popular pai de Sanjay, Sunil Dutt. Conto-lhe sobre meu encontro com um funcionário público muçulmano em Jogeshwari, que, quando lhe perguntei em que partido votava, respondeu: "Qualquer partido a que Sunil Dutt pertença".

Pawar tinha dito ao pai que podia conseguir a libertação de Sanjay dentro de quinze dias, se ele depusesse contra os cúmplices no caso. "Se eu me tornasse informante, isso equivaleria a admitir que tomei parte na conspiração. Que tal? Como isso se refletiria na minha família?"

O pai lhe ordenou que voltasse das ilhas Maurício. Pawar tinha garantido a Sunil Dutt que seu filho seria levado por meia hora e liberado. Mas, quando Sanjay desceu da escada rolante saindo do portão de desembarque, encontrou à sua espera duzentos comandos com armas na mão. Entre eles estava Ajay Lal, que levou Sanjay às pressas e o interrogou. Depois, ele foi preso em Arthur Road. No meio de sua primeira noite ali, homens vieram à sua cela. Eram prisioneiros e pertenciam à gangue de Ashwin Naik. Os homens levaram Sanjay à presença do chefe, um engenheiro, formado em Londres, que teve de voltar para se juntar ao irmão, o chefe da gangue na época. (*Parinda*, filme de gângster de Vinod, baseou-se nas relações entre esses irmãos.) O chefão lhe perguntou como iam as coisas. Sanjay disse que sentia saudade do pai. O chefão tirou o celular e deu-o a Sanjay. O pai ficou espantando de receber às onze da noite uma ligação do filho encarcerado.

Pouco depois de sua prisão, o pai foi visitá-lo. "Agora não há nada que eu possa fazer por você", admitiu ele ao filho único e foi embora. "Chorei e chorei", recorda Sanjay. Ele não podia ser libertado sob fiança; o governo não permitiria. O primeiro juiz, Patel, tinha a ideia fixa de pegar Sanjay. Segundo Sanjay, o problema começou quando seus advogados pediram ao juiz que se escusasse. O juiz rejeitou a petição e voltou-se para Sanjay cheio de ódio renovado.

Na prisão, ele foi isolado dos demais detentos. "Eles diziam que havia uma informação de que eu seria morto. Para minha segurança, puseram-me na solitária, uma piada maldita." Durante três meses, ele mal viu a luz do dia. A cela era um quarto de dois metros e meio por dois metros e meio, com banheiro interno, no qual o astro tomava banho, fazia suas necessidades e escovava os dentes. A família mandava-lhe as refeições de casa, mas outros presos as comiam antes que chegassem a suas mãos e ele tinha de comer comida de cadeia, quase intragável. A solidão é capaz de levar qualquer um à loucura.

Sanjay ficou amigo dos seres da natureza. Por um pequeno buraco de ventilação, quatro pardais vinham todas as noites à sua cela, e Sanjay punha pedaços de pão para eles na sua mão enorme. Ele tinha fome de toque, os passarinhos lhe permitiam que tocasse neles e ele os acariciava. Fez amizade com as formigas, também, que subiam pela tubulação do esgoto. "Incríveis, essas formigas. Há uma espécie de linguagem entre elas. Se uma estiver indo na contramão, outra lhe dirá." Ele se deitava no chão e passava horas olhando as formigas, enquanto elas lutavam com suas migalhas de comida, carregando-as por cima da tubulação. "Se as migalhas fossem grandes demais, eu as pegava e passava por cima da tubulação. Para as formigas, era como um passeio de helicóptero." Não havia relógio na cela, é claro, mas Sanjay sabia a hora por causa de um rato, um enorme *bandicoot*. "Dei-lhe o nome de General Saab porque ele entrava na cela exatamente à meia-noite e saía à uma. Era como um general, andando pelo quartel."

Mas as atrações dos bichos pequenos empalideceram. Ele não via a família havia três meses. Um dia ficou furioso e bateu a cabeça contra as barras até sangrar. Levou dez pontos na cabeça. Apavoradas, as autoridades presidiárias o tiraram dali, levando-o para outra cela, onde ficou com 21 terroristas do Punjab, que cuidaram dele muito bem. "Eram *sardars* altamente emotivos, cativantes." Cozinhavam para ele. Pegaram pedras, fizeram uma lareira e transformavam a comida da prisão em algo totalmente diferente, mais saboroso, mais nutritivo.

Pistoleiros de todas as gangues se misturavam à vontade na cadeia. Sanjay conheceu muitos pistoleiros, viu como o recrutamento era feito, a partir dos alojamentos das crianças, onde os meninos mais astutos eram escolhidos, sua fiança paga, e as famílias recebiam cuidados. Quando foi solto, ele dividiu esse saber com diretores de filmes de gângster, que fizeram filmes com base nos personagens que ele conhecera. E sua própria capacidade de representar papéis de gângster não tinha rival na indústria. A prisão fez bem a suas habilidades artísticas. "As pessoas dizem que amadureci e que há muita dor em meus olhos."

Mas nenhum dos verdadeiros pistoleiros tem a mais remota semelhança com Sanjay. Observo que os pistoleiros que conheci tendem a ser pequenos e magros, e o ator concorda com a cabeça. Ele notou a mesma coisa. "Os olhos deles são absolutamente frios." Sanjay notou outra característica dos gângsteres e terroristas. "As pessoas ligadas ao crime são muito tementes a Deus. Geralmente rezavam muito, odiavam muito o maldito governo." Uma vez que se envolveu com o crime, ele fez o mesmo. Na prisão rezava quatro horas por dia.

"Qual foi a pior coisa da cadeia?", pergunto.

"Foi: Por que fizeram isto comigo? Por que me puseram na cadeia? Vi pistoleiros que mataram trinta pessoas andando para lá e para cá, na minha frente. Comecei a pensar: Juro que vou matar gente quando sair. Eu tinha noventa quilos de peso muscular quando fui para a cadeia. Em três meses, perdi 34 quilos." E foi ameaçado de tortura. "Eles me mostraram como é o interrogatório com coação física para me amedrontar."

Portanto, Sanjay Dutt é um homem colérico. "Fala-se que este país é a maior democracia. É um monte de merda", diz o homem que fará um patriótico policial muçulmano que salva a Índia em nosso filme. O astro tem sua análise histórica do que está errado. "Quando os britânicos saíram da Índia, deixaram atrás de si a lei e deixaram atrás de si toda essa merda. Ambedkar mudou a Constituição do país, mas não mudou a lei. Para os britânicos, todos os que lutavam pela liberdade — Tilak e os outros — eram terroristas. Quando a Constituição e a lei não coincidem, estamos falando do monte de merda que aí está."

Na parede do estúdio de Sanjay há uma caricatura sua, levantando peso e fumando um cigarro ao mesmo tempo. O cartunista é Raj Thackeray, sobrinho do Saheb. O único político a respeito do qual ele tem o cuidado de não dizer uma palavra negativa é Bal Thackeray, líder do partido político que deu início aos tumultos que lhe despertaram tanto medo que ele pediu armas para proteger sua família. Porque Bal Thackeray é o mesmo homem que, tendo demonstrado a Bombaim que era capaz de botar os muçulmanos em seu lugar, também demonstrou seu poder, sua magnanimidade e seu amor pela indústria cinematográfica ordenando ao governo que concedesse liberdade sob fiança a Sanjay Dutt, filho da muçulmana Nargis Dutt.

Mahesh Bhatt é muito claro a respeito de seus sentimentos por Sanjay. "É um criminoso. Tem o coração de um criminoso." Isso não impediu que Mahesh acabasse de lançar um filme estrelado por Sanjay. Em 2000, Sanjay está em sua terceira volta às telas, com *Vaastav* e *Missão Kashmir*. Os encontros de Sanjay com o submundo convenceram-no de que os gângsteres são superiores às pessoas que trabalham no mundo do cinema. "São honestos com relação àquilo que fazem. Não escondem o que fazem. O negócio dos filmes é um monte de merda, *bhenchod*. É assim que uns fodem os outros. Se ele está aparecendo, mande umas pessoas ao cinema para vaiá-lo, escreva coisas ruins sobre ele na imprensa." Seu ódio ao negócio de sua família é quase como um objeto físico que estivesse em cima da mesa entre nós.

Pergunto-lhe o que gostaria de fazer se estivesse livre desse caso. Ele responde que quer ganhar 3 milhões de dólares, mudar-se para Nova York e viver de juros. Ele mantém um pequeno apartamento em frente à Macy's, em Manhattan. Quer abrir um restaurante de carnes e conhece todos os famosos: Peter Luger's, em Williamsburg, Morton's, em Chicago, Spark's na 43rd Street. Seja como for, quer sair de Bombaim. "Eu amava este lugar. Agora é perigoso pra burro." A filha de seu primeiro casamento frequenta a escola pública em Bayside. Sente-se feliz por ela. "Ir à escola é uma coisa divertida para eles. Não vejo isto aqui. Aqui se estuda uma merda qualquer: 'Quando Aurangzeb invadiu a Índia?'. Quem se importa com essa porra?"

Sanjay me convida para ficar para o almoço. Para ele, consiste apenas em espinafre levemente frito, que come com arroz ou pão, em grandes colheradas. Estou surpreso, depois de toda a nossa conversa sobre restaurantes de carne. Ele explica que sua dieta de muita proteína provocou-lhe problemas nos rins, por isso agora precisa adotar uma dieta mais vegetariana. O personal trainer de Sanjay acabou de sofrer um ataque do coração devido ao abuso de esteroides e teve de tirar uma licença e voltar para Venice Beach. Sanjay faz sete pequenas refeições por dia, de coisas como espinafre cozido.

Poucos dias depois, numa segunda-feira, vou ao tribunal TADA novamente com Sanjay. Dessa vez, vai haver uma audiência sobre o caso dos ataques a bomba. Pegamos um homem chamado Hanif Kadawala, não muito longe de meu escritório.

"Você também é um dos acusados?", pergunto.

"Somos todos inocentes", declara Sanjay.

Hanif, pequeno produtor de filmes e dono de restaurante, é uma das pessoas que supostamente forneceram a Sanjay um fuzil AK-56 depois dos tumultos. Eu não sabia disso na época, mas estava sentado com um homem em seus últimos meses de vida. Em fevereiro de 2001, ele foi morto a tiros pela gangue de Rajan bem perto de onde o apanhamos. Chotta Rajan decidira chamar a si a tarefa de determinar se Hanif era culpado ou inocente. Até aquele ano, o chefe da gangue ou a polícia tinham matado sete dos 136 acusados no caso.

Sanjay passa toda a viagem de carro fazendo malabarismos com cronogramas de filmagem. Ele toca os olhos e os lábios ao ver cada templo do caminho.

Passo a maior parte da manhã tentando em vão entrar no tribunal TADA. Enquanto espero, uma fila de gente chega e passa pelo posto policial na frente da prisão: advogados; os acusados em liberdade sob fiança que vêm para seu registro semanal; uma mãe e os dois filhos pequenos, um menino e uma menina vestidos com a melhor roupa da sexta-feira, que vêm ver o pai que está lá dentro; uma moça incrivelmente linda, de burca preta, que vem confortar seu homem na prisão.

Finalmente, à tarde, consigo uma audiência com o juiz Kode, porque, explica-me ele, "é meu dever ajudar um jovem". Depois disso, ele desenvolve um solilóquio sobre, entre outras coisas, meu darma de escritor, a natureza da cidade de Bombaim e o papel do Judiciário. Enquanto fala, masca *pan* o tempo todo; um grande bolo se move no lado esquerdo da face, como o tumor que ele prenuncia. O magistrado me diz que preciso dar uma boa impressão do meu país aos estrangeiros. "Eles acham que somos primitivos." Quer que eu lhes mostre que a Índia tem o melhor sistema de justiça do mundo. Ele registrou, pessoalmente, 8 mil páginas de provas, cujo número total de páginas chega a 13 mil. "Nunca tirei sequer um dia de folga. Nem um dia de folga casual, nem uma falta — graças a Deus — por motivo de doença." Kode tem uma guarda pessoal de 23 homens. Ele encontrou-se com Ajay e pediu mais quinze.

O tribunal do juiz Kode começa a sessão. Sanjay me diz: "É como uma família". E, de fato, a polícia e os funcionários do tribunal conversam em tom de intimidade com os acusados, perguntando-lhes pela família. Já na sala do tribunal, Sanjay me encaminha para a frente. "Sente-se aqui." Sorri e vira-se para trás. "Somos os acusados."

O juiz entra e a lista de presença é lida, 124 nomes ao todo. "Hanif Kadawala!", e ele se levanta. "Salim Durrani! Yakub Memon!" Olho para trás e há um exército maltrapilho de bandidos endurecidos sentados nas fileiras de bancos de madeira, com cinco ou seis mulheres sentadas do lado. "Sanjay Dutt!", e o astro de cinema faz menção de levantar-se e volta a sentar-se, apenas mais um suspeito dos ataques a bomba.

O juiz ocupa seu lugar. Atrás dele há paredes com painéis de madeira sem a foto costumeira do Pai da Nação. Questões administrativas são tratadas, petições apresentadas por advogados. Querem que seus clientes sejam dispensados de aparecer no tribunal, por estarem sendo caçados e mortos pela gangue de Chotta Rajan. Ninguém usa os microfones disponíveis. Estou sentado bem na frente, uma fileira atrás dos advogados, e diretamente em frente ao juiz, mas não consigo ouvir o que está sendo dito. Os acusados atrás de mim não escutam uma só palavra. Há um constante murmúrio entre eles, que discutem a Copa do Mundo e suas carreiras no crime. Um funcionário do tribunal periodicamente faz um gesto para eles: "Shhhhh! Shhhh!". E a algazarra se acalma por um momento, depois volta ao volume anterior. Os ventiladores de teto batem o vento que entra pelas janelas, pelas quais vejo uma palmeira e o céu azul. Em geral a atmosfera é agradável, repousante, e o homem perto de mim, portando um celular em desafio às ordens afixadas no tribunal, cabeceia. Quando desperta, lê furtivamente um jornal. Olho para o relógio na parede, desejando que ande mais depressa, pensando no meu almoço e em mulheres, exatamente como fazia na escola num período de leseira. Os ventiladores, o murmúrio constante dos bancos de trás, o zumbir dos advogados e do juiz: juntos, eles trazem de volta aquelas tardes mortas de meu tempo de escola. O tribunal vai entrar de recesso por duas semanas, para as férias de verão. Para os rapazes do TADA, é o último dia de aula e há qualquer coisa de festivo no ar. Com esta diferença: na hora da colação de grau, daqui a dez anos, aqueles que não se saírem bem serão enforcados.

O juiz lhes dá duas semanas de folga. Podem ir para onde quiserem dentro da Índia. "Mas não quero ouvir queixas contra vocês", adverte o juiz, no eterno papel de diretor de escola. Depois Sanjay comenta: "É uma piada. Poderíamos fugir para o Nepal e ninguém jamais saberia".

445

Deixamos o tribunal em seu carro. Num sinal de trânsito, as crianças de praxe correm para cima de nós. Uma delas pressiona o rosto contra a janela escurecida e vê Sanjay. De imediato, somos cercados por meninos de rua trazendo jornais e revistas. "Sanjay Dutt, você fez um bom trabalho em *Border* [Fronteira]", diz um dos meninos. "Sanjay Dutt, Sanjay Dutt, compre uma revista." O astro diverte-se um pouco, chateia-se um pouco. "*Ma ki chud!* Dê-me o *Mid-Day*." A janela se abre para que ele pegue o jornal vespertino e os meninos se juntam em volta. Sanjay lê o jornal, sem lhes dar atenção. "Veja o que nosso amigo está fazendo", diz ele, mostrando um título sobre Sharad Pawar deixando o Congresso. Os meninos entram em transe, mas só por um instante; a luz vermelha no cruzamento oposto acendeu e é preciso cuidar da vida. Eles deixam o astro e atravessam a rua correndo, corpos magros balançando as cabeças cheias de sonhos práticos.

Viajo de carro em companhia de um suspeito dos ataques a bomba deixando o tribunal através das estradas de Bombaim cobertas de gigantescas ampliações de seu rosto.

MUNDO DE SONHOS/ SUBMUNDO

Missão Kashmir finalmente começa a ser rodado. Vinod gosta de citar Fellini: "O único lugar onde se pode ser ditador e ser amado apesar disso é o set de filmagem".

No vasto set de *Missão Kashmir* na Film City reboa a voz ampliada de Vinod. "*Silêncio!*" O set tem ar-condicionado funcionando ferozmente; todo mundo usa suéter e muitos ficam resfriados. Há um exército de pessoas, homens em toda parte, mesmo no topo, nas passarelas. Pergunto a Vinod o que essas pessoas estão fazendo, se todas elas são mesmo necessárias. "Tudo é uma mão de obra", responde ele. Cada peça de equipamento tem sua própria equipe; uma luz viaja com três seres humanos. E há outras pessoas, aspirantes a atores, visitantes, basbaques, que aparecem e geralmente são ignorados, a não ser quando atrapalham. Dignitários visitam o set todos os dias. A família do secretário de Educação aparece certo dia, e a matrícula dos filhos de Vinod numa boa escola está garantida.

Vinod é uma das pessoas mais trabalhadoras que conheço. Neste momento, ele fala ao telefone, lê um artigo para pesquisa sobre o filme e responde às minhas perguntas, tudo ao mesmo tempo. Seu lema é: "Quanto mais trabalho, mais tenho sorte". É obcecado por todos os detalhes da produção. "A quem você delega as coisas?", pergunta-me. "Os padrões da mediocridade têm raízes muito profundas aqui." Vinod volta para casa à meia-noite depois de um dia de filmagem; a voz está rouca e eu lhe pergunto por quê. "Gritei, xinguei, esmurrei." Ele agrediu, fisicamente, seu assistente de direção.

Parte das filmagens acontece na Caxemira, em Srinagar, onde Vinod anda em carros à prova de bala, com escolta armada. No meio da filmagem de uma cena, a equipe ouve uma sequência de estalos. "São fogos de artifício; estão comemorando o Dussehra", explica Vinod à equipe, e pede ao câmera que ande depressa com a filmagem. Quando termina, grita para sua unidade que empacote tudo às pressas e desapareça. A equipe agora se dá conta de que não existe festival Dussehra na Caxemira muçulmana; aquilo eram tiros de verdade. Granadas lançadas com foguetes foram disparadas na Secretaria do Governo, a duzentos metros de distância do set, e quatro pessoas morreram. Mas a filmagem foi concluída.

Em outro episódio, um ator que representa um militante em fuga corre ao longo de um canal, quando um policial do outro lado, sempre alerta para a presença de terroristas, o vê correndo e levanta a arma para atirar. No último minuto, percebe que se trata de um ator. Enquanto bombas de verdade explodem pela cidade, Vinod explode barcos no lago Dal em nome do entretenimento. A linha entre as batalhas travadas na cidade e as batalhas encenadas no filme é tão tênue que quase desaparece.

Vinod decidiu eliminar qualquer referência ao Paquistão como vilão. Na versão final do filme, os conspiradores anunciam, para a câmera e para qualquer terrorista, chefe de gangue, governo ou acadêmico interessado: "Não prestamos lealdade a governo nenhum. Somos um grupo independente". Os filmes de Vinod têm uma grande audiência no Paquistão. Há, no entanto, uma misteriosa figura no primeiro plano, vista apenas em silhueta, à qual todos prestam contas; é o Senhorzão. Vinod orienta o escritor de diálogos, Atul Tiwari, a botar uma barba. "Osama", diz ele, ungindo-o.

Na segunda metade, de repente, no meio das bombas e da matança, o terrorista e a mulher amada são magicamente transportados de volta para a infância, para um luxuriante vale cinematográfico de cascatas e flores, através de uma canção de fantasia. Como Vinod não pode levar a equipe de volta à

Caxemira — a essa altura Srinagar está perigosa demais —, a canção é filmada em Bombaim, apropriadamente. É uma recriação da Caxemira em Bombaim, um set de estúdio da Caxemira com tapetes de flores, nevascas de pedaços de algodão. Ninguém precisa levar a guerra tão a sério. Há sempre uma pausa na luta para o amor e para a música.

Vou à casa de Vinod pouco depois de Vikram dizer com satisfação: "O clímax é sólido". Hrithik Roshan, o rapaz recém-chegado que contratamos no lugar de Shahrukh Khan, é agora o maior astro do país, depois de ter feito apenas um filme, *Kaho na... pyaar hai*, de autoria do pai. Um fenômeno ocorre nos cinemas onde passa o primeiro filme de Hrithik, uma história de amor: moças desmaiam quando ele aparece. Elas têm desmaiado em toda a Índia e também no exterior; há notícia de desmaios em massa provocados por sua imagem num cinema nas ilhas Maurício.

Quase-tumultos são provocados por Hrithik. Um dono de cinema em Raipur liga, nervoso, para seu pai. Ele precisa de 200 mil fotos de Hrithik, com seu autógrafo impresso; uma multidão de mulheres cerca o cinema exigindo as fotos. Quando Hrithik visita o café do Taj, outra invasão de fãs obriga os empregados a tirá-lo, às escondidas, pela cozinha. Nos subúrbios, ele está jantando sossegadamente num restaurante italiano com a namorada quando é identificado. Uma multidão se forma e um ônibus de dois andares que passava fica vazio porque os passageiros descem correndo para ver seu rosto.

Seu filme teve a carreira mais fulminante da história do cinema híndi; 99% da renda no circuito de Bombaim na primeira semana. Semana a semana, a receita de *Kaho na... pyaar hai* de fato cresce, em vez de diminuir, como ocorre com outros filmes. Hrithik, que era o terceiro na lista de astros cogitados para *Missão Kashmir* (seu salário contratual era de onze lakhs, quatro a menos do que o de Preity), de repente está no topo. Agora pede a outros diretores, e consegue, dois crores por filme. "Não consigo dormir, vivo delirando", confessa o rapaz a Vinod. Os diretores e produtores formam fila diante de sua casa com dinheiro na mão.

Parte do fervoroso culto a esse rapaz se deve ao fato de os deuses tradicionais do país, os jogadores de críquete, terem acabado de sofrer uma queda. A maioria deles está implicada nos escândalos das partidas combinadas; receberam dinheiro para vender a honra do país. Quando Sachin Tendulkar e Hrithik aparecem num estádio juntos numa partida de críquete entre celebridades, os longos aplausos da multidão destinam-se ao astro de Bollywood, e não ao jogador. E tudo que Hrithik fez até agora foi um filme. Na era da televisão, ele é um deus instantâneo.

Com isso, o "sólido" clímax se dissolve. "Não há como permitir que Hilal Kohistani seja morto pela ISI", diz Vinod. O vilão não pode simplesmente ser assassinado por inimigos invisíveis. O herói das bilheterias tem de ser o herói do filme. O diretor me pede que escreva um clímax verdadeiramente heroico para Hrithik, no qual ele, e não Sanjay, ocupe o centro da história. Sugiro que Hilal seja morto num confronto decisivo com seus dois pais; matar Hilal significa que ele mata o que há de pior em si mesmo. "Ele se torna herói", diz Vinod, concordando com a cabeça. O papel estelar do policial Khan cede perante o poder invencível da bilheteria. Sanjay passa de herói principal a um dos dois protagonistas.

Para o novo clímax, Vinod constrói uma série de casas incendiadas ao redor de um lago artificial em Film City. Vastas quantidades de água são transportadas de caminhão para o set e jogadas num buraco no chão. Múltiplas máquinas de produzir nevoeiro cobrem o set de nevoeiro caxemiriano. O folheto do filme conta o que acontece em seguida:

> No intenso calor do verão em Bombaim, a matéria orgânica na água apodrece, liquefaz-se e exala um cheiro fétido. O diretor, a equipe e os atores trabalharam mais de um mês nesse miasma, lutando para controlar a água, o nevoeiro e o vento, até ficarem tão impregnados do fedor que nem todos os banhos do mundo seriam capazes de eliminar.

Levo meu filho à Film City para assistir ao clímax: novecentos litros de gasolina e uma potente explosão. É tradição nos filmes de ação de Vinod demolir a obra no fim. Para *1942*, o diretor construiu um set que custou oitenta lakhs e o destruiu com uma explosão no clímax. As casas erguidas para *Missão Kashmir* têm o mesmo destino: elas desaparecem numa coluna de fogo e fumaça de dez andares de altura, e todo mundo corre para se proteger dos detritos e das cinzas que chovem do céu quando há vento. Vinod é derrubado para trás pela força da explosão. Os alto-falantes no set reboam, exigindo: "Gelo para as costas de *saab* Vinod!". Pego Gautama e corro para o morro perto do lago. Continuamos a ouvir explosões, quando a tubulação de gás dentro do set arrebenta e jatos de chamas multicoloridas sobem. Os pedaços do set em chamas, quando caem do céu, acendem pequenas fogueiras no chão; a equipe corre para apagá-los. Burocratas que faziam turismo com suas mulheres param em sua fuga morro acima, viram-se e voltam para olhar, atendendo ao piromaníaco que existe dentro de todos nós.

Vinod recupera os custos mediante a venda da música e de alguns direitos de distribuição, bem antes de terminar o filme. Este vai se sair bem, talvez até seja um sucesso, devido ao fenomenal estrelato de Hrithik. Por causa das mulheres que desmaiaram ao vê-lo em *Kaho na... pyaar hai*, há uma plateia automática de alguns milhões, independentemente dos méritos ou deméritos de roteiro, música, direção ou de qualquer outro elemento do filme. Meu trabalho, e diverte-me descobrir isso, é irrelevante para as perspectivas comerciais do filme.

Vinod avalia Hrithik como um novilho premiado. Em seu set, veste o astro com uma camisa sem mangas. "Quero algo que mostre o máximo de pele. Eles acharam que havia pele em *Kaho na... pyaar hai*; vamos ter muito mais." Ele pede uma demonstração de Hritrik tirando e pondo a camisa várias vezes. Os bíceps do astro parecem em estado de flexão permanente, mesmo quando em repouso. Eles aparecem com destaque em muitas cenas gratuitas, no momento em que o astro surge em cena, no teto de uma casa, enviado dos céus.

Hrithik está na capa das maiores revistas noticiosas do país dessa semana. Os jornais publicam dezenas de artigos sobre ele todos os dias. Mas o ator não perde a modéstia; quando assistimos à reprise de uma cena num monitor, ele se acomoda no chão, de joelhos, enquanto Vinod e eu nos sentamos nas cadeiras. Quando Hrithik aperta-me a mão, percebo que tem dois polegares na mão direita, um normal e outro polegar vestigial brotando dele. Não foi extraído quando ele nasceu porque se acredita que dá sorte — e certamente trouxe, em escala Cinemascope. O rapaz trabalhou feito escravo durante cinco anos como diretor assistente, comendo mal, dormindo em tendas nas locações, até que, no prazo de uma semana, se tornou o maior astro num país de 1 bilhão de pessoas. No fim do ano, Hrithik deve se casar com sua namorada de longa data.

"Está indo bem!", diz-lhe meu amigo Rustom, que fotografou os stills para o filme.

"Está indo bem!"

Está indo bem demais. O equilíbrio entre a boa e a má sorte no universo pende, perigosamente, em favor desse rapaz; e precisa corrigir-se. E é assim que, num dia de janeiro, quando o homem que Hrithik mais ama no mundo — o pai, Rakesh Roshan — está entrando em sua Mercedes, dois jovens se aproximam a pé e disparam contra ele seis balas com uma pistola .32. Uma das balas aloja-se no osso esterno, salvando-lhe o coração. São transcorridos quatro dias desde o lançamento do filme que Roshan dirigiu e produziu. Ele teve a precaução de preservar os direitos de distribuição na maioria dos territórios, tornando-se da noite para o dia um dos homens mais ricos da indústria. Toda a indústria cinematográfica se reúne em volta do leito de hospital, temendo, perguntando: "Por quê?".

Vinod me explica por quê. "Querem que Hrithik faça um filme para eles."

Hrithik é tão popular que o chefão Abu Salem, cuja gangue surgiu como dissidente da D-Company, quer que ele trabalhe num filme seu. Eles — quer dizer, os laranjas de Salem, outro diretor de Bollywood — visitaram Rakesh Roshan poucos dias antes e lhe pediram que fizesse o filho assinar um contrato para um filme que estão produzindo. Roshan recusou-se. Smita Thackeray, a nora do Saheb, também tinha pedido; era seguro recusar seu pedido agora, uma vez que o Shiv Sena estava fora do governo. Roshan vinha recebendo ligações de Abu Salem e aconselhara o filho: "Dirija com cuidado". Não mais que isso. Dois dias depois do encontro, os pistoleiros o balearam. Os Roshan estão pensando em fazer um acordo com as gangues. Seria uma senhora guinada na fórmula dos filmes híndis: um pai é baleado, e o filho, em vez de buscar vingança, estrela o filme dos agressores. Ele talvez não consiga reunir o entusiasmo necessário para um grande desempenho, mas seu rosto será suficiente para fazer as mulheres desmaiarem, e a gangue ganhará seu dinheiro. É o sofá do diretor, onde o elenco é escolhido, virado de cabeça para baixo, com algo a mais.

Com isso, nossos dois principais artistas vivem à sombra do submundo: o mais velho está solto sob fiança por suas ligações com as gangues, e o mais novo viu o pai ser baleado por causa de seu sucesso. O submundo e o mundo dos sonhos — em Bombaim eles são o reflexo um do outro.

Parte disso se deve à natureza do financiamento dos filmes nos anos 1990. A maioria das produções de Bollywood não consegue empréstimos bancários; é bancada pelo setor privado. Os bancos não entendem Bollywood, nem confiam na indústria. As somas necessárias para uma produção são imensas, e uma família na indústria do cinema às vezes trabalha com vários projetos ao mesmo tempo. O tempo decorrido entre o investimento e o retorno pode ser contado em anos se o filme não for bem-sucedido. Quem teria tanto dinheiro disponível? Só o submundo. As gangues ficam felizes de ver o dinheiro sujo transformar-se em sonhos em tecnicolor. Um filme de sucesso pode dar um retorno de 400% nas primeiras quatro semanas de lançamento. Portanto, para o submundo, investir em filmes é uma das formas mais rápidas de ver o investimento ilegal render. Sem financiamento do submundo, a indústria cinematográfica híndi desabaria num instante. Ela teria de recorrer ao financiamento de bancos e corretores de ações, que não compartilham do gosto cinematográfico por chefões. Seus sonhos não seriam nem de longe tão extravagantes, ou violentos, ou apaixonados.

As gangues têm uma vantagem na escolha do elenco. Sua maneira predileta de fazer negócio consiste em pegar um diretor desconhecido mas maleável e um produtor com dois ou três filmes B no currículo, e convocar as principais estrelas do momento, exigindo que cancelem outros compromissos para trabalhar em seu filme. Com uma estrela de destaque, o produtor tem pelo menos a garantia de recuperar os custos. Os gângsteres têm uma queda especial por adquirir os direitos dos filmes no exterior e praticamente controlam os espetáculos itinerantes de Bollywood, essas montagens híbridas de atores, músicos e comediantes de vaudeville que percorrem o globo, de Barcelona a Boston, onde quer que morem indianos e pessoas que amam filmes indianos.

Há uma curiosa simbiose entre o submundo e os filmes, como vi acontecer com Tanuja em Madanpura. Os cineastas indianos têm fascínio pela vida dos gângsteres e a ela recorrem em busca de material. Os gângsteres, do pistoleiro em campo ao chefão no exílio no topo, assistem aos filmes híndis com interesse e os tomam como modelo — para diálogos, a maneira como se conduzem — em seus equivalentes fílmicos. Como todo mundo em Bombaim, os gângsteres são fascinados pelos astros. Eles se deliciam com o poder que exercem sobre os maiores nomes da indústria. Chotta Shakeel, falando com um dos seus produtores, chama Rakesh Roshan Takla de careca; Hrithik Chikna, de dândi; e Shahrukh Shan Hakla, de gago. É a maneira mais fácil de demonstrar aos companheiros indianos quem é o chefe: fazer um astro de cinema capaz de vencer mil vilões musculosos na tela ajoelhar-se com um simples telefonema, suplicando pela vida diante de um minúsculo *tapori*. Alguns gângsteres desaprovam a imoralidade do pessoal do cinema. Entre discussões religiosas, os homens sentados no escritório de Kamal geralmente falam da vida sexual de gente do cinema, do que produtores e diretores obrigam suas estrelas a fazer. "É um negócio desprezível", diz com desgosto um financista do submundo, e os outros repetem: "Negócio desprezível". É muito complexa a relação entre os gângsteres e os astros, parte adoração, parte ódio de si mesmo. No fim, não é uma questão de dinheiro.

Um amigo íntimo de Vinod, Manmohan Shetty, dono de uma das mais importantes instalações de processamento de filmes do país, recebe uma ligação ameaçadora de Abu Salem, que está lhe exigindo dinheiro. (Foi Abu Salem que mandou matar o magnata da música Gulshan Kumar por não lhe pagar.) Por sugestão de Vinod, Manmohan vai pedir proteção a Ajay Lal, pouco antes de o detetive viajar de licença, e lhe pergunta se deve pagar a extorsão exigida. Ajay lhe diz que, se pagar, terá de pagar a todas as gangues. O produtor não aceita ser escoltado por um policial armado, porque se sentiria constrangido de ser visto com um guarda-costas de arma na mão, por isso passa a maior parte do tempo em casa. Um dia ele sai do carro e anda até o escritório. Um homem de seus vinte e poucos anos atira nele de uma distância de um metro e meio. A arma trava; Manmohan escuta o *clique-clique* e corre para o escritório antes que o pistoleiro consiga disparar de novo. Manmohan tinha tido a impressão de que houvera um entendimento e de que ele tinha até janeiro para pagar.

Abu Salem liga para ele depois do confronto. "Isto é apenas um trailer. O filme principal ainda vai começar." Ele quer que Manmohan sirva de exemplo. O público acha que os achacadores não são sérios e foram eliminados em confrontos. O público precisa ler o nome de Abu Salem nos jornais, de modo que, se ele ligar para alguém, esse alguém vai saber quem é ele e se apavorar.

Há uma reunião marcada de produtores de cinema com Chaggan Bhujbal, o ministro estadual do Interior, sobre o problema das extorsões. Vinod foi aconselhado por Ajay a não comparecer, porque metade dos produtores está de alguma forma ligada ao submundo. Todos sabem quem são eles. Mas Vinod não pode aparecer como herói e exigir medidas sérias contra as gangues, pois Ajay lhe avisou que os gângsteres serão informados, por seus capatazes na indústria, sobre quem disse o quê imediatamente depois que a reunião terminar. Além disso, até os funcionários do governo presentes à reunião têm ligações com as gangues.

Vinod e Tanuja Chandra me levam para a reunião na noite de sábado, numa enorme sala de conferências na Sahyadri State Guest House. Ninguém me pede identificação na entrada. Em Bombaim, podemos passar pelos porteiros sem dizer nada, se quisermos, desde que tenhamos o ar de quem não tolera perguntas. A sala está repleta de produtores, duas estrelas de mediana grandeza, Chaggan Bhujbal e todos os líderes políticos da cidade. Quando entramos, há dezenas de câmeras de TV e de jornalistas; a reunião parece mais uma sessão de fotos oficiais do que qualquer outra coisa. Então os câmeras são retirados da sala, para que possamos falar. O chefe da Divisão de Crime, Silvanandan, começa na ofensiva. Em resposta a uma questão sobre por que os cineastas no sul não estão sendo alvo de extorsão das gangues, ele diz que talvez os produtores de cinema sulistas não financiem seus filmes com dinheiro do submundo.

O ministro e a polícia se queixam de que a maioria dos cineastas que sofrem extorsão nunca procura a polícia para pedir ajuda; os que o fazem, afirmam eles, nunca são tocados. Ao ouvir isso, Manmohan Shetty observa que pediu proteção tanto a Ajay como a Sivanandan quando recebeu ligações de Abu Salem, e ambos lhe disseram que a gangue de Abu Salem era uma "força desprezível" em Bombaim. "Graças ao equipamento ineficiente do submundo, fui salvo", conclui Shetty.

Então tem início uma sucessão de produtores de cinema dando sugestões ao ministro sobre o que ele deveria fazer. Um deles diz: "Estas pessoas não são criminosas. São traidoras e deveriam ser tratadas como traidoras. Todo mundo sabe que quando eles entram no posto policial são tratados como VIPs". Sua voz se eleva alguns decibéis. "Tragam as famílias inteiras deles, ponham-nas contra a parede e atirem nelas!"

Sivanandan lê estatísticas que demonstram que o número de supostos gângsteres mortos em confrontos aumenta a cada ano; em 1999, houve 89 mortes, "um recorde histórico", comenta ele, com não pouco orgulho. Ninguém comenta o fato de que as estatísticas do crime também aumentaram de forma equivalente. Os confrontos não acabaram com a necessidade de reuniões como essa. Um produtor diz que a polícia lhe deu proteção, mas as gangues atiraram no vigia no portão de sua casa. "A proteção foi garantida a você, e não ao vigia", retruca o comissário de polícia. "Você não foi tocado." O vigia, é claro, era descartável.

Vinod fala. Ele que saber por que o governo não faz um esforço sério para pedir a extradição dos chefões das gangues dos países onde eles estão escondidos. Em vez disso, o governo estadual recentemente preparou uma lista de pessoas da indústria cinematográfica que têm grandes dívidas pendentes devido à segurança policial que lhes foi prestada. Os diretores e artistas não deveriam ter de pagar pela segurança, observa Vinod, pois, como cidadãos contribuintes, têm direito à proteção de sua integridade física pelo Estado. Se as coisas continuarem assim, a indústria talvez se mude para Hyderabad, nos supereficientes domínios do ministro-chefe Chandrababu Naidu. Centenas de milhares de pessoas trabalham na indústria cinematográfica em Bombaim, observa um dos produtores. A subsistência econômica de Bombaim depende do negócio do cinema.

Mas é uma ameaça vazia. Vinod já tinha me falado disso. "No fim das contas, é a melhor cidade da Índia para se viver. A indústria cinematográfica não tem escolha." Não é por acaso que a indústria de filme tem sua base na Bombaim dominada pelos maratas, e não na Delhi dominada pelos hindus, porque filme nada tem a ver com língua. Filme é, fundamentalmente, um sonho coletivo das plateias, e Bombaim é um sonho coletivo do povo da Índia.

Bhujbal, o ministro do Interior, promete agir. "Como isto aqui é uma democracia, posso falar abertamente. Mas lhes digo o seguinte: decidi impor a mais rigorosa pena aos achacadores. A pena definitiva. Não posso dizê-lo publicamente, mas é a pena máxima."

Ao sair, encontramo-nos com um policial graduado do território onde mora a maioria do pessoal de cinema. "Não tenho muita coisa ver com esses figurões", assegura o novo comissário a Vinod. "Mas quero que saiba que sou totalmente dedicado ao que faço. Nos últimos cinco dias matei duas pessoas."

Na volta da reunião para casa, Vinod e eu passamos de carro por um terreno infestado de lixo em Juhu, onde se lê numa placa: ESTE TERRENO É DE PROPRIEDADE DO COMISSÁRIO DE POLÍCIA.

"Veja isto", mostra Vinod. "Esta é a situação da nossa polícia. Este país está fodido."

* * *

Acontece antes do esperado. A primeira ligação chega ao escritório de produção de Vinod antes que ele sequer termine de rodar o filme. Seu contador atende. O interlocutor pergunta por Vinod; o contador diz que ele está no set. "Diga-lhe que é Abu Salem." E deixa o número de um telefone. À noite, outro telefonema. "Por que ele não ligou? Vamos meter uma bala na cabeça dele."

O gerente de produção de Vinod chega ao set durante a filmagem do clímax. Vinod sabe imediatamente por seu rosto, que ficou branco, que algo muito errado aconteceu. Em cinco minutos Vinod começa a fazer seus telefonemas. Ele vai até o topo e fala com o ministro do Interior do país, L. K. Advani. Advani lhe diz que não se preocupe; todas as agências de segurança do país estão com ele. Rapidamente Vinod tem um comando sentado em seu carro, um jipe cheio de policiais armados seguindo-o e quinze guardas ao redor de sua casa, de seu escritório e dos sets.

No dia seguinte, ele me diz que a questão foi resolvida; ele recebeu um telefonema dizendo: "Você é como se fosse nosso irmão". Algum fio foi puxado, e a mão de alguma marionete deu um safanão e derrubou a arma apontada para Vinod. Nessa noite vou à casa de Vinod. Ele está de bom humor, dançando em volta do filho. Sentamo-nos no peitoril fora da sala de estar, contemplando a lua quase cheia, bebendo uísque. Não foi Advani que resolveu as coisas com Salem, foi Sanjay Dutt. Foi Salem que levou o Maruti para a garagem de Sanjay. Salem foi o coleguinha de Samjay no caso dos ataques a bomba, Número 87 na Conspiração das Explosões de Bombaim. Salen tinha sido tratado como empregado por Dawood e sua corte. Ele sempre quis aparecer nos filmes, por isso agora era especialista em extorquir dinheiro da indústria cinematográfica. Sanjay ligou para o velho colega e lembrou-lhe: "Passei dois anos na cadeia por você. Vinod é como se fosse meu irmão. Ele ficou do meu lado quando eu estava na cadeia".

Vinod teve uma sorte extraordinária na escolha do elenco. Contratar Sanjay Dutt acabou se revelando uma decisão ainda mais feliz do que contratar Hrithik. Bachchan jamais teria sido capaz de conter os assassinos de Abu Salem. Mas Anu está assombrada.

O jeito exagerado de falar do marido também não ajuda. "Meu irmão é dono de um negócio num resort nas Maldivas. Vamos lá organizar um exército particular para perseguir esses indivíduos durante seis anos." Ele pedirá a Farrokh Abdullah que mande comandos caxemirianos para protegê-lo. "Sou cidadão da Caxemira." Levará Hrithik a Delhi e convocará uma entrevista coletiva durante a qual ele e o astro pedirão publicamente asilo político a outro país, porque a Índia se transformou numa "republiqueta". Dessa forma, o governo da União, envergonhado, decidirá perseguir a sério os extorsionários. Vinod vai comprar um revólver! Está na sua terceira dose de uísque e se sente pessoalmente insultado, castrado, por ter de se esconder em sua casa, atrás de uma muralha de homens armados. Seu machismo punjabi está ameaçado. Ele recita o que gostaria de dizer a Salem: "Venha a Carter Road, seu filho da puta, e vamos botar isso a limpo!".

As ligações param por enquanto. Mas, só para garantir, Vinod está pensando em sair do país bem antes de o filme ser lançado.

Uma mina de ouro se abre no céu: a Sony/TriStar decide comprar os direitos de distribuição de *Missão Kashmir* no exterior. O filme será lançado em Times Square, a primeira vez que isso acontece com um filme híndi. À medida que se aproxima a data de lançamento, outubro de 2000, há um enorme ti-ti-ti sobre nosso filme. Representantes do fabricante de cola Fevicol vêm conversar com Vinod antes de o filme ser concluído. Querem estar "associados" com o filme. O slogan do anúncio da empresa é "Bharat jodo" [Índia unificada]; eles vão juntar com cola o país dividido. Acham que *Missão Kashmir* é um filme sobre integração nacional, a cola do secularismo que mantém o país unido, e é conveniente para a Fevicol associar-se a ele. Por esse privilégio, eles oferecem um crore. Vinod rejeita a oferta e repreende seu assistente por levá-la em conta. Não por ser inadequada, mas porque o dinheiro é pouco.

Para a première, Sony despacha 49 pessoas para várias partes do mundo, voando na primeira classe ou na classe executiva, e nos hospeda em hotéis de primeira classe em Londres e Nova York. Mas Hrithik e Preity Zinta não comparecem às premières de Londres e de Nova York, o que tira o brilho dos eventos. Por quê?, pergunto a Anu.

"Abu", responde ela.

Os atores só podem sair do país se o chefão exilado quiser. Hrithik assinou contrato para um espetáculo itinerante do homem que atirou em seu pai.

Esse vai ser seu primeiro show num palco, mas só no ano que vem; graças à popularidade do astro entre os indianos que vivem no exterior, é garantia de renda sem precedentes. Salem não quer que Hrithik deixe o país para promover outro produto antes do seu, ainda que seja apenas um filme. Portanto, não muito tempo depois de suas balas terem sido tiradas do corpo de Rakesh Roshan, exigiu deste que mantenha o filho em casa. Ele ligou para Preity e disse que ela também não saísse. Sanjay recebeu ordem semelhante, mas, como ficou dois anos na cadeia por Salem, foi dispensado. O *bhai* agora se tornou oficial da emigração, concedendo ou negando autorizações de saída a seu bel-prazer.

Missão Kashmir é lançado e a reação é mista. Os críticos elogiam o desempenho dos atores e a música, mas identificam furos no roteiro. Alegam, com razão, que o roteiro não menciona o sofrimento diário dos caxemirianos, que leva os jovens da região a ingressarem na militância. Algumas críticas são injustas; elas vêm de um poderoso diretor que se tornou crítico de cinema, que certa vez Vinod agrediu em público, por ter insultado Anu. Ele estapeou o crítico no balcão de um cinema, lamentando apenas não tê-lo derrubado na plateia lá embaixo.

Mas o filme concluído traz prazeres também. A perícia técnica de Vinod, seu dom para o cinema, são óbvios em cenas como a do menino Altaaf esperando Khan no escuro com uma arma. Khan e a mulher entram em casa e passam por uma série de quartos, acendendo as luzes; a câmara alterna da luz para a escuridão, da escuridão para a luz. O desempenho de Sanjay é um dos melhores de sua carreira: a sensação de um homem esmagado pela tragédia, mas, ainda assim, disposto a lutar. Na primeira semana de lançamento, é o filme mais visto no vasto país. Um milhão de pessoas vê todos os dias os personagens com os quais convivemos nos últimos dois anos.

Numa sessão para o presidente da Índia em Rashtrapati Bhavan, tanto Sanjay Dutt como Ramesh Taurani, que está lançando a música do filme, estão presentes; ambos estão, oficialmente, sendo julgados por assassinato e em liberdade sob fiança.

O colunista Ali Peter John entrevista o ator para *Screen*:

ALI: Poucos anos atrás você jazia, sozinho e desesperado, numa escura masmorra da prisão de Arthur Road. Que pensamentos lhe passaram pela cabeça quando subia os degraus de Rashtrapati Bhavan?

SANJAY: Eu simplesmente não conseguia acreditar no que se passava à minha volta. Estava meio confuso, meio delirando. Não conseguia, por nada no mundo, acreditar que eu, que era e ainda sou considerado criminoso pelo tribunal, tinha sido convidado pelo próprio presidente da Índia. Também comecei a achar que os altos poderes do país sabiam que sou inocente, que fui apanhado numa armadilha, preparada por inimigos que eu não conseguia visualizar ou reconhecer. Meu melhor momento foi quando o presidente, senhor Narayan, apertou-me a mão e me deu tapinhas no ombro. Naquela noite, dormi como nunca tinha dormido. A Índia me amava. O povo da Índia queria o melhor para mim. Estava pronto para me dar todo o amor que eu pedia.

O sucesso tinha desinfetado tudo.

Quando o filme é lançado na Caxemira, a plateia no cinema de Jammu está dividida, os hindus aplaudindo Sanjay e os muçulmanos aplaudindo Hrithik. Algo que eu não previra acontece: os militantes se apoderam de Hrithik como um dos seus, deliciados com o fato de que esse ator tão bonito, o rosto mais conhecido do país, esteja representando um deles, apesar do fim. Este filme vai causar problemas para Vinod com os terroristas. Vai atrair mais jovens para o movimento, para que eles também possam cantar e dançar com Preity, e se jugar parecidos com um deus, parecidos com Hrithik. Outros caxemirianos gostam porque pelo menos o filme demonstra que seus jovens têm uma razão para ingressar na militância; Hrithik só se torna terrorista depois que a família é eliminada pelas forças de segurança. Isso mostra como os caxemirianos esperam pouca coisa da grande mídia indiana.

No Paquistão, que já foi à guerra contra a Índia três vezes por causa da Caxemira e ainda hoje treina subversivos para mandar para o outro lado da fronteira, a música "Bumbro" do filme torna-se obrigatória nas festas de casamento. O povo do país inimigo ignora a mensagem e dança ao som da música, sem levar em conta o interesse atual da história e concentrando-se nos temas eternos que estão no seu âmago: um rapaz que quer uma moça, um pai em conflito com o filho. A oposição, na realidade, vem da direita. Membros das forças de segurança indianas se queixam de que o filme é muito condescendente com os terroristas. Os sentimentos de determinada comunidade são feridos, mas não a comunidade que esperávamos. Pouco depois do lançamento do filme, uma organização sikh exige que Vinod peça desculpas publicamente e elimine uma cena em que um policial sikh aparece urinando nas calças de medo da bomba prestes a explodir no barco onde ele se encontra. Os sikhs reclamam que isso depõe contra a valentia de seu povo.

Quando seu terceiro filme é lançado, a fama de Hrithik assume proporções de loucura. Alunas de colégio inscrevem as iniciais do nome dele no braço com a ponta de seus compassos. Quando a Pepsi faz um comercial com Shahrukh e um clone de Hrithik em tom levemente satírico, muitos jovens do país boicotam a Pepsi. A polícia de Calcutá impede que dezenas de adolescentes embarquem em trens e aviões com destino a Bombaim, para verem Hrithik. Professores tentam confiscar a onda de pôsteres e suvenires de Hrithik que inunda as salas de aula, mas a coisa não tem fim. Seu rosto começa a aparecer em capas de caderno, com frases do astro, como: "Sonhar com a pessoa que você gostaria de ser é desperdiçar a pessoa que você é". Autoridades propõem o uso do astro para fins educativos. O diretor de uma escola acha que os estudantes gostariam mais das matérias se o apelo de Hrithik fosse usado com imaginação: "Por exemplo, pode-se ensinar aos alunos que a capital de Maharashtra é Bombaim, de onde Hrithik lhes envia um aceno, ou que o maior osso do corpo de Hrichik é o fêmur".

Mais uma vez as coisas vão bem demais para o superstar. Um mês depois do lançamento do filme, espalha-se em Katmandu o boato de que Hrithik teria dito, numa entrevista para a televisão, que odeia o Nepal e seu povo. Penso no suave e cortês ator que conheci e não consigo acreditar que ele tenha feito uma declaração desse tipo. Mas o boato circula. As agremiações de estudantes de esquerda no Nepal põem seus seguidores nas ruas. Eles saqueiam um cinema onde *Missão Kashmir* está sendo exibido, incendeiam pôsteres e *cut-outs* de Hrithik, e estão prestes a fazer o mesmo com a embaixada da Índia quando a polícia interrompe a marcha. Eles matam dois adolescentes a bala. Nessa noite, mais três pessoas são mortas; 150 são feridas. O governo proíbe a exibição de todos os filmes de Hrithik no reino. Hrithik vai à rádio, nega ter feito as declarações que lhe atribuem e diz que ama o Nepal e seu povo. Como prova, menciona o fato de que sua família teve um leal cozinheiro nepalês durante décadas. Nada disso acalma os estudantes. Multidões mal-intencionadas saem às ruas para destruir empresas de propriedade de indianos, incendiando-as. A cidade de Katmandu é, para todos os efeitos, fechada por vários dias. O incidente por pouco não derruba o governo nepalês. Sessenta dos 113 parlamentares do partido governista pedem a renúncia do primeiro-ministro, apesar dos desmentidos de Hrithik. O mesmo rosto que inspirou desmaios coletivos de meninas agora inspira o ódio das massas. Nos dois casos, a reação é histérica. Mais uma vez, dou razão a Vinod por temer que o roteiro pudesse ofender pessoas. Nesta parte do mundo, as pessoas estão sempre dispostas a morrer por uma mentira.

Nas semanas seguintes, a origem do boato sobre o Nepal vem à tona. Ele apareceu pela primeira vez num jornal de Katmandu, de propriedade da maior rede de TV a cabo do país, e foi adotado por estudantes maoistas. Os serviços de inteligência do Paquistão há muito usam o Nepal como base de suas incursões em território indiano, e os anfitriões paquistaneses da D-Company não podiam perder a oportunidade de criar dificuldades por causa de um filme num país amigo da Índia. De acordo com a inteligência indiana, a D-Company instruiu o dono do jornal a publicar uma invencionice, e a rede de TV a cabo tirou do ar todos os filmes indianos e não divulgou o desmentido de Hrithik durante dias, num momento crucial. Dessa vez não foi o pai de Hrithik que foi escolhido para ser assassinado. Foi seu próprio caráter.

Vinod ganha muito dinheiro com *Missão Kashmir*; é o maior sucesso de sua carreira. Apesar de o filme perder fôlego nas bilheterias depois da primeira semana, os distribuidores e exibidores do filme na Índia comem bem. Agora Vinod tem tido reuniões com a Columbia TriStar sobre a possibilidade de fazer um filme em inglês para uma plateia internacional. É uma maneira de compensar perdas e sair do país. "Dentro de dez anos, não valerá a pena viver, com os políticos que estamos elegendo." Depois que volto para Nova York, recebo um pacote de Bombaim, pelo serviço de entregas rápidas do correio. É um pôster do novo filme de Vinod, *Chess* [Xadrez], que não tem roteiro, elenco ou orçamento, mas tem este pôster, que mostra um tabuleiro de xadrez emergindo do pesadelo de alguém, com as frases DOIS JOGADORES. UM VIVO E UM MORTO. UM JOGO NÃO TERMINADO. Além, é claro, da informação obrigatória: *Um filme de Vidhu Vinod Chopra*. Para Vinod, o primeiro passo na criação de um filme é a publicidade.

Ele quer que eu trabalhe com ele no roteiro. "Esqueça seu livro", diz. "Quantas pessoas leem livros? *Milhões* vêm filmes." E tem razão. Há qualquer coisa a respeito dos filmes, a respeito dos grandes sucessos comerciais, com a qual livro nenhum pode competir. Nunca me senti tão aceito no país onde nasci como quando me pediram que escrevesse roteiros para filmes híndis, para construir a vida de sonhos de meus compatriotas. Nenhum forasteiro, nenhum gringo teria permissão de se aproximar de nossos sonhos. Tudo o que diz respeito a Bollywood — os números, as personalidades — é imenso, mas, no fim das contas, trata-se de uma paixão íntima.

PARTE III

PASSAGENS

9. Minas da memória

A única coisa importante que acontece em Bombaim com relação ao tempo são as monções. As primeiras chuvas chegam cedo este ano, em meados de maio. Sinto sua aproximação, pelo mar. Digo aos operários que trabalham no meu apartamento: "Vai chover".

"Agora?", perguntam, surpresos.

Agora. Conheço o cheiro.

Era assim, em meu tempo de criança: durante quatro dias, trovejava. Todos olhávamos para o céu cinza pálido. Animais e homens enchiam o peito de ar, sentindo secura e umidade ao mesmo tempo. Ventos chegavam de repente, agitando a poeira adormecida e carregando-a em pequenos redemoinhos. O verão tinha sido mais quente, mais longo do que qualquer outro de que nos lembrávamos, apesar de o comentário ter sido o mesmo no fim do verão anterior, e de todos os verões antes do anterior. É o que se diz quando alguma coisa termina.

Era a época do ano em que a temporada de críquete, esse jogo dos longos e quentes dias de verão, se preparava para dar lugar ao futebol, à amarelinha, à bola de gude. Deixávamos os bastões para lá, cansados da espera.

Dia a dia, a tensão aumentava no céu. Às vezes tudo ficava coberto de um falso negro. Pássaros passavam voando rápido; achávamos que voavam fugindo da tempestade, por isso saíamos para o condomínio usando nossas roupas velhas. Enquanto esperávamos, ficávamos irritados e batíamos uns nos outros, fazíamos peraltices, atazanávamos os mais fracos e estúpidos. Esvaziávamos pneus, escrevíamos versos obscenos nas paredes da escola das meninas. As avós diziam: "Com certeza está chegando".

E, apesar disso, ela não vinha.

Os agricultores e o governo ficavam alarmados. Os jornais enchiam-se de sinistras previsões. A grama secava nos campos de esportes da escola das meninas, proibida para nós, por isso fazíamos questão de entrar sorrateiramente e jogar hóquei e pisotear os canteiros bem cuidados.

O mar jazia supino, exausto, precisando de chuva para se lubrificar, para tornar a encher. Íamos para a água rasa e pescávamos com as mãos, pegando minúsculas criaturas marinhas que ficavam para trás quando o mar se retirava das pedras formando lagos.

A cidade e o prédio ficavam sem água.

Não havia nada para lavar o corpo ou as roupas que os corpos tinham sujado. Mal havia água para beber; caminhões-tanque vinham do interior, e todos os empregados se alinhavam com baldes, pagando preços exorbitantes pela água salobra e salpicando-a na terra sedenta, o que lhes valia gritos injuriados das patroas.

À noite, as pessoas cansadas sonhavam com rios e quedas-d'água; nos cinemas, assistiam aos números musicais para verem cenas de neve na Caxemira e sáris úmidos de chuva manufaturada, vendo a água cair e correr em silêncio, gulosamente. Compravam — e dormiam ouvindo — gravações de sonos do mar e riachos correndo, água clara sobre as pedras das montanhas.

Então, um dia sabíamos. Víamos quando ela chegava pelo mar. Havia um vento forte, e de início uma chuva de poeira, uma quantidade danada de poeira, toda a poeira do mundo no ar e entrando pelas janelas abertas dos edifícios. Se estivéssemos lá embaixo, tínhamos de parar de brincar e cobrir a boca e os olhos. Ela penetrava os cabelos e o nariz, e estávamos cansados do verão, tínhamos suado o dia inteiro e não podíamos aguentar mais o verão nem por um segundo.

As nuvens passavam a grande velocidade, transportando despachos urgentes de alguém que desconhecíamos, para alguém com quem jamais poderíamos falar. O céu era azul, quase negro, como o pescoço cheio de veneno de Shiva.

Então caía a primeira gota, tão leve que bem poderíamos estar imaginando coisas. Podia ser o ar-condicionado vazando.

As folhas e os galhos agitavam-se freneticamente. Janelas batiam abertas ou fechadas e ouvia-se o barulho de vidro quebrando. Os pássaros sabiam. Giravam furiosamente no céu, no desespero de chegarem aos ninhos, às fendas e rachaduras dos prédios.

De repente, mais algumas gotas, e todo mundo sabia. Empregadas e esposas corriam às janelas para recolher a roupa.

Uma violenta explosão no céu e depois outro poderoso rugido da terra, de centenas de milhares de crianças na cidade, enquanto a torrente desabava sobre elas. O dia inteiro suáramos, o dia inteiro nossos corpos se prepararam para recebê-la, pressentindo-a, como as vacas e os corvos, e agora a primeira chuva caía sobre nós. Nossos pais tinham nos advertido, gritado conosco: Nunca tomem banho na primeira chuva! Está negra de poeira e poluição, e vamos todos adoecer, mas não ligamos. Todas as crianças do mundo estão fora de casa, dançando nas ruas, nos estacionamentos, nas valas, e por um instante os carros são paralisados pela poderosa multidão juvenil, com a força invencível das monções às suas costas. Grandes gotas de água caem, muito juntas, muralhas de água, mundos de água. Há relâmpagos, e tudo volta a ser claro como o dia, mas só por um momento. Erguemos o rosto para a água e lavamos o verão para nos livrarmos dele. Ela nos entra pelos olhos, pelo nariz e pela boca, e leva consigo todos os pecados, todas as tristezas.

Quando a chuva passa, o ar fica repentinamente adocicado. As árvores, os arbustos e as ervas impregnaram o ar com sua fragrância. Centenas de compridas minhocas se arrastam no chão amolecido. Bombaim abrirá suas janelas e o ar adocicado pela chuva entrará, e Bombaim dormirá bem esta noite. E, se a primeira chuva chega cedo, dormiremos especialmente bem esta noite, porque ainda faltam quinze dias para as aulas começarem.

MAYUR MAHAL MULTIPURPOSE

O sino ainda está lá. Estou sentado na sala do diretor quando um empregado entra, enfia o braço pela janela e puxa uma grossa corda branca. Há um repique; conheço bem esse som. A corda segue pelo jardim até o outro prédio da escola, onde há um grosso sino de latão cujo repique podia ser um som alegre, significando alívio dos tormentos do dia, ou um som temível, trazendo o período da sra. Qureshi. Período quer dizer "aula", mas a professora de híndi era tão zangada que bem poderia querer dizer outra coisa.

"Gostaríamos de cumprimentá-los." Charuto, como chamávamos o homem que me ensinava ciências e agora é diretor, sorri. "Em 14 de novembro, vamos realizar uma solenidade para você. Também para Salil Ankola, jogador de críquete, Shweta Shetty, sensação musical, e Krishna Mehta, designer. Todos alunos da Mayur Mahal", informa-me, feliz. Ele recortou um artigo de jornal a meu respeito e o colocou no mural. Agora sou um "aluno distinto". O convite que chegou pelo correio dizia: *Orgulhamo-nos de seu extraordinário desempenho no campo da literatura.* Até que enfim a instituição que nunca demonstrou sinal nenhum de se orgulhar de mim quando eu nela estava matriculado, que primeiro me bateu por causa da letra ruim e depois por não tomar nota durante a aula, quer me homenagear por ser escritor.

Mayur Mahal Multipurpose. O nome completo é Mayur Mahal's Shreemati Nandkunvar Ramniklal J. Parikh Multipurpose High Scool, e é conhecida, principalmente, por estar localizada numa rua que recebeu seu próprio nome. Ela impôs o nome a uma das ruas que ligam o mar ao topo de Malabar Hill. O nome original ainda pode ser visto numa desbotada caixa de eletricidade best: Wilderness Road. Quando o mato desapareceu, também desapareceu o nome, apropriadamente.

Morávamos em Bombaim e morávamos em Mumbai, às vezes vivíamos nas duas ao mesmo tempo. A Mayur Mahal era para onde os comerciantes gujaratis e marwaris mandavam seus filhos. Não era para nós a sofisticação das escolas católicas, a Cathedral ou a Campion. Nossos pais discutiam com mais facilidade preços de grãos do que Gershwin; comíamos *fafda*, em vez de foie gras. A Mayur Mahal ensinava em duas línguas, gujarati e inglês, mas o inglês tendia a ser simbólico. A administração se empenhava com seriedade para que falássemos inglês o tempo todo, mas tagarelávamos em híndi e gujarati. "*Gadherao, English ma bolo ne!*", gritava para nós um professor, folcloricamente: "Jumentos, falem inglês!".

O sr. Maskawala, professor de educação física, estava parado no portão quando voltei à Mayur Mahal. Tinha segurado minha mão com sua mão suada. Ainda é um bobo, com seu lábio partido; e provavelmente ainda tenta namorar as professoras católicas. Conduziu-me, passando pelo elefante de pedra e pelo pequeno santuário a Saraswati. Pelas torneiras de água fria sob as quais colocávamos as mãos em concha para beber, e onde se podia descobrir, pelos detritos mastigados que caíam da boca dos outros bebedores, o que eles tinham almoçado. Pelo pequeno recinto nos fundos onde fazíamos *pav bhaji* em nossas aulas de escotismo, e, subindo dois lances de escada, até a sala do diretor. Aqui, a mesma cena antiga é representada. Dois meninos estão em pé diante da mesa de Charuto. Ele manda chamar Verma Sir (o professor de biologia, que escandalizou os administradores jainistas ao trazer um peixe para dissecar). "Houve três reclamações por escrito contra esses rapazes. Leve-os daqui e diga-lhes que vão ter de deixar a escola, e não vão poder continuar a escola secundária nem nada." Os rapazes são levados dali, para seu destino, a ameaça de não se matricularem pendendo sobre eles. Lembro-me de que, quando eu tinha catorze anos, um outro professor me estapeou com força no rosto por bater a porta de uma sala de aula durante o recreio, depois me arrastou até esta mesma sala, e o vice-diretor escreveu um atestado de expulsão, e eu chorei, achando que jamais seria capaz de entrar numa escola no país para onde eu estava a ponto de me mudar. Ele me fez suar por dois dias, e então, depois de repetidos pedidos de desculpa de minha parte, anulou o atestado. Na realidade, ele estava apenas se permitindo um pouco de diversão sádica à minha custa.

    Todos os professores estão velhos, agora. E em aparência não diferem muito dos contínuos. Charuto explica por que a escola se deteriorou. A administração adotou uma política de aceitar, deliberadamente, estudantes pobres, moradores das favelas ao redor de Malabar Hill que eu tinha visto ao fazer campanha com Jayawantiben Mehta, as "camadas inferiores", como diz Charuto. "Somos uma fundação, afinal." É uma escola imensa: 1800 alunos em dois turnos, supervisionados por sessenta professores e funcionários. Uma camada de melancolia, de tristeza, de decadência, paira sobre o lugar. As crianças que saem da escola no fim da tarde agora são mais escuras e malvestidas, com corte de cabelo mais fora de moda, do que quando eu estudava aqui. "É uma escola para filhos de *dhobis* [pessoas que lavam e passam] e motoristas", dissera-me meu primo. Quando eu a frequentava, "a aristocracia mandava os filhos para a Mayur Mahal. Mas agora você não matricularia seu filho nesta escola. Você o mandaria para a New Era", comenta Charuto. "Você não ia querer que seu filho e o filho do motorista estudassem na mesma classe", conclui. Ele preside a sistemática deterioração e democratização de uma instituição.

Pergunto que métodos a escola usa atualmente para manter a disciplina. "Temos de usar 'ameaça'." Ele pronuncia a palavra como se trovejasse — "*ameaça!*" —, sacudindo as mãos. "É claro, não fazemos muito isso. Mas de vez em quando damos dois ou três tapas", admite, com uma gargalhada. "Você sabe que eu e Verma Sir éramos conhecidos como autoritários. Chegávamos a estapear os alunos!" Sim, como fizeram comigo.

Eu tinha lido reportagens no jornal, em dois dias seguidos, sobre crianças maltratadas em escolas de Bombaim. O artigo do dia anterior era sobre um aluno do oitavo ano na J. B. Khot High School que não fez um dever de casa. A professora tirou a camisa do aluno na frente da classe; e queria que ele tirasse também o short. Ela pegou no zíper para tirá-lo, deu um puxão e o pênis do menino ficou preso. Ao chegar em casa, ele foi direto para a cama. Agora tem dificuldade para urinar. "A cabeça está perturbada", declarou o pai. Na mesma escola, um aluno de jardim de infância recebeu ordem para mostrar sua agenda. Outras crianças estavam brincando com ela. A professora o colocou na frente de uma classe contígua e o despiu, sob o coro dos colegas, que gritavam: "Que vergonha, que vergonha!". Um conselheiro, entrevistado pelo jornal, condenou os incidentes e sugeriu que, quando os professores quiserem disciplinar um aluno, "toda a sala deveria participar da preparação do castigo". Penso numa classe da Mayur Mahl imaginando coletivamente um castigo. Que horas agradáveis teríamos passado! Teríamos inventado alguns muito legais.

Então, no jornal de hoje: uma menina de sete anos em Jogeshwari esqueceu-se de colar a foto de um trem em seu caderno, como dever de casa, na aula de arte. Para ensinar uma lição à menininha, seu professor de arte bateu-lhe nas mãos, nas pernas e nas costas com uma régua de madeira, depois a esbofeteou, com força, no rosto e no braço. Após a surra, a menina foi caminhando, em silêncio, para a casa da avó. No dia seguinte, começou a vomitar sangue. Depois, formaram-se hematomas no braço e manchas de sangue coagulado no rosto. O fígado foi afetado e os médicos dizem que as veias da testa podem romper a qualquer momento. Se ela sobreviver, os pais, que têm três outros filhos na escola, dizem que talvez a mandem de volta. O professor de arte foi preso e libertado sob fiança no dia seguinte. Ele ensina, e a menina estuda, na Mahatma Ghandi School.

O nome não é fortuito. O que Gandhiji sabia era que, se o país tivesse permissão para fazer o que quisesse, o movimento de independência teria sido o mais brutal da história. A violência começa cedo na vida. Quando um indiano adulto é golpeado, ele se lembra imediatamente do tempo de escola. Os professores da Mayur Mahal sentiam-se muito livres para usar as mãos contra os alunos; eles se familiarizavam com nossos corpos. "Você sabe, bater numa criança é contra a lei", sussurrávamos uns para os outros. Quando se ouvia barulho no fundo da sala, toda a classe era punida, meninas e meninos, com duas palmatoadas de régua. Uma boa maneira de aliviar a dor era esfregar as mãos na cabeça oleosa e manter a palma meio inclinada, para que a madeira escorregasse um pouco na pele. Os professores geralmente quebravam réguas em nossas mãos, em sua fúria.

Os dias em que eu tinha certeza de que apanharia eram aqueles em que meus cadernos eram examinados. Nosso dever era anotar todas as palavras que os professores diziam na sala, na grande maioria tiradas dos livros didáticos do governo, e escrevê-las nas provas, de modo que a educação era um exercício de repetição, "aprender de cor". Os cadernos valiam 20% das notas. Algo em mim se rebelava contra a ideia de fazer anotações para perpetuar esse ciclo de fatos escritos pelo governo. No dia anterior, os outros alunos tinham copiado freneticamente as anotações uns dos outros. Quando minha mãe me acordava, meu primeiro pensamento era: Hoje vou apanhar. Eu me lavava, vestia um uniforme limpo, tomava o copo de leite que minha mãe me dava e saía de casa, alegre e radiante, para entrar no prédio onde ia apanhar.

Na classe eu ficava olhando o relógio na parede, como se ele fosse meu melhor amigo, como se fosse uma amante, e desejava que os ponteiros andassem depressa, para o período terminar. Às vezes o professor se esquecia de verificar as anotações naquele dia; quando o sino tocava, terminando o período, eu sentia o alívio do condenado poupado da execução. As horas seguintes eram de felicidade; depois, devagar, já perto do anoitecer, o medo baixava novamente, como um nevoeiro. O castigo não fora evitado; fora apenas adiado.

Havia um castigo engenhoso em que os professores se destacavam. Era constituído de um simples pedaço de papelão, com um barbante, e a inscrição, em letras graúdas que podiam ser lidas de longe na sala, não fiz meu dever de casa. Quando era o caso, tínhamos de usá-lo para exibição pública. Um dia, não fiz meu dever de casa e a professora me pendurou a placa no pescoço. Quando ela a colocou, fiquei imaginando o que seriam aquelas listras negras no papelão. Logo descobri. Usando a placa, fui instruído a ficar não apenas na frente da minha turma, mas de todas as outras turmas do andar. A porta da sala ao lado foi aberta, e entrei, com passo incerto, e fiquei na frente da classe. Ali, eu me virei e encarei meus colegas, em pé, calado. Não há nada que as crianças amem mais do que ver outras crianças sofrendo, especialmente na Mayur Mahal, onde a dor era tão comum que fazia parte da construção do prédio. Minha humilhação aliviava a humilhação dos demais, por isso a sala irrompeu num coro de gargalhadas de zombaria, assovios e piadas. No começo, tentei sorrir — como se eu também entendesse a piada, e não era engraçada —, mas logo descobri o que eram aquelas listras negras. Eram lágrimas dos que tinham usado a placa antes de mim, e acrescentei as minhas às deles. Quando meu show terminava numa sala, eu passava para a próxima, e depois para a outra, e, quando passei por todas, tive de ficar no corredor, em pé e me mexendo contra a parede, numa desesperada tentativa de esconder minha vergonha pública dos olhos de quem passava.

O jeito que tínhamos de lidar com isso era o riso. Não um riso bom, compreensivo, mas um riso zombeteiro, obsceno, maldoso. Ríamos dos professores e reduzíamos as professoras a objetos sexuais; a peituda srta. Easo foi apelidada — de que mais poderia ser? — de Bomba de Gasolina. Ríamos dos outros meninos quando eles apanhavam, e, depois de algum tempo, eles também riam. Quando encontro pessoas que estudaram na Mayur Mahal, recordamos, rindo muito, os tapas dolorosos que levávamos; lembramo-nos das surras, como as pessoas que estudaram em outras escolas se lembram das peças que encenaram e dos prêmios que receberam.

No Dia das Crianças, vou à Mayur Mahal com minha mulher e meu filho, para ser homenageado pela escola que me atormentou durante nove anos.

"Este é Suketu Mehta." Charuto me apresenta aos outros homenageados logo que subo no palco. "Ele recebeu um prêmio literário das mãos de Bill Clinton."

"Não, não recebi."

"Do presidente Clinton."

"Não, não recebi", digo, com mais ênfase dessa vez, balançando a cabeça.

"Você não recebeu um prêmio de Bill Clinton?", pergunta ele, de modo um tanto suspeito.

"Não."

"Então, *quem* lhe deu o prêmio?", pergunta Charuto, uma sombra cobrindo-lhe o rosto, como se tivesse sido apanhado colando na prova.

Penso um pouco. O que significaria para ele o nome da sra. Giles Whiting? "Uma... academia de letras."

Quinze minutos depois, ouço o mestre de cerimônias, um menino de jeans, camisa branca e gravata, apresentar-me à plateia: "E é com orgulho que apresentamos Suketu Mehta, o laureado de literatura, que recebeu um prêmio das mãos de Bill Clinton".

A licença poética das apresentações não se limita a mim. Outro ex-aluno fora de série é um instrutor de caratê, que o mestre de cerimônias apresenta como um "faixa preta de caratê do 16º grau". Há risos na plateia, na qual estão muitos pais que mandaram os filhos aprender com esse instrutor a sobreviver nas ruas de Bombaim, e um professor corre para dizer qualquer coisa ao menino. Ele se corrige. "Perdão, sexto grau". A escola, que relutava em nos dizer uma palavra amável quando éramos alunos, agora exagera nossas realizações, abusando da credibilidade, como se quisesse nos compensar. Não basta ter feito mestrado em Cornell, como o fez outro homenageado; ele foi "o melhor de todos os mestrandos de Cornell". Há um campeão de tênis que obteve 21 pontos num campeonato em quadra de grama. "Depois de cem pontos, ele chegará a Wimbledon." Há um "magnata dos rolamentos" e diversos vendedores de diamantes, construtores e médicos, todos mestres de sua profissão. Há apenas uma mulher, "a melhor designer da Ásia", ao lado da qual estou sentado, trocando lembranças, enquanto os apresentadores discorrem sobre os males da educação moderna. A professora de trabalhos manuais chega atrasada, o cabelo vermelho de hena, usando um sári semitransparente. Ela nos fazia construir tanques com caixas de fósforo e plantar arbustos em vasos; os meus morriam todos. "Ela me disse que eu não podia bordar e costurar", a melhor designer da Ásia sussurra para mim. "Tenho vontade de ir lá dizer a ela que é com isso que ganho a vida."

O irmão do mestre de Cornell era da minha classe. Ele me lembra disso. "Quando eu contei a ele, ontem, quem estava sendo homenageado, ele se lembrou de você. 'Tinha uma letra horrível', comentou." Essa era minha singular distinção na escola. Minha letra tinha sido destruída quando entrei na Mayur Mahl, no segundo ano. Minha escola anterior, em Calcutá, me ensinara a escrever "juntando as letras", escrita cursiva, mas na Mayur Mahul o padrão eram as letras separadas. Minhas mãos resistiram à nova escrita e foram golpeadas com uma régua por isso. Assim, minha letra ficou presa num estágio transitório, entre o junto e o separado, entre Calcutá e Bombaim: uma fonte, um código próprio, que só eu conseguia decifrar. Era a dor de cabeça dos professores; amostras eram mandadas a toda parte como prova das dificuldades da vida de professor. Era comparada à arte moderna e a formigas sujas de tinta arrastando-se pela página. De outro lado, um professor que gostava de mim comentou: "Gandhiji também tinha letra ruim". Essa observação me consolou bastante, e procurei ansiosamente todos os exemplos dos rabiscos do Mahatma, até me convencer de que a letra ruim não só foi compensada pela grandeza, mais tarde, como também era um pré-requisito da grandeza. Meu professor de inglês não concordava com essa teoria e se recusava a ler minha redação em inglês. Eu era reprovado em inglês, minha matéria preferida. Meu pai se cansou e contratou um professor de caligrafia.

O professor era um homenzinho parecido com um camundongo, de bigode e óculos de lentes grossas, que tinha lecionado desenho numa escola gujarati. Era também, como descobri depois da primeira aula, um dedicado comunista. Ele declarou que primeiro me ensinaria os fundamentos do desenho, a fim de melhorar minha letra. Com esse objetivo, ensinou-me a desenhar duas mãos presas num aperto de mãos, demonstrando a amizade indo-soviética. Nas aulas posteriores, ele me fazia escrever longas redações sobre a amizade indo-soviética, para que eu praticasse caligrafia. Meu pai, o vendedor de diamantes, percebeu que minha letra não dava sinal nenhum de estar se tornando mais legível. Enquanto ele saía todos os dias para tentar aumentar seu capital oprimindo os operários, seu único filho era sistematicamente doutrinado sobre a luta de classes, em sua própria casa, à sua própria custa. Ele deu um chute no professor de caligrafia. Minha letra continuou torturada como sempre, mas aprendi muita coisa sobre a União Soviética.

No palco, agora, Kanubhai, o administrador da escola, com seus 82 anos e um gorro branco de Ghandi na cabeça, é forçado a se levantar, repetidas vezes, para receber as saudações dos intermináveis homenageados. Depois que cada nome é anunciado, alguém o cutuca nas costas, e, perplexo de sono, ele se inclina para a frente em sua cadeira e se levanta, coloca o manto de despedida no homenageado e mergulha novamente em sua cadeira e em seu estupor. O médico à minha esquerda se volta para mim. "Eu o examinei somente na semana passada. Não está bem de saúde. Estou preocupado." Não seria muito conveniente se Kanubhai exalasse seu último suspiro no Dia das Crianças; de outro lado, seria, de certa forma, apropriado.

Depois da cerimônia, saímos do palco procurando a saída. Sinto um desejo urgente e inadiável de ir embora. Mas somos levados, como um rebanho, para uma sala dos fundos, onde não existe saída; tenho de ficar ali, com minha mulher e meu filho, enquanto nos empurram pratos de samosa e sanduíches. Estou tenso. Não quero olhar para o passado, não aqui, não com estas pessoas.

"Oi, Suketu", diz alguém. Viro-me e vejo um homem baixo e escuro, com um rosto infeliz, que nesse momento é todo sorrisos, parado diante de mim. "Você não vai se lembrar de mim."

Mas eu me lembro, de imediato. "Urvesh?"

Ele aperta minha mão. Eu deveria ter me ajoelhado e pedido perdão. Vinte e cinco anos atrás, eu o feri da pior forma possível; e a lembrança disso perdura.

Urvesh era um pequeno dedo-duro em nosso playground em Dariya Mahal, que gostava de jogar os meninos maiores uns contra os outros e o fazia com grande sucesso. Ele contava histórias, primeiro ao ouvido de um *dada*, depois ao ouvido de outro valentão, provocando uma briga. Urvesh era pequeno e cheio de marcas de varíola, e tinha apanhado muito antes de aprender essa tática de sobrevivência. Um dia, morreu-lhe a mãe. Sua cabeça foi raspada. Tive uma briga com ele logo depois e tentei descobrir uma forma de ofendê-lo de verdade. Eu já o surrara várias vezes antes, mas ele nunca chorava; ele aprendera a não chorar, como os meninos pequenos o fazem. Por isso, gritei com ele. "Eu sei que sua mãe empacotou!" Houve um terrível silêncio no pequeno playground. Então meu melhor amigo, que até aquele momento também estava a fim de dar um bom chute em Urvesh, me deu um tapa na cabeça — com força. Urvesh não disse nada, absolutamente nada. De todos os meus fantasmas, por que haveria de ser ele o que estava em pé, diante de mim, justamente agora?

Mas Urvesh não se lembra de nada disso; ele fala comigo com entusiasmo. Conta-me que ainda mora no bairro e está no mercado de diamantes. Tem mulher e filhos. Como pôde esquecer o que lhe fiz em seu momento de maior vulnerabilidade? Afinal, *eu* não esqueci. Não sei quem mais vai aparecer para me cumprimentar, e também tenho medo de que aconteça o oposto — que eu fique sozinho, ignorado. A sala se fecha sobre mim e procuro, desesperadamente, a saída. Meu filho acabou de comer seus doces e pede uma samosa. Seguro-lhe a mão e levo-o, com minha mulher, para fora da sala, para a rua, à procura de um táxi. Estou mais nervoso do que em meu encontro com os gângsteres. O perigo aqui é real. Sei que deveria ficar, tentar descobrir quem mais se lembra de mim, quem tem histórias para me contar. Mas é perto demais. Nem fora estou seguro. Uma mulher se aproxima de mim sorrindo. Ela mora no meu prédio; é cunhada do homem que estacionou o carro na minha vaga. Diz que não sabia que eu tinha estudado na Mayur Mahal. Sorrio, digo qualquer coisa entre os dentes e toco minha família para um táxi.

Mas preciso voltar à escola. Ali estão nove anos do meu tempo fantasma; preciso lidar com isso. E vou, quando já não posso mais evitar.

Ao subir as escadas em minha segunda visita, meu coração bate acelerado. Tenho de parar um pouco na frente da exposição da *Carta de Lincoln ao professor de seu filho*, no mezanino. Eles ainda têm meu boletim, meus registros. Vou dar uma olhada. Tenho coragem para isso agora. No escritório da administração, o funcionário procura, com relutância, o registro de minha transferência, num livro de 1977. Vejo meu nome, com as anotações: casta: Hindu bania. Na coluna intitulada progresso, todos os estudantes relacionados receberam um *Bom*, exceto um *Ruim* e o meu: *Satisfatório*. Em outra anotação, relativa a comportamento, o meu foi considerado *Bom*.

Minha carreira acadêmica nessa escola chegou ao máximo no quinto ano, quando tirei o primeiro lugar, depois despencou rápido, e quando saí minha classificação estava confortavelmente nos dois dígitos. Logo que os resultados das provas estaduais eram divulgados, as fotos dos melhores apareciam nos jornais, em anúncios das escolas onde eles tinham mourejado dia e noite. Usavam óculos de lentes grossas e pareciam estiolados por frequente masturbação. BHAVESH SADASYACHARI, SEXTO COLOCADO EM TODA A ÍNDIA. Nenhum deles sorria em triunfo. Tinham a aparência de quem não sorria havia um mês. E quase todos estavam destinados a estacionar em cadeiras burocráticas, no governo ou em empresas, a fim de tornar a vida um inferno para todos nós que não estudamos em nosso tempo de escola, que em vez disso saíamos para dançar, e que, em geral, éramos invejados por eles desde o jardim de infância.

O funcionário me chama para ir à sala do supervisor. Verma Sir está recebendo uma grande pilha de cédulas de duas meninas. Lembro-me de suas aulas de geometria com pesado sotaque do sul da Índia: "*Ven yex meets vuy...*". Depois de me cumprimentar, ele explica as cédulas. "São para pagar o pessoal. Os pais contribuem, porque todo o nosso dinheiro vai para Surendranagar, onde temos uma escola para meninas pobres. Fora quatro ou cinco professores como eu, que ficam ricos dando aulas particulares, não temos dinheiro para pagar o resto do pessoal de acordo com os parâmetros do Fifth Pay Commission. Por isso os pais dão o que podem..." Ele não está sugerindo coisa alguma, mas imagino qual seja o objetivo dessa longa explicação sobre as finanças da escola e digo: "Talvez eu pudesse fazer uma doação".

"Você ter vindo já é suficiente!", responde ele, de imediato. "Sua presença já é uma doação!" Ele sai comigo para me mostrar a escola. O primeiro andar agora é todo ocupado pela administração, à exceção de uma sala, onde um grupo de meninas canta hinos patrióticos, guiadas por uma professora sentada no chão com um harmônio. Entramos em várias salas de aula e os alunos se levantam abruptamente, como um só corpo. E em pé permanecem até que Verma Sir os manda sentar. "Este é Suketu Mehta", diz ele, apresentando-me. "É escritor em tempo integral. Ele recebeu uma medalha do presidente dos Estados Unidos." Eu o corrijo novamente. "Quem lhe deu essa medalha?", pergunta ele. Desisto. A origem presidencial de minha medalha ficará para sempre colada em mim nesta escola, como um incorrigível erro de computador. "Foi... o governo dos Estados Unidos." Isso o satisfaz. "Ele recebeu uma bolsa de estudos do governo dos Estados Unidos." A turma aplaude espontaneamente. Constrangido, saio da sala. Essa aclamação é tão insuportável quanto os castigos que eu recebia antigamente na escola.

Em outra classe, ele quer saber se os alunos têm alguma pergunta que gostariam de me fazer. "Ele publicou muitos romances", informa. Pergunto se posso lhes ensinar alguma coisa. "Geometria!", gritam. "Geometria!"

Peço para assistir a uma aula de inglês, e entramos numa sala e nos sentamos no fundo. O professor está conduzindo a turma através de um poema do livro-texto *Balbharti*: "A farewell", de Tennyson. No quadro-negro há duas palavras: *Somersby* e *Lincolnshire*. A menina sentada ao meu lado está com o livro aberto no poema. "*Flow down, cold rivulet, to the sea...*" Os espaços dentro das letras estão pintados de tinta azul. Por cima do título, ele escreveu *Final* — seu conhecimento do poema será testado nas provas finais — e ao lado desenhou um rosto sorridente. A ilustração da página é um riacho rápido, e a menina escreveu a palavra *Varsha* no curso d'água inglês, indianizando o nome, explicando-o para si própria, tornando-o menos inacessível.

"O poeta está falando com o rio", explica o professor. "É uma figura de linguagem. Chama-se apóstrofe." Eu não sabia. Preciso consultar o dicionário depois. Ainda estou aprendendo coisas na Mayur Mahal. A sala é quase exatamente a mesma de quando eu me sentava nela. As mesmas paredes mal pintadas, o mesmo alto-falante em cima do mesmo quadro-negro, que trovejava canções patrióticas e religiosas e advertências do diretor todas as manhãs. Um calendário numa das paredes marca a passagem do tempo para os filhos de pais hindus e jainistas abstêmios, com os cumprimentos da Standard Wine Stores. Os mesmos bancos de madeira arranhados, como o banco em que estou sentado, com sua valeta para guardar instrumentos de escrever, canetas esferográficas agora já aceitas. Pelas janelas de um lado do prédio, uma vista dos arborizados complexos de mansões de Malabar Hill. "*Flow down, cold rivulet, to the sea...*" O professor explica o assunto do poema. "Se vocês mudassem de casa, se deixassem para trás as lembranças da vida escolar, da infância, como seria se tivessem de se adaptar a uma nova escola, a uma nova vida?" Um poeta diz adeus ao seu país, ao país de sua infância.

A thousand suns will stream on thee,
A thousand moons will quiver;
But not by thee my steps shall be,
For ever and for ever.

[*Mil sóis hão de escorrer sobre ti,*
Mil luas hão de tremeluzir;
Mas eu não andarei ao teu lado,
Para sempre e eternamente.]

Fora, no corredor, não ouso me virar, porque um menino pode sair correndo de uma dessas salas, ansioso pela hora do recreio, esbarrar em mim e dizer: "Desculpe, senhor". E em seguida, ao olhar para mim, ver a si mesmo.

UM MUNDO DE CRIANÇAS

Aos domingos vamos a Hanging Gardens com as crianças. Gosto de ver meus filhos entre as pessoas que vêm dos subúrbios. Tenho uma grande confiança nessas famílias de empregados de escritório, nessas avós que colocam comida nas cestas de piquenique, nessas crianças vestidas de imitações indianas de roupas de caubói. Confio no que querem para seus filhos: que tenham uma casa, uma mulher, um pouco mais de conforto do que tiveram.

No aniversário de Gautama, o mais velho, vamos com ele ao templo de Mahalakshmi. Na rua do templo, uma mulher está sentada com uma vaca e uma cesta cheia de maços de capim. Dou-lhe cinco rupias, ela entrega a Gautama um molho de capim e ele alimenta a vaca, acumulando mérito e espanto. Os animais que meus filhos viam nos livros de história do Ocidente — elefantes, camelos, pavões — estão soltos nas ruas da Índia. O melhor amigo de Gautama recentemente foi mordido por um macaco, no gramado de seu luxuoso edifício na Ridge Road. É um perigo urbano incomum em outros países.

Caminhando para o templo vemos uma livraria: Motilal Banarsidas, Indological Book Publishers. Já estive em filiais dessa livraria em Varanasi, Delhi e Madras, e minhas estantes estão cheias da livros, por isso resolvemos seguir para esta antessala do templo, por enquanto. O gerente, notando o boné de aniversário na cabeça de Gautama, pede a um empregado que vá buscar um punhado de chocolate para ele. Folheamos livros por longo tempo e escolhemos alguns para comprar; na volta, passaremos para pegá-los. Depois disso, entramos no templo, para assistir a uma encenação atual da filosofia preservada nos livros.

Ao subir as escadas do templo, passamos debaixo de uma enorme faixa dando as boas-vindas ao ministro-chefe de Maharashtra, Narayan Rane, que no começo da carreira foi julgado por assassinato e absolvido graças a uma tecnicalidade. Sunita e Gautama entram na fila das mulheres para o *darshan*, e eu fico na fila dos homens. Quando chegam ao ídolo, Gautama entrelaça as mãos e começa a falar com a deusa — "Obrigado por me dar um aniversário legal" —, mas ele e a mãe são empurrados por trás; andem, andem, outros também querem ter sua audiência. Eles se encontram comigo novamente e ficamos atrás da parede de fundo guarnecida de grades, quando o *aarti* começa. Não conhecemos os rituais; não conhecemos as letras das canções. Os fiéis cantam vigorosamente, e há um grande barulho de sinos e tambores. Estamos quase em cima da linha divisória e o sacerdote não traz sua lâmpada de óleo até onde estamos, sobre a qual os outros colocam as mãos em concha e as levam à testa, buscando uma graça. Eu vinha sempre a este templo com meus avós, mas eles já não estão aqui para nos dizer o que fazer, como conseguir *prasad* de coco, onde comprar flores para as divindades. Por isso, vamos embora, minha mulher e meu filho estrangeiros, e eu, e, na saída, compramos uma flor de lótus, a flor de Lakshmi, pagando mais do que deveríamos. De volta à livraria, pegamos nossos livros: uma tradução dos poemas religiosos dedicados a Vishnu por Antal, poeta tâmil do século ix; uma versão em um volume do *Bhagavata Purana*; e um quadrinho sobre a vida de Ambedkar* para nosso filho. A primeira vez que ouvi falar em hinduísmo foi por intermédio de minha avó, e era uma coisa não analítica, mística. Depois aprendi novamente, em universidades americanas. As histórias que essas pessoas do templo sabem de cor, precisamos que elas nos fossem explicadas por professores americanos.

Meu filho mais novo, Akash, é um bebê sereno, um bebê que basicamente gosta de ser feliz. Quando sorri, vejo a fila branca dos dentes pronta para romper o confinamento das gengivas, como ovos. A outra vida, a que acabou de gastar, ainda está nele, mas anda rápido demais. Uma manhã Akash está em pé, segurando o sofá. Todas as manhãs ele vinha nos dando sinais. Tem febre e uma tosse que parece um latido. Ficou acordado a noite toda, e hoje de manhã eu o encontro em nossa cama. Subiu sozinho. Coloco-o no chão e ele repete a façanha. Depois, houve um segundo sinal: ele ficou em pé na cama, onde estava sentado. Agora, em pé ao lado do sofá, a garrafa de água de plástico que mastiga cai da mão e sai rolando. Ele a vê afastar-se, depois se vira do sofá e põe uma perna na frente da outra, em seguida traz a outra perna para a frente, a primeira perna de novo, até chegar perto da garrafa. Sem perceber o que fez — uma vitória sobre a gravidade tão casual, tão impecável, tão cheia de rodeios que parece acidental — e sem parar para comemorar seu domínio, ele se curva

---

* Bhimrao Ramji Ambedkar (1891-1956), jurista, economista, historiador e político indiano. Lutou a favor dos direitos dos intocáveis, casta à qual pertencia. Crítico do sistema de castas hinduísta, no fim da vida converteu-se ao budismo. (N. E.)

e senta, e volta a mastigar a garrafa. Somos testemunhas, eu e meu outro filho. Há muitos dias vinha me sentindo aborrecido por trabalhar em casa; meus filhos estavam me perturbando enquanto eu trabalhava. Mas agora estou aqui para ver meu bebê dar os primeiros passos; não estou ausente de casa, em meu escritório, e esta é uma cena que levarei comigo para o resto da vida.

Depois de ter meus próprios filhos, conscientizei-me de que o mundo está cheio de crianças. Elas não estavam aí quando eu tinha 25 anos.

Prometi a meus filhos que estarei em casa à tarde, são dez da noite e ainda estou em meu escritório na Elco Arcade. Vejo um táxi parado bem na frente e ando em sua direção, quando noto um grupo de crianças muito pequenas na rua. Estão sendo enxotadas pelo dono da barraca de leite — "*Haddi!*" —, com um som que se usa para afugentar um cão vadio. Paro. Há quatro crianças: uma menina, de seis anos talvez, outra menina e um menino um pouco mais novos, e o mais jovem de todos, um menino que não deve ter mais que dois anos. Só as meninas usam roupa, vestidos sujos e grandes demais. Os meninos não têm um fiapo no corpo, salvo umas contas brancas no pescoço. Estão reunidos em torno da menina mais velha, que examina qualquer coisa que tirou dos restos de comida nas barracas de comida; é um sanduíche, duas fatias de pão lambuzadas de chutney verde. Enquanto os outros três olham, famintos, ela come o sanduíche com a maior atenção. Os outros brincam com canudos que pegaram no lixo da barraca de coco, enfiando os canudinhos brancos uns nos outros. O menorzinho sai correndo; é óbvio que não vai buscar nada e se deita preguiçosamente na pista, rolando uma vez e meia, devagar — movimento do corpo que conheço muito bem, de observar Akash —, rolando na rua, sujando-se de água imunda, de fezes de cachorro, de polpa de suco, de cuspe de bétele e da poeira comum da pista, em todas as partes do corpo moreno e nu, nos bracinhos, na barriga inchada. Depois se levanta e anda pela rua, sonhadoramente, como as crianças costumam fazer. Táxis, ônibus e riquixás passam zoando em grande velocidade, e ele está no meio da rua e ninguém diz nada, nem a menina, nem os passantes, nem eu. Ele está colado demais no chão para que os motoristas o percebam. Não há mãe alguma à vista. Sinto o coração na boca, mas nesse momento o menino para, sorri e volta para a beira da rua. As crianças se sentaram em volta do sanduíche bem no meio da entrada da garagem do meu prédio, e o homem da barraca de leite lhes grita, sem muito entusiasmo, para saírem da rua, porque os carros estão vindo. "Cadê a mãe deles?", pergunto-lhe, e ele responde que não sabe. Ele tinha pedido ao homem da barraca de coco que tomasse conta das crianças, e o vendedor de coco respondeu com raiva que não são seus filhos. Não posso andar até meu táxi. Estou paralisado, desesperado, uma tristeza desesperada toma conta de mim. Não posso apenas lhes dar dinheiro. A cabeça do menorzinho está raspada, como a de Akash. Alguém, por favor, faz alguma coisa? Não posso deixar este menino ali, abandonado, mas quero fugir. Não posso levá-lo para casa. Penso em chamar um policial, mas a criança será apenas apanhada e levada para uma casa de detenção. Um menino de três anos morreu, recentemente, de apanhar numa casa de "observação" de crianças em Bhiwandi. Um menino de três anos! Quem seria capaz de bater num bebê de três anos até matar? Que raiva tão grande poderia ele provocar?

Então os olhos da menina mais velha se encontram com os meus, e ela sabe imediatamente. Aproxima-se e diz: "*Saab*, alguma coisa para comer", e estende a mão aberta. Pergunto-lhe pela mãe e ela diz que não está aqui. Pergunto se comeram e é claro que ela diz que não. Nesse momento passa um vendedor de amendoim e faço um gesto. "Não queremos comer isto", diz a menina. E o que você quer comer? "Leite."

Vou até a barraca de leite e o vendedor os vê atrás de mim. "Não tão perto da loja!", berra ele para as crianças. "Quatro leites", peço. Seu ajudante aparece com uma grande vara, do tipo usado para espantar macacos, e a aponta para as crianças. "Estou comprando leite para elas!", exclamo. Quatro garrafas de Energee, sabor pistache, são colocadas no balcão, e as quatro se sentam na rua e começam a beber com canudinhos. Olho para o menorzinho; seu rosto é pura alegria, e ele mal consegue esperar pelo leite enquanto põe o canudinho na boca. Ando até o táxi, ansioso para chegar em casa e beijar meus filhos.

10. *Sone ki Chidiya*

"*Bambai to Sone ki Chidiya hai*", me diz um muçulmano na favela de Jogeshwari, cujo irmão foi morto a tiros pela polícia durante os tumultos. Um Pássaro Dourado; tente pegá-lo, se puder. Ele voa rápida e astutamente, e é preciso suar muito e enfrentar vários perigos para capturá-lo, mas, uma vez na sua mão, você tem uma fortuna fabulosa. É por essa razão que alguém ainda se dispõe a vir para cá, deixando as árvores agradáveis e os espaços abertos da aldeia, enfrentando motins e ar e água ruins. Da aldeia para a cidade, para encontrar aldeias na cidade. As favelas e calçadas de Bombaim estão cheias de vida miúda, despercebida na multidão, não celebrada nos filmes de Bollywood. Mas, para cada uma dessas pessoas, a escala em que vive é mítica. Envolve batalhas do bem contra o mal, a sobrevivência ou a morte, o amor e a desolação, e a incessante, tenaz e positiva busca do Pássaro Dourado. O que elas têm em comum entre si — na verdade, o que têm em comum comigo — é o desassossego, a incapacidade ou falta de vontade de ficar parado. Como eu, elas são mais felizes quando estão em trânsito.

GIRISH: TURISTA EM SUA CIDADE

"Você precisa de um xerpa", me disse um editor quando eu estava fazendo pesquisas para meu artigo sobre os tumultos. Então descobri Girish Thakkar, trabalhando como programador no escritório de um amigo meu. Ele se revelou a pessoa certa; Girish vive como turista em sua própria cidade.

Nossas jornadas geralmente começam em Churchgate, onde Girish pega o trem para casa. Muitas placas da estação dizem respeito a fuga: empregos no exterior, para um jornal, e outra — fechada com vidro, perto de um cachorro adormecido que encontrou seu canto — para aqueles que querem ir na outra direção:

FAZENDAS ENCORE (CASA DE FAZENDA COM TERRENO)
Apenas 20 rupias/metro quadrado
40 Árvores Frutíferas * 20 Mangueiras * 10 Cajueiros * 10 Árvores de outro tipo
Aldeia Tukashi

Quando as pessoas vêm correndo para a cidade de manhã, e quando voltam com dificuldade para casa à noite, talvez vejam a placa, e uma pequena visão pode permanecer com elas o dia inteiro no escritório, durante a longa viagem no trem superlotado: uma pequena aldeia, uma pequena casa, cercada de todos os lados por uma abundância de árvores, seus galhos pesados de frutas à espera de serem colhidas, um silêncio repousando sobre o pomar. A visão de uma infância vivida na fazenda da avó.

Tomamos o trem para Jogeshwari e andamos com dificuldade pelas vielas para chegar ao barraco de Girish; chegar sozinho, sem ser guiado por alguém, seria impossível. O cômodo está entupido de gente. Visitas entram e saem o dia todo; à medida que as pessoas chegam, quem está lá abre espaço para elas nas camas, como uma contínua dança das cadeiras. Elas são convidadas a ficar para o almoço e sabem como recusar. O cômodo contém uma cadeira dobrável de metal, reservada para os hóspedes de honra, na qual estou sentado, um banco para pessoas que vêm com frequência, um catre de metal, um guarda-roupa de metal, um balcão para o gás, um televisor, uma mesa e algumas prateleiras. Essa é toda a mobília com que vivem sete pessoas: pai, mãe e cinco filhos de mais de vinte anos. O pai está sentado no chão descascando ervilhas. Há roupas secando em varais de plástico sobre nossas cabeças. A porta fica aberta até tarde; há poucas portas fechadas na favela. Todas as janelas ficam do mesmo lado, o lado que dá para as pequenas vielas para onde as portas se abrem. Um vendedor aparece, perguntando em todas as portas, garrafa aberta na mão: "*Vicks Ayurvedic Balm*?". Todo mundo ri dele. Há muitas risadas hoje. É feriado e todos estão relaxados, aproveitando o fato de a família estar reunida. Os meninos se revezam para dormir num lado do catre, enquanto outros se sentam na beirada. Girish nunca teve uma cama inteira só dele, para dormir em casa.

A casa dos Thakkar é um santuário. Durante os tumultos, as mulheres de três famílias ficavam neste cômodo. Era considerado lugar seguro e tinha telefone, que as pessoas entravam para usar, para perguntar ansiosamente por parentes. Então, houve um marinheiro búlgaro. Tinham lhe roubado todo o dinheiro e suas malas, no aeroporto. Paresh, irmão mais novo de Girish, que dá aulas de dança de discoteca, conheceu-o num hotel, e, como ele estivesse chorando, trouxe-o para casa. Ele não tinha dinheiro para viajar até a costa do Gujarat, onde seu navio estava ancorado. A família lhe deu algum dinheiro para a passagem de trem. E pensaram: Este homem não fala a língua e será roubado de novo. Por isso, Paresh o acompanhou até a costa, uma viagem de vários dias, para ter certeza de que ele chegaria em segurança. Seus temores tinham fundamento. Durante uma batida da polícia no trem no Gujarat, que é um estado onde não se pode beber, os policiais acharam uma garrafa de vinho de cozinhar e um conjunto de facas de ar ameaçador, que o marujo, cozinheiro de profissão, carregava na sacola de mão. Eram suas ferramentas, disse ele, mas os policiais lhe cobraram uma multa de 2 mil rupias, que Paresh conseguiu baixar para duzentas, e uma garrafa de vinho. A família ainda hoje comenta o incidente. Mostram-me um álbum de fotografias, com uma foto do marinheiro alto e branco, abraçando seus amigos indianos. Nunca lhes mandou um bilhete depois que foi embora.

O cômodo tinha paredes de bambu e telhado de barro quando os Thakkar se mudaram. Com o passar dos anos, foi sendo melhorado, puseram telhado de lata, rebocaram as paredes. "O que se podia fazer com um salário de 150 rupias por mês?", pergunta a mãe, mergulhada em reminiscências. "O pai de Girish queria que todos os filhos se saíssem bem. O mais velho está indo bem; tudo isso foi feito com seu salário. Girish não pode contribuir com nada. Quando perdeu o dinheiro na bolsa de valores, ficou doente. Agora sua situação é ruim, ele não pode dar nada. O pai dizia: 'Vejam, meu segundo filho não pode contribuir com nada.'"

Girish exibe o sorriso sempre presente. Talvez seja por isso que nunca está em casa. Tem 25 anos; deveria trazer dinheiro e não traz. No momento, Girish é uma despesa em sua casa.

Pois a ampla maioria dos domicílios de Bombaim — 73%, de acordo com o censo de 1990 — consiste em apenas um cômodo, para viver: dormir, cozinhar, comer. A média é de 4,7 pessoas por cômodo; a família de Girish tem 2,3 pessoas acima dessa média. A mobília muda de função continuamente, ao longo do dia; a cama da noite é o sofá da manhã; a mesa de jantar é a mesa de estudo entre as refeições. Os moradores, também, são artistas da troca rápida, trocando as roupas de dormir pelas roupas do dia debaixo de uma toalha, atrás de uma cortina, tão depressa que dão a impressão de serem invisíveis. Mas a invisibilidade, de fato, lhes é concedida, enquanto os outros moradores do cômodo desviam os olhos no momento da transformação. Como é que os pais conceberam cinco filhos neste quarto de favela? Muita coisa deve ser vista, mas não observada; ouvida, mas não escutada.

Girish passa o menor tempo possível em Jogeshwari, saindo no trem das sete e voltando à meia-noite. Se for domingo, em vez de tirar uma soneca em casa, ele vai para Kandivili, lecionar, por duas horas, no curso de computação de um amigo. Há muitas formas de entendimento implícito sobre como cada membro da família dividirá seu tempo no cômodo. Não há espaço suficiente para todos aqui ao mesmo tempo, a não ser quando estão dormindo, e os movimentos são reduzidos ao mínimo. É o único jeito de se amontoarem, quando estão dormindo, ou mortos. Uma casa, na favela, é uma forma de usufruto combinado.

Pergunto como Girish dorme com a família nesse cômodo. Ele olha para mim, pega uma caneta. "Veja, somos sete." Empresto-lhe meu caderno para desenhar o arranjo noturno. Ele o recusa com um gesto e pega um guardanapo de papel. "Eu e meu irmão no catre", e desenha dois círculos num retângulo. "Então, meus dois irmãos mais novos no chão." Mais dois balões abaixo do retângulo. "Meus pais na cozinha", separada apenas imaginariamente na parte da frente do cômodo. Então ele traça uma linha e escreve sobre ela a palavra mesa. "Minha irmã debaixo da mesa."

Depois dessa explicação, ele pega o guardanapo de papel, dobra-o uma vez, dobra-o de novo, amassa-o numa bola, aperta a bola entre os dedos, aperta-a com toda a força que tem, e quando ela fica pequena, quase insignificante, ele a joga fora. Depois olha para mim e sorri.

* * *

Saímos para as vielas da favela. Aqui há uma diversidade de ocupações que não se encontra em outras jurisdições. Girish me mostra um cômodo cheio de conchas marinhas; um homem faz com elas artigos para presente, alguns com uma lâmpada elétrica enfiada no meio. Perto da estação, Girish esbarra num conhecido, um aspirante na indústria cinematográfica, que descreve seu novo filme: "História de amor com um um pouco de máfia". Em seguida, Girish presta homenagem ao *dada* da máfia local, Ramswamy, que mora em cima do Salão Sai Betting e dirige uma ampla operação de contrabando de bebidas alcoólicas. Em sua sala de estar há várias fotografias suas, com um bigode abundante, em nenhuma das quais ele aparece sorrindo. O *dada* está deitado de lado, sem camisa. "A gente precisa alimentar o estômago", diz ele, e dá tapinhas na barriga, que tem vida e forma independentes, derramando-se como uma foca sobre a cama, duas profundas marcas de faca gravadas nas laterais, como as estrias de uma mãe de dez filhos. Ramswamy tem três mulheres oficiais e dez ou doze extraoficiais; ele tem o hábito de começar suas frases dizendo "*Bhenchod...*", menos quando fala com Girish. "Ele tem respeito por mim." Pergunto a Girish por que Ramswamy não compra um apartamento melhor, fora da favela. "Ele só mora onde pode mandar", Girish explica.

Continuando a andar, passamos por uma placa em cima de um barraco: aulas de computação brilhante. "Todo pé-rapado começou suas aulas de computação aqui", diz Girish. As favelas de Bombaim estão cheias de programadores que estudam Visual Basic, C++, Oracle, Windows NT. É um novo mundo hospitaleiro com os jovens inteligentes das favelas de Bombaim, pessoas como Girish, mostrando-lhes uma saída, como o boxe ou o beisebol no Harlem. Os jornais estão repletos de notícias de empresas próximas e distantes que querem nossas crianças, para trabalho honesto, trabalho bem pago, em escritórios com ar-condicionado e oportunidade de conhecer o mundo. A irmã mais nova de Girish, Raju, trabalha levando esses jovens de um lugar para outro. Ela dirige um cursinho no segundo andar de um barraco. Dharmendra, o mais velho dos irmãos Thakkar, colabora dando aulas de história, quando pode.

Uma menina do primeiro ano levanta-se por ordem de Raju e recita o juramento:

A Índia é o meu país.
Todos os indianos são meus irmãos e irmãs.
[Por isso, somos todos *bhenchods*, lembro-me do meu tempo de escola]
Tenho orgulho do meu país.
Eu...

Ela olha para baixo. Esqueceu o resto. Senta-se no chão.

Boa parte do trabalho de Raju consiste em dar aconselhamento a crianças de lares perturbados. Ela transforma os alunos de repetentes em bem-sucedidos, que acertam mais de 80% das questões das provas. Mas é um trabalho sem fins lucrativos para ela; não ganhou dinheiro nenhum este ano com as aulas, depois de pagar as despesas de aluguel e salário dos outros professores. Quando vai para casa depois do cursinho, põe-se de imediato a ajudar a mãe a fazer o almoço. O pai olha para mim e balança a cabeça com ar aprovador. "Muito trabalhadeira." Ela é boa para o pai, os irmãos e a mãe. Será boa para o marido e para os filhos, quando eles entrarem em sua vida. Vejo-a andar pelas vielas da favela, mantendo-se de alguma forma fresca e bonita no meio do esgoto a céu aberto.

O ponto alto do ano para os Thakkar é a viagem anual à sua aldeia, Padga Gam, perto de Navsari, onde passam duas semanas de felicidade. Ali, eles têm uma pequena fazenda de cultivo de cana-de-açúcar, berinjela e, este ano, arroz. Por vários quilômetros ao redor da casa a terra é limpa. É uma casa grande, diz Girish. Tem mais de um quarto. Na aldeia, ele se levanta de manhã e imediatamente começa a comer. A mãe cozinha num forno a lenha, em panelas de barro, alimento fresco produzido na própria fazenda. Girish espreguiça-se na cama. Dorme um pouco mais. Come um pouco mais. Há uma pequena TV portátil em preto e branco, que eles todos veem à noite. Ele odeia voltar para Bombaim. "Fico deprimido quando venho para Virar", diz. "Realmente deprimido. Se alguém brincar comigo sou capaz de agredi-lo."

Girish e eu saímos do seu escritório no centro de Bombaim certa noite, em busca de *bhelpuri*. No Bora Bazaar, vamos ao Shree Krishna Bhelpuri House — "Trocamos notas velhas e rasgadas" —, uma carroça no meio de montes de pele de casca de cebola e batata. Girish aponta para uma pilha de cédulas velhas e rasgadas atrás do bhaiyya. Ontem ele lhe deu 24 rupias em notas sujas e recebeu vinte em notas limpas. Bombaim tem um serviço para cada necessidade humana.

Perto do escritório de Girish, do outro lado da agência dos correios, há um grupo de escritores de cartas. Eles se sentam diante do *kabutarkhana*, onde milhares de pombos adejantes se reúnem para comer grãos deixados pelos jainistas, ao redor da fonte desativada. Eles preparam pacotes para estrangeiros, servem como caixa de correio para aqueles que moram nas ruas, preenchem formulários e ordens de pagamento para pessoas alfabetizadas, mas não versadas na linguagem burocrática, e escrevem cartas para os analfabetos enviarem para suas aldeias.

Os escritores de cartas são a ponte entre a cidade e a aldeia. "Assuntos de família", explica-me um deles, chamado Ahmed. Notícias de um filho que acaba de nascer, perguntas a uma mulher sobre questões domésticas. Cartas de operários da cidade instruindo as mulheres a mandarem os filhos para a escola, a cuidarem dos velhos. Na aldeia, as cartas serão lidas para os destinatários pelo carteiro, uma enciclopédia sobre a vida aberta e secreta da comunidade. Um assunto que aparece com frequência é a indagação a pessoas da aldeia sobre o comportamento da mulher. Os migrantes que trabalham na cidade muitas vezes veem as mulheres por menos de um mês durante o ano. Há uma história que todos contam em Bombaim: "A mulher do meu jardineiro, lá na aldeia, teve um filho. Mas ele não via a mulher havia três anos. Meu jardineiro estava muito feliz. Observei-lhe que o filho não poderia, de forma alguma, ser dele. Mas ele disse que o filho tinha sido feito em seu nome. Não lhe importava quem tinha plantado a semente, o fruto lhe pertencia. Por isso ele me deu doces".

As notícias que eles dão é uma mistura de coisas boas e coisas ruins, mas a maioria é de coisas boas, diz Ahmed, porque quando as notícias são realmente ruins as pessoas preferem dá-las ao vivo. "E, se alguém tem um caso, cartas de amor", acrescenta.

"Cartas de amor?"

"Isso mesmo, se um jovem escreve para uma mulher, ele nos procura. Incluímos algumas palavras nossas."

"Que tipo de palavras?"

"Oh, o de sempre. *Espere por mim.*" Se um rapaz está longe de sua namorada, ele escreve: *Não se case sem mim. Não demoro a chegar. Estou construindo uma casa aqui. Espere por mim.* Moças pedem que escrevamos cartas em seu nome para árabes no Golfo.

"Algum de vocês é especialista em cartas de amor?"

"Ele", dizem todos, apontando para o bêbado que até esse momento eu tinha ignorado. O rosto do bêbado se ilumina, seus resmungos em inglês se tornam mais audíveis. "Anil", dizem eles. "Ashok Sinha." Talvez Anil seja pseudônimo. "O efeito do Holi ainda não passou", explicam os outros, referindo-se aos festejos da véspera.

No início, o maior grupo de seus clientes era formado por prostitutas. Elas ditavam cartas para os pais: *Tenho um bom emprego na cidade. Sua filha está bem, como secretária. Dá algum dinheiro. Por favor eduquem meu irmão, casem minha irmã. Vou mandar mais para vocês todo mês.* Os escritores de cartas oferecem a vantagem de um endereço fixo para correspondência, como fazem para os meninos de rua e para os que fugiram de casa. De vez em quando, os pais decidem visitar a filha na cidade grande, ver como está indo, conhecer lugares. Eles aparecem na V. T. Station, bem atrás da agência dos correios, e arrastam suas malas, caixas e cestas com as melhores frutas da aldeia para o endereço fornecido. Ao ver a perplexidade no rosto dos velhos, os escritores de cartas adivinham de imediato o que está acontecendo, convidam-nos a sentar nos bancos e insistem para que tomem um copo de chá, enquanto um mensageiro vai procurar a prostituta: Venha depressa, seus pais estão aqui. "Nunca damos os endereços delas", dizem os escritores de cartas.

Os escritores de cartas também ajudam as prostitutas a preparar lacrimosos apelos a clientes em outras cidades. *Mande dinheiro, venha logo, mande 10 mil, estou com um problemão.* Muitas mulheres têm filhos e usam o sentimento de culpa para manipular os supostos pais: *Preciso de dinheiro para manter a casa, cuidar dos meninos, oh, por favor mande dinheiro, o que você me deu já foi gasto, ou paguei coisas adiantado.* Enquanto os escritores de cartas recitam suas frases feitas, é claro que sua opinião sobre a veracidade das clientes não é das mais elevadas. Na maior parte dos casos, as cartas são escritas na linguagem de rua de Bombaim, mistura de híndi, marata e inglês, com pitadas de tâmil e gujarati.

Quem vai falar com os escritores de cartas senta-se num banco debaixo de um teto de encerado azul. Quando passa um pé de vento, o encerado balança e despeja uma chuva de fezes de pombo na cabeça do cliente. Enquanto converso com Ahmed, quatro ou cinco escritores de letras tentam tirar cocô de pombo do meu cabelo. "Isso não o incomoda?", pergunto a Ahmed. Todos têm a cabeça coberta de pequenas penas brancas, projéteis granulados de excremento. "Só sacudimos isso quando vamos embora para casa; não ficamos limpando o tempo todo." É muito pitoresco, no entanto, aqueles homens sentados com cera e selos, numa fila diante na pequena praça, com milhares de pombos a voar perpetuamente, subindo e descendo, cagando neles o dia inteiro, enquanto tentam escrever cartas de amor.

Mas eles não devem durar muito. "Os negócios caíram pela metade", dizem. "O número de analfabetos é um décimo do que era." A disponibilidade de ligações telefônicas baratas para as aldeias também afetou o negócio, e praticamente ninguém manda telegramas. Na maior parte do tempo, hoje em dia, os escritores de cartas não passam de funcionários postais, que embrulham pacotes e colam selos.

Quando estou de saída, Anil, o especialista em cartas de amor, gesticula e sorri. Eu me apresentei a eles como alguém que veio dos Estados Unidos. "Saddam", diz ele. "Gosto de Saddam."

Pela primeira vez numa geração, os Thakkar estão a ponto de se mudar da favela. Eles juntaram o dinheiro para comprar um apartamento de um quarto na nova cidade de Mira Road, logo depois da divisa do município de Bombaim. A família pensa na mudança com alegria e temor. Vai ser difícil para eles sair de Jogeshwari, dizem, por causa da "comunidade". Mas pela primeira vez na vida, Girish vai morar sob um teto que não é feito de lata e encerado.

Ao sair do trem em Mira Road, ouvimos três funcionárias de escritório conversar em inglês. Elas provocam um som de um grupo de homens desocupados, não um assobio, mas um barulho de chupada de lábios, parecido com um chilreio de pássaro. É um barulho assustadoramente obsceno, de ar sugado, sugestivo de uma grande ameaça sexual. Quando atravessamos o esqueleto de um viaduto sobre os trilhos, vejo a enorme placa de uma escola perto da estação: academia enriquecimento. As pessoas que vieram correndo para a cidade nova sabem qual é o verdadeiro objetivo da educação: não elevar o espírito, rumo a um bem maior, mas enriquecer. As lojas perto da estação são todas escritórios imobiliários; Mira Road é uma cidade que tem como único objetivo vender a si mesma. Ainda há possibilidades aqui. É uma cidade que se inventa, separada de Bombaim.

Seguimos para a casa de Girish, através de uma vasta cidade kitsch meio deserta. Um par de colunas soltas que suportam um frontão grego enfeita a beira da estrada, erguendo-se da lama e levando à total ausência de outras estruturas. É tão incongruente que parece coisa de filme, tão estranhamente fora de lugar nos subúrbios setentrionais de Bombaim que preciso olhar de novo para ter certeza de que não estou sonhando. Os edifícios são versões baratas do pós-moderno: frontões colocados aleatoriamente, topos de estilo chippendale, enfeites de coluna e fachadas em tons pastel, pelo menos até a primeira chuva, que tira a fina camada de tinta e deixa tudo com o mesmo monótono matiz amarelado de lama listrada. Os edifícios de Mira Road querem estar na Europa. Consequentemente, recebem nomes europeus com erros ortográficos: tanwar hights, chandresh reveara. Centenas deles são construídos em qualquer ponto da paisagem, outros ficam semiacabados, aguardando uma alta no preço dos imóveis. No momento, os preços estão baixos; a família de Girish comprou o apartamento por 3,5 lakhs, e ele agora vale dois terços disso. Um cômodo de favela em Jogeshwari custa mais caro.

O motivo dessas fachadas enfeitadas é que os construtores querem dar aos proprietários uma impressão de luxo, que se define como morar no estrangeiro: outra época, outro lugar. Um morador de Bombaim é capaz de sobreviver com eletrodomésticos que não funcionam, ou sem água corrente, sem boas estradas, mas não sem estilo, *shaan*. Os blocos residenciais de Mira Road são quase só fachada; os cômodos atrás das colunas palladianas, sob tetos chippendale, não têm substância. As paredes, recém-construídas, já têm infiltrações. Muitos prédios de vários andares têm apenas um poço para o elevador e nenhuma maquinaria. Isso é tudo que os moradores de favela conseguem adquirir em sua primeira mudança. Não podem pagar pela praticidade, por isso querem ter pelo menos o brilho exterior, que custa mais barato do que algo sólido. As entradas bombásticas também se encaixam na ideia de *shaan* em Bombaim: o exterior deve fazer crer que o interior é maior do que de fato é. Mesmo no centro de Bombaim, um *chawl* às vezes tem diversos arcos imponentes que levam para suas caixas de fósforos.

Jovens casais passeiam pela rua principal, aproveitando a brisa noturna. É mais fresco aqui do que na cidade, e ao saltar do trem tem-se a agradável impressão de espaço verde a oeste, onde não há prédios, o oposto do padrão que se vê mais adiante, na direção de Bombaim, onde o lado ocidental, mais perto do mar, é mais disputado. Aqui as noites, apesar de infestadas de mosquitos, são sossegadas; a maior parte das pessoas que moram aqui está dando os primeiros passos para sair da favela e não tem condições de comprar carro. Além disso, não há ruas nas quais valha a pena dirigir; são todas esburacadas. Já perto do prédio de Girish, há um grande pântano de onde partem nuvens de mosquitos para nos atacar. Vejo um vendedor ambulante esmurrar um poste de luz. A lâmpada responde ao golpe e pisca.

Os prédios estão agrupados em enormes complexos batizados com o nome do construtor, ou de um ente querido seu que já morreu. Todos os prédios em volta de Girish têm Chandresh no nome: Chandresh Darshan, Chandresh Mandir, Chandresh Heights, Chandresh Accord. Girish mora em Chandresh Chhaya — a Sombra de Chandresh. "Quem construiu este lugar?", pergunto a ele.

"Mangal Prabhat Lodha."

Durante as eleições, andei por Malabar Hill com esse mesmo Mangal Prabhat Lodha, membro do BJP na Assembleia Legislativa, observando a campanha. Chandresh era o pai dele. Eu mesmo morei em Mangal Chhaya, pois Mangal Prabhat Lodha, para incredulidade de Girish, mora dois andares acima do apartamento que aluguei em Daiya Mahal.

Na porta da frente dos Thakkar há este adesivo: U R NOBODY IF YOU AIN'T AN INDIAN (Se você não é indiano, você não é ninguém), patrocinado por Proline, importador de equipamentos esportivos. Sempre que ouve o hino nacional na TV, o sr. Thakkar faz todo mundo da casa se levantar. "Se estivermos dormindo, ele nos acorda e manda levantar. Se estivermos doentes, podemos ficar sentados", diz Dharmendra.

Sua fé no país finalmente se materializou. Anos atrás, na favela de Jogeshwari, a mãe de Girish teve uma visão do futuro nas páginas de uma revista gujarati. Ela mostrava a janela de uma casa, com cortinas e uma lâmpada pendurada no teto. A mãe pediu ao seu deus: Quando é que vou ter algo assim? Agora a família aponta para a janela da sala de estar do apartamento. Tem cortinas e uma lâmpada pende do teto.

Há uma festa perene na casa dos Thakkar. As pessoas entram e saem durante semanas, na maioria antigos vizinhos de Jogeshwari, mas também parentes, colegas de trabalho de Dharmendra e Girish, alunos de Raju, amigos de dança de Paresh. Os Thakkar, depois de duas gerações, acabam de entrar numa casa *pukka*, na classe média. O progresso da família Thakker é a história do crescimento de Bombaim. Eles se mudaram de Fort, onde o pai morava numa casa grande com a família, para a favela de Jogeshwari e agora para o apartamento de Mira Road. Girish quer se mudar para os Estados Unidos, o ponto alto dessa trajetória.

Pela primeira vez na vida, os filhos não precisam dormir com os pais. Os luxuosos arranjos noturnos foram decididos quando eles se mudaram. No quarto: Dharmendra (o homem cujo salário banca as despesas da família e foi usado para comprar o apartamento) e Paresh, o irmão mais jovem de Girish, na cama. O outro irmão, Sailesh, trabalha como vendedor no interior de Maharashtra, mas aparece com frequência. Na sala: a mãe no sofá, o pai na parte mais baixa do sofá-cama, Girish perto dele, um pouco afastado, e Raju no colchão junto à cozinha. Os dois cômodos, pequenos a meus olhos, são profundos para os Thakkar. "Um dia foi realmente desconfortável para mim", diz Dharmendra. "Não consegui dormir." Por isso, quase todas as noites eles dormem na sala, vendo a TV nova, cujo timer a desliga depois de trinta minutos. Eles gostam de adormecer ouvindo o som de vozes humanas. Criados num único cômodo, não sabem o que fazer com o quarto extra, quando finalmente conseguem ter um.

A sala tem vasos de flores pintados à mão. Uma luz agradável entra pela janela cheia de plantas, mas entram também muitos mosquitos, contra os quais a família parece imunizada. Desenhos de Paresh — um da Torre Eiffel, outro da Estátua da Liberdade, e um terceiro de um homem tirando a roupa e o que parece ser sua pele também — adornam, com destaque, o mostruário. Toda uma parede da sala dos Thakkar é coberta de ladrilhos de pedra marrom-escuros. Não combina de jeito nenhum com as outras três paredes caiadas de branco. Dois spotlights em cima, perto do teto, lutam para iluminar a dura superfície de pedra. "As pessoas acham que a pedra é para decoração", explica Dharmendra. "Ela está aí, na realidade, porque há infiltração nessa parede." Num prédio novo, a água invade a estrutura de todos os lados e penetra as paredes. No entanto, quando as visitas elogiam a beleza da pedra, Dharmendra não as corrige.

Ele me mostra o folheto que o atraiu e a sua família, e a todos os ocupantes do Chandresh Chhaya. É extravagantemente colorido, no estilo dos anos

1950 — vermelho, amarelo e azul vivos — e com o tipo das letras largas berrantes que as empresas americanas usavam para atrair migrantes para a ensolarada Califórnia. O texto, com erros de ortografia, diz o seguinte:

> Em 1980, um grupo de empresários jovens e dinâmicos teve um sonho. Um sonho de criar um oásis de beleza e paz no meio da desolada monotonia dos prédios de apartamento da cidade. Sob a orientação do fundador, o falecido Sh. Chandresh, o Grupo Lodha teve o sonho de criar um luxuriante ambiente verde para os fatigados caçadores de casas de Bombaim... Hoje, o Grupo Lhoda simboliza a casa radiante de beleza, calor e conforto, resplandecente de felicidade e fulgurante de prosperidade. Hoje um lar Lhoda significa felicidade eterna.

As ilustrações do folheto mostram a silhueta do horizonte de arranha-céus e dois desenhos de prédios baixos cercados de palmeiras, casais passeando, limusines que passam flutuando em ruas tranquilas, um playground e uma onda azul do mar a ponto de arrebentar. Promete-se uma grande quantidade de "atrativos especiais", de serviço de ônibus para a estação a quadras de tênis, clube e biblioteca, nenhum dos quais se materializou. Mas, se você está sentado no seu barraco em Jogeshwari, com esgoto correndo a céu aberto na sua porta, os gritos de bêbados e *taporis* em guerra entrando, juntamente com gigantescos mosquitos, pela única janela, e examina este folheto brilhantemente colorido, seu coração também fará força para acreditar, para dar a necessária credibilidade a suas promessas. Talvez seu sono nessa noite seja iluminado por um sonho em que seus filhos aparecem brincando naquele luxuriante playground verde, sua mulher preparando comida naquele balcão de mármore da cozinha, e você mesmo andando da estação para seu próprio apartamento numa noite de sábado, pela rua de trinta metros de extensão, respirando o ar puro do campo.

Chandresh Chayya está em péssimas condições. As paredes são desniveladas, há buracos abertos na parede onde devem ser colocados aparelhos elétricos, e, como sempre, não há elevador no poço de elevador. As ruas também estão inacabadas. O construtor tinha prometido atrativos como um jardim e um "ISI Mark geyser" para aquecer a água. O jardim transformou-se em outro prédio ao lado, e não havia nenhum aquecedor de água em Chandresh Chayya. Por isso Dharmendra reclamou e um aquecedor foi instalado. É uma coisa ridiculamente pequena. "Não esquentaria água suficiente para lavar um rato." Mas é, nos termos do contrato, um aquecedor, e faz todo o sentido diante da quantidade de água disponível para esquentar. A água para o banho só aparece nas torneiras a cada dois dias. Os Thakkar construíram uma caixa-d'água no forro.

A água potável fornecida pela prefeitura só chega uma vez por semana, em caminhões-tanque, e assim mesmo apenas se o motorista for subornado com cem rupias por caminhão. Mas não é suficiente, e a associação de moradores compra de fornecedores particulares três caminhões-tanque por dia, a 325 rupias por caminhão. Os donos de caminhões-tanque constituem o lobby político mais poderoso de Mira Road. Eles dividiram entre si os trajetos e impedem a prefeitura de instalar novas tubulações, que acabariam com seu negócio. Livrar-se da água é tão difícil quando consegui-la. Como os sistemas de drenagem são mal construídos, a associação tem de pagar mais quatrocentas rupias por mês para drenar a água do solo. Periodicamente, quando a falta de água é total, donas de casa e contadores descem de seus prédios para protestar, sentados nos trilhos dos trens para obrigar o resto da cidade a prestar atenção.

Os moradores também têm de pagar para que lixeiros particulares façam a coleta e levem o lixo sabe Deus para onde. Se usarem as latas de lixo da prefeitura, o lixo é coletado uma vez a cada duas semanas. Não há rotas de ônibus públicos no subúrbio. A certa altura, a associação de moradores dos Takkar inaugurou um serviço, pagando ao dono de uma minivan de oito lugares para transportar moradores do complexo de e para a estação a duas rupias por passageiro. Os condutores de riquixá de Mira Road, que cobram vinte rupias pelo mesmo serviço, cercaram a minivan e a impediram de rodar. A polícia e os políticos locais foram chamados; eles tomaram o partido dos condutores de riquixá. Com isso, os moradores de Mira Road gastam a maior parte de sua renda pagando pelos serviços municipais mais elementares: água, esgoto e transporte. Mira Road fica quase nos limites do município de Bombaim. Isso explica seus atrativos e suas deficiências: é uma comunidade de fronteira. Mas, no geral, os Thakkar são mais felizes aqui. Em Jogeshwari, parentes mais abonados chegavam, olhavam e perguntavam por que eles não se mudavam. "Era irritante", diz Dharmendra. "Quem não gosta de mudança? Mas o pai tinha feito um mau investimento. O dinheiro ficou bloqueado." Em Jogeshwari, "eu não dava meu endereço nem nada para os amigos. Eu não podia visitar os colegas de escritório. Não ia à casa deles. Agora podemos convidá-los. Parentes podem ficar para dormir. Qualquer um pode vir a qualquer momento".

O pai de Girish passa os dias tentando descobrir onde ficam as lojas, onde se compram as hortaliças mais frescas. Girish diz, sobre o pai: "Ele nunca imaginou na vida que viria para um lugar assim. Hoje temos batedeira, máquina de lavar, televisão. O que é que não temos? Carro. Não precisamos. Talvez a gente possa ter um, daqui a alguns anos". O prédio fica ao lado da ferrovia; os trens suburbanos passam numa cacofonia de buzinas a diesel e do cláquite-cláque das rodas nos trilhos de aço. Dharmendra leva duas horas para chegar ao trabalho. "Mas nosso ramo é vendas, e podemos compensar", explica ele, os olhos brilhando. As horas podem ser fraudadas.

O pai compara Mira Road, favoravelmente, à favela de onde acabou de sair. "Agora há silêncio. Em Jogeshwari havia sempre uma briga em algum lugar, barulho." (Em Jogeshwari, acho, Sunil e Amol tocariam fogo no escritório da prefeitura como meio de chamar a atenção para o problema da água.) Quando as pessoas saem, a família fecha a porta. Nunca vi a porta fechada em Jogeshwari durante o dia, e faço uma pergunta. "É o sistema aqui", explica Dharmendra. "É o sistema do apartamento." De quem se muda para a classe média, para um apartamento, espera-se que saiba manter a privacidade. Na favela essa ilusão não existe.

Raju tem 25 anos e é solteira, quase solteirona pelos padrões da comunidade. Os Thakkar esperavam se mudar para este apartamento antes de procurar um rapaz para ela, ou uma noiva para Dharmendra, que acabou de completar trinta. Que tipo de família se casaria com alguém da favela? Girish não visita sua casa antiga em Jogeshwari, nem Paresh. Ela já foi invadida três vezes depois que se mudaram, e a família parece não ligar muito. Raju volta todos os dias para dar aulas no cursinho, mas os pais não vão lá. Sentado num apartamento de terceiro andar de sua propriedade, Dharmendra, executivo de uma empresa de perfumes, rejeita o lugar onde nasceu e foi criado: "Jogeshwari era um *chawl*".

"Que tipo de gente vive aqui?", pergunto a Dharmendra. "Gujaratis, maharashtrianos, muçulmanos?"

"Cosmopolitas", responde ele. É uma confraria de pessoas que lutam para ascender socialmente. As redes de contatos sociais de Mira Road, embora não tão coesas quando as de Jogeshwari, são mais fortes, apesar de tudo, do que as de Nepean Sea Road. Depois que Girish se mudou para Mira Road, às dez da noite ele vai a um prédio vizinho e traz a filha de dois anos de idade de um conhecido, para brincar com ela. Ele faz isso durante meia hora, o que o deixa relaxado. Depois ele vai devolver a criança e volta para dormir. Aos domingos, Girish vai a Naigaon com o vizinho do andar de cima e compra seiva fermentada e frutas de árvore de *toddy*. Depois volta para o apartamento do vizinho e toma um litro e meio de *toddy* e come algumas dúzias de *tadgolas*. Recomenda-o para mim. "Se você tomar *toddy*, ele vai limpar seu organismo. Você vai cagar realmente bem. Tudo sai com a maior facilidade."

Ao passar a pé pelos casais de namorados no parapeito de Marine Drive, Girish diz, esperançoso: "Um dia eu também virei aqui. Com alguém". Girish e os irmãos são modelos para os demais nas favelas de Jogeshwari. Os pais apontavam para eles e perguntavam aos filhos por que não eram como os gujaratis.

Girish nunca teve namorada. Ele dá como desculpa o fato de que, a partir do primeiro ano na faculdade, que é quando indianos de classe média tradicionalmente descobrem o sexo oposto, ele começou a dar aulas para ganhar dinheiro. Logo que a aula terminava, à uma e meia, ele ia à casa de seus alunos para dar monitoria, até as nove da noite. "Nunca me sobrou tempo para correr atrás dessas fêmeas." Ele acha que pode começar alguma coisa com uma moça, se parar no mesmo ponto de ônibus onde ela para, durante dez dias. "Basicamente, é preciso mimá-la." Havia uma moça no escritório de um amigo dele, e Girish uma vez perguntou-lhe se tomaria um café com ele. Ela se negou. "Eu disse: 'Sem essa, quem é que tem tempo para correr atrás de você? Não tenho tempo para você. Desculpe.'"

Girish teve uma companheira de chat na internet, uma jovem gujarati que morava no Japão. "Eu batia papo de um jeito diferente. Eu tentava chegar ao coração dela. O que acha da vida, filosófico, coisa e tal. Então ela veio à Índia. O pai comprou um apartamento em Walkeshwar. Ela não me procurou em Bombaim." Não há desapontamento em sua voz; a não ser que esteja muito bem escondido. Afinal, ela é uma elegante menina de Walkeshwar agora, mais inacessível do que quando era japonesa.

Kamal, o tesoureiro da máfia, como outros amigos de Girish, está muito ansioso com a contínua virgindade de Girish. "Ele precisa muito de uma lubrificação." Kamal aconselha: "O sexo está ligado ao cérebro; quando você se alivia, pensa melhor. É por isso que seu pensamento é confuso. Você precisa ir para a cama com alguém. Você diz que tem todos esses grandes contatos, mas não os usa. As pessoas não confiam em você, porque você mesmo está confuso. Consiga alguma coisa e fique ligado". Ele sugere um lugar onde Girish possa fazer isso: Tip-Top Hairdressers, em Goregaon, onde as cabeleireiras começam fazendo massagens na cabeça, depois vão descendo para o sul.

Srinivas, seu amigo putanheiro, me diz que admira os contatos de Girish, seu relacionamento com pessoas de todo o mundo, mas é descrente de suas perspectivas comerciais. "Ele não tem sido capaz de construir um futuro", diferentemente do resto de seu grupo na faculdade. "Ele é honesto demais." Srinivas tem tentado convencer Girish a participar do Landmark Forum, organização que promove grupos de encontro e aulas de motivação. Há cinco níveis, e Srinivas chegou ao quarto. Ela o ensina a ter êxito nos negócios. Ele conseguiu motivar Girish a não ficar triste quando voltar de Navrasi e vir pela primeira vez os arredores de Bombaim, em Virar. Girish foi a uma sessão para convidados do Forum, mas resolveu não participar do curso de três dias, que custa 3 mil rupias.

Bombaim criou e alimentou Girish, mas ele agora chegou ao fim de alguma coisa. "Não estou recebendo de volta o que invisto na luta", diz o programador. "Às vezes não tenho dez rupias no bolso." Girish percebe que o que ele faz não é essencial para a felicidade humana. "Estou no setor de serviços. As pessoas podem viver muito bem sem meus serviços." A empresa de perfumes de Dharmendra, enquanto isso, sente a mordida da recessão. Ninguém é demitido, mas ninguém recebe aumento, e a empresa não preenche as vagas abertas. Girish é no momento o único cavalo vitorioso da família. A próxima mudança — para Borivali, onde eles puseram os olhos num apartamento de 92 metros quadrados — está condicionada ao fluxo consistente e cada vez maior de dinheiro, e a única possibilidade de isso acontecer repousa em Girish, com os computadores.

Girish agora foi parar na sala da frente do apartamento de seu sócio comercial em Pedder Road. Ele gosta de trabalhar neste endereço chique. "Nunca pensei na vida que chegaria a Pedder Road. Eu só conhecia Jogeshwari." Este endereço é quase a única razão de Girish estar no negócio, com um homem que ele conheceu na bolsa de valores. "Meu sócio não me ajuda em nada. Não abre sequer as páginas amarelas para fazer umas chamadas." Em vez disso, fica até as três da manhã baixando fotos pornográficas. Mas o sócio é da Bombaim de cima; Girish é da Bombaim de baixo. "Estou com ele porque espero que me faça subir." Ele faz uma aranha com a palma da mão e os dedos e a ergue no ar. "Ele me fará subir."

Eu tinha falado com Girish sobre um amigo meu do consulado dos Estados Unidos, na seção de vistos, e isso o fez pensar. Talvez possa usar minha influência para garantir um *green card*. "Não pedi a você que me leve", diz ele. "Só disse que gostaria de ir, e estou aprendendo essas linguagens de computador. Vou bater quando o ferro estiver quente." Tudo que ele gostaria era de poder mandar mil dólares por mês para o pai, depois de pagar as despesas nos Estados Unidos.

"E você poderá comprar o apartamento perto do seu em Mira Road", digo-lhe.

"Dariya Mahal. Pensar grande", corrige-me ele, imediatamente. "Se um homem for, seis pessoas serão abençoadas. Minha família toda." E não apenas sua família. "Se eu for, quero ajudar um ou dois sujeitos a subir." Ele gostaria de tirar Srinivas do país também. O pai de Srinivas morreu recentemente; ele tem três irmãs e a mãe. Girish tem outro amigo que trabalha na loja de roupas do tio. "Quero fazê-lo subir. Sei que é bom sujeito. Ele também está na luta." Se Girish tivesse dinheiro, daria a seu amigo dinheiro para alugar uma loja durante um ano. Estou encantado com essa rede invisível de ajuda, um homem que vai para o exterior e manda pequenas somas de dinheiro para semear lojas de roupas, diplomas universitários e casamentos. Não é uma Mercedes ou um terno Armani que Girish deseja; é a oportunidade de "ajudar a subir" outros como ele.

Pergunto quais são suas ideias sobre os Estados Unidos.

"Só tenho certeza de uma coisa: se você luta lá tanto quanto luta aqui, o índice de sucesso é duzentas vezes maior."

Que mais, além do dinheiro?

Ele se lembra de um acidente recente que nós dois testemunhamos: um riquixá motorizado atropelou uma mulher que vendia balões na rua. Ela parecia terrivelmente machucada e segurava a cabeça. Os balões vivamente coloridos, que antes estavam no alto, em cima dela, estavam agora amontoados na calçada. Fiquei apavorado, mas Girish adivinhou: "Observe, ela vai se levantar e pedir dinheiro". Uma pancada de chuva de repente nos encharcou, e a mulher atropelada se levantou rapidamente e correu em busca de abrigo numa loja. Outra mulher que vendia balões aproximou-se do riquixá e insultou o condutor, exigindo dinheiro para a colega.

"Aquela mulher dos balões tinha poder", comenta Girish. "Ela podia entrar no riquixá e ficar ali. Nos Estados Unidos seria diferente. Você viu a mulher entrar no riquixá e pedir dinheiro. Lá isso seria investigado, para saber de quem foi a culpa. Ela não poderia simplesmente entrar no riquixá e dizer: 'Me dê dinheiro, ou não saio do seu riquixá'." Eis aqui uma interessante opinião sobre classe: Girish, que é pobre, acha que pessoas muito mais pobres do que ele têm poder demais. Pergunto-lhe o que acha deles, dos muito pobres.

"Não gosto deles, odeio-os." Girish acha que os mendigos de Bombaim gastam todo o seu dinheiro com bebidas e outros vícios. O que muitos ganham é mais do que o salário de um funcionário do governo, diz. Ele é capaz de ajudar um amigo necessitado, mas quase nunca dá dinheiro a mendigos. Sente repulsa. "Eles agarram seu pé. Crianças pequenas agarram seus pés e tocam seus pés com a testa." Ele fala deles com uma veemência que eu nunca tinha visto. Eles estão desconfortavelmente próximos. Há uma complexa relação entre os pobres e os muito pobres. É preciso manter certa distância, sempre em guerra contra a simpatia natural. Uma mistura de "Não fosse pela graça de Deus eu" e "Eles nada têm a ver comigo".

Pergunto se ele voltará a morar em Jogeshwari.

"Por que você quer me mandar de volta para Jogeshwari? Vejo mais longe. De Mira Road quero ir para Vile Parle, e de Vile Parle quero ir para Bandra, e de Bandra para Pedder Road." É o sonho de mobilidade social ascendente de um viajante de trem; passar do trem local para o expresso até chegar a seu destino, no sul de Bombaim. Ele quer pelo menos chegar a Vile Parle em três ou quatro anos. Só pode chegar mesmo a esse subúrbio de classe média se pegar um atalho; se tomar o trem rápido para os Estados Unidos. "Estando em Bombaim, não consigo ir para Parle. Preciso de vinte lakhs, que em Bombaim vou levar vinte anos para juntar. Posso gastar 4 mil por mês a vida inteira. Mas não posso comprar uma casa de três metros por três em Bombaim. Não consigo fazer isso."

Ele acha que uma mudança dessas — de Mira Road para o sul de Bombaim — não seria possível nem mesmo numa cidade como Navsari, de onde vem sua família. "A razão é que a sociedade ali é pequena. Você sabe a que família pertence alguém. Em Bombaim, nunca se saberia que estive em uma favela. Meu sócio não sabe que morei em favela. Eu lhe contei apenas que estive numa 'espécie de *chawl*'."

Pergunto-lhe se acha que teve uma infância feliz em Jogeshwari. Isso me interessa, porque não acho que minha infância em Bombaim foi particularmente feliz.

"No momento não posso lhe dizer se fui feliz ou não, porque já passou. Eu não sabia o que era uma bola de futebol. Eu tinha uma bola de borracha vermelha." Ele abre a palma da mão, muito pequena.

Dharmendra vem a minha casa um dia me convidar para seu casamento, que será em sua aldeia, no Gujarat. Pergunto-lhe se está gostando de seus dias de noivado, se passeia pela cidade com a noiva. Ele se espanta. "Eu não a conheço."

Ele quer dizer que não a viu depois de ter ido, com os pais, à casa dela, onde nenhuma palavra foi trocada entre os dois. Seu nome é Mayuri. Ele pediu à irmã dele que falasse com ela. A segunda vez na vida em que Dharmendra verá a noiva será quando ela erguer a cabeça coberta com um sári vermelho para aceitá-lo como seu *swami*. Ele vão se casar quatro semanas depois que um viu o outro pela primeira e única vez.

"Ela é bonita?", pergunto.

"Mediana."

"O que foi que você gostou mais nela do que nas outras moças que viu?", pergunto a Dharmendra.

Ele dá de ombros. "Foi basicamente o momento." Dharmendra tinha visto outras cinco ou seis moças, mas ainda não estava preparado para casar. Agora, no entanto, a família se mudou para o apartamento em Mira Road e ele está com mais de trinta anos, e há quatro irmãos na fila atrás dele, principalmente a irmã. Está ficando tarde demais para Raju se casar. Mas ela não pode fazê-lo antes do irmão mais velho. Por isso Mayuri chegou na hora certa, e sem nem mesmo olhar direito para ela, ou conversar com ela, ele concordou em casar-se com ela.

"Como sabe que vão se dar bem? Que não vão brigar?"

"Nós nos ajustaremos. Temos de nos acostumar com algumas coisas; ela também terá de se adaptar." Percebo que ele não diz *eu* tenho de me acostumar. Toda a família terá de fazer concessões. Dharmendra, como a maioria das pessoas em Bombaim, vive a vida inteira sob o abrigo, a proteção e a tirania do Nós. Mas é provável que Mayuri não tenha de fazer muitos ajustes. Os Thakkar não acreditam em dote, para começo de conversa. É costume dar ao noivo um novo terno e um anel. Os pais de Mayuri pediram a ele que escolhesse o tecido. Dharmendra, consciente de que um terno custaria mais de 6 mil rupias, pediu um blazer, consideravelmente mais barato.

O dia inteiro as mulheres de Padga Gam cantam canções de casamento. Alto-falantes espalham suas vozes atonais e desafinadas por toda a aldeia. Estou sentado na casa de campo dos Thakkar, conversando com um homem amarelo. Todas as mulheres da família e as esposas dos convidados mexeram com Dharmendra, espalhando pasta amarela de tamarindo em todas as partes de seu corpo que podem ser tocadas em público: cabelo, coxas, peito. Um short cobre-lhe a única parte do corpo que não é amarela. Diz Dharmendra que existe uma "coincidência" de casamentos na aldeia. Não há dias mais auspiciosos, a partir de amanhã, até o Diwali, dentro de cinco meses, o que também explica a pressa. O casamento de Dharmendra foi decidido primeiro, por isso ele ficou com um dos três dias auspiciosos. Os outros não puderam ficar com o mesmo dia, diz ele.

"Por que não? São parentes seus?"

"Não. Mas são da mesma aldeia." Toda a comida, todos os arranjos de cama para acomodar visitantes são providenciados pelo pessoal da aldeia. Em Padga Gam, os casamentos não são entre indivíduos, ou mesmo entre famílias. São casamentos entre aldeias. Quase toda Padga Gam foi convidada para o casamento de Dharmendra, como para o casamento de ontem, e para o de amanhã. Todas as casas vizinhas são abertas para os convidados dos Thakkar que vêm de outros lugares. Os donos das casas vão vir de Bombaim especialmente para assistir ao casamento, e também para ter certeza de que os convidados dos vizinhos estão confortavelmente acomodados. O chefe da aldeia está vindo da Nova Zelândia. O senso de comunidade tão intenso nos Thakkar e nos moradores das favelas é trazido para Bombaim das aldeias.

Uma grande variedade de primos e tios comparece ao casamento. Um trabalha num poço de petróleo em Abu Dhabi ("45 dias seguidos, trinta dias de folga"); outro é negociante de imóveis e passou seis anos na Nigéria, enriquecendo com a fraude monetária dos anos 1980. À noite, os homens se sentam num lençol atrás da casa e bebem cerveja quente, que é gostosa por ser ilícita; supostamente, o Gujarat é um estado onde as bebidas alcoólicas são proibidas.

Ando pela aldeia com Girish. Vamos a uma das casas mais antigas, um santuário fresco e tranquilo com teto de palha e piso de lama e esterco. É tão sereno que quero ficar aqui dentro. Mas casas como essa não são o futuro da aldeia. As pessoas agora constroem estruturas parecidas com os bangalôs de tijolo e cimento do vizinho dos Thakkar: quente no verão, fria no inverno. Girish me leva aos campos de cana e arroz, além dos pomares de manga, e me mostra uma laje de concreto, lugar do maior prazer que lhe oferece sua aldeia: cagar ao ar livre. Ele se agacha nessa laje e, olhando para os campos que se estendem até onde a vista alcança, caga sem pressa. "Trinta minutos?", pergunto. "Quarenta e cinco", responde ele. Dou uma gargalhada, mas então penso no banheiro de Girish na favela de Jogeshwari, o que ele usou todos os dias até o ano passado. Comparo a pequena e escura fenda acima do buraco comunitário, com alguém sempre batendo à porta e dizendo-lhe que ande depressa, a esse idílio pastoril, onde um homem pode fazer suas coisas devagar, refletindo sobre as belezas deste mundo verde de Deus, com ar fresco entrando pelas narinas e o campo sendo lentamente fertilizado atrás dele. "Gosto de sentir as cócegas do capim no meu traseiro", diz ele. É um motivo tão bom como outro qualquer para vir aqui.

Mas, para mim, a noite da véspera do casamento é estupendamente desconfortável. O repelente de mosquitos que espalhei na pele funciona como atrativo. O colchão alugado está infestado de pulgas, que têm acesso direto ao meu corpo, pois não há lençol. Cubro a cabeça com uma toalha de banho para não ouvir o zumbido dos mosquitos, mas a banda de casamento toca até de manhã cedo. Nenhuma outra pessoa, das que dormem perto de mim no terraço, parece incomodada. Mas então, pelas quatro da madrugada, um menino acorda e diz ao pai: "Os mosquitos aqui são pequenos e venenosos". Isso não me ajuda a pegar no sono. Esses mosquitos estão acostumados a obter seu suprimento de sangue através do couro grosso do gado; mordem-me através da roupa. De manhã, enquanto abro caminho cambaleando ao redor dos montes de merda no campo, procurando um lugar para urinar, a visão de um livro me vem à mente, um manuscrito com iluminuras que vi certa vez em Chantilly, e preciso dizer o título em voz alta: "*Les très riches heures du Duc de Berry*".

Fujo da aldeia antes do casamento. O sócio comercial de Girish em Bombaim e o negociante de imóveis na Nigéria fazem o mesmo. Quando o trem entra nos subúrbios e os ônibus vermelhos e os prédios de muitos andares aparecem, sentimo-nos agitados, felizes, metropolitanos.

Antes de me mudar de volta para os Estados Unidos, encontro-me com Girish pela última vez. Vamos ao novo Shiv Sagar em Hill Road e pedimos *idlis*, um sanduíche de vegetais grelhados, e fruta-do-conde fresca com sorvete. Ele sofre um aperto financeiro maior do que nunca. Sua cunhada está grávida e a família se volta para ele em busca de dinheiro para comprar o apartamento vizinho; ele precisa levar para casa 15 mil rupias por mês. Está trabalhando agora com Kamal, o tesoureiro da máfia, no Phone-in Services. Mas o novo negócio também não rende, e só as contas de telefone estão matando o Phone-in Services. Girish não vê saída, mas reluta em arranjar um emprego. "Não há charme num emprego." É a propensão natural dos gujaratis para o empreendedorismo.

Girish me põe a par do que aconteceu com a família. A nova esposa assumiu seu lugar na casa e Girish está satisfeito, porque "ela não fala muito". Quando ele sai do banho de manhã, ela silenciosamente apronta o café para ele — *chapatis* com manteiga, um vegetal e três quartos de uma xícara de café. "Minha mãe realmente sentiu saudades dela quando ela voltou para visitar os pais e ficou três dias na aldeia. Quando meu pai descobriu que ela gosta de peixe, passou a comprar só peixe."

No pequeno apartamento de dois cômodos, os recém-casados ficaram com o quarto. Os Thakkar também investiram num apartamento de 88 metros quadrados em Borivali, graças a um programa habitacional para os pobres lançado por um político socialista; num apartamento em Bangalore; e em três bem construídos barracos em Borivali. Os três barracos na favela provavelmente serão vendidos para eles comprarem outro apartamento. Nenhum dos apartamentos foi construído ainda, mas todos estão lá à espera deles, confortavelmente no futuro, de modo que todos os cinco filhos, ou pelo menos os quatro filhos homens, terão sua casa própria algum dia.

Por que as pessoas ainda moram em Bombaim? Cada dia é um ataque aos sentidos do indivíduo, desde a hora em que ele se levanta, seja o transporte em que vai para o trabalho, seja o escritório onde trabalha, seja as formas de diversão a que se submete. O gás do escapamento é tão denso que o ar ferve como sopa. Há gente demais encostando em nós: nos trens, nos elevadores, quando vamos para casa dormir. Vive-se numa cidade à beira-mar, mas o único momento em que as pessoas chegam mais perto do mar é num domingo à noite, numa praia imunda. E a coisa não para quando estamos dormindo, pois a noite nos traz mosquitos dos pântanos maláricos, os valentões do submundo à nossa porta, e os alto-falantes estrondosos das festas dos ricos e dos festivais dos pobres. Que motivo teria alguém para deixar sua casa de tijolos na aldeia, com dois pés de manga no quintal e vista para as colinas, no leste, para vir morar aqui?

Para que, algum dia, como os Thakkar, seu filho mais velho possa comprar um apartamento de dois cômodos em Mira Road. E o mais jovem possa se mudar para mais longe, para New Jersey. O desconforto é um investimento. Como colônias de insetos, as pessoas sacrificam seus prazeres individuais em favor do grande progresso da família. Um irmão trabalha para sustentar todos os outros, e sentirá grande satisfação porque seu irmão mais novo está interessado em computadores e muito provavelmente acabará indo para os Estados Unidos. O progresso do irmão o fará pensar que sua vida tem sentido, que é certo gastá-la no trabalho na empresa de perfumes, arrastando-se todos os dias no calor para oferecer imitações de Drakkar Noir a donos de loja que na realidade não as querem comprar.

Em famílias como a dos Thakkar, não há indivíduos, apenas o organismo. Tudo — o desejo de Girish de ir para o exterior ganhar dinheiro e mandá-lo para casa, o casamento de Dharmendra, Raju condenada a ficar em casa — é para o bem maior do todo. Há círculos de fidelidade e dever dentro do organismo, mas o menor círculo é a família. Não há círculo ao redor do eu.

Ao indagar sobre a família de Girish, quero saber se já encontraram um par para a irmã. Ela vai se casar na época do Diwali, diz o rapaz. Ele não parece muito feliz.

"Algum problema?", pergunto.

Ele confirma com a cabeça.

"Casamento por amor?"

Ela escolheu por conta própria — um rapaz marwari, design de moda com duas ou três lojas próprias. Ele é relativamente rico e de boa família. Girish e os outros irmãos — os quatro — não falam com Raju há dois ou três meses, mesmo vivendo na mesma casa.

"Todo mundo, na nossa sociedade, pede conselhos a meu pai. De agora em diante, como ele poderá dar conselhos?", pergunta Girish. De início, acho que ele está se referindo à associação de moradores de Mira Road. Depois me dou conta de que está falando da casta. Os irmãos estão zangados com a irmã por querer se casar com alguém de fora de sua casta. Os pais, por outro lado, já aceitaram a ideia. Digo a Girish que isso é tolice. Ele deve aceitar a escolha e ficar feliz, pois não há nada de errado com o rapaz. Mas ele não gosta da forma como ela lhe deu a notícia. Ela pediu a Girish que descessem para uma conversa rápida, pois tinha algo a lhe contar. Ele saiu do apartamento abatido. Achou que teria de explicar por que não estava ajudando na renda da família, por que seu negócio não dava certo. Em vez disso, ela lhe contou sobre o rapaz. Girish ouviu, depois lhe disse que dentro de seis meses ele estaria ganhando muito dinheiro com seu negócio na internet, e depois ele e o pai iriam procurar para ela um rapaz adequado, da mesma casta. De alguma forma, o fato de Raju buscar um rapaz por conta própria, e um marwari ainda por cima, ficou associado, na cabeça de Girish, ao fato de ele não ganhar dinheiro e, portanto, não contribuir para a prosperidade da família, uma prosperidade que teria atraído muitos rapazes adequados para sua única menina. Mas Raju estava decidida; ia se casar com o marwari. E Girish parou de falar com ela.

Digo-lhe que a irmã precisa dele, precisa de seu apoio em tudo que ela está passando. Girish balança a cabeça. Ela maculou a reputação do pai na sociedade. Insisto, perguntando-lhe o que há de errado com o rapaz, e se não é uma boa coisa ela ter feito sua escolha por conta própria. Peço-lhe que faça as pazes com a irmã. Digo-lhe que eu mesmo casei por amor.

Ele para de discutir e diz: "Você não é daqui. Para você é diferente".

Ele interrompe suas palavras, mas as implicações são claras: sou estrangeiro. Sou incapaz de compreender os costumes indianos. Eis a diferença que existe entre nós, finalmente trazida à clara luz do dia.

BABBANJI: POETA EM FUGA

Um dia, meu amigo Adil Jussawala, o poeta, está folheando livros na calçada em frente à agência dos correios. O rapaz que toma conta do quiosque começa a conversar com ele sobre um livro de contos franceses, e Adil vê algo diferente nele. Por isso o convida para ir a um encontro de escritores num pátio atrás do Tata Theater, não muito longe dali. Ele é um fugitivo do Bihar, revela Adil. O rapaz diz ao patrão, o dono do quiosque de livros, que está de saída; vai ficar fora até as cinco. O patrão responde: "Se sair, está despedido". Ele vai ao encontro e perde o emprego.

O rapaz se interessa por poesia, um jovem magro de bigode e incipientes costeletas ensaiando uma barba futura. Parece muito confiante, até mesmo teimoso. Talvez tenha vindo ao grupo seduzido pela possibilidade de conhecer poetas, mas talvez também consiga um emprego decente por intermédio de pessoas que falam inglês. Durante a maior parte da noite, ele está quieto e calado, olhando para a mesa. Não pode participar da conversa, em inglês. Quando as pessoas pedem chá ou cadeiras, ele se levanta e vai buscar, sem que ninguém lhe peça. É sua posição.

Um arquiteto poeta lhe pede que recite alguma poesia sua. E ele recita, uma peça métrica sobre destinos, em híndi. Gosto do som. No fim, ninguém diz "Wah, wah", como talvez o fizessem no Bihar. Em vez disso, há um silêncio constrangido. O arquiteto lhe pergunta se tem mais alguma coisa. Ele lê outro poema, que escreveu na noite passada — na calçada, debaixo da luz do poste —, e a reação é a mesma. Então lhe pergunto se escreveu alguma coisa sobre Bombaim. Ele pega uma resma, as folhas todas escritas, nenhum centímetro em branco. Mas a essa altura todos já perderam completamente o interesse por sua poesia. Ele pega uma folhinha, que também está cheia de textos manuscritos. "Mais poesia?", pergunto.

"Não, é meu diário. Escrevo todo dia."

Anoto meu nome e número de telefone para ele. No meu caderno, com uma bela letra, ele escreve seu nome, "Babbanji". Faz uma pausa. "Que mais?" Não há mais nada. Ele não tem número de telefone. Hoje à noite, vai tentar encontrar espaço na calçada para dormir. Vai tentar Churchgate. Ele carrega consigo uma sacola que contém todos os seus objetos pessoais. Vai me ligar no dia seguinte. Tentarei arranjar-lhe emprego.

Peço ajuda a Girish, que acha emprego para muita gente, enquanto perde dinheiro no seu. Observo-o enquanto escuta o que lhe diz Babbanji. "Quanto dinheiro você tem? Tem algum parente ou conhecido em Bombaim? Alguém que o conheça, que possa dar alguma referência?" Então Girish pede meu celular e liga para seu amigo Ishaq. O primo de Ishaq, dr. Shahbuddin, está abrindo uma farmácia e talvez possa contratá-lo como assistente, para trabalhar das nove da manhã à uma e meia da tarde e das seis às nove e meia da noite. Isso daria a Babbanji muito tempo livre para escrever, a tarde inteira. Além disso, ele poderia ficar na farmácia, sair da calçada.

Babbanji não está entusiasmado. "Faço qualquer coisa que envolva escrever e ler. Alguma revista. Algum jornal." Mas Girish tentou; deu a mão a um rapaz a quem conheceu meia hora atrás e cuja vida tentou melhorar.

A reação imediata de Ishaq à possibilidade de contratar Babbanji: "Todos os biharis são ladrões". Isso, vindo de um homem que é, ele próprio, de Azamgarh, a capital do crime em Uttar Pradesh, estado vizinho ao Bihar. Mas o Bihar tem reputação ainda pior do que Uttar Pradesh. O Bihar e Bombaim são as duas polaridades da Índia moderna, a história de sucesso e o desastre. Se Bombaim conseguisse se livrar dos migrantes do Bihar, ouvi muita gente de sociedade argumentar, seria uma cidade de imenso progresso, como Cingapura, como Hong Kong. Os biharis chegam a Bombaim de chapéu na mão. Babbanji carrega consigo a má fama de seu estado como uma marca de Caim, para onde quer que vá: Todos os biharis são ladrões. Recentemente essa declaração foi feita, sem mudar uma palavra, pelo capitão do time indiano de críquete Azharuddin, quando deu pela falta do boné, depois de disputar uma partida naquele estado.

Babbanji vem ao apartamento de meu tio e fica olhando o mar da janela do 18º andar. Traz consigo sua mala de viagem de tecido azul, com o logo do Marlboro. Usa a mesma camisa xadrez com que já o vi antes, com botões metálicos. Não está suja; ele deve ter um jeito de lavá-la quando toma banho. Sem dizer nada, se senta, pega uma folha de papel e começa a compor um poema. De vez em quando dá uma espiada no mar, para se inspirar. Quando termina, lê para mim o que escreveu. É sobre o mar, e como todos os rios do mundo podem correr para ele; o mar não recusa ninguém. Ele não deixará o mar, promete o poeta.

Ele me pergunta por que todo mundo em Bombaim fala inglês. Antes, hoje, ele esteve em Matunga e ouviu o filho de um *chaiwala* falar com o pai em inglês: "*Hei, dad*". O vendedor de chá lutou, heroicamente, para responder. A mãe do menino insistiu para que ele falasse inglês. Babbanji está perturbado; no Japão, observa ele, é aceitável falar japonês, mas na Índia é uma desvantagem falar híndi.

Os amigos de Babbanji do encontro de escritores também deram alguns telefonemas, tentando arranjar-lhe emprego. Madan, o fotógrafo com quem estive na zona boêmia, levou Babbanji para conhecer o roteirista de cinema Javed Akhtar e a mulher, a atriz Shabana Azmi. Babbanji ficou espantado com o fato de que Javed e Shabana têm uma casa simples — "Eles falam com simplicidade" — e que a grande atriz estava, de fato, escrevendo. Ela é parlamentar e ativista. É a heroína favorita do pai de Babbanji.

Mas Akhtar zombou dele por causa de suas origens biharis. Disse que suas certidões devem ser falsas, porque ele ouviu dizer que essas coisas são forjadas no Bihar. Ele duvidou que Babbanji soubesse ler e escrever. Akhtar estava brincando, mas isso agora faz parte de uma suspeita comum que os moradores desta cidade têm com relação a seu estado natal. Adil falou com amigos no *Navbharat Times*, o principal jornal do país editado em híndi. "Estamos procurando pessoas que saibam escrever híndi de Allahabadi. Não nos interessa o híndi do Bihar." Este é o estado onde fica Pataliputra, capital do Rei Sol, Vikramaditya. Este é o estado onde Buda nasceu e onde alcançou a iluminação. É o estado da grande universidade budista de Nalanda, um dos principais centros mundiais de estudos do século v ao século xi. Mas isso tudo é passado. O Bihar é agora o estado do palhaço Laloo Prasad Yadav, político que se rebaixa a ponto de roubar comida de animal.* Babbanji não consegue fugir da tragédia histórica que se abateu sobre sua terra. Ele veio a Bombaim para roubar. Nada traz consigo além de uma resma de poemas.

Conto-lhe a razão que Ishaq me deu para não lhe arranjar emprego: "Todos os biharis são ladrões".

---

* Referência ao mais famoso dos escândalos de corrupção em que Yadav se envolveu quando foi ministro-chefe do Bihar (1990-97), em que mais de 200 milhões de dólares do Tesouro foram desviados para a compra de ração e outros suprimentos de pecuária destinados a rebanhos bovinos inexistentes. (N. E.)

"Absolutamente verdade!", responde o rapaz, com a amargura de alguém que reconhece o rótulo que lhe pespegaram e por pouco não perdeu a disposição para a luta. O dono da livraria para a qual trabalhava, um rajastani, lhe disse a mesma coisa, na cara: "Os filhos da puta dos biharis são ladrões". E o demitiu. "No Bihar as pessoas não são alfabetizadas", explica Babbanji. "O índice de alfabetização é de 39,51%. É 21% abaixo da média indiana. Um simples aldeão, que é analfabeto, chega à cidade para trabalhar. É inocente. Mas não consegue emprego na cidade; anda de um lado para outro. Se alguém tiver pena dele, esse aldeão vai considerá-lo um deus. Mas, se alguém dá dois *rotis* hoje, não dá à toa; a caridade tem um motivo. Agora, se o benfeitor é um homem ruim, um contrabandista, levará o aldeão para o negócio sujo. O bihari aceita *rotis* de qualquer um. Mas se escapa da rede, se foge, é chamado de ladrão." Por isso eles têm má reputação em toda parte.

Babbanji ainda não fez dezessete anos. Não compreende que eu queira escrever sobre ele e me adverte sobre a dificuldade da tarefa, se eu estiver mesmo interessado: conselho amigo, de escritor para escritor. "Escreve-se uma história sobre aqueles que têm um destino em mente. Vim aqui para começar minha história. Se estiver interessado, terá de esperar. A estrada é muito longa, e preciso percorrê-la a pé. Preciso deixar minha história se desenvolver. O que se pode escrever a respeito de dezesseis anos?"

Sua sacola está cheia quase só de papéis: certidões, poemas, um caderno. Ele pega pedaços de papel rasgado para escrever. Mostra-me um: a sobrecapa de um livro que ele achou na rua. *Angela Lansbury's positive moves: My personal plan for fitness and well-being*. O texto da quarta capa diz: "Acho que nunca é tarde demais para tomar certas medidas a fim de manter nossa mobilidade e aproveitar a vida mais completamente [...]. Envolvendo-nos de maneira positiva, recompensamos a nós mesmos, e podemos seguir em frente com entusiasmo pela vida e suas múltiplas possibilidades".

Dentro, num espaço em branco, há um poema que Babbanji escreveu sobre Bombaim:

O que pode ser vendido neste carnaval?
Que embriaguês pode haver nesta terra
Para que os ingênuos e inocentes
Venham a esta encruzilhada de correria e roubo?...

Eles estão em busca de sonhos
Que entrarão em choque com seus sonhos.

Depois de ler o poema, ele olha para a foto de Angela Lansbury por um instante. "Eu tinha necessidade de vir a Bombaim", diz ele, começando qualquer coisa. Depois ergue os olhos para mim. "Você não comenta isso com ninguém?"

"Claro."

O pai de Babbanji é professor de geologia, numa escola secundária na pequena cidade de Sitamarhi, no Bihar; seu sonho era que o filho se tornasse cientista. Babbanji ia bem em química e participou de uma competição de ciências na escola, inventando um aparelho que pudesse fazer petróleo a partir de plástico descartado. Ficou em terceiro lugar. A menina que ficou em segundo, Aparna Suman, veio cumprimentá-lo. Ele sorri, lembrando-se daquele momento. "Talvez ela tenha vindo para me provocar. Eu geralmente era o primeiro."

"Era bonita?", pergunto.

"Não. Era um tipo mediano."

Babbanji matriculou-se no colégio onde o pai lecionava e descobriu que Aparna estudava lá. Ela lhe pediu emprestado o livro de geologia. Quando o devolveu, o livro veio com um poema de amor, que começava assim: "Da minha solidão, falo com você...". Ela tomou emprestado outro livro. Dessa vez, o livro voltou com uma foto dela e letras de canções de filmes. Correu o boato na cidade que eles estavam tendo algum tipo de namoro, o que chamou a atenção de alguns estudantes valentões que o pai dele tinha expulsado do colégio. Instigados por um rival ciumento — pensionista na casa de Aparna —, eles entraram na sala de aula e deram uma surra em Babbanji na frente do professor. "O Bihar é um lugar em que, se você é surrado na frente do professor, ele não faz nada", diz ele, amargamente. Se o professor se intromete, apanha também. Os brutos ameaçaram o jovem poeta com facas e exigiram que ele, na frente da turma dos colegas, que riam muito — e na frente de Aparna — subisse no banco, cruzasse os braços, segurasse as orelhas e fizesse quinze abdominais, bem depressa.

No dia seguinte, ele teve vontade de se matar. Não tinha coragem de mostrar o rosto machucado a seus pais. Foi à casa dos pais de Aparna, queixar-se do pensionista. Quando o pensionista foi chamado, alegou que Babbanji estava perseguindo Aparna. Babbanji mostrou aos pais as cartas de amor que a filha lhe escrevera.

Na frente de todo mundo, a mãe perguntou a Aparna: "Você o ama?".

Ela respondeu: "Não".

Eles leram em voz alta um poema que ele escrevera para Aparna, que ela mostrara ao pensionista:

Por que você procura para sua solidão alguém que amanhã pode não estar mais aqui?
Sou como a brisa, aqui agora, longe depois...
Esqueça-me, flor do meu jardim.

Estavam zombando dele. "Senti lágrimas nos olhos, mas não deixei que elas escorressem. Naquele momento, resolvi que a ciência não era para mim; o motivo que me levara a querer me matar, este poema, seria meu destino, minha razão de viver. Resolvi que queria escrever."

Voltou para casa e escreveu uma carta aos pais, que estavam no trabalho. *Quando voltar a Sitamarhi, serei alguém. Para todas as pessoas que estou abandonando. Voltarei com uma resposta.* Depois, pegou o ônibus para a primeira estação. "Tudo que eu tinha era esta sacola" — ele tira uma sacola de plástico amarela, dessas que se usam para comprar verduras —, "na qual eu levava esta pasta [com todos os seus poemas], um lençol e isto." Ele remexe no fundo da sacola de plástico amarela e tira uma peça de roupa, uma camiseta amarrotada e um pouco manchada, talvez originariamente branca mas já azul devido ao uso e às lavagens. Ele a segura no alto diante de mim e, pela primeira vez durante seu relato, seus olhos se enchem de lágrimas. "Eu amo papai. Peguei a camiseta de papai. Como lembrança. Desde que eu era pequeno, ele foi ao mesmo tempo mãe e pai para mim." Sua voz enfraquece e ele rapidamente põe a camiseta de volta na sacola.

Babbanji tomou um trem para Lucknow, no norte. Acordou quando o trem estava parando em Lucknow, de manhã. Olhou para o pulso; o relógio que seu pai lhe dera, quando ele foi o primeiro da classe, tinha desaparecido. Ele saltou na estação e pensou no que deveria fazer em seguida. Na estação, viu dois trens esperando: um ia para Delhi, outro para Bombaim. O trem de Delhi estava escassamente ocupado, com alguns políticos, alguns jornalistas. O trem de Bombaim tinha uma imensa quantidade de gente esperando para embarcar.

A polícia os segurava. Misturando-se à massa, Babbanji descobriu que a multidão era formada por todo tipo de gente: ricos, pobres, os que tinham reserva e alguns que pareciam fugitivos, como ele. Ele nunca estivera em Bombaim nem em Delhi, mas tinha parentes em Delhi. Tinha ouvido dizer que Delhi não era tão congestionada como Bombaim, que as dificuldades da vida diária para os pobres não eram tão grandes. Babbanji não conhecia Bombaim por meio do mundo do cinema híndi; sabia apenas, por intermédio do pai, que a cidade era sede do Tata Institute of Fundamental Research e do Bhabha Atomic Research Center.

Tudo isso passou pela cabeça de Babbanji enquanto ele aguardava na plataforma em Lucknow, entre os dois trens. Numa das plataformas estava o trem para Delhi, meio vazio, prometendo uma viagem rápida para uma cidade onde ele tinha tios que poderiam lhe dar hospedagem ou, caso contrário, muito espaço nas largas calçadas para dormir. Na outra plataforma estava o trem para Bombaim, esperando ser inundado de corpos, que o levaria por uma distância muito maior para uma cidade onde a vida era submetida a inimagináveis formas de estresse, onde ele não conhecia absolutamente ninguém. "Pensei comigo: Por que essas pessoas estão indo para Bombaim? O que existe em Bombaim para que, de todas as direções, as pessoas gritem 'Bombaim! Bombaim!'?" Aguardando na plataforma entre os dois trens, o jovem tomou uma decisão. Se toda essa gente está indo para Bombaim, deve haver um motivo. Essas pessoas sabem de alguma coisa. E assim Babbanji forçou seu destino. Ocupou seu lugar na vasta multidão que esperava para tomar o trem para Bombaim.

A viagem durou dois dias. Ele passou um dia em pé e o resto do tempo agarrado a seu pequeno pedaço de chão no piso do compartimento não reservado. Nas estações, policiais afastavam as pessoas dos vagões não reservados e deixavam entrar aquelas que os haviam subornado. Mas, para o jovem poeta, o desconforto físico era compensado pela emoção de observar diretamente as massas, o combustível que aquilo dava ao seu trabalho. "Foi uma grande experiência para mim — ver como as pessoas vêm para Bombaim. Havia 110 assentos e cerca de duzentas pessoas. Eram pessoas pobres, operários; estavam acomodados como animais, gente em cima de gente."

Finalmente, o Expresso Bombaim-Lucknow parou no Terminal Victoria e Babbanji lentamente desceu para a plataforma. "Toquei o solo e fiz *praanam* para ele", diz ele, levando a mão à testa. "Tomei-lhe a bênção. Pensei: Este é meu *karmabhoomi*", a terra do meu destino.

Na estação, ele foi abordado por funcionários que lhe pediram para mostrar o tíquete. Levaram-no para uma sala e, como ele não tinha tíquete, lhe disseram que teria de pagar trezentas rupias ou passar quinze dias na cadeia. Procuraram em seus bolsos; restavam-lhe ainda 130 rupias e eles ficaram com cem. Depois, Babbanji fugiu da estação, pegou um trem local para Bandra e pôs-se a andar pela área de Carter Road, junto ao mar. Ele agora só tinha 22 rupias; oito haviam sido usadas para a passagem de trem. Passou fome durante três dias, vivendo à base de água. Então, esbarrou num vigia de uma loja de mármores, que notou sua situação e o mandou de volta para o sul de Bombaim, para falar com alguém em Horniman Circle, que não ajudou em nada. Quando andava pela área, deparou com o dono de um quiosque de livros, Ram Babu Joshi. O homem deu emprego a Babbanji. "Ele vendia livros a preços absurdos, dependendo da cara do freguês." Quase só falava palavrões; Babbanji não conseguiu aguentar seus xingamentos por muito tempo, por isso, quando Joshi o mandou embora por ter comparecido ao encontro de escritores, ele não ficou muito chateado.

Babbanji voltou para Flora Fountain e conheceu um vendedor de livros mais amável, Vijay. Vijay paga a Babbanji cinquenta rupias por dia. O dinheiro começa a ir embora de manhã cedo, quando ele tem de pagar uma rupia para usar o banheiro num lugar próximo e cinco rupias para tomar banho. O proprietário tinha sugerido um *dhaba* ali perto, que oferece almoço por dezessete rupias, mas Babbanji enche a barriga com alguns *rotis*, por 6,5 rupias, e bananas, por duas rupias. O jantar custa catorze rupias num "hotel" próximo, *rotis* e algumas verduras. "Por sorte sou vegetariano, do contrário teria de pagar quarenta rupias, ou mais." Com isso, milagrosamente, Babbanji consegue guardar algum dinheiro. Ele tem renda disponível e usa-a para comprar livros, nos quiosques de calçada em qualquer ponto da cidade. Mostra-me uma aquisição recente, *History and problems of Indian education*, que lhe custou trinta rupias, porque ele tem interesse em educação muçulmana.

Perto do quiosque de livros fica uma pequena barraca de sandálias. À noite, depois que as lojas fecham, o dono desmonta a barraca, estende um pedaço de plástico nas tábuas e aquilo se torna um quarto para quatro ou cinco pessoas, que dormem ao ar livre: o próprio dono, Vijay, do quiosque de livros, um sapateiro, Babbanji e outro homem que se deita ao lado de Babbanji, quando este já está dormindo, e se levanta e desaparece antes que ele acorde, de modo que Babbanji nunca falou com ele, ou sequer viu seu rosto, apenas dorme ao lado dele todas as noites.

Babbanji me leva aos *dhabas* e banheiros que usa; onde come e onde descome. No parque atrás de Churchgate há uma tenda sob a qual homens suados mexem constantemente grandes panelas de comida. É aqui que se pode comer arroz e *dal* por menos de dez rupias e sobreviver mais um dia. Ninguém saberia que um lugar desses existe no coração de Bombaim, a não ser que procurasse; fica bem escondido dos transeuntes que passam correndo para a estação. Há dois banheiros nas proximidades; o Sulabh Sauchalaya, instalado por uma sociedade beneficente, é o pior dos dois. Há uma fila a qualquer momento, mesmo agora, no calor da tarde, na frente de cada cubículo. De manhã, a fila serpenteia do lado de fora, descendo as escadas, até a calçada. Babbanji fez um cálculo. Um ser humano precisa de oito minutos para ir ao banheiro. "Mas, quando você começa a tirar a roupa, as pessoas já estão batendo na porta; batem dois minutos depois que você entra, cinquenta pessoas batendo na porta enquanto você está lá sentado." Babbanji acostumou-se a levantar antes das seis e meia, para poder ir ao banheiro em paz.

Em seu primeiro dia em Bombaim, Babbanji também imaginou outro truque de sobrevivência para viver nas ruas: nunca fechar os olhos durante o banho. Há uma mangueira presa à pia em Sulabh Sauchalaya que sai num balde. Babbanji aguardou sua vez, agachou-se diante do balde, encheu-o e começou a se ensaboar. Ouviu um barulho, abriu os olhos e viu o homem que estava atrás dele pegar o balde e banhar-se com ele, despejando-o de uma vez. Ele tinha roubado sua água. Babbanji quis criar caso, mas o homem era grande e ameaçador. Começou então a lavar a cabeça com o filete de água que saía da mangueira. Mas o homem tinha tomado o lugar dele na fila, e Babbanji foi obrigado a sentar-se e olhar, o sabão secando-lhe na pele. Então, o homem atrás do intrometido teve pena dele e lhe cedeu a vez de usar o balde. "Acabe de tomar seu banho." Tudo isso à vista de todos e diante da fila dos banheiros. Não há privacidade alguma enquanto se toma banho; é preciso banhar-se de cueca, com centenas de olhos a observar. As brigas entre banhistas são frequentes. O nepalês que administra o lugar cobra cinco rupias pelo banho e uma rupia pelo uso da privada. Apesar disso, a concorrência é tão grande que a rua em frente ao toalete está cheia de sulcos, com o pavimento quebrado, por causa da torrente de água com sabão que escorre entre os pés das pessoas que aguardam na fila.

Que tal a vida na calçada?, pergunto.

"Gosto muito. Não tenho problema. Não quero uma casa; sou mais livre na calçada."

"Que acha de Bombaim?", pergunto-lhe, repetindo a pergunta que outras pessoas me fizeram. "Os apartamentos, os carros."

"Essas coisas não me atraem. Não quero morar nesses apartamentos; eles aprisionam as pessoas. Nas calçadas estabelecem-se relações, amizades. Se eu ficasse rico, essas relações seriam desfeitas; se meus amigos pobres viessem me visitar, os porteiros não os deixariam entrar. A calçada é amiga do pobre. Quantas pessoas ela acomoda para dormir!"

Uma pesquisa recente mostrou que dois terços das calçadas não podem ser usados por pedestres, em grande parte por causa de gente como Babbanji. A batalha pelas calçadas é uma batalha por direitos: para os pedestres, o direito de andar (objetivo original); para os sem-teto, o direito de dormir; para os ambulantes, o direito de ganhar a subsistência; para os proprietários de veículos, o direito de estacionar. A cidade vive em contínuo e torturante debate sobre qual dessas necessidades é a maior.

Pergunto a Babbanji que lembranças tem do Bihar.

De duas coisas. Primeira, o pai e seus conselhos: "Filho, seja alguém. Faça algo com as próprias mãos. Se for ladrão, seja o melhor de todos os ladrões". Segunda, "o coração dos biharis, sua hospitalidade, a prontidão com que aceitam forasteiros. Isso eu não encontro aqui". Em Bombaim, observa Babbanji, até um gole de água custa dinheiro; para encher uma garrafa de água própria para beber paga-se uma ou duas rupias. "Em Bombaim as pessoas não têm coração, isso foi o que descobri em um mês." Mas ele sabe exatamente o que quer fazer agora. "Quero estar no meio dos escritores. Quero continuar escrevendo." Ele deu à sua coleção de poemas o título de *E a vela está acesa*.

A maioria das pessoas, ao saber que Babbanji é poeta, lhe pede que recite um *shayri*, uma espécie de rima para recitar que infesta a Índia moderna. "Não gosto de *shayris*. Escrevo poesia. O *shairy* é uma forma de entretenimento; a poesia diz a verdade. As pessoas batem palma quando ouvem um *shayri*, mas não quando ouvem poesia", observa. Ele gosta dos poetas que conheceu no encontro de escritores no pátio. "É um encontro de intelectuais, de pessoas da sociedade. Há um intercâmbio de pensamento." Ele aprende a ver as coisas à maneira deles, a falar a linguagem dos críticos. Cita um poeta que veio de Londres para uma visita. "Ele disse, corretamente: a poesia está morta na Índia de hoje." Os escritores o têm ajudado. Babbanji às vezes se pergunta por quê, o que temos a ganhar. "Talvez eles queiram fomentar um talento, e, que eu, quando for reconhecido, mencione seus nomes. Se as pessoas me perguntam: 'Como você conseguiu surgir da calçada?'. Posso agradecer a todos vocês — Adil, você, Madan."

Babbanji me diz que posso usar a história de sua vida em meu livro, e me pergunta se pode sugerir um título. Concordo com a cabeça e ele diz: *Vida não contada*. "É uma vida sobre a qual nada se conta. Há muita discussão sobre a vida dos ricos, mas nada se fala da vida dos pobres." Sugere também, como alternativa, *Segredos da chegada*. Digo-lhe que gosto do primeiro título. O mundo exterior — e isso inclui as pessoas com as quais fui criado em Bombaim — nada sabe dessas vidas, porque nada foi contado sobre elas.

A maior fome de Babbanji é de tempo: tempo para escrever. "Se eu tivesse tempo, escreveria um livro por dia. Escrevo, no máximo, cinco ou seis poemas por dia." A livraria fica aberta das oito às oito. Depois do trabalho, ele percorre a curta distância até o mar, perto de Marine Drive, senta-se embaixo de um edifício de apartamentos que custam cada um 3 milhões de dólares para as pessoas que neles vivem, olha de graça para a mesma vista e escreve. Depois de ver o sol se pôr no mar da Arábia, está convencido de que no Bihar nunca tinha visto um pôr do sol. "Foi muito, muito bonito. Debrucei-me para escrever e, quando levantei a cabeça, dois ou três segundos depois, o sol tinha desaparecido." Eu também, quando criança, ia às pedras atrás de Daiya Mahal ao escurecer, caneta e papel na mão, testemunha dessa intersecção de grande beleza com grande tristeza, os olhos esforçando-se para ver onde o fogo terminava e a água tomava conta.

Um de seus poetas favoritos é Atal Bihari Vajpayee. Em seu caderno, ele copiou um dos poemas do primeiro-ministro, "Seam in the hot milk", sobre dois irmãos que brigam, uma alegoria da Partição. "Para quem escrevo?", ele se pergunta. "Quero que meus poemas atinjam o público de Bombaim; não quero que fiquem dentro de mim. Esses poemas precisam ser lidos por pessoas pobres. Não quero que apareçam em livros que custam quinhentas rupias. Quero escrever para uma publicação produzida pela Associação do Bem-Estar Social do Bihar." Deseja contar-lhes como é Bombaim, como é a vida na calçada.

Em seu tempo livre, Babbanji viaja pela cidade, olhando os pores do sol e a pobreza. Vai a áreas de desastre, como o lugar onde recentemente um prédio desabou, e escreve um poema intitulado "As mãos sujas de sangue dos construtores". Babbanji me leva às ruelas tortuosas atrás de Flora Fountain. Há um grupo de traficantes de drogas e viciados africanos que dormem e fazem negócio aqui. Certa manhã Babbanji passava por esse lugar quando viu formar-se uma multidão. A polícia tinha prendido os viciados, que fazem fila nas ruas de manhã. Os tiras saltaram dos caminhões e correram atrás deles. Dos que podiam fugir, pois um tivera os pés amputados e andava mancando com suas muletas. A polícia o alcançou com facilidade, quebrou-lhe as muletas e derrubou-o com um golpe de cassetete. Então, à vista de todos, os policiais atacaram o viciado deficiente a pauladas enquanto ele tentava escapar arrastando-se pelo chão. Babbanji ficou muito comovido e compôs um poema sobre o incidente, do ponto de vista do viciado.

Ele tem ido também a Santacruz, a uma favela onde as pessoas vivem num esgoto a céu aberto. Ele ouviu um grupo cantar nos trens, tirou do bolso três rupias e lhes pediu que cantassem "Zindagi ka safar". Quando saltaram do trem, ele os seguiu até em casa. Babbanji olhou para o esgoto, que transbordava de todo tipo de plástico — sacolas e garrafas de plástico, pedaços de plástico separados de suas entidades originais —, e pensou em seu projeto da aula de ciências, para transformar plástico em petróleo. "E disse a mim mesmo: Isto é um tesouro?"

Outro lugar que ele me recomenda é uma vala de setenta metros de comprimento entre Bandra e Mahim, cheia de esgoto, totalmente negra. Ensina-me como chegar: "Há uma pequena floresta, alguns apartamentos, e, embaixo, centenas de metros de favelas. Por duzentos ou trezentos metros, a gente precisa cobrir a cabeça, por causa do fedor". Há uma colônia de moradores, migrantes como ele. Fica deserta das oito da manhã às sete e meia da noite; os migrantes não são mendigos. Ele quis ver como essas pessoas conseguiam morar ali, naquelas condições, e escreveu poemas sobre elas. "A água de esgoto é usada para cultivar espinafre", conta-me. Ele acha isso notável. Eu também.

Depois de meses de procura, Babbanji é incapaz de achar um emprego apropriado em Bombaim. Ele tem muitas razões para fugir de um emprego fixo. "Quero ser livre. Se pegar um emprego, estou preso. Essa poesia não pode ser feita sem ver coisas. Se não puder ver Bombaim, como vou escrever?" Portanto, forçado pelas demandas do ofício, ele saiu do quiosque de livros e está procurando um emprego em tempo parcial que lhe dê tempo para escrever. Ele ora está bem, ora está mal com o dono do quiosque, que não lhe permite ficar sentado lá durante o dia. Babbanji agora passa o dia sentado nas escadarias do prédio da Suprema Corte.

"Suketuji", diz ele, um dia, "há necessidade de algum dinheiro."

"Quanto?", pergunto-lhe, desconfiado.

"Cento e cinquenta."

Não é nada, na verdade — apenas quatro dólares —, mas, se eu lhe der dinheiro neste momento, estarei influenciando diretamente o curso de sua vida, o curso da história. Em vez disso, compro-lhe quinhentas rupias de comida no restaurante Samovar, na Jehangir Art Gallery. Isso lhe garantirá quinze bons almoços de arroz e molho de vegetais. Não lhe dou dinheiro. "Não vou ficar triste", ele me diz. Babbani vai com frequência à galeria de arte para ver os quadros. Conta que gosta da exposição de Sabhavala, embora eu suspeite que isso lhe tenha sido ensinado por seus ilustres amigos do encontro de poetas. No Samovar, observo seu jeito de comer sanduíche de queijo. Primeiro, ele o coloca no prato na sua frente. Depois come um quarto de cada vez, devagar. Enquanto houver um pedacinho de sanduíche no prato, os garçons não insistirão para que ele vá embora. Por isso ele equilibra a fome com a necessidade de passar a tarde num lugar que tenha sombra. É um cálculo preciso: do quanto do sanduíche vai comer de cada vez, em que ritmo.

Babbanji está dividido entre a ciência e a poesia e entre o Bihar e Bombaim. Ele pesquisou o fenômeno da transformação do plástico em petróleo durante três anos e o apresentou em nível nacional. Sente o peso da descoberta. "Se eu persistisse e o apresentasse diante do mundo, teria de voltar à pesquisa. Mas quero ser poeta. Vou passar isso para meu pai." A ciência e a poesia podem coexistir em sua vida, acha ele. "Eu vou ser poeta, mas de alguma forma a ciência estará presente em meus poemas." Diz que talvez tenha de fazer uma viagem ao Bihar para receber o prêmio de ciência. Suspeito que ele está pronto para voltar para casa, mas ele nega, dizendo: "Bombaim é meu *karmabhoomi*. Se eu morrer, será em Bombaim. Esqueci minha vida anterior, em Sitamarhi".

Mas seus pais provavelmente não se esqueceram dele, observo. Por insistência minha, escreve um postal para eles:

Queridos papai e mamãe,

Toco-lhes os pés.

Destruí seus sonhos e vim para cá. Por favor, me perdoem. Mas estou tentando consertar seus sonhos partidos. Deixei a carreira na ciência e entrei numa carreira na literatura, e estou começando uma carreira nas calçadas de Bombaim, e estou tentando fazer alguma coisa por meio de meus poemas.

Se quiserem procurá-lo, diz para mim, ele mandou o endereço — Flora Fountain, Churchgate — e podem encontrá-lo num segundo. Está à beira das lágrimas quando pensa nessa possibilidade.

"Suketuji!" Babbanji me telefona cedo, certa manhã de domingo. "Papai chegou!"

"Onde está ele?"

"Agora está aqui comigo. Tenho de voltar para o Bihar às onze horas. Apareceu um trabalho importante. Um trabalho muito importante."

Às nove e meia, estamos no Café Mondegar, a pequena distância da casa de Babbanji na calçada. O Café Mondegar, aberto ao trânsito de Colava, é propício à alegria. A cerveja é fria e vem em jarras de formas criativas; uma delas lembra um aquário. As mesas são próximas umas das outras, e uma espécie de cordialidade cervejeira liga os jovens, os mochileiros, os casais que marcam encontro no bar. Mas o garçom é muito sério com os dois biharis; eles não sabem o que pedir. O garçom insiste em falar inglês com eles. Peço o desjejum por eles.

O pai não fez a barba durante os três dias de viagem de trem. É um homem calvo, de óculos, que aparenta mais do que os 45 anos que tem, como costuma acontecer com os professores, e tem um sorriso simpático. Hoje ele fala e fala, nada consegue fazê-lo parar de falar. E é um prazer ouvi-lo falar híndi, pois suas frases têm qualquer coisa de especial. Pelo menos parte da chama poética de Babbanji parece ter sido herdada.

O pai de Babbanji chegou ao Terminal Victoria com o sogro às cinco e meia da manhã, e foi andando até Churchgate, à procura de quiosques de livros pelo caminho. Perto de um quiosque ele viu um grupo de pessoas dormindo na calçada; uma das figuras mexeu-se e tirou o fino lençol de algodão da cabeça por um momento, e o professor exclamou: "Filho!". Babbanji ainda usava a mesma camisa com que o pai o vira a última vez. "Pai e filho se abraçaram e choraram", diz o professor. Ele lembra que Babbanji sempre foi uma criança delicada; nasceu com muita dificuldade. A essa altura, ele quase desaba. "Ele não conseguia beber o leite materno — os maxilares não se juntavam. Eu cuidei dele desde que tinha quatro anos. Nunca me pediu nada."

Os olhos de Babbanji se enchem de água.

"Como será que tratou do corpo", pergunta-se o professor, segurando a mão do filho, "que os pais se esforçaram tanto para trazer a este estágio? Não trouxe um suéter, não trouxe dinheiro de casa." Eles notam que ele trouxe um lençol de algodão grosso e não um de lã, mais caro. "Sinto que minha casa era de vidro e se partiu. Ele era o esteio deste velho, e o que ele fez foi muito mau." Mas ele também tenta me explicar o comportamento do filho, como se pedisse desculpas, para que eu saiba que não foi culpa de Babbanji. "A razão disso é que, muito cedo, ele adquiriu um conhecimento maior do que o necessário. Ele deveria ter contado seus problemas ao pai, mas não quis incomodar o pai. Os alunos bateram nele por minha causa."

Quando Babbanji sumiu, a mãe começou a sonhar com o filho, a ter visões. Numa delas, o menino segurava a cabeça e se ajoelhava na rua. Tinha febre, e um homem muito bom o ajudava. Se visse um filho com dor de cabeça, ela dizia: "Esse é meu filho". Eles deram tratos à bola pensando para quem deveriam pedir ajuda a fim de localizar Babbanji. Como se faz em tempo de crise, tempo de insuficiente conhecimento, eles procuraram um astrólogo. O astrólogo consultou as estrelas e lhes disse que o rapaz estava morando em Varanasi, com um homem cujo primeiro nome começava com a sílaba "Ra". Além disso, segundo o astrólogo, Babbanji vivia numa casa amarela e branca.

Com isso, as andanças do pai começaram, pelas cidades pequenas e grandes do norte da Índia, à procura do filho desaparecido. Ele tinha ido de casa em casa, em Varanasi, olhando as fachadas para ver se eram amarelas e brancas, perguntando a estudantes se conheciam um rapaz desse nome. Esteve em Deoband, Saharanpur, Aligarh. Nas ruelas seu coração se acelerava sempre que via um grupo de rapazes, e ele examinava o rosto de cada um. Ninguém tinha notícia alguma para lhe dar.

No dia 2 de abril, o professor teve um sonho. O filho chegou ao campus da faculdade e o atravessou em sua direção, em silêncio. Os dois não trocaram palavra no sonho. Naquele mesmo dia, Babbanuji finalmente escreveu ao pai. "O empregado entregou a carta à mãe dele. Todos os dias ela esperava por esse empregado. O endereço estava escrito em inglês. Ela correu para mim. Tive medo de que fosse uma carta para uma competição, que já vinha endereçada." A carta trazia a assinatura de *Babbanji, de Flora Fountain*. Ele a leu duas, três vezes. Duas palavras da carta o deixaram furioso. Ela saca a carta e lê o que Babbanji escreveu acima da assinatura: "Do seu filho vagabundo e inútil".

"Essas duas palavras me doeram no coração. Meu beta não é vagabundo e inútil."

Diz Babbanji: "O mundo diria que sou vagabundo, não?". Tem os olhos cheios de lágrimas.

"Nenhum filho é vagabundo para a mãe e o pai."

O jukebox atrás de nós está tocando a canção "It's only words", dos Bee Gees.

Depois de receber a carta, o professor e o avô de Babbanji partiram de imediato para Bombaim, para encontrar o rapaz deitado junto a um muro amarelo e branco. Mais tarde, o pai de Babbanji descobriu que o primeiro homem a dar abrigo a seu filho foi o vendedor de livros Ram Babu Joshi.

O pai da Babbanji também está com raiva porque o filho não lhe contou dos problemas na escola. "Meu filho não vai continuar em Sitamarhi. Vou conseguir uma transferência."

O filho é contra. "Vou ficar em Sitamarhi. Quando voltar para lá não serei mais um homem local." Ele será alguém que voltou de Bombaim. Os valentões do colégio vão olhar para ele de outra forma.

O pai também pode ver o lado positivo da aventura de Babbanji na cidade grande. "Ele não perdeu o equilíbrio. Ele aprendeu coisas. Agora é preciso ajudá-lo." O professor me faz um apelo. "Somos apenas os pais dele."

"Você me diz, como amigo, o que devo fazer", pede Babbanji. Deve ou não voltar?

Observo que o Bihar está em péssima situação.

Eles esquecem as divergências e se juntam para defender seu estado natal. "O Bihar tem muitos cientistas. Há um menino de dez anos que tem diploma de bacharel. Cada um é brilhante."

"Nossa terra é fértil", diz Babbanji. Os melhores poetas híndis são os do Bihar, acrescenta.

O pai quer que Babbanji volte para o Bihar e para a ciência. "Um cientista é um grande *littérateur*", declara.

"Vou conseguir em Bombaim; meu *karmabhoomi* está em Bombaim", repete Babbanji, tentando convencer tanto o pai como ele mesmo. "Veja como o destino funciona. Se eu não estivesse trabalhando num quiosque de livros, não teria conhecido Adil."

"Mas do jeito que você vivia?", pergunto-lhe.

"Não tenho medo da calçada. Agora que botei o pé na estrada, estou na estrada."

Ele lê um poema que acaba de escrever, sobre um trem de Bombaim "que transporta milhares em seus ombros e os traz de volta". Ninguém entende a dor do trem, acredita o poeta.

"Como ele aprendeu tudo isso?", pergunta o pai, maravilhado. "Como ele entrou no mundo da literatura? Acho estranho, como ele adquiriu essas qualidades adicionais? Talvez tenham vindo a ele por intermédio de meu pai, que tinha muitos livros de literatura." Enquanto procurava pistas que lhe revelassem por que o filho fugiu de casa, ele encontrou um caderno que desvendou o segredo: um longo poema que o garoto tinha escrito. "Fiquei surpreso — quando foi que ele começou a escrever poesia? Eu não conseguiria escrever assim. Na situação de hoje no Bihar, nem mesmo um rapaz com mestrado seria capaz de escrever assim." Mas ele precisa obter um diploma. O professor tem um grande arrependimento na vida; não conseguiu fazer seu doutorado. "No ano passado jurei que conseguiria meu ph.D. por intermédio de meu filho. Meu filho deveria ter dois títulos a mais do que eu, não menos."

Agora ele gostaria que seu filho fosse professor ou médico, "mas não médico que só quer saber de ganhar dinheiro". O pai tenta me convencer a convencer Babbanji a matricular-se de novo no colégio. "Sua obra não vai parar", diz ele, referindo-se à poesia de Babbanji, contornando cautelosamente a palavra. "Se a inspiração vier, você pode escrever imediatamente, meia hora por dia. Não pode parar de escrever." E, além disso, "quando é que o mundo vai reconhecê-lo? Quantas pessoas gostarão da sua poesia? Há muitos poetas, escritores. Os únicos que se saem bem estão no mundo do cinema. Quem lê literatura, quem lê a verdade?" Ele recita uma *shloka* em sânscrito: "Diga a verdade, a menos que seja amarga". Todos argumentos sólidos, práticos, contra o mundo da literatura. Ouço a voz de meu pai, dizendo quase as mesmas palavras para mim em Nova York, a mundos de distância. O pai de Babbanji não o proíbe, diretamente, de seguir carreira de escritor. Em vez disso, usa o amor e o medo, projetando as ansiedades de seus quarenta e tantos anos no jovem de dezessete. Babbanji se vê como poeta; e, ao andar pela cidade que lhe dá ricas camadas de experiência para sua poesia, essa ideia que faz de si mesmo o eleva acima dos bilionários do 23º andar.

O pai agora quer ir embora de Bombaim imediatamente, poucas horas depois de ter chegado. Ao chegar, de manhã, disse a Babbanji: "Venha, filho, vamos embora logo. Isto é uma *maya ki nagri*" — cidade das ilusões. "Todos esses prédios grandes não são construídos com a verdade; foram construídos com a riqueza roubada de alguém." Ele me diz: "Esta é uma cidade de dinheiro, e não dou muita importância ao dinheiro". É uma cidade hierárquica; estamos sempre nos comparando com os outros. "Há alguém em cima de você, e alguém em cima de quem está em cima de você."

Babbanji sugere ao pai que vá ao encontro do avô, que ficou esperando na estação ferroviária, enquanto ele recolhe seus objetos pessoais. O pai recusa-se enfaticamente. Não perderá o filho de vista. De manhã, quando Babbanji foi ao banheiro público, o pai o acompanhou e ficou parado na frente da porta. O pessoal da calçada ficou muito feliz de ver os dois novamente juntos, "mas não queria que ele fosse embora", diz o pai. O filho tinha encontrado ali uma comunidade. O pai pagou todas as dívidas do filho e rezou para que Deus abençoasse o homem que lhe deu abrigo. Babbanji anotou cuidadosamente o número de refeições que teve no Samovar e as datas. Ainda sobra dinheiro das minhas quinhentas rupias.

Assim, nós três andamos até o quiosque de livros para recolher os objetos de Babbanji. O que se leva de volta para a aldeia depois de ter vivido na cidade grande? Babbanji leva quatro livros, uma coleção de tesouros que descobriu nas prateleiras dos quiosques: *Noise: the unwanted sounds*, *History and problems of Indian education*, *The history of Wilde Sapte* (uma empresa de advogados londrina) e *Water: The nature, uses, and future of our most precious and abused resource*.

Depois vamos andando até a estação, onde o avô de Babbanji está sentado na mala, placidamente mastigando *pan*. O avô é um homem de idade trajando um *dhoti*. Não quer falar sobre o neto. Quer que eu vá para o Bihar. "Há muita coisa para ver no Bihar", diz ele, com orgulho: o lugar onde Buda nasceu, Patna, muitos lugares de grande beleza natural. Pergunto ao pai se ele se importaria de pegar o trem noturno, para ver um pouco de Bombaim, agora que veio até aqui depois de atravessar o subcontinente. "Se vejo meu filho vejo o mundo inteiro", declara o pai de Babbanji. "Minha luz está aqui. Vejo o mundo por intermédio dele. Verei você por intermédio dele, verei os Estados Unidos por meio dele. Ele é a minha tela." E, vendo o rapaz de dezessete anos sorrir para mim, olhos e coração ansiosos para descobrir, para reagir, para viver, e o pai ao lado dele, também sorrindo, acredito. Haverá muitas longas noites, depois que todas as explicações tiverem sido dadas, talvez depois que a mãe tiver dado sua bronca, depois que o senso de perturbação tiver passado, em que Babbanji se sentará no catre na frente da casa do professor, na sufocante cidadezinha do Bihar, para lhe falar do Colar da Rainha, da deusa do cinema que ele viu tecer uma guirlanda de jasmins no cabelo, dos grandes carros e das pessoas que moram nos esgotos, dos poetas ingleses com suas bebidas, do prédio que desabou e das pessoas sobre as quais ele desabou, da briga pela água no banheiro público e das pequenas bondades dos moradores da calçada. Não é para isso que temos filhos, afinal: para ver o mundo uma segunda vez na tela deles?

Parado no Terminal Victoria debaixo do grande relógio, onde os passageiros chegam e saem, Babbanji se despede de mim. "Sinto-me como se estivesse saindo de casa. No Bihar, vou conhecer gente de Bombaim, gente que volta para passar as férias de verão, e lhes farei perguntas sobre Bombaim, receberei notícias de Bombaim. Isto é apenas uma pausa para mim, não uma parada."

Pergunto-lhe por que se sente assim com relação à cidade. "Bombaim está na minha cabeça porque me deu algo para escrever." A verdade simples dessa declaração me penetra.

Abraçamo-nos. Ele segura minha mão e, fazendo uma reverência, encosta-a na testa. E com isso eu o deixo ali, no gigantesco terminal, com os anúncios sobre trens trovejando no alto.

"Vou procurar a sucursal da revista *Time* em Patna e escrever para eles!", grita, enquanto lhe dou as costas e saio.

AJEITE-SE

Bombaim é uma cidade apressada, até agitada, mas, no fim das contas, não é uma cidade *competitiva*.

Qualquer pessoa que tenha "reserva" num trem indiano conhece a palavra: ajeite-se. Você pode estar sentado no seu lugar, com as outras duas pessoas de praxe, e um quarto ou quinto passageiro se debruça sobre você e diz: "Pssiu... Ajeite-se". Você chega para lá. Ajeita-se.

É uma cidade populosa e movimentada, acostumada a viver com multidões. No nosso prédio, em Manhattan, as pessoas acham estranho quando os pais de Sunita vêm passar seis meses conosco, no nosso apartamento de um quarto. A senhoria reteve parte do dinheiro que deixamos como depósito para "despesas de uso e abuso", por causa da presença de mais dois adultos. Ninguém em Bombaim jamais nos perguntou quantas pessoas iam morar em nosso apartamento; era ponto pacífico que parentes, amigos e amigos de amigos viriam passar temporadas conosco, e alojá-los era problema nosso.

Um recente anúncio de revista do carro Ambassador — esse robusto cavalo de batalha das estradas indianas — ilustra o que quero dizer. O carro, versão crua de um Morris Oxford dos anos 1950, roda por uma rua encharcada pela chuva. O texto do anúncio não dedica a lasciva atenção de sempre a bancos de couro, painéis digitais, injeção eletrônica ou as elegantes linhas do design do carro. O Ambassador é ativamente feio, mas adorável, à maneira dos elefantes, com um vistoso visor e um largo sorriso. Em vez de tudo isso, há um fragmento de diálogo dentro do carro. Três pessoas aparecem espremidas no banco da frente. Um homem passa diante do desajeitado paquiderme, segurando uma pasta na cabeça para proteger-se do toró.

"Ei... Aquele não é Joshi?"

"É. Vamos levá-lo também."

"Mas já tem gente demais aqui."

"Tenha dó, a gente sempre se ajeita."

Anúncios de automóveis, na maioria dos países, concentram-se no luxuoso casulo que o aguarda quando você se senta no banco do motorista. No máximo, haverá espaço para a mulher atraente que virá correndo quando o vir dirigindo o reluzente conjunto de rodas. A rigor, o anúncio do Ambassador não proclama as virtudes do espaço. Não diz, como o anúncio de um carro de família, que tem espaço de sobra. Diz que o tipo de gente que dirige um Ambassador sempre *abrirá* mais espaço. Na verdade, defende a *redução* do espaço físico pessoal e a expansão do espaço físico coletivo. Numa cidade atulhada como Bombaim, os cidadãos não podem fazer outra coisa senão ajeitar-se.

Estou no trem rápido de Virar na hora do rush, possivelmente o mais apinhado dos trens locais. Agarro a correia em cima da porta aberta com toda a força das duas mãos, sendo o outro único ponto de contato, para mim, a parte da frente dos pés. A maior parte do corpo está substancialmente pendurada do lado de fora do trem em velocidade. Há uma multidão de passageiros comprimidos. Tenho medo de ser empurrado para fora pela pressão deles, mas alguém me tranquiliza: "Não se preocupe, se eles o empurram para fora também o puxam para dentro".

"Isto é um curral de gado", comenta outra pessoa.

Girish uma vez desenhou para mim, num pedaço de papel, um diagrama da dança, da coreografia dos trens de passageiros. O contingente da estação Bombay Central fica no centro do compartimento de Borivali a Churchgate. O povo que os cerca movimenta-se no sentido dos ponteiros do relógio em volta do contingente da Bombay Central desta maneira: primeiro vem a turma de Jogeshwari, depois a de Bandra, depois a de Dadar. Se você é novo nos trens de Bombaim, quando entra e planeja saltar, digamos, em Dadar, você tem de perguntar: "Dadar? Dadar?". E será levado para o lugar exato onde deve ficar parado para poder desembarcar com êxito na sua estação. As plataformas ficam de lados diferentes do trem. Não há portas, apenas duas enormes aberturas de cada lado do compartimento. Quando chega sua estação você precisa estar na posição certa para saltar, antes que o trem pare completamente, porque, se esperar que pare, você será arrastado de volta pelas pessoas que entram. De manhã, quando chega a Borivali, a primeira parada, o trem já está entupido. "Para conseguir sentar?", pergunto. Girish me olha como se eu fosse burro. "Não, para conseguir entrar." É assim porque o trem que chega de Dadar começou a se encher em Malad, duas paradas antes, de pessoas que querem voltar.

Não adianta viajar na primeira classe, que é apenas um pouco menos entupida na hora do rush. Dharmendra, irmão de Girish, tem um passe de primeira classe. Mas, quando o trem está realmente lotado, ele viaja nos vagões da segunda. "Na segunda classe eles são mais flexíveis. Na primeira, há uns tipos de Nepean Sea Road. Eles não saem do lugar, ficam onde estão e pronto."

Menciono uma estatística que li sobre "a carga superdensa" dos trens, que chega a dez pessoas por jarda quadrada [83 centímetros quadrados]. Girish estende os braços e diz: "Uma jarda", e faz as contas. "Mais", conclui. "Mais. Na hora de maior movimento, se eu baixar o braço assim, não consigo mais levantar." Muitos movimentos dentro do trem são involuntários. Somos levados; os magros não precisam nem mover as pernas. Em 1990, de acordo com o governo, o número de passageiros transportados num trem de nove vagões na hora do rush em Bombaim era de 3408. No fim do século, subira para 4500. Segundo carta enviada ao *Times* por G. D. Patwardhan:

> É uma desmoralização das nossas leis, que estabelecem o número exato de animais vivos — vacas, búfalos, cabras, jumentos e assim por diante — que podem ser transportados num vagão de dimensões específicas. Qualquer violação dessas regras é uma ofensa sujeita a punição nos termos procedimentos disciplinares das próprias ferrovias e também da legislação de Prevenção da Crueldade contra Animais. Mas nenhuma regra ou lei parecida governa o transporte de seres humanos.

Quando pergunto às pessoas como elas toleram viajar em tais condições, elas dão de ombros. A gente "se habitua". A gente "se acostuma".

Os passageiros viajam em grupos. Girish viaja com um grupo de cerca de quinze pessoas que pega o mesmo trem em estações ao longo da linha. Quando ele entra, elas abrem espaço e todos fazem uma ligeira refeição da manhã juntos; cada um traz de casa uma iguaria — os gujaratis trazem *batatapauua*, os telugus, *upma*, os bhaiyyas, *alu poori* — e desembrulha sua contribuição no espaço atulhado do compartimento. Passam a hora da viagem agradavelmente, contando piadas, jogando cartas ou cantando, às vezes com castanholas nos dedos. Girish sabe onde estão os melhores cantores de cada trem. Há um grupo no oito-quinze que canta muito bem canções nacionalistas e antimuçulmanas. Há outros que se especializam em *bhajans*, e em cantos de *call-and-response*. Com isso, a viagem se torna tolerável para os que conseguem um assento e divertida para os que viajam em pé. Quando Girish trabalhava para Kamal em casa em Mira Road, continuou tomando o trem na Bombay Central uma vez por semana, pelo prazer de tomar o café da manhã com seu grupo.

Os trens são uma colmeia de inventividade. As mulheres vendem roupas íntimas nos compartimentos femininos, imensas calças até a altura do abdômen, que todas examinam, e, quando alguém compra, o dinheiro é passado de mão em mão. Outras mulheres cortam hortaliças para o jantar da família que vão cozinhar imediatamente ao chegar em casa. Os anúncios nos trens locais de Bombaim são os mesmos anúncios do metrô de Nova York, sobre indescritíveis assuntos íntimos: hemorroidas, impotência, chulé. Na segurança dessa massa anônima, esses anúncios podem ser lidos com atenção; é um consolo saber que essas aflições do corpo são universais, partilhadas pela carne humana que pressiona de todos os lados. Os outros também precisam dessas pílulas e poções, dessas pequenas cirurgias.

A linha ocidental do trem termina em beleza, a linha oriental, em horror. No trem de Churchgate, depois da estação Charni Road, quando se vê o mar, depois das gincanas — islâmica, católica, hindu, pársi —, quando os barracos desaparecem, Bombaim é uma cidade diferente, uma cidade anterior, uma cidade bonita. De repente, surgem o céu azul e as águas claras de Marine Drive, e todo mundo olha para a baía e começa a respirar.

A linha oriental, a Harbour Line, já perto do fim passa devagar por dentro dos cômodos das pessoas: em certos trechos, os barracos dos pobres ficam a menos de um metro dos trilhos. As pessoas podem rolar da cama e cair na frente do trem. As crianças pequenas saem e andam pelos trilhos. Os trens matam por ano mais de mil moradores das favelas. Outros, que estão nos trens e viajam pendurados nas janelas, são mortos pelos postes de eletricidade que ficam perto demais dos trilhos. Um desses postes mata cerca de dez passageiros por mês, quando o trem faz a curva. Um amigo de Girish que viajava no trem das 9h05 de Jogeshwari foi morto quando estava pendurado numa janela e um poste apareceu, perto demais, rápido demais. Um ano antes outro rapaz do grupo, que bancava o audacioso viajando no teto do trem em movimento, foi atingido por um arco e sobreviveu. Girish pensa muito na injustiça dos dois acidentes. O exibido escapou e o tímido pendurado na janela, a quem Girish oferecera um lugar dentro do trem poucos minutos antes, morreu.

Paresh Nathvani, vendedor de pipas de Kandivili, desempenha um serviço social inusitado: fornece mortalhas de graça para os mortos em acidentes de trem. Há mais ou menos dez anos, o vendedor de pipas viu um homem ser atropelado por um trem em Grant Road. Os operários da ferrovia rasgaram uma faixa de propaganda para cobrir o corpo. "Toda religião diz que os mortos devem ser cobertos com um pedaço de tecido branco limpo", lembra ele. E todas as quintas-feiras Nathvani visita quatro estações ferroviárias para abastecê-las de mortalhas limpas, cada uma com aproximadamente 1,80 metro de comprimento. A estação maior, Andheri, recebe dez mortalhas por semana. O chefe da estação rubrica e carimba um livro-razão mantido por Nathvani. Ele fornece seiscentos metros de tecido por ano. Mas não é suficiente; está longe de ser suficiente. Os trens de Bombaim matam 4 mil pessoas por ano.

O administrador do sistema de ferrovias suburbanas de Bombaim foi indagado, recentemente, sobre quando o sistema será melhorado a ponto de poder transportar confortavelmente 6 milhões de passageiros por dia. "Não antes de eu morrer", respondeu ele. Certamente, se viaja de trem em Bombaim, você se dará conta da temperatura exata do corpo humano enquanto ele se enrosca em você por todos os lados, ajustando-se a cada curva do seu. Nenhum abraço entre dois amantes jamais foi tão apertado.

Asad bin Saif trabalha num instituto de secularização, andando incansavelmente de uma favela para outra, catalogando incontáveis conflitos e tumultos, vendo em primeira mão a lenta destruição do tecido social da cidade. Asad é de Bhagalpur, no Bihar, lugar não apenas dos mais graves tumultos comunitários do país, mas também de um sangrento incidente em que a polícia cegou um grupo de ladrõezinhos com agulhas de crochê e ácido. Asad, logo ele, viu o que a humanidade tem de pior. Pergunto-lhe se ele é pessimista com relação à espécie humana.

"De jeito nenhum", responde ele. "Olhe para as mãos nos trens."

Se você está atrasado para chegar ao trabalho de manhã em Bombaim, e chega à estação exatamente quando o trem está saindo da plataforma, é só correr para os vagões apinhados e muitas mãos estarão estendidas para ajudá-lo a embarcar, desdobrando-se do trem como pétalas. Enquanto corre ao lado do trem, você será levantado, e um minúsculo espaço se abrirá para que você ponha os pés na beira da porta aberta. O resto é por sua conta. Você provavelmente terá de se agarrar na porta com a ponta dos dedos, tomando o cuidado de não se inclinar muito para fora e ser decapitado por um poste à beira dos trilhos. Mas pense no que aconteceu. Os outros passageiros, já mais amontoados do que o gado tem permissão de ficar, já com as camisas encharcadas de suor no compartimento mal ventilado, em pé naquela posição há horas, continuam a sentir empatia por você, sabendo que seu chefe pode gritar com você se você perder o trem, e abrem espaço onde não há espaço para levar outra pessoa com eles. E, no momento do contato, eles não sabem se a mão estendida pertence a um hindu, a um muçulmano, a um cristão, a um brâmane ou a um intocável, nem se você nasceu na cidade ou chegou de manhã, ou se mora em Malabar Hill, Nova York ou Jogeshwari; se você é de Bombaim, de Mumbai ou de Nova York. Tudo que eles sabem é que você está tentando chegar à cidade de ouro, e isso basta. Suba a bordo, dizem eles. Nós nos ajeitaremos.

11. Adeus, mundo

Estou cansado de conhecer assassinos. Já faz anos que os procuro, em Varanasi, no Punjab, no Assam e em Bombaim, para lhes fazer a mesma pergunta: "Como é tirar a vida de um ser humano?". Esse contínuo catálogo de assassinatos começa a me cansar. Por isso, quando meu tio me telefona um dia e me fala de uma família de vendedores de diamantes que está prestes a renunciar ao mundo — tomar a *diksha* —, deixo tudo de lado e vou me encontrar com eles. Estão no extremo oposto de Sunil, Salaskar, Satish e sua laia; são jainistas. Estão se tornando monges numa religião que há 2500 anos vem sendo construída em torno da extrema rejeição da violência. Preparam-se para ingressar numa ordem que tem uma concepção diferente da vida e seu valor, na qual ficarão trancados dentro de casa durante os quatro meses da estação chuvosa, porque se pisarem inadvertidamente numa poça d'água estarão tirando a vida — matando não apenas minúsculos organismos aquáticos, mas também a unidade da água. De homens que dormem tranquilamente depois de tirar uma vida humana, quero ir para uma família que considera pecado acabar com a vida numa poça d'água.

Cresci com jainistas. Muitos dos meus melhores amigos na Índia e nos Estados Unidos são jainistas, e quando o alcoviteiro vinha ver meu tio, trazendo propostas de casamento para mim, ele as trazia tanto de famílias gujaratis hindus como de famílias jainistas, porque a diferença é mínima. Meu tio é casado com uma jainista. Em Sripal Nagar, em Bombaim, morávamos em cima de um templo jainista; todos os dias eu via monges sentados no saguão de nosso prédio, trabalhando nos cabelos uns dos outros. Eu não sabia o que era aquilo que eles estavam fazendo; tinha a impressão de que catavam piolho. Depois aprendi que é assim que conservam o cabelo curto, arrancando-o pela raiz. Há dias em que cantavam hinos de renúncia usando melodias de filmes híndis. Em determinado dia, os jainistas pagavam aos homens sentados com gaiolas de pássaros na frente do templo para que soltassem os pássaros; toda alma que libertavam entrava no livro de contabilidade de sua salvação pessoal. Os passarinhos saíam voando e pousavam nos telhados da cidade, para serem devorados por corvos, milhafres e águias. E os vendedores de pássaros voltavam à floresta e pegavam mais pássaros com arapuca a fim de trazê-los para a cidade no ano seguinte.

Minha família nunca viu os jainistas como membros de outra religião separada; nós os víamos como hindus especialmente, amalucadamente, ortodoxos. No mercado de diamantes, os hindus são minoria; a maioria dos vendedores é jainista. Nos Estados Unidos, não conheci praticamente ninguém que soubesse alguma coisa sobre o jainismo. É a menos acessível das religiões. Ninguém sai de Berkeley para se tornar monge jainista. Nenhum ator de Hollywood, nenhum astro do rock faz declarações públicas de sua devoção a gurus jainistas.

O apartamento da família fica bem alto num bom prédio perto de Haji Ali, com um templo jainista no conjunto. Quando a porta se abre, entro num espaço que poderia ser um casebre de aldeia ou um restaurante indiano no exterior que se esforçasse para criar uma atmosfera nativa. O espaço é iluminado por lâmpadas a óleo protegidas por vidro e penduradas no teto. As paredes são decoradas com tapeçarias religiosas. Numa delas há uma exortação, escrita a giz: *O Samsara* — vida mundana — *é tão digno de ser vivido como a Moksa* — a salvação — *é digna de ser alcançada*. O piso de uma sala é forrado de uma mistura de lama e esterco de vaca, o mesmo tipo de piso que vi em casas de aldeia em toda a Índia. Uma residência aldeã foi recriada nesse apartamento. Eu tinha visto esse tipo de projeto anteriormente em Bombaim, nos apartamentos de outras pessoas ricas, mas por razões diferentes. Esteve na moda anos atrás a aparência "étnica".

Meu acompanhante, outro vendedor de diamantes, me conduz a um divã do outro lado da sala, perto da janela — não há ventilador —, sobre o qual repousa um homem escuro e esbelto, de seus quarenta e tantos anos, com um fino bigode, trajando uma *kurta* de seda trançada de ouro e com diamantes nas orelhas e nos dedos. É Sevantibhai Ladhani, o patriarca da família que vai abandonar tudo. Ele é um dos muitos irmãos de uma grande família bem-sucedida no negócio de metais e depois ampliou suas transações para os diamantes. Parece um principezinho. Meu acompanhante vai até ele e toca os pés do homem bem mais jovem; a figura do divã o abençoa.

Dentro de um mês, essa família de cinco pessoas (o pai e a mãe de quarenta e poucos anos, o filho de dezenove, um casal de gêmeos de dezessete) vai deixar esse apartamento, essa cidade e tudo o que possui. Eles vão passar o resto da vida andando pelas estradas rurais do país, os homens separados das mulheres, nunca mais uma família. Diz Sevantibhai a respeito da mulher com quem é casado há 22 anos — a quem chama de *shravika*, leiga — e dos três filhos que ela lhe deu: "Agora estamos unidos apenas pelo egoísmo. Cem por cento". Dentro de um mês, irão todos para uma pequena cidade do extremo norte do Gujarat, e lá Sevantibhai lhes dirá adeus. E cada um dirá adeus ao outro. A partir de então, os filhos viajarão com o pai e a filha com a mãe, mas na qualidade de discípulos, não de filhos. Os filhos deixarão de chamá-lo de pai, passando a chamá-lo de *gurudev*; a filha o chamará de *gurubhagvan*. Mas homens e mulheres estarão para sempre separados: a mãe nunca mais poderá se encontrar com os filhos ou com o marido, a não ser que passem pela mesma estrada. Sevantibhai nunca mais se encontrará com a filha, a não ser por acaso, e mesmo assim na presença do guru marajá de sua ordem, para que seu voto de celibato não seja contaminado. Os laços de família, criados durante uma vida inteira, serão voluntariamente rompidos numa imponente cerimônia pública.

Estão fazendo isso para cortar todos os vínculos com o samsara e alcançar a moksa. No sentido mais simples, moksa significa não precisar nascer de novo. Sevantibhai deseja alcançar a moksa para terminar não apenas sua vida, ou a vida dos filhos, mas a vida de toda a sua linhagem. Antes disso, porém, mostrarão a todos que não estão abandonando o mundo porque fracassaram nele; vão abandonar tudo à luz meridiana do sucesso mundano. Dentro de um mês irão para a cidade gujarati e darão, desfazendo-se fisicamente, tudo que acumularam até o momento: entre 2 milhões e 3 milhões de dólares. Será uma rejeição dramática de Bombaim, da única razão pela qual as pessoas querem viver aqui. Quando o desejo de ganhar dinheiro acaba, você deve pegar o próximo trem e partir.

Sevantibhai foi, originariamente, um jainista não observante. Não ia sequer rezar no templo jainista embaixo de seu próprio prédio. Vivia como qualquer morador rico de Bombaim, aproveitando a cidade e seus prazeres. Uma noite, às onze horas, Sevantibhai estava lendo um livro escrito por um um *swami* jainista e intitulado *I should at least be human* [Eu devia pelo menos ser humano]. No livro, Sevantibhai deparou com uma frase que o deixou intensamente eletrizado. "Você vai ser demitido ou vai renunciar?" Ele pensou sobre a pergunta, acordou a mulher e disse que acabara de decidir tomar a *diksha*. Decidira renunciar antes de ser demitido.

Foi uma decisão da maior importância, mas súbita. Anos antes, ele tinha ouvido por acaso, em Chowpatty, um discurso de um guru jainista, Chandrashekhar Maharaj, que o fizera pensar. Nos últimos anos, Sevantibhai fora aos poucos renunciando à modernidade. Já tinha deixado de usar remédios alopáticos havia dezoito anos, muito antes do despertar de seu interesse por sua religião. Depois que os gêmeos nasceram, houve um momento em que sentiam dores. Sevantibhai procurou um médico aiurvédico em Khetwadi, que lhe deu a urina de uma vaca. Ele fez os bebês tomarem a urina 21 vezes num dia e eles melhoraram.

Em seguida foi a vez do diesel e da gasolina. Sevantibhai deixou de usar carro. Ele me fala com ênfase dos grandes pecados cometidos durante a extração do combustível fóssil: a perfuração através de camadas de terra, a morte de cobras e outras formas subterrâneas de vida durante o processo. É ruim para o país também: "É preciso importar petróleo da Arábia Saudita e, em troca, mandar-lhes coisas como ratos de laboratório e sangue humano". O uso do automóvel também custa vidas. "Se usarmos um carro de boi, ninguém morre atropelado por ele. E o boi também é empregado." Para a cerimônia da *diksha*, ele quer ir de Bombaim a Dhanera, local da *diksha*, numa caravana de carros de boi, viagem de vários dias. Sua família protestou com veemência, e ele, relutantemente, concordou em ir de trem.

Depois foi a vez da eletricidade. Nos últimos sete anos, Sevantibhai viveu em seu apartamento de arranha-céu em Bombaim sem luzes ou aparelhos elétricos. Ele enumera os pecados acumulados em sua produção. No caso da eletricidade gerada por meio de barragem, explica ele, a grande força da água que se precipita nas turbinas mata tantos peixes e crocodilos que a cada meia hora os construtores têm de limpar as turbinas. O desastre de Chernobyl, observa ele, foi resultado direto do desejo de ter eletricidade. Até as lâmpadas a óleo que ardem no apartamento matam germes. Sevantibhai reconhece, com um pouco de vergonha, que no último ano e meio, devido a um problema nas costas, ele tem usado o elevador do prédio em vez das escadas. Pede-me que reflita sobre todas as conexões elétricas da cidade de Bombaim, a imensa acumulação de pecado que existe nas luzes brilhantes da cidade.

Pergunto a Sevantibhai se não tem importância eu usar meu computador para registrar o que ele me diz. Asseguro-lhe que é alimentado a bateria e não usará a eletricidade do apartamento. Ele parece ter dúvida, mas consente, no entendimento de que o que vou escrever talvez divulgue a mensagem jainista pelo mundo. Diz que isso é "usar o pecado para combater o pecado". E continuamos nossa conversa, a luz da tela iluminando meu rosto no apartamento iluminado com lâmpadas a óleo enquanto escrevo.

Sevantibhai começou a fazer um curso no Gujarat com Chandrashekhar Maharaj, o venerando guru jainista que ele ouvira discursar em Chowpatty, e aos poucos foi levando a família consigo. Os filhos tinham estudado em escolas elementares inglesas em Bombaim — o mais velho, na Tinkerbell School —, mas Sevantibhai os tirara da escola anos antes para estudar o darma, primeiro em casa e depois com Chandrashekhar Maharaj. Quando os meninos foram tirados da escola, não se falava em *diksha*. Sevantibhai simplesmente achou que faltava qualquer coisa na educação que recebiam na escola. Agora os filhos estudam as escrituras jainistas nas línguas em que foram escritas, o sânscrito e o prácrito. Estão mais adiantados no estudo dessas línguas do que Sevantibhai, porque a mente dos jovens é mais nova e aguçada. "Eles estão lendo o *Tilakmanjari*, o mais difícil dos livros em sânscrito", diz ele, com orgulho.

Ele observava os dogmas da religião como pessoa laica, em seu confortável apartamento em Bombaim. Subjacente às conferências do guru havia sempre um tema: a única forma de alcançar a moksa é renunciar ao mundo, tomar a *diksha*. Sevantibhai diz que não foi ele, e sim o filho mais velho e a mulher que primeiro sentiram a forte necessidade de tomar a *diksha*. O mestre tinha dito que a família deveria começar pelo filho mais velho, Snehal. Mas os irmãos de Sevantibhai protestaram; disseram que só dariam seu consentimento se ele, Sevantibhai, tomasse a *diksha* com o filho. Sevantibhai não estava preparado, e a família permaneceu em Bombaim.

No verão de 1997, Sevantibhai soube de um grupo de setenta pessoas que iam tomar a *diksha* coletivamente. E pediu permissão ao mestre para juntar-se ao grupo, com sua família. O *maharaj saheb* pediu a Sevantibhai que obtivesse antes a permissão dos irmãos; não deveria haver sangue ruim na grande família. Os cinco arrumaram as malas e pediram a autorização dos irmãos. Mas uma irmã ia casar, e os irmãos pediram a Sevantibhai que esperasse mais um ano. Se depois disso ele ainda quisesse, eles lhe dariam permissão. Sevantibhai adiou seus planos por seis meses. Os parentes esperavam que ele tomasse juízo e tentaram adiar sua partida ao máximo. Mas sua determinação era mais forte do que o desejo dos parentes de segurá-lo no mundo. E agora, finalmente, dentro de um mês, os cinco diriam adeus: ao samsara, a Bombaim, à modernidade.

Sevantibhai constantemente se refere à Índia do passado e sua decadência no presente. "Antes, na Índia, tínhamos famílias de 25, trinta pessoas. Se alguém aparecesse para jantar, havia doze mulheres para cozinhar. Agora temos famílias de três, e se alguém aparece inesperadamente para comer, todo mundo torce o nariz. Antes, conhecíamos cada pessoa da aldeia. Hoje, não conhecemos nem mesmo quem vive no apartamento ao lado." O alimento mais importante era o painço, que crescia lado a lado com o capim que o gado também comia. Agora é o trigo, que não floresce no meio do capim, e o gado precisa ser mantido longe dos campos de trigo. Nunca se usava dinheiro; era tudo à base do escambo. "Nunca se vendia leite; era considerado pecado." E a linha de autoridade era clara: "Quando o *mahajan* saía, ninguém tinha coragem de olhá-lo no rosto". Era um sistema que funcionava, a Índia das aldeias, a Índia de antigamente. Havia *vyavastha*, ordem. "Nossa *vyavastha* imperava, e agora ela foi quebrada. Queremos recuperar essa *vyavastha*."

Há uma batalha em curso entre a cidade e o campo. Terremotos políticos foram provocados pela insegurança do morador da cidade, que não cultiva seu próprio alimento; quando o preço da cebola disparou dramaticamente em 1998, o governo nacional quase caiu. O escândalo vem basicamente das cidades; as áreas rurais, na realidade, se beneficiam da alta das hortaliças. As maiores batalhas entre a Índia rural e a Índia urbana são as que se travam em torno da água. As cidades precisam de represas, que destroem aldeias; precisam das represas pela água e pela eletricidade. Sevantibhai pretende desertar da cidade para a aldeia.

Mas há cidades e cidades. Há uma grande diferença entre Bombaim e uma cidade como Ahmadabad, afirma ele. No trecho de um quilômetro perto de seu prédio, ele viu todos os lugares de prazer que existem no mundo. Nada é proibido: há um bar, há lanchonetes que servem comida não vegetariana, há uma loja que vende uísque. Bombaim é *"paap ni bhoomi"* — cidade de pecado —, e um visitante sentado aos pés de Sevantibhai concorda.

Novos sadhus, como o que ele vai ser, não podem ficar em Bombaim, explica Sevantibhai. Quando eles passam pelos altos apartamentos em sua ronda diária em busca de alimento, as portas geralmente estão fechadas. Sevantibhai nunca chama de mendigar essa busca de alimento — um homem de uma comunidade de negócios como a jainista nunca é um mendigo —, mas de *gocari*, o repasto da vaca, que só come algumas folhas de capim, nunca a moita inteira. Eles têm de andar acompanhados de um leigo para tocar a campainha (o uso de aparelhos elétricos é proibido). "Se a porta estiver aberta, a televisão costuma estar ligada, e se o olhar do sadhu passar pela televisão, ainda que seja só uma vez, isso basta para mandá-lo direto para o inferno." O leigo precisa ter certeza, depois de apertar a campainha, de que a televisão está desligada, antes que o monge entre na cozinha para pegar comida. "*Dharma labh*", diz o monge, convidando o dono da casa a ganhar mérito religioso, e inspeciona as panelas, e tira apenas o suficiente, para que a família não precise cozinhar mais, caso em que o pecado do segundo fogo recairá sobre o monge. O monge pastará em várias casas diferentes, uma vez por dia, misturando tudo que encontra em uma ou duas panelas: hortaliças, arroz, *dal* e *chapatis* de diferentes cozinhas, tudo misturado e comido frio, estritamente para sua subsistência. Nisso, também, Bombaim torna o repasto do monge mais difícil. Em cidades como Ahmadabad, o monge sabe de antemão se a tevê está ligada numa determinada casa, porque as portas nunca se fecham durante o dia.

O filho mais velho de Sevantibhai, Snehal, está dormindo esparramado no sofá, de suéter, com as janelas fechadas por causa do frio de janeiro. Utkarsh, o mais novo, entra com a mãe, Rakshaben. Também eles usam enfeites de ouro e diamante. Toda a família usa joias; é uma maneira de mostrar quanto do mundo eles estão deixando para trás, como são ricos, o tamanho de seu desdém pelas atrações do samsara. Todos eles resplandecem em roupas de seda. No meu casamento, ao estilo da Índia meridional, não tive permissão para usar seda, porque, para a comunidade brâmane a que pertence minha mulher, a destruição do bicho-da-seda para fazer seda é pecado. Mas os jainistas acham que a seda é menos pecaminosa do que o tecido de fábrica, pois a produção de seda destrói apenas seres de dois sentidos, enquanto os riscos ocupacionais da produção de tecido numa fábrica destrói seres de cinco sentidos, além de incorrer no pecado de usar eletricidade. Em toda atividade da vida — comer, beber, usar roupas, viajar — há um equilíbrio consciente de danos, uma série de decisões constantemente tomadas para que se adquira o mínimo possível de matéria cármica.

Quando faço perguntas à mãe, o filho mais jovem fala em voz baixa, irritada; ele a repreende pelas inexatidões de suas respostas. Ela tem um sorriso adorável. Ele é um pouco soberbo com ela.

"Vamos viver uma vida completamente sem pecado", diz Rakshaben, com o rosto radiante. "Partimos felizes."

Utkarsh explica melhor. Vão andar constantemente, observando os cinco votos: não ser violento, não faltar com a verdade, não roubar, não fazer sexo, não se prender a nada. Usarão duas peças de roupa brancas, sem costura, e nada mais; a cada seis meses, o cabelo lhes será arrancado; e não usarão sapatos, nem veículos, nem telefone, nem eletricidade. No dia em que tomarem a *diksha*, tomarão banho; será o último banho que tomam na vida. Não pisarão numa poça; permanecerão no mesmo lugar durante os meses de chuva; não se banharão em poços, rios, mares; e ficarão dentro de casa quando estiver chovendo. De vez em quando, se sentirem muito calor, molhar a pele de leve com um pano molhado será permitido. Só podem lavar as roupas uma vez por mês e enxaguar a tigela de *gocari* depois de comer. "Eu, meu pai e meu irmão viveremos juntos", explica Utkarsh. "Mamãe e minha irmã ficarão com a *sadhvin* delas. Se estivermos na mesma aldeia podemos nos encontrar; do contrário, não." Ele parece quase ansioso por essa futura separação.

Pergunto à mãe por que ela não tem permissão para ver qualquer parente depois de tomar a *diksha*.

"Porque queremos destruir o apego, a afeição. Só então alcançaremos a moksa." Rakshaben não vem de uma das famílias jainistas mais ortodoxas; ela foi criada em Ulhasnagar e estudou na escola de um convento católico. "Meu marido achou que devíamos todos nos ordenar juntos", explica ela. Mulheres que não se dão bem com os maridos às vezes tomam a *diksha*, em vez de pedirem o divórcio. Para uma mulher gujarati tradicional, a sociedade compreende e aceita a *diksha*, enquanto o divórcio a estigmatiza. Mas Rakshaben vai tomar a *diksha* pela razão oposta: preservar a bizarra unidade da família. Tenho a impressão de que ela ama e segue o marido, e que esse amor a levará a segui-lo mesmo para a separação permanente.

Quando se tornarem monjas, Rakshaben e a filha terão liberdade para andar por onde quiserem — exceto Bombaim. A *sadhvin* da ordem em que vão ingressar decretou que o território ao sul de Virar, onde fica a última estação dos trens locais, é proibido para elas, para sempre. "O ambiente não é bom. O pensamento é bom nas aldeias, não na cidade." Mas a proibição não se aplica a todas as cidades. "Só a Bombaim. Delhi, Calcutá e outras cidades, tudo bem", explica Rakshaben. Bombaim é a Sodoma e Gomorra da religião jainista. "*Paap ni bhoomi.*"

O telefone toca e a filha, Karishma, atende. É o único aparelho que usa eletricidade no lugar, e é estranho vê-la falar nele tão à vontade. Ela é uma moça morena clara que parece a menos eloquente dos cinco. Senta-se timidamente atrás do irmão gêmeo e da mãe.

Lá embaixo, quando entro no táxi, olho a paisagem urbana da *paap ni bhoomi* à noite. No andar térreo do edifício há um showroom da Fiat; do outro lado, há um banco, impondo dinheiro emprestado ao público; e ao lado do banco há um bar, o Gold Coins. Os assassinos com quem me reuni ultimamente moram à distância de uma pequena caminhada.

Chego em casa vindo do apartamento de Sevantibhai e encontro meu amigo Jaiman esperando por mim, o homem meio marwari, meio americano, que acaba de ser promovido a editor da edição russa da *Playboy*. Vamos a uma festa no Casbah Room, em cima do restaurante Khyber; três salas cheias de gente bebendo, dançando, namorando, banqueteando-se. As mulheres passam de um lado para outro com suas saias curtas. Jaiman é imediatamente cercado por bombainenses que querem saber como é ser editor da *Playboy*, se ele seleciona as modelos pessoalmente. Mulheres lindas vão a seu escritório todos os dias, diz Jaiman, e ele pede que tirem a roupa para fazer alguns testes fotográficos, e elas desabotoam as blusas, abrem o zíper das saias. Ele acaba de fazer uma viagem para ver família em Bhilwara, no Rajastão, e não conseguiu contar a seus parentes o que faz em Moscou. Os parentes são fantasticamente ortodoxos, muito parecidos com os jainistas. Uma mulher punjabi alta e grande abraça e beija os homens da sala. "Não posso usar este vestido porque minha mãe diz que estou saltando por todo lado", diz ela, apontando para os seios. Ela senta-se no colo de um homem, abraçados, uma longa perna aparecendo pela fenda lateral da saia. Rios de bebida fluem do bar, que não tem hora para fechar. Quando alguém põe um cigarro na boca, garçons param e acendem-no. Grandes mesas estão repletas de comida punjabi e italiana: carnes, centenas de aves, animais e peixes, temperados, cozidos e enfeitados a ponto de não lembrarem em nada os seres vivos que um dia foram. Um constante pulsar eletrônico vem de uma sala escura, onde as pessoas se contorcem na pista de dança. Jaiman está à procura de alguém que possa levar para a cama durante as três noites que passará em Bombaim. É como um cão pointer, quando vê uma mulher bonita. O pelo se eriça e o corpo inteiro se volta na direção dela. Enquanto não a possui, ou pelo menos não lhe dá uma cantada, fica em estado de agudo desconforto, de profunda ansiedade. Ele veio à Índia preparado; de sua mala tira uma pequena pílula azul: Viagra. A redação em Chicago sondou Jaiman sobre a possibilidade de lançar uma edição indiana da *Playboy*. Acham que a revista se daria muito bem aqui.

Quando chego ao Edifício da Associação de Vendedores de Diamantes poucos dias depois, há um grande cartaz na parede: calorosas boas-vindas às joias sedentas de moksa. Os renunciantes — *diksharthis* — serão cumprimentados pela rica comunidade de vendedores de diamantes. *Tikkas* são colocadas em nossas testas, com purpurina em vez do arroz tradicional. Recebemos pequenos pacotes de plástico contendo frutas secas — amêndoas, castanhas de caju, passas, pistaches — que devem custar, pelo menos, cinquenta rupias a unidade. O presidente hindu da associação industrial, um dos saudadores, leva-me a um canto e me pergunta o que acho de tudo isso. Ele está longe de aprovar. Os filhos são jovens demais; ele se pergunta se receberam instrução suficiente para tomar uma decisão bem fundamentada. Dezessete anos é muito cedo, diz. Ele vem de uma família de líderes do BJP. "Você e eu estamos nos envolvendo com esses rituais." Trata-se de uma religião pré-moderna, não do tipo com o qual os nacionalistas hindus gostariam de se envolver. "Que religião é essa", comenta o presidente, referindo-se ao jainismo, "que pode abrigar as duas coisas?": os bilionários no palco, com seu extremado amor ao dinheiro, e os *diksharthis*, com sua extremada renúncia a ele.

O programa começa. Um cantor religioso produz os sons dos tradicionais instrumentos indianos — o *shehnai*, espécie de oboé, a tabla — com um sintetizador Casio e canta *bhajans*, tudo isso ao som de melodias de filmes híndis. A multidão cresce. Estamos no meio de um dia de negócios, mas centenas de homens e algumas mulheres estão aqui, os homens de camisa de algodão e fios sintéticos de cores claras e calça escura. Pela roupa que usam, ninguém diria que são homens tão ricos. Vejo amigos de meu tio, pessoas que conheço desde que era criança em Calcutá, comerciantes de Dariya Mahal e muitos outros rostos que reconheço, mas cujos nomes não seria capaz de lembrar. A conversa enquanto esperamos os Ladhani gira em torno de tamanhos e pesos das brilhantes pedras que eles negociam. "Preciso de alguns de meio quilate, *natts*, marrons..." Cresci ouvindo essas conversas; elas têm sido uma constante na minha vida de mudanças e me acalmam como uma canção que ouço desde que nasci.

A família entra na sala. Sevantibhai traja túnica e turbante de seda, como um *peshwa*, Rakshaben um sári verde bordado de ouro, todo mundo com o corpo coberto de fabulosas joias de diamante: dedos, orelhas, narizes. As joias são o mais inútil de todos os enfeites, e abandonar essas bugigangas não vai fazer a menor diferença na vida da família, assim como usá-las praticamente não fazia diferença alguma. Estão sentados em colchões e travesseiros brancos no palco, homens e mulheres bem separados. Durante a cerimônia Sevantibhai não lança mais do que um olhar passageiro na direção da mulher e da filha, mas de vez em quando ri e conversa com os filhos.

Enquanto o mestre de cerimônias, um homem barbudo de *kurta* cáqui, nos informa sobre os fatos da renúncia da família, um comerciante sentado perto de mim soluça descontroladamente. Vejo que mantém os olhos abertos enquanto o rosto sacode, para não perder nada que se passa no palco.

Começam os discursos. Os vendedores de diamantes falam da vontade que têm de fazer o mesmo; todo ano alguns deles renunciam ao mundo. "Estamos reunidos aqui para entender a ideia", diz um deles. "Precisamos da ideia antes de agir. Todos teremos de fazer isso, mais cedo ou mais tarde, se não nesta vida, daqui a três ou cinco nascimentos." Diz outro: "A compreensão dele está dois passos adiante da nossa". O primeiro passo é nascer na Índia. "Se tivéssemos nascido nos Estados Unidos, isto não seria possível." O outro é observar o regime de um jainista leigo, o que a família Ladhani tem sido nos últimos anos. Uma gigantesca peregrinação foi feita recentemente, da qual meu tio participou. Eles andaram dez dias de um templo a outro no Gujarat, vivendo sem eletricidade, seguindo o darma jainista mais ou menos estritamente, enquanto durou a viagem. Milhares de vendedores de diamantes participaram. O último passo é tomar a *diksha*. Num nascimento subsequente, se seu carma for apagado, sua alma poderá renascer como o profeta Mahavir, e só no fim dessa vida você alcançará a moksa. Está, muito confortavelmente, no futuro.

O mestre de cerimônias fala da época em que três deles, todos pertencentes a uma organização jainista, foram a um lugar onde cães e outros animais vadios eram mortos. Levavam gravadores e pequenas filmadoras, e perguntaram ao administrador do estabelecimento o que eles faziam com as carcaças. O administrador explicou que derretiam a gordura animal e vendiam como sebo, a dezesseis rupias o quilo de qualidade inferior, e 22 rupias o quilo de qualidade superior. Quem compra esse produto?, perguntaram os jainistas. "Ele nos deu uma resposta que ainda hoje me faz suar frio", diz o mestre de cerimônias. O administrador lhes disse que tem encomendas dos mais importantes vendedores de refeição ligeira da cidade. As porções fritas que os gujaratis apreciam mais são cozidas em gordura canina. Com esses pecados dentro de nós, esbraveja o mestre de cerimônias, como podemos querer nos aperfeiçoar? O mesmo se dá com os sorvetes, prossegue ele. Sabemos, por acaso, o que acontece com os ossos, as patas e os chifres das vacas velhas? Certa vez ele perguntou ao dono de uma fábrica de sorvetes por que eles não derretiam. Porque esses subprodutos bovinos eram derretidos e adicionados no seu preparo, na forma de gelatina. Isso provocou murmúrios e expressões de nojo na multidão. "Vamos prometer que nunca mais tomaremos sorvete na vida!", berra o mestre de cerimônias.

Os discursos raramente mencionam Deus. Também não falam em ajudar os pobres. A coisa mais importante que alguém pode fazer a outrem, sugerem, é afastá-lo do samsara. Não há menção ao paraíso, ou às delícias da moksa. É uma ideologia de fenomenal pessimismo. O mestre de cerimônias descreve a situação atual da comunidade. Há 10 milhões de jainistas. Desses, apenas 20 mil são monges. "A comunidade jainista é como um homem que tomou veneno, tem veneno na barriga e é atacado por um homem armado de faca. Quando recua para escapar do agressor, ele fica a um passo da borda do terraço aberto, à beira do abismo."

Estamos sentados no chão. No vasto saguão à nossa volta, bem perto do prédio onde nos encontramos, ficam as janelas e sacadas de outros prédios, no bairro densamente ocupado. Uma mulher vem até a sacada, perto da janela à minha frente. Ela se debruça no parapeito e, meditativamente, vomita, o derrame controlado de uma fina torrente de muco branco, qualquer coisa entre cuspe e vômito. Talvez esteja grávida; não está forçando nada. Um comerciante perto de mim cuida dos lábios rachados com um tubo de protetor labial Vicks.

Então o orador mais delirante da tarde aproxima-se do microfone. É irmão de Atulbhai, comerciante extremamente rico que tomou a *diksha* em Ahmadabad; procissões de despedida saíram não apenas da Índia inteira, mas também de Antuérpia e Nova York. Sevantibhai pediu conselhos a Atulbhai sobre sua decisão.

O irmão pede que consideremos o que estamos fazendo com nossa vida. Ele traça um retrato dos Ladhani depois dos trinta, andando de aldeia em aldeia no calor escaldante de Kutch, sem saber se vão conseguir comida na próxima aldeia, misturando cinco tipos diferentes de vegetais e seis tipos diferentes de *dal* na mesma panela e engolindo tudo. "Precisamos pensar nisso que acabamos de ouvir e o que faremos hoje à noite em nossos escritórios. Ficamos aborrecidos até mesmo se o ar-condicionado para de funcionar um pouco. Queixamo-nos se o ar-condicionado da primeira classe do trem de Ahmadabad para de funcionar. E pensem nesta família, no calor extremo de Kutch! Essa pequena Karishmaben!" Ele pede que consideremos o quanto nos tornamos impacientes com o passar do tempo, o quanto reclamamos se não conseguimos reservar um lugar no trem, e como o tempo perderá o sentido para esta família, e o quanto essa família terá de andar. "Eis em que se transformou nossa cultura: tenha mais, tenha mais!" Num gujarati rápido e vigoroso, ele descreve o mundo maluco em que vivem os vendedores de diamantes, um mundo de telefones celulares, de planos globais para expansão de escritórios em Bangcoc, Nova York, Antuérpia, de bilhões de rupias negociados por dia, de listas de espera para conseguir passagens aéreas, de constante acumulação —

"Tenha mais, tenha mais!" —, e contrasta tudo isso com o estilo de vida que essa família está prestes a adotar, uma vida de "desapego". A multidão derrama-se pela porta agora, há centenas de pessoas no vasto salão, que está quente mesmo na tarde de inverno por causa da respiração e da transpiração.

Um vendedor idoso é trazido para o palco, um dos líderes da indústria, antigo contrabandista de diamantes de Antuérpia, que conhecia bem meu avô. Ele não fala, e com grande dificuldade se levanta para abençoar Sevantibhai. Sua família tem uma mansão em Malabar Hill e um apartamento em Manhattan em cima de um showroom da Rolls-Royce. Outro comerciante, Arunbhai, vestido com simplicidade, de camisa branca de manga curta, mas bilionário em qualquer moeda, nos conta que poucos anos atrás sua mãe também quis tomar a *diksha*. Ele a dissuadiu. Mas fala da vida monástica com nostalgia, como de algo que ele conhecerá mais cedo ou mais tarde.

Um orador fala com franqueza do passado de Sevantibhai: "Não há pecado que ele não tenha cometido. Um de seus amigos me contou, 'sempre que viajava de avião comigo ele ficava bêbado'". Há insinuações de outros pecados, de uma vida desregrada, antes que ele se voltasse para a religião. Um comerciante me conta que o primeiro noivado de Sevantibhai foi rompido quando a família da noiva ficou sabendo de sua má reputação. Um corretor no escritório do meu tio me disse que uma vez esteve com Sevantibhai três dias na delegacia; ele havia sido acusado de roubar produtos. A polícia o reconheceu; eles lhe fizeram salamaleques. O corretor acha que deve ter havido algo grande, alguma fraude ou algum desastre financeiro, que fez o vendedor de diamantes decidir de repente tomar a *diksha*. À minha volta, a reputação de Sevantibhai é a de quem cometeu mais do que seu quinhão de pecados.

Mas agora Sevantibhai Chimanlal Ladhani, o homenzinho escuro de sorriso fácil, não é apenas um vendedor de diamantes razoavelmente bem-sucedido. Ele se tornou figura poderosa, um líder no caminho que mesmo o bilionário Arunbhai terá de percorrer um dia. De uma vez ele ultrapassou comerciantes muito mais bem-sucedidos. Ele agora é, neste salão, nesta tarde, objeto de admiração deles, até de inveja.

Os *diksharthis* são cumprimentados pelos maiores comerciantes, com placa, *tilak*, xale e guirlanda. As mulheres dos comerciantes cumprimentam as mulheres; é a primeira vez que elas são realmente notadas. A menina, Karishma, mal foi mencionada nos discursos. Sobra pouca glória para ela; quase todos os discursos mencionam apenas o sacrifício do pai. Eis uma moça de Bombaim que jamais irá ao cinema, jamais usará maquiagem, jamais sairá com o namorado, jamais irá para a faculdade. Ela jamais voltará à cidade onde foi criada.

A mulher da sacada do outro lado reaparece, dessa vez trazendo uma pipa. Ela solta a pipa no pequeno pedaço de céu visível entre os edifícios e sorri.

A metrópole moderna é uma aglomeração de transeuntes, vindos de algum lugar e indo para algum lugar. Nova York é uma aglomeração de migrantes de outras cidades; Bombaim é uma aglomeração de pessoas das aldeias, que vêm para a cidade e aqui tentam recriar o ambiente da aldeia. A ansiedade do morador da cidade é a ansiedade do efêmero; ele não sabe onde estará no ano que vem, nem onde estarão seus filhos. Não consegue fazer amizades duradouras, porque, cedo ou tarde, os amigos estarão espalhados. Na aldeia, o avô sabia onde ia morrer, a pira funerária onde seria queimado e o rio onde suas cinzas seriam jogadas; sabia que os amigos e primos com quem foi criado estariam perto dele até sua morte. O morador da cidade não tem essa confiança na permanência das relações. Satish não poderia cumprir suas mortais missões numa aldeia, onde não existe a proteção do anonimato. Mona Lisa não seria necessária numa aldeia; seu ouvido amigo, seu status de objeto de consumo público só têm relevância na cidade. O espírito humano não alcança a velocidade das mudanças nas cidades. Começamos como uma espécie aldeã; ainda não nos adaptamos à vida urbana. É por isso que Sevantibhai tenta escapar da cidade; ele renuncia tanto à cidade quanto a qualquer outra coisa, à riqueza ou à família.

Sevantibhai sorri quando me avista no meio da multidão na casa de seus ancestrais em Dhanera. Reunimo-nos aqui para dar adeus aos Ladhani. "Você já comeu?", é a primeira pergunta que me faz. Fora, um dos seus irmãos canta "Meu irmão tomou a *diksha*!", a ser seguido por um coro, "*Wah bhai wah!*". Uma mulher grita o primeiro verso e toda a família berra o coro, e a força da voz talvez os convença de que se trata de um momento a ser comemorado. Haverá um grande desfile em Dhanera no último dia dos Ladhani no samsara.

Enquanto Sevantibhai é carregado de casa nos ombros da família, o barulho é incrível. Todos os músicos tradicionais que moram ao redor da pequena cidade foram convocados para a procissão. Pego um lugar no topo do terraço de uma casa de frente para o trajeto da procissão e me sento para observar. Há muita gente nesse terraço, debruçada sobre o parapeito de tijolo. O dono advertiu: "Não encostem no parapeito. Ele pode ceder". Lá embaixo, passam todas as maravilhas da vida rural no Gujarat. Sadhus jainistas vestidos de branco flutuam sentados em dolis, pequenas plataformas suspensas nos ombros dos seguidores, anunciando a chegada da procissão. Primeiro vêm os bateristas do pequeno *dhol*, tocadores de címbalo, homens tocando longas trombetas e um homem na corcova de um camelo tocando dois enormes tambores lambuzados de açafrão. Depois vêm os cavalos dançarinos, enfeitados de ricos bordados. Dois meninos pequenos de turbante cavalgam dois cavalos brancos como a neve. Um bando de meninas da aldeia passa, cada uma com uma panela de latão na cabeça, cada panela com um coco em cima. Então os parentes da família Ladhani passam em plataformas puxadas por camelos — cada plataforma uma pequena cabana de aldeia coberta de palha.

Agora chegam os *diksharthis*, precedidos por homens vestidos de roupas tribais tocando, quem diria, gaitas de fole. Os três jovens Ladhani estão sentados entre enormes pássaros esculpidos: um pavão e um cisne. Cada ave vai numa carroça puxada por um elefante. Atrás deles estão Sevantibhai e Rakshaben, sentados no alto de tronos geminados, em outra carroça puxada por elefante. Um homem com duas espadas segue-os, juntamente com uma enorme multidão, pois Sevantibhai e Rakshaben estão, de fato, jogando dinheiro fora. Eles agitam os braços, espalhando arroz misturado com moedas de ouro e prata e com cédulas. Na frente deles, há cestas cheias dessa rica mistura. A essa altura da procissão, seus movimentos se tornaram eficientes, automáticos: eles mergulham na cesta, pegam uma braçada de sua fortuna e se endireitam, abrindo os braços, e o faiscante arroz misturado com ouro e prata afasta-se de seus corpos num amplo arco em direção à turba frenética. Na rua, sou mantido à distância pela multidão que se acotovela e empurra para pegar a riqueza descartada, mas mesmo de longe consigo ver a alegria do casal. Os dentes brancos de Rakshaben refulgem em sua face escura. Os dois estão aliviados. Lembro-me dos clientes que se aliviam na cervejaria Sapphire, atirando dinheiro sobre as cabeças das dançarinas. É o mesmo jeito de lançar fora, repentinamente, sua riqueza, com ambas as mãos, livrando-se dela o mais depressa possível.

Atrás dos *diksharthis*, dois cavalos humanos (homens com cavalos de pano presos ao corpo) dançam; outros sopram conchas; um homem toca um prato de metal; um monge despeja água no chão pelo bico de uma jarra. O último andor traz uma imagem do próprio profeta Mahavir, uma cobra de ouro cobrindo-lhe a cabeça enquanto ele medita sentado. É uma imagem surpreendentemente minúscula. Os andores são seguidos por uma carroça cheia de caixas de papelão, de dentro das quais homens tiram cachos de tâmaras e cilindros de açúcar mascavo para distribuir aos pobres. A multidão é densa em volta dessa carroça também. Enquanto distribuem presentes, os homens agitam porretes na multidão para afastá-la.

Todos os membros das tribos de Dhanera e das aldeias circundantes estão vestidos para a festa, tanto os homens como as mulheres, de algodão e seda extravagantemente coloridos. A procissão passa sob a estátua de Ambedkar. Os *diksharthis* lançam mais dinheiro para a multidão, majoritariamente dalit, que os cerca como pombos atrás de alguém que espalha grãos num parque. O grande libertador dos dalits tem um braço estendido, com o dedo para o alto, num gesto de censura ou proibição.

Quando os *diksharthis* se aproximam do lugar da comida, um mafuá surge de repente na frente da barraca de distribuição, onde camponeses aguardam há horas na fila, para receber um presente de grãos e tecidos, tirados da fortuna de Sevantibhai. Vejo um homem na corda bamba sobre a multidão. Sevantibhai e Rakshaben vêm pela rua em seu andor, um rei e uma rainha em seus tronos. Homens gritam num carro na frente deles aconselhando a multidão: "Abandonem o mundo!". Alguma coisa chama a atenção de Sevantibhai e ele acena para a mulher a quem chamará de mulher apenas pelas próximas 24 horas: Olhe. E ela olha. O homem da corda bamba equilibra-se no topo de um longo poste, alto, muito alto sobre a multidão, contra o claro céu de janeiro. O casal o saúda de mãos postas, mas ele é apenas mais um na multidão que não percebe. Está de costas para o casal e agora se pendura de cabeça para baixo em sua corda bamba. Sevantibhai e Rakshaben contemplam o artista de mafuá, e há felicidade em seus rostos.

Os convidados de Sevantibhai estão sendo alimentados há sete dias. Hoje, o oitavo e último dia, cada morador das 57 aldeias do distrito de Dhanera foi convidado para a grande festa. Trinta e cinco mil pessoas sentam-se lado a lado para comer — homens e mulheres em barracas separadas — a comida que foi comprada nessas mesmas aldeias. Os líderes das aldeias receberam instruções para preparar os ingredientes à moda antiga: a água é do poço, não da torneira; o óleo é prensado por bois; as vasilhas são de latão artesanal; o *ghee* é das vacas locais, não de búfalas; o açúcar e o açúcar mascavo são orgânicos; o grão e as hortaliças foram cultivados na região. A farinha é triturada à mão, não no moinho, que inevitavelmente a contaminaria com insetos mortos. Tudo é preparado de acordo com as especificações de Sevantibhai. Às vésperas do século XXI, ainda é possível preparar uma refeição estritamente jainista, com ingredientes cultivados localmente, e alimentar 35 mil pessoas causando o menor dano possível ao planeta. É alimento gujarati bom e saudável: dois doces, duas segurelhas *farsaan*, *puri*, duas hortaliças, dois *dals*, *pappadams*, arroz, um pimentão recheado, chutney. Não há cebola, alho ou batata na comida; nada cuja colheita exija que a terra seja cavada. Mas a água, quando despejada em meu copo, está suja de areia.

No lugar onde estou hospedado, com velhos amigos de meu avô, o médico dono da casa senta-se na varanda para me instruir sobre o jainismo. Ele saiu apenas uma vez para dar uma olhada na procissão, quando ela passou pelo hospital. Considera o que os Ladhani estão fazendo uma farsa. Ele pertence à congregação de Sthanakvasi da seita jainista Svetambara, que não adora ídolos — "como no islã" — e considera os templos apenas lugares de oração. Sevantibhai pertence à seita Deravasi ou, como diz o médico, a seita *murtipujak* — adoradora de ídolos. Há 84 seitas jainistas, diz ele, e apenas 10% dos sadhus são autênticos. O resto rouba o dinheiro destinado aos pobres; os *diksharthis* conservam dinheiro guardado para o caso de resolverem voltar ao samsara, e, enquanto andam de um lugar para ouro, tomam providências para que seus seguidores e parentes os acompanhem de carro, atendendo às suas necessidades, comprando remédios modernos, preparando antecipadamente o roteiro de suas viagens. Cada líder de seita se preocupa em atrair o maior número possível de *diksharthis* para sua ordem. Os jovens Ladhani só estão fazendo isso porque o pai mandou. Todo mundo sabe disso, mas o médico não pode dizer nada em público, pois se o fizesse haveria muita briga.

Dhanera é uma cidade de 30 mil habitantes, da qual a maioria da população jainista emigrou; restam apenas cerca de cem famílias. Ainda assim, cinquenta jainistas de famílias originárias de Dhanera tomaram a *diksha* nos últimos dez anos, motivo de considerável orgulho local. Mas a cerimônia de

Sevantibhai é única. "Nunca se viu nada parecido em Dhanera", diz o médico. Ele tem a seguinte opinião sobre os motivos de Sevantibhai: "Fé cega". Faço perguntas sobre os rituais de renúncia. Ele me conta uma parábola. Muito tempo atrás, um homem estava fazendo um casamento. Um gato corria de um lado para outro na sala da cerimônia, perturbando tudo e todos. Por isso, ele o amarrou a uma coluna. Depois, gerações de homens da família, sempre que se casavam, iam buscar um gato e o amarravam a uma coluna da sala, achando que isso fazia parte da tradição dos casamentos. O que acontece nesta *diksha*, diz o médico, é como o gato amarrado na coluna: o sentido original se perdeu, e as pessoas continuam fazendo isso porque é assim que sempre se fez. O ato de abandonar as instituições institucionalizou-se.

Quando volto à casa de Sevantibhai à noite, sou apresentado aos parentes dos Ladhani, andando de um lado para outro no pátio, como um membro da congregação. "Cem anos no negócio", diz da minha família um comerciante que cresceu com meu avô. Sou apresentado a um homem grande, escuro, de óculos, que fala inglês com sotaque gujarati-americano, um falar lento forçado. Hasmukh mora em Los Angeles e é vendedor de diamantes e sobrinho de Sevantibhai, apesar de ser apenas um ano e meio mais jovem. É também o melhor amigo do renunciante. Está ansioso para me contar o quanto são íntimos. Ele conhece o tio desde que tinha cinco anos. As pessoas se referem a eles como uma junta de bois, inseparável. Quando Sevantibhai e Rakshaben foram passar a lua de mel em Srinagar, ele os acompanhou. Fundaram juntos seu negócio de diamantes. Todos os domingos iam com as mulheres ao restaurante Copper Chimney para comer e beber. "Fizemos de tudo. Bebíamos todo sábado e todo domingo; *precisávamos* beber uísque. Um olhava para o copo do outro e dizia: 'Olha, tem mais no seu', e enchia o próprio. Depois das orações, íamos comer *pav bhaji*" — entupindo-se dos proibidos alho, cebola e batata. "Depois das orações, *precisávamos* comer *pav bhaji*. Fizemos de tudo: bebidas, drama, filmes... de tudo." Sevanti é um sensualista, informa Hasmukh. Adora massagens; em casa havia sempre alguém lhe fazendo massagens. Em Dhanera, Hasmukh brigou com seu melhor amigo, xingando-o. "Ontem à noite eu lhe disse: '*Blenchod, chutiya*, não faça isso. Que *chodu* é esse que você está fazendo?'. Sou totalmente franco. Ele disse que se eu tomasse a *diksha* com ele alcançaria a moksa primeiro."

Depois que Sevantibhai começou a trilhar o caminho da religião, a amizade deles sofreu um baque. Em suas viagens habituais à Índia, Hasmukh começou a evitá-lo. Não por se sentir incomodado com as penitências do amigo, mas porque tinha medo de atrapalhá-lo no caminho da salvação. Quando Hasmukh vinha, Sevanti suspendia temporariamente suas orações diárias e tinha de passar um dia inteiro em jejum para penitenciar-se. Suas conversas adquiriram um tom didático. Um dia, Sevanti falou com Hamukh durante quatro horas sobre a natureza de uma gota de água, das vidas que ela abriga, do significado cósmico dessa gota. Naquele dia Hasmikh descobriu que toda a família renunciaria ao mundo.

De repente, no meio da festa, ouvimos um lamento. Laxmichand, o irmão mais velho de Sevantibhai e Rei do Negócio de Metais, está chorando. Ele geme e todos correm para consolá-lo: as mulheres da casa (que também estavam chorando), os homens e, não querendo ficar para trás, os *swamis* jainistas que se encontram por ali. (Depois, Laxmichand comenta, acerbamente, a insistência dos gurus mais velhos que não paravam de incomodá-lo com instruções sobre a cerimônia. "Será que não têm mais o que fazer?") De repente, a atmosfera na casa dos Ladhani passa de festiva a funérea. Um velho adverte Laxmichand de que esta é uma ocasião festiva. Hasmukh, chorando, diz: "Olhe só. Aquele homem é o pai de Raksha; ele está perdendo a própria filha e consolando Laxmichand! É preciso coragem!". Mesmo agora, diz Hasmukh, Laxmichand preferiria que o irmão suspendesse o espetáculo e permanecesse no samsara. Houve briga feia entre os irmãos — segundo alguns comerciantes, para impedir que os *diksharthis* saíssem de sua congregação, segundo outros por causa da distribuição de seus bens.

Utkarsh, o menino mais novo, está sentado lá fora. Aqui, no meio do grande clã, descubro os apelidos de família: Utkarsh é Chiku, o irmão mais velho é Vicky. "Amanhã teremos de dizer *maharajsaheb* para você e juntar as mãos na sua frente, mas hoje você ainda é Chiku para mim", diz Hasmukh, e ri com o menino. Na última refeição, toda a parentada — cerca de cem pessoas — os alimenta pela última vez com as próprias mãos. Um dos meninos pede *bhelpuri*. De hoje em diante o prazer de comer não será mais permitido, e isso quer dizer proibir para sempre *bhelpuri* para os meninos de Bombaim. A refeição acaba, as mulheres se põem a cantar; um homem vem do pátio trazendo uma chama na ponta de um longo pavio e começa a acender centenas de lâmpadas a óleo. Alguém lê um documento que soa como testamento. Sevantibhai está distribuindo o que resta de sua fortuna aos parentes. Todo mundo recebe alguma coisa, de alguns lakhs a 2100 rupias. Então Sevantibhai juntas as mãos e diz aos parentes: "Cometi muitos erros. Perdoem-me se feri alguém".

Mais tarde, Hasmukh me leva para dentro de um quarto onde Sevantibhai está sendo massageado pelos parentes. O *diksharthi* me confessa que se sente um tanto confuso. "Estou tentando pensar, mas continuo sendo perturbado. Estou pensando no que farei depois de amanhã. Onde estarei? Tenho estado doente, febril, e agora tenho todas as comodidades, estão apertando meus braços e pernas, mas fico pensando: Como vou tolerar esta doença depois de amanhã?" De toda a família, ele é o único que admite publicamente alguma dúvida ou incerteza. Talvez seja o único que tenha permissão para isso. Pergunto-lhe o que pretende fazer agora. "Quero estudar sânscrito dez anos. Só depois de dez anos de estudos vou falar."

Pergunto-lhe como vai aguentar a separação da família, se ele pensa que nunca mais verá a mulher e a filha. Ele responde que neste momento está confiante. "Mas só vou passar pelo teste verdadeiro depois de amanhã, ou um dia depois, quando estiver realmente separado delas." Ele voltará a Bombaim? "O desejo de voltar a Bombaim é menor, tanto o meu como o do meu guru." Centenas de pessoas o aguardam, por isso saúdo-o e saio do quarto escuro.

Falo com os outros *diksharthis*, primeiro com Rakhsaben. "Só sinto *ulhas*", diz a mulher criada em Ulhasnagar. Tanta felicidade, diz, que ela não sentirá falta do marido e dos filhos. Snehal também diz que está abrindo mão do samsara "em troca da verdadeira felicidade". Moksa é felicidade verdadeira e só se consegue alcançar a moksa se tomar a *diksha*. É uma definição circular: felicidade é moksa e moksa é felicidade. Então Karishma é convocada para uma "entrevista" comigo, por Laxmichand, que está sentado teimosamente sob a luz fluorescente. Alguém brinca com ela a propósito de seu privilégio de exigir, no dia seguinte, o dia da *diksha*, qualquer obséquio da família. Ela quer pedir a Laxmichand que pare de fumar? "Não posso impor tal regra", diz a menina. "Ele só vai largar se for uma coisa que venha de dentro." Quando o tio estava chorando, os outros pediram a ela que fosse consolar seu Laxmi Kaka. "Por que ele chora num dia tão feliz?", pergunta ela. Em Bombaim, quando ela partiu, não se voltou uma única vez para olhar o prédio onde foi criada. De todos os *diksharthis*, a mais jovem é a que tem menos dúvidas, a menos hesitante em suas respostas. Talvez ela nunca tenha feito essas perguntas a si mesma.

Nessa noite, sua última noite no mundo antes da *diksha*, Sevantibhai vai se deitar às três e meia da manhã. "Não conseguiu dormir antes", diz Hasmukh mais tarde. "Vi que ele estava pensando mesmo nisso: Como vou começar a vida depois de amanhã?" Quarenta e cinco minutos depois, ele se levanta, vai ao templo e reza a Deus, faz seu *puja*. Será a última vez. Quando se tornar monge de sua seita, nunca mais poderá fazer o *puja*. Os altos *maharajsahebs* são proibidos até de juntar as mãos e curvar-se perante os deuses no templo; o jainismo é, na forma mais pura, uma religião ateia. Renunciar à fé em Deus não é o menor dos confortos mundanos que Sevantibhai deixará para trás.

A última manhã dos Ladhani no samsara é tão fria que não consigo ligar meu carro a diesel. Quando deixo a casa do médico às seis horas, o céu sobre a terra árida está apinhado de estrelas. Há pouca gente nas ruas, e todo mundo está indo para a casa dos Ladhani. Dentro da casa, ainda há mais gente do que na noite anterior. Este, afinal, é o momento em que os cinco *diksharthis* dirão adeus aos parentes. As mulheres lamentam e comemoram:

Que tipo de dia é este?
[Coro] É mais valioso do que ouro.
O que vale mais do que ouro?
Autodomínio, autodomínio.

Mais um puxão!
E você deixará o samsara.

Os Ladhani estão rezando no armazém, e um cordão de isolamento é formado do lado de fora. Grandes bandejas de metal são colocadas em fila na parte externa do armazém, cheias de arroz, moedas, pedras preciosas e as chaves de suas muitas casas. Estou parado perto da primeira bandeja. Sevantibhai sai apressado, vestido em sua roupa mais extravagante, e chuta as bandejas com seus bens materiais. Então a mulher e os filhos fazem a mesma coisa, em fila; quando Karishma sai do armazém, praticamente não há mais dinheiro nas bandejas para chutar. Fora, homens com espadas cruzadas bloqueiam a passagem; os renunciantes afastam as espadas e seguem em frente. Ao partir da casa dos ancestrais, é muito importante que não se virem nem mesmo por um segundo para olhar o que estão deixando para trás.

Em todo o trajeto da casa ao lugar da *diksha*, cercado com mais bandejas cheias de pedaços da fortuna dos Ladhani, crianças da aldeia, com seus olhos afiados, examinam o chão em busca do dinheiro chutado pelos Ladhani. A entrada da *diksha-mandap* é flanqueada por cinco elefantes. Dentro há um vasto cercado coberto e milhares de pessoas sentadas em grupos no chão. Ocupo meu lugar na seção dos vendedores de diamantes. A plateia recebe pacotes com uma mistura de pérolas e arroz e é convidada a derramar esses fabulosos confetes sobre os *diksharthis*. No palco acima de nós, primeiro a despedida, como o *bidai* num casamento (quando a família da noiva lhe diz adeus), é feita à vista de todos, pelos parentes de sangue e sócios comerciais. Outro testamento é lido. Mais de dois crores foram deixados para instituições de caridade, incluindo dinheiro para abrigos de animais, e um crore para entidades religiosas. O mestre de cerimônias, o mesmo da reunião de vendedores de diamantes, lê um bom presságio: no dia anterior, a prefeitura de Bombaim perdeu um recurso na Suprema Corte, contra o veredicto de um tribunal inferior, que proibia a matança de cães vadios. A plateia reage com aplausos ruidosos.

É chegada a hora. Diante de 35 mil pessoas, Sevantibhai pede permissão para tomar a *diksha* de seu guru. Uma explosão de trombetas anuncia o assentimento do guru, e o *diksharthi* dança loucamente dando voltas no palco, agarrado a um grande espanador branco. O resto da família vem em seguida, e depois todos saem para raspar a cabeça, à exceção de sete fios de cabelo, que serão arrancados pelo *maharajsaheb*. Enquanto isso, o leilão de caridade começa, pelo direito de comprar as vestimentas que serão presenteadas aos *diksharthis* para sua vida monástica. O primeiro artigo, um pano para Sevantibhai, é vendido por 151 mil rupias. Uma corrente de contas brancas de oração para Snehal alcança 68 mil. À minha volta, há um tremendo barulho em torno de números, enquanto o leiloeiro anuncia os lances aos berros, em pé no meio da plateia sentada, estimulando-a a investir em ganhos espirituais, como se se tratasse de ações de alto valor na bolsa. "Esse tipo de oportunidade para *labh* não vai aparecer de novo! Só 31 mil, gente de sorte!" Há riqueza no palco e riqueza na plateia, com os milionários e bilionários engajados numa competição pública de piedade.

Tem início, então, o leilão de nomes. Primeiro, abre-se a página dos nomes. O *gurumaharaj* deu a cada homem um nome pelo qual será chamado de hoje em diante; e a *sadhvin*-chefe fez o mesmo às mulheres. Agora toda a plateia espera para ouvir os novos nomes dos *diksharthis*. Os lances começam, pelo direito de revelar o nome de Sevantibhai; um leigo o anunciará à plateia. Esse direito é comprado por 361 mil rupias, e o vencedor se vira para o público e o pronuncia: "*Raj Ratna Vijayji!*". O imenso espaço vibra com os aplausos. Então o direito de dizer o novo nome de Snehal — Vicky — é comprado: "Raj Darshan Vijayji!". Depois o de Utkarsh, ou Chiku: "Ratna Bodhi Vijayji!". O de Rakshaben: "Divya Ruchita Sreeji!". Finalmente, quando começam os lances em torno do nome de Karishma, as três irmãs do pai dela, que tiveram o direito de lhe dar um nome quando nasceu, e lhe deram um nome que muitos indianos associam a uma sexy heroína do cinema, superam todos os outros na disputa pelo direito de lhe dar um novo nome e pagam 150 mil rupias — 1,5 lakh —, virar-se para a plateia e gritar, através de sua tristeza, as três palavras: "Darshan Ruchita Sreeji!".

Quando os Ladhani voltam ao palco, a mudança é notável. Eles trocaram seus uniformes robes e sáris de seda creme por uniformes camisas brancas; quase todo o cabelo desapareceu. Depois que Rakshaben aparece com a cabeça raspada, Hasmukh me diz: "Observei que Sevanti não olhou para Raksha. Raksha não olhou para Sevanti. As crianças olharam, mas o casal não olhou para ninguém". Foi a mulher de Hasmuk que chorou quando viu o que tinham feito com Raksha. "Quando sua cabeça estava sendo raspada, Raksha enfiou o rosto nas mãos e não olhou por um segundo para ninguém, enquanto seu cabelo, a marca de beleza da mulher indiana, era cortado."

Hasmukh também diz que, durante a cerimônia de corte de cabelo, todos os membros da família tiveram de jogar água — na manhã de janeiro, isso significa água gelada — nos *diksharthis* para seu último banho. Eles derramaram a água fria no febril Sevantibhai e nos outros quatro. Depois, a temperatura de Rakshaben e Karishma também começou a subir. "Primeiro tiveram de banhar-se na água fria. Não entendo por quê", diz Hasmukh, balançando a cabeça, como uma criança que tenta entender um costume ou regra dos adultos, que segundo lhe dizem faz algum sentido mas cuja lógica ela é incapaz de perceber. Então Hasmukh disse adeus a seu tio e melhor amigo. "Quando eu voltar à Índia, vou visitá-lo." Mas o amigo não respondeu. "Ele tinha uma vara na mão, seus objetos pessoais pendurados no pescoço. Não me olhou nos olhos, apenas balançou a cabeça." Quando Hasmukh se despediu dos outros quatro, eles também não lhe responderam.

Sevanti e Raksha foram casados 22 anos. A última vez que um toca no outro é quando Raksha põe o *tilak* no rosto de Sevanti, como da primeira vez em que o tocou — ao casar-se com ele. A pequena mulher estende o polegar, untando-lhe a testa febril com pasta de açafrão, e eles sorriem um para o outro e dão uma gargalhada. A testa febril dele sente a fria pressão do último toque de sua mulher.

Finalmente, os cinco *diksharthis* sentam-se na frente do palco e toda a parentela os homenageia. O *maharajsaheb* diz a Laxmichand: "Veja, Laxmichand *bhai*, eles eram seus, e eles são seus, mas agora pertencem a todos nós". Laxmichand continua a chorar; o marajá lembrou-lhe da forma mais gentil que os cinco agora saíram da órbita dos Ladhani, do círculo dos parentes, para o mundo. Deixaram para trás todas as coisas que pertenciam a seu antigo mundo; todos os vestígios de Sevantibhai, o vendedor de diamantes, Rakshaben, a dona de casa, e seus adolescentes bombainenses, Vicky, Chiku e Karishma. Até que enfim abandonaram tudo que possuíam. Exceto os óculos. Os dois meninos ficam com seus óculos. Precisam deles para enxergar o caminho.

Dormem nessa noite na *upasara*, a casa de repouso. Às quatro e meia da madrugada, seu primeiro dia de renunciantes, sairão em busca da primeira refeição — jejuaram na véspera — e a primeira casa que vão procurar é a dos Ladhani. É uma boa metáfora para a renúncia: a primeira casa onde você mendiga deve ser aquela que foi sua e você abandonou. Então, com os dois adultos e Karishma ainda tomados pela febre, eles tomarão a estrada que sai de Dhanera. Não poderão voltar à cidade de seus ancestrais por pelo menos cinco anos. Depois de Bombaim, é o próximo lugar proibido.

Quando nos afastamos da casa, meu motorista, o duro e taciturno Rajput, tem dúvidas: "Por que os cinco tomaram a *diksha*? São bilionários".

"São vendedores de diamantes", digo.

"A gangue de Dawood deve estar atrás deles", supõe ele.

Seguimos de carro de Dhanera para Ahmadabad, onde vou pegar o trem de volta para Bombaim. Tenho parentes em Ahmadabad e passo para vê-los.

São meus parentes mais pobres, e quando chego à casa deles a maioria dos membros da família anda de um lado para outro usando roupas que reconheço: elas pertenceram, quando novas, a meu pai, a minha mãe, a minhas irmãs e a mim. Há um bebê na casa, mas o pai dela, meu primo, não está. Ele trabalha numa fábrica de diamantes, como lapidador. A maior parte do dia ele não vê a primeira filha, que tem apenas dois meses de idade; sai de casa logo que o sol nasce e volta já de noite. Quase sempre trabalha também aos domingos; mesmo durante o Diwali, tradicionalmente um tempo de folga para a indústria, ele pode ser convocado para trabalhar, se a demanda for alta. Recebe por diamante lapidado e, apesar de todo o trabalho, de todo esse sacrifício, ganha menos do que meu motorista de Bombaim. Todos os dias ele lapida pedra, negando sua presença à nova filha, para que os vendedores da classe de Sevantibhai possam jogar pelos ares os lucros que ele ganha para eles.

Encontro-me com Hasmukh em Bombaim na semana seguinte, no apartamento do irmão dele, em Tardeo. Hasmukh é bastante religioso. Em suas idas a Bombaim, ele sempre reza primeiro no templo de Sankeshwar e só depois vai à Opera House comprar seus diamantes. Em Los Angeles, é devoto da seita Swaminarayan, que, apesar de hindu, ele acha muito parecida com o jainismo. Mas ele casou-se com uma mulher de outra religião; na verdade, uma mulher de fora da nação gujarati. Sua mulher é de Mangalore, e a família dela é dona de dezesseis restaurantes em Bombaim; foi um casamento por amor. Um restaurante é um viveiro de pecados para os jainistas. E esse fato, percebo, o pôs em desacordo com a comunidade em que nasceu. Eles não o evitam, ou à sua família, mas sempre haverá a sensação de que Hasmukh cruzou um limiar, e qualquer coisa de constrangedor com relação à sua mulher.

Nesse momento entra um menino, de camiseta verde com a logomarca da Nike. É filho de Hasmukh e acabou de ver um filme híndi com o irmão de Hasmukh, seu tio. O menino discorda, com sotaque americano, do tio sobre a mensagem do filme, um melodrama a respeito de um motorista de táxi indiano de Nova York indeciso entre uma mulher indiana ocidentalizada e uma mulher indiana tradicional. "O que quero dizer", diz o menino, que está no sexto ano em Diamond Bar, Califórnia, "é que existe amor na Índia, mas existe amor nos Estados Unidos também."

O tio discorda. "Há menos amor nos Estados Unidos do que na Índia." E cita o alto índice de divórcios nos Estados Unidos como prova.

O menino responde: "Eles têm motivo para se divorciar". Ele me diz que Sevantibhai lhe pediu que voltasse à Índia, para viver aqui. "Eu disse que gostaria muito, mas que todas as minhas coisas estão lá."

É nesse apartamento que fico sabendo da existência de uma apólice de seguro para os Ladhani, se o caminho para a moksa ficar difícil demais, como aconteceu com outros renunciantes. Um fundo foi criado, com quatro membros da família como administradores, de montante considerável — em crores. O dinheiro será desembolsado mediante instruções de Sevantibhai. Em suas andanças, quando ele conhecer pessoas necessitadas ou instituições merecedoras, os administradores do fundo enviarão dinheiro para elas. "Caso os filhos queiram voltar, não vão precisar pedir dinheiro a ninguém. Podem comprar um carro, uma casa", explica Hasmukh. Para Sevantibhai, existe essa segurança. Ele distribuiu boa parte de sua fortuna, mas o que foi deixado é suficiente para garantir a ele e à família um razoável padrão de conforto em Bombaim. É um conceito estranho: um monge andarilho capaz de fundar um templo ou mudar a sorte de uma aldeia inteira com um simples telefonema. A vida de um renunciante fica mais fácil ou mais difícil quando ele sabe que, se retornar ao samsara, poderá ter de volta as coisas boas da vida, imediatamente? Sevantibhai e a família sempre poderão escolher. Cada passo de sua caminhada será dado por vontade própria. Mas, quando se cansarem de caminhar no sol quente, alguma coisa lá no fundo da mente lhes dirá que, se quiserem, podem andar de Rolls-Royce. Tudo que precisam fazer para tanto é reconhecer a derrota.

Sete meses depois da cerimônia da *diksha*, vou ver como Sevantibhai está se saindo na vida monástica. Ele e os dois rapazes passam o tempo das monções em Patan, no extremo norte do Gujarat, onde meu avô estudou quando menino. O templo jainista e suas instituições ficam num bairro tranquilo da cidade, cercado de antigas casas de madeira pintada.

Depois de deixar Dhanera, Sevantibhai andou de cidade em cidade no Gujarat, para Tharad, depois Deesa, Patan, Bhabhar, Ahmadabad, novamente Patan, até uma casa particular na cidade. E agora, sete meses depois do dia de sua *diksha* (pelo calendário lunar), encontro Sevantibhai, ou Raj Ratna Vijayji Maharajsaheb, sentado numa enorme sala em Patan. Está aqui há dois meses e ficará mais dois, até o fim das chuvas. Há uma grande pintura à entrada da sala, residência temporária de toda a ordem de 21 monges. Chama-se *Visão compassiva da vida mundana* e representa um homem pendurado numa árvore sobre um poço repleto de cobras e crocodilos, enquanto ratos roem o cipó em que o homem se agarra e um elefante sacode o tronco da árvore.

Logo que entro vejo-o e ele me vê. Ele faz um sinal, tocando os dedos na testa; é um jeito de comentar que meu cabelo cresceu. Sevantighai, por sua vez, acaba de ter seu primeiro *lochan* depois que se tornou monge: todo o cabelo da cabeça, do rosto e dos lábios foi arrancado, fio a fio, tufo a tufo, durante um período de sete horas, por seu superior. O couro cabeludo sangrava. "É só uma amostra das torturas do inferno pelos meus pecados. O cabelo é puxado à mão para fortalecer o corpo e para que a gente compreenda o sofrimento alheio." Ele suportou a provação lembrando-se das torturas infligidas aos gurus jainistas de outrora. Quando os inimigos da fé arrancavam não apenas o cabelo, mas a própria pele do corpo, a resposta dos gurus era perguntar aos torturadores: "De que jeito vocês querem que eu fique em pé, para que sofram o mínimo possível de desconforto enquanto arrancam a minha pele?". A coragem desses mártires redobrou a sua.

O salão de retiro, o *paushadhshala*, é um enorme espaço aberto em dois lados. Não pertence aos monges. Eles são hóspedes da *sangha*, a comunidade, que o construiu para os monges descansarem. Os monges se sentam a mesas baixas, lendo manuscritos antigos e escrevendo comentários em seus cadernos. Os leigos vêm visitá-los e são instruídos sobre o modo apropriado de se conduzir na vida diária; aqueles que representam uma promessa especial são encorajados a tomar a *diksha*. Há muitos leigos sentados no salão, provando o gosto da vida monástica. Podem optar por observar a vida de um sadhu durante um dia todo ou, para uma simples amostra, durante exatamente 48 minutos. Nesses 48 minutos, seus pensamentos e feitos devem ser livres de violência. Não há ventiladores no salão; sentado de pernas cruzadas e falando com Sevantibhai na tarde de agosto, transpiro e espanto as moscas. Se o teto não fosse tão alto, seria intolerável. À noite, os monges dormem onde estão sentados, mas com uma advertência: não podem dormir no caminho da brisa fresca que entra, para não matar a vida existente nessa brisa. Isso também significaria que eles desejam os prazeres corpóreos da brisa refrescante. Se uma janela está fechada, eles são proibidos de abri-la pelos mesmos motivos. Sevantibhai tem de livrar a vida de todo conforto ou prazer. Só então a moksa se torna atraente. Sua vida precisa ser tão isenta de luxo, tão continuamente atormentada, que então será fácil desaparecer nas águas escuras da não existência.

Sevantibhai fez cinco votos. O primeiro diz que ele não pode cometer violência contra a vida, levar outra pessoa a cometer violência ou aprovar alguém que cometa violência. Isso significa, por exemplo, que jamais poderia cumprimentar um chefe de família pelo gosto do *dal* oferecido a ele durante a *gocari* — dizer, por exemplo, "Que comida boa!" seria como se Sevantibhai aprovasse as múltiplas mortes praticadas pelo chefe de família para prepará-la. O segundo voto é não mentir, não induzir outros a mentirem ou aprovar uma mentira. O terceiro é não roubar, induzir outros a roubarem ou aprovar um roubo. Por exemplo, diz ele, se eu deixasse minha caneta cair no chão, e ele a tomasse emprestada por um minuto sem me pedir permissão, isso seria considerado roubo. O quarto voto é não poder deixar de ser celibatário, induzir outros a não serem celibatários ou aprovar a condição de não celibatário. Portanto, ele jamais pode aplaudir uma cerimônia de casamento, ou sugerir que determinada moça seria uma boa parceira para determinado rapaz. Os ascetas continuam andando para evitar romper o voto de celibato. Não podem conhecer mulher alguma em suas viagens. Se um monge tivesse de visitar a casa de uma mulher devota e leiga regularmente durante o processo da *gocari*, e ela pensasse: "Como esse monge é nobre!", ou se o monge pensasse: "Como essa irmã é devota", seria pecado, e ele quebraria o voto. Uma vida nômade previne qualquer possibilidade de intimidade entre os sexos. O quinto voto é o de pobreza. Ele não pode ser dono de nada, nem mesmo da única camisa de algodão que usa sobre o corpo. Ela tem de ser dada de presente por um leigo.

O chefe da ordem, Chandrashekhar Maharaj, senta-se numa extremidade do salão, sempre alerta a qualquer escorregão dos monges no samsara. Toda a sua família, de seis pessoas, tomou a *diksha* ao mesmo tempo, quando ele tinha onze anos. Uma mãe com um menino de trajes de leigo, que parece ter menos de dez anos de idade, está sentada diante de Chandrashekhar Maharaj. O menino está de mau humor; a mãe sorri, tentando ternamente convencê-lo de alguma coisa. O menino movimenta o pé. Depois de algum tempo, o *maharasjsaheb* resolve agir, falando novamente com ele em voz baixa e suave, mas sem permitir que ele se levante, sem se intimidar com o fato de que o menino não diz uma só palavra à mãe ou ao marajá, não olha para nenhum deles. Sevantibhai me esclarece. O menino e a mãe são de Bombaim, e ele está aqui há três meses, estudando com o marajá, como parte dos preparativos para tomar a *diksha*. Mas agora o menino sente falta de Bombaim, sente falta da família, e quer voltar à metrópole para passar quatro dias com a mãe. O marajá propõe sua alternativa predileta: a mãe deve ficar com o menino quatro dias. Se ele voltasse agora para Bombaim, se atrasaria mais nos estudos do que apenas quatro dias. O menino, uma criança inteligente, não se concentra nos estudos. Quer brincar. Vê outras crianças lá fora, filhos dos visitantes, e quer assistir televisão. A mãe, o amor pelo filho estampado no rosto, suave mas insistentemente lhe diz para ficar — a fim de que, na hora certa, todas as ligações sejam rompidas entre eles.

O menino vem até onde estou sentado com Sevantibhai. "Eu gostaria de ter tomado a *diksha* trinta anos atrás", diz Sevantibhai. Seu corpo seria mais capaz de aguentar as exigências a que o está submetendo. Agora, ele às vezes se sente fraco e não consegue estirar o corpo como gostaria. "Eu gostaria de ter tomado a *diksha* trinta anos atrás", repete, na presença do menino hesitante.

Seus próprios filhos, ou ex-filhos, não se tornaram tão determinados como ele se tornou, ou como gostaria que se tornassem. "Nas 24 horas do dia eles ainda querem brincar durante uma hora com outros jovens monges", diz ele. "Não é desejável, mas é compreensível." Pergunto-lhe que brincadeiras são essas. Ele aponta para algumas etiquetas coloridas em duas prateleiras. "Eles colam essas etiquetas, desenham, pegam todos os livros e os colocam em fila, querem lavar as roupas uma vez por semana e não uma vez por mês, como fazemos. Querem brincar, ainda são jovens. Nada de críquete, é claro — a bola que bate no bastão é *himsa*" — violência —, "mas esse tipo de brincadeira, colar etiquetas, lavar roupas."

Antes de sentar-se no salão, Sevantibhai varre o chão com seu espanador para afastar qualquer tipo de vida. O salão é sempre varrido e a superfície de ladrilhos é muito limpa. Vejo-o varrer uma grande área da sala, juntar a poeira numa pequena pá de plástico, levar a poeira até uma janela e, escrupulosamente, depositá-la na janela, do lado de fora, tomando cuidado para não derramá-la. Então ele peneira a poeira, espalhando-a. Se ela for jogada de uma altura superior a um palmo, matará a vida no ar. Por essa razão, explica ele, os monges são proibidos de usar um vaso para urinar ou defecar. É uma das histórias que os não jainistas espalham sobre os monges: que eles são imundos e jogam suas fezes na rua. Sevantibhai agora me explica. Sua urina e suas fezes têm de secar dentro de 48 minutos depois de sair do corpo. Do contrário, vidas serão criadas no líquido ou na massa úmida, vidas invisíveis para nós, mas que a Alma Universal vê. É por isso que, quando Sevantibhai para num lugar onde não existe uma caixa de areia nos fundos (como a que existe em Patan), ele tem de atravessar os limites da cidade, ou ir a um pedaço de trilho de trem, ou às pedras à beira-mar, e espalhar cuidadosamente as fezes para que sequem rapidamente; se elas forem jogadas em pilhas ou montes, não secarão dentro dos 48 minutos regulamentares. Isso é difícil na chuva. "É por isso que não podemos ir aos Estados Unidos ou a Antuérpia. Esses lugares são úmidos o ano inteiro." O Ocidente é proibido para os monges jainistas devido à ausência de instalações sanitárias apropriadas.

Sevantibhai não sente falta de coisa alguma de Bombaim e não tem vontade de voltar. Só irá se o professor, o *acharya*, ordenar. A cidade está cheia de pecados e tentações. "Bombaim é apenas para quem é muito firme. Ela me custaria pelo menos dez anos, imagino." Os problemas da cidade são resultado direto do empobrecimento do campo. Ele me dá um exemplo. "Todo mundo agora usa óleo de amendoim. Mas muito melhor é o óleo de gergelim. Na *diksha*, só óleo de gergelim foi usado. As sementes eram pressionadas num moinho puxado por bois, a gente obtinha o óleo, e os bois comiam a polpa da semente esmagada. Quarenta anos atrás, havia seis lakhs" — 600 mil — "de prensas de óleo puxadas a boi. Cada uma empregava dois bois, portanto havia doze lakhs" — 1,2 milhão — "de bois nessas prensas. Agora há cerca de sessenta. Para onde foram todos aqueles bois? Para o matadouro. O que aconteceu com os condutores desses bois? O que aconteceu com suas famílias? Foram para a cidade, em busca de emprego. Veja Dharavei" — uma das maiores favelas de Bombaim. "Está cheia de gente como esses condutores de bois. Mas ali, também, eles não acham emprego, o que leva ao crime e à corrupção." É uma descrição notavelmente exata das causas da migração da aldeia para a cidade, reduzida à diferença entre um amendoim e uma semente de gergelim.

Não há competição na aldeia, diz ele. Um oleiro fabricará vasilhas apenas numa quantidade que os moradores da aldeia possam comprar, trocando-as pelo alimento produzido pelos agricultores. Só haverá necessidade de um oleiro e ele trabalhará com uma roda manual. Mas agora, com a roda tocada a eletricidade, ele pode fabricar muito mais vasilhas do que a aldeia precisa. "O que fazer com tantas vasilhas? Ele tem de ir vendê-las em outro lugar, e isso dá origem à competição." O mesmo acontece com os diamantes. Graças às máquinas elétricas, é possível lapidar uma grande quantidade deles. "Um diamante não degrada, não fica velho com o uso. Assim, com mais e mais diamantes sendo lapidados, as pessoas têm de usar mais e mais diamantes. O que fazer depois que você tem um anel em cada um dos dez dedos da mão?" A tecnologia leva a um excedente de produção, que leva à competição, à morte da aldeia e de sua economia de escambo, e ao consumo pelo consumo. É uma versão jainista do marxismo.

Durante todo o dia, volto ao salão sempre que os monges têm tempo para me dar atenção, entre uma meditação e uma preleção. Sevantibhai continua me mandando procurar um dos *acharyas* mais graduados, dizendo que eu deveria fazer minhas perguntas a ele. Mas o guru tem o hábito de embarcar em discursos sem ser perguntado, e é difícil interrompê-lo. Seventibhai ainda é acessível a perguntas, ainda não tem prática. Pergunto-lhe do que foi mais difícil abrir mão: a família, a fortuna ou a casa com seus confortos? Depois de uma longa pausa, ele responde. "A família. A família é o mais difícil de abandonar." Ele se refere aos parentes todos ou à mulher e aos filhos? "Não à parentada. Eles não são religiosos. Mas minha própria família. Aprendemos juntos." Já faz quatro meses que não vê a mulher que foi sua esposa. Durante um mês e meio depois da *diksha*, eles viajaram lado a lado — mas não juntos, faz questão de explicar. Ele não sabe quando voltará a vê-la, ou a menina que foi sua filha. Assim como também não o sabem os meninos que foram seus filhos. "Se digo algo que os ofende, não há mãe para acalmá-los. Mas eles têm Chandrashekhar Maharaj", acrescenta rapidamente, apontando para o guru. "Ele é mais do que uma mãe."

Qual foi a coisa mais difícil de aceitar depois de tomar a *diksha*? Ele reflete um pouco e diz: "Há vinte e um sadhus neste grupo. Eles têm antecedentes diferentes, vêm de famílias diferentes, algumas ricas, algumas pobres. Têm maneiras de pensar diferentes, temperamentos diferentes. É preciso se habituar com isso. Durante um mês e meio, houve um período difícil". Ele ouviu deles palavras ríspidas; viu seus rostos se tornarem azedos durante a *gocari*, quando a comida não lhes agradava. Teve de lidar com isto: essa tensa camaradagem. Ele atribui esses conflitos de personalidade dentro do grupo à morte da família ampliada. "Conheci famílias de até cem pessoas, seguindo um patriarca. Todos lhe obedeciam. Antes, os sadhus vinham dessas famílias grandes, e todos obedeciam ao *acharya*. Mas agora vêm de famílias pequenas e não estão acostumados a viver em grupos grandes. Se há quarenta pessoas, cada uma pensa de um jeito diferente. A capacidade de trabalho delas é diferente. Vou levar alguns anos para me adaptar." Todos os sadhus abandonam seus bens mundanos para entrar nesta vida, mas Sevantibhai e sua família desistiram de mais bens mundanos do que quase todos os outros da ordem juntos. Tenho a impressão de que esse conhecimento ficou com ele depois da *diksha* e do ingresso na vida monástica. Talvez a ideia de classe tenha sido levada para a sociedade sem classes dos sadhus. É como o Exército. O homem que era milionário na vida civil de repente se vê recebendo ordens de um antigo escriturário.

A modernidade tem suscitado um duro impacto nos sadhus. Por exemplo, eles só podem beber água fervida, e hoje em dia pouca gente ferve água; a maioria das casas dos jainistas leigos tem água filtrada. Antigamente, todas as casas da aldeia ferviam água para usar depois em alimento fervido para o gado, e os monges apareciam bem cedo para conseguir um pouco. Mas eles também não podem ordenar às famílias que fervam água para seu uso exclusivo. Estão prontos a permitir que os leigos pequem fervendo água para uso geral, mas o pecado é *deles;* se a água fosse fervida apenas para os monges, então o pecado se acumularia sobre estes. As estradas são outro problema. Em suas andanças, os monges dão preferência às não pavimentadas, que estão ficando cada vez mais raras. As pavimentadas maltratam os pés e especialmente os olhos; o calor que se irradia do asfalto faz muito mal à vista, que eles precisam manter muito boa para o estudo prolongado de textos antigos, assim como para enxergar o caminho e não esmagar vida com os pés.

O momento mais difícil, fisicamente, para Sevantibhai foi uma viagem de Bhabhar a Ahmadabad, para assistir a outra cerimônia de *diksha*. Todos os dias eles caminhavam trinta quilômetros, cinco horas de manhã desde o raiar do dia, e mais no fim da tarde. Num trecho, depois de andar dez quilômetros, seus pés começaram a doer e eles descansaram num campo. Mas ao anoitecer tinham de chegar a determinada aldeia onde havia uma casa jainista. A última meia hora foi dolorosa. Quando ele olhou para os pés, viu que haviam aparecido grandes lesões inflamatórias e bolhas, cheias de água e de pus. Como Sevantibhai não acredita em medicina alopática, lambuzou as feridas com óleo de rícino e açafrão, como antisséptico. Ele me mostra a sola dos pés. São pés maltratados: rachados, calosos, como a superfície da Lua. Mas "não podemos ficar com a ideia de que nossos pés estão doendo". Há perigos maiores nas viagens em estradas pavimentadas do que um pé machucado: "Toda a violência da construção da estrada se acumula sobre nós". Muitos sadhus, atualmente, morrem em acidentes na estrada, que não têm espaço para o tráfego de pedestres.

Mas o estado atual do mundo é quase róseo em comparação com o que há de vir. O tempo, para os jainistas, divide-se num ciclo continuamente repetido de seis eras, sendo a primeira a ideal. Nesta, a quinta era da cosmologia jainista, os homens vivem no máximo 130 anos. Na sexta era, o ponto mais baixo do ciclo, os homens serão capazes de viver apenas vinte anos. Não haverá vida vegetal, não haverá religião — nem mesmo as não jainistas —, e os homens terão de viver em cavernas no fundo dos rios, para evitar o feroz calor ambiente. A altura máxima dos seres humanos no começo da era será não mais do que duas vezes a distância entre o cotovelo e a palma da mão, e diminuirá aos poucos até chegar a uma vez essa distância. Portanto, na visão jainista do mundo, *este*, e não o próximo, é o momento histórico mais sombrio para se viver. Pois pelo menos na sexta era as pessoas terão esperança de que as coisas vão melhorar no tempo seguinte (o ciclo recomeça; volta para o quinto). Em nossa época, não temos sequer este consolo. Ruim como já é, só vai piorar.

Sevantibhai tem certeza de que não alcançará a moksa neste nascimento. Tudo que está a seu alcance é dar um passo espetacular no caminho, concentrando-se por inteiro na moksa. Mas ainda incorrerá em carma negativo, pelo simples fato de viver no planeta no estágio atual. Por que, nesse caso, Sevantibhai não põe fim à própria vida? Há outras ordens de monges jainistas, como os *sthanakvasis*, que saem voluntariamente do mundo pecador. Eles simplesmente param de comer e convidam leigos para seu salão de retiro, a fim de os verem definhar lentamente até morrer. Mas a ordem de Sevantibhai é mais rigorosa. "Não temos a liberdade do suicídio. Não há atalhos para o próximo nascimento." Mas há uma exceção. Se Sevantibhai sentisse que a atração do samsara é forte demais, se fosse capaz de seguir as regras da ordem, o suicídio seria preferível a voltar para o mundo.

Pede-se permissão a Chandrashekhar Maharajsaheb para que eu converse com os dois jovens *maharajsahebs*. Sevantibhai explica que voltei à Índia depois de 21 anos no exterior. "Você tomou uma excelente decisão", diz o *guruji*, assentindo com a cabeça para mim.

Sevantibhai admite que ainda sente vestígios de paternidade. Mostra-me um menino monge sentado junto a uma coluna. "Posso repreendê-lo como repreendo meus filhos. Ainda posso chamá-los de meus. Eles me ouvem. Se o *guruji* pede a todo mundo que venha comer, posso mandá-los obedecer imediatamente. Se não estiverem estudando, eu os repreendo, como não o faria com outros *maharajsahebs* da idade deles. Por quê? Será que sinto que tenho sobre esses dois um direito que não tenho sobre os outros?" Quando falamos a respeito deles, ele não usa nenhum nome para designá-los — talvez ainda não muito à vontade para chamar seus filhos que até tão pouco tempo eram Vicky e Chiku de Raj Darshan Vijayji e Ratna Bodhi Vijayji.

O mais velho está sentado num tipo específico de meditação, com tudo que ele possui tocando-o: suas oito peças de roupa, seu cajado e suas tigelas para a *gocari*. À volta dele, outros *swamis* comem, e há um cheiro de suor, urina e comida. Os monges têm mau hálito — são proibidos de escovar os dentes, pois o objetivo da escovação é justamente matar bactérias — e é um esforço conversar com eles de perto. Um dia inteiro por mês Vicky senta-se nessa posição. Seu cabelo acabou de ser arrancado. Ele sente paz e alegria nessa nova vida, diz, "sem correr de um lado para outro, como antes". Levanta-se às quatro da madrugada e passa o dia estudando e rezando. Às nove e meia se estira no mesmo salão e dorme. "Quatro ou cinco vezes por dia eu penso: Quando virá a moksa? Quando serei livre?"

O mais novo ainda estuda enquanto os outros comem. Há qualquer coisa de terno em relação a ele, e tenho a impressão de que está mantendo uma fachada de bravura. Sevantibhai me conta: "Ele sempre foi mais apegado à mãe". Por isso, quando repreendido pelo pai, ele faz queixas por escrito à monja que foi sua mãe. E ela responde. Há uma troca semanal de cartas entre os dois. Chandrashekhar Maharaj não se opõe. Quando pergunto ao filho sobre isso, ele não admite, à maneira do adolescente que finge ser indiferente à menina pela qual está apaixonado. "Se ela me escreve, eu respondo."

Nem um dos meninos a chama de mamãe. Em vez disso, a chamam de Divyia Ruchita Sreeji, o nome pós-*diksha*. Eles não conversam sobre a irmã. Como gêmeos, Utkarsh e Karishma têm laços que vão além dos laços normais entre irmãos. Nem uma vez sequer ele menciona a irmã renunciante. O mais velho observa que, se encontrassem as mulheres, não poderiam sentar perto delas. "Longe", diz ele, indicando com um braço estendido a distância necessária entre eles, agora não mais mãe e filho, ou irmão e irmã, mas apenas homem e mulher, suscetíveis à tentação se não forem contidos por regras monásticas. Eles podem se reunir para conversar sobre questões doutrinárias, com a permissão de ambos os gurus, mas nenhum deles poderia olhar diretamente para o outro, e teriam de cobrir a boca com um pano. A mãe não pode, jamais, tocar novamente no menino que saiu de seu ventre. "Onde eu me sento, uma mulher não pode se sentar antes de se passarem quarenta e quatro minutos, e onde uma mulher se senta eu não posso me sentar antes que se passem quarenta e oito minutos, porque a aura do corpo permanece."

Sevantibhai e os dois meninos costumavam comer apenas uma vez por dia. Porém o mais novo contraiu icterícia e agora tem permissão para comer duas vezes por dia. As regras alimentares podem ser alteradas em caso de doença, pois o corpo, o veículo de *sadhana*, precisa se manter vivo. Mas não confortável. Enquanto o menino estava com icterícia, o *gurumaharaj* decidiu que ele tinha que ter seu *lochan*. O cabelo estava grande demais. Por isso, amarelo e enfraquecido pela icterícia, ele se sentou diante do guru, e este esfregou cinzas de carvão na sua cabeça, agarrou montes de cabelo de cada vez e os arrancou pela raiz. Foi o momento mais difícil para ele nos últimos seis meses, diz o menino.

O mais novo não se lembra muito do passado, de Bombaim. Pergunto-lhe sobre o futuro. "Farei o que o guru *maharajsaheb* mandar." Pergunto-lhe por que tomou a *diksha*. E então o menino, sentado diante do caderno no qual revê lições de sânscrito, me diz — admite para mim: "Eles dizem que, se você tomar a *diksha*, alcançará a moksa. Neste momento não tenho conhecimento disso". Ele confiou no pai. Que escolha teria?

Sevantibhai tinha definido a moksa para mim: "No êxtase da moksa não há desejo". É uma definição simples e direta: a salvação é a ausência de desejo.

Na volta para Patan, resolvo parar no grande Templo do Sol, construído no século XI, em Modhera. Meu motorista diz que o templo merece uma visita; ele entra na pequena aldeia e estaciona na frente de um novíssimo templo, de paredes em tom pastel e letras grandes com os nomes de vários doadores associados à construção. Eu lhe conto que existe outro, mais antigo.

O Templo do Sol é primoroso. O ídolo central estava posicionado de tal modo que os primeiros raios do sol equinocial caíam diretamente sobre ele. O ídolo não existe mais, porém ao caminhar em volta das paredes da antiga estrutura de pedra vejo que estão cheias de casais fazendo amor. Uma mulher está inclinada, recebendo um homem na boca enquanto seu traseiro é servido por outro. Em outra figura, um homem beija uma mulher com paixão e ternura, segurando a perna direita dela contra sua cintura; debaixo dela, outra mulher está ajoelhada, praticando sexo oral em outro homem. Estão cercados de plantas de pedra, elefantes de pedra e criados de pedra, à vista de Deus; não há nada secreto ou vergonhoso no que fazem. O sexo num templo hindu visa à gloriosa exibição pública. Turistas entram, grupos tribais e famílias de classe média das cidades, e crianças correm entre os amantes. As figuras pulsam de erotismo; as faces foram riscadas ou apagadas pelo tempo ou pelos ácidos das fezes de centenas de pombos que se empoleiram nas fendas do templo, mas suas posições revelam a delícia que sentem no corpo e em suas possibilidades. Isso também é santo. Isso também é sagrado.

Não é fácil falar a respeito dos jainistas sem os ridicularizar. As crenças jainistas são alvo favorito de ocidentais inteligentes, do preconceituoso retrato do profeta Mahavir feito por Gore Vidal em *Criação* ao patético convertido jainista Merry em *Pastoral americana*, de Philip Roth. Acho difícil explicar às pessoas, mesmo em Bombaim, por que não considero essa família insana, idiota ou fanática. Os detalhes crus de sua vida — suas fantásticas privações — aterrorizam as pessoas citadinas; elas estremecem mais ainda ao me ouvir falar deles do que ao me ouvir falar dos pistoleiros. "Isto é violência de verdade", diz Mahesh, diretor de dezenas de filmes cheios de sangue e morte. "Estou traumatizado." A busca de Sevantibhai é rigorosa; não há margem alguma para negociação. Sua pureza, sua sinceridade são incompreensíveis para as pessoas que vivem na cidade de milhares de distrações.

Ao andar pelas aldeias do Gujarat, Sevantibhai pensa nas grandes questões, no objetivo e na ordem do universo, na estupidez do nacionalismo, na natureza atômica da realidade. Mais do que qualquer pessoa que conheço, ele vive com a consciência diária e perturbadora da quantidade de violência perpetrada por nossa espécie, a cada hora, a cada minuto, não apenas contra outros seres humanos mas contra toda forma de vida e contra a própria criação. Os vendedores de diamantes que conheci pela vida afora não são, em geral, dados a esse tipo de indagação. Seu negócio deu certo. Essas questões tendem a ocorrer com mais frequência a pessoas com dificuldades financeiras. Os jainistas vendedores de diamantes de Bombaim estão muito felizes com suas casas e escritórios suntuosos, suas ocasionais viagens de negócios a Antuérpia, suas idas a Disneyworld com os filhos e ao resort de Lonavla nos fins de semana. São quase todos seguidores do BJP e acham que a proposta de construção da barragem de Narmada — imenso projeto a que os ambientalistas se opõem vigorosamente — será uma bênção para o Gujarat.

A decisão de Sevantibhai o eleva a outra esfera de pensamento. Ele é contra a construção da barragem, porque ela provocará o desenvolvimento da indústria pesqueira; Sevantibhai ouviu falar no conflito da Caxemira, mas, para ele, uma vida indiana ou paquistanesa vale tanto quanto uma vida americana; os países não têm sentido algum para ele. Os monges jainistas são majoritariamente apolíticos, diferentemente dos atuais gurus hindus, que se envolvem em política de direita. Sevantibhai rejeitou decisivamente todos os valores tão prezados pelas classes médias: educação ocidental, consumismo, nacionalismo e, mais importante, família. Mas as pessoas que ele rejeitou o procuram agora com reverência; comerciantes com empresas bem maiores do que a sua, que não teriam convivido com ele socialmente na vida que ele abandonou, agora percorrem grandes distâncias para se curvar diante dele e tocar-lhe os pés e os pés de seus filhos adolescentes. Seus filhos estudam sânscrito, enquanto outros adolescentes do prédio onde moravam em Bombaim ainda não passaram dos gibis da Archie Comics. Não foram bons alunos nas escolas urbanas, mas agora passam horas estudando diariamente algumas das epistemologias mais sofisticadas que os seres humanos produziram até hoje. Enquanto a lógica aristotélica só admite dois possíveis estados de ser para uma proposição, verdadeira ou falsa — não há meio-termo —, a lógica jainista amplia o campo para não menos de sete possibilidades. O nome dado a essa concepção predicada da verdade é *syadvada*, "a doutrina do pode ser". Os Ladhani são livres para estudar. Dentro da rígida estrutura do dia monástico, há liberdade para viver a vida da mente.

E que alegria era essa que vi em seu rosto, esse sorriso frequente? Não tenho tanta certeza quanto a seus filhos. Sevantibhai uma vez teve um enorme prejuízo em seu negócio. Foi essa a verdadeira razão para ele fugir do mundo? Do que ele se cansou? Discutia com a mulher? "Meu passado foi muito ruim", disse-me. "Toda a Dhanera sabia disso." Sevantibhai admite que sua cabeça estava cheia de preocupações nos sete anos antes de ele tomar a *diksha*, preocupações com dinheiro, preocupações com a família. Ele me mostrara suas duas vasilhas vermelhas, de cabaça, que agora usa para a *gocari*. "Como, lavo.

Não me preocupo em saber se a empregada vem hoje lavar os pratos. Não há tensão. Não me preocupo com o que farei amanhã." Sua mente é totalmente livre para concentrar-se na moksa. Se a família vai ou não sobreviver, se o negócio vai ou não prosperar, já não interessa.

Por muito tempo depois, em minha vida nas cidades, penso em Sevantibhai, na absoluta simplicidade final de sua vida. Em Nova York sou afligido por preocupações financeiras. Como vou educar meus filhos? Será que poderei comprar uma casa? Já perto da metade da vida, sinto-me mais pobre a cada dia que passa, em comparação com os amigos que foram à escola comigo, que ganham dinheiro com tecnologia e no mercado financeiro, e que compram apartamentos e carros, que aumentam de preço para além do meu alcance. Ganho mais dinheiro do que nunca, e também me sinto mais pobre do que nunca. Sempre que parece estar ao meu alcance — a estabilidade financeira (senão a riqueza), uma família que funciona, uma carreira —, ele me escapa, como as rãs no lago da Walshingham House School. Pegávamos essas rãs e as agarrávamos com tanta força que parecia impossível, ou milagroso, quando elas pulavam de nossas mãos. Sevantibhai acabou de superar tudo isso. Ele deu um pulo por cima de suas preocupações, distanciando-se delas, passando-lhes a perna. Diante da possibilidade de um prejuízo em seu negócio, sua resposta é: não tenho nada, não posso perder nada. Quando se vê diante da possibilidade de perder os entes queridos por doença ou morte, sua atitude é: eles não significam nada para mim, portanto sua doença ou sua morte não me afetam. Antes que qualquer coisa lhe seja tirada, ele deu tudo. E eu continuo em meu caminho, sempre acumulando as coisas que um dia vou perder, e sempre ansioso por não ter o suficiente, ou, quando tenho, pelo medo de perder. Ansioso, também, com relação à morte.

A maior de todas as violências é a nossa morte — quer dizer, quando lutamos contra ela. Sevantibhai triunfou até sobre a morte. Destituiu-se de tudo aquilo — família, bens, prazeres — que devemos à morte. Tudo que lhe resta é o corpo, cujo título de propriedade ele rejeitou antecipadamente, e ao qual trata como uma camisa emprestada e suja. Não pode tirá-lo. Sevantibhai ganhou até da morte em toda a extensão. Renunciou antes de ser demitido.

12. Um eu na multidão

Durante o Utran levo as crianças para a casa dos parentes de minha mulher em Prarthana Samaj, no centro da cidade. Lembro-me muito bem, e com prazer, desse festival. Nesse dia empinávamos pipas, coisas simples feitas de papel higiênico e galhos, e quando elas subiam no céu nós as guiávamos e controlávamos minuciosamente, dando ou puxando linha, sentindo o voo muito, muito acima da cidade de concreto. Meu coração corria solto no céu. Quando as pipas rasgavam, consertávamos os rasgões com uma pasta feita de resto de arroz cozido amassado e água. Trepávamos no telhado e duelávamos com pipas dos prédios vizinhos. Passávamos cerol na linha para cortar a linha dos rivais; muitos meninos perdiam o dedo quando a linha corria rápida e talhava-lhes a carne. Ao vencer uma briga de pipas, soltávamos um berro: "*Kaaayyy-poooche!*". Os meninos, atualmente, instalam poderosos alto-falantes no terraço dos prédios durante o Utran. Quando vencem um duelo, os alto-falantes atroam pelo céu vitorioso a voz daquele menino perdido de Bombaim, Freddie Mercury: "*We are the champions!*".

Há muitos parentes de meu primo no telhado, e eles adoram seu novo filho. São gentis com meus filhos, também, mas não do mesmo jeito: não pertencemos à sua família nuclear. Segurando as mãos de meus filhos, sinto agudamente a diferença. Eles observam as pipas no céu, mais uma vez de fora.

"Por que você quer voltar para os Estados Unidos?", pergunto a Gautama, quando retornamos, um dia, do nosso lanche em Pali Hill, depois que ele colheu uma flor amarela e branca de *champak* e eu lhe mostrei como — virando as pétalas e enfiando-as no talo — fazer um broche para a mãe; eu lhe mostrara a vagem que faz um bom chocalho para Akash quando sacudida.

Ele não responde de imediato. Pergunto de novo. Curvo-me e repito a pergunta seriamente.

"Por que minha família lá sente falta de mim. É o que dizem toda vez no telefone."

É uma boa razão para voltar; porque sua família sente sua falta. É a razão que me fez voltar, que me puxou de volta, sempre. A família está lá — não apenas os pais, mas avós, tias, primos — e é de família que as crianças pequenas precisam, mais do que a cultura, mais do que o país. Portanto, exatamente quando nos sentimos à vontade em Bombaim, preparamo-nos para mudar de novo — de volta para Nova York. Mas está tudo bem, porque, depois de dois anos e meio, minha pergunta foi respondida. Pode-se voltar para casa, e pode-se sair de novo. Mais uma vez, confiantemente, para o mundo.

Meu último dia em Bombaim é um domingo, o começo ou o fim da semana. Almoço bem em Khichri Samrat, um mergulho em Madhavbagh. Eles servem *khichri* de vários tipos, tirado de vastos tonéis e trazido para a mesa com um pouco de *kadhi* e picles. Com *parathas* de couve-flor, *sev tamatar ki sabzi*, *pappadams* e soro de leite frio, que chega à mesa numa garrafa de cerveja, tudo isso constitui uma bela refeição. Depois ando por CP Tank para comprar incenso, beber uma coca de *masala* e procurar vasilhas de ferro fundido para levar para Nova York. Vasilhas de ferro fundido não estão na moda; as pessoas preferem aço inoxidável, alumínio ou teflon. As poucas pessoas que encontro na rua dizem não saber de nenhuma loja onde se venda ferro fundido e afirmam que, se por milagre eu achar alguma, ela de qualquer maneira estará fechada. É um domingo de tarde, quando Bombaim evapora. Por essas bandas, eles comeram sua polpa de manga e seus *puris* e estão deitados de costas debaixo de um ventilador. Então pergunto numa loja de jornais velhos, e o vendedor manda um menino acordar um homem que vive no andar de cima com as persianas fechadas. O homem aparece trajando um *lungi*, e digo-lhe o que estou procurando. Ele desaparece atrás das persianas e volta com um conjunto de pequenas tigelas de ferro fundido para preparar misturas. Custam quinze rupias a unidade, uma bagatela, e compro as quatro. Ele se levantou de seu sono de domingo à tarde para vender algo que praticamente não lhe dá lucro. Não sei por que abriu uma exceção para mim; talvez tenha levado em conta o fato de que estou na rua à procura de algo no calor de julho. Mas ele fez uma coisa importante, em meu último dia, para fortalecer minha sensação de ter um lugar na cidade onde cresci.

O País do Não se tornou, nesse pequeno gesto, o País do Sim. Agora me dou conta de que, se nos recusarmos a entender o Não, se fingirmos que ele não existe, que nunca foi dito, então, eliminado por sua incompreensão, ele se transformará abruptamente em seu oposto. Ou pode ser que nunca se torne um Sim, mas uma sacudida de cabeça, que pode significar Não ou Sim, dependendo de nossa interpretação. Interpretamos a sacudida generosamente, caridosamente, e seguimos em frente.

Brigamos com Bombaim, brigamos a sério, e ela abriu lugar para nós. Fui para casa e eles abriram a porta e me deixaram entrar, e deixaram entrar minha mulher e meus filhos estrangeiros, fazendo-os sentir que esse lugar poderia ser a casa deles também. Deram-me a comida que gosto de comer, tocaram para mim a música que gosto de ouvir, apesar de ter esquecido quanto gostava dessa música. Pediram-me que escrevesse para eles — para seus filmes, para seus jornais. "Como cidadão consciente, queremos saber como se sente com relação a Kargil", pediu-me o editor de um livro de ensaios sobre a guerra. Deram-me um lugar que nunca tive no país para onde estou voltando, uma voz no debate nacional. "Como é que você pode voltar para Nova York depois disso?", perguntam-me atrizes, contadores, prostitutas e assassinos. "Nova York vai ser muito chata."

Depois de dois anos e meio, aprendi a ver além das ruínas da cidade física a incandescente força vital dos seus moradores. As pessoas associam Bombaim à morte com excessiva facilidade. Quando quinhentas novas pessoas chegam todos os dias para viver, Bombaim não é, certamente, uma cidade moribunda. Uma cidade assassina, talvez; mas não uma cidade moribunda. Quando cheguei aqui pela primeira vez, achei que estava testemunhando os últimos estágios da cidade. Depois me mudei para um apartamento melhor. A prosperidade ou doença de uma cidade só depende do lugar que nela ocupamos. Cada bombainense habita sua própria Bombaim.

* * *

Por ter estado ausente e voltado, mantive-me alerta para as mudanças: as cores dos prédios que desbotaram, o tanto que a gameleira que dá sombra à parada de ônibus cresceu. Se ela tivesse sido cortada, eu me lembraria que ali tinha havido uma. Era adolescente quando parti, passei 21 anos percorrendo os países frios do mundo e voltei para retomar a adolescência interrompida. Tive a liberdade — a rigor, a missão — de ir atrás de tudo que me deixava curioso quando criança: policiais, gângsteres, mulheres maquiadas, astros de cinema, pessoas que abandonaram o mundo. Por que resolvi seguir essas pessoas e não outras? Elas eram, na maior parte dos casos, pessoas moralmente comprometidas, cada uma moldada pelas exigências da vida urbana. O que descobri na maioria dos meus personagens de Bombaim foi a liberdade. A busca de uma vida não sobrecarregada de minúcias. A maioria deles não paga impostos, não preenche formulários. Eles não permanecem num lugar, ou numa relação, o tempo suficiente para construir bens. Quando voltar, terei de lidar com minúcias: mandar faturas no prazo, controlar meus talões de cheques, preocupar-me com seguros. Sobreviver numa cidade moderna implica lidar com um imenso volume de papéis. Ganha quem consegue ficar em cima dos papéis.

Cada um de nós tem uma extremidade interior. A maioria de nós vive comedidamente e resiste a qualquer impulso que leve a essa extremidade. Vemos outras pessoas ultrapassarem os limites, segui-los até certo ponto e serem puxadas de volta, pelo medo, pela família. Em Bombaim, conheci pessoas que vivem mais perto de suas sedutoras extremidades do que quaisquer outras que conheci. Vidas gritadas. Ajay, Satish e Sunil vivem no extremo da violência; Mona Lisa e Vinod vivem no extremo do espetáculo; Honey está no extremo do gênero; os jainistas ultrapassam o extremo da renúncia. Não são pessoas comuns. Vivem as fantasias das pessoas comuns. E o tipo de trabalho que executam afeta todas as esferas de nossa vida, até não haver separação entre o trabalho e a vida. Eles jamais poderiam deixar para trás o trabalho no bar, na delegacia de polícia ou no escritório do partido político; nesse sentido, todos se tornaram artistas. A atração, o imenso alívio, o colapso total, a renúncia à ordem da vida, a todo o esforço exigido para mantê-la em pé! Por não conseguir fazer nada disso em minha vida, segui outros que fizeram e me convidam para assistir. Sento-me à beira do palco, jogando estas folhas de papel sobre eles, como forma de pagamento. E, ao observá-los, sigo-os para mais perto de minha própria extremidade, mais perto do que jamais estive.

A própria Bombaim está chegando à sua extremidade: 23 milhões de pessoas em 2015. A população da cidade, que deveria cair pela metade, na realidade dobra. Andando ao lado de cada pessoa que anda hoje na multidão pelas ruas haverá outra pessoa amanhã. A cada ano Bombaim torna-se mais e mais pública, e o mundo externo gradualmente comprime-se dentro do mundo interior. Na louca corrida de um trem bombainense, cada pessoa no rebanho precisa, como mecanismo de sobrevivência, se concentrar naquilo que é mais poderosamente ela mesma, e agarrar-se a isso por amor à vida. Um ser humano solitário tem duas opções: pode se incluir na multidão, reduzir-se a uma célula do organismo maior (essencial para a composição de um tumulto), ou pode reter um teimoso, quase obstinado, senso de individualidade. Cada pessoa naquele trem tem um senso de estilo: o jeito de pentear o cabelo, o talento para fazer esculturas de conchas, a capacidade de soprar uma garrafa de água quente até explodir. Um tique de personalidade ou excentricidade, extrapolado na teoria geral de identidade. Sempre achei fácil falar com as pessoas numa multidão em Bombaim, porque cada uma tem opiniões distintas, mesmo excêntricas. Elas ainda não foram programadas.

A Batalha de Bombaim é a batalha do eu contra a multidão. Numa cidade de 14 milhões, que valor tem o número um? A batalha é o Homem contra a Metrópole, que não passa de uma ampliação infinita do Homem e o demônio contra o qual ele precisa lutar sempre para se firmar ou ser aniquilado. Uma cidade é um aglomerado de sonhos individuais, um sonho maciço da multidão. Para que a vida sonhada de uma cidade continue sendo vital, cada sonho individual precisa continuar sendo vital. Mona Lisa precisa acreditar que ainda é miss Índia. Ajay precisa acreditar que vai escapar da polícia. Girish precisa acreditar que será um magnata dos computadores. Um ser humano consegue viver numa favela de Bombaim sem perder o juízo porque seu sonho é maior do que seu sórdido barraco. Ele ocupa um palácio.

Mas o que cada indiano também deseja, secreta ou ostensivamente, é dedicar a vida a uma organização maior do que ele. Os pistoleiros muçulmanos da D-Company se veem como guerreiros do *qaum*, a nação universal do islã. Girish quer ganhar dinheiro para a família. Sunil afirma, quando não pensa em negócios, que trabalha para a nação. Pois neste país, que de todas as civilizações foi a que se dedicou ao mais refinado exame da vida interior — da forma, da estrutura e do objetivo do eu —, somos individualmente múltiplos, diversamente sozinhos.

Numa brilhante e azul manhã de Bombaim, no meio das massas nas ruas, tive uma visão: de que todos esses indivíduos, cada um com sua canção e seu penteado favoritos, cada um atormentado por um demônio exclusivo, formam apenas as discretas células de um gigantesco organismo, uma inteligência vasta mas individual, uma sensibilidade, uma consciência. Cada pessoa é o produto final de uma especialização delicadamente refinada e tem uma tarefa particular a desempenhar, não mais nem menos importante do que a de qualquer outro dos 6 bilhões de componentes do organismo. É uma imagem assustadora. Faz-me sentir esmagado, elimina meu senso de mim mesmo, mas é, no fim das contas, consoladora, porque é uma adorável visão de pertencer, de fazer parte. Todas essas pessoas que não combinam bem que caminham em direção ao gigantesco relógio de Churchgate: elas são eu; elas são meu corpo e minha carne. A multidão é o eu, 14 milhões de avatares do eu, 14 milhões de celebrações. Não vou me fundir neles; expandi-me neles. E, se os compreendo direito, todos eles se fundirão em mim, e a multidão se tornará o eu, o um, de muitos esplendores.

Epílogo

Ao acordar no Brooklyn numa manhã de setembro, vi uma grossa nuvem cinzenta pela janela: os detritos do World Trade Center flutuando sobre o East River. Aquela manhã, na cidade para onde eu me mudara, deflagrou uma série de acontecimentos que mudaram decisivamente a natureza da guerra de gangues na cidade que eu acabara de deixar.

Em dezembro de 2001, os separatistas da Caxemira atacaram o Parlamento em Delhi, e quase estourou uma guerra entre a Índia e o Paquistão, dificultando a movimentação de homens e equipamento militar pela fronteira. O presidente Pervez Musharraf sempre havia negado em público que Dawood Ibrahim mora no Paquistão. A imagem do país não era muito boa depois que se soube que seus serviços de inteligência tinham ajudado os talibãs, e depois do assassinato de Danny Pearl; o país ia ficar em situação ainda pior se abrigasse gângsteres. Em outubro de 2003, o Departamento do Tesouro dos Estados Unidos designou oficialmente Dawood Ibrahim "um terrorista global", dizendo que o chefão "fez causa comum com a Al Qaeda, dividindo suas rotas de contrabando com a organização criminosa terrorista e financiando ataques de extremistas islâmicos que visavam desestabilizar o governo indiano". Colocou-o na lista dos que moravam em Karachi e publicou o número do seu passaporte paquistanês.

Os chefes da D-Company agora vivem em permanente estado de ansiedade: temem ser assassinados ou entregues à Índia como parte de um gesto de boa vontade de seus anfitriões paquistaneses; temem ser assassinados pelos homens de Rajan; e, acima de tudo, têm medo uns dos outros. O medo que usavam para ganhar a vida, para convencer uma vítima de extorsão a entregar milhões de rupias sem que se disparasse um tiro, voltou para tocaiá-los. Mas o terror em Bombaim não acabou. Em agosto de 2003, dois carros-bomba explodiram, no Portão da Índia e no mercado de diamantes, matando 52 e mutilando 150. Era mais uma forma de vingança: pelos tumultos no vizinho estado do Gujarat, onde centenas de muçulmanos tinham sido queimados vivos por turbas hindus no começo daquele ano. A cidade voltava a precisar de Ajay Lal, que foi trazido das ferrovias para conduzir as investigações.

Em setembro de 2000, uma quadrilha de homens de Chotta Shakeel invadiu uma casa em Bangcoc, onde Chotta Rajan participava de um jantar, e abriu fogo. Enquanto os assassinos atiravam, mantinham o celular ligado; Shakeel, sentado em Karachi, teve o prazer de ouvir os gritos do traidor, enquanto as balas lhe penetravam o corpo. Então, como o chefão de um filme híndi, Rajan pulou de uma sacada e escapou, manquitolando, com as pernas quebradas. A última vez que se ouviu falar dele, estava em Luxemburgo, ainda controlando, por telefone, o que restou de sua gangue em Bombaim. Abu Salem, o homem que tinha ordenado o ataque a Rakesh Roshan e ameaçado Vinod, foi preso em Lisboa em 2003, em companhia de uma starlet do cinema híndi, e aguarda o resultado de um pedido de extradição para a Índia.

Enquanto isso, em Bombaim os policiais iniciaram uma matança maciça de bandidos, nos chamados "encontros". Em 1998, 48 homens rotulados como gângsteres pela polícia foram mortos em encontros. Em 1999, o número subiu para 83 e caiu ligeiramente, para 74, em 2000. Em 2001, mais de cem homens foram mortos pela polícia de Mumbai. Enquanto a guerra de gangues amaina, as páginas policiais dos jornais da cidade começam a se encher de notícias sobre o crime não organizado: empregados que matam patrões, amantes abandonados que se vingam.

E então, em 2003, chega Abdul Karim Telgi. Era um antigo vendedor de amendoim que imprimiu 320 bilhões de rupias em selos oficiais para atestar pagamento de impostos, um dos maiores escândalos de corrupção da história do país. Ele conseguiu escapar subornando os políticos e tiras de Bombaim, por atacado. O escândalo afetou todas as patentes da polícia, incluindo o comissário, que foi preso. Presos também foram os especialistas em "encontros", como Pradeep Sawant, que foi mandado para a prisão, como nunca tinha sido, por matar seres humanos. Telgi, soube-se, pegava suas pilhas de rupias e jogava-as sobre as dançarinas de um bar chamado Sapphire, que Honey acabara de deixar depois de se tornar pai de um belo menino de olhos vivos chamado Love.

Agradecimentos

Em Bombaim: Vasant e Naina Mehta, Anupama e Vidhu Vinod Chopra, Farrokh Chothia, Manjeet Kripalani, Dayanita Singh, Mahesh Bhatt, Tanuja Chandra, Rahul Mehrotra, Naresh Fernandes, Meenakshi Ganguly, Anuradha Tandon, Ali Peter John, Eishaan, Asad bin Saif, Kabir e Sharmistha Mohanty, Adil Jussawala, Rashir Irani, Kumar Ketkar, Foy Nissen, Sameera Khan.

Em Nova York: Ramesh e Usha Mehta, Sejal Mehta, Monica e Anand Mehta, Ashish Shah, Amitav Ghosh, Akhil Sharma, Zia Jaffrey, Somini Sengupta.

Em Londres: Viswanath e Saraswati Bulusu, Ian Jack.

Meus gurus: James McPherson e U. R. Ananthamurthy, e meu agente, Faith Childs.

Meus editores: David Davidar, Sonny Mehta, Deborah Garrison, Geraldine Cook, Ravi Singh, Vrinda Condillac, Janice Brent.

Whiting Foundation, New York Foundation for the Arts e MacDowell Colony.

Muitos nomes neste livro foram alterados, como o da cidade. Grande parte deste livro só se tornou possível graças à ajuda generosa de pessoas que não posso mencionar. Elas têm minha profunda gratidão.

E, acima de tudo, Sunita, Gautama, Akash. Obrigado por terem me trazido de volta a meu tempo presente. Devo-lhes isso.

1ª EDIÇÃO [2011] 1 reimpressão

ESTA OBRA FOI COMPOSTA EM MINION PELO ACQUA ESTÚDIO E FOI IMPRESSA
PELA RR DONNELLEY EM OFSETE SOBRE PAPEL PÓLEN SOFT DA SUZANO
PAPEL E CELULOSE PARA A EDITORA SCHWARCZ EM AGOSTO DE 2011